Moritz Hartmann, Ludwig Bamberger, Wilhelm Vollmer

Moritz Hartmann's gesammelte Werke

Moritz Hartmann, Ludwig Bamberger, Wilhelm Vollmer

Moritz Hartmann's gesammelte Werke

ISBN/EAN: 9783743458727

Hergestellt in Europa, USA, Kanada, Australien, Japan

Cover: Foto ©Thomas Meinert / pixelio.de

Manufactured and distributed by brebook publishing software (www.brebook.com)

Moritz Hartmann, Ludwig Bamberger, Wilhelm Vollmer

Moritz Hartmann's gesammelte Werke

Moritz Hartmann's

Gesammelte Werke.

Zehnter Band.

Stuttgart.

Verlag der J. G. Cotta'schen Buchhandlung.

1874.

Vorwort.

—————

Mit dem zehnten Band ist die Ausgabe von Moriz Hartmanns gesammelten Werken beendet, und es erübrigt nur noch, einige erläuternde Worte über die Anordnung derselben nachzutragen.

Der Plan zur Einrichtung dieser Gesammtausgabe ist gewissermaßen vom Dichter selbst vorgezeichnet. Nach einem im Jahr 1866 zwischen der E. Ebner'schen Buchhandlung in Stuttgart einer- und Moriz Hartmann, Otto Müller und Wilhelm Raabe anderseits abgeschlossenen Vertrag sollte die genannte Verlagsbuchhandlung sowohl die ältern als die neuern und neuesten Werke dieser drei Novellisten und Schriftsteller in einem großen, serienweise auszugebenden Sammelwerk, „Hausschatz deutscher Erzählung" veröffentlichen. Von Hartmanns älteren Werken sollten erscheinen: „Der Krieg um den Wald; Tagebuch aus Provence und Languedoc; Erzählungen eines Unstäten; Von Frühling zu Früh-

ling; Erzählungen meiner Freunde; Novellen; Bilder
und Büsten; Nach der Natur; Märchen und Geschichten;
Der Gefangene von Chillon; Die letzten Tage eines
Königs." Als neu wurden angekündigt: „Das Denk=
mal der Mutter, Roman in drei Bänden; Reisen in
Ost und West; Politische Erinnerungen; Kalender=
geschichten; Skizzenbuch; Religiöse Erzählungen; Der
Krieg in den Cevennen." Das Unternehmen scheiterte
in Folge der Ungunst der Zeitverhältnisse nach kurzer
Zeit; der von Hartmann vorgezeichnete Prospekt blieb
aber im Wesentlichen für die nach seinem Tod zu
Stande gekommene Gesammtausgabe maßgebend.

Vorangestellt wurden in derselben, nach einem ziem=
lich allgemein geltenden Gebrauch, die lyrischen und
epischen Dichtungen. Sie sind in den ersten zwei
Bänden enthalten, und wir verweisen auf das dieselben
einleitende Vorwort.

Den Hauptbestandtheil des dritten Bandes bildet
das „Tagebuch aus Provence und Languedoc." Das=
selbe, in einzelnen Partieen schon in verschiedenen
deutschen Zeitschriften veröffentlicht, erschien gesammelt
in zwei Bänden 1853 bei C. W. Leske in Darmstadt.
Die zweite, für den „Hausschatz" bestimmte Auflage
sollte mit folgender, aus Stuttgart, Herbst 1866, da=
tirten Vorrede des Verfassers eingeführt werden:

„Eine neue Auflage des Tagebuches aus Languedoc
und Provence hätte schon vor Jahren erscheinen sollen;

allerlei äußerliche Umstände, u. a. die Abwesenheit des
Verfassers vom Vaterlande, verhinderten die Herausgabe.
Dieses vor fünfzehn Jahren geschriebene Tagebuch heute
in der Sammlung des „Hausschatzes‘ wieder erscheinen zu
lassen, nehme ich um so weniger Anstand, als es bei seinem
ersten Erscheinen von Kritik und Publikum mit Beifall,
ja mit großem Beifall empfangen worden und ich hoffen
darf, daß dieß heute wie damals der Fall sein werde.
Geschichte, Kunstgegenstände, Menschen und Natur jener
Gegenden, mit denen sich das Buch vorzugsweise beschäftigt, haben sich seit damals wenig oder gar nicht
verändert, und die wenigen Schilderungen der sozialen
und Partei-Zustände unter der Republik können in soferne
nicht veralten, als sie vielleicht einigen historischen Werth
haben. Ich gestehe, daß ich diese sogar mit Vergnügen
in ihrer ursprünglichen Form wieder abdrucke, da sich
manche an sie geknüpfte Betrachtung und Prophezeiung
seitdem bewahrheitete.   Die interessanteste auf dem
Boden Languedocs spielende Geschichte, den Aufruhr in
den Cevennen, habe ich seitdem fürs Volk in ‚Engelhorns
Volksbücher‘ unter dem Titel: ‚Die Kinder Gottes und
die Prophetenkinder‘ erzählt. Das Büchelchen wird später,
etwas erweitert, als Vervollständigung des Tagebuchs
aus Languedoc und Provence dem Hausschatz einver-
leibt werden.

Mögen Kritik und Publikum diese neue Auflage ebenso
freundlich empfangen, wie sie die erste vor vierzehn Jahren
aufgenommen.“

Das in dieser Vorrede erwähnte „Büchelchen" konnte leider in der Gesammtausgabe keinen Raum finden. Die Hauptzüge desselben sind schon im Tagebuch gegeben. Einzelne Verbesserungen, die der Verfasser jener zweiten Ausgabe des Tagebuchs zugedacht hatte, sind unserem Abdruck zu Gute gekommen. Angeschlossen wurden letzterem noch einzelne weitere Reiseskizzen: die „Briefe aus Dublin," dem Prutz'schen deutschen Museum, die „Wanderungen durch celtisches Land," dem Stuttgarter Morgenblatt, und die „Bilder aus Dänemark," die zuerst ebenfalls in einer Zeitschrift veröffentlicht waren, dem Sammelwerk „Bilder und Büsten" (Zweite Ausgabe, Berlin, O. Janke 1862) entnommen. Zu bedauern ist, daß es an Raum gebrach, auch die Briefe aus dem Orient, die Hartmann in den Jahren 1854 bis 1855 während des orientalischen Krieges in der Kölnischen Zeitung veröffentlichte, zum Abdruck zu bringen und so der Rubrik in dem Prospekt des Hausschatzes: „Reisen in Ost und West" vollständig zu genügen.

Der vierte Band enthält den „Krieg um den Wald" (Frankfurt, Literarische Anstalt, 1850) und die „Erzählungen eines Unstäten," welche letzteren, sowie die im fünften, sechsten und siebenten Band mitgetheilten und gesammelt erschienenen Novellen, Märchen und Erzählungen zuerst in den verschiedensten Journalen und Zeitschriften veröffentlicht wurden. Wir nennen von diesen beispielsweise nur: Kölnische Zeitung, Ham-

burger Nachrichten, Hartung'sche Zeitung, Wanderer,
Neue Frankfurter Zeitung, Neue Freie Presse, New-
Yorker Staats-Zeitung, Morgenblatt, Wehls Jahres-
zeiten, Walesrode's Fortschritt, Ruppius' Sonntags-
blätter, Prutz' Deutsches Museum, Westermanns illustrirte
deutsche Monatshefte, Gartenlaube, Ueber Land und
Meer, Freya und viele andere. Die „Erzählungen eines
Unstäten" erschienen gesammelt 1858 in zwei Bänden im
Verlag von Franz Duncker in Berlin, die „Erzählungen
meiner Freunde" bei O. Janke, Berlin 1862. Von
den „Märchen und Geschichten aus Osten und Westen"
(Braunschweig, G. Westermann 1858) sind zwei: „Die
Geschichte des Königs Lavra" und die „des Elfenkönigs
O'Donoghue," im dritten Band in die „Briefe aus
Dublin," wo sie ursprünglich standen, eingereiht, und ein
drittes Stück, „das Gewissen, Märchen aus der Auvergne,"
ist nach dem Willen des Verfassers nicht mehr mit abgedruckt. Anderseits wurde diese Sammlung durch vier
neue, dem Jahrgang 1865 der Freya entnommene
Märchen: „der Schuster," „die erste Himmelfahrt," „die
Erscheinung der Aebte" und „der Kuchen" vermehrt. Der
früher den Schluß der „Erzählungen eines Unstäten"
bildende Anhang: „Westöstliche Geschichten aus der
neuesten Zeit," der im vierten Band keinen Platz mehr
fand, wurde im folgenden fünften an geeignet scheinen-
der Stelle untergebracht. Die Novellen des sechsten
Bandes erschienen zuerst gesammelt in zwei Bänden

1863 bei Hoffmann und Campe in Hamburg, die des
siebenten unter dem Titel: „Nach der Natur" in drei
Bänden 1866 bei E. Ebner in Stuttgart. Beigefügt
wurde den letzteren noch „Der alte Richter" aus dem
Jahrgang 1866 der Freya.

Der achte Band enthält wieder drei größere Er=
zählungen Hartmanns: „Der Gefangene von Chillon"
(Hamburg, Hoffmann und Campe, 1863; auch als
dritter Band der daselbst erschienenen Novellen); „Die
letzten Tage eines Königs," im Winter 1864 auf 1865
entstanden und zuerst im Jahrgang 1865 von „Ueber
Land und Meer," dann 1867 in einer Separatausgabe
bei E. Hallberger wieder abgedruckt; und „Von Früh=
ling zu Frühling," zuerst 1861 im Verlag von Franz
Duncker in Berlin erschienen.

In Betreff des neunten Bandes verweisen wir
auf das denselben einleitende Vorwort. Das „Andenken
der Mutter" ist der im Prospekt des „Hausschatzes"
versprochene dreibändige Roman, und die beiden andern,
dem Auerbach'schen Volkskalender entnommenen Erzäh=
lungen sollten der in jenem Prospekt angekündigten
Abtheilung „Kalendergeschichten" gerecht werden.

Die übrigen dort verzeichneten Rubriken sollten nach
bestem Vermögen im zehnten Band vertreten sein
und so zugleich eine Auswahl aus jenen zahlreichen
feuilletonistischen Erzeugnissen bieten, in denen die leichte
Produktionskraft des Dichters fast unerschöpflich war.

Als politische Erinnerungen eröffnen diesen Schlußband
die „Bruchstücke revolutionärer Erinnerungen" aus den
von Ludwig Walesrode herausgegebenen „Demokra=
tischen Studien," 1861. Dann folgen aus dem Jahr=
gang 1863 der „Gartenlaube": „Die letzten Schicksale
des deutschen Parlaments" und aus dem Wiener
Concordia = Kalender für 1869: „Kleine Erlebnisse
während des Staatsstreichs." Der „Brief aus Italien,"
der den Standpunkt des Verfassers in einer politisch
mächtig erregten Zeit bezeichnet und zugleich einen
wichtigen Beitrag zur Geschichte und Charakteristik der
italienischen Einheitsbestrebungen liefert, ist an Karl
Vogt gerichtet und dem Jahrgang 1860 der eben er=
wähnten „Demokratischen Studien" entnommen. Die
hierauf mitgetheilten biographischen Skizzen und Cha=
rakterbilder von Mazzini (aus der Neuen Freien Presse),
Prim (aus der Wochenausgabe der Allgemeinen Zeitung),
und dem königlichen Künstler Dom Fernando (aus der
Neuen Freien Presse) leiten von der Politik auf das
heitere Gebiet der Kunst über. Die lebensgeschichtlichen
Umrisse von François Rude, Beranger, Barye und
Stephen Heller, sowie die „Wanderungen durch Pariser
Ateliers," in welchen Hartmann auch den vaterlän=
dischen Künstlern volle Ehre angedeihen läßt, sind dem
Sammelwerk „Bilder und Büsten" entnommen, wäh=
rend die „Erinnerungen an Rossini," ein Muster rei=
zender Detailmalerei voll des anmuthreichsten Humors,

der Neuen Freien Presse entlehnt sind. Aus dem dis=
paraten Gebiet feuilletonistischer Plaudereien sind endlich
unter der Abtheilung „Vermischtes" drei Stücke mit=
getheilt, die jedes für sich gewissermaßen ein eigenes
Genre vertreten: „Die Wunder des Magnetismus,"
aus dem „Fortschritt," wiederholt und erweitert in
der Freya; „Die schwarzen Bankozettel" aus der „Neuen
Freien Presse" und „Eine Vermuthung" aus der Freya.

Um endlich auch außer dem im zweiten Band ab=
gedruckten Operntext „Roswitha" eine weitere Probe
von Hartmanns Befähigung zur dramatischen Poesie zu
geben, haben wir aus den drei vollendet im Nachlaß
vorgefundenen originalen dramatischen Erzeugnissen:
„Sie sind arm," Trauerspiel in fünf Aufzügen,
„Buridans Esel," Lustspiel in einem, und „Gleich und
Gleich," dramatisches Sprichwort in zwei Akten, das
letztgenannte, das, im Februar 1861 vollendet, fast
auf allen größeren deutschen Theatern mit Erfolg auf=
geführt wurde und bei einzelnen in das ständige Reper=
toire aufgenommen ist, ausgewählt und beschließen damit
den zehnten Band.

Zwei dreiaktige Komödien des spanischen Lustspiel=
dichters Moratin: „Die Scheinheilige" und „Das Ja
der Mädchen" fanden sich, ebenfalls vollendet, in deut=
scher Uebersetzung vor. Sie müssen, wie die andern
oben erwähnten, ausgeschlossen bleiben, weil mit dem
zehnten Band das dieser Ausgabe bestimmte Maß des

Umfangs erfüllt ist. Dasselbe Schicksal betrifft auch den zuerst im Jahrgang 1867 der Freya unter dem Titel „Adelig und Bürgerlich" veröffentlichten und dann 1869 in einer Separatausgabe bei R. Lesser in Berlin erschienenen Roman: „Die Diamanten der Baronin." Auch die aus dem Französischen des Perrault übersetzten, von E. Hallberger in Stuttgart in einer Prachtausgabe mit G. Doré'schen Illustrationen herausgegebenen Märchen sind nicht in diese Ausgabe aufgenommen.

Von größeren Arbeiten Hartmanns ist noch zu erwähnen ein anonym unter dem Titel: „Ein Tag aus der böhmischen Geschichte" 1845 bei F. W. Grunow in Leipzig erschienenes Schriftchen. Dasselbe enthält eine, K. S. unterzeichnete historische Einleitung und dann den Bericht über die letzten Tage und die am 21. Juni 1620 erfolgte Hinrichtung der nach der Schlacht am weißen Berge prozessirten böhmischen Notabeln. Die Erzählung rührt angeblich von einem zeitgenössischen Augenzeugen, einem Begleiter des den Verurtheilten beigegebenen Beichtvaters, Pater Rosacius, her. Das 103 Seiten Duodez zählende Schriftchen hat nur literaturgeschichtliche Bedeutung; Hartmann erwähnte desselben später niemals gegen seine Freunde, und es wäre wohl vergessen, wenn er nicht davon an Karl Goedeke, dem wir diese Notiz verdanken, für dessen literarhistorische Arbeiten Mittheilung gemacht hätte.

Möge diese Gesammtausgabe im deutschen Volk das
Andenken an einen edlen Dichter und Schriftsteller
lebendig erhalten, der sein Leben dem Kampfe um
die höchsten Güter des Daseins: Freiheit und schöne
Menschlichkeit, gewidmet hat.

Die Herausgeber.

Inhalt.

—

		Seite
Bruchstücke revolutionärer Erinnerungen		1
I.	Prager März- und Apriltage	5
II.	Frankfurter Septembertage	28
III.	Wiener Oktobertage	39
Die letzten Tage des deutschen Parlaments		73
Kleine Erlebnisse während des Staatsstreichs		95
Ein Brief aus Italien. An den Verfasser des „Juchhe nach Italia!"		117
Biographische Bilder und Skizzen.		
Mazzini		167
Prim		177
Künstler und Prätendent		182
François Rude		190
Beranger		215
Barye		243
Stephen Heller		254
Erinnerungen an Rossini		283
Wanderungen durch Pariser Ateliers.		
I.	Fleury, Jerome, Hamon, Ary Scheffer	295
II.	Gustav Ricard	312
III.	Hebert, Heilbuth, Brendel, Imer, Henneberg, Knaus	325

Seite

Vermischtes.

Die Wunder des Magnetismus 353

Die schwarzen Bankozettel 391

Eine Vermuthung 415

Gleich und Gleich. Dramatisches Sprichwort in zwei Akten . 427

Gesammtregister 479

——— ——

Bruchstücke revolutionärer Erinnerungen.

(1861.)

Es wird erzählt, daß ein König in Kabul einmal dekretirte, daß das Jahr anno X, in welchem er von innern und äußern Feinden gedemüthigt worden, nicht existirt habe, also in der Reihe der Jahre nicht zu zählen sei; und in der That sollen die Kabulistaner bis auf den heutigen Tag um ein ganzes Jahr hinter der Zeitrechnung ihrer Nachbarn zurück sein, so ungefähr wie die Russen um dreizehn Tage hinter gebildeten Nationen zurück geblieben. Jener Kurfürst von Hessen, der in sein Land zurückkehrte, nachdem Andere für ihn die Franzosen daraus verjagt hatten, dekretirte sogar eine ganze weltgeschichtliche Epoche hinweg und ließ wieder die Zöpfe wachsen, ohne jedoch die fünfzehn Jahre aus dem Kalender zu streichen, was ebenfalls als ein Fortschritt gegen Kabul zu betrachten ist. Ein noch größerer Fortschritt signalisirt sich heute in ganz Deutschland und seinen Nebenländern. Heute dürfen wir doch wieder — jusque à nouvel ordre — wenigstens s p r e ch e n von jenem unheilvollen Jahre, das durch ein Dezennium nicht einmal in unserer Erinnerung bestehen durfte. Man spricht wieder von „Grundrechten des deutschen Volkes," Schmerling taucht auf wie ein Gespenst, als Befreier, und e r soll das Reichsparlament wieder aufrichten, das er mit so viel Fleiß begraben half; derselbe Fürst, der gewisse Prinzipien und Menschen an den Galgen hängen ließ, läßt zwar die Menschen noch immer dort hängen, nimmt aber die Prinzipien herab und trägt sie dem Volke vor wie heilige Gesetzestafeln, und überall thut man, als gebe man Amnestien, um sich aufrichtig mit jenem unheilvollen Jahre zu versöhnen.

Kaiſer proklamiren Konſtitutionen und Nationalitäten, deren
Proklamatoren ſie haben hängen und würgen laſſen — denn Alles
hat ſeine Zeit, und wer darüber ſpotten wollte, dem könnten wir
antworten, daß Das alles nur billig und vernünftig ſei. Vor
elf Jahren waren die Völker zu Dergleichen noch nicht reif: Das
haben wir eingeſehen, daß noch grade elf Jahre zur vollkommenen Reife nothwendig waren; wir haben gehenkt, füſillirt, ein-
gekerkert, konkordatet, Anleihen gemacht, geknebelt und die Länder den Jeſuiten und barmherzigen Schweſtern übergeben und
Handel und Gewerbe ruinirt, nur um die erſehnte Reife hervorzubringen, und jetzt — ſind wir aufrichtig.

Benützen wir den günſtigen Moment, um uns mit dem von
den Todten auferſtandenen Jahre 1848, ſo weit es erlaubt, zu
beſchäftigen, bevor es wieder eingeſargt oder durch einen lärmen-
den Nachkommen ganz und gar in den Hintergrund gedrängt
wird; erinnern wir uns an Kleinigkeiten, die ſchon unendlich klein
ausſehen, da ſie durch eine Weltgeſchichte von Reaktionen, Ver-
trägen, Oktroyirungen, Konkordaten, Kriegen, Anlehen, Kon-
zeſſionen, Verſuchen, Veränderungen der Karte, Abdankungen,
Regentſchaften, hiſtoriſcher Logik und momentanem Wahnſinne
in unendliche Ferne gerückt ſind. Aber wie uralt auch jene Zeit
ſei, die Menſchen leben noch, und Menſchen mit ihrem reizbaren
Nervenſyſtem dürfen erſt viele Jahrzehnte nach ihrer Beſtattung
gemalt werden, erſt um die Zeit, da es der Regel nach erlaubt
iſt, ſie zu Trauerſpielhelden zu benutzen. Schmerling beweiſt,
daß er lebt, alſo, mit ſeinen Zeitgenoſſen, noch unbrauchbar iſt;
ſo wollen wir uns weniger an Individuen halten, als an allge-
gemeine Momente, Vorgänge und anonyme Maſſen. Vielleicht
daß es uns dann gelingt, was wir gar nicht erſtreben, belehrend
zu ſein, belehrender, als wenn wir ſelbſt von maßgebenden Per-
ſönlichkeiten, Palacky, Rieger, Windiſchgrätz u. ſ. w. ſprechen;
vielleicht, daß wir dann an gewiſſe Mächte erinnern, die nicht
zu verachten ſind, und an manche Kräfte, die ſich noch geltend
machen werden. Während wir ſo zu unſerm Vergnügen uns

erinnern, erwerben wir uns vielleicht ein Verdienst und geben, für mögliche Fälle, eine Warnung. — — — — — — — — — — — —

I.

Prager März- und Apriltage.

Die Märztage des Jahres 1848 fanden in ganz Deutsch-österreich, vielleicht in ganz Deutschland eine einzige wohlorganisirte und kompakte Partei: die Partei der Slaven in Böhmen. Ob nun die Königinhofer Handschrift apokryph sei oder nicht, die slavische Bewegung war es auf keinen Fall. Mit der Veröffentlichung dieser Handschrift, welche beweisen sollte, daß die Czechen eine Sprache, eine Nationalität und endlich eine Literatur hatten, beginnt in Böhmen ein neues Leben, das Anfangs nur wie ein dünnes Rinnsal still und bescheiden, bald aber, wenn auch nicht viel breiter, doch viel lärmender dahinzog. Vor Allem ging man an die Ausbildung der Sprache, und theils aus Mangel an Produktivität, theils aus Takt begann man mit Uebersetzungen aus allen Zungen; jedes selbst mittelmäßige Talent wurde mit Liebe gepflegt und anerkannt und, selbst wenn es nur der Wiederschein des aus der Fremde Angeeigneten war, mit patriotischer Selbsttäuschung für original gehalten. Bald glaubte man eine Literatur zu haben, obwohl man nur einzelne mehr oder weniger ausgezeichnete Individuen hatte, wie z. B. den früh verstorbenen lyrischen Dichter Macha, von dem man wenigstens träumen konnte, daß er ein Byron und die Ehre des Landes geworden wäre, oder den in der That ausgezeichneten Historiker Palacky, der mit seinem heldenmüthigen Fleiße, seiner großen Gelehrsamkeit, seinem weitreichenden Blick und Kombinationsgeiste, bei der bisherigen Vernachlässigung, Verfälschung und Verwirrung der

vaterländischen Geschichte, allerdings wie von der historischen
Vorsehung geschickt war, um seine Landsleute mit dem Stolze
und, was mehr ist, mit dem Bewußtsein einer historischen Eri=
stenz zu durchdringen. Die Vergangenheit Böhmens in den ver=
schiedensten Perioden ist bis ins 17. Jahrhundert hinein aller=
dings der Art, daß sie nicht nur die Jugend begeistern, sondern
auch dem Geschichtsphilosophen als eine unverlorene und unver=
lierbare Basis einer Zukunft und Weiterentwickelung erscheinen
kann. In der That sah man sich nach einem weiteren Schau=
platz für die junge, aufstrebende Idee um. Aeußere Mächte
mögen da entgegengekommen sein; die Koryphäen der jungen
Partei standen mit Rußland in inniger Verbindung; aber es be=
darf dieser persönlichen Erklärungen nicht, um den Panslavis=
mus zu motiviren. Der Panslavismus war nirgends natürlicher
als in Böhmen. Kaum zwei Millionen Czechen hinter sich, von
welchen zwei Millionen nur eine unendlich kleine Minorität an
den neuen Bestrebungen Theil nahm, umgeben von Deutschen,
war die neue Partei naturgemäß darauf geführt, sich an aus=
ländische Anverwandte anzulehnen, und zwar vorzugsweise an
„den Vetter, der den großen Brummbaß spielt“ (wie Hawliczek
sagt), an Rußland; abgesehen davon, daß eine junge und be=
geisterte Partei sich nothwendig nach einer größeren Idee sehnen
mußte, als die war, in Böhmen wieder die czechische Sprache
herzustellen, oder in unserer Zeit der großen Staaten selbst ein
Königreich Böhmen aus alter Asche auferstehen zu machen. Ruß=
land, das zu Hause den Panslavismus verfolgte, reichte den
Czechen die Hand, wohl wissend, daß Oesterreich bald in den
Zustand der Türkei herabsinken müsse, besonders wenn man ein
wenig nachhülfe; und von dem ächt russischen Wunsche beseelt,
auch in diesem Nachbarlande eine Partei und die Hand im Spiele
zu haben. Metternich ließ die neue Partei bis zu einem gewissen
Grade gewähren; eine kleine Nationalität mehr in Oesterreich
konnte ihm nicht zu viel sein, da seine innere Politik nichts als
eine Reihe von Schachzügen einer Nationalität gegen die andere

war, und er Behufs des Divide et impera die fortgesetzten
Theilungen und Sonderungen nicht ungerne sah.　Erfand er
doch noch in den Vierziger Jahren in Galizien selbst eine Natio=
nalität, die Ruthenen, um im Schooße dieser Provinz ein Gegen=
gewicht gegen die Polen zu haben, obwohl er diese Ruthenen, in=
dem er sie von den Polen entfernte, ihrer Sprache und ihren Sit=
ten nach den Russen nur näher brachte.

So befand sich die junge czechische Partei eigentlich in einer
sehr günstigen Lage, die um so günstiger war, als sie sich über
Unterdrückung durch die Deutschen beklagen konnte, was schein=
bar sehr wahr war, obwohl das unterdrückende Beamtenthum,
das allein gemeint sein konnte, nur aus Czechen bestand und ob=
wohl der Druck in Oesterreich für alle Nationalitäten gleich war.
Hätten die Deutschen in Oesterreich es gewagt, so viel von ihrer
Nationalität zu sprechen, wie die Czechen, sie wären nach den
Wiener Konferenzen und den Karlsbader Beschlüssen, den Lieb=
lingskindern Metternichs, behandelt worden.　Ein Theil des land=
ständischen Adels, der durch das Metternich'sche Büreaukraten=
thum als solcher allen Einfluß verloren, schloß sich an eine Par=
tei an, die doch wenigstens dem Lande als Provinz wieder einige
Wichtigkeit geben, vielleicht die Landstände wieder beleben konnte.
Und der böhmische Adel ist reich.　Unter so günstigen Verhält=
nissen organisirte man sich, bildete Gesellschaften, bearbeitete das
offene Land, das eigentlich allen diesen Bestrebungen ferne stand,
gründete Zeitungen, die, wenn sie auch stumm sein mußten, doch
Vereinigungspunkte abgaben, kurz, that Alles, was eine Partei
kompakt und kräftig machen konnte.　Die Hauptsache aber war,
daß man im gegebenen Momente als Partei dastehen konnte, in
einem Staate, wo es keine Parteien gab, und endlich, daß man
sich und seine Kräfte kannte.

Dieß alles war bis zu einem hohen Grade der Fall, als
die Februarrevolution ausbrach.　Schon wenige Tage nach der
Flucht Louis Philipps sah es in Prag aus, als ob es nur
und ausschließlich von Czechen bewohnt wäre.　Die Deutschen

Einfluß gewonnen, da sie mit einem solchen Reichstage Oesterreich gänzlich von Deutschland abgetrennt hätten.

Der vierzehnte März in Wien und die Flucht Metternichs
brachten vollkommene Freiheit der Handlung, und nun zeigte sich
die vollendete Organisation und Gliederung der slavischen Partei
im schönsten Licht. Mit einem Male saßen Männer im Rathhause, die von Allen gekannt und wie zu ihren Aemtern prädestinirt waren, und wirkten andere, eben so auserwählte, in den
Straßen, die eine öffentliche Meinung machten, welche immer in
vollkommenster Harmonie mit den Beschlüssen der Männer des
Rathhauses waren. Die bisher unbedeutenden, aber doch existi-
renden czechischen Organe wurden unter der Preßfreiheit über
Nacht gewaltige Zeitungen, und Journalisten, von deren Talent
das Metternich'sche Regiment keinen Begriff hatte, zeigten sich als
kräftige, energische Publizisten voll Feuer, Geist und Beredtsamkeit. Unter diesen ragte Hawliczek, eine merkwürdige Erscheinung, hervor. Ich kannte ihn von Jugend auf; er saß einige
Jahre neben mir auf der Schulbank, und ich weiß, wie sehr er
ursprünglich Schriftsteller und Schriftstellerei mißachtete; aber
ein wahrer Fanatismus für seine Sache ließ ihn die Feder ergreifen und machte ihn selbst zu einem Polemiker, der, bei einem
längern Leben und in einer bekannteren Sprache, neben den
ausgezeichnetsten Kämpfern mit der Feder genannt worden wäre.
Bei aller Derbheit war er slavisch-verschmitzt, bei allem Fanatismus behielt er einen praktisch offenen Blick. Er hatte etwas
von den alten Hussiten in seiner Seele. Er wurde das Vorbild
vieler junger Leute, meist Studenten, denen zwar sein Geist
fehlte, die sich aber an seinem Fanatismus entzündeten, in Palacky's Geschichte ihren positiven Anhaltspunkt fanden und so geeignet waren, in solcher Zeit auf die Massen zu wirken. Von
Tag zu Tag vergrößerten und vervollständigten sich die Reihen
der wirkenden Czechen, da sie ihre Leute kannten und Alles, was
dienen konnte, in diesem wichtigen Momente unter die Fahnen
riefen. So wurde in aller Eile Rieger aus Italien zurück-

berufen, wo er ſich der Geſundheit halber aufhielt, und er eilte
raſch herbei, um bald und bis auf den heutigen Tag eine wich=
tige Rolle zu ſpielen.

Wie anders ging es uns Deutſchen! Nur Ein Beiſpiel an=
ſtatt vieler. Auch wir wollten uns ein Organ ſchaffen und be=
riefen einen jungen Deutſchböhmen, der an einer deutſchen Uni=
verſität verweilte und ſich in einer bedeutenden deutſchen Zeit=
ſchrift als talentvollen Stiliſten erwieſen hatte. Er kam ſo eilig
herbei wie Rieger aus Italien, aber kaum drei Tage nach ſeiner
Ankunft war er zu den Czechen übergegangen. Wir brachten
keine Zeitung zu Stande und mußten froh ſein, wenn wir in das
höchſt gemäßigte, mit beiden Parteien tranſigirende Blatt der
Brüder Haaſe oder gar in die offizielle Prager Zeitung einen
Artikel bringen konnten. Bei dem loyalen Auftreten der Czechen
und ihrem gleichzeitigen imponirenden Gebahren mit den Maſſen
hinter ſich, waren wir die Revolutionären und zugleich die Schwa=
chen; eine doppelte Urſache für das ängſtliche Kapital, wie über=
haupt für die ängſtlichen Gemüther, ſich von uns zurückzuziehen.

Mit der Prager Deputation kamen aus Wien viele czechiſche
und andere Studenten aus andern ſlaviſchen Ländern zurück.
Letztere trugen ſlaviſche Tracht und wurden mit Enthuſiasmus
empfangen. Wenige Tage darauf trug die ganze ſlaviſche Partei
ſlaviſche Tracht, und was dieſe Tracht trug, gehörte wie von ſelbſt
zu der großen Verbindung der „Swornoſt" oder Eintracht.
Dieſe Verbindung war bewaffnet, und obwohl eigentlich nicht zur
Nationalgarde gehörend, beherrſchte ſie durch ihr jugendliches und
feuriges Weſen wie durch ihre Zahl bald die Nationalgarde wie
die ganze Stadt. Prag gehörte der Swornoſt, und die Swornoſt
gehörte den wenigen Parteiführern. Die Swornoſt, von Einge=
weihten geleitet, zum Theile dem Volke angehörend und überall
mit dem Volke in Berührung, konnte die Maſſen nach Belieben
in Bewegung ſetzen oder zurückhalten. Die Organiſation war
vollendet, und offizielle Nationalgarde, bewaffnete Studenten=
ſchaft und die zerfahrene deutſche Partei, die eigentlich als ſolche

nicht existirte, waren diesem Organismus gegenüber beinahe lächerlich.

Es galt nun, eine Körperschaft zu schaffen, die gewissermaßen das Land konstitutionell repräsentire, eine Wohlthat scheine, indem sie die Ordnung in die Hand nahm, und im gegebenen Falle dem Wiener Ministerium Pillersdorf, überhaupt der deutschen Wiener Revolution gegenüberstehe. Man schuf den National-Ausschuß (Narodny Wibor). Man berief eine Volksversammlung in das Wenzelsbad und las ihr eine Namensliste von Deputirten vor, die beinahe ohne alle Opposition durch Akklamation angenommen wurde. Auf dieser Liste befanden sich die Namen der Slaven, die bereits Sommitäten waren oder es werden sollten, wie Schaffarik, Palacky, Hanka, Rieger, Hawliczek u. A., mehrere Magnaten, die bereits seit lange zu den Czechen gehörten oder jetzt aus Politik zu ihnen hielten, wie die beiden Grafen Franz und Mathias Thun, Graf Erwein Nostiz, Graf Laczansky, Graf Wurmbrand, Fürst Camille Rohan u. A. Um unparteiisch zu sein, wählte man auch drei Deutsche: den Dichter, Hofrath Karl Egon Ebert, der konservativ war und von dem man nicht wußte, ob er zu Deutschen oder Czechen hielt, den Dichter Alfred Meißner, der damals Sozialist und rother Republikaner war, und den Schreiber dieser Zeilen.

Der so gewählte National-Ausschuß zog mit großer Feierlichkeit und von ungeheuren Volksmassen begleitet auf den Hradschin, in die Domkirche, um seine Thätigkeit mit einem pompösen Gottesdienst zu beginnen; die Sitzungen wurden im Gubernialgebäude gehalten, und Graf Stadion, Gouverneur von Böhmen, hatte den Vorsitz. So wurde im Namen des Kaisers getagt. Graf Stadion sagte zu Allem: Ja. Es waren natürlich die Czechen, die Vorschläge machten und annahmen. Die deutsche unendliche Minorität — wir hatten, Ebert mitgezählt, drei Stimmen — war natürlich in keiner Weise maßgebend. Indessen handelte es sich zu Anfang nur um Administratives und um Verwirklichung der von den Wienern errungenen freiheitlichen

Konzessionen, und wir konnten ohne Opposition und mit gutem
Gewissen mitstimmen.

Der National-Ausschuß zeigte sich, trotz des starken aristo-
kratischen Elementes, in Bezug auf diese freiheitlichen Konzessionen viel liberaler als selbst ein großer Theil der sogenannten
Intelligenz. Diese, aus Gelehrten, Schriftstellern, Advokaten ꝛc.
bestehend, hatte sich eines Tages versammelt, um über die neue
Preßfreiheit zu berathen. Vorherrschend bei dieser Berathung
war die Angst vor dem Mißbrauche der Presse, und es wurde ein
Antrag gestellt, der darauf hinauslief, die eben abgeschaffte
Zensur in etwas anderer Gestalt wieder einzuführen. Man wollte
ein Komité niedersetzen, dem Alles, was gedruckt werden sollte,
vorgelegt werden und das über Zweckmäßigkeit und Unzweck-
mäßigkeit der Veröffentlichung entscheiden sollte. Die Majorität
in ihrer Aengstlichkeit schien diesen Antrag sehr praktisch zu finden
und war bereit, sich freiwillig die Sklaverei aufzulegen, die man
eben erst abgeschüttelt hatte. Ich trat gegen diesen Antrag auf
und wurde sofort von Hawliczek aufs Kräftigste unterstützt. Da
wir Beide erklärten, daß eine solche freiwillige Sklaverei eine
doppelte Schande sei, daß wir uns ihr nie fügen würden, und
da man uns gesetzlich nicht mehr unter die beabsichtigte Zensur
zwingen konnte, ließ man den Antrag fallen.

Im National-Ausschuß hingegen machte man nicht den geringsten Versuch, die neuen Freiheiten zu beschneiden. Erst als
die Nationalitätsfrage an die Tagesordnung kam, wurde er usur-
patorisch und gewaltthätig.

Deutschland hatte sich geregt, Berlin war frei und trug die
dreifarbige Kokarde, in Frankfurt hatte das Vorparlament getagt, der Fünfziger-Ausschuß gab einen Mittelpunkt ab, ein
deutsches Parlament sollte beschickt werden. Damit kam einige
Regung und einiges Bewußtsein in die Deutschen Böhmens. Sie,
die das Geld und die Bildung, die Industrie und den Handel
besaßen, waren bis jetzt dem thätigen und folgerechten Treiben der
Slaven wie in einem lethargischen Zustande gegenüber gestanden;

sie, die wenigstens zwei Fünftheile der Landesbevölkerung ausmachten und zweiundvierzig Millionen Deutsche hinter sich hatten.
Jetzt erinnerte man sich, daß man deutsch war und daß man nicht
ausgeschlossen sein wollte, wenn Deutschland einig wurde. Was
noch vor wenigen Tagen unmöglich schien, machte sich nun halb
und halb von selbst. Bei den Studenten, deren Lieutenant ich
war, wurde es mir nun leicht, eine kleine Schaar um mich zu
versammeln; es schlossen sich bald Andere an: Doktoren, Advokaten, Kaufleute, und als man eine öffentliche Versammlung zu
Stande brachte, zeigte es sich, daß wir selbst in einem Theile des
Volkes Sympathieen hatten. Auf dieser Versammlung wurde
ich in das Komité der Deutschen gewählt, aus welchem ich, da
es sich bildete, ausgeschlossen worden. Warum? Ich hatte drei
Verbrechen begangen. Gleich nach den Wiener Konzessionen
schrieb ich einen Aufruf an das Volk, in welchem ich es warnte,
jetzt schon die Hände in den Schooß zu legen; es handle sich
darum, sich Garantieen der Freiheit zu verschaffen: ohne solche
Garantieen sei eine Reaktion unausweichlich. Das zweite Verbrechen war, daß ich zu Gunsten der Freiheit der Italiener geschrieben hatte, was mir diese Deutschen, die ein freies Parlament bescheiden wollten, nicht verzeihen konnten. Das dritte Verbrechen war mein Sitz im Nationalausschuß. Er war slavisch
in seiner Majorität, ich war also, trotz meiner Opposition, ein
Verräther. Ein Reichenberger Blatt gab mir geradezu diesen
Titel. Doch sei diesem Blatte Dank; es war eines der ersten
Organe, die für die deutsche Sache auftraten. Die Volksversammlung aber hielt mich nicht für einen Verräther, und obwohl
ich uneingeladen auf die Tribüne trat, schickte sie mich in das
Komité der Deutschen.

Einzelne Deutsche steckten nun die schwarz-roth-goldene Kokarde auf; sie wurden mißhandelt; die Slaven kamen in große
Gährung und nahmen eine feindliche Stellung ein.

Sie waren fest entschlossen, die Frankfurter Parlamentsfrage
nicht aufkommen, wo möglich nicht einmal diskutiren zu lassen.

Sie waren darin nur logisch. Ihnen war Böhmen nicht deutsch;
von ihrem nationalen Standpunkte brauchten sie eine achthundert-
jährige Geschichte nicht anzuerkennen; wir Deutschen waren ihnen
Eindringlinge und Usurpatoren; in den Kaffeehäusern diskutirte
man die Zukunft, die wenigstens das alte großböhmische Reich
sammt Schlesien wieder herstellen müsse. Von Rußland wurde
nicht gesprochen, aber es verstand sich von selbst, daß, wie wir
uns an die deutschen Brüder anzuschließen strebten, sie sich im
gegebenen Falle mit den slavischen verbinden könnten. Nur Hawliczek war so aufrichtig, mir, auf der Straße, in klaren Worten
zu sagen: Ja, ja, wir sind lieber russische Leibeigene, als freie
Deutsche. — Darf ich von diesen Worten öffentlichen Gebrauch
machen? fragte ich. — Sagen Sie es der ganzen Welt! rief er
und kehrte mir den Rücken. Ich hatte bald Gelegenheit, diesen
Ausspruch Hawliczeks zu gebrauchen. Im deutschen Komité ver-
anstaltete man eine Deputation an den Nationalausschuß, welche
für die Deutschen dieselbe Freiheit verlangen sollte, deren sich die
Czechen erfreuten. Diese trugen nicht nur ihr Nationalkostüm,
das Prag tant soit peu den Anstrich eines Maskenballes gab,
sie trugen auch die weißrothe böhmische Kokarde und steckten
überall ihre Fahnen heraus. Die Deputation sollte dasselbe
Recht und den Schutz dieses Rechtes vom Nationalausschuß in
Anspruch nehmen. Unsere Absicht war, die Frage zum Ausbruch
zu bringen und den Nationalausschuß, der sich sonst so radikal
geberdete, zu entlarven, indem wir ihn zur Enthüllung seiner
gegen das Deutschthum gerichteten Pläne brachten. — Die Deputation erschien, geschmückt mit dem schwarz-roth-goldenen Bande.
Man suchte sie mit guten Worten abzufertigen, ohne entschiedene
Antwort zu geben. Da ich der einzige Redner unter den Deutschen war, erhob ich mich zur Vertheidigung der deutschen Farben,
um dann auf die Frankfurter Parlamentsfrage überzugehen.
Ich sprach sehr versöhnlich, indem ich die schöne Rolle hervorhob,
die Böhmen, mit Deutschland verbunden, als Vermittler der
deutschen Zivilisation nach Osten zu spielen könnte. Ich benutzte

damals, nebenbei gesagt, jene Ausdrücke des „Zivilisation nach
Osten Tragens," deren sich später Herr v. Gagern in Beziehung
auf Oesterreich bediente und für die der Unglückliche so viel
Spott hatte leiden müssen. Trotz meiner Mäßigung ließ man
mich nicht lange fortfahren, man widersprach mir, man erhitzte
sich und mich, und ich ließ mich zu einer Anspielung auf russische
Absichten hinreißen. Widerspruch von allen Seiten und gewaltiges Geschrei. Der alte Hanka, der Finder oder Erfinder der
Königinhofer Handschrift, gerade Derjenige, dessen russische Sympathieen am Wenigsten ein Geheimniß waren, erhob sich, sprang
mir einige Schritte entgegen, und beide Fäuste ballend und
drohend, rief er mir: Verräther! Verräther! zu. Ich stand am
Fenster, und Alfred Meißner, der neben mir saß, raunte mir ins
Ohr: Gib Acht aufs Fenster! anspielend auf die beliebten historischen böhmischen Fensterstürze. — Da rief ich ihnen das Wort
Hawliczeks zu; der Lärm wurde größer, und Hawliczek sprang
auf und leugnete das Wort.

Da es durch diesen Vorgang selbst den Vertrauensvollsten
unter den Deutschen klar wurde, daß vom Nationalausschuß für
die deutsche Sache keine Gerechtigkeit zu hoffen war, unsere
deutsche Minorität in demselben nur wie ein Spott aussah und
ich persönlich vielen Deutschen als ein Halber erschien, so lange
ich an den Berathungen Theil nahm, gaben wir, Meißner und
ich, unsere Demission.

Mittlerweile hatte sich das deutsche Komité mit den deutschen
Städten des offenen Landes in lebhafte Verbindung gesetzt, und
siehe da, es kamen uns aus den verschiedensten Gegenden mehr
Sympathieen entgegen, als wir erwartet hatten. Hie und da
hatten sich schon Ausschüsse ganz in unserem Sinne gebildet; an
anderen Orten schuf man solche auf unsere Veranlassung mit
größter Bereitwilligkeit, ja mit Begeisterung. Die gute Stadt
Leitmeritz schickte einige Abgeordnete nach Prag, um sich mit uns
in direkte Verbindung zu setzen und Mittel und Wege zu unserem
Zwecke zu besprechen. Man beschloß eine Deputation nach Wien,

welche dort unsere Rechte geltend machen und die Ausschreibung
der Wahlen für Frankfurt bewirken sollte. Ein reicher Prager
Bürger, der beweisen sollte, daß der große Besitz mit uns sei,
ein Dr. Juris (ich nenne so wenige Namen als möglich, da ich,
in der Ferne, die Stellung nicht kenne, die jetzt die betheiligten
Personen einnehmen und ich ihnen mit mancher Erinnerung vielleicht schaden könnte) und ich wurden mit diesem Auftrage be-
ehrt. Wir sollten uns mit unseren gerechten Forderungen und
Beschwerden geradenwegs an den Kaiser und an den Minister
Pillersdorf wenden.

Der Anblick Wiens erfüllte uns mit Freude und Wehmuth zugleich. Dieser Genuß der gewonnenen Freiheit, dieses frische, junge
Leben, dieser Frühling in allen Gemüthern, diese festlich frohe
Stimmung überall — wie verschieden war Das alles von der
düsteren, brütenden, argwohnerfüllten Bewegung Böhmens! Elf
Jahre später erlebte ich etwas Aehnliches, als ich aus dem ver-
pfafften, nun befreiten Bologna nach dem freudigen Florenz kam.

Der Kaiser Ferdinand war krank, und sein Bruder, Erzherzog
Franz Karl, sollte uns als sein alter ego empfangen. Kaum
waren wir in den Vorsaal getreten, als uns ein Kammerherr
desselben, ein Graf Isolan, mit ausgebreiteten Armen ent-
gegenstürzte und uns als Brüder mit brüderlicher Begeisterung
empfing. Graf Isolan ist, wie männiglich aus Schillers Wallen-
stein weiß, ein Kroat, also ein Slave. Er hatte von einer böhmischen Deputation gehört: er erwartete slavische Brüder. Ich
werde das Gesicht nie vergessen, mit dem er unsere Bitte, „eine
deutsche Deputation" zu melden, anhörte. Diese Enttäuschung!
diese Verlegenheit! Doch faßte er sich als guter Hofmann sehr
rasch und eilte mit anerkennenswerther Gefälligkeit, uns anzumelden.

Man führte uns in ein Zimmer, das zum Theil mit Bildern
aus den Kriegen von 1809 und 1813 geschmückt war. Der Erzherzog trat aus einer innern Stube und blieb kaum zwei Schritte
von der Thüre stehen, aus der er getreten war, und bat uns,
herbeizukommen. Er war sehr aufgeregt und schüchtern. Es

begann nun eine höchst sonderbare Audienz. So lange wir die verwickelten Verhältnisse Böhmens auseinandersetzten, schwieg der Erzherzog und hörte mit großer Spannung zu, als ob er etwas ganz Neues hörte. Erst da wir auf Einzelnes kamen, Jeder von uns das Seinige hinzufügte und der Erzherzog sich etwas orientirt hatte, antwortete er hie und da, aber beinahe immer mit den Worten des Vorredners. Der Prager Bürger z. B. versicherte, daß die Deutschen in Böhmen ganz gute Unterthanen seien. — Ach ja, fiel ihm der Erzherzog, immer gut Wienerisch sprechend, ins Wort — ach ja — Das sein so gute Unterthanen. Schaun's, ich bin in Reichenberg gewesen, und da hab ich's g'sehn, das sein so gute Unterthanen, aber so gut, so treu. — Und wieder, als ich eben vom deutschen Prinzip gesprochen hatte, rief er: Ja freilich, da um Reichenberg herum, da ist überall das deutsche Prinzip, ich hab's selber g'sehn, wie ich bin in Reichenberg g'wesen; da ist überall das deutsche Prinzip. — Als dann Einer von uns versicherte, daß sich die Deutschen in Böhmen nicht werden von den Czechen terrorisiren und slavisiren lassen, daß sie sich im Nothfalle lieber losreißen und, wenigstens die Gränzbezirke, lieber an Sachsen und Baiern anschließen werden, rief der Erzherzog voll Schrecken die Hände in einander schlagend: Daß Gott behüte! Das wär' ja schrecklich! — Als ich den Erzherzog in meiner Schlußrede daran erinnerte, daß doch auch die Habsburger Deutsche seien, fiel er mir mit einer Bewegung, als ob er sich plötzlich an etwas längst Vergessenes erinnerte, ins Wort und sagte lächelnd: Freilich, wir sein ja Deutsche, freilich, wir sein Deutsche!

Gegen Ende fragte er uns nach unseren Namen, und siehe da, er kannte sie alle drei als höchst ehrenwerthe Namen. Zum Schlusse, ohne uns irgend welche entscheidende Antwort zu geben, oder eine eigene Ansicht auszusprechen, bat er noch aufs Gemüthlichste: Jetzt, sein Sie so gut und gehen Sie zum Pillersdorf und sagen Sie ihm Alles so schön, wie Sie mir's g'sagt haben; werden wir schaun, wie wir Hand in Hand gehen.

Mit dem Minister hatten wir eine weit ausführlichere Konferenz. Er war sehr freundlich und zuvorkommend, aber man konnte es ihm ansehen, daß ihm die Beschickung des Frankfurter Parlaments beinahe eben so unangenehm war, wie den Czechen, und daß er keine Lust hatte, es mit diesen zu Gunsten eines deutschen Reichstages zu verderben. Mit ihrer Loyalität hatten sie bereits erreicht, was sie wollten; die Regierung fürchtete sie und freute sich zugleich, an ihnen Bundesgenossen zu haben. Als wir den Minister verließen, erfuhren wir im Vorzimmer, daß uns eine czechische Deputation um eine halbe Stunde zuvorgekommen war. Wir erkannten, daß wir von der offiziellen Welt nichts zu hoffen hatten, und beschlossen, uns auf die öffentliche Meinung allein zu stützen und auf eigene Faust zu handeln.

Nachdem wir uns mit dem deutschen Verein Wiens, der meist aus Deutschböhmen bestand, in Verbindung gesetzt, reisten meine beiden Kollegen nach Prag zurück, um dem Komité zu berichten und von diesem Alles zu den Wahlen vorbereiten zu lassen. Ich blieb in Wien, um in unserem Sinne zu wirken und die maßgebenden Mächte für unsere Sache zu gewinnen. In der Aufregung damaliger Zeit, da jede Stadt, und vorzugsweise Wien, mit sich selbst und den eigenen Angelegenheiten zu thun hatte, waren die Vorgänge in Prag der Hauptstadt, so zu sagen, ein Geheimniß geblieben. Man sah, daß sich Prag regte, und damit war man zufrieden; in jeder Bewegung, die damals immer als eine revolutionäre vorausgesetzt wurde, sah man einen Zuzug, eine Hülfe, ohne weiter zu fragen, wohin diese Bewegung strebte. Die Prager Bewegung war schon dieselbe, welche sieben Monate später den Fall Wiens herbeiführte. Ich hatte noch mehrere Besprechungen mit dem deutschen Verein, der in der That sofort in unserem Sinne auf die deutschen Kreise Böhmens zu wirken anfing, und sprach in der Aula vor den Studenten und dann vor dem eigens zu diesem Zwecke zusammenberufenen Schriftstellerverein. Die Aula war von großer Wichtigkeit; die Studenten waren allmächtig. Aber ich machte daselbst eine

überraschende Erfahrung. Kaum hatte ich gesprochen, als ein
Student die Tribüne stürmte und mich, ganz im czechischen
Sinne, auf das Gröbste und Roheste ablanzelte; diesem folgte
ein anderer, etwas gebildeterer Redner, der aber ganz in demselben Sinne sprach und aus den Acklamationen, welche dort und
da aus der Studentenschaft diese Redner empfingen, erkannte ich,
daß die Wiener Aula vom Czechenthum infizirt, oder, um mich
eigentlicher auszudrücken, daß auch in der Aula das Czechenthum
vertreten war und seine Vertheidiger fand. Die Bestrebungen
der Czechen wurden als die der Freiheit dargestellt, und mit deutscher Großmuth glaubte die Aula diese gewähren lassen zu müssen
und weiter nicht viel darnach zu fragen, wie es bei diesen Frei-
heitsbestrebungen mit der Freiheit der Deutschen stehe. Glücklicherweise hatte mir die pöbelhafte Art des ersten Redners schnell
eine Partei gemacht und mir zugleich die Punkte angegeben, die
aufzuklären waren, und ich hatte die Genugthuung, in der Aula
eine zum Deutschthum bekehrte Partei von Deutschen zu hinterlassen.

Es handelte sich aber vorzugsweise darum, daß unsere Be-
drängniß bekannt und daß das Augenmerk Deutschlands auf uns
gerichtet werde. Dazu sollte mir der Schriftstellerverein verhelfen.
Auch dort fand ich Leute, die bereit waren, die Czechen gegen
uns Deutsche als gegen Usurpatoren und Unterdrücker in Schutz
zu nehmen. Saphir war der Erste, der mir mit Wärme beitrat,
und am Ende erhielt ich die beinahe allgemeine Versicherung, daß
man die Angelegenheiten Böhmens künftig nicht vernachlässigen
wolle. Doch erinnere ich mich nicht, daß sich damals deutsche
Zeitungen viel mit uns beschäftigt hätten. Ich erinnere mich nur
einiger Artikel, die August v. Rochow, den ich in Wien traf,
über die schlimme Lage der Deutschen in Böhmen in der „Allgemeinen Zeitung" veröffentlichte.

Nach drei Tagen folgte ich verabredetermaßen meinen Kollegen. Am Bahnhofe zu Prag standen einige Studenten, die
sich mit mir in ein Gespräch einließen, sich als gute Deutsche zu

erkennen gaben und mich in mein Gasthaus begleiteten. Auf
dem Wege erzählten sie mir, daß die Czechen in großer Aufregung und zu Allem entschlossen seien, um die Wahlen für Frankfurt zu verhindern. Der bloße Gedanke an Frankfurt mache die
Swornoster wüthend. Auch wüßten die Czechen schon Alles, was
ich in Wien gethan und gesprochen, und sie seien nicht gut auf
mich zu sprechen. — Für den Abend war eine große Versammlung der Deutschen angesagt, in der ich Bericht erstatten sollte.
Ich ging auf meine Stube und wechselte die Kleider. Als ich
wieder vor die Thüre trat, um mich in die Versammlung zu begeben, standen dieselben Studenten noch da. Sie umringten
mich und gingen mit mir in die Versammlung. Ich fing an zu
merken, daß ich eine Leibwache hatte.

Die Versammlung im Konvikt-Saale war sehr zahlreich besucht. Als ich die Estrade bestieg, um meinen Bericht zu erstatten, flüsterte man mir zu, daß draußen im Hofe bewaffnete·
Swornoster umherstreiften; in der That hatte ich in der Dämmerung selbst einige bemerkt, und Einzelne, von der Oeffentlichkeit
unserer Sitzungen Gebrauch machend, saßen sogar mit ihren slavischen Sackmützen mitten unter den Deutschen im Saale. Das
machte mich stutzig, ebenso der Umstand, daß ein Redner vor mir,
ein Mitglied unseres Komités, mit dem ich mich noch nicht hatte
besprechen können, soeben mit zitternder Stimme der Versammlung insinuirt hatte, alle germanischen Tendenzen aufzugeben und
ihr Deutschthum nur dadurch zu beweisen, daß man Geld sammle
Behufs der Bewaffnung der Tiroler gegen die Italiener. Ich
nahm mir darum vor, keine Zeit zu verlieren, mit den kürzesten
Worten auf die Frankfurter Wahlen zu kommen, zu ermahnen,
daß man die Schritte der Regierung und ihre Erlasse nicht ab-
warte, und selbst die Wahlen nach Frankfurt zu proklamiren.
Alles Das sagte ich in wenigen Sätzen und rief: Wir werden
wählen! Auf dieses Wort hin erhob sich mitten im Saale ein
furchtbares Getümmel, und in demselben Augenblicke drangen von
allen Seiten Bewaffnete herein, schreiend, fluchend und alle mög-

lichen Drohungen ausstoßend. Die Deutschen waren unbewaffnet.
Es entstand eine ungeheure Verwirrung; viele Deutsche drängten
zur selben Thüre hinaus, durch die die Czechen, Degen und Feuer-
gewehre schwingend, hereindrangen. Im Momente gehörte der
Saal ihnen, und ehe man sich Dessen versah, stand Hawliczek,
ebenfalls bewaffnet und in Swornost-Tracht, auf der Tribüne
und schrie deutschfeindliche Worte in das Getümmel hinein. Von
Deutschen war nichts übrig, als einige Mitglieder des Komités.

Im Gasthause, in dem wir uns früherer Verabredung gemäß nach der Versammlung zusammenfanden, saß schon eines
der Komité-Mitglieder, derselbe Mann, der gerathen hatte, das
Deutschthum durch Sammlungen für die Tiroler gegen die Italiener zu bethätigen. Er war in Thränen aufgelöst, gab Alles
verloren und beschwor uns, abzulassen, da unsere Bestrebungen
nur Mord und Todtschlag zu Wege bringen können. Da wir
darauf nicht eingingen, gab er seine Entlassung und schlich weinend
davon. Der Rest des Komités blieb zusammen und schrieb an
die verschiedenen Wahlkreise Deutschböhmens, sie sämmtlich auf-
fordernd, die kaiserlichen Erlasse nicht abzuwarten, die Wahlen
für Frankfurt vorzubereiten und diese unfehlbar am 10. Mai vor-
zunehmen, selbst wenn die Regierung sie bis dahin noch nicht
ausgeschrieben haben sollte. Wenige Tage darauf hatten wir
Antworten und alle freudigen Anzeichen, daß das Land auf unser
Verfahren mit Energie einging. Um in lauern Gegenden die
patriotische Gluth zu schüren, gingen Einzelne von uns dahin ab
und thaten das Ihre.

Die Czechen waren indessen auch nicht müßig gewesen. Unzählige junge und alte Emissäre durchzogen das Land und wagten sich selbst in deutsche Gegenden, um gegen das deutsche Interesse zu wühlen. Vorzugsweise aber bearbeiteten sie die czechischen Kreise, um für den Fall, daß die Wiener Regierung doch
die Wahlen ausschreiben würde, diese von vornherein zu verdächtigen und unmöglich zu machen. In gemischten Bezirken kam
es zu allerlei handgreiflichen Händeln. Die Parteienwuth ging

bereits so weit, daß man, wie mir viel später erzählt wurde,
einer armen alten Tante von mir, die von Politik so viel wußte
wie von der baskischen Sprache, und die verloren und in den
allerärmlichsten Verhältnissen lebend in einem kleinen czechischen
Städtchen stak, eine arge Katzenmusik brachte.

In Prag selbst wurde es düster. Diese alte Hauptstadt, deren
Volk in verschiedenen Epochen so große Eigenschaften gezeigt hat,
besitzt heute einen Pöbel, wie ihn nur wenige Städte des Kon-
tinentes aufzuweisen haben. An Rohheit läßt er sich nur mit
dem Londoner Mob vergleichen, doch ist er nicht so muthig wie
dieser, obwohl zu allen Ausschweifungen leicht verführbar. Bier,
Branntwein, materielles Elend und die von dem österreichischen
Systeme und dem Kirchenregimente gepflegte Unbildung haben
ihn zu Dem gemacht, was er ist — wenigstens noch im Jahre
1848 war. Dieser Pöbel stand hinter der Swornost, die ihn vermittelst einiger improvisirter und parodirter Kleone, wie z. B.
durch den Fuhrmanns-Gastwirth Faster von der „Goldenen Gans,"
in Bewegung setzte, lenkte und leitete. Im April stand er in
voller Gährung. Ich weiß nicht, wie weit die Anklagen gerecht
sind, die sich damals überall erhoben und die behaupteten, daß
Alles, was nun von diesem Pöbel geschah, im Sinne der czechischen Partei gewesen sei, die ihn für mögliche Fälle habe in Bewegung bringen, üben und zugleich ihre Macht habe zeigen wollen.
Gewiß ist, daß diese Masse nur dieser Partei gedient haben würde,
gewiß ist auch, daß die Swornost, die den größten Einfluß auf
den Mob hatte, sich ihm bei allen Ausschweifungen am Wenigsten
entgegensetzte, ja ihn mit Ruhe gewähren ließ. Indessen ist es
doch gewagt, eine solche Anklage aufkommen zu lassen; in solchen
Zeiten bedarf eine solche Masse nicht erst des Anstoßes, um in
Bewegung zu gerathen, und wenn die Swornost nichts gegen sie
that, so hat sie sich diese Unterlassungssünde vielleicht nur zu
Schulden kommen lassen, um sich dieselbe, die sie brauchen konnte,
nicht zum Feinde zu machen. Ihre Schuld wäre dann nur eine
negative. Allerdings könnte auch Manches angeführt werden,

was die Schuld der Swornost als eine positive erscheinen läßt. Ich habe z. B. oben besagten Faster in seiner Bierstube selber seine populären Gäste gegen die Deutschen aufreizen hören, und auf einem Rundgange durch die Stadt, da ich in dieser trüben Zeit die öffentliche Stimmung erkunden wollte, traf ich eines Abends einen gewissen Arnold, der von der czechischen Partei immer als einer der Ihren anerkannt wurde, von einem Volks- haufen umgeben, dem er predigte, daß mit diesen Deutschen kurzer Prozeß und ein rasches Ende gemacht werden müsse.

Aber ich will nur weiter erzählen, welche Entwicklung die Prager Bewegung durchgemacht und was die Revolution, die überall so viel Erhebendes, Großes, Edles ans Licht gebracht, was diese selbe Revolution in Prag erbärmlich, gemein, wider- wärtig machte.

Der Heldensinn des Prager Pöbels, sein Freiheitsdrang wandte sich erst gegen einige Bäckerläden und, in Folge dieses Triumphes ermuthigt, gegen die Juden. Vielleicht war Das nur eine Reminiszenz an die Zeiten König Wenzels des Faulen und hätte man sich erst recht hussitisch und böhmisch gefühlt, wenn man in Allem und Jedem wie damals, zu Anfang des 15. Jahrhunderts, aufgetreten wäre.

Schon seit mehreren Tagen ging das Gerücht, daß es auf eine Judenhetze abgesehen sei; die Behörden trafen ihre Maß- regeln, aber sie und die Nationalgarde waren ohnmächtig. Die Swornost, die etwas hätte thun können, that nichts. Die Juden, bereits mehrere Male im Tandelmarkte angegriffen, schlossen ihre Kramläden und zogen sich in die Judenstadt zurück. Eines Tages, mit zwei Freunden in der Nähe des Theaters spazierend, hörten wir vom Tandelmarkt her einen gewaltigen Lärm: Geschrei und Gepolter, als ob Bretter und Balken übereinander stürzten. Wir eilten hin und sahen, wie ein wilder Haufe die leeren Kramstellen der Juden niederriß. Dieß geschehen, schrieen sie: Auf die Juden! In die Judengasse! — Ich eilte nach Hause und holte meine Waffen, dann ins Karolinum, das Prager Universitäts-

gebäude. Ich fand eine Anzahl Studenten und unter dieſen
einige, die bereit waren, den armen Juden zu Hülfe zu kommen.
Wir bildeten eine kleine Rotte, und der brave Schiller, Lieutenant
der Studenten, ſtellte ſich als Führer vor den Zug. Neben mir
marſchirte Dr. Johannes Spielmann, der zweite Direktor des
Irrenhauſes. Auf dem Altſtädter Ringe angekommen, fanden wir
den ganzen Theil des großen Platzes, der an die Judenſtadt
ſtößt, von einer ungeheuren Volksmaſſe vollgedrängt. Sie ſchrie,
ſie ſchimpfte, ſie erfand Anklagen gegen die Juden, um ſich
gegenſeitig zum Angriff und zu Gewaltthaten aufzumuntern.
Unſer braver Führer kommandirte vorwärts, und wir marſchirten,
eng an einander geſchloſſen, durch die wüthende Menge. Ihre
ganze Wuth richtete ſich gegen uns, da ſie erkannten, daß wir
den Juden zu Hülfe eilten. Aber ſie wagten es nicht, uns an-
zugreifen. Hätte nur Einer den Muth gefunden, in unſere
kleine Schaar hineinzugreifen, wir waren verloren. Sie begnügten
ſich, in Worten und mit Geberden zu wüthen. Ich werde nie
das wuthblaſſe Geſicht eines Maurerpaliers vergeſſen, der einer
der Maſſenführer war, immer neben uns einherlief und ſchnau-
bend, beinahe ſchäumend wiederholte: Ich bin auch ein gebildeter Menſch, aber daß man Juden beſchützt, Das habe ich nie
gehört! — Wir kamen glücklich an dem Marmorbrunnen vorbei und in die Nähe der alten Nikolauskirche, in die ſchmale
Gaſſe, die in die Judengaſſe auf den Drei-Brunnenplatz führt.
Es war ein ſchwerer Gang geweſen.

Dort fanden wir ſchon einige Studenten und unter dieſen
mehrere, die zur czechiſchen Partei gehörten. Wir bildeten eine
Kette, fällten das Bajonett und ſchloſſen die in die Judenſtadt
führende Gaſſe ab. Das Volk, mit Schimpfen und Schreien,
drängte ſo nahe heran, daß wir unſere Bajonette oft zurückziehen mußten, um die Vorderſten nicht zu ſpießen. So ſtanden
wir ſtundenlang.

Es iſt auffallend, daß wir die Judenſtadt nicht ſchon im
Beſitze des Pöbels fanden und daß er jetzt noch nicht an den

Angriff ging. Aber Das hatte seine Ursache. Die Haufen waren
schon diesen Morgen zurückgeschlagen worden und zwar auf die
wunderbarste, auf eine wahrhaft biblische Weise. Sie drangen
mit Wuthgeschrei und in der sichersten Hoffnung auf Beute bis
auf den Drei-Brunnenplatz; der größte Theil der Juden flüchtete
sich, Weiber und Kinder hatten sich versteckt. Es sah aus, als
sollten sie ihre niedrigen Gelüste auf wohlfeile Weise büßen
können. Aber ein einziger Mann machte ihre Hoffnungen zu
nichte und rettete die bedrängten Juden. Dieser, ein ehemaliger
Kunstreiter, der nach mannigfachen Fahrten in seine heimatliche
Judenstadt zurückgekehrt war, stürzte sich allein und waffenlos
dem hereinstürmenden Haufen entgegen, dort, wo ehemals das
Thor der Judenstadt gewesen und wo noch heute nur ein schmaler
Zugang offen ist. In dieser engen, hohen und düstern Gasse
faßte er einen großen Schrank, der vor dem Laden eines Alt-
Möbelhändlers stand, hob ihn in die Höhe über seinen Kopf
und stürzte so, wie Simson mit den Thoren von Gaza, den
Philistern entgegen. Entsetzen ergriff die Anstürmer, als sie den
gewaltigen Mann mit der noch gewaltigeren Waffe, wie einen
stürzenden Berg, mit großen Schritten auf sich zukommen sahen.
Es muß ihnen gewesen sein, als sähen sie ein Wunder; die Vordersten stürzten mit dem Schrei: Jesus, Maria und Joseph! auf
die Knie, die Andern ergriffen die Flucht.

Die Erinnerung an dieses Ereigniß war es wahrscheinlich,
welche die eben so feige als abergläubische Masse von einem entscheidenden Angriff abhielt und die unserer kleinen Anzahl zu
Gute kam. Nach und nach vergrößerte sich unsere Schaar durch
Studenten und Nationalgarden, die durch andere Zugänge zu
uns stießen. Unter den Studenten, die tapfer mit uns aus-
hielten, war auch der junge Fürst Rohan, damals ein Kind vielleicht von 16—17 Jahren. Endlich nach langem Harren kamen
einige Kompagnieen Grenadiere, vom General Serbelloni geführt, einem sehr einnehmenden alten Soldatengesichte, der sich
lächelnd durch die Massen tummelte. Mit den Grenadieren ver-

einigt säuberten wir den Platz. Die Menge vertheilte sich in die
an die Judenstadt stoßenden Straßen, in denen ausnahmsweise
auch Juden wohnen durften, und warf Steine in die Fenster.
Aber die Gefahr war noch nicht beschworen, und wir patrouillirten
noch die ganze Nacht durch die Straßen und zwar nicht vergebens,
da wir um Mitternacht einen Kahn am Landen verhinderten,
welcher im Rücken der Judenstadt, in der Nähe des „Ufers"
Plünderer ans Land setzen sollte. Da an diesem und an den
folgenden Tagen die Einnahme der Judenstadt so verhindert worden, versuchte man eine Judenverfolgung auf andere Weise einzuleiten. Ostern war da, und plötzlich tauchte die alte Geschichte
von einem verschwundenen Christen-Kinde auf, das gewiß die
Juden als Osterlamm geschlachtet hatten. Die Juden zitterten.
Aber nunmehr war man auf seiner Hut, und das Gewitter mit
Blutregen zog vorüber.

Hat man bei solchen Erscheinungen nicht Recht, zu sagen, daß
die Revolution in Prag einen widerwärtigen Charakter hatte?
Aber sie war nicht nur widerwärtig; für die Deutschen hatte sie
auch eine unendlich traurige Atmosphäre. Die Deutschen waren
nicht beliebter als die Juden, und gegen Deutsche sprachen sich
czechische Parteigänger so offen aus und mit bewußtem Hasse
als der Pöbel gegen die Juden. Ungefähr um dieselbe Zeit, da
ich Faster, Arnold und andere stump-orators so, wie oben gesagt, predigen hörte, kam Frau Jenny Lutzer-Dingelstedt, eine
geborene Pragerin, auf Gastrollen nach Prag. Sie sollte die
Hugenotten singen und bei der Gelegenheit, der herrschenden Mode
huldigend, einige czechische Nationallieder einlegen. Man erwartete eine czechische Demonstration, und ich ging ins Theater, um
diese zu sehen, wie wenig es mir auch ums Theater zu thun war.
Die Demonstration beschränkte sich auf fanatischen Applaus, mit
dem die czechischen Lieder aufgenommen wurden. Mir machte
Anderes Eindruck. Im Verlaufe der Vorstellung fiel mir die
Aehnlichkeit unserer Lage mit der der Hugenotten auf. Die
Deutschen in Böhmen waren von nicht minder fanatischen

Feinden umgeben. Eine unsägliche Trauer überfiel mich, und ich hätte weinen mögen, als eben ein bekannter czechischer Schriftsteller, der auch deutsch schreibt, an mir vorüberging und, mir auf die Schulter klopfend und auf die Bühne deutend, halb im Scherze, halb im Ernste sagte, als ob er meine Gedanken errathen hätte: So kann's euch auch noch geben. Ich lachte ihm ins Gesicht.

Bald darauf ging ich der Wahlen wegen aufs Land und wurde selbst gewählt. Da die Wahlen für Frankfurt in den deutschen Bezirken eine Thatsache waren, beschränkten die Slaven ihre Thätigkeit darauf, sie in Prag und in den czechischen Kreisen zu hintertreiben, was ihnen auch leicht gelang. Dieses sowie die Macht der vollendeten Thatsachen hat sie etwas beruhigt. So wenigstens scheint es mir; als Augenzeuge kann ich von diesem Moment an nichts mehr berichten, da ich bald nach meiner Wahl nach Frankfurt abging. Diese fand Statt, ohne daß der darauf bezügliche Regierungserlaß veröffentlicht worden wäre. In meinem wie in vielen anderen Wahlkreisen hinkte die Regierung dem fait accompli nach.

Als einige Passagiere des Elbschiffes erfuhren, daß sie einen Abgeordneten zur deutschen Reichsversammlung an Bord hatten, verlangten sie vom Kapitän, daß er die schwarz-roth-goldne Flagge ausstecke. Dieser aber weigerte sich. Er wolle das Leben seiner Passagiere nicht in Gefahr bringen; er habe die dreifarbige Fahne einmal aufgehißt, da sei vom Ufer aus auf das Schiff geschossen worden. Es sei ein Polytechniker gewesen. Seit damals wisse er sich beobachtet. Erst als wir Raudnitz hinter uns hatten, wurde die deutsche Einheitsflagge aus einem versteckten Winkel hervorgeholt.

So waren die letzten Eindrücke, die ich aus der Heimat mitnahm, welche ich nicht wieder sehen sollte.

Während ich dieses schreibe, höre ich von neuen Bewegungen in Böhmen; czechische Programme werden wieder veröffentlicht; alte Namen, die auch in diesen Zeilen genannt sind, tauchen von

Neuem auf, und ich sage mir, daß ich recht gethan mit Aufzeich=
nung dieser Erinnerungen. Es kann bald eine Zeit kommen,
da diese Vergangenheit zur Belehrung dienen dürfte.

II.

Frankfurter Septembertage.

Ueber Motive und Entwicklung der unglückseligen Frank=
furter Ereignisse des Septembers ist in den Antworten auf die
reaktionären Entstellungen und Verleumdungen seiner Zeit schon
die Wahrheit gesagt worden, und es fällt mir darum nicht ein,
mir und dem Publikum eine bereits erzählte Geschichte noch ein=
mal zu erzählen. Was ich hier liefere, sind Memoiren=Bruch=
stücke, in denen ich nur aufzeichne, was ich persönlich gesehen und
erlebt habe.

Auf der großen Volksversammlung der Bornheimer Heide
war ich nur Zuhörer, aber ich sah so viele Tausende zum Han=
deln bereit, daß ich mit Blum und Vogt und der Majorität der
Linken, als sie des Abends im deutschen Hofe dem Volke den
Abschied gaben und sich gegen den Aufstand erklärten, unzu=
frieden war, beinahe eben so unzufrieden, als das Volk selbst,
das im Hofe und in den Straßen in ungeheurer Menge versam=
melt war und eine andere Antwort erwartete. Als ich später, in
der Nacht vom 17. zum 18., gegen zwei Uhr über die Promenade
um die Stadt ging, begegnete ich überall großen Schaaren,
die, enttäuscht, Frankfurt verließen und in ihre Heimat zurück=
kehrten. Denn die Städte und Dörfer auf viele Meilen in der
Runde hatten ihr Kontingent zur beabsichtigten Revolution ge=
schickt. Von allen Seiten hallten Büchsenschüsse durch die milde
Nacht; die Abziehenden entluden ihre Gewehre der überflüssig
gewordenen Ladung. In der Stadt war es stille.

In der Sitzung des 18. waren die Linken von dem plötzlichen
Sturm auf die Paulskirche und durch die Gewandtheit, mit der
der dicke Gfrörer bei dieser Gelegenheit die Wände hinankletterte
gleich einer Riesenspinne, eben so überrascht und erfreut wie die
Rechte; und nach der kurzen Sitzung waren sie es, die über die
militärische Machtentfaltung in den Straßen erstaunten. Sie
hielten sie für überflüssig; sie wußten ja, daß es keinen Aufstand
geben sollte, daß die ungeheuere Mehrheit der Kampflustigen ab-
gezogen war. Auf der Neuen Kräm stand eine preußische Kompagnie und sah Gewehr bei Fuß zu, wie ungefähr vier Mann,
nicht fünfzehn Schritte von ihnen entfernt, eine erbärmliche Barrikade bauten. Eine Dame, die ich am Arme hatte, äußerte den
Wunsch, auch einmal eine Barrikade zu sehen, und der Haupt-
mann, der die Preußen kommandirte, hatte Das kaum gehört,
als er die Reihen öffnete, die Dame höflich einlud, vorzutreten,
und ihr die Honneurs der Barrikade machte. Zwei Mann hätten
hingereicht, die Barrikade mit ihren Kolben zu zerstören. Es war
an einen Kampf nicht zu denken.

Ich war von dieser Dame zu Tische geladen und begleitete
sie nach Hause, vor die Stadt. Wir saßen kaum eine Viertelstunde beim Essen, als sich von der Stadt her ein sonderbarer
Lärm hören ließ; ich horchte — zum zweiten Male — ich eilte
auf den Balkon — es war kein Zweifel, die Regelmäßigkeit der
Entladungen verrieth es — es waren Salven. Es war mir,
als wäre man da drin in der Stadt wahnsinnig geworden.
Sollte man nutzlos, zwecklos, zum bloßen Vergnügen oder aus
Leichtsinn, vielleicht aus Perfidie Menschenblut vergießen? Ich
lief in die Stadt — Salve auf Salve während des ganzen Weges.
Außer mir kam ich in die Nähe des Hauptmanns an; dort stürzte
mir der Abgeordnete Dietsch von Annaberg, blaß wie ein Verzweifelter, entgegen: Man schießt aufs Volk! in der Dönniges
Gasse! rief er einmal übers andere. Wo sind die Abgeordneten,
daß man der Schlächterei ein Ende mache?

Wir liefen nach allen Seiten und fanden bald mehrere Mit-

glieder der Linken, die eben so aufgeregt herbeieilten. Im deut=
schen Hof fanden wir einige andere versammelt. Rasch wurde
der Entschluß gefaßt, zum Reichsverweser zu gehen und von
ihm einen Befehl zum Einstellen des Feuers zu erlangen. Er
war leider nicht im Taxis'schen Hause, und wir waren gezwungen,
ihn in seinem Landhause auf der Bockenheimer Chaussée aufzu=
suchen. Das Eschenheimer Thor war geschlossen, und wir ver=
loren eine kostbare Zeit, bis wir die Oeffnung desselben erwirkten,
und eine noch kostbarere Zeit verloren wir nach dem langen Wege
beim Erzherzog selbst. In einem so wichtigen Momente war er
auf dem Lande! Er ließ uns zwar nicht lange warten, aber
überflüssig lange sprach er über seine Politik, über die gegen=
wärtige Lage der Dinge und dergl., bis ihn Raveaux unterbrach
und den gewünschten Befehl zum Einstellen des Feuerns, zur
Beilegung des nutzlosen Kampfes verlangte. Da erfuhren wir
erst, daß wir umsonst gekommen waren. Der Reichsverweser
konnte nichts thun; er bedauerte, er habe ja verantwortliche Mi=
nister — und dabei gab er halb mit Mienen, halb mit Worten
zu verstehen, daß das Institut der Verantwortlichkeit nicht immer
viel tauge. Er entließ uns mit einem an den Reichs=Kriegs=
minister von Peucker gerichteten nichtssagenden Zettel. Alle Be=
redtsamkeit Blums, Vogts, L. Simons, alles Stürmen des
alten Grützner und alles Zureden Raveaux', dem so schwer zu
widerstehen war und für den der Reichsverweser immer gerne eine
große Vorliebe an den Tag legte, hatten nichts genützt. Der
Reichsverweser bedauerte sehr, aber er blieb unerschütterlich, ruhig
und kalt.

Wir eilten, ins Ministerium zu kommen, wo wir Herrn
von Peucker und Herrn von Schmerling fanden. Beide be=
trachteten den Zettel des Reichsverwesers, wußten, was davon
zu halten, und legten ihn auf den Tisch. Der Kriegsminister
nahm unsere Bitte mit noch mehr abstoßender Kälte auf als der
Reichsverweser. Er verschanzte sich hinter das militärische point
d'honneur; man könne die Truppen nicht zurückziehen, das sei

gegen die Ehre. Sie aber gegen ein elendes Häuflein vorwärts
marschiren zu lassen, gegen ein Häuflein, das sich unangegriffen
verlaufen hätte, und unnütz Blut zu vergießen, war nicht gegen
die Ehre. Wir sahen bald ein, daß es den Ministern vorzugs=
weise darum zu thun war, eine Revolution, die man im Keime
hätte erdrücken können, mit Lärm niederzuschlagen. Doch ließen
wir nicht ab mit Beschwören, mit Bitten und Gründen. Aber
die Herren hatten ihre Gründe. Herr von Peuder blieb steif;
Herr von Schmerling war blaß und schweigsam. Mittlerweile
war auch Herr von Gagern eingetreten. Er stand bei Seite und
schwieg, in seine gewöhnliche Würde gehüllt. Wir, Grützner
und ich, wandten uns an ihn mit der Bitte, doch auch ein
Wort zu sagen. Herr von Gagern antwortete mit jenem ihm
eigenen, so berühmt gewordenen Pathos und Ausdruck, im
tiefsten Baß: In Dinge, die mich nichts angehn, mische ich mich
nicht! Den Präsidenten der Nationalversammlung ging es
nichts an, daß man da draußen, einige Gassen weit, große Mi=
litärmassen auf ein Häuslein schießen ließ. Die Worte sind mir
ins Gedächtniß gegraben blieben. Mit einem Seitenblick auf
Ludwig Simon sagte er etwas Aehnliches, mit Beziehung auf
dessen Rede von der Bornheimer Heide; aber dieser Ausspruch
ist mir entfallen.

Endlich nach langer Arbeit wies uns Herr von Peuder an
den österreichischen General von Nobili, der die Truppen kom=
mandirte. Dieser Umstand enthält vielleicht eine Entschuldigung
seines ganzen Benehmens. Er wußte vielleicht, daß er als
Reichsminister nicht die geringste Macht hatte, um auf einen
österreichischen General irgendwie bestimmend zu wirken. Wenn
etwas geschehen sollte, konnte es nur durch den kommandirenden
General selbst geschehen. Mit geringer Hoffnung begaben wir
uns nach der Hauptwache, aber General Nobili beschämte unsere
Hoffnungslosigkeit.

Mit der liebenswürdigsten Bereitwilligkeit ging er, wenig=
stens zum Theil, auf unsere Wünsche ein und bewilligte, ohne

Zeit zu verlieren, einen Waffenſtillſtand von anderthalb Stunden.
Während dieſer Zeit ſollten die Truppen auf eine gewiſſe Diſtanz
von den Barrikaden zurückgezogen werden, wenn wir es dahin
brächten, daß die Inſurgenten ihr Feuer einſtellten und den
Waffenſtillſtand aufrecht erhielten. Indeſſen könne man viel=
leicht zu einer Löſung kommen. Den Abgeordneten, Major von
Bobbien, der zugegen war, bat er, uns zu begleiten und als
Militär den Truppen die Nachricht von dem Waffenſtillſtand zu
bringen.

Im Sturmſchritt liefen wir die öde Zeile hinab und riefen:
Frieden! und um den Ruf zu erklären, ſchwenkten wir unſere
Taſchentücher als weiße Friedensfahnen. Da ſpielte mir der Zu=
fall einen Streich, der mir übel hätte bekommen können. Ich zog
mein Taſchentuch hervor und ſchwenkte es: und ſiehe da, es war
ein rother Foulard. Ich hatte die Kriegsfahne ausgeſteckt, eine
Farbe, gegen die die Soldaten, in deren Mitte ich eilte, beſon=
ders erpicht waren. Ich merkte es erſt nach einiger Zeit und rief
zu den Fenſtern nach einem weißen Taſchentuche hinauf; ſogleich
öffneten ſich mehrere, und eine Anzahl von Friedensfahnen wehten
zu meinen Füßen herab. An der Konſtabler=Wache, wo die
Hauptmaſſe der Truppen aufgeſtellt war und das heftigſte Feuern
ſtattfand, trat Herr von Bobbien, ſeinem Auftrage gemäß, in
die Wachtſtube, nachdem er uns ein ſpöttiſches: Jetzt vorwärts,
meine Herren! zugerufen hatte. Soldaten halten den Muth für
ein Privilegium ihres Standes. Es haben aber an dieſem höchſt=
gefährlichen Punkte alle dieſe bürgerlichen Abgeordneten ihre
Pflicht aus Menſchlichkeit eben ſo gut gethan, wie ſie irgend ein
Soldat aus point d'honneur gethan haben würde. Herr von
Bobbien glaubte mir am nächſten Tage große Lobeserhebungen
machen zu müſſen, und Major Deetz, Deputirter und Komman=
dant von Frankfurt, eine aufrichtige und grade Soldatennatur,
wollte mir auf dieſe Lobeserhebungen hin und auf Das, was er
ſelbſt geſehen hatte, von der Tribüne herab eine öffentliche An=
erkennung verſchaffen. — Major von Deetz handelte in der beſten

und reinsten Absicht, da ich aber schon erfahren hatte, daß man
eine hervorragende Persönlichkeit der Linken, die eben so ihre
Pflicht gethan hatte, wie die Andern, zu verdächtigen strebte, und
ich einsah, daß mein Lob gewissen Leuten nur als Folie jener
Verdächtigung dienen sollte, dankte ich dem guten Major Deetz
für die gute Meinung und bat ihn, die Demonstration sein
zu lassen.

Wir standen in einem mehrfachen Kreuzfeuer. Die Insur-
genten schossen aus den Fenstern mehrerer Häuser und hinter
zwei großen Barrikaden, am Eingange der Allerheiligen-Straße
und hinter dem Konstablerwachthause, ungefähr aus einem Halb-
kreise heraus und von der Höhe herab. Viele ihrer Kugeln
klatschten vor uns aufs Straßenpflaster, da sie von der Höhe
herab kamen. Die Soldaten standen in verschiedenen Gruppen
und einzeln vor und hinter uns und schossen außerdem aus der
Konstablerwache, die ebenfalls hinter uns war. Die Kugeln, die
an unsern Ohren vorbei sausten, kamen von den Seiten, von
vorn und hinten. Mit dem Wehen unserer Tücher war nichts
gethan, obwohl wir zwischen den Kombattanten standen; eben
so wenig nützten Rufe und Zureden. Die Soldaten schlugen sich
mit Verbissenheit und großer Tapferkeit — oder besser gesagt —
die Offiziere. Bei den gemeinen Soldaten bemerkte ich beinahe
überall das Streben, sich zu schützen, einen Punkt auszuwählen,
wo sie vor dem Schusse des Feindes sicher waren. Viele sprangen nach gethanem Schusse hinter die Konstablerwache, um in
Sicherheit neu zu laden. Die Offiziere aber — in meiner Nähe
waren nur darmstädtische Truppen — setzten sich überall der Gefahr aus. Ich sah einen Lieutenant, der, wie ein ausgestecktes
Ziel, auf einer Barrikade stand und sich um die Kugeln, die ihn
umflogen, nicht im Geringsten kümmerte, und Das alles, um einen
kaum handgroßen rothen Lappen, der auf einer kurzen Stange
wehte, zu entfernen. Mit einer Ausdauer, die einer besseren
Sache würdig gewesen wäre, hieb er mit seinem Degen auf den
Lappen los, als gälte es, einen übermächtigen Feind zu erlegen.

Hart neben mir, beinahe auf mich, fiel ein darmstädtischer Haupt-
mann, der seinen Truppen immer voraus gewesen. Ich sehe
noch die schwarzen runden, von grauen Kreisen eingefaßten Löcher
im Rücken seines Waffenrocks. Er ließ den Arm mit dem Degen
sinken und stützte sich auf einen neben ihm stehenden Offizier, zu
dem er schwach, aber ruhig sagte: Mit mir ist's zu Ende, lasse
mich zu meiner Schwester bringen, sie wohnt nicht weit von hier.
Ach, es war sehr traurig!

Wir waren gezwungen, den Soldaten und beinahe jedem
Einzelnen es zuzurufen, daß Waffenstillstand sei, und sie an dem
Arme zu fassen, um sie zurückzuführen. Aber sie sträubten sich.
Die drüben sollten zuerst zu schießen aufhören. Das schien die
allgemeine Meinung, und wir verließen die Soldaten, um die
Barrikaden zu erklimmen, auf die sie zu schießen fortfuhren und
aus deren Lücken, an denen wir hinaufkletterten, die Andern
hervorschossen. Als ich oben anlangte, sah ich den alten Schlöffel
schon drüben bemüht, das Volk zurückzuhalten. Ludwig Simon
kroch mit mir zugleich auf die Barrikade, was mich bei der ungeheuern Popularität dieses Abgeordneten hoffen ließ, daß es
jenseits rasch zur Ruhe kommen werde. Ich ermunterte ihn,
schnell hinabzuspringen, während ich, rittlings auf der Barrikade
sitzend, mein Tuch schwenkte und nach beiden Seiten: Waffenstillstand! Friede! rief. Nach und nach verstummte das Knallen,
und ich sprang hinab. In demselben Augenblicke aber war wieder
Gefahr da, daß die Feindseligkeiten aufgenommen würden. Aus
einem Hause brachte man einen Todten hervor, der seine Wunde
auf der Stirne trug. Die Weiber stürzten sich mit Geschrei auf
die Leiche, und die Männer kamen wieder in Aufregung und
eilten nach vorn, um wieder zu feuern. Wir hatten die größte
Mühe, sie aufzuhalten. Der alte Schlöffel mit seinem langen,
halbgrauen Barte und dem schönen Gesichte war rührend anzu-
sehen, wie er hin und her ging und bat und beschwor und sich
mit ausgebreiteten Armen vor die Barrikade stellte, um die Kombattanten davon abzuhalten. Armer Schlöffel! einige Monate

später wurde ihm sein Friedensamt mit dem Tode des einzigen
Sohnes vergolten.

Hinter der Barrikade sah es eigenthümlich aus. Eine Menge
Volkes, aber nur sehr wenig Bewaffnete, so wenige, daß wir
erstaunt waren, wie ihr Widerstand gegen so zahlreiche Truppen
so lange habe dauern können. Doch waren gerade die Bewaff=
neten guten Muthes, in einer festlichen Stimmung und Anfangs
nicht im Geringsten geneigt, dem Kampf durch Zurückziehen vom
Kampfplatze ein Ende zu machen. Das unbewaffnete Volk allein
war aufgeregt und empört.

Ein Theil der Abgeordneten kehrte in den Thurn=Taxis'schen
Palast zurück, um, wie sie hofften, die Sache zu Ende zu brin=
gen; ein kleinerer Theil blieb hinter den Barrikaden, um über
Aufrechthaltung des Waffenstillstandes zu wachen und die In=
surgenten zum Verlassen der Barrikaden zu überreden. Ich war
unter diesen letzteren. Es gelang uns, Viele vom Kampf abzu=
bringen, indem wir ihnen die Nutz= und Zwecklosigkeit ferneren
Blutvergießens vorstellten; sie zerstreuten sich durch die Neben=
gassen oder stiegen auch über die Barrikaden und gingen bewaffnet
mitten durch die Truppen heim. Nur eine sehr kleine Anzahl
blieb hartnäckig hinter den Barrikaden, und unsere Vorstellungen,
die doch an Gewicht zunahmen, je mehr ihre Anzahl abnahm,
waren fruchtlos. Desto mehr Ursache hatten wir, für sie besorgt
zu sein, da die kurze Frist des Waffenstillstandes schnell ablief,
das Gerücht sich verbreitete, daß zahlreiche hessische und württem=
bergische Artillerie im Anzuge sei und daß man aus Mainz noch
Bundestruppen nachkommen lasse, und da bei all Dem aus dem
Palaste von einem definitiven Abschlusse der Feindseligkeiten und
überhaupt nichts zu hören war. Man schickte mich dahin ab,
um Erkundigungen einzuziehen. Aber in der Nähe des Hotel de
Russie auf der Zeil wurde ich von einem Haufen wüthender
Frankfurter Bürger umringt, die mich theils mit Fragen, theils
mit Vorwürfen bestürmten. Sie wußten, daß Artillerie herbei=
ziehe, und sahen in ihrem Schrecke schon ganz Frankfurt bom=

barbirt und alle ihre Häuſer in lichten Flammen. All das Unheil
wurde der Linken zugeſchrieben; ſie hatte den ehrloſen Waffen⸗
ſtillſtand von Malmoe verworfen, welcher die erſte Urſache der
Aufregung war, ſie war überhaupt die Quelle alles Unheils und
die Urheberin dieſes Blutbades, ſie, die Alles gethan hatte, um
es zu verhüten, die das Volk, ihre einzige Stütze, deßhalb vor
den Kopf geſtoßen und ſich gewiſſermaßen von ihm getrennt hatte.
Es war nicht möglich, zu antworten. Die guten Leute ſchrieen
zu ſehr und ſchloſſen den Kreis immer enger um mich, je öfter
ich es verſuchte, mich von ihnen los zu machen, um meinem drin⸗
genden Auftrage, von dem ſo viel abhängen konnte, nachzu⸗
kommen. Ich ſtand, da als Gefangener und mußte Alles über
mich ergehen laſſen. Nichts Schlimmeres als ein wüthender
Philiſter. Aber meine Lage ſollte nicht nur unangenehm, ſie
ſollte auch kritiſch werden. Plötzlich drängte ſich ein ungefähr
vierzehnjähriger Knabe in Turnertracht durch die Menge und
rief mit ſchrecklicher Naivetät: Fürſt Lichnowsky (er brauchte
eigentlich einen Spitznamen, den ich hier nicht wiederholen will),
Fürſt Lichnowsky iſt ermordet! Hätten ihn die ergrimmten Bür⸗
ger gehört, es hätte mir ſchlimm ergehen können. Der Turner,
der ſich, wie es ſchien, auf ſeine Nachricht etwas zu Gute that,
wiederholte mit lauterer Stimme: Fürſt Lichnowsky iſt ermordet!
— und um einen Beweis der Wahrheit zu liefern, hob er ein
ſchwarzes Tuchläppchen in die Höhe und fügte hinzu: Das iſt von
ſeinem Rocke! Aber, es iſt wunderbar, kein Menſch außer mir
hörte auf den Turner, wie ſehr er ſich auch Mühe gab, die Auf⸗
merkſamkeit auf ſeine Nachricht zu lenken. Ich hatte Zeit, ihm
die Hand auf den Mund zu legen, erkennend, in welche Gefahr
er mich verſetzte, obwohl ich die Nachricht für falſch und für
eines der Gerüchte hielt, wie ſie an ſolchen Tagen gerne ent⸗
ſtehen. Ich wußte ja nicht, daß der Fürſt ſich dazu hergegeben
hatte, auf Rekognoszirung auszureiten, und daß er in die Hände
des Volkes gefallen war, das er kurz vorher von der Tribüne
herab verhöhnte und das ihn aufrichtig haßte. Die Artillerie

brauſte heran; der Menſchenknäuel um mich mußte ausweichen;
das ſchaffte mir Luft, und ich eilte in den Thurn=Taxis'ſchen
Palaſt, wo ich die Abgeordneten auf der Treppe ſtehend fand.
Man zog ſie hin, — ſie konnten zu keinem Endziele gelangen.
Löwe von Calbe ſagte mir achſelzuckend: Wir ſind betrogen; der
ganze Waffenſtillſtand hat nur dazu gedient, um Zeit zu gewinnen
und die Kanonen abzuwarten. Jetzt wird man mitrailliren.

Ich eilte zur Barrikade zurück; aber die Zeil war abge=
ſchloſſen und von Artillerie beſetzt — an ein Durchkommen nicht
mehr zu denken. Die Kanonen donnerten, und von Zeit zu Zeit
beleuchtete ein Blitz von der Konſtablerwache her auf unheimliche
Weiſe die ganze Straße. Es war ſchon ſpät am Abend. Ich
tröſtete mich mit dem Gedanken, daß auch die wenigen Kämpfer
bei der Ankunft der Artillerie, gegen die ſie nichts vermochten,
ihren Poſten verlaſſen haben würden. Das war im Allgemeinen
auch der Fall; die Kanonen donnerten mit großer Tapferkeit
gegen Steinhaufen und umgeſtürzte Karren. Die folgenden Tage
entſetzte man ſich beim Anblick der Allerheiligen=Apotheke und
der benachbarten Häuſer, wie arg dieſe von den Kugeln zuge=
richtet waren, und ſchloß daraus, was man der Abſicht gemäß
ſchließen ſollte, daß der Kampf ein furchtbarer geweſen ſein und
daß das Reichsminiſterium an dieſer Stelle einen gewaltigen
Feind niedergeworfen haben müſſe: aber gerade dieſe Kugeln
haben keinem Menſchen weh gethan, und die ganze Kanonade
war eine Fanfaronade. Herrn von Schmerling gehört der Ruhm,
ſchon zwei Jahre vor Louis Napoleon ſich einen großen Feind
erſunden und über den erfundenen Feind einen großen Sieg
davon getragen zu haben. In Ungarn wird er ſeine dichteriſche
Erfindungsgabe nicht anzuſtrengen brauchen. Dort wird ihm
die Wirklichkeit verſchaffen, was er ſich in Frankfurt mit Phan=
taſie und Dichterſinn erſchuf: jedenfalls den Feind — ob auch
den Sieg? Das lehrt das Ende.

Gegen elf Uhr war Frankfurt ein friedliches Kriegslager.
Ueberall brannten Wachtfeuer und wurde Stroh geſtreut zum

Lager der Vertheidiger der Ordnung und des Geſetzes, die vielleicht von hundert oder hundertundfünfzig Unbeſonnenen angegriffen worden waren. Unter dieſen Vertheidigern deutſcher
Ordnung und des momentanen Vertreters derſelben, des deutſchen
Reichstages, entdeckte ich zahlloſe ſpezielle Landsleute, Czechen,
welche die deutſche Bundesfeſtung Mainz bewachten und jetzt in
Frankfurt waren, um das Parlament zu vertheidigen und Herrn
von Schmerling und Herrn von Gagern. Arme Czechen! Sie
waren unfähig, ſich mit den Bürgern, deren Ruhe ſie über-
wachten, irgendwie zu verſtändigen.

Am 19. trat die Majorität des Parlamentes mit einer in
der Nacht aufgeſetzten Proklamation an die deutſche Nation auf,
welche Proklamation beſtimmt war, die Linke in der Meinung
Deutſchlands und Europas zu Grunde zu richten. Die geſtrigen
Vorgänge ſchienen eine gute Gelegenheit, und man wollte ſie nicht
unbenutzt vorübergehen laſſen. Aber Vogt trat auf die Redner-
bühne und legte die Abſurdität, das Mißwollen, die Ungerechtigkeit, das Lächerliche des Entwurfes ſo ſchlagend und mit ſo
vielem Geiſte dar, daß die Proklamation, von ſo vielen Gelehrten und patentirten Staatsmännern in langer Nacht zuſammen-
geſchweißt, geradezu eine Unmöglichkeit wurde. Niemand hatte
mehr den Muth, für eine Kundgebung zu ſtimmen, die nach der
Kritik Vogts Jedermann nur noch komiſch finden konnte. Man
ließ ſie fallen, und der Feldzug gegen die Linke, die man nun
als Mitſchuldige am 18. September mit Leichtigkeit glaubte unterdrücken zu können, war in ſeinem Anfange mißlungen.

Noch heute, wo von den Frankfurter Septembertagen die
Rede iſt, gilt die Linke des Parlamentes als Anſtifterin derſelben
und werden ihr die Vorgänge alle zur Laſt gelegt. Ihre Schuld
liegt vielleicht gerade auf der entgegengeſetzten Seite. Die Gründe,
die Blum und Vogt gegen die Bewegung geltend machten und
die die Majorität der Linken überzeugten, hatten gewiß ihr Gewicht; aber es iſt trotzdem die Frage, ob es damals nicht geboten
war, mit dem unverbeſſerlichen Parlamente zu brechen, anſtatt

abzuwarten, bis man die Majorität in demselben gewinne, und die gerechte Entrüstung des Volkes und seine noch nicht erdrückte Kraft in den Kampf zu führen. Drei Wochen später stand Wien auf.

Im Laufe des darauf folgenden Winters brachte mir eines Tages ein junger Dichter, Adolph Strodtmann, ein Trauerspiel im Manuskript: „Robert Blum". Das Stück begann und endete in Wien. Ich sagte dem Dichter, daß das Trauerspiel, das Robert Blum zum Helden hatte, in Frankfurt und zwar in den Septembertagen beginnen müsse, wenn es ein Trauerspiel mit ächt tragischer Schuld sein solle, denn in diesen Tagen liege die tragische Schuld Robert Blums. In Wien ging er an der und für die Idee zu Grunde, die er in Frankfurt aus Mangel an Vertrauen in die Kraft seines Volkes und in der zu großen Zuversicht in formales Wesen, in einem Augenblick, aber in einem entscheidenden Augenblicke, hatte fallen lassen. Dieß ist die Vernunft, die Tragik in Robert Blums Schicksal. Das war damals meine Meinung; sie ist es noch heute.

III.

Wiener Oktobertage.

Die unglückselige Veranlassung zur Wiener Deputation der Frankfurter Linken war leider ich. Als die Nachricht vom Ausbruch der Wiener Revolution des 6. Oktober in Frankfurt ankam, beschloß ich, nach Wien zu gehen. Offenherzig gestanden, hoffte ich seit der Wahl des Reichsverwesers vom Parlament nicht viel und seit der Annahme des Waffenstillstandes von Malmoe und dem 18. September gar nichts mehr. Der Drang, etwas für die Sache zu thun, wie der Wunsch, eine thatkräftige und schöne Bewegung zu sehen, war nach den niederdrückenden

Prager Erlebniſſen und nach viermonatlichem Tagen in einer
vertrauensſeligen Verſammlung nur natürlich. Man ſtrebte, die
Wahrheit über die Wiener Ereigniſſe ſo wenig als möglich auf=
kommen zu laſſen; Herr von Schmerling gab ausweichende Ant=
worten, aber ſein Leichenbittergeſicht wie die tiefe Niedergeſchlagen=
heit des Herrn von Sommaruga verriethen, daß die populäre
Sache geſiegt haben müſſe. Ich theilte meinen Klubkollegen des
Donnersberges meinen Entſchluß mit; ſie billigten ihn, erſuchten
mich aber, einen Tag zu warten; vielleicht daß man mir Aufträge
zu geben hätte. Man verſammelte ſich zu dieſem Zwecke und be=
ſchloß, meiner Reiſe den Charakter der Abordnung des Donners=
berges beizulegen und im Laufe der Diskuſſion dieſer Abordnung
größere Ausdehnung zu geben, indem man noch einen Deputirten
wählte. Die Wahl fiel auf Julius Fröbel, der mehrere Wochen
des vergangenen Sommers in Wien zugebracht und daſelbſt viele
Verbindungen mit der Demokratie angeknüpft hatte. Wir theilten
unſeren Beſchluß der älteren Fraktion der Linken, dem Klub des
deutſchen Hofes, mit; dieſer fand ihn gut und wünſchte, ſich bei
der Deputation zu betheiligen. Robert Blum wurde einſtimmig
gewählt. Der Abgeordnete Trampuſch, der verſicherte, daß er
in Wien viele Bekannte und in der Beamtenwelt viele einfluß=
reiche Verbindungen und Verwandtſchaften hätte und daß er uns
in vieler Beziehung als Führer und Rather dienen könne, wurde
Robert Blum beigegeben. Ich will hier gleich bemerken, daß
der Abgeordnete Trampuſch vom Augenblick unſerer Ankunft in
Wien für uns gar nicht mehr exiſtirte und daß er uns endlich
ganz aus dem Geſicht verſchwand. Wir lernten ihn, der in der
Linken eine vollkommen unbekannte Größe war, erſt während
der Reiſe kennen und waren nicht wenig erſtaunt, in ihm einen
vollkommenen öſterreichiſchen Beamten, ja, bis zu einem gewiſſen
Grade, einen Ultramontanen, jedenfalls einen Reaktionär zu ent=
decken. Weiß der Himmel, welche Naivetät ihn zum Mitgliede
der Linken gemacht hatte. Er ſcheint es während der Reiſe eben
ſo gut eingeſehen zu haben, wie wenig er zu uns gehöre, und

kurz nach unserer Ankunft war er — wie gesagt — aus unserem
Gesichtskreise entschwunden und lebte er nur mit Beamten und
Anverwandten, die sämmtlich antirevolutionär gesinnt waren.
Ich mache diese ausführliche Bemerkung über den Abgeordneten
Trampusch, um zu erklären, warum ich ihn wahrscheinlich nicht
mehr nennen werde, und um die andere daran zu knüpfen, wie
ungerecht und wie schlecht unterrichtet sich die österreichische Regierung zeigte, als sie ihn später, nur weil er mit uns gewesen
und weil sein Name mit auf unserer Proklamation stand, zu viel-
jähriger Kerkerstrafe verurtheilte, in welcher dieser gute Unterthan vielleicht noch jetzt schmachtet.

Wir reisten guten Muthes ab, wohl wissend, daß wir uns,
wie Herr von Schmerling sagte, in Gefahr begaben, in der wir
umkommen konnten, aber froh, den Wienern sagen zu können,
daß die deutsche Demokratie sie nicht vergessen, und glücklich in
der Hoffnung, die Revolution, die so großmüthig zu Gunsten der
Magyaren begonnen worden, für die deutsche Demokratie benützen und im Kampfe, der bevorstand, das Unsere thun zu
können. In Breslau machten wir einen kurzen Aufenthalt, da
es nützlich sein konnte, mit den Gesinnungsgenossen dieser Hauptstadt der Provinz, die an der österreichischen Gränze liegt, sich
besprochen zu haben. Als wir unsere Reise fortsetzten, wurden
wir im Bahnhof auf ein verrottetes Schnapsgesicht, das auf
einem ziemlich grobkörnigen Körper saß, aufmerksam gemacht
und wurde uns dieses nichts weniger als Sympathie einflößende
Gesicht als dem Herrn Witt-Döring gehörig bezeichnet, desselben
Witt-Döring, der schon allen Polizeien diente und der im Jahre
des Heiles, in dem ich dieses schreibe, der österreichischen Polizei
dient. Im Jahre Achtundvierzig war er in Schlesien ansäßig,
hatte daselbst, wie man uns sagte, eine Branntweinbrennerei
und machte den Agenten der Junker-, vielleicht auch der Jesuiten-
partei. Robert Blum sagte, als er uns gezeigt wurde: Es sollte
mich wundern, wenn es der Edle nicht versuchte, uns irgend
welche Unannehmlichkeit zu bereiten.

Im Coupé trafen wir mit dem Geſandten der Vereinigten
Staaten von Nordamerika und mit Herrn Bernays, einem in
Frankreich nationaliſirten Deutſchen und jetzigen Sekretär der
franzöſiſchen Geſandtſchaft in Wien, zuſammen. Er hatte ſeiner
republikaniſchen Regierung auf den 6. Oktober und die Lage
Oeſterreichs bezügliche Depeſchen als Kurier überbracht und kehrte
jetzt auf ſeinen Poſten zurück. Er erzählte uns als Augenzeuge
mit Begeiſterung von der Art und Weiſe, wie ſich Volk und
Studenten am 6. Oktober geſchlagen hatten. So etwas, meinte
er, ſei in keiner der Pariſer Revolutionen vorgekommen. Die
Aufnahme des Kampfes auf dem Eiſenbahndamme, im offenen
Felde, auf ungünſtigſtem Terrain, gegen reguläre Truppen ꝛc.
ſei eine That höchſter Kühnheit geweſen. Im Straßenkampfe
verſchmähte man die Barrikade; man ſchlug ſich auf den Plätzen
beinahe Mann an Mann mit den Truppen. Nur die Nationalgarde des Kärntnerthorviertels, die gegen die Revolution auftrat,
habe ſich hinter Mauern zu ſchützen geſucht, indem ſie ſich der
Stephanskirche bemächtigte und aus den Fenſtern auf Volk und
Studenten ſchoß. Der Kampf um das Zeughaus, in der Nacht
und während banger Stunden, habe mehr Muth von Seiten
des Volkes bedurft, als die alten Baſtillenſtürmer zu beweiſen
brauchten, da nur ein enger Zugang ins Zeughaus führte und
dieſer von Artillerie ſehr lebhaft vertheidigt wurde. Wir freuten
uns, ein ſo tapferes Volk am Werke zu ſehen, denn wir wußten,
daß Wien ſchon halb und halb von Windiſchgrätz zernirt wurde.
— Im Laufe des Geſprächet auf franzöſiſche Politik kommend,
fragten wir Herrn Bernays, wer, nach ſeiner Meinung, im
Dezember zum Präſidenten der Republik gewählt werde, und wir
erhielten die überraſchende Antwort: Louis Napoleon. Dieſe
Antwort ſchien uns paradox. Man erinnerte ſich, daß Louis
Napoleon damals den Augen der ganzen Welt lächerlich war und
daß er bei Jedermann für idiot galt. Herr Bernays ſagte uns
noch Manches voraus, was uns paradox ſchien und was ſich im
Laufe der Tage doch verwirklichte. Ich habe bis auf den heutigen

Tag noch keinen so exalten politischen Propheten kennen gelernt.
Er prophezeite auch, daß es nach der Wahl Louis Napoleons
in Frankreich nicht zu leben sei und daß er, Herr Bernays, sich
nach Amerika zurückziehen werde. So viel ich weiß, hat sich auch
diese Vorhersagung in beiden Theilen verwirklicht.

In Ratibor angekommen, war uns die Unannehmlichkeit,
die Robert Blum vorhergesagt hatte, durch Herrn Witt=Döring
schon bereitet. Auf den Mittelstationen war er regelmäßig, so
oft der Zug Halt machte, vor unserem Coupé auf und ab ge=
gangen, um uns nicht aus den Augen zu lassen, wie ein Sbirre
vor der Zelle des Gefangenen, wie er es bei Ueberwachungs=
geschäften wahrscheinlich seit lange zu thun gewohnt war. In
Ratibor, dem Wahlort des Fürsten Lichnowsky, wo der Zug
sich lange zu verweilen hatte, sahen wir ihn rasch aus dem Wag=
gon springen und in die Säle des Bahnhofgebäudes eilen, die
von Besuchern stark besetzt waren. Auch wir stiegen aus, um
etwas einzunehmen, kaum wenige Minuten nach ihm, und schon
hörten wir im Publikum hie und da unsere Namen flüstern und
sahen wir mit Fingern auf uns deuten. Als wir wieder einstiegen,
hatte sich schon das Gerücht verbreitet, „die Mörder Lichnowsky's"
seien da. Der Bahnhof wurde von Herbeiströmenden überfüllt,
und durch die Menge drängten sich plötzlich von allen Seiten
Offiziere hindurch. Wir hörten wohl manches Wort, das uns
galt, und bemerkten auch die Aufregung, die in der Masse von
Minute zu Minute wuchs. — Nur ruhig bleiben, sagte Blum,
ich schlafe. — So sprechend, zog er den Mantel über den Mund,
legte sich in die Ecke und schlief. Ich beobachtete, was vor unserm
Wagenfenster vorging. Ein Offizier nach dem andern kam heran,
starrte herein, betrachtete uns wie wilde Thiere, murmelte oder
schimpfte etwas und ging weiter, um einem andern Platz zu
machen. Aber hinter diesen Offizieren stand eine bürgerliche Menge,
die ruhig und beobachtend aus einiger Entfernung auf unser
Fenster und auf die Offiziere sah. Ich glaube, daß dort unsere
Freunde standen; vielleicht wußten Das auch die Offiziere — es

blieb beim Gemurmel, beim Hin- und Hergehn, beim Herein-
starren, bis sich der Zug nach ungefähr einer halben oder drei-
viertel Stunde in Bewegung setzte. Jetzt erst erhob sich ein hör-
bares Schimpfen, das uns aber beim Lärm der Lokomotive un-
artikulirt blieb.

Am nächsten Morgen hielten wir auf einer kleinen Station,
diesseits der Donau, in der Nähe Wiens. Der Zug konnte in
Folge von Befestigungen, welche die Wiener auf einer der Eisen-
bahnbrücken angelegt hatten, nicht weitergehen. Vor dem Bahnhofe stand ein junger Proletarier mit einem frischen, neuen Gewehr im Arm. Es war der äußerste Vorposten der Revolution.
Ein Fiaker brachte uns in die etwas nebligen Straßen und in
das Gasthaus zur Stadt London in der Fleischergasse.

Wir machten uns sofort auf, um das Studentenkomité, das
in dem an die Aula stoßenden Dominikanerkloster saß, zu besuchen. Blum setzte den Zweck unserer Reise auseinander, und
wir wurden mit Begeisterung aufgenommen. Noch während wir
da waren, kamen viele Studenten an, die von verschiedensten
Sendungen, vom Lande, von den Linien, von den verschiedensten
Posten zurückkehrten und ihre Berichte erstatteten. Wir sahen sogleich, daß die Revolution, die Energie, der gute Wille hier zu Hause
waren, und wir waren davon nach dem Besuche des Reichstages
noch mehr überzeugt. Daselbst erhuben sich sogleich im Ausschusse
Zweifel, ob wir nur von diesem Ausschusse oder vom Reichstage
selbst sollten empfangen werden, und erhoben sich sogleich Diskussionen, welche Reden an uns zu halten, welche Antworten
uns zu geben seien. Der Reichstag war offenbar fern von aller
Revolution, troß dem 6. Oktober, er war in Unterhandlung mit
dem flüchtigen Hofe, den er gerne nach Wien zurückgebracht
hätte; wäre gerne selbst mit Windischgräß in Unterhandlung
getreten und freute sich mit der fortwährenden Gegenwart des
Ministers Kraus, weil er sich einbildete, daß zwischen ihm und
dem Hofe kein Bruch existire, so lange ein Minister da sei, und
daß er auch den s. g. Rechtsboden nicht verlassen habe und ver-

laſſen werde. Dieß alles, während die Studenten, die man nicht
entwaffnen konnte, in ihren revolutionären Bestrebungen fortfuhren und während das ganze Volk auf Seiten der Aula stand,
feſt entſchloſſen, ſich die Früchte des 6. Octobers, des heldenmüthigen Kampfes, nicht entreißen zu laſſen. Indeſſen hörte
uns der Ausſchuß des Reichstages an und lud uns ein, als Gäſte
der Sitzung beizuwohnen. Lehner kam eben von ſeiner Sendung
an den Hof von Olmütz zurück und erſtattete einen Bericht, der
den Reichstag eigentlich zu entſchiedenem Handeln hätte bewegen
müſſen: Lehner war in Olmütz, obwohl er Frieden und Ver-
ſöhnung anbot, förmlich mißhandelt worden. Aber der Reichstag
war zerfahren; er ſah aus wie ein Bruchſtück. Die Czechen hatten
ihn ſämmtlich verlaſſen, um loyal zu bleiben und um in Böhmen
gegen die Wiener Revolution zu wirken; auch viele Deutſche waren
davon gegangen; die galiziſchen Bauern ließen ſich vom Miniſter
Kraus leiten; ſo blieben nur einige entſchiedene Polen mit dem
Präſidenten Smolka an der Spitze und einige Deutſche, von
denen die Einen aufrichtig revolutionär ſein, die Andern ver-
mitteln, die Dritten den Rechtsboden wahren wollten. Bei dieſem
Stand der Dinge iſt Meſſenhauſers, des Wiener Kommandanten,
Unentſchiedenheit, da er vom Reichstage abhing, eben ſo ſehr
durch die Verhältniſſe wie durch ſeinen Charakter zu erklären.
Wir fanden ihn, den wir auch beſuchten, kopflos. Viele ſeiner
Adjutanten, die ihn fortwährend umgaben, wurden uns von
wohlunterrichteten Leuten, die die Perſonen genau kannten, als
treueſte, ſchwarz-gelbſte Anhänger des Hauſes Habsburg-Loth-
ringen bezeichnet. Er hatte dieſe Adjutanten aus dem früheren
Generalſtabe überkommen und hatte nicht den Muth, auch nicht
das formelle Recht, ſie abzuſchaffen. So hatte Windiſchgrätz ſehr
intime Freunde in der nächſten Nähe des feindlichen Kommandanten.

Allein es iſt um ſo weniger meine Sache, dieſe Dinge und
Verhältniſſe auseinander zu ſetzen, als ich in der fernen Fremde
ſchreibe, ohne das geringſte Dokument vor mir, das mir als

Beleg oder als Nachhülfe des Gedächtniſſes dienen könnte. Aus
dieſem Grunde muß ich es auch aufgeben, die Daten der Tage
zu nennen. Die wenigen Aufzeichnungen, die ich in jenen viel=
bewegten Tagen gemacht, mußte ich der größern Sicherheit wegen
in Wien zurücklaſſen, als ich flüchtete: ich habe heute keine andere
Quelle als die Erinnerung. Auch will ich nicht eine Geſchichte
der Wiener Belagerung ſchreiben, ſondern nur einen Beitrag
liefern, indem ich einzelne, wenn auch nicht alle perſönlichen Er=
lebniſſe aufzeichne.

Nachdem wir die offizielle Welt, Reichstag und Kommandan=
tur, kennen gelernt, hatten wir alles Recht, bedenklich den Kopf
zu ſchütteln und uns zu ſagen, daß wir nichts Beſſeres zu thun
haben, als uns an den lebendigen Theil Wiens, an die Aula,
an die Revolution anzuſchließen. Auf Aufforderung Blums
ſchrieb ich eine Proklamation an die Wiener, die er und Fröbel
auch ohne Widerrede annahmen und unterſchrieben, nur daß mir
Blum einen Satz „als zu poetiſch“ ausſtrich. Ich ließ ihn gerne
gewähren, wie ich mich gerne als untergeordneten Sekretär der
Deputation betrachtet hätte. Fröbel war ich perſönlich ſehr ge=
neigt; Blum hatte mir während der Reiſe ſehr imponirt, und ich
war jung und der Jüngſte der Geſellſchaft. Ich kannte Blum
ſchon ſeit mehrern Jahren. Das Schillerkomité in Leipzig hatte
mich einmal aufgefordert, für das Schillerfeſt einen Prolog zu
ſchreiben, und Blum, als Mitglied deſſelben, überreichte mir
ſpäter ein Geſchenk des Komité's, eine ſchöne Ausgabe der Braut
von Meſſina. Doch war er mir weder damals noch im Par=
lamente näher bekannt worden; ja, er war es vorzugsweiſe, der
mit ſeiner zuwartenden Politik viele Mitglieder der Linken dazu
brachte, aus ſeinem Klub, dem deutſchen Hofe, auszuſcheiden
und einen neuen Klub, den Donnersberg, zu gründen, der die
republikaniſche Idee früher und offener bekannte: die ſogenannte
äußerſte Linke. Dieſem Klub angehörig, kam ich mit R. Blum ſelten
in Berührung. Erſt während der Reiſe, da man lange und viel
allein war und ſich ausſprechen konnte, war es mir vergönnt,

einen Blick in diese dicht und häßlich verpackte Seele zu werfen.
Diese Seele aber war eine schöne, scharfe, zweischneidige Waffe
in einem groben Futteral. In meinem Innersten beurtheilte ich
bisher Robert Blum, wie ihn die Masse seiner Gegner beurtheilte,
unwillkürlich dem Eindrucke gehorchend, den seine äußere Erscheinung, seine Formen machten, und diese hatten für mich etwas
Abstoßendes, etwas, von dem ich geglaubt hätte, daß es mich
für immer von ihm entfernen könnte. Aber er wurde mittheil-
samer, und jenes Etwas verflüchtigte sich mehr und mehr, und es
gab Momente, da ich ihn bewunderte. Ich erkannte einen Menschen,
der seit Jahren mit unendlicher Energie Einen Gedanken hegte,
Einen Zweck verfolgte und sich nur mit den Mitteln und Wegen
zur Erreichung dieses Zweckes beschäftigte. Ich glaube, Garibaldi
ausgenommen, keinen Menschen kennen gelernt zu haben, der so
ganz Einem Gedanken angehörte, wie Robert Blum. Unwillkürlich erinnerte ich mich, da ich ihn so kennen lernte, an vergangene
Zeiten und an den Moment, da ich den Namen Robert Blum
zum ersten Male aussprechen hörte. Es wird im Jahre 1840 gewesen sein. Ein Bekannter kam aus Leipzig, und ich erkundigte
mich nach einem daselbst lebenden Freunde. Der, war die Antwort, liegt mit Robert Blum im Kornfeld und läßt sich von ihm
von der Freiheit und Einheit Deutschlands vorreden. Nun aber
zählten wir das Jahr 1848, und diese Gedanken von der Freiheit
und Einheit Deutschlands waren mit diesem Robert Blum Eins
geworden. Ich hörte einen Mann sprechen, der nicht mehr
träumte und schwärmte und Luftschlösser baute; positive, bestimmte Pläne lagen fertig und ausgebreitet vor seinem Blicke;
Alles, was er seit Jahren und Jahren gethan, unternommen
und unterlassen, war mit Hinblick auf ein einziges gewisses, be-
stimmtes Ziel unternommen und unterlassen worden: aber alles
Bisherige war nur Vorbereitung gewesen; ein Arsenal von Hülfsmitteln lag noch in diesem Kopfe bereit. Er hatte an Alles gedacht; er besaß überall Verbindungen, und er hielt Fäden in der
Hand, die nach den verborgensten und entferntesten Winkeln

Deutschlands, ja Europa's ausliefen. Windischgrätz wußte schwer=
lich, was er that, als er Robert Blum erschießen ließ; vielleicht
wollte er nur ein banales, brutales sogenanntes abschreckendes Bei=
spiel geben oder, was wahrscheinlicher, dem Frankfurter Parlament
ins Gesicht schlagen: die Robert Blum kannten, können ihm die
Versicherung geben, daß er mehr gethan, daß er seiner Partei,
wenigstens für den Moment, einen großen Dienst erwiesen.

Ich sah ein, daß es am Besten sei, Robert Blum in Wien
gewähren zu lassen und ihm zu folgen, ihm und Fröbel, der in
Wien sehr beliebt war, den so zu sagen theoretischen Theil unserer
Sendung gänzlich zu überlassen, was übrigens meinem ganzen
Wesen, das damals noch jünger war als meine Jahre, und dem
ersten Zwecke meiner Reise ganz angemessen war. Ich wollte vor
Allem an der aktiven Revolution Theil nehmen. Bei der Lage
der Dinge waren auch Blum und Fröbel bald mehr auf die
Barrikade als auf Politik und Agitation angewiesen.

Unsre Proklamation klebte an allen Straßenecken neben den
Proklamationen und Dekreten Windischgrätz', Messenhausers,
des Reichstags, des Ministers Kraus; unsere Besuche bei den
constituirten Körperschaften waren gemacht, wir hatten uns ein
wenig in der Wirrniß orientirt — aber nunmehr wußte ich nicht,
was mit mir anzufangen. Als Deputation hatten wir nichts
mehr zu thun. Die Aula hatte uns Ehrendegen geschenkt; ich
trug den meinigen an der Seite und den Kalabreser auf dem
Kopfe und war ein Müssiggänger. Es ist in einer großen
revolutionirten Stadt, besonders wenn die Revolution schon ein=
regimentirt ist, nicht so leicht, seinen Wirkungskreis zu finden;
man sieht fortwährend Bewaffnete hin und her ziehen, man hört
von Kämpfen da und dort, die Kanonen donnern aus den ver=
schiedensten Weltgegenden, und siehe da, das Individuum, das
nicht ein Theil eines Ganzen ist, ist Nichts. Ich zog auf Aben=
teuer aus. Ein Freund, der seine ärztliche Kunst der Revolution
zur Pflege der Verwundeten zur Verfügung gestellt hatte und
den ich zufällig traf, bewog mich, ihn in die Alser=Vorstadt, in

die Gegend des Hospitals zu begleiten. Am Eingange dieser
Vorstadt hörten wir plötzlich die Sturmglocke, und im Augenblicke
eilten die Bewaffneten aus allen Häusern herbei und der Linie
(so heißen in Wien die Barrièren) zu. Ich beschleunigte meinen
Schritt und erfuhr, daß die Oesterreicher, d. i. die kaiserlichen
Truppen, vorgerückt seien und sich in der Nähe der letzten Barrikade befänden. An der Barrikade, welche die Linie schloß,
konnte ich selber sehen, was geschehen war. Ein auf einer gewissen Höhe gelegenes Haus mit Bier- und Weingarten, ganz
nahe der Linie, war plötzlich von den Oesterreichern besetzt worden. Von den Fenstern und der Gartenmauer aus konnten sie
über die Barrikade hinweg die Straße bis tief hinein in die Vorstadt bestreichen. Es war vorauszusehen, daß sie, wenn man sie
in dem Hause ließe, im Garten Artillerie aufstellen würden.
Sie mußten delogirt werden. Hinter der Barrikade sammelte sich
eine so große Menge Volkes, daß sie die Hintersten nicht mehr
deckte und diese den Kugeln der Oesterreicher, die von den Fenstern
aus ein starkes Feuer unterhielten, ausgesetzt waren. Man rieth,
die Barrikade zu erhöhen. Nichts da! rief der Student, der
an der Barrikade kommandirte, wir müssen hinaus, die Oesterreicher aus dem Hause jagen und es selbst besetzen. Er ging
durch die Reihen der Studenten, die Gewehr bei Fuß an der
Barrikade standen, und wählte eine Anzahl von ungefähr dreißig
aus, dann nahm er eine gleich große Anzahl Nationalgarden
und bewaffnete Proletarier. Nachdem er noch einige Befehle gegeben, stellte er sich an die Spitze der ausgewählten Schaar und
rief: Vorwärts! Es war ein Pole, ein junger Mensch von ungefähr einundzwanzig Jahren, schlank, blaß, braun, schwarz-
haarig.

Kaum zehn Schritte von der Barrikade, die sie durch eine
Seitenöffnung verließen, empfing sie ein Regen von Musketen-
kugeln. Sie stutzten einen Augenblick und schienen zu überlegen,
ob es unter diesen Umständen möglich sei, bis an das Haus zu
gelangen. Aber der Student wandte sich zu ihnen zurück, und

immer weiterschreitend und immer mit seiner Degenspitze nach
dem Hause deutend, rief er: Vorwärts! Vorwärts! Seine Leute
folgten ihm unwillkürlich; es war, als zöge er sie mit seinem
Blicke nach sich. Die Kugeln regneten dicht und immer dichter.
Plötzlich lag der Student auf dem Gesichte, aber im Fallen rief er
noch einmal, und zwar stärker und gewaltiger als vorher: Vorwärts! Und liegend, immer den Arm mit dem Degen nach dem
Hause ausgestreckt, rief er: Vorwärts! und die Leute stürzten in
der That vorwärts, an ihm vorüber, und nun rief er ihnen
sein: Vorwärts! nach, bis es immer schwächer und schwächer
klang: „Vorwärts! vorwärts!" und da die Leute am Hause
waren, fiel sein Gesicht in den Staub, und sterbend bewegte er
noch die Lippen zu einem „Vorwärts!" In dem Augenblicke war
man von der Barrikade aus bei ihm angelangt und hatte man
ihn aufgehoben. Er war todt. Studenten und Proletarier stürzten
jetzt den Andern nach in großer Menge; von allen Seiten kletter-
ten sie in den Garten; nach zehn Minuten war das Haus genommen und besetzt. Die Oesterreicher sprangen zu den hinteren
Fenstern hinaus und zogen sich von diesem wichtigen Posten
zurück. — Es war das erste Gefecht, dessen Zeuge ich war, und
dieß Gefecht war eine Heldenthat, und das Sterben war ein Hel-
dentod. Das Schweigen hinter der Barrikade, wo man zitternd,
erwartungsvoll dem ganzen Schauspiele zusah, dabei das Laden
der Gewehre von Seiten Derjenigen, die es vorzogen, den Freunden zu Hülfe zu eilen, und sich dafür vorbereiteten, das heftige
Feuern der Oesterreicher, das Läuten der Sturmglocke und bei
all Dem der herrliche Tod des jungen Mannes, der noch im
Sterben nicht ans Sterben dachte und mit dem letzten Hauche
Vorwärts! rief: alles Das machte einen Eindruck auf mich, den
ich nie vergessen werde.

Zehn Minuten darauf war Alles wieder ruhig. Die Studenten, wahrscheinlich Bekannte und Freunde des Gefallenen, waren
ernst und traurig, ohne es verrathen zu wollen; das Volk, Proletarier und einige Nationalgarde, plauderte und steckte Cigarren

an; ein Theil verlief sich in die Häuser, als die Nachricht kam,
daß sich die Oesterreicher bis nach Nußdorf zurückgezogen.

Ich kehrte in die Stadt zurück, um der Versammlung beizuwohnen, die in der Aula gehalten wurde und in der die Frankfurter sprechen sollten. Aber die Aula war so gedrängt voll, daß
es mir unmöglich war, hinein zu gelangen, und daß ich so die
Rede Blums nicht hören konnte, mit der man später zum Theil
sein Todesurtheil motivirte.

Mittlerweile ging man daran, ein sogenanntes Corps d'élite
zu errichten. Es sollte aus erprobten Menschen und aus Intelligenzen bestehen, und kleine Abtheilungen desselben sollten überall
den Posten beigegeben werden, um auf Geist und Stimmung
der Kombattanten zu wirken. Das Kommando wurde einem ehemaligen österreichischen Offizier, Major Haugl, übertragen, der
seinen Patriotismus und seine Tapferkeit später an einem ungarischen Galgen büßte, zugleich mit den ungarischen Generälen,
die in Arad hingerichtet wurden. Die Frankfurter Deputirten
wurden in das Corps d'élite aufgenommen; Blum und Fröbel
bekamen Offiziersstellen; auch mir, um mich als Abgeordneten
zu ehren, trug man eine solche Stelle an, aber ich dankte. Was
verstand ich von den Pflichten eines Offiziers? von der Kunst des
Kommandirens? Auch wollte ich mein in langen Jugendjahren
gehegtes Ideal, einmal als gemeiner Soldat der Revolution zu
dienen, verwirklicht sehen: und so blieb ich simpler Soldat des
Corps d'élite. Doch sollte ich unerwarteter Weise wenigstens
während einer Stunde zum Kommando berufen werden. Mit den
Abenteuern war es aus. Ich gehörte nun zu einem organisirten
Korps und hatte weniger zu thun als vorher. Ich saß in der
Aula, unserm Versammlungsorte, und wartete da — es war ungefähr zwei Uhr Mittags, der Tag war sehr milde, aber herbst-
lich sanft umhüllt — als Major Haugl mit einer ganzen Schaar
junger Leute aufgeregt, höchst erhitzt, zum Theil von Pulver
geschwärzt, hereinstürzte. Sie kamen von der Dampfmühle am
Schüttel. Diese war von Kroaten umgeben, stand in Flammen,

und es hieß, daß sich viele Studenten darin verspätet und nun, von den Kroaten eingeschlossen, eines elenden Todes im Feuer sterben müßten. Haugl mit der eben heimgekehrten Schaar hatte es versucht, die Kroaten zu verdrängen und die Dampfmühle zu nehmen, war aber zurückgeschlagen worden. Er saß traurig und nachdenkend da, während die Studenten wegen des Schicksals ihrer Kollegen in große Aufregung kamen. Plötzlich sprang er auf und rief: Freiwillige vor! Sogleich stand eine Schaar Frei= williger bereit. Ich war auch unter ihnen, aber ich muß sogleich hinzufügen, daß mich weder übersprudelnder Muth, noch die Rücksicht auf das Schicksal der Unglücklichen, noch irgend ein Motiv größerer Allgemeinheit zum Anschlusse an die Freiwilligen bewogen. Es war ein rein persönliches Motiv. Unter der Schaar, die eben vom Sturm auf die Dampfmühle zurückgekehrt war, befand sich auch ein junger Mann von etwa achtzehn Jahren, der mir nahe stand und meinem Herzen sehr theuer war. Sein Auge flammte, wie er mir von dem bestandenen Kampfe erzählte; er sah da aus wie ein Heldenjüngling. Jetzt, da der Major rief: Freiwillige vor! war er, der noch vom Schweiße troff, der Erste, der hervortrat. Ich konnte ihn nicht allein gehen lassen. Noch diesen Morgen, als er mit mir vom Hause weggegangen, hatte mir die Mutter nachgerufen: Geben Sie mir auf den Jungen Acht! — Es war nicht möglich, ihn von diesem gefährlichen Gange abzuhalten, ich sah auch ein, daß die Erwartung, in der ich die Zeit bis zu seiner Rückkehr zubringen würde, schwerer zu tragen wäre, als die Gefahr — darum schloß ich mich den Frei= willigen an. Ein Studentenlieutenant, der sich einen guten Namen gemacht hatte, führte uns.

Wir marschirten über die Leopoldstädter Brücke, den Donau= arm entlang bis an die Franzensbrücke, wo eine Barrikade uns den Weg abschnitt. Unser Führer ließ uns Halt machen und bestieg die Barrikade, um das Terrain zu überblicken. Unser Weg führte, an dem einen Ende der Franzensbrücke vorbei, über eine Straße, die vom Bahnhof her fortwährend mit Mitraille bestrichen wurde; dann mußten wir, um zum Schüttelbade und zur Dampfmühle zu gelangen, einen viele hundert Schritte langen Dammweg passiren, von dem rechts und links kein Ausweichen war, da rechts die Donau fließt, links eine ununterbrochene Reihe von Häusern steht, die alle geschlossen waren. Bei der Dampfmühle, die in lichten Flammen stand, wurde der Damm von einer Barrikade abgeschnitten, die sich die Kroaten aufgeführt hatten und hinter welcher sie ein lebhaftes Feuer unterhielten, das den ganzen Damm bestrich. Unserm Führer schien es unmöglich, uns diesen Weg entlang zu führen, auf dem wir nur aufs Aergste dezimirt an unserm Ziele anlangen konnten, um dann gegen eine Barrikade und ein gewaltiges, brennendes, vom Feinde besetztes Haus einen vergeblichen Kampf zu versuchen. Viele Nationalgarden, welche die Besatzung der Barrikade bildeten, stimmten ihm bei, und ich glaube heute, daß kein gewissenhafter Offizier einer stehenden Armee seine Leute diesen Weg geführt hätte. Unser Lieutenant erklärte, daß er auf keinen Fall weiter marschiren werde. Ein Schrei der Entrüstung erhob sich aus unserer Schaar; das Schicksal der Kollegen, die dort eingeschlossen sein sollten, ließ ihnen das Aufgeben der Unternehmung als unverzeihlich und feige erscheinen. Sie überhäuften den Lieutenant mit Vorwürfen, und da er auf seiner Weigerung beharrte, empörten sie sich, und ehe ich mich Dessen versah, wurde ich, wie ein Cäsar von römischen Truppen, als Führer proklamirt. Der brave Junge, den zu behüten ich mitgezogen war, der mir nichts unmöglich glaubte, hat mir den schlechten Dienst erwiesen, indem er meinen Namen nannte und die Wahl auf mein Haupt lenkte. Die Schaar stimmte sofort mit ein. Doch blieb ein Theil bei unserem bisherigen Lieutenant, dafür aber zogen einige Männer von der Barrikadenbesatzung, ein alter Nationalgardist und mehrere Arbeiter mit uns.

Während wir rasch, aber doch einzeln, Einer nach dem Andern, je nachdem wir die Barrikade verließen, die Straße kreuzten, fingen die Oesterreicher aus ihrem Verstecke am Bahnhofe an,

ſie lebhafter mit Mitraille zu beſtreichen. Doch kamen wir un=
verſehrt hinüber, wo wir hinter den Häuſern vor ihnen geborgen
waren. Aber wir waren aus dem Regen in die Traufe gekom=
men, denn nunmehr befanden wir uns auf dem Damme, den die
Kroaten von ihrer Barrikade aus beherrſchten, und wir hatten
auf einem verhältnißmäßig ſchmalen Wege ihren Kugeln geradezu
entgegen zu gehen. Das Beſte, was wir thun konnten, war
laufen, um dieſen böſen Weg ſo raſch als möglich hinter uns
zu haben. Und in der That, wir wählten nicht den Parade=
ſchritt, mit dem die Engländer an der Alma der dreifachen Re=
doute entgegenmarſchirten. Wir liefen bis zur Athemloſigkeit. Es
fiel nicht ein einziger Mann, doch begegnete uns etwas Schreck=
liches, das mir noch immer, ſo oft ich daran denke, wie ein
gräuliches Traumgebilde vorſchwebt. Ein alter Mann in Hemb=
ärmeln, mit einem zerlöcherten, ſchwarzen Hut auf dem Kopfe,
kam uns blaß, mit weit aufgeriſſenen Augen, Todesangſt im
ganzen Geſichte und in der ganzen Geſtalt, entgegengelaufen,
ohne, wie es ſchien, etwas vor ſich zu ſehen oder auf etwas zu
achten. Er rannte fort, als wollte er einem Ungeheuer entrinnen.
Sage ich es nur in Einem Worte: Er trug ſeine Gedärme in ſeinen
Händen. Am Rande der Donau, uns gegenüber am andern
Ufer, lag ein Todter in bürgerlicher Kleidung auf dem Geſichte.
Aber wir liefen weiter und fanden uns im Garten des Schüttel=
bades oder deſſen Hofe zuſammen. Die Gartenwand zwiſchen
dieſem und dem Garten der Dampfmühle war niedergeriſſen und
brannte, beinahe alle Bäume brannten; aus dem Dache der
Dampfmühle und aus den Fenſtern der beiden höchſten Geſchoſſe
ſchlug die Lohe in dicken Säulen. Dort waren wir außer dem
Schuſſe der Barrikade, aber nicht ſehr fern von ihr. Sie war
nicht hoch, und wir ſahen die Kroaten bis unter die Bruſt. Um
ſie zu beſchäftigen, ließ ich auf ſie ſchießen; nach jedem Schuſſe
trat der Schütze in den Hof zurück, wo er gedeckt war. Aber bald
erſchienen die Kroaten in den Fenſtern der Dampfmühle und be=
ſchoſſen uns von der Höhe herab. Wir antworteten. Mir

geschah bei meinem erſten Schuſſe etwas Lächerliches. Ich ſchoß
aus einem ganz neuen leichten Gewehre, das beim Zeughaus=
ſturme genommen worden war. Kaum war der Schuß gefallen,
als ich mich ſelbſt getroffen glaubte; ich hatte einen gewaltigen
Stoß bekommen, taumelte und wäre hingeſtürzt, wenn mich
mein Nebenmann, der alte Nationalgardiſt, nicht aufgefangen
hätte. Als ich wieder zu mir kam, ſah ich ihn herzlich lachen.
Mein Gewehr war nämlich nicht gepußt und im Laufe verroſtet.
Daher der Stoß. Der Nationalgardiſt nahm es mir ab und gab
mir das ſeinige. Indeſſen zogen ſich die Kroaten aus der
Dampfmühle zurück. Ein junger Mann mit grün und weißem
Federbuſche auf dem Kalabreſer hatte ſich hinter einen brennenden
Baum geſtellt und mit größter Gemüthsruhe geladen, ge=
zielt und geſchoſſen; er ſchien ihre ganze Aufmerkſamkeit auf ſich
gezogen zu haben, vielleicht hatte er Einen oder den Andern
getödtet, und ſie richteten ihre Schüſſe beinahe ausſchließlich auf
ihn, der ſich darum aus ſeiner Poſition hinter dem Baume doch
nicht vertreiben ließ. Als ſie in den Fenſtern erſchienen waren,
ſtellte ich meine Leute hinter einen Reſt der Gartenwand, und ſie
waren unſerm Feuer mehr ausgeſetzt, als wir dem ihrigen. Es
mochte ihnen auch in dem brennenden Hauſe zu heiß geworden
ſein; genug, ſie zogen ſich zurück. Ich ſchickte einen Theil meiner
Leute in die Dampfmühle, um nachzuſehen, ob wirklich Stu=
denten darin ſeien, oder ob ſie von dorther etwas hinter der
Barrikade entdecken könnten, während ich der andern Hälfte be=
fahl, die Barrikade zu beſchäftigen. Das thaten dieſe aufs Ge=
wiſſenhafteſte; einige eilten ſogar mehrere Schritte vorwärts, als
ob ſie die Barrikade ſtürmen wollten. Mittlerweile aber kamen
die Andern nicht ins Haus; jener junge Mann mit dem grün
und weißen Federbuſche hielt ſie hinter dem Hauſe zurück und
ging allein durch eine Hinterthür hinein. Nach einiger Zeit kam
er zurück und berichtete, daß er darin weder eine Spur von
Studenten, noch von Kroaten gefunden habe, daß auch jenſeits
der Barrikade von Studenten nichts zu entdecken ſei. Darauf

ſtürmten Mehrere das Haus, unterſuchten es in allen Winkeln,
in die ſie noch gelangen konnten, und kamen ſchweißtriefend, einige
den ſtürzenden Balken kaum entronnen, mit demſelben Berichte
zurück. Das waren gute Nachrichten, und gut war es auch, daß
es jetzt hinter den Kroaten zu donnern begann, ſo daß ſie ſichtbar
unruhig wurden und ſich oft umſahen. Es war Robert Blum,
der die Raſumovsky-Brücke beſetzt hatte, ſeine Kanonen donnern
ließ, einen Scheinübergang machte und uns ſo Luft verſchaffte.
Ich benutzte dieſen günſtigen Moment zu unſerem Rückzuge.
Wir liefen wieder auf dem böſen Wege, der uns jetzt verderblich
werden ſollte. Hagelbicht flogen uns die Kugeln nach. Die
Kroaten ſchoſſen jetzt energiſcher, als da wir gekommen und als
da wir ihnen gegenüber geſtanden hatten. Vielleicht war ihre
Zahl indeſſen vergrößert worden. Ich lief neben einem Schneider,
der in Hemdärmeln war, aber eine Nationalgardenmütze trug;
ein guter, kleiner, magerer Kumpan, der an der Dampfmühle
viel Muth gezeigt hatte. Plötzlich rief er im Laufen: Jeſus
Maria, ich bin weg, ich bin weg, ich bin weg! — Es wird
nichts ſein, ſagte ich, nur eine leichte Verwundung, Sie laufen
ja noch ſo gut! — Aber kaum hatte ich die Worte geſprochen,
als er neben mir zuſammenbrach. Ich bückte mich zu ihm hinab,
um ihm hülfreich zu ſein; in demſelben Augenblicke ſtreifte eine
Kugel meinen Hut. Sie hätte mich, wäre ich aufrecht geweſen,
in der Mitte des Leibes erreicht. Die Thüre eines Hauſes öffnete
ſich, um mich und den Schneider, den ich nach mir ſchleppte, auf=
zunehmen. Frauen hatten ihn fallen ſehen und wollten uns
barmherzig aufnehmen. Sie beſchäftigten ſich auch ſogleich mit
dem armen, tödtlich Verwundeten. Ich rief meinen Leuten zu
und ſammelte ſie alle — ach, es waren nur noch zwölf — in
dem Hauſe. Schon waren mehrere Verwundete in den Häuſern,
an denen wir bereits vorbeigelaufen waren. Die Bewohner
hatten ſich nur vor den Kroaten abgeſchloſſen, aber ſie thaten
ihre Thüren auf, um die Verwundeten aufzunehmen, und ſie
pflegten ſie überall mit Liebe. Die guten Wiener!

Wir beriethen uns, was weiter zu thun? Der Gardist schlug vor, den Rückzug durch die Gärten fortzusetzen, die sich hinter den Häusern in ununterbrochener Reihe fortzogen, da der Weg am Donauarm zu mörderisch war. Der Vorschlag wurde angenommen und ausgeführt. Aber die Gärten waren nur von geringer Ausdehnung und durch Plankenwände oder Palissaden von einander getrennt. Die Kroaten, die seit unserer Flucht wieder das Schüttelbad einnahmen, bemerkten uns von dort aus und begannen, uns nachzuschießen, eine Schaar machte sich sogar auf, um uns durch die Gärten zu verfolgen. Eine Garten= wand nach der andern schnitt uns den Weg ab; wir mußten eine nach der andern überklettern; oben angekommen, waren wir wie ausgesteckte Ziele, wenn wir auch sicher waren, so lange wir uns in der Ebene befanden. Während wir oben waren, flogen die Kugeln in Menge um unsere Köpfe; dabei hörten wir das Geheul der Verfolger immer näher kommen. Wir hatten höchste Eile. Da erlebten wir wieder einen jener Züge der Aufopferung, die während dieser Wochen so oft vorkamen. Ein Proletarier war immer der Letzte, der über die Wände kletterte. Er hielt ruhig Stand, so lange noch ein Einziger von uns diesseits war, und half mit Arm und Schultern Einem nach dem Andern über das Hinderniß. Er selbst hatte dann Niemand, der ihm geholfen hätte, und mußte sich oft mit arger Mühe, allein, auf die manch= mal hohe Wand hinaufhelfen, immer in Gefahr, von den Ver= folgern erreicht zu werden. Dieses Werk der Hülfe und der Auf= opferung führte er mit Konsequenz bei allen Wänden durch, deren vielleicht zwölf oder vierzehn waren. Endlich kamen wir an der Franzensstraße und hinter der Barrikade an. Es fehlte Mancher, und unter den Fehlenden war auch der Junge, für den ich mitgezogen war. Glücklicherweise kam er nach einer halben Stunde zum Vorschein, und zwar frisch und wohlbehalten. Er hatte einen Freund, einen Studiosus Juris, der ins Knie ge= schossen war und sich nicht regen konnte, zuerst in Sicherheit, dann zu einem Arzte gebracht. Wie traurig auch die Expedition

ausgefallen war, so hatten wir doch beinahe die Gewißheit
erlangt, daß die Studenten nicht in den Flammen der Dampfmühle zu Grunde gegangen seien. Auch erfuhren wir später,
daß sie sich in der That, als die Kroaten die Dampfmühle, die
sie besetzt gehalten, angesteckt hatten, rückwärts, durch den Prater
bis an die Jägerzeile durchgeschlagen hatten, obwohl der Prater
in der Gewalt der Oesterreicher gewesen.

Von dieser Expedition weiß ich, daß sie meine erste, thätige
Theilnahme am Kampfe gewesen, denn die Gefühle des ersten
Kampfes vergessen sich nicht. Was darauf folgte, kann ich
nicht mehr in chronologischer Ordnung erzählen; es sind abge-
rissene, bruchstückweise Erinnerungen.

Eines Abends zogen wir, an hundert Mann, Corps d'élite
und Proletarier, unter Anführung des Majors Haugl an die
Mariahülfer Linie, die allem Anschein nach diese Nacht angegriffen werden sollte. Das Burgthor wurde uns von einem pol-
nischen Offizier geöffnet, der bei dieser Gelegenheit allerlei Unsinn
sprach und viele schlechte Witze machte. Er war arg betrunken
und gab uns einen bösen Eindruck mit auf den Weg. Es stand
schlecht um eine Stadt, deren Thore so bewacht waren. Von
der Mariahülfer Vorstadt kam uns rother Feuerschein entgegen,
der den hellen Himmel purpurn färbte; sonst war die Nacht
schwarzdunkel. Auf dem Marsche durch die unendlich lange Haupt-
straße der Vorstadt flogen uns ununterbrochen, langsam, zischend
und raschelnd, in großen Bogen glühende Bomben entgegen,
die bald auf einem Dache in unserer Nähe, bald auf unserem
Wege platzten. In den Thüren standen die Bewohner und sahen
dem Schauspiele zu. Jeden Augenblick rief man uns eine Warnung entgegen: Meine Herren, ziehen Sie sich links, die Schußlinie ist rechts! — Wir bogen nach links. — Meine Herren,
ziehen Sie sich rechts, die Schußlinie ist links! Wir bogen nach
der rechten Seite. Die wiederholten Warnungen und die mehr-
fache Veränderung des Marsches, dabei der beständige Anblick
der Kugeln, die uns langsam entgegenkamen, brachte eine große

Unruhe in die Schaar und demoralisirte sie endlich ganz. Einzelne sprangen beim Fall und Platzen der Bomben aus den
Reihen, die Einen rechts, die Andern links — man fluchte, man
schrie — Viele wollten umkehren. Es war eine gräuliche Unordnung. Haugk ließ uns halten und sprach den Furchtsamen
Muth ein. Bald aber war dieselbe Unordnung und in einem
erhöhten Grade wieder da. Da befahl er, das Bajonett zu fällen,
und Jedem, seinen Vordermann niederzustoßen, sobald er Miene
mache, aus der Reihe zu treten. So kamen wir in schönster
Ordnung trotz Bomben und Granaten an der Mariahülfer
Linie an.

Wir lösten die Besatzung ab und besetzten selbst die Barrikade, von welcher aus wir bei einem Wachtfeuer die Oesterreicher wie Schatten hin und her gehen sehen konnten; von Zeit
zu Zeit beleuchtete ein Kanonenschuß ganze Gruppen, und wir
mochten uns überzeugen, daß wir eine ziemlich starke Macht uns
gegenüber hatten. Die Bomben aber ließen uns unbehelligt; sie
flogen in großen Bogen über unsere Köpfe weg in die Vorstadt.
Nur von Zeit zu Zeit schlug eine Vollkugel in unserer Nähe ein,
ohne uns den geringsten Schaden zu thun. — Ungefähr um
Mitternacht regte sich etwas in nächster Nähe außerhalb der
Barrikade; wir kamen in Alarm. Aber es war ein Proletarier,
der sich sogleich als Freund zu erkennen gab, zu uns herein kam
und uns versicherte, daß sich die Oesterreicher regen und daß
gewiß etwas bevorstehe. Die Barrikade wurde doppelt besetzt,
und die Leute, die nebenan in einem kleinen Häuschen beim Weine
gesessen hatten, kamen hervor, nahmen ihre Gewehre und standen
in der Nähe bereit. In der That kamen nach weniger als einer
Viertelstunde plötzlich die Oesterreicher hinter einem Hause der
Vor-Vorstadt in Menge hervor und stürmten plötzlich auf unsere
Barrikade los. Wir empfingen sie mit einer guten Salve und
gleich darauf mit einer zweiten, da uns die Hintermänner augenblicklich unsere Gewehre abnahmen und ihre geladenen reichten.
Sogleich zogen sich die Oesterreicher zurück, ohne einen Schuß

gethan zu haben, und während dieses Rückzuges hörten wir einen
Schrei, der die Luft auf schauerliche, auf jämmerliche Weise
zerriß. Offenbar war es auf eine Ueberrumpelung abgesehen,
die sie aber aufgaben, da sie uns so wachsam fanden. Bei dieser
Gelegenheit wurde ich sehr leicht am Fuße verwundet, und zwar
von befreundeter Seite, durch das Bajonett eines National=
gardisten, als er auf die Barrikade stürmte, um uns zu Hülfe
zu kommen.

Hierauf wurde es stille. Nur die Bomben fuhren fort, von
Zeit zu Zeit die dunkle Nacht mit einem feurigen Bogen zu
durchkreisen. Ich saß in dem kleinen Häuschen, links von der
Linie, und trank mit den Andern, als eine solche Bombe eine
ganze Ecke des Daches abriß. Man ging hinaus, um den
Schaden zu besehen, und ging dann wieder zurück, um weiter
zu trinken und zu plaudern. Nach wenigen Tagen des Kampfes
konnte ich an unzähligen Bürgern, Studenten und Proletariern
jene Kaltblütigkeit beobachten, die man selbst an alten, berühmten
Kriegern zu bewundern gewohnt ist. Wäre die Kraft und der
Muth des Wiener Volkes gehörig gebraucht, wäre ein Kom=
mando, irgend ein Plan da gewesen, man hätte Wunder thun
können. Aber im Kommando war Anarchie, oder vielmehr, es
gab gar kein Kommando. Auf seinem Posten, auf dem er sich
oft zufällig befand, that Jeder seine Schuldigkeit und mehr als
Das — aber Jeder auf eigene Faust; von einem Zusammenhange
war nicht die Rede, Ein Plan, Ein Wille war nirgends sichtbar.

Ein anderes Mal wurde ich mit einem Theil des Corps
d'élite zu einer polizeilichen Haussuchung verwendet. Es war
eine Anzeige eingelaufen, daß sich in irgend einem der Häuser
am Ende der Fuhrmannsgasse in der Leopoldstadt ein Waffen=
depot der Kontrerevolution befinde. Das Haus sollte ausfindig
gemacht werden, und zwar sogleich, da Gefahr da war, daß dieser
Theil der Stadt dem Feinde in die Hände falle. Schon schlug
man sich aufs Hartnäckigste im Augarten, und schon wurde die
Gegend der Fuhrmannsgasse beschossen. Ein Student, der bereits

in Schleswig-Holstein als Offizier gedient hatte, führte uns.
In der genannten Gasse standen die Einwohner, meist Weiber
und Kinder, in den Hauseingängen, um sich vor den fallenden
Kugeln und den herabstürzenden Dachtrümmern zu schützen. Wie
sehr sie zitterten und bebten, hatten sie für uns doch ein freundliches Lächeln. „Da kommen ja die Studenten!" hörte man, „ach,
die braven Studenten!" — Aber unter diesen braven Studenten
war einer, der beim Anblick des Unheils, das die Kanonen-
kugeln anrichteten, allen Muth verlor. Er fing förmlich zu
heulen an, sagte, Das sei unmenschlich, ordentliche Menschen
solche Wege zu führen, was die ganze Geschichte überhaupt zu
bedeuten habe u. s. w., und behauptete am Ende, er sei ein
Vater, der fünf Kinder zu ernähren habe und dessen Pflicht es
sei, sein Leben zu schonen. Es war ein Mensch von ungefähr
sechsundzwanzig Jahren, ein Kaufmann oder Kommis, der sich
in die Studentenlegion hatte aufnehmen lassen. Der Lieutenant
verwies ihm sein Geschwätz und seine Feigheit, da er aber immer
lauter zu klagen anfing, wandte sich jener zähneknirschend um,
faßte ihn am Kragen und warf ihn einer Gruppe von Weibern
zu. „Verhaftet ihn und führt ihn auf den nächsten Posten, die
feige Memme!" rief der Lieutenant. Die Weiber umringten
ihn lachend und führten ihn in der That an Arm und Rock-
schößen, trotz aller herabfallenden Kugeln, auf die Hauptwache in die Jägerzeile, wo man ihm nach drei Tagen auf unangenehme Weise den Abschied gab, nachdem er sich mit dem
Gedanken an ein Kriegsgericht aufs Grausamste abgequält hatte.

Von Waffenvorräthen fanden wir in den Häusern, die wir
vom Keller bis unters Dach untersuchten, keine Spur. Die Einwohner, wo solche zugegen waren, lächelten gutmüthig über
die Verkennung, und daß man bei ihnen nach gegenrevolu-
tionären Waffen suchte. „Ach nein," versicherte man uns von
allen Seiten, „wir sein nicht gegen die Studenten; die sein ja
so gut!" In einem Hause fanden wir ein junges, schönes
Mädchen, das uns mit Thränen in den Augen beschwor, doch

abzulaſſen, „wir ſetzten es ja doch nicht durch.“ Doch von dieſem
Mädchen habe ich ſchon an einem andern Orte erzählt.[1]

Bald nach dieſer Hausſuchung ſollte ich wieder in dieſer
Vorſtadtgegend beſchäftigt ſein.

Eines Abends marſchirte ich mit noch ungefähr fünfzig Mann
unter Anführung Fröbels in die Leopoldſtadt und in ein gewal=
tiges, ausgedehntes, ſehr ſolid gebautes Haus in der Nähe der
Jägerzeile. Unſere Beſtimmung war, dieſes Haus ſo ſchnell als
möglich und ſo ſtark als möglich zu befeſtigen, da es mehrere Straßen
beherrſchte und von dieſer Seite her bald ein Angriff auf die Leopold=
ſtadt zu befürchten war. Die Kaiſerlichen hatten ſchon den ganzen
Prater und den Bahnhof beſetzt und waren auch ſchon im Beſitz des
Augartens, den ſie nach langem und hartnäckigem Kampfe ein=
genommen hatten. In dem Hauſe fanden wir ſchon eine kleine
Beſatzung, und mit dieſer vereinigt gingen wir ſogleich an die
Arbeit. Ich hatte den beſten Willen, mich nützlich zu machen,
aber wo ich zugriff, war gleich ein Proletarier bei der Hand,
der mich lächelnd zurückdrängte. „Das iſt nicht für Sie,“ — „das
verſtehen wir beſſer.“ So gutmüthig zeigte ſich das Volk überall;
nirgends eine Spur von jenem proletariſchen Hohn, der ſich mit
Schadenfreude am Schweiße der an körperliche Arbeit nicht ge=
wöhnten „Ariſtokraten“ oder an der Ungeſchicklichkeit der Hände
ohne Schwielen erfreut. In der That konnte ich mit Hacke und
Spaten nirgends ans Werk gelangen, und wo ich einen Stein
anfaßte, um ihn an den Ort ſeiner Beſtimmung zu tragen,
wurde er mir ſofort aus der Hand genommen. Selbſt als Hand=
langer konnte ich nicht dienen. Ich ergab mich in mein Schickſal,
legte mich auf einen Strohſack und ſchlief vortrefflich bis zum
Morgen, während man um mich herum wie in einem Bienen=
korbe arbeitete. Als ich erwachte, war das Haus eine Feſtung,
in der man ſich ganz ſicher und behaglich fühlte. Aber wir ſollten
uns nicht lange ſo fühlen.

---

[1] Erzählungen eines Unſtäten. Bd. IV, S. 253.

Gegen sechs Uhr Morgens erschien General Bem vor dem
Hause. Er warf einen raschen Blick auf dasselbe und in den
Hof, fand, daß es gut war, und befahl, daß wir nun weiter
marschiren sollen. Er wartete nur, bis wir uns vor dem Hause
versammelt hatten, gab Fröbel seine Befehle und ritt dann
weiter. Bei dieser Gelegenheit sah ich den merkwürdigen Mann
zum ersten Male, jenen Mann, der, wenn er mit dem Oberbefehl betraut gewesen wäre, der Belagerung Wiens und der
ganzen Bewegung wohl einen andern Ausgang gegeben haben
würde. Er trug weiße Reithosen, die in hohen Stiefeln staken,
einen dunkelblauen, bis unters Kinn zugeknöpften Rock und
einen Kalabreser mit weißer Feder: eine schmächtige, magere Gestalt, der man es nicht angesehen hätte, daß sie allen erdent-
lichen Mühsalen und Kriegsarbeiten gewachsen war. Auch das
magere, gelbe, oder vielmehr graue Gesicht hätte wenig Kraft
verrathen, wenn es nicht von einem energischen, geist- und kraft-
vollen Auge beleuchtet worden wäre. Nicht eines der Bilder, die
von General Bem bekannt sind, finde ich ähnlich; sie geben ihm
meist ein rundes und ziemlich freundliches Gesicht; das seine aber
war länglich und erschien um so länger, als die Wangen so eingefallen waren, daß sie bereits Gruben bildeten, und als es von
einer hohen und schmalen Stirne überwölbt war. Freundlich war
er nur, wenn er sprach und sich wohlmeinend über die jungen
Soldaten und über den gefährlichen Posten, auf den er sie
schickte, lustig machte; sonst war sein Gesicht gedankenvoll und
nichts weniger als anziehend. Der Posten, auf den er einen
Theil der Besatzung des Hauses und mit ihr eine Abtheilung
Steierer vom steierischen Zuzuge, sämmtlich unter Fröbels Führung, schickte, lag in der Nähe der Fuhrmannsgasse und war in
der That nichts weniger als angenehm. Wir hatten eine lange
Gartenmauer, eine Barrikade und ein kleines, einstöckiges Haus,
die zusammen eine Linie bildeten, zu bewachen und nöthigenfalls
zu vertheidigen. Vom Feinde waren wir eigentlich nur durch die
Chaussee getrennt, die zum Nordbahnhof führt. Jenseits dieser

Chauſſee beginnt der Prater mit einem grünen Platze geringer
Ausdehnung, und jenſeits dieſes grünen Platzes beginnt der
Praterwald, in welchem, ebenſo wie im nahen Bahnhofe, die
Kaiſerlichen ſtanden. Sie waren durch das weitläufige Gebäude
wie durch die Bäume unſern Blicken entzogen, konnten ſich, un-
geſehen von uns, ſammeln und uns binnen einer halben Minute überfallen. Da galt es wachſam ſein. Auf Fröbels Anordnung brach man Schießſcharten in die Gartenmauer und ſtellte
man das Haus ſo gut als möglich wieder her. Die Kaiſerlichen
hatten es nämlich Tags vorher in Brand geſteckt, die Wiener hatten
den Brand wieder gelöſcht; ſo war es zur Hälfte von Feuer und
Waſſer zu Grunde gerichtet und in einem jämmerlichen Zuſtande.
Die Möbel waren gerettet worden, nur die Strohſäcke, vom
Waſſer getränkt, lagen in und außer dem Hauſe. An der Barrikade, an den Fenſtern und an den Schießſcharten mußte fortwährend ungefähr die Hälfte der Beſatzung ſtehen, um den
Prater und den Bahnhof zu beobachten. Das war ein ſehr er-
müdender Dienſt. Von Zeit zu Zeit näherten ſich die kaiſerlichen
Vorpoſten; man trieb ſie mit Flintenſchüſſen zurück. Ein alter
Soldat, ein Jäger, der noch ſeine Uniform trug, beſuchte uns
und leiſtete uns treffliche Dienſte. An einem Fenſter ſtehend, entdeckte er, wo ſich ein Oeſterreicher zeigte, ſeine Beute im dichteſten
Gebüſche; er ſchoß und traf beinahe immer. Nachdem er dieſe
Jagd eine Zeitlang getrieben hatte, zogen ſich die Vorpoſten weit
zurück. Ein Steierer ſchlich nun in den Prater, wie ein Gemſen-
jäger. Er ſprang von Baum zu Baum; hinter den Stämmen
lud er, ſchlich dann hervor, ſuchte ſich ein Ziel und ſchoß. Kaum
geſchoſſen, war er zwanzig Schritte weiter, und die Kugel, die
ihm antwortete, flog fern von ihm ins Leere. Oft verſchwand
er uns auf halbe Stunden aus den Augen, aber mit dem Horn,
das er an der Seite trug, ſchickte er uns nach jedem dritten
Schuſſe Grüße zu, die uns über ſein Wohlergehn beruhigten.
Ein Schneider, der mit uns war, ließ ſich durch dieſes Beiſpiel
zu gleichen Thaten anfeuern, und ſo zogen die Zwei wie Jäger

durch den Wald. Den Muth der Schneider habe ich während der
Wiener Belagerung überhaupt anders kennen gelernt, als ihn
die populäre Tradition darzustellen liebt. Ich fand, daß es den
Schneidern eigen ist, überall dabei sein zu wollen, besonders wo
es gilt, etwas Neckes oder Kühnes auszuführen.

In der Nacht mußte es natürlich auf einem solchen Posten
unheimlich sein und war doppelte Wachsamkeit geboten. Ich
sehe immer noch einen gewissen jungen Poeten, der heute in
Oesterreich lebt und den ich darum nicht nenne, wie er gleich
einer Tigerkatze die ganze Nacht auf der Barrikade lag und unbeweglich in die Dunkelheit hineinstarrte, für Viele wachend, die indessen auf den durchnäßten Strohsäcken, unter freiem Himmel und
in der Oktoberfeuchtigkeit und Kälte ein Auge voll Schlaf zu er-
haschen suchten. Gegen Morgen erschien eine gute arme Frau
aus der sonst veröbeten Nachbarschaft und brachte uns, was sie
vermochte, Suppe und Kaffee. Die gütige Samaritanerin sorgte
aufs Mütterlichste für uns, so lange wir auf diesem Posten ver-
blieben. Als der zweite Abend kam, brachte sie Kleider und
Decken, um uns gegen die Kälte zu schützen, und lud die Unbe-
schäftigten ein, wenigstens unter ihrem Dache zu schlafen. Am
zweiten Tage war sie wieder mit Brod, Suppe und Kaffee da,
und unmöglich war es, sie, die arme, bedürftige Frau, zur An=
nahme einer Vergütung zu bewegen. Ich bin überzeugt, daß
keiner meiner damaligen Kameraden das gute, von Wohlwollen
durchstrahlte Gesicht der armen Frau vergessen hat oder je ver=
gessen werde. Wie oft haben wir, ich und Sigmund Kolisch, der
mit auf dem Posten war, in ferner Fremde von der guten Frau
gesprochen und erzählt. Möge es ihr wohl ergehen bis an ihr
seliges Ende. Amen!

Am dritten Tage (wenn ich nicht irre) Vormittags wurden
wir Müden abgelöst und in die Aula zurückgeschickt. Auf dem
Wege begegneten wir großen Schaaren, die sämmtlich in die
Leopoldstadt und meist nach der Jägerzeile zogen. In dieser
waren zwei große Barrikaden aufgeführt; hinter einer derselben,

vor einem kleinen Tischchen, saß General Bem. Es sah aus, als
sollte es bald zu etwas Ernstem kommen. In der That griffen
die Oesterreicher an, und noch selbigen Abend war die Leopoldstadt nach hartem Kampfe in ihrer Gewalt.

Aber die Tage wurden trüber; der Feind zog seine Kreise
immer enger um die Stadt; nichts geschah, um die Hülfe zu
benutzen, die überall im Lande bereit war, oder nur sie heran-
zuziehen. Man wußte, daß noch starker Zuzug aus Oberösterreich
und Steiermark gekommen war und daß er, nachdem er Tage
lang in den Gebirgen gewartet hatte, wieder zurückging, da
man sich mit ihm nicht in Verbindung setzte, um ihn im Rücken
des Feindes agiren zu lassen, und nichts that, um ihm einen
Weg in die Stadt zu öffnen. Bei der Annäherung des Feindes
einerseits, bei der Anarchie im Oberbefehl andererseits sank die
Hoffnung immer tiefer. Die erhebenden Momente wurden von
niederdrückenden überwuchert. Einen solchen erhebenden und
einen solchen niederdrückenden Moment erlebte ich eines Tages
rasch nach einander. Ich kam aus der Singerstraße. Am Fuße
des Stephansthurmes stand eine Schaar steierischer Schützen unter
Anführung des trefflichen Dr. Essenberger, der später sein Leben
in Kufstein verrauchte. Sie sangen begeistert: Was ist des
Deutschen Vaterland! und machten sich froh und glücklich zu
einem Kampfe bereit. — Was ist? fragte ich. — Die Ungarn
sind im Anzug. Ich eilte in die Aula. In der That ließ man
uns und viele bewaffnete Proletarier auf dem Platze in Reih und
Glied treten, und man flüsterte sich zu, daß wir einen Ausfall
machen werden. Major Haugl ging, die Hände über den Rücken
gelegt, vor uns auf und ab. Aber wir standen und standen; es
kam kein Befehl; der Major schickte einen Boten nach dem andern
ab; es veränderte sich nichts. Messenhauser stand auf dem Ste-
phansthurm, beobachtete das Gefecht zwischen Oesterreichern und
Ungarn und hatte nicht den Muth, einen gewaltigen Ausfall zu
machen, der die Oesterreicher zwischen zwei Feuer genommen
hätte. Er stand noch immer auf dem Rechtsboden. Doch war

dieß der entscheidende Moment. In unserer Mitte wie im Volke, das uns umgab, fühlte man Das; die Bewaffneten wurden ungeduldig, im Volke gerieth man beinahe in Wuth. Damals sah ich, wie ein Volk wird, wenn es die Hoffnung verliert und Alles an Alles setzen möchte. Da die Stunden vergingen und immer nichts geschah und dabei noch die Ungewißheit obwaltete, ob wirklich die Ungarn gekommen seien, ob, wenn sie gekommen, sie Sieger oder besiegt seien, kam das Volk in eine Art von Verzückung. Ich sah Weiber, die ihre Kleider abrissen, das Haar loslösten und zu predigen und zu prophezeien anfingen, als befänden wir uns in einer biblischen Stadt, vor deren Thoren Babylonier oder die Schaaren Assurs lägen. Ich begriff die Prediger und Propheten der Kamisarden. Die Weiber waren ekstatisch. Wären wir es doch auch gewesen! aber wir waren Theile eines Ganzen, wir waren schon disziplinirt und — warteten. So wurde es drei Uhr Nachmittags, und wahrscheinlich nur um uns zu beschäftigen, führte man uns auf die Bastei. Von da aus sahen wir denn, daß die Vorstadt Landstraße schon genommen war. Von dort und vom Glacis aus beschoß man uns. Wir setzten uns mit dem Rücken an das Parapet und sahen, wie die Kugeln in die Häuser vor uns flogen; eine Bombe platzte im Dache des Dominikanerklosters; das Haus, das die Fürstin Schwarzenberg, die Frau des Marschalls von Leipzig, bewohnte, wurde von den Kugeln der Kroaten arg mitgenommen. Man antwortete von der Bastei aus, aber welche Wirkung konnte Das haben?

So wurde es von Tag zu Tage schlimmer. Jede Nacht sah Wien aus, als wäre es unter eine rothe Glasglocke gestellt; der Himmel glühte von Feuersbrünsten. Im Volke nahmen Entmuthigung und Verzweiflung zu, und die schöne Stimmung der ersten Tage war dahin. Da sah ich Manches, was in den ersten Tagen unmöglich gewesen wäre. Vor der Aula erhob sich ein Streit zwischen zwei Leuten; in dem Streit zog der Eine eine Pistole und legte auf seinen Gegner an. In dem Augenblicke

fiel das Wort: Ein Schwarzgelber! Auf dieſes Wort hin zog
Einer aus dem Volke einen Strick aus der Taſche und näherte
ſich dem als Schwarzgelben Bezeichneten mit der größten Gemüthsruhe, um ihn aufzuknüpfen. Wir retteten ihn nur, indem
wir ihn verhafteten. Es zeigte ſich ſpäter, daß der Gerettete den
Strick wohl verdient hätte: es war ein Spion.

An der Aula hörte ich auch zwei übergegangene Grenadiere ſich beſprechen, wie ſie ſich, wenn Wien falle, erſchießen
wollten.

In dieſer letzten Zeit begegnete ich zu wiederholten Malen
dem durch ſeinen Tod bekannt gewordenen Jellinek, der, im
Gegenſatz zu ſeiner ganzen Umgebung, immer voll Hoffnung
war; er gehörte nicht zu jenen Köpfen, die überall gleich das
Ende ſehen, wo ſie keinen Ausgang finden. Er konnte im Gegentheil kein Ende ſehen, wo er keinen Abſchluß ſah; hätte man ihm
noch zwölf Lebensjahre gegönnt, er hätte Recht behalten. Wir
ſehen heute, daß der Fall Wiens kein Ende war, und Dieſe ſelbſt,
die ihn herbeiführten, ſind gezwungen, daran wieder anzuknüpfen.
Was heute in Ungarn, in Wien, in ganz Oeſterreich vor ſich
geht, iſt nur eine direkte Fortſetzung jener Zeit. Es zeigt ſich,
daß Alles, was dazwiſchen liegt und was man für ſo klug gehalten, nichts zu bedeuten hatte: handle es ſich um Männer
oder Dinge oder Inſtitutionen. Wie hoffnungsvoll er war, ſo
furchtlos war er auch, der arme Jellinek, der philoſophiſche
Kopf. Was in ihm zum Begriffe geworden war, war ewig; was
hatte er zu fürchten? Als man ihn nach dem Falle Wiens warnte
und ihm rieth, doch auch wie viele Andere die Flucht zu ergreifen, ſagte er lachend: „Was kann er mir thun, der Windiſchgrätz? dieſer ungebildete Menſch!" Der ungebildete Menſch hat
ihn für einen Zeitungsartikel erſchießen laſſen.

Noch ein anderes Opfer Windiſchgrätz' ſah ich oft: den
Muſikus Becher, damals mit Koliſch Redakteur des „Radikalen."
Ich kannte ihn aus alter Zeit und hatte ihn oft in Neuners
Kaffeehaus, dem Stelldichein der höhern Wiener Literatur, und

bei Lenau gesehen. Ich war erstaunt, ihn nach Jahren so jung
zu finden; die Revolution hatte ihn verjüngt und alle seine Kräfte
neu aufgefrischt. Er war der letzte Wiener Kämpfer, und daß
und wie er es war, habe ich mit meinen Augen gesehen.

Messenhauser hatte schon seit mehreren Tagen kapitulirt und
das Kommando niedergelegt. Das will so viel sagen, daß es
nunmehr selbst dem Namen nach keinen Oberbefehl mehr gab;
auch Blum und Fröbel hatten als Offiziere in Folge der Kapitu-
lation die Waffen niedergelegt. Aber das Volk hatte nicht kapitulirt, und es wollte den Kampf noch fortsetzen, als es schon
auf den engen Raum der kleinen, innern Stadt Wien beschränkt
war. Am letzten Kampftage ging ich in Gesellschaft Kolischs auf
die Kärntnerthor-Bastei; uns gegenüber auf der Wiedner Brücke
war eine Batterie aufgeführt, die uns beschoß. Die Schaar der
Vertheidiger war nur noch eine geringe; sie schleppte eine elende,
alte Kanone herbei, um auch mit Artillerie zu antworten. Es
sah ganz aus wie ein Ende. Als wir der Bastei zugingen, begegneten wir am Eingange der Spiegelgasse zweien Gesichtern, wie
man sie in den letzten drei Wochen nicht gesehen hatte: alte,
lächelnde, geschniegelte Hof= und Beamtengesichter. Wie sie uns
mit unsern Gewehren hingehn sahen, begrüßten sie uns, redeten
uns an und meinten, es sei ein schöner Tag. — Merken Sie
was? sagte Kolisch zu mir — diese Vögel kommen hervor; das
sind unsere Todtenvögel. Auf der Bastei sahen wir, was diese
Vögel augurirten. Nachdem wir einige Schüsse auf die Batterie
gethan, die übrigens außer Schußweite stand, verließen wir die
Bastei wieder und kehrten in die Stadt zurück, deren Straßen
schon vielfach von den Bomben aufgerissen und von dem Schutte,
der von den Dächern fiel, bedeckt waren. Die Kugeln fielen
überall. Bei dieser Gelegenheit will ich bemerken, daß wir im
Museum die Kugel einschlagen sahen, welche dort einen Brand
entzündete. Ich halte diese Bemerkung für nothwendig, da man
unter andern Verleumdungen auch die vorbrachte, daß die Revolutionäre Museum und Bibliothek haben in Brand stecken

wollen. Sprach man doch auch von Plünderungen, zu einer
Zeit, da die ganze Stadt dem Volke angehörte und e i n e i n z i g e r
M a n n, wie in tiefsten Friedenszeiten, vor der Bank Wache hielt
und vor dem Palaste Windischgrätz auch nicht e i n e i n z i g e r
M a n n. So wenig hielt man es für nothwendig, das Eigenthum des feindlichen Feldherrn vor diesem Volke zu schützen, und
in der That wurde an diesem Hause nicht ein Nagel geschädigt.
Nur einmal sah ich für einen Augenblick eine tendenziöse Zer-
störungslust im Volke erwachen. Es wollte eines Abends die
Statue des Kaisers Franz niederreißen; wenige Worte reichten
hin, es von dem Vorhaben abzubringen, ein Vorhaben, das
übrigens Wien von einer scheußlich-häßlichen Bildsäule befreit
haben würde. Die sie stehen lassen, sind die Vandalen.

Nachdem wir auf dem Graben noch eine Zeit lang dem Bombardement zugesehen, gingen wir, um eine befreundete Familie
zu besuchen und ihr im Nothfalle beizustehen. Auf dem Bauern-
markt hörten wir plötzlich die Lärmtrommel, die durch den
Donner der Kanonen, das Platzen der Bomben und fallenden
Schutt einen wahrhaft unheimlichen und zugleich sehr aufregenden
Schall hören ließ. Auf dem Hohenmarkt sahen wir, woher der
Ton kam. Dieser Platz war leer und öde, wie um diese Zeit
alle Gassen und Plätze; die Einwohner hatten sich in die Keller
geflüchtet oder hielten sich in den innersten Räumen der Häuser,
wo sie sich vor den Kugeln sicherer wähnten. Ueber den großen
menschenleeren Platz schritt ein einziger, ungefähr fünfzigjähriger
Proletarier; vor ihm ging ein kleiner, vielleicht zehnjähriger
Proletarierjunge. Der Junge trug eine große schwarz-roth-goldene
Fahne; der Alte schlug die Trommel. Er sah nicht rechts, er
sah nicht links; die Bomben flogen über seinen Kopf, sie platzten
vor ihm, hinter ihm: er schritt vorwärts, gemessenen Ganges
und schlug den Generalmarsch — und er schlug, als wollte er
eine gestorbene Welt aus dem Todesschlafe wecken. Und der
Junge mit der Fahne ging ruhig vor ihm. Und der Alte schritt
und schlug. — Wir blieben starr bei diesem Schauspiel, und die

Thränen traten uns in die Augen. — Lieber Freund, sagten wir ihm endlich, lassen Sie Das; es ist Alles aus. — Nein, antwortete der Alte, sie müssen heraus, sie müssen noch einmal heraus. Die Sache darf nicht verloren sein. So sprechend, ging er immer weiter und schlug die Trommel, daß sie den Kanonendonner überhallte, und der Knabe trug ruhig seine Fahne und sah nach allen Seiten, ob sie nicht kommen? Sie kamen nicht.

Die Abenddämmerung senkte sich schon leise herab, als wir wieder auf dem Graben ankamen. Da schwiegen plötzlich die Kanonen; es wurde ganz stille. Nach ungefähr zehn Minuten kamen vom Kohlmarkt her und liefen über den Graben dem Stephansplatze zu an dreißig Studenten und Proletarier. Laufend sahen sie rückwärts, als ob sie besorgten, verfolgt zu werden. Wieder nach einigen Minuten kam Becher, mit dem Degen in der Hand, desselben Weges, gefolgt von einer noch kleinern Schaar. Auch sie sahen sich um, während sie raschen Schrittes über den Graben gingen. Sie konnten nur vor den Oesterreichern fliehen. In der That hatten einige Nationalgardisten den Kaiserlichen das Burgthor geöffnet; die Schaar Bechers stand auf der Bastei; hätte sie sich nicht rasch zurückgezogen, wäre sie leicht abgeschnitten und umringt worden. Nicht zwei Minuten nach Becher erschienen denn auch die Oesterreicher auf dem Platze des Grabens. Zuerst kam eine kleine Abtheilung von vielleicht zwölf Mann mit gefälltem Bajonett; aber in der That war es schwer zu erkennen, in welcher Position sie das Gewehr zu halten beabsichtigten. Sie zitterten so sehr am ganzen Leibe und an den Armen, daß das Bajonett fortwährend auf und nieder ging. Dabei blickten sie ängstlich rechts und links nach den Fenstern und riefen fortwährend: Gut Freund! Gut Freund! Dasselbe that die ganze Kompagnie, die ihnen auf dem Fuße folgte, die Gemeinen wie die Offiziere. Diese Letztern schwenkten ihre Degen grüßend den Fenstern zu und riefen ebenfalls: Gut Freund! Gut Freund! Man konnte mit den armen Soldaten, die jetzt noch einen Angriff fürchteten, nur Mitleid haben. Das Volk, das sie

plötzlich überall umgab, verhielt sich stille. Da aber geschah etwas
Ueberraschendes. Wie auf ein gegebenes Zeichen öffneten sich
hundert Fenster, die seit drei Wochen verschlossen und verhüllt
gewesen, als gehörten sie ausgestorbenen Wohnungen an, sie
füllten sich — Hunderte von Taschentüchern wehten den Soldaten
entgegen, und „Vivat der Kaiser!" erscholl es von allen Seiten.
Das war wie ein Signal für das Volk: ein ungeheures Pfeifen
erstickte die loyalen Rufe in Gegenwart, selbst in der Mitte der
bewaffneten Sieger, die eben, freilich sehr schüchtern, ihren
Siegereinzug hielten. Und das pfeifende Volk begleitete die
Sieger bis auf den Stock-Am-Eisenplatz. Von dort her kamen
noch einige Schüsse. Sie kamen von Becher. Noch einmal
hatte er sich aufgestellt und empfing die Sieger mitten in der
besiegten Stadt mit einer Salve. Dann war es stille. Die
Nacht sank herab. Der Vorhang fiel nach einem großen Drama,
und die Orgie der Monarchie begann.

Was folgt: meiner Kollegen wirkliche Verhaftung und Ab-
urtheilung, die Vereitlung der meinigen, meine Flucht und mein
Dank Denen, welchen ich Freiheit und Leben schulde — alles
Das gehört in ein anderes Kapitel und in eine andere Zeit —
in eine Zeit, da ich nicht mehr zu fürchten haben werde, daß ich
Freunde und daß ich Männer in hohen Würden bloßstellen
könnte und in den Augen ihrer Kollegen kompromittiren als zu
menschlich, als zu sparsam mit Menschenblut.

Die letzten Tage des deutschen Parlaments.

(1863.)

Wie herzlich auch die Aufnahme war, welche wir in Heilbronn, wo sich der größere Theil der Abgeordneten sammeln
sollte, fanden, wie freundlich man uns überhaupt überall auf
württembergischem Boden aufnahm, so konnte sich wohl doch ein
großer Theil unserer Schaar des Gefühles nicht erwehren, daß
es zu Ende gehe. Die Pflicht hatte uns die Unternehmung geboten, die Hoffnung saß wohl nur bei Wenigen im Reisewagen.
Hundert Kleinigkeiten schienen uns, oder wenigstens mir, in
diesem Zustande bedeutungsvoll und auf Auflösung nach allen
Seiten hin zu deuten. Fortwährend mußte ich an den Schulmeister
gedenken, den wir am selben Tage in einem Gasthause auf
Badener Gebiete getroffen hatten. Er war sonntäglich gekleidet
und machte kein Hehl daraus, daß er dem Großherzog nachziehe,
ja, er proklamirte es laut, so oft er glaubte, daß Revolutionäre
in der Nähe seien, offenbar wünschend, von ihnen seiner groß-
herzoglichen Treue wegen mißhandelt oder zurückgehalten zu werden. Es zog ihn nicht im Geringsten zum Großherzog; er war
mit ganzer Seele bei dessen Feinden, und einmal, in einem
ekstatischen Zustande, stieß er ein brünstiges Gebet für die Revolution und die Verfassungskämpfer aus. Weinend aber versicherte er, es bleibe nichts Anderes übrig, als mit dem Großherzog Frieden zu machen, weil Alles verloren sei. Dieser Schulmeister war mir das trübe Bild des deutschen Volkes.

Im Gasthause zu Heilbronn sahen wir zwei reisende junge
Mädchen, deren eines als Mann verkleidet war. Höchst wahrscheinlich auf der Flucht und schutzlos, wie sie waren, schufen
sie sich auf diese Weise einen fingirten Schutz. Sie hatten nichts

Abenteuerliches in Wesen und Benehmen, und man sah es ihnen
an, daß nur die Noth sie zu solcher nicht ganz weiblichen List
gezwungen hatte. Alle Anwesenden, sammt den Wirthsleuten,
gingen stillschweigend auf ihre Absichten ein, obwohl Niemand
auch nur einen Augenblick getäuscht war. Romantik ist eine schöne
Sache, wo sie Einem aber auf solche und ähnliche Weise im Leben
entgegentritt, da deutet sie immer auf Zustände, wie sie nicht
sein sollten. Ich gestehe, daß die Serenaden und feurigen An-
sprachen, die uns in Fülle zu Theil wurden, wenig zu meiner
Erheiterung beitrugen; auch Heinrich Simon war sehr nachdenklich, nur Jacoby bewahrte jene unerschütterliche und er-
staunliche heitere Ruhe, welche sagt: „impavidum ferient
ruinae". Rapparo saß auf seiner Stube und zerstreute sich
mit mikroskopischen Untersuchungen. Glücklicherweise waren diese
meine speziellen Reisegefährten so geartet, daß sie selbst in solchen
Zeiten sich den Sinn für alles Das bewahrten, was in ruhigern
Jahren ihrem Geiste, ihrem Gemüthe und Schönheitsgefühle
wohlgethan. Mit Jacoby konnte man immer von Kant und überhaupt von Philosophen und Dichtern sprechen; von Heinrich
Simon erinnere ich mich, daß er mir selbst auf dieser Reise, da
doch unsere Geister so sehr eingenommen und beunruhigt waren,
sehr ausführlich über seinen Landsmann, den alten Dichter
Logau sprach, den er bis ins Einzelnste und zum großen Theile
auswendig konnte und an dessen letzter Ausgabe er sein Theil
hatte. Ja, er lieferte mir sogar einen Lustspielstoff aus Logau's
Jugendleben.

Es war mir nicht schwer, solche Reisegefährten zu einem Besuche bei Justinus Kerner in Weinsberg zu bewegen, und dieser
Besuch bildet in jener bewegten und, in unsern Gemüthern noch
mehr als äußerlich, ruhelosen Zeit eine schöne Idylle. Weinsberg war mir als sagenhafter Boden der Weibertreue, als ge-
schichtlicher des Bauernkrieges und als Aufenthalt eines lieben
Dichters und sonderbaren Magiers interessant und bis zu einem
gewissen Grade heilig als ehemaliger Aufenthaltsort meines

theuren Nikolaus Lenau, der mir in schönen Jugendtagen oft
von Weinsberg erzählt hatte. Es war ein herrlicher Sommer-
nachmittag, an dem wir durch das schöne Land dem schönen
Städtchen entgegenfuhren; aber ich will Fahrt und Land und
Kernerhaus nicht näher beschreiben, wohl fühlend, daß sich meine
Beschreibung dem „Besuch bei Justinus Kerner von David Strauß"
nicht im Entferntesten nähern würde.

Der alte Magus empfing uns überaus freundlich, und ich
hatte die schmeichelhafte Genugthuung, die ich nicht im Geringsten erwartet hatte, mit meinen Versen von ihm gekannt zu sein.
Seine Erscheinung machte mich Anfangs etwas stutzig, denn er
sah gar nicht so aus, wie ich mir einen Geisterseher vorgestellt
hatte. Groß, breitschulterig und dick, wie er war, begriff man es
nicht, wie er in die Gesellschaft durchsichtiger, körperloser Geister
paßte, und wie sich in solch derber Körperlichkeit eine Phantasie
eingenistet haben sollte, die so phantastisches Zeug ans Tageslicht brachte und selber daran glaubte. Hatte man sich aber nach
einiger Zeit an diese Wohlbeleibtheit gewöhnt, und brachte man
es dahin, von dieser zu abstrahiren und nur den großen Kopf
mit den langen Haaren und den halb erloschenen Augen, über
denen sanfte Dämmerung schwebte, für sich allein zu betrachten:
dann allerdings konnte man das Resultat der Betrachtung mit
der vorgefaßten Vorstellung von Justinus Kerner in Einklang
bringen. Was uns rasch für ihn einnahm, war der Umstand,
daß er sich sofort als unsern Gegner auf politischem Felde offen-
barte und daß er uns trotzdem mit so großem Wohlwollen entgegenkam, als ob nichts trennend zwischen uns stände. Ach, wie
selten waren in jener Zeit solche Erscheinungen! Selbst wenn er
uns ironisirte mit unsern Bestrebungen, war es, als ob er uns
und die Leiden, die uns erwarteten, nur beklagte. Von Anklage,
von Verdächtigung unserer Absichten war in Wort und Benehmen keine Spur. Doch hing er als veralteter Romantiker
mit ganzer Seele am Alten. Bei Erwähnung Böhmens brach er
in ein Lob des Katholizismus aus und rühmte die Zeit, da die

Welt von Mönchen angefüllt war. Dieser Mann, den man immer
mit Ludwig Uhland zusammen nannte, war ganz und gar das
Gegenstück dieses klaren, ruhevollen, edeln Geistes, der immer
auf festem, irdischem Boden stand, an Leid und Freud' der
Gegenwart Antheil nahm, sich über Vergangenheiten nicht täuschte
und die Zukunft nach Kräften gut und schön mit aufzubauen
strebte, und wahrhaftig, es wird doch Niemandem einfallen,
diesen Ludwig Uhland als Romantiker im schönsten Sinne des
Wortes unter Justinus Kerner zu stellen.

Nachdem wir in seinem reizenden Hause einige Zeit gemüthlich verplaudert hatten, führte uns Justinus Kerner durch seinen
Garten in den historischen Thurm, welcher während des Bauernkrieges allerlei Gräuel gesehen und in dessen Fenstern jetzt die
berühmten Kerner'schen Aeolsharfen wie Geister über Gräbern
Klagelieder aushauchen. Auf dem Wege dahin stützte sich Justinus
auf meinen linken Arm und sprach von der Glückseligkeit des
Klosterlebens, dann mit Einem Male hielt er inne, drückte meinen
Arm fest an seine Seite, ergriff meine Hand und fragte, indem
er sein Gesicht dem meinigen näherte: „Fühlsch du nit, wie unser
Nervegeischt zusammestimmt?" Ich bestätigte Das; er war darüber
voller Freude, bedauerte, daß ich ihn wieder verlassen solle, da
offenbar zwischen uns ein inniger Rapport bestehe, und rieth mir
am Ende, von den revolutionären Wegen abzulassen. Dann,
während sein Sohn Heinrich Simon in einen Thurm führte, wo
junge Mädchen für den Fall eines Aufstandes Patronen machten,
zeigte mir Justinus Kerner die seinem Hause gegenüberliegende
kleine Wohnung, in welcher Lenau gehaust hatte und in der noch
sein melancholisches Porträt hing. Es war in dieser Stube,
unter diesen traurigen Augen noch trauriger, als in jenem Thurm-
gemache, das die Aeolsharfen mit ihren geheimnißvollen Klagen
erfüllten.

Die Stimmung, in der wir das Haus des Magus verließen,
war im Ganzen eine gemüthliche; seine feine Ironie oder Ironi-
sirung der revolutionären Bestrebungen war um so weniger ver-

letzend, als er, sobald man mit ihm diskutiren wollte, zugab, daß sein Konservatismus rein Gemüthssache sei, da er an mehreren Gliedern der königlichen Familie mit großer Freundschaft hänge, und daß er in der Theorie eigentlich gar nichts gegen uns einzuwenden habe und uns Recht geben müsse. Ein einiges, großes und freies Deutschland wäre gewiß eine sehr schöne Sache, und man müßte aller Poesie, jedes Edelsinnes baar sein, wenn man für diese Idee nicht empfänglich, ja begeistert wäre; aber die Sache, wie die Dinge einmal ständen, sei zur Zeit nicht ausführbar, und er persönlich hätte zu großes Mitleid mit Denjenigen, die, wenn man es erreichte, darunter zu leiden hätten. Das sei allerdings nicht gesprochen, wie ein Politiker sprechen sollte, aber er sei ja auch kein Politiker, und er wolle sich als alter blinder Mann auch nicht in Dinge mischen, welche naturgemäß das jüngere Geschlecht auszufechten habe. Unter solchen Bedingungen und Zugeständnissen konnten wir uns seine Widersprüche gefallen lassen, und Das um so leichter, als die Witze, die er damit verband, nie gegen uns, sondern gegen seinen eigenen Sohn, der sich im höchsten Grade revolutionär zeigte, gerichtet waren.

Wir schieden als gute Freunde, und selbst Jacoby, jener klare Verstand, der Landsmann und Jünger Immanuel Kants, der rationelle Arzt, sprach auf dem ganzen Wege von dem guten Eindruck, den ihm sein geistersehender Kollege gemacht hatte. Was mich betrifft, so glaube ich nach einzelnen sehr klugen und klaren Aeußerungen Justinus Kerners schließen zu dürfen, daß er in seinen alten Tagen nur noch deßhalb Geister sah, weil er ihre Existenz in seiner Jugend zu laut proklamirt hatte.

In Heilbronn, wo sich indessen mehrere Abgeordnete gesammelt hatten, wurden wir mit großen Volksdemonstrationen empfangen, denen am nächsten Tage noch andere und größere folgten und an denen auch die Bürgerwehr Theil nahm. Indessen erinnere ich mich nicht mehr an die Einzelheiten, die diese bezeichneten, da die damalige Zeit an solchen Aeußerungen reich

und diese einander meist sehr ähnlich waren. Ich weiß nur, daß
uns der Empfang in Heilbronn einen Eindruck machte, der uns
zu dem Glauben berechtigte, daß wir in Württemberg will-
kommen seien und daß das württembergische Volk aufrichtig und
mit Wärme an der Reichsverfassung hänge. Viele ausgezeichnete
Württemberger, darunter Mitglieder des Landesausschusses,
Kammerabgeordnete und Schriftsteller, kamen uns von Stuttgart aus entgegen, und mit diesen bestiegen wir einen mit schwarz-
roth-goldenen Fahnen, Blumen und Guirlanden geschmückten
Eisenbahnzug, um uns in die Hauptstadt zu begeben. Auf jeder
Station wurden wir von großen Volksmassen begeistert empfangen;
am Bedeutungsvollsten aber dürfte die Begrüßung erscheinen,
die uns in Ludwigsburg zu Theil wurde.

Dort, unter den Augen des Hofes, der sich dahin geflüchtet
hatte, drängte sich eine große Anzahl von Soldaten, meist Artil-
leristen, an uns heran, um uns ihre Sympathien, ihre Ueberzeugung von der Gerechtigkeit unserer Sache auszudrücken. An
ihrer Spitze stand ein Unteroffizier der Artillerie, ein sehr schöner
junger Mann, dessen Worte und Benehmen viel Bildung verriethen und der in höchst klarer, ruhiger, aber darum nicht minder schwungvoller Rede auseinandersetzte, wie die Sache des
Volkes auch Sache der Armee sei. Man hätte bei allen diesen
Symptomen, auch ohne sanguinisch zu sein, die größten Hoffnungen hegen dürfen. Ich gestehe, daß ich trotzdem von großen
Hoffnungen weit entfernt war, will Das aber weniger meinem
Scharfsinn zuschreiben, als dem leidenden Zustande, in dem ich
in Stuttgart ankam.

Wer die Augen öffnen wollte, konnte sich überzeugen, daß
es in der Hauptstadt anders aussah, als im offenen Lande. Die
Bürgerwehr, die uns feierlich empfing und sich dem Parlamente
zur Verfügung stellte, war offenbar zu einem großen Theile für
uns; auch die untern Volksschichten und Alles, was in den
Mittelklassen mit der liberalen Partei zusammenhing. Aber man
mußte doch nicht, was wir in den Falten unserer Toga mit uns

brachten; wir waren eine geheimnißvolle Erscheinung und darum
bis zu einem gewissen Grade unheimlich. Die große Mehrheit
war von unserm Rechte durchdrungen, voll Achtung für uns,
als die Vertreter der Nation, und zwar als das kleine Häuslein
von Vertretern, das in diesem kritischen Momente aushielt,
während die große Mehrzahl auf Befehl oder Drohungen der
Regierungen auseinander stob und die Fahne der Nation schmäh-
lich im Stiche ließ. Von unserem Rechte und, ich darf wohl
sagen, von dem Achtungswerthen unserer Lage war Jedermann
durchdrungen; wagte doch selbst die Regierung in ihrer Proklamation weder das Eine noch das Andere zu leugnen; aber die
Stadt war ruhig, und wir brachten vielleicht die Revolution,
wir brachten vielleicht Straßenkampf, eine neue Krise und eine
Zukunft voll Unsicherheit.

Nicht Alle, die für das Recht waren, waren zugleich für
einen Kampf um dieses Recht und alle aus einem solchen Kampfe
entspringenden Möglichkeiten. Die Begeisterung, die Ehrerbietung,
die man uns zeigte, hatte etwas Gedrücktes, so wie bei aller
Bewegung, die wir brachten, die ganze Atmosphäre nicht aufgeregt, gewitterhaft wurde, sondern ohne Schwüle gedrückt blieb.
Ein großer Theil der Einwohner dieser Stadt, welche sich damals
noch nicht, wie Das heute der Fall ist, durch Handel und Gewerbe unabhängig gemacht hatte, hing mit dem Hofe zusammen
und lebte vom Hofe. Dieser Theil war uns ausgesprochen feind-
lich; dieser betrachtete uns mit düstern Blicken, während der
andere, wenn auch mit Sympathie, doch zugleich melancholisch
zu uns herübersah. Dieß ist die Wahrheit über die damalige
Stimmung in Stuttgart, wenn auch der Enthusiasmus, der uns
in den nächsten Kreisen umgab, manchem Abgeordneten vielleicht
ein anderes Bild in der Erinnerung zurückließ. Die Agitatoren
des Landes, die Mitglieder des Landesausschusses, Diejenigen,
die uns unsere eigentliche Basis schaffen sollten, waren selber
niedergeschlagen, denn sie hatten in den letzten Tagen Erfahrungen gemacht, in Folge deren sie uns die Uebertragung des

Parlamentes widerrathen haben würden, wenn es nicht zu spät gewesen wäre. Die traurigste dieser Erfahrungen war die, daß mehrere Städte, die sich eifrig für die Reichsverfassung gezeigt hatten, plötzlich lau wurden, als sie zu merken glaubten, daß sie durch die Grundrechte gewisse, aus alten reichsstädtischen Zeiten herabgekommene Privilegien, die ihnen einen Theil ihrer Einkünfte sicherten, verlieren könnten. Doch Das sind Einzelheiten, über welche Mitglieder des Landesausschusses, wie z. B. Carl Mayer von Eßlingen, besser Auskunft geben können, als ich. Zur Ehre dieses Landesausschusses sei es gesagt, daß er vom Momente unserer Ankunft an, trotz mancher entmuthigenden Täuschung, seine Thätigkeit sofort wieder aufnahm und zu Allem bereit war, was die Nationalversammlung, als einzige berechtigte Vertreterin der Nation, beschließen würde.

Schon am Abend nach unserer Ankunft erfuhren wir, daß unser Kollege, der Minister Römer, den Kopf verloren habe, daß er besinnungslos zwischen seiner Wohnung und dem Schlosse hin und her renne, und man sprach die Vermuthung aus, daß er sich, sobald er ein wenig zur Besinnung gekommen, dem Parlamente als Feind gegenüberstellen werde. Dieser Mann war vor Allem ein Württemberger, und vor Allem schreckte ihn der Gedanke, daß seine Heimat mit in die Revolution hineingezogen werden solle. Dieß war auch bei andern Württembergern, auch bei Ludwig Uhland der Fall; aber dieser Letztere, obwohl er die Uebertragung des Parlamentes nach Stuttgart widerrathen hatte, obwohl ihm unser Beschluß wahrhaften Schmerz verursachte, dachte doch, wie die meisten andern württembergischen Abgeordneten, groß genug, um trotz aller persönlichen Gefühle auf Seiten des Rechts und der Nation auszuharren, seine Besorgnisse und Schmerzen nicht weiter zu berücksichtigen und den Beschlüssen der einzigen berechtigten Behörde und seinem Mandate Folge zu leisten. Dieß war um so rühmenswerther, als die Gefahr für die württembergischen Abgeordneten, wie es damals schien, größer sein konnte, als die der Andern, da sie unmittelbar

und auf heimischem Boden gegen ihre Regierung auftreten mußten.
Römer erkannte zwar als Advokat ebenfalls das Recht der
Nationalversammlung und zwar bis auf den letzten Moment der
Auflösung und selbst bis über diesen hinaus, aber vor Allem
fühlte er sich als Württemberger und als Minister des Königs
von Württemberg. Sein bureaukratisches Gewissen war stärker
als sein rechtliches und patriotisches; er sprach sich für die Pflicht
aus, die Jedermann bestreiten konnte, und gegen die Pflicht,
die Niemand und er selber nicht bestritt.

Am 5. Juni Mittags hatte sich in Stuttgart bereits die be-
schlußfähige Anzahl von Abgeordneten eingefunden, und am
Abend fand eine Vorversammlung statt, in welcher die Fortsetzung
der Sitzungen gleich für den nächsten Tag bestimmt wurde. Diese
Vorversammlung war nicht ohne Interesse. Alte Freunde und
Parteigenossen, die nun seit mehr als einem Jahre miteinander
getagt und, da sie immer in der Minderheit waren, man darf
wohl sagen, mit einander gelitten hatten, fanden sich hier nach
einer Trennung von nur wenigen Tagen mit Gefühlen zusammen,
als ob zwischen Frankfurt und Stuttgart lange Zeiten und unendlich große Räume lägen. Jedermann hatte irgend welche
Abenteuer zu erzählen; die Hessen hatten bereits den Weg
zwischen den beiden Städten verlegt, und so hatten sich die Einen
mit allerlei Schwierigkeiten mitten durch sie hindurchschlagen
oder schleichen müssen, während die Andern zu großen Umwegen
durch die Pfalz oder durch Bayern gezwungen waren. Diese kleine
Schaar, deren jeder Einzelne von seinem Rechte durchdrungen
war, mußte sich von einem Orte nach dem andern, nach Art
einer Räuberbande, begeben, zerstreut und in einzelnen Abtheilungen, damit doch wenigstens ein Theil glücklich am Endziele anlange. Und da wir nun endlich zusammen waren, was
wird unser ferneres Schicksal sein? Wahrlich, unsere Lage war
keine lachende; die Meisten von uns hatten das Bewußtsein, daß
wir einen letzten und äußersten Versuch zur Rettung der Freiheit
machten und daß, wenn dieser Versuch mißlang, mit ihm viel-

leicht unser ganzes Leben zugleich ein mißlungenes wurde. Trotzdem herrschte in jener Versammlung die Heiterkeit des Wieder-
sehens; unsere Partei hatte im Laufe des Jahres eine Art
Familiengefühles bekommen, viele einzelne Mitglieder waren
unter einander aufs Innigste befreundet, und zu alle Dem kam,
daß die große Mehrheit der Anwesenden sich gerade durch das
Schwierige unserer Lage gehoben fühlte.

Am 6. Juni Morgens neun Uhr versammelten wir uns auf
dem Rathhause, um uns von da nach der württembergischen
Kammer zu begeben. Bürgerwehr bildete den ganzen Weg entlang ununterbrochene Spaliere, und hinter diesen drängte sich
das Volk, um uns durch Zuruf zu begrüßen und zu ermuntern.
Der kleine Saal der württembergischen Kammer war groß genug,
um die deutsche Nationalversammlung, welche einst in den weiten
Räumen der Paulskirche kaum Platz hatte, bequem zu beher-
bergen. An die große, säulengetragene Rotunde mit den weiten
Galerien gewöhnt, war es uns hier zu Muthe, als befänden
wir uns in einem hübschen Familienzimmer. Indessen war
unsere Schaar nicht so klein, als man gewöhnlich annimmt.
Hundertunddrei oder hundertundfünf Mitglieder waren bereits
anwesend; Manche, die zur äußersten Linken gehörten und die
uns unter andern Umständen gewiß begleitet hätten, waren als
Theilnehmer an der Pfälzer und badischen Bewegung in der Ferne,
wie z. B. Ludwig Bamberger aus Mainz, Trützschler, Martin,
Würth aus Sigmaringen u. A. Nahe an funfzig waren mit
„Entschuldigung" abwesend und gehörten de facto noch zur
Nationalversammlung, obwohl sie ihrem ganzen Wesen nach
nichts mehr mit uns zu thun hatten und nur noch aus Politik,
um abwarten zu können, ihre Austrittserklärungen verzögerten.
Zu diesen darf man wohl die Herren Beseler, Edel, Robert
Mohl, Tellkampf u. A. zählen.

Löwe von Calbe wurde zum Präsidenten gewählt, und es
begannen sofort die Debatten, welche die Schöpfung eines neuen
Mittelpunktes, einer neuen Zentralgewalt zum Zwecke hatten.

Der Reichsverweser konnte als Vertreter der Zentralgewalt von
uns nicht anerkannt werden; er hatte keine der Pflichten erfüllt,
die er beschworen, und die Gewalt, die man ihm anvertraut hatte,
gegen die Nation gekehrt, die ihn an die Spitze gestellt. Wir
waren mehr als berechtigt, wir waren verpflichtet, diese Zentral=
gewalt als null und nichtig wenigstens zu erklären, und es war
geboten, eine neue zu schaffen, für den Fall, daß ihr noch irgend
eine Wirksamkeit gegönnt wäre. Die Debatten, die sich in Bezug
darauf entspannen, sowie die Debatten der folgenden Tage zeich=
neten sich vor denen der Paulskirche vortheilhaft durch ihre Kürze
aus. Man fühlte wohl, daß man keine Zeit zu verlieren hatte,
und es war keine Partei da, in deren Interesse es lag, vor
Allem Zeit zu gewinnen und die revolutionäre Kraft verrauchen
zu lassen, wie Das ein Jahr hindurch in der Paulskirche der Fall
gewesen. Nur um vor der Nation unsere Schritte zu motiviren,
hielt noch Vogt eine seiner glänzenden Reden. Was in dieser
ersten Sitzung noch auffallen mußte, war die größere Thätigkeit,
die Uhland jetzt entwickelte. Es war ein Antrag von ihm auf der
Tagesordnung, und er sprach auch einmal vom Platze. Weil die
Gefahr da war, wurde dieser Edle auch thätiger. Er griff un=
mittelbar ein, während er sich in der Paulskirche immer im
Hintergrunde gehalten hatte, und er sprach frisch weg und eifrig
seine Meinung aus, da es ihm doch sonst eine große Ueberwin=
dung kostete, eine Rede zu halten. Ich erinnere mich, wie ich
ihm in der Paulskirche, als er nach seiner Kaiserrede die Tribüne
verließ, einige Schritte entgegen eilte, in der Besorgniß, daß
ihm, aufgeregt wie er war, etwas begegnen könnte, und wie er
mir beinahe athemlos versicherte, daß er mehr als zwei Drittheile
Dessen, was er sagen wollte, vergessen habe. Jetzt war es anders.
Er sprach kurz, aber entschieden und präzis, horchte nach allen
Seiten, blickte überaus ruhig und war wie ein Steuermann, der
auf Alles achtet. Der Minister Römer nahm sich neben ihm wie
das böse Gewissen aus; er schob sich auf seinem Sitze hin und
her, beugte sich bald vor=, bald rückwärts, fuhr sich mit den

Händen übers Gesicht und murmelte viel vor sich hin, ohne ein lautes Wort zu sprechen.

In dieser ersten wie in allen spätern Stuttgarter Sitzungen wurden uns Ergebenheits-Adressen vorgelesen oder angekündigt, die allerdings von vielseitigem guten Willen zeugten, gegen die aber Unsereiner schon längst abgehärtet war. Ebenso kamen uns verschiedene Geschenke zu, und unter diesen auch noch ein Bei-trag zur deutschen Flotte, was wohl Manchen noch hätte lachen oder lächeln machen können, wenn man damals überhaupt zur Beobachtung der komischen Momente und der komischen Seiten unserer Lage gestimmt gewesen wäre. Es war damals schon ebenso schwer, an die deutsche Flotte zu glauben, wie an eine deutsche Reichsverfassung.

Am Nachmittag des 6. Juni gingen wir an die Wahl der Reichsregentschaft. Mehr oder weniger hatten wir Alle die Ueber-zeugung, daß wir damit etwas Illusorisches begannen, und gewiß waren die fünf Männer, die wir zu Reichsregenten er-nannten, von dieser Ueberzeugung durchdrungen. Desto größer war ihr Opfer, daß sie sich zu einem Versuche hergaben, der wie ein Spiel ausfallen konnte, ja, der alle Wahrscheinlichkeit des Mißlingens für sich hatte. In der That ist die Selbstverleugnung, die diese Männer zeigten, nicht genug zu rühmen. Man sage, was man wolle, man mache alle Witze, welche Gefallenen gegen-über so leicht zu machen sind, so ist es doch wahr, daß Charaktere und Intelligenzen, wie Heinrich Simon, Schüler, Raveaur, Becher, Vogt, selten in einer Regierung vereinigt sind, und man darf behaupten, daß solche Männer, wo sich ihnen nicht Unmöglichkeiten entgegenstellen, ein Regierungskollegium bilden würden, das hoch über all den Regierungen stünde, welche uns besiegt haben. Man vergleiche diese Männer mit den Ministerien und Regierungen der damaligen Zeit und sage, ob hier zu viel behauptet oder übertrieben werde. Daß sie mit unbestreitbarem Rechte auf ihrer Seite doch unterlagen und das vorgesteckte Ziel nicht erreichten, Das beweist nur, daß Recht, Charakter und Geist

auf dieser Erde nicht immer, vielleicht am Seltensten den Sieg
davon tragen, und daß dieser häufiger ihren Antagonisten, ihrem
Gegentheile bestimmt ist. Die Wahl der Reichsregenten wurde
von den Galerien mit Begeisterung aufgenommen, und in der
ganzen Umgebung der Kammer erscholl gewaltiger Jubel, als
man von Einsetzung der Reichsregentschaft vernahm. Ich gestehe,
daß dieser Jubel, als er in den Sitzungssaal eindrang, mein
Herz mit den schmerzlichsten Gefühlen und mit der größten Bitterkeit erfüllte. Aber es blieb uns nichts mehr übrig, als wenigstens
die Form des Rechtes zu erfüllen, da es uns, die wir von der
Majorität der Nationalversammlung, sagen wir es nur gerade
heraus, feige verlassen waren, nicht gegönnt war, das Recht
selbst zu verwirklichen. Wir versuchten das Letzte und Aeußerste,
wenn es auch bereits wie ein leeres Spiel aussah, und mit kaltem
Blute, nach jahrelanger Abkühlung scheint mir dieses Spiel noch
immer würdiger, als die Desertion der Mehrzahl, die so rasch
den Regierungen gehorchte und die Fahne dahinwarf, die ihr
die Nation in die Hände gegeben. Was wir thaten und begannen,
war Moschus, den wir dem sterbenden Rechte eingaben, um noch
Tage oder Stunden zu gewinnen, während welcher eine heilsame
Krisis, eine Rettung möglicherweise eintreten konnte.

Am 8. Juni nahm Fürst Waldburg-Zeil Urlaub, und so
that auch der Abgeordnete Giskra. Das waren Symptome. An
diesem Tage hatte auch schon Herr Römer, unser Kollege, seine
gegen die Nationalversammlung gerichtete Ansprache an das
württembergische Volk erlassen, und damit war der Krieg erklärt
und der Bruch des Rechtes eingeleitet, welches Herr Römer selbst
in dieser Ansprache noch anerkannte. So stark ist der Deutsche,
wenn es gilt, die Theorie von der Praxis zu scheiden. Es ist
wohl zu bemerken, daß Herr Römer seinen Austritt aus der
Nationalversammlung erst am 13., also nach Erlaß der Ansprache,
anzeigte. Allerlei dunkle Gerüchte verbreiteten sich in Folge dieser
Kriegserklärung; unsere Freunde glaubten uns von drohenden
Gefahren umgeben, und ihre Besorgnisse schienen gerechtfertigt,

als man sich überzeugen konnte, daß in der That allerlei militärische Vorbereitungen getroffen wurden. Es kamen uns allerlei Warnungen zu, und der Schreiber dieser Zeilen erhielt selbst einen Brief von einer mit höhern Kreisen in Verbindung stehenden Person, in welchem er beschworen wurde, an seine Sicherheit zu denken und Stuttgart zu verlassen. Die Bürgerwehr bot uns ihren Schutz an, und das Bureau der Nationalversammlung, auf den Antrag eingehend, verlangte, daß die Bürgerwehrartillerie vor dem Sitzungssaale auffahre, um uns den Eingang frei zu erhalten. Aber als die Artillerie Folge leisten wollte, fand es sich, daß die Regierung an ihr Eigenthum Hand gelegt und ihre Kanonen konfiszirt hatte.

Die Sitzung des 8. Juni war die letzte, die wir in der württembergischen Kammer gehalten; von diesem Tage an waren wir, so zu sagen, obdachlos, und die souveräne Nationalversammlung des deutschen Volkes irrte in den Straßen umher. Am 13. versammelten wir uns im Kolb'schen Saale. An diesem Tage lief wieder eine große Anzahl von Adressen ein, und, was interessanter ist, es stieß eine Anzahl von Ersatzmännern zu uns, um die Lücken einiger Deserteure der letzten Tage auszufüllen, und unter diesen auch der Ersatzmann des Herrn Römer. Es ist gewiß anerkennenswerth, daß diese Männer sich im letzten und äußersten Momente auf das lecke Schiff begaben, das sich selbst als ein versinkendes bekannte. Wieder am 16. beherbergte uns das Fritz'sche Reithaus, das, ohne daß wir eine Ahnung hatten, vor unserm Einzuge mit Blumen und Gezweige auf das Anmuthigste ausgeschmückt wurde. Es war ein geschmückter Katafalk. Wir sollten nicht zum zweiten Male in diese Räume einziehen.

Am 17., spät Abends erhielt der Präsident Löwe von Calbe im Namen des Gesammtministeriums ein von Herrn Römer unterzeichnetes Schreiben, in welchem dieser verkündigte, „daß das Tagen der hierher übersiedelten Nationalversammlung und das Schalten der von ihr am 6. d. Mts. gewählten Reichsregentschaft in Stuttgart und Württemberg nicht mehr geduldet werden

könne." Die Zuschrift enthält noch immer eine Anerkennung
des Rechtes, kann sich aber trotzdem hie und da eine gegen die
Nationalversammlung gerichtete höhnische Bemerkung nicht versagen. Wer Herrn Römer für einen tragischen Helden hält, der
unter einer Kollision von Pflichten leidet, der lese diese Zuschrift,
um sich zu überzeugen, daß sich mit dieser Kleinlichkeit, mit dieser
Verspottung des ohnmächtigen Rechtes keine Tragik verbinden
lasse. Der Präsident ließ diese Zuschrift unbeantwortet. Herr
Römer schickte ihm am nächsten Tage, gegen Mittag, wieder
einen Zettel zu, um ihn „darauf aufmerksam zu machen," daß
gegen eine Sitzung der Nationalversammlung „die erforderlichen
Maßregeln ergriffen werden". Der Präsident wollte sich hierauf
mit den Schriftführern in das Sitzungslokal begeben, um es vor
Eröffnung der Sitzung, welche um 3 Uhr beginnen sollte, in
Besitz zu nehmen, aber schon um ein Uhr wurde er benachrich-
tigt, daß das Haus bereits von Militär besetzt sei. Doch war
von Truppenbewegungen nichts bemerkt worden; die Soldaten
hatten sich durch Seiten = und Nebengassen in die Nähe des
Fritz'schen Lokales geschlichen. Man wußte bald, daß dort verhältnißmäßig bedeutende Truppenmassen aufgehäuft waren, und
in den Straßen hieß es, daß man uns Alle niederhauen wolle.
Da trat Ludwig Uhland auf. Er forderte den Präsidenten auf,
so viele Mitglieder als möglich zu versammeln und sich mit diesen
in einem Zuge an Ort und Stelle zu begeben, um die Gewalt
an uns sich vollenden zu lassen, und käme es auch aufs Aeußerste.
Wir versammelten uns unter den Bäumen eines gewissen Platzes,
den ich, bei meiner damaligen Unbekanntschaft mit der Stadt,
nicht näher bezeichnen kann, und setzten uns von da aus in Bewegung. An unserer Spitze schritt der Präsident, ihm zu Seiten
zwei Prytanen Deutschlands, die beiden Greise Albert Schott
und Ludwig Uhland, zwei Männer, die ein ehrenvolles, flecken=
loses, langes Leben hinter sich hatten, das nur dem Kampfe für
das Recht, für das Gute und Schöne gewidmet war und das
sie auch jetzt, ohne Zaudern der Ungewißheit, einer drohenden

Gefahr ruhig und schlicht entgegentrugen. Auf dem Gesichte des
alten Schott lag dieselbe Milde, derselbe Ausdruck der Humanität,
die dieses Gesicht zu allen Zeiten charakterisirte, dieselbe Heiter=
keit, die nur eine attische Bildung, verbunden mit dem Bewußt=
sein stets erfüllter Pflicht, geben kann. Damit sei aber nicht ge=
sagt, daß sich in diesem sanften Gesichte nicht zugleich eine gewisse
Aufregung kund that; das Verbrechen, welches eben an der
deutschen Nation begangen werden sollte, ging ja von Römer
aus, der der Mann seiner Tochter war. Wenn es Deutschland
nicht auffiel, wie klar ein Recht sein mußte, für das ein Mann
wie Schott mit dem Reste seiner Tage eintrat, so fehlte es viel=
leicht nicht an fernen und fremden Völkern, denen seine Gegen=
wart am Sterbebette der Nationalsouveränetät für uns ein voll=
gültiges Zeugniß war. Ist es doch dem Aufzeichner dieser Skizze
begegnet, daß sich bei ihm, auf ferner griechischer Insel, alte
Hellenen nach dem braven, edlen „Skotos" erkundigten. Und
auf der andern Seite des Präsidenten ging Ludwig Uhland, mit
jenen großen, strammen Schritten, die man an ihm kannte.
Sollte man nicht meinen, daß ein Recht, das von zwei solchen
Zeugen begleitet auftritt, von aller Welt erkannt werden müsse?
Man sollte es meinen, wenn man nicht wüßte, daß der Eigen=
nutz sich um das Recht und seine heiligsten Zeugen nicht kümmert
und daß er, um es zu besiegen, die Gedankenlosigkeit als Mittel
gebraucht. Unmittelbar hinter dem Präsidenten und den beiden
Greisen ging ich, Arm in Arm mit meinem Freunde Ludwig
Simon, kann also als Augenzeuge über die letzten Momente des
Parlamentes berichten. Ich wußte, daß wir unserm Ende ent=
gegengingen, und das dicht gedrängte Volk, rechts und links an
unserm Wege flößte mir, trotz aller Zurufe kein Vertrauen ein.
Durch die natürlichste Ideenassoziation erinnerte ich mich jenes
andern Ganges vom Römer in die Paulskirche bei Eröffnung
des Parlamentes — als alle Häuser mit Flaggen und Blumen
geschmückt waren, aus allen Fenstern Jubelrufe erschollen, die
Musik, „Nur gewagt, unverzagt" aufspielte und Aller Herzen

voll großer Hoffnungen waren. Nun will ich es offen gestehen,
daß ich mich damals in Frankfurt nicht so gehoben fühlte, wie
auf diesem letzten Gange des Parlamentes, der einem Gange
zum Schaffote glich. Wir kamen in eine Straße, in der wir das
Militär, Infanterie, aufgestellt sahen, während links in einer
Seitenstraße Kavalerie wartete. Wir setzten unsern Weg fort,
als ob jenes Hinderniß vollkommen unsichtbar wäre, und kamen
so an die Reihen der Soldaten, welche die Straße, die zum
Sitzungslokale führte, absperrten Der Präsident mit seinen
beiden Begleitern war eben bis auf ungefähr zwei Schritte Entfernung den Soldaten nahe gekommen, als sich deren Reihen
plötzlich öffneten und ein älterer Mann mit weißer Binde und
einem Papier in der Hand heraustrat und dem Präsidenten ver-
kündete, daß er als Zivilkommissär den Auftrag habe, zu erklären, daß keine Sitzung gehalten werden dürfe. Der Mann —
Cammerer hieß er — war blaß, und seine Stimme zitterte, wie
eines Verbrechers. Kaum hatte er seine Worte hervorgestoßen,
als er schon wieder hinter den Soldaten verschwand. Ich glaube,
daß er nur noch die Worte „mein Auftrag ist erfüllt" hervor-
stotterte. Der Präsident erhob seine klangvolle Stimme und rief:
„Ich erkläre" — hier aber wurde er von Trommelwirbel unterbrochen, wie ein Delinquent, den man nicht zu Worte kommen
läßt. Trotzdem rief der Präsident dem Zivilkommissär zu: „Sie
müssen mich hören!" und als dieser verschwunden blieb, erhob
er die Stimme noch einmal und rief: „Ich protestire gegen dieses
Verfahren, als gegen einen Verrath an der Nation!" und die
Worte wurden gehört, trotzdem die Trommelwirbel immer stärker
wurden und trotz dem Waffengetlirr. Die meisten Abgeordneten
hatten sich indessen nach vorn gedrängt und standen in kompakter
Masse vor den Soldaten. Eine kleine Episode, die in diesem
Momente spielte, scheint von nur sehr Wenigen, vielleicht nur
von mir bemerkt worden zu sein, da ich sie in den zahlreichen
Berichten, die später im Hotel Marquardt erstattet wurden,
nirgends erwähnt finde.

Zivilkommissär Cammerer, nachdem er hinter den Soldaten verschwunden war, kam auf einen Augenblick wieder zum Vorschein, wandte sich an Ludwig Uhland und sagte ihm, daß, wenn er allein eintreten wolle, ihm der Weg offen stehe. Ich werde die Geberde der Verachtung, das wegwerfende Achselzucken, mit dem sich Uhland von ihm abwandte, nie vergessen, und ich glaube, daß selbst Herr Cammerer, obwohl ein Mann, der sich zu einem solchen Amte hergegeben, diesen Moment ebenso wenig vergessen werde. Mittlerweile, da die Abgeordneten sich an die Soldaten herangedrängt hatten, kommandirte man „Fällt das Bajonett“ — aber sie gehorchten nur zur Hälfte. Ich bemerkte, daß ein einziger Soldat das Bajonett so weit sinken ließ, daß es einen der Herandrängenden beschädigen konnte. Dieser Eine hatte offenbar den besten Willen, sein Bajonett in Blut zu tauchen; seine Bewegungen, wie der Ausdruck seines Gesichtes verriethen es zu deutlich. Die Anderen aber waren unschlüssig und sahen niedergeschlagen vor sich hin. General Miller bemerkte Das wohl ebenso gut wie ich, rief dem Präsidenten, der unbeweglich stand, ein „Fort!“, dann einem Offizier in der Seitenstraße ein Kommandowort zu, und in demselben Augenblicke sprengte die Kavalerie auf uns ein, während der Offizier, der sie führte, „Einhauen!“ kommandirte und die anderen Offiziere fortwährend „Haut zu! Haut zu!“ ausriefen. Doch muß ich der Gerechtigkeit wegen hinzufügen, daß ich einen Offizier selber sah, der einem Kavaleristen, welcher auf den Abgeordneten Günther einhauen wollte, in den Arm fiel. Der Abgeordnete Günther nämlich, als die Kavalerie herbeisprengte, warf sich ihr entgegen, riß seine Kleider auf, und außer sich rief er den Heransprengenden entgegen: „Haut zu!“

Im Allgemeinen aber hatten auch die Kavaleristen, trotz der beständigen Aufmunterung der Offiziere und Unteroffiziere, nicht die geringste Lust zum Einhauen. Sie thaten nur so und schwenkten, indem sie in unsere Schaar hineinritten und uns trennten, ihre Säbel über unsern Köpfen. Der Präsident selbst

war in Gefahr, niedergeritten zu werden. Es lag also nach Alldem
weder an Herrn Römer noch an dem guten Willen der württembergischen Offiziere, daß das Parlament ein unblutiges Ende
nahm. Hätten die Soldaten gehorcht, ihre große Anzahl hätte
unser kleines Häuflein binnen fünf Minuten bis auf den letzten
Mann niedermetzeln können. Das Volk drängte sich mit in das
Gewirre, und die Erkenntniß von der Stimmung der Soldaten,
die man sofort gewinnen mußte, war wohl mit eine der Ursachen,
daß es zu keinem weitern Konflikte kam.

Bei dem Gedränge von Abgeordneten, Soldaten und Volk,
bei der Verwirrung war es nicht möglich, uns wieder zusammen-
zufinden und an Ort und Stelle etwas Gemeinschaftliches zu beginnen. „Nach dem Hotel Marquardt!" rief ein Abgeordneter dem
andern zu, und in der That fanden wir uns dort zur selben
Stunde zusammen, auf welche die Sitzung in der Reitschule an-
gesetzt war. Aber wir zählten uns — unsere Zahl belief sich nur
noch auf 94 — wir waren nicht mehr beschlußfähig — die
Nationalversammlung war gestorben oder, wenn es besser klingt,
hingerichtet.

Man nahm noch ein Protokoll auf über die Vorgänge, und
wir erfuhren bei dieser Gelegenheit, daß auch die Reichsregentschaft auf ihrem Wege zum Sitzungslokale vom Militär aufgehalten und dann mit Gewalt unter militärischer Begleitung in
ihr Haus zurückgebracht wurde, daß sich während dieser Zeit
zwischen Bürgern und Offizieren ein Konflikt erhoben, und daß
die Offiziere gegen die wenigen Männer der Reichsregentschaft
ihre Soldaten die Gewehre laden ließen.

Indessen war die Hoffnung nicht aufgegeben, die beschluß-
fähige Anzahl von Abgeordneten wieder zusammenzubringen, obwohl Manche in wahrhafter Verzweiflung während der letzten
Tage ihren Posten verlassen hatten. Der Präsident hatte das
Recht, uns wo immer zusammenzuberufen. Natürlich wandten
sich unsere Blicke nach Baden, als dem einzigen Winkel auf
deutscher Erde, in welchem sich die einzigen rechtlichen Vertreter

deutscher Nation noch versammeln konnten. Es kam nicht darauf an, daß wir noch Berathungen hielten, es kam nur darauf an, daß die Reichsversammlung noch zu Recht bestand. Viele Abgeordnete begaben sich bald auf badischen Boden, Andere verweilten noch einige Tage in Stuttgart, obwohl sich schon am 18. Juni, dem Tage der Auflösung, das Gerücht verbreitete, daß die Reichsregenten und viele Abgeordnete verhaftet werden sollten. Es scheint auch in der That die Absicht der Regierung gewesen zu sein, uns zwangsweise über die Gränzen bringen zu lassen. Aber sie kam davon ab und begnügte sich damit, einige andere politische Persönlichkeiten, die nicht zum Parlamente gehörten, aus dem Lande zu weisen. Was die Abgeordneten betrifft, so hatte der König die Gnade, ihnen, im Falle es ihnen an Mitteln fehlte, Reisegelder anbieten zu lassen. Ich will nicht weiter untersuchen, welche Motive dieser Anerbietung zu Grunde lagen, und selbst annehmen, daß diese der besten Art waren — Thatsache aber ist, daß auch der Aermste unter uns von diesen Anerbietungen keinen Gebrauch machte.

In Baden-Baden fanden wir uns wieder in bedeutender Anzahl zusammen. Aber es war nach der Schlacht bei Waghäusel. In Freiburg machten wir noch einmal Halt, aber nur um von da aus mit der Masse badischer Flüchtlinge, mit der Reichsregentschaft und mit dem Archive der deutschen Nationalversammlung ins Exil zu wandern.

Kleine Erlebnisse während des Staatsstreichs.

(1867.)

Als ich am Ende März 1851 Paris verließ, um mich in das südliche Frankreich zu begeben, galt der Präsident Louis Napoleon bei dem größeren Theile der hauptstädtischen Bevölkerung noch immer, wofür er zur Zeit seiner Wahl gegolten, für einen halb und halb blödsinnigen Menschen, dem Zufall, Geschichte und Unklarheit der Verhältnisse zu seiner Stellung verholfen, von dem aber eine geistreiche Nation nichts zu fürchten habe. Im südlichen Frankreich begegnete ich nur Republikanern, Orleanisten und Legitimisten. Letztere machten sich eigentlich am Lautesten. Der Geburtstag Heinrichs V. wurde demonstrativ gefeiert, und man sagte, daß, was nicht unmöglich wäre, wenn Heinrich V. an diesen Küsten landen wollte, die sehr katholische Bevölkerung von Provence und Languedoc ihm eine Armee stellen würde, mit der er in Paris einziehen könnte. Die Republikaner, die, in den Städten besonders, einen großen Anhang hatten, verachteten diese Hoffnungen und waren um so rühriger, als sie der Tod des jungen Aristide Ollivier, Bruders des jetzt vielgenannten Deputirten, der, einer der Führer der Republikaner, im Duelle mit einem Legitimisten gefallen war, und mehrere in Nimes gegen Republikaner eingeleitete Verfolgungen sehr aufregten. Nukahiwa und Cayenne kamen damals als Strafkolonien aufs Tapet, und die Republikaner, die sehr wohl wußten, daß diese „trockenen Guillotinen" vorzugsweise ihnen bestimmt waren, empörten sich gegen diese Grausamkeit. Die Orleanisten verhielten sich am Ruhigsten, weil sie ihrer Sache sicher zu sein glaubten. Der mittlere und höhere Bürgerstand und ein großer Theil der in Languedoc sehr zahlreichen Protestanten gehörten zu ihnen.

Letztere, die Proteftanten, vergaßen es gerne, daß Herr Guizot
in den letzten Jahren mit den Jefuiten konfpirirt hatte, und dachten
nur an feine proteftantifche Abftammung, wie an die religiöfe
Freifinnigkeit Louis Philippe's und feiner Familie. Ein anderer
Theil der Proteftanten glaubte fich allerdings mehr gefchützt unter
einer Republik und war auch, in Erinnerung an ihre Vergangenheit, aufrichtig republikanifch. Die Zwecke, die mich ins füdliche
Frankreich geführt hatten, und perfönliche Verbindungen brachten
mich während meines neunmonatlichen Aufenthaltes in der Ebene
und in den Gebirgen der Cevennen meiftens mit den Proteftanten
und vorzugsweife mit ihren Predigern und Maires in Berührung,
die alle orleaniftifch oder republikanifch gefinnt waren. Der
Bonapartismus ließ fich nur durch die Organe feiner höchften
Beamten vernehmen, und auch diefe hielt man im Allgemeinen für
zweifelhaft und glaubte fie im gegebenen Momente mit Leichtigkeit abfchütteln zu können, wenn fie nicht, wie man hoffte, von
felbft abfielen. Nur hie und da hörte ich es von Gutsbefitzern
als eine Möglichkeit, eine napoleonifche Partei zu fchaffen, bezeichnen, wenn Louis Napoleon den reichen Naturprodukten des
Südens, befonders dem Weine, durch neue Handelsverträge oder
gar durch das Syftem des Freihandels Abzugskanäle und neue
Abfatwege verfchaffen könnte. Cobben hatte nicht lange vorher
diefe Provinzen bereift und folche Gedanken in den Produzenten
erregt, und wenn Louis Napoleon in Provence und Languedoc
in künftiger Zeit Ausficht auf eine Partei hatte oder, in der
Hoffnung, daß er freihändlerifch auftreten werde, eine folche
fchon jetzt befaß, fo verdankte er Das merkwürdigerweife dem eng-
lifchen Staatsmanne, der in feiner Heimat für die Freiheit fo
viel gethan und fich um die freie Bewegung auf der ganzen Erde
fo große Verdienfte erworben. Aber diefe Partei war, wie angedeutet, im Lande kaum zu bemerken, verhielt fich ihrer Natur
nach am Wenigften agitatorifch, und man fpürte ihr Dafein nur,
wenn man, wie ich, das Land nach allen Richtungen durchzog
und oft bei einfam wohnenden Gutsbefitzern einkehrte.

Desto größer war mein Erstaunen, als ich, gegen Ende Oktober nach Paris zurückgekehrt, alle Welt von einem bevorstehenden Staatsstreich sprechen hörte und bemerken konnte, wie sich die Meinung über Louis Napoleon gründlich geändert hatte. Der Simpel, der unfähige Mensch war zu einer gespenstischen Erscheinung geworden, von der sich Alles erwarten ließ. Und wie er zu einem Gegenstande, wenn auch nicht der Achtung, so doch der allgemeinen Aufmerksamkeit, gewissermaßen der Forschung, geworden war, so war anderseits die Kammer in tiefe Verachtung gesunken. Der Klub der Rue de Poitiers mit den Herren Dupin und Thiers an der Spitze that Alles, um die Nation um die erworbenen Freiheiten zu bringen, brachte Verwirrung und Mißtrauen ins Volk und spielte, während er für die Orleans zu arbeiten glaubte, Louis Napoleon die Waffen in die Hände. Dieser that das Seinige, um die Kammer in der Arbeit der Selbstvernichtung zu unterstützen, und wandte zugleich alle möglichen großen und kleinen Mittel an, um die Armee, auf welche die Kammer keinen Einfluß hatte, oder auf die sie sich jeden Einfluß entgehen ließ, zu gewinnen. Es gab wohl Leute, welche über manche dieser Mittel, über das weißere Kommisbrod, über die besseren Cigarren, über den Champagner im Lager zu Satory die Achsel zuckten, eben so wie über die verrotteten, meist verachteten Gesellen, die er an die Spitze der Armee stellte; aber sie sollten bald erfahren, welche großen Wirkungen diese kleinen Mittel hervorbrachten. Zu den verrotteten Gesellen gehörte in erster Linie der General St. Arnaud, der sich schon in früher Jugend, so erzählte man wenigstens, von Louis Philippe und Bugeaud zur Zeit der Gefangenschaft der Herzogin von Berry gegen diese zu unsagbaren Diensten und eben so unsagbaren Zwecken gebrauchen ließ, um diese hohe Gefangene, welche sich durch ihr muthiges Benehmen in der Bretagne einen gewissen Nimbus erworben hatte, in der Achtung der Franzosen herunterzubringen. Später gezwungen, die Armee zu verlassen, verstand er es doch, sich in Afrika wieder hineinzudrängen, um durch

Tapferkeit und Protektion einen Grad nach dem andern zu er-
steigen. Es ist bezeichnend, auf welche Weise Louis Napoleon
zu diesem Helfershelfer kam. Entschlossen, den Staatsstreich zu
machen, sah sich der Präsident nach einem General um, der sich
zu dieser That verwenden ließe. Sein Auge fiel auf den General
Pelissier, der in Afrika kommandirte und der nach der Schauer-
that der Höhlen von Dahra, wo er einige Hundert arabische Flüchtlinge mit Weibern und Kindern erstickte, als der geeignete Mann
erschien. Der Adjutant des Präsidenten, Herr Fleury, begab
sich nach Afrika, um ihn zu werben. General Pelissier aber antwortete diesem, er sei der Familie Orleans zu sehr verpflichtet,
als daß er einem Andern bei Besteigung ihres Thrones behülflich
sein könnte. Allein da kommandire in der kleinen Kabylie ein
Mann, General St. Arnaud, den man zu Allem haben könne.
So reiste denn Fleury weiter nach der kleinen Kabylie und wurde
handelseins mit dem General St. Arnaud, welcher ihm bald
nach Paris folgte und das Kommando der Garnison übernahm.
Es ist nicht minder bezeichnend, auf welche Weise der eben genannte Fleury in die Nähe Louis Napoleons gekommen war.
Dieser Offizier stand in Afrika, als General Cavaignac Diktator
der Republik war. Er hatte unter diesem republikanischen General
gedient und kannte ihn persönlich. So beschloß er denn, sich
nach Paris zu begeben und diese Bekanntschaft zu benützen, um
sein Glück zu machen. Als sehr eifriger Republikaner überall
laut seiner Anhänglichkeit an Cavaignac sich rühmend und zu
dessen Ideen sich bekennend, traf er in Paris ein. Auf die Frage
seiner Freunde, was er in Paris wolle, antwortete er: dem
braven General Cavaignac und der Republik meine Dienste und
meinen Degen zur Verfügung stellen. Ich gehe sofort zu ihm,
um ihm meine Aufwartung zu machen. Die Freunde lächelten:
General Cavaignac sei längst überflügelt; Prinz Louis habe alle
Aussicht, Präsident zu werden. So ging denn Herr Fleury und
machte seine Aufwartung, nicht dem General Cavaignac, sondern
dem Prinzen Louis.

Die Ernennung des Generals St. Arnaud zum Komman=
danten von Paris erfüllte die Feinde Louis Napoleons mit neuen
Hoffnungen. Niemals werde ſich Paris, Frankreich, ſo lange
es noch einen Funken Ehre im Leibe habe, von einem ſolchen
Menſchen beſiegen laſſen. Der Präſident, indem er ſich mit
ſolchen Leuten umgebe, breche ſich ſelbſt den Stab. Wenn ſich
ruhmbededte Generale, wie Cavaignac, Lamoricière, Bedeau,
Changarnier im entſcheidenden Momente den Soldaten nur zeigen,
müſſen franzöſiſche Soldaten von einem General abfallen, deſſen
Kommando ſie ſchände. General St. Arnaud wurde gewiſſer=
maßen nur als das Haupt und die Spitze der ſogenannten De=
cembrailleurs oder Rat-à-poils betrachtet. So nannte man eine
eigenthümliche Art von Menſchen, die ſeit einiger Zeit in Paris
aufgetaucht waren, denen man überall in den Straßen, in Café=
häuſern, auf Bahnhöfen begegnete und die vom Volke als eine
niedrige Sorte von Banditen betrachtet und weit mehr als die
gewohnten Polizeiſpione und Agents provocateurs verachtet
wurden. Man erkannte ſie augenblicklich an ihrer herausfordernden
Haltung, an dem ſchief ſitzenden hohen Zylinderhut, an einer ge=
wiſſen ſchäbigen Eleganz und an Schnurr= und Knebelbart, die ſie
meiſt nach dem Vorbilde des Präſidenten der Republik trugen, und
endlich an einem gewaltigen Stock, mit dem ſie faſt immer be=
waffnet waren. Paris war in den Wochen, die dem Staatsſtreich
vorhergingen, bereits verſtummt; in Straßen und in Caféhäuſern
führten nur noch jene Agenten das große Wort. Sie ſchimpften
auf die Republik, rühmten Louis Napoleon, den ſie niemals
Präſident, immer nur le Chef de l'état oder le Prince oder
Monſeigneur und Napoleon nannten, und ſuchten überall Händel
zu erregen. Jeden Tag hörte man von irgend einer oder mehreren
Schlägereien an den verſchiedenſten Punkten von Paris, und
immer waren unter Denjenigen, die Louis Napoleon vertheidigten,
einige Ritter der Ehrenlegion. Es ſollte ſo ausſehen, als ob der
Präſident überall in Paris eine eifrige kampfluſtige Partei habe,
zu der Männer der beſten Klaſſen gehörten. Das Volk von Paris

aber wußte sehr wohl, woher diese Schlägereien kamen und daß
jene Ritter das rothe Bändchen von der Polizei erhalten hatten.

Doch ich wollte nicht von den Vorbereitungen und von den
Ursachen, sondern von den Tagen des Staatsstreichs selber
sprechen. Ich war weder Mitspieler dieser Tragödie, wie sie sich
in den Gassen abspielte, noch Zeuge der Vorgänge hinter den
Kulissen im Elysée, wo der Direktor mit seinen Regisseuren zu-
sammensaß; ich habe das große Erlebniß nur miterlebt, wie zehntausend Andere, kann nur als Zeuge dritten Ranges auftreten
und will nichts erzählen, als was ich mit eigenen Augen gesehen
und an mir selbst erlebt habe. Es kann also nichts Großes sein,
was ich dem Leser hier mitzutheilen habe, aber es mag vielleicht
bezeichnend ausfallen und die große Begebenheit im Kleinen ab-
spiegeln. Es gehört allerdings eine gewisse Entsagung dazu,
einzelne auffallende dramatische Thatsachen zu überspringen, die
man so gut kennt, als hätte man sie selbst erlebt, wie z. B. in
der Nacht vom 1. zum 2. Dezember die zweimalige Unterhandlung Louis Napoleons mit St. Arnaud, welcher Letztere sich sicher
stellen wollte, noch einmal seinen Preis fixirte und es dem Präsidenten mit cynischer Offenheit ins Gesicht sagte, daß er Alles
nur für Geld und Stellung thue. Oder z. B. die Szene in der
Staatsdruckerei, wo die republikanischen Setzer sich weigerten,
die landesverrätherischen Proklamationen des Präsidenten zu
setzen, aber vermittelst auf sie gerichteter Flintenläufe gezwungen
wurden. Oder auch wie der zweite Kommandant der Nationalgarde, Herr Biéra, der mit in der Verschwörung war, sämmtliche Trommeln der Nationalgarde konfisziren und verstecken ließ,
was die Zusammenrufung der natürlichen Vertheidiger des Ge-
setzes und einer Körperschaft, auf die die Soldaten nicht gefeuert
hätten, verhinderte. Dergleichen Thatsachen, wie wahr sie auch
sind und wie schön zu erzählen, übergehe ich, um, wie gesagt,
nur selbst Erlebtes mitzutheilen.

Sehr früh Morgens am 2. Dezember sprang die Thür meines
Zimmers auf, und herein brach eine Schaar von deutschen und

französischen Freunden, meist Musiker, Maler und Schriftsteller:
der Staatsstreich, der Staatsstreich ist gemacht! Deputirte und
Generale verhaftet! Ueberall Soldaten, Proklamationen des Präsidenten an den Straßenecken! So verkündeten sie tumultuarisch
durcheinander. Während ich mich rasch ankleidete, um ihnen in
die Straßen zu folgen, war mein Concierge, der kurz nach ihnen
eingetreten, am Kamine mit Einheizen beschäftigt. Von Zeit zu
Zeit hielt er in seiner Beschäftigung inne, horchte auf die Mittheilungen der Freunde, auf ihre Verwünschungen und Zornaus-
brüche, bis er sich mit einem Male umwandte und in einen Lobes-
hymnus auf den Präsidenten und in Drohungen gegen alle seine
Feinde ausbrach. Da hatten wir schon ein Stück der öffentlichen
Meinung. Wir würdigten ihn keiner Antwort und gingen; aber
schon auf der Treppe sagte einer der Freunde, daß ich, wenn der
Staatsstreich siege, die Wohnung verlassen müsse. Fast alle
Portiers seien im Solde der napoleonischen Polizei, und dieser
sei es gewiß. Die Boulevards waren in großer Aufregung und
doch so öde und unheimlich, wie ich sie nie gesehen. Das kam
daher, daß sie fast nur von Fußgängern erfüllt, viele Magazine
geschlossen waren und die gewohnten unzähligen Wagen beinahe
ganz fehlten. Der Lärm war ein ganz anderer, als der gewohnte.
Nur Summen, Schreien und das Geräusch unzähliger Schritte,
aber nirgends Wagengerassel und nirgends die Stimme der Aus-
rufer. Der Himmel war umwölkt, die Atmosphäre farblos, die
Häuser ohne Licht und Schatten. Wir eilten die ganzen Boulevards entlang bis auf den Bastilleplatz und an den Eingang
des Faubourg St. Antoine. Dort mußte man sehen, wie das
Volk sich verhält. An den Straßenecken waren die Proklamationen
des Präsidenten überall heruntergerissen und standen Gruppen,
die sich laut unterhielten. Desto auffallender war es, daß auf
dem Bastilleplatze diese Gruppen, wenn auch zahlreich, doch sehr
ruhig waren. Sergeants de ville waren nur wenige vorhanden, und die Gruppen gehorchten ihnen, wenn sie sie aufforderten,
auseinander zu gehen. Dieser Anblick regte uns auf, und ich ließ

mich so weit hinreißen, daß ich mich auf einen Eckstein stellte und
zu sprechen begann. Ich forderte natürlich das Volk auf, sich
zum Widerstand zu waffnen; aber ich sprach nicht eine Minute
lang, als ein bärtiger Mann mit Vertrauen einflößendem Gesichte auf mich zutrat und offenbar wohlmeinend zu mir sagte:
Bürger, geben Sie sich keine Mühe, es ist der Moment noch
nicht gekommen, und Sie kompromittiren sich nur. Nachdem wir
uns überzeugt, daß hier für den Augenblick nichts zu suchen und
nichts Erhebliches zu sehen war, eilten wir denselben Weg wieder
zurück. Jetzt begegneten uns schon einzelne Abtheilungen von
Soldaten, die sich theilweise an den Straßenmündungen auf-
stellten, theilweise weiter marschirten gegen den Bastilleplatz.
Diese Soldaten sahen sehr niedergeschlagen aus und ganz und
gar nicht so, als ob sie zu großem Widerstande gegen das Volk
bereit wären. Wir gingen immer weiter bis zum Elysée, dem
Hauptquartier des Staatsstreichs. Rings herum um das ganze
weitläufige Gebäude, in den Straßen wie in den Champs
Elysées, waren zahlreiche Truppenmassen ausgegossen. Wenn
von Zeit zu Zeit das Hofthor aufging, so wie an den Bajonetten,
die über die Gartenmauer hervorragten, konnte man erkennen,
daß auch das Innere, Haus und Garten, von Soldaten voll-
gepfropft war. Diese Truppen, die Louis Napoleon in seiner
nächsten Nähe behielt, waren offenbar von einem ganz andern
Geiste beseelt als jene, die wir auf den Boulevards gesehen. Sie
zeigten eine große Lebhaftigkeit, ja eine Fröhlichkeit, die nicht
ganz natürlich schien. Vielleicht hatten sie schon stark gefrühstückt.
Da sie aber das Elysée unnahbar machten und wir nichts weiter
zu sehen bekamen, setzten wir unsere Wanderung fort den Tuilerien zu. Da kam uns hoch zu Roß ein Mann entgegen, der
mir sehr wohl bekannt war und mir als ein Zeichen der Zeit
erschien, indem er mich daran erinnerte, wie solche Bewegungen
den Schlamm der Menschheit aufwühlen und mit welchen Leuten
solche Großthaten ausgeführt werden. Ich hatte ihn früher in
manchen Gesellschaften gesehen; überaus bescheiden, ja beinahe

kriecherisch, als ob er um Entschuldigung für sein Dasein bäte und immer fürchten müßte, hinausgewiesen zu werden. Es war der Träger eines großen Namens, der Sohn eines der bekanntesten Generale und der Bruder einer der bekanntesten Damen von Paris. Aber er hatte sich als Offizier eines der gemeinsten Verbrechen zu Schulden kommen lassen, so daß Vater und Schwester nur einen Theil des Standals decken, nicht aber seine Ausstoßung aus der Armee, man nannte es Entlassung, verhindern konnten. Jetzt erhob er das Haupt, und stolz und herausfordernd sprengte er, von der Polizeipräfektur kommend, wahrscheinlich in einer Mission, nach dem Elysée zu Louis Napoleon.

Auf unseren weiteren Wanderungen bekamen wir oft von Leuten aus dem Volke das Wort zu hören, das uns schon auf dem Bastilleplatze mehrmal an die Ohren geklungen: sollten wir uns für diese Kammer schlagen? Für die Rue de Poitiers? schlimmer als die Rue de Poitiers wird er es nicht machen — Die Rue de Poitiers hatte in der That Gesetze durchgebracht, die, nach den damaligen Erfahrungen, an Schlechtigkeit, an Freiheitshaß allerdings schwer zu übertreffen waren. In diesen Aeußerungen lag der Sieg Napoleons wie in der Windel.

Im Palais royal traf ich, von meinen Freunden getrennt, einen alten Bekannten, einen ehemaligen Souspräfekten der Republik. Er hängte sich an meinen Arm und plauderte ganz heiter über das Ereigniß. Er bewies mir, daß trotz jener Aeußerungen des Volkes Louis Napoleon nicht siegen könne und daß er, selbst im Falle eines Sieges, nach wenigen Wochen elend zu Grund gehen müsse. So plaudernd, kamen wir auf dem Börsenplatze an, wo mit einem Male eine Kavalerieabtheilung aus einer Seitenstraße heraus- und das Volk auseinander sprengte. Der Souspräfekt ließ meinen Arm fahren, und ich habe ihn nie wieder gesehen. Dieser Mann gehörte einer Familie an, die in ihrem Kreise ein kleines Bild des ganzen Frankreich darstellt. Er selbst war aufrichtiger Republikaner, sein älterer Bruder, ein Orleanist, ging nach dem Staatsstreich ins bonapartistische Lager über; sein

jüngerer Bruder war Jesuit und beide Eltern ultramontan-legi-
timistisch. Der Name der Familie ist sehr bekannt, und sie gehört
zu den sogenannten besten Klassen.

In der Hoffnung, daß etwas Neues zu erfahren, begab ich
mich in das Lesekabinet der Passage de l'opéra, aber kaum
in der Passage angekommen, füllte sich diese mit Flüchtlingen,
die Soldaten und Sergeants de ville vor sich hertrieben. Der
Portier beeilte sich, die Gitter der Passage zu schließen, und wir
waren Gefangene. Unter diesen Gefangenen fand ich Freund
Sz.... wieder, den ich Vormittags verloren hatte. Mit ihm
begab ich mich, als die Gitter wieder geöffnet wurden, in das
Redaktionsbureau einer großen legitimistischen Zeitung, deren
Besitzer und Redakteur uns bekannt waren. Wir fanden dort
einen der Eigenthümer, den gelehrten Grafen C... und den
Hauptredakteur Vicomte C..., beide Männer uralten legitimistischen Adels. Beide waren über den Staatsstreich tief entrüstet,
und keiner von Beiden glaubte an den Erfolg. Die Zeitung ging
bald nach dem Staatsstreiche ein und wurde durch eine legiti-
mistische Revue ersetzt. Graf C..., der mit seinen legitimistischen
Ideen einen gewissen dezentralisirenden Liberalismus verbindet,
ist noch heute Derselbe, der er damals gewesen, aber der Vicomte
ging mit sammt der Revue nicht lange nach dem Staatsstreich
ins kaiserliche Lager über und wurde noch später, als ihm die
kaiserliche Subvention entzogen wurde — preußisch. Solcher Meta-
morphosen könnte ich fast eben so viel erzählen als Ovid, aber ich
will mich auf eine einzige kleine Geschichte beschränken, die mir die
Geschichte des ganzen damaligen Frankreichs zu enthalten scheint.

In der Rue St. Lazare hatte ich meinen Cigarrenhändler,
einen kräftigen Mann in den besten Jahren, mit wohlanständigem
Gesichte, bei dem ich mir jeden Abend auf dem Wege zu einer
mir befreundeten Familie meinen Cigarrenvorrath für den nächsten
Tag zu holen pflegte. Auch an jenem 2. Dezemberabend, auf
dem Wege zu besagten Freunden, nach denen ich sehen wollte,
trat ich in diesen Laden. „Nun," rief mir der Krämer entgegen,

„was meinen Sie zu dieser Schandthat? dieser Spitzbube, dieser Eidbrüchige, er wird seiner Strafe nicht entgehen. An die Laterne muß er. Frankreich darf eine solche Schandthat nicht dulden." Und in diesem Stile und in diesem Tone weiter .... Auch am zweiten Tage — um hier diese Geschichte gleich zu Ende zu erzählen, trat ich um dieselbe Stunde in den Laden. „Man muß zugestehen," lächelte dießmal der Cigarrenhändler, „daß der Spitzbube die Sache ganz klug angefaßt hat. Es scheint nicht, daß man so leicht mit ihm fertig wird. Er kennt die Franzosen" u. s. w. Am dritten Tage hing das Bild Louis Napoleons groß und breit über seinem Cigarrenkasten, das Gesicht der Glasthüre und der Straße zugekehrt.

Gegen den Abend des 2. Dezember nahmen die Boulevards und die anstoßenden Straßen einen viel revolutionäreren Charakter an, und es sah aus, als rüstete sich Paris zu einem ernstlichen Widerstande gegen den Staatsstreich. Einzelne Haufen, freilich noch unbewaffnet, meistens mit einem Fahnenträger voraus, zogen hin und her und sangen die Marseillaise. Diese Haufen wuchsen nach dem Maße des Weges, den sie zurücklegten. Ein Freund, der viele Pariser Erfahrungen hatte, meinte, das sei ein Anfang, und so beginne immer der Kampf. Er ließ sich in seiner Ueberzeugung nicht stören, selbst als diese Haufen, so oft aus den Seitenstraßen eine Schaar von Polizisten hervorbrach, widerstandslos auseinander stoben und selbst Verhaftungen vornehmen ließen. Diese Leute, meinte der Freund ferner, hätten ein Losungswort; hier auseinandergesprengt, sammelten sie sich wieder an einem vorher bestimmten Platze, um ihre Umzüge fortzusetzen und immer, die Marseillaise singend, nach und nach mehr Quartiere aufzuregen. Diese Ansicht von der Sache schien viel für sich zu haben, denn in der That wirkte die Marseillaise sichtbar. Wer dieses Lied nicht in den Straßen von Paris von einer großen Volksmasse singen gehört, der hat keine Vorstellung von seiner Macht und zwingenden Gewalt. Wir sahen Leute, die als gleichgültige Zuschauer auf den Boulevards umherstanden,

von keinem anderen Gefühle als dem der Neugierde herbeigezogen
— ſie geriethen in Aufregung, ſobald das Lied ſich von ferne
hören ließ, und ohne zu wiſſen, was ſie thaten, ſchloſſen ſie ſich
dem Zuge an, ſtimmten mit ein und waren nach wenigen Mi=
nuten ſo berauſcht, als ob ſie ihre Häuſer nur verlaſſen hätten,
um ſich geraden Weges in den Todeskampf zu ſtürzen. Und
doch klingt dieſes Lied mehr melancholiſch, als herausfordernd und
berauſchend; es fordert mehr zur Hingebung, zum Opfer auf,
als zur That, es iſt inſoferne allerdings mehr ein Kampflied für
Bürger, die ſich für ihren Nächſten aufopfern, als für Soldaten.
Man begreift auch, daß der gegenüberſtehende Soldat ſelber
von Trauer ergriffen wird und mit Widerſtreben den Tod in
die Reihen ſolcher Sänger ſendet.

Wie milde das Volk an jenem Abende noch geſtimmt war,
erfuhren wir auf dem Boulevard Bonne Nouvelle. General
Canrobert führte eine Truppenabtheilung nach den oberen Boule=
vards. Er mußte da jenen Hohlweg paſſiren, welcher an einer
Stelle von den hohen, terraſſirten Trottoirs gebildet wird. Der
Hohlweg ſowohl wie die Trottoirs, die hier mit ihren Eiſenge=
ländern wie lange Balkone ausſahen, waren vom Volke dicht be=
ſetzt. Die Truppen, das Gewehr im Arm, wanden ſich nur
langſam und mit Mühe durch. Leicht hätte man ſie hier trennen,
zerſtreuen und von der Höhe der Terraſſen herab mit Stein=
würfen vernichten können. Das Volk begnügte ſich damit, ihnen
Vive la republique zuzurufen und die Maſſe, die den General
umbrängte und ihn ohne Widerſtand hätte vom Pferde reißen
können, machte ihm nur zarte Vorwürfe und ſprach die Hoffnung
aus, daß er ſich nicht zum Handlanger eines Verbrechens her=
geben werde. Etwas ſpäter, gegen 11 Uhr, fuhren wir an der
Seite des berühmten Doktors G . . . y, dem wir zufällig begeg=
neten und der ſich die Sache ebenfalls näher anſehen wollte, die
Boulevards hinab. Der Wagen paſſirte ohne alle Hinderniſſe,
weil man ihn als ein Doktorcoupé erkannte. In der Nähe
des Baſtilleplatzes ſtiegen wir aus und vertieften uns in die

revolutionärste aller Vorstädte, in das Faubourg St. Antoine.
Wie anders, wie merkwürdig anders sah es hier aus, als auf
den Boulevards. Um den Eindruck zu bezeichnen, den wir hier
empfingen, muß ich hier meine eigenen Worte zitiren. Ich hatte
kurz vorher eine Idylle veröffentlicht, und ich sagte beim Anblick
dieses Faubourgs zu den Freunden: wenn ich wieder eine Idylle
schreibe, verlege ich sie ins Faubourg St. Antoine und in die
Nacht vom 2. auf den 3. Dezember 1851. Es war 11 Uhr.
Der tiefste Friede war über diese ganze, große, durch ihre
Kampflust berühmte Welt ausgebreitet: Alles schien im tiefsten
Schlafe zu liegen, wie in den glücklichsten idyllischsten Zeiten.

Am zweiten Tage waren wir, Freund Sz . . . und ich, troß
alle Dem nahe daran, eine Szene zu erleben, die an die traurigsten
Szenen früherer Revolutionen erinnerte. In der Ausmündung
einer Straße nahe am Faubourg Poissonnière sahen wir einen
großen Volkshaufen, der einen einzelnen Sergeant de ville um-
drängte. Mehrere Hände hielten ihn an der Kehle, um ihn zu er-
drosseln, andere zerrten und zogen an ihm, um ihn in die Nähe
der Laterne zu schleifen, und Diejenigen, die nicht an ihn gelangen konnten, schrieen im Chorus: à la lanterne! Die
furchtbarste Todesangst bedeckte das Gesicht des versprengten
Mannes, der auch nicht ein einziges Wort hervorbringen konnte.
Wir stürzten uns in das Gedränge und riefen: Laissez le, il
est seul! und merkwürdiger Weise fand dieser Appell an die
Ritterlichkeit und Großmuth sofort ein Echo in derselben Masse,
die soeben erst einstimmig den Tod des armen Mannes verlangt
hatte. Den Augenblick hatten wir Bundesgenossen; viele Stimmen riefen mit uns: Il est seul, il est seul, während man sich
bemühte, die Hände, die ihn hielten und ihn drosselten, von
ihm loszulösen. Es gelang uns, einen Kreis um ihn zu bilden
und, indem wir uns an den Händen hielten, ihn von Denjenigen
abzuschließen, die ihm noch an den Leib wollten. Unmerklich
bewegten wir uns vorwärts und aus der Masse heraus, bis wir
so weit waren, um den Kreis öffnen und ihn entlassen zu können,

während Andere die Wüthenden zurückhielten.   Der Gerettete
flüchtete ſein wiedergewonnenes Leben, ſo raſch er konnte, in das
Labyrinth der nahen Gaſſen und Gäßchen. Es war Das eine
Erfahrung, wie man ſie in franzöſiſchen Revolutionen ſo oft
gemacht. Ein Aufruf der Großmuth gegen den Feind iſt da
ſelten wirkungslos verhallt. Was die Göttin Fama vermag,
habe ich damals ſelbſt erfahren, denn wenige Tage darauf pries
mich Indépedance belge und, was noch auffallender, die offizielle Wiener Zeitung, mich, den Flüchtling, als den Retter eines
Sergeant de ville, obwohl Freund Sz... der Erſte geweſen,
der ſich in die Maſſe geſtürzt und ich nur ſeinem Beiſpiele gefolgt war. War ein Zeitungsſchreiber in der Nähe? Sie waren
in dieſen Tagen allerdings über ganz Paris ausgeſtreut, und auch
uns trieb neben dem Intereſſe für die Sache unſere Pflicht als
Berichterſtatter beinahe ohne Unterbrechung von einem Punkte
zum andern. Zum Glücke wohnte Herr Etienne, der jetzige Redakteur der Neuen Freien Preſſe, nicht ferne von den Boulevards
und konnten wir von Zeit zu Zeit in ſeine gaſtliche Stube flüchten,
um unſere Erlebniſſe und Eindrücke aufzuzeichnen. Dieſe Stube
war in jenen Tagen wie ein offenes Bureau, wo die Berichterſtatter kamen und gingen, aus- und einflogen wie emſige Bienen,
freilich mit Anderem als mit Honigſeim belaſtet.

Eine Ironie des Schickſals war es, daß wir kurz nach der
Rettung des Sergeant de ville ſelber ſeinen Kollegen in die
Hände fielen und in Gefahr geriethen, nach der Präfektur abge-
führt zu werden. Für Viele, denen Das während der drei Tage
geſchah, war es gleichbedeutend mit einem Todesurtheil, denn
es iſt gewiß, daß man in den Höfen der Präfektur wie auf dem
Champ de Mars zahlreiche Menſchen, welche Soldaten und
Sergeants de ville, obgleich waffenlos, zuſammengefangen,
ohne Urtheil und ohne jegliche Formalität zuſammenſchoß und
Andere nach Afrika oder Amerika deportirte. Es war in der
Rue Richelieu, wo wir uns einer ſingenden Schaar anſchloſſen,
oder vielmehr nicht anſchloſſen, denn wir gingen auf dem

Trottoir nebenher, während jene Schaar in der Mitte der Straße
marschirte. Um die Ecke der Straße, der Börse entgegen bie-
gend, sprengt uns ein Kavalerie-Piquet entgegen und in ihrer
Gesellschaft halbmondförmig eine große Reihe von Polizisten, die
sogleich mit Todtschlägern in die unbewaffnete Menge einhaut,
die Einen niederschlägt, die Andern gefangen nimmt. Ich gehörte
zu den Letzteren. Ein Polizist hielt mich mit eisernen Krallen,
und während er mich hielt, sah er mit einem ingrimmigen
Lächeln der Wirksamkeit seiner Kollegen zu, ohne mich eines
Blickes zu würdigen. Da sich aber eine Art leichten Kampfes
entspann und nicht alle Verhaftungen so leicht wurden, wie die
meine, mochte seinem Eifer die Ruhe, zu der ich ihn zwang,
unangenehm geworden sein; das Fangen und Verhaften wird
ja bei diesen Leuten zur Leidenschaft. Er wandte mir seine Blicke
zu, sah mich einen Moment lang prüfend an, ließ mich los und
stürzte sich in das Gedränge. Ich war ungefähr eine Minute
lang Gefangener. Es war immer meine Ueberzeugung, daß ich
meine Befreiung, vielleicht mein Leben, einem ganz neuen und
eleganten weißen Ueberrocke verdankte, den ich mir einige Tage
vor dem Staatsstreich hatte machen lassen. So hingen damals
Leben und Freiheit und Alles von Kleinigkeiten, von der Laune
gemeiner Polizeisoldaten und ihres Gleichen ab.

Jetzt will ich von jener Episode des Staatsstreiches sprechen,
welche gewissermaßen ein Verbrechen im Verbrechen konstituirt,
die man oft bestritten, für deren Wahrheit und Wirklichkeit aber
ich als Augenzeuge auftreten kann; ich muß nur hinzufügen, daß
ich jetzt, da ich dieses schreibe, 16 Jahre nach dem Staatsstreich,
nicht genau angeben kann, ob sie sich am 3. oder 4. Dezember
zugetragen. Ich glaube aber, es sei am 3. gewesen.

Die Vorhersagungen meines Freundes, daß sich Paris während der Nacht mit Barrikaden bedecken, daß am zweiten Tage
Bürger und Arbeiter in Waffen stehen werden, hatten sich nicht
bewahrheitet. Die Boulevards waren am 3. Dezember Mittags
allerdings nicht mehr zugänglich, aber nur darum nicht, weil

sie der ganzen Länge nach von Truppen besetzt waren. Da wir
von ihren unteren Enden aus nicht hineingelangen konnten, versuchten wir es, auf Umwegen in einem großen Bogen die oberen
Boulevards zu erreichen, in der Hoffnung, dort durch eine
Seitenstraße einmünden zu können. Aber auch auf diesem Umwege
stießen wir auf abgeschlossene Straßen, und so geriethen wir auf
den großen Platz von St. Vincent de Paule oder Lafayette.
Dort stand viel Volk herum, aber durch die Menge ging ein einziger, sage ein einziger Bewaffneter, ein Mann aus dem Volke,
der eine veraltete riesige Karabine auf der Schulter trug. Einzelne Nationalgardisten standen umher, aber ohne Waffen, und
erwarteten den Generalmarsch, der nicht geschlagen werden konnte,
weil, wie schon angedeutet, sämmtliche Trommeln der Nationalgarde konfiszirt waren. Von dort aus kamen wir in die Rue de
Faubourg Poissonnière; sie war wie ausgestorben und an den
Boulevards durch dichte Reihen von Soldaten abgeschlossen.
Hinter diesen standen 50—60 Menschen, Bürger, welche wie
wir vergebens auf die Boulevards vorzubringen gesucht hatten.
Da ihnen die Zeit lang wurde, fingen sie an, in der Nähe der
Soldaten auf und ab zu spazieren. Wir begriffen nicht, was
die Soldaten bewog, uns den Zugang zu den Boulevards ab-
zuschließen, da wir zu unserem Staunen auf diesem Boulevard
selbst viele Leute sahen, die hin und her gingen und die Soldaten betrachteten, welche ihrerseits theils mit dem Gewehr bei
Fuß bastanden, theils einem Faße auf das Lebhafteste zusprachen.
Man mußte, während wir jenen Umweg machten, die unteren
Boulevards geöffnet haben. Wer hätte ahnen sollen, daß dieß
eine der grausamsten und niederträchtigsten Fallen war für arme,
unschuldige, unbewaffnete Leute. Es mag zwischen 3 und 4
Uhr gewesen sein; der Himmel war sanft bedeckt, die Luft überaus weich, mild und etwas feucht. Wir gingen, da wir nicht
weiter konnten, in der Rue de Faubourg Poissonnière wie
die Andern auf und nieder. Von keiner Seite hörte man
Geräusch oder gar Waffenlärm; da keine Wagen fuhren, lag über

Paris eine Stille und Ruhe, wie ſie im Laufe von Jahrzehnten
in dieſer Stadt vielleicht nur durch Stunden einmal vorkommen.
Einen deſto mehr erſchütternden, ja niederſchmetternden Eindruck
machte es, als jetzt mit einem Male hinter uns ein Donner los=
brach, ein Höllenlärm, als ob der Himmel einſtürzte. Entſetzt
wandten wir uns um, und ſiehe da: Wolken Rauches lagen be=
reits auf den Boulevards, und rothe Blitze fuhren durch dieſe
Wolken und über ſie hinaus in die feuchte Atmoſphäre, wo ſie
eine noch dunklere Färbung annahmen. Alle dieſe Soldaten, die
eben noch ſo ruhig und friedlich dageſtanden hatten, ſchoſſen,
als ob ſie über, vor und neben ſich einen gewaltigen Feind ge=
habt hätten, mit ungeheurem Eifer nach allen Seiten: auf die
Unbewaffneten in den Straßen, wie gegen die Fenſter der Häuſer
ringsumher, die zum Theil geſchloſſen, zum Theil aber von Zu=
ſchauern beſetzt waren, welche letzteren aber nur auf die Sol=
daten und ihr Treiben herabſehen wollten. Wir hatten uns
kaum von dem Gräßlichen überzeugt, kaum gefaßt, als ſich eine
Abtheilung auch gegen unſere Straße wandte und die Kugeln
um unſere Ohren pfiffen. Nicht ein einziger Bewaffneter war
unter den 50—60 Menſchen dieſer Straße, nicht die leiſeſte Her=
ausforderung war von uns ausgegangen. Alle Welt ergriff
unter entſetzlichem Geſchrei die Flucht; Einzelne drückten ſich in
die Vertiefungen der Hausthüren, die geſchloſſen waren. So
thaten auch wir und hörten nun in einiger Sicherheit die Kugeln
an uns vorüberfliegen. In voller Sicherheit war man da nicht,
denn manche Kugel, die an einen Pflaſterſtein ſchlug, wich von
ihrem Wege ab und flog in einem ſtumpfen Winkel, aber mit
erneuerter Kraft ſeitwärts gegen die Häuſer. Erſt als das Feuer
etwas nachließ, wagten wir es, in Zwiſchenräumen von Haus=
thür zu Hausthür zu flüchten, bis wir an eine Seitenſtraße
kamen, in der wir vor den meuchleriſchen Kugeln ſicher waren.
Kaum in dieſer Seitenſtraße angelangt, hörten wir, wie ſich eine
Soldatenabtheilung mit Geſchrei und immer ſchießend über die
friedliche Straße ergoß, die wir eben verlaſſen hatten.

Ja! es ist wahr! ich betheure es hiemit vor aller Welt! man hat damals in Paris mörderisch auf die unbewaffnete Menge ge=
schossen, auf friedliche Spaziergänger und Häuser, auf Menschen, denen man eigens diese Falle geöffnet hatte, um einen Gegen=
stand zu haben, auf den man schießen könne. Louis Napoleon war damit nicht gedient, daß das ganze Volk sich nicht schlagen wollte, es mußte aussehen, als ob ein Kampf stattgefunden und als ob er in diesem Kampfe Sieger gewesen wäre. Darum mor=
dete man Hunderte, von denen nicht ein Einziger eine Waffe hatte, im Hinterhalte. Im Passage Saumon hatte er es um diese Zeit besser. Dort hatte sich in der That eine Anzahl von Stu=
denten befestigt, um den Kampf aufzunehmen. Isolirt, wie sie waren, wurde das Haus bald eingenommen und sie alle, mit Ausnahme einiger, die sich über die Dächer geflüchtet, massakrirt.

Wer sich so, wie ich, während dieser Tage in Paris herum=
getrieben, muß überzeugt sein, daß der Staatsstreich siegreich für Louis Napoleon hätte vorüberziehen können, ohne daß ein Tropfen Blutes geflossen wäre. Selbst die Studenten im Passage Saumon hätte man umzingeln und zur Uebergabe zwingen können; aber Louis Napoleon brauchte Blut, und der Schrecken sollte sein vorzüglichster Bundesgenosse sein. Daher auch die Füsillaben auf dem Champ de Mars und in der Präfektur, wo junge Leute, die sich vor Müdigkeit nicht mehr auf den Bei=
nen halten konnten, sitzend, mit dem Rücken an die Mauer ge=
lehnt, zusammengeschossen wurden; daher auch die unzähligen Deportationen, die unmittelbar auf die Dezembertage folgten; und aus allen diesen Ursachen die unzähligen Lücken in den Fa=
milien nach einem Kampfe, der kein Kampf war, nach einer Schlacht, in der sich nur die eine Seite bewaffnet hatte.

Schon am Abend des zweiten Tages glaubte Jedermann in Paris an den Sieg des Staatsstreiches, an dessen Möglichkeit noch 48 Stunden vorher so Viele nicht geglaubt hatten. An diesem Abend begegneten wir an der Ecke der Rue Chaussée d'Antin einem hervorragenden Legitimisten. Er sah aus wie

Caſſius. „Nun,“ fragten wir, „was jetzt?“ — „Jetzt, jetzt,“ antwortete er, indem er krampfhaft die Hand meines Freundes packte, „jetzt beginnen die Verſchwörungen.“ Dann eilte er gebückt weiter in die Nacht hinein. Der Mann ſah wirklich wie eine Ge= ſtalt aus den Zeiten der Verſchwörungen aus und wie eine ver= körperte Prophezeiung; aber wie wenig die Verſchwörungen gegen einen Verſchwörer vermögen, Das haben wir ſeitdem er= fahren.

Am zweiten und dritten Tage des Staatsſtreiches liefen mancherlei Gerüchte durch die Stadt, die von Aufſtänden an verſchiedenen Punkten der Provinzen erzählten, und man glaubte, daß dieſes Mal das Land Paris und ſich ſelber retten werde. Als aber die Barrièren wieder geöffnet und der Verkehr wieder hergeſtellt war, erfuhr man, daß ſich die Provinz auch dießmal auf Paris verlaſſen und beinahe gar nicht geregt hatte. Die Zentraliſation machte Louis Napoleon zum Sieger, ſobald er Paris hatte, und man hat geſehen, wie leicht ihm Das geworden. Wer den Staatsſtreich mit erlebt, der weiß, daß er nichts Anderes war, als ein in die Taſche Stecken der Verfaſſung, trotz der Darſtellungen jener Leute, welche die Dezembertage zu Tagen des Kampfes machen wollten, um zu zeigen, daß man ein Volk, das für ſein Recht auftrat, bezwingen kann. Der Staatsſtreich ſiegte, nur weil auf der einen Seite Liſt und Verrath ſtanden und weil man auf der andern Seite nicht kämpfen wollte.

Die auf den Staatsſtreich folgende Zeit war ſo düſter und unbehaglich, daß Derjenige, der ſie nicht miterlebte, ſich dieſelbe unmöglich der Wirklichkeit entſprechend vorſtellen kann. Niemand fühlte ſich in ſeiner Haut wie in ſeinem Hauſe ſicher; überall ſah man ſich von Angebern und Spähern umgeben. Die Schreckenszeit mag eine angenehmere Atmoſphäre gehabt haben, denn hier kam hinzu, was die Schreckenszeit nicht kannte, der allgemeine Abfall, der Verrath, die feige Anbetung des Erfolges. Am Tage nach dem Staatsſtreich ging Billault, der berühmte Republikaner von geſtern, ins napoleoniſche Lager über, Derſelbe,

dem jetzt die Nantaiſer ein Monument geſetzt, und Das war wie
ein gegebenes Zeichen.   Wenn Billault, der damals noch viel
Ehre zu verlieren hatte, ſo that, warum ſollte ihm nicht die Maſſe
folgen, die ſo wenig Ehre zu verlieren hatte? Und dieſe Logik
wirkt noch heute in Frankreich, hat ihre Macht über Frankreichs Gränzen ausgedehnt und entfaltet ihre Fledermausſittige
über Europa.

Ein Brief aus Italien.

An den Verfasser des „Juchhe nach Italia!"

Florenz, 1. Februar 1860.

Mein Freund!

Ursprünglich war es meine Absicht, mit dem ersten Schritte vom Simplon in die lombardische Ebene für euch ein Tagebuch zu beginnen und es Tag für Tag während meiner ganzen Reise über den alt= und neuhistorischen Boden Ober= und Mittelitaliens fortzusetzen; es so zu schreiben, wie man für Freunde schreibt, einfach, unparteiisch, sine ira et studio, nicht österreichisch, nicht italienisch, nicht französisch — wie ein geschworener Zeuge, der nichts sagt als die Wahrheit und die ganze Wahrheit. So hoffte ich zugleich ein Dokument zu Stande zu bringen, das vielleicht bereinst, wie viele so entstandene Schriften, dem Historiker als Zeugenschaft dienen könnte, und ich freute mich mit diesem hohen Berufe eines Zeugen der Geschichte, dessen man sich mit so kleiner Mühe, mit einigem guten Willen, wahr zu sein, bemächtigen kann. Der kleine Pepys, der Macaulay so große Dienste geleistet, hat immer meinen Neid erregt. Aber es schreibt nicht Jeder ein Tagebuch, der will. Dazu muß man ein Engländer sein, der sich auf seinem Isolirschemel von Insel und in seiner beruhigten Freiheit gewöhnt hat, die ganze Welt als das objektivste Objekt zu betrachten, oder ein sechzehnjähriges Mädchen, das in Welt und Tagebuch nur sich selbst bespiegelt, oder ein Mann, dem es um Abschluß, Abrundung, Uebersicht, Gestaltung nicht zu thun ist, der sich mit ewigen Anfängen begnügt, denn jeder Tag ist ein Anfang.

Auf dem Boden, der noch vom Kriege rauchte; in der neuen Geschichtsphase, die so viele neue Menschen auf die Bühne brachte;

in den Uebergangszuständen, die so viele neue Verhältnisse, neue
Gedanken und Gefühle, neue Anschauungsweisen und Fernsichten,
neue Hoffnungen und Befürchtungen, Behagen und Mißbehagen
hervorbrachten, sah sich der Neuangekommene bald von so mannig=
fachen Eindrücken bestürmt, daß er sich weder für den Augenblick
fassen, noch an seine gestrige Anschauungsweise jenseits des Sim=
plon erinnern konnte. Er gab sich hin, er ließ auf sich wirken,
nolens volens, und mit dem Tagebuche hatte es am ersten Tage
ein Ende, und es ist ihm nur eine Rückerinnerung gestattet, nach=
dem er sich durch drei Monate umgethan und endlich im ruhe=
vollen Florenz, zum Theil vielleicht mit Hülfe der ruhevollen
Ewigkeit in den hiesigen Kunstwerken, zur Ruhe und Uebersicht
gelangt ist.

Am Lago Maggiore trug Alles den Charakter der Ereignisse,
die dieser reizende Boden gesehen. Die Eindrücke und Erinne=
rungen der Einwohner waren heiter, romantisch, als ob sie einem
schönen Schauspiele beigewohnt hätten, denn sie sahen Garibaldi
mit seiner ausgewählten Schaar; begeisterte Jünglinge, gebildete
Männer, die sich unter einem schönen Helden in schönen Einzel=
kämpfen, im kleinen Kriege schlugen, in einem Kriege voll kühner
Handstreiche, abenteuerlicher Unternehmungen, Ueberraschungen,
Kriegslisten, mit fortwährendem Einsetzen der Persönlichkeit. Das
ganze Volk war thätig dabei, und Jeder hatte was zu erzählen.
So oft nun eine Mittagsglocke über den See herüberzitterte, er=
innerte man sich an die Sturmglocke und fühlte man das Gefühl
von vor drei Monaten noch angenehm nachzittern. Die Zöllner
gingen müßig am Ufer des Sees auf und ab; die Zollinie war
zwar noch nicht aufgehoben, aber im Bewußtsein der Leute gab
es keine trennende Gränze mehr, und man gab sich Ferien und
hatte ein festliches Gefühl. In Novara aber wurde man durch
den Anblick der unzähligen Kutten, die lächelnd und unberührt
von der Geschichte des Tages in Massen die Stadt erfüllen,
daran erinnert, daß noch nicht der letzte Sieg errungen, daß
Italien noch mächtige Feinde niederzuwerfen habe.

In Mailand nahm die Physiognomie der Dinge einen hohen
Ernst an. Diese energische Stadt, die in den letzten vierzig Jahren
eine so wunderbare Ausdauer bewiesen wie in ihrer Heldenzeit,
in der Epoche des lombardischen Städtebundes, sah sich endlich
nach unsagbaren Leiden, nach heroischer Selbstverleugnung am
Ziele ihrer Wünsche; die bedeutendsten Schlachten des Krieges
hatten vor ihren Thoren gedonnert; alles Elend und aller Jubel
waren durch ihre Straßen gezogen; die gewaltigsten Eindrücke
waren ihr Theil, und sie war frei. Auf allen Gesichtern lag der
Glanz eines hohen Festtages, der aber zu feierlich ist, als daß
man den Wunsch zu Tanz und zum Pokuliren hätte. Man
sammelte sich, man suchte sich in der neuen Lage zu erkennen.
Aber auch die Prüfungen und Proben, die mit jedem neuen Ver=
hältnisse verbunden sind, hatten schon angefangen. Aufrichtige
Eheleute haben immer eingestanden, daß das Glück der Flitter=
wochen ein Vorurtheil sei, daß man viel zu thun und zu leiden
habe, bis man sich in einander findet, bis die gegenseitigen
nothwendigen Zugeständnisse gemacht sind, welche das ruhige
Glück erst für die Zukunft sichern. Mailand und Piemont waren
in den Flitterwochen, und Mailand war es vorzugsweise, das
Opfer zu bringen hatte, nachdem es durch zwei Menschenalter
fortlaufende Opfer gebracht. Die Vereinigung mit Piemont er=
heischte manche Entsagung; die uralte, gewaltige und in jeder
Beziehung höher stehende Stadt sollte sich unter das unbedeutende
Turin stellen und gewissermaßen zum untergeordneten Range
einer Provinzstadt herabsteigen; es handelte sich darum, viele
hohe Beamte und Stellen abzugeben, welche Mailand große
Wichtigkeit verliehen, und aus Turin Befehle und Entscheidungen
zu empfangen, die man sich, selbst unter österreichischer Herrschaft,
selber gegeben. Es war natürlich, daß Diskussionen entstanden,
daß man nicht mit freudigem Herzen an die theilweise Abdankung
dachte, und die Feinde der italienischen Freiheit sahen diesen Zu=
stand mit Schadenfreude, da er ihnen ein Zwiespalt schien, und
sie spotteten. Aber diese gewisse Trauer der Mailänder war in

der Nähe gesehen um so ehrwürdiger, da das Opfer ein großes
war und man sich am Ende doch mit jener Freude darein gab,
die jedes Opfer verursacht. Von einem Zwiespalt konnte um so
weniger die Rede sein, da nichts so sehr verbindet als das Opfer,
und dieß in der That in Mailand der Fall war. Ich wußte da=
mals noch nicht, daß ich damit ein Phänomen vor mir hatte,
das überhaupt für das ganze heutige Italien der Bewegung be=
zeichnend ist: die Opferfähigkeit. Sie erstreckte sich bis auf den
engherzigsten Krämer, der den stockenden Gang der Geschäfte
lächelnd ertrug, nachdem er starke Kriegssteuern bezahlt hatte,
und bis auf den Cicerone, der an der Straßenecke lungerte, ohne
zu murren, daß die neue Wendung der Dinge den Fremden fern
halte. Sie ging noch weiter; sie ging bis zur Unterdrückung der
theuersten Wünsche, Hoffnungen und Träume, die in der Zeit
des Kampfes mit Charakteren und Gemüthern Eins geworden
waren, zur vollkommensten Selbstverleugnung. Die Nothwendig=
keit der Eintracht wurde erkannt, und die Parteien hatten aufge=
hört; das Beispiel, das Manin gegeben, wurde von Tausenden
von Republikanern mit derselben Seelenstärke nachgeahmt. Das
Leben des eigensten Selbst wurde suspendirt. Es läßt sich über
die Zulässigkeit solcher Suspension seines Selbst, solcher Ver=
tagung seiner Ueberzeugungen vom absoluten Standpunkte aus
streiten; so viel ist gewiß, daß sie nicht ohne Seelengröße statt=
finden kann. Daß sie nicht ohne inneren Kampf und Schmerz
vor sich gegangen, erkannte man an der ganzen Haltung der
Republikaner, die durch Thätigkeit für die nationale Idee zu er=
setzen suchten, was sie der politischen entzogen, und mit Eifer
vor Allem die nationale Individualität zu retten suchten, um
dereinst den Boden für die politische, bürgerliche zu gewinnen.
Sie verleugneten ihre Meinung nicht, aber sie schlossen sich auch
nicht pessimistisch ab. Sie nahmen Theil an der Neugestaltung,
suchten überall, freiheitliche Prinzipien zu Grunde zu legen, und
zogen sich nur da zurück, wo sie dem monarchischen Wesen nicht
ausweichen konnten. Die Demokratie war nicht der Bauherr,

aber sie half mit, da die Grundsteine behauen und gelegt wurden, und die neue Monarchie durfte sie, der sie so viel verdankte, nicht zurückweisen, wenigstens in dem Momente nicht. So sah man damals in Mailand eine jener merkwürdigen historischen Opera- tionen, wie sich Prinzip mit Prinzip vermählt, um ein Drittes hervorzubringen, dessen Produkt meist die Gesichtszüge nur des Einen tragen. Diese Vermählung fand in dem Geiste des ganzen Italien statt. Ob die Monarchie in die Familie der Republik, ob umgekehrt die Republik in die Familie der Monarchie gehei- rathet, wird die Zukunft lehren. Bezeichnend für Mailand war es, daß man sich daselbst über die Zustände nicht bei einzelnen hervorragenden oder leitenden Persönlichkeiten Raths erholen konnte, daß man sich an das ganze Volk, an die ganze Stim- mung um Bescheid wenden mußte. Sollte dieß ein ausgesprochenes demokratisches Symptom sein?

Vielleicht! denn im monarchischen Turin war es ganz anders.

Piemont ist der praktische Bruder in der Familie, der den anderen in Unglück und Genialität mehr oder weniger verkom- menen Brüdern wieder aufhilft und die Familienrechte herstellt. Er hat nicht die Energie des Einen, nicht die großen Leiden- schaften des Andern, nicht die liebenswürdigen Talente und Künstlergaben des Dritten, nicht die weitgehenden Gedanken des Vierten, aber er hat einen gewissen nüchternen Verstand und ein Gleichgewicht durchschnittlich mittelmäßiger Vorzüge, die in der Welt besser forthelfen, als einzelne große, überwiegende Eigen- schaften. Damit ist nicht gesagt, daß er immer die Familien- angelegenheiten leiten werde; sind erst diese geordnet, ist es leicht möglich, daß Talent, Geist, Leidenschaft des einen oder des anderen Bruders im Hauswesen über den nüchternen Verstand den Sieg davon trägt und erst eine höhere Familienehre herstellt. Zur Zeit aber ist Piemont an der Spitze, und Turin ist dessen sprechender Ausdruck.

Man war mit sich selbst sehr zufrieden in Turin, obwohl der Mann, der alle in den letzten Monaten errungenen Erfolge

vorbereitet hatte, obwohl Cavour auf dem Lande lebte, wie in
der Verbannung, obwohl nicht die Hälfte des aufgestellten Kriegs=
programmes erfüllt war, obwohl der Feind vier starke Festungen
vor der offenen Gränze inne hatte, obwohl über die Zukunft
Italiens dichtverhüllende Nebel lagen. Aber man hatte Siege
erkämpft, eine neue Provinz gewonnen mit der Anwartschaft auf
andere: man hatte erworben, man war reicher geworden; auf
der Laufbahn, die man so lange geträumt und vorbereitet, hatte
man einen und zwei große Schritte weiter gethan. An Italien
wurde im Innersten des Herzens bei all Dem weniger gedacht als
an Piemont; man war mehr piemontesisch als italienisch, wie in
einem ähnlichen Falle viele Preußen preußischer wären als deutsch.
Viel wurde von den Thaten der piemontesischen Armee erzählt,
die sich auch wirklich mit höchster Tapferkeit geschlagen, viel selbst
von dem vereinsamten Cavour, vom ritterlichen König Vittorio
Emanuele, von seinem Benehmen in den Schlachten, von seinen
populären Neigungen und guten Eigenschaften, viel von der
Arbeitskraft und dem organisatorischen Talente des gegenwärtigen
Ministers Rattazzi, der den neuen Besitz in Ordnung bringen und
mit Piemont definitiv auch innerlich verbinden werde. Ein neues,
verhältnißmäßig sehr starkes Anlehen wurde trotz der jüngst ver=
gangenen großen Ausgaben mit Leichtigkeit unterschrieben, die
Feindseligkeiten des Klerus mit Sicherheit belächelt. Staats=
männer, Deputirte, Offiziere, Bürger und Volk spazierten sorgen=
los und heiter unter den berühmten Arkaden umher wie eine
Schaar von Glücklichen; man verließ sich mit vollstem Vertrauen
und mit Recht auf die Minister, die, mit diktatorialer Gewalt be=
kleidet, dem Lande Freiheiten gaben und denen es in der glück=
lichen Stimmung in der That nicht einfiel, ihre Vollgewalt nur
im Geringsten zum Nachtheile der Volksfreiheiten zu benützen.
Man war so glücklich und im Glücke so offenen Herzens, daß ein
Hintergehen oder Hintergangenwerden unmöglich schien. In den
Kaffeehäusern, wie in griechischen Gymnasien, versammelte sich
Jung und Alt, Hoch und Niedrig, die berühmtesten Staats=

männer, Volksvertreter, Gelehrte und obscure Leute, und auf
gleichem Fuße und gleichberechtigt gab Jeder über den Stand
der Dinge und über den Weg, der in Zukunft zu verfolgen,
seine Meinung ab. Das glückliche Gefühl, der praktische Sinn,
die politisch=constitutionelle Bildung, die man sich in der kurzen
Zeit von zehn Jahren zu einem erstaunlich hohen Grade angeeignet, viel Wissen und die mannigfaltigen, nützlichen Talente
der Piemontesen kamen da, zu eigener Befriedigung und zur
Verwunderung des Fremden, in bedeutendem Maße an den Tag.
Erschien der König mit seinem gewaltigen Schnurrbart, seinem
Jägerhut, seinem schlechten Mantel auf der Einen Schulter unter
den Arkaden, dann war die Freude vollkommen und kontrastirte
sehr mit der ernsten Stimmung und den weiter gehenden oder
unterdrückten Gedanken der Mailänder, wenn man diese noch in
Erinnerung hatte. — Ich weiß nicht, ob die Turinesen immer
liebenswürdig sind; so viel ist gewiß, sie waren es im Glücke.

Aber es ist auch wahr, daß der glückliche Zustand der Piemontesen nicht als ein vergänglicher Festtag erscheint. In Turin
gewinnt man eine große Zuversicht, ein festes Vertrauen in die
Dauerbarkeit der guten Zustände; ihr Glück macht nicht den Eindruck eines Lottogewinnstes, der, ohne moralische Basen, ebenso
schnell zerronnen als gewonnen ist, da man überall die Ueberlegung, den Plan, die Arbeit, die Vorbereitung erkennt. Selbst
die äußere Erscheinung der Stadt erleichtert diese Erkenntniß.
Wenige althistorische Städte sind so sehr die Chronik ihrer Ent-
stehung, Erlebnisse und geheimsten Gedanken, wie dieses junge,
scheinbar noch unhistorische Turin.

Savoyen zieht sich hierher an den Fuß der Alpen, als es
die Unmöglichkeit erkennt, seinen ursprünglichen Plan auszuführen und sich dem Norden zu, über das gewaltige Burgund,
das dann in Frankreich aufgeht, und über die starrsinnigen Republikaner Genfs und der Schweiz auszudehnen. In der Ebene
alliirt und schlägt man sich nach rechts und links, bis man in
den Zeiten der stehenden Heere und der langen Regimenterlinien,

gerade wie Preußen, einen Königstitel erlangt und eine grad-
linige Hauptstadt, wie Berlin, neu anlegt, in der Hoffnung und
Zuversicht, daß sich die lange und breite einst mit Einwohnern
fülle. Dieß geschah. Die Geschichte Piemonts wird durch Napoleon
unterbrochen. Kaum wieder aufgenommen, wird auch die alte
Ausdehnungspolitik, aber mit den neuen Mitteln wieder aufgenommen. Die französischen Eroberungen haben überall die Nationalitäten geweckt, und Nationalität ist das Losungswort des Jahrhunderts geworden. In Italien sprach man es zuerst in Neapel
zu Gunsten der verjagten Bourbonen aus, einen Moment lang
sogar zu Gunsten Murats, nach dem Wiener Kongresse zu Gunsten
des Volkes und des Landes. Wort und Gefühl gehören jetzt der
ganzen Halbinsel; am Grausamsten da verfolgt, wo man sich
ihrer zuerst bedient hatte, flüchten sie sich in die nordwestlichste
Ecke, und aus jener Zeit sehen wir im königlichen Archive zu
Turin einen von königlicher Hand entworfenen Plan zu italienischer Propaganda und zu italienischer Einigung, der, in neunzehn ausführlichen Artikeln, nichts unberücksichtigt läßt. Es ist
ein wahres und authentisches Seitenstück zu dem Testamente
Peters des Großen. Prinzen und Könige mischen sich offen oder
heimlich in die Bewegung, verrathen, werden verrathen, schlagen,
werden geschlagen, stellen sich in den Vordergrund, ziehen sich
zurück — aber man vergißt sie nicht. Sie thun Böses und haben
nicht den Muth zum Guten, aber sie haben doch etwas gethan
und ihre geheimsten Gedanken kund gegeben. Andere italienische
Fürsten hatten dieselbe Idee; aber schwach und klein, wie der
Herzog von Modena, verrathen sie mit größerer Energie und
Grausamkeit, hängen sie ihre intimsten Freunde an den Galgen,
um Metternich Unterpfänder ihrer Treue zu geben; werfen sich
verzweifelt in die Arme Oesterreichs, des Papstes und der Sanfedisten und sind in den Augen der Nation für immer gerichtet
und verloren.

Im Jahre 1848 stellt sich Piemont entschlossen an die Spitze
Italiens. Von diesem Entschlusse, von den Vorbereitungen dazu

und von Allem, was darauf folgt, sprechen nun die Straßen
Turins mit unverhüllter Stimme. Die Maske ist abgeworfen;
der italienische Gedanke geht leibhaftig durch die Stadt; man be=
gegnet ihm an jeder Ecke. Turin wird in eine Art von Pantheon
Italiens verwandelt. Man sehe nur die Monumente. Da steht,
unmittelbar vor dem Palaste der Nationalversammlung, die
Statue Vincenzio Gioberti's, die an ein Primat Italiens er=
innert, zugleich daran, daß das ursprünglich von ihm beabsichtigte
Primat des Papstes eine Unmöglichkeit sei und sich als solche er=
wiesen und daß nunmehr nur das piemontesische übrig bleibe.
Unweit davon, und zwar vor den Fenstern des Königs, das Mo=
nument, welches das österreichische Mailand der Oesterreich be=
kämpfenden Armee von 48 und 49 auf noch fremdem, aber ver=
wandtem Boden errichtete; es ist wie eine Verkörperung des
Wunsches der Mailänder, die sich hierher flüchtet. Auf einem
anderen Platze sitzt in Marmor der alte Prediger italienischer Ein=
heit, Balbo, und gleich neben ihm mit gezogenem Schwerte steht
der neapolitanische General Pepe, dargestellt in dem Momente,
da er den Befehl seines Königs zerreißt und trotz diesem Befehl
zur Rückkehr dem bedrängten Venedig zu Hülfe eilt. Hat wohl
je ein Militärstaat einem Generale, der den Befehl seines Königs
zerreißt, ein Monument gestellt! Aber der einmal erfaßten großen
Idee hat Piemont, größer als sein gewöhnlicher besonnener Cha=
rakter, alle anderen kleineren Rücksichten geopfert. Aus Florenz
läßt es die vom Großherzog entfernten Marmortafeln mit den
Namen der bei Curtatone gefallenen Patrioten stehlen und gibt
ihnen einen Ehrenplatz in der Vorhalle des Stadthauses, neben
den Bildsäulen der gefeiertsten oder geliebtesten Savoyer, u. A.
neben Karl Albert, den man den Märtyrer von Oporto nennt.
Diesem Märtyrer wird ein Denkmal errichtet, wie es Turin noch
nicht besitzt, denn er war der Erste, der die piemontesisch=italie=
nische Idee in Fleisch und Blut zu verwandeln sucht. -- Dieß
die Todten der kämpfenden Generation; in der Deputirtenkammer
aber, als wäre sie schon der Rath der ganzen Nation von den

Alpen bis nach Selinunt, sitzen sehr lebendig die Söhne aller italienischen Stämme; sie haben sich hierher geflüchtet, sie haben für Italien gekämpft oder gelitten, sie sind in Piemont heimat=berechtigt, und der ärgste Philister sieht sie ohne Neid, ohne Eifer=sucht, ohne Kirchthurmpatriotismus mitrathen und thaten, wie er bereitwillig die Steuern bezahlt, welche ihm dieser panitalie=nische Rath zu italienischen, nicht piemontesischen Zwecken aufer=legt. So hat dieser kleine Staat klug, weise, praktisch schon vor 1859 gethan, was so viel werth ist als Alles, was sein Alliirter mit ihm auf dem Schlachtfelde ausführte, und wer die Dinge in der Nähe, in ihrer Vorbereitung und Entwickelung betrachtet, wird nicht mehr sagen, daß er Fortschritt und Ausdehnung frem=der Hülfe verdanke. Was die Fremde für ihn gethan, verhält sich wie ein Theil der materiellen Ausführung zum schöpferischen Gedanken. Was mit fremder Hülfe im Jahre 1859 in kurzer Zeit geschehen, wäre ohne diese Hülfe etwas später, in etwas längerer Zeit, mit tiefer Zerrüttung Italiens und Europa's geschehen.

In Piemont hat man dieses stolze Bewußtsein; man fühlt sich Sieger, man ist nicht gedemüthigt, wie ein Beschenkter. Die momentane Politik der Dabormida, Lamarmora, die Rücksichten für Frankreich, die Halbheit des Auftretens, daran eben so wohl das mysteriöse Wesen eines übermächtigen Alliirten als der Cha=rakter des Konstitutionalismus schuld ist, lassen dieses Bewußt=sein zwar nicht vor dem Auslande glänzen, aber es besteht im Volke, im Gemüthe der ganzen Nation. Daher jene Sicherheit und jene Freudigkeit.

Der Charakter des Königs ist bei all Dem nicht zu übersehen. Je weniger er sich im eigentlichsten ideellen Wesen des Staates geltend macht, desto bedeutender wird er in diesem. Es ist ein König, wie ihn die Zeit, wie ihn der Moment in der historischen Entwickelung braucht. Er ist ein Arm, darum kann das Gehirn freier, das ist: republikanischer, walten, als wenn er irgend ein Organ dieses Gehirnes wäre. Das Volk will, und er ist immer bereit, auszuführen. Wäre er mehr Regent, er wäre der Zeit in

Italien nicht so angemessen; er würde einen Theil des freien Be=
wußtseins absorbiren, ein Theil des Nationalwillens würde dem
seinigen weichen müssen und wäre gelähmt und verstümmelt.
Vielleicht, daß die Erinnerung, einmal — man sagt, bei Novara
— gegen die Nation gehandelt zu haben, zur Selbstbeschränkung
das Ihrige beiträgt, und daß Viktor Emanuel, tem es an eigenem
Willen nicht fehlt, durch Unterordnung unter den italienischen
Gedanken etwas sühnen will. Wie Dem nun sei: Viktor Emanuel
ist jedenfalls ein König, der so wenig als möglich hindert und
der sich in der Weltgeschichte dadurch auszeichnen wird, daß er
die Nation anders für die Freiheit vorbereitet, als die englischen
Karl, die französischen Louis und die deutschen Vielnamigen.
Sein größtes, wenn auch weniger glänzendes Verdienst, das
nicht genug gerühmt wurde, liegt wohl in der Ruhe, in dem
holden Leichtsinn, mit dem er den Haß und die Flüche Roms
auf sich geladen und durch acht Jahre getragen. Er hat damit
mehr für die Freiheit Italiens gethan, als mit allen Thaten auf
dem Schlachtfelde. Wie jene Apostel zeigte er dem furchtsamen
Volk, daß der Blitz in der Hand des Donnergottes nicht zünde
und daß das Innere des gestürzten Götzen nur Staub und Spinn=
webe enthalte. Wenn der Kaiser Napoleon die Brochüre: „Der
Papst und der Kongreß" geschrieben hat, so hat der einfachere
Viktor Emanuel den Enthusiasmus, mit dem man sie in Italien
aufgenommen, vorbereitet.

Mit Turin verlassen wir die Hauptstadt eines Landes, das
mit sich zufrieden ist, voll Hoffnung und heiterer Aussicht in die
Zukunft. Sie hat vom Kriege eigentlich nur das Erhebende ge=
sehen: Truppendurchzüge, die sich siegesgewiß und kampflustig
den Schlachtfeldern entgegen bewegten; Boten, die Siegesnach=
richten brachten, heimkehrende Sieger. Die Bewegungen im
übrigen Italien konnten auf Turin nur heitere Reflexe werfen,
denn sie geschahen ihm zu Gunsten. Nun hatte man eine große
Provinz mehr und Aussicht auf Weiteres. Das ganze Land war
von dieser heitern Atmosphäre angefüllt; aber mit den ersten

Schritten aus dem Lande ändert sich diese Atmosphäre. Mittelitalien war revolutionäres Land.

Wir eilen dem Centrum zu und wollen uns in Piacenza nicht
aufhalten. Es ist eine arme, verkommene Stadt; sie steckt in ihren
bangen Straßen und Festungsmauern wie ein abgemagerter Mann
im schlotternden Rocke, der ihm viel zu weit geworden. In anderen
Ländern wird der Festungsrock den Städten zu eng. Die Häuser
sind verfallen, aus den Fenstern ohne Scheiben glotzt die Armuth; in unendlich langen Straßen begegnet man keiner Seele;
Klostermauern und Kirchenfaßaden nehmen oft eine ganze Seite
der Gasse ein. Wäre nicht der herrliche Platz, mit dem Stadt-
hause, der florentinischen Kirche, den Reiterstatuen, der gewaltigen Halle, man würde durch nichts erinnert, daß man sich im
schönen Italien befinde. Die Einwohner konnten die Verbissenheit des Elendes, das ihnen eine der despotischsten Regierungen
durch Menschenalter auferlegte, im Laufe der letzten drei Monate
nicht aus den Gesichtern verbannen. Wir gehen weiter nach
Parma. Diese Stadt, welche dieselbe Erziehung genossen wie
Piacenza, ja eine schlimmere, da sie den Hof und die Willkür-
herrscher in ihrem Schooße hatte, war noch vom Blute Anviti's
bespritzt, und Europa schrie gegen Parma und gegen die Freiheit, die es gewonnen. Und Niemand hat doch Anviti ermordet,
als jene Mißregierung, die durch die Freiheit gestürzt, deren
Wirkungen aber nicht in wenigen Wochen vernichtet werden konnten.
Parma war bis dahin eine musterhaft ordentliche Stadt; man
bewunderte sie deßhalb in ganz Mittelitalien, da man ihre Wildheit, ihre Verbissenheit, ihre glühende Rachsucht unter den früheren
Regierungen kannte; sie war durch den nationalen Gedanken gehoben und erschien würdig des vielen Schönen, das ihre Mauern
bergen. Unzählige ihrer alten Feinde, die der flüchtigen Herzogin
nicht gefolgt waren, ließ man unbehelligt die Straßen durch-
wandern, und man belächelte die viel zu eitle Schwäche der Regierung, welche fortfuhr, die Werkzeuge der verjagten Tyrannei
zu besolden, weil sie auf der Liste der Beamten standen; welche

dem Grafen Pallavicini sein Gehalt fortbezahlte, als dieser für
die Herzogin nach Paris reiste, um gegen Parma zu unter=
handeln. Aber die Erscheinung des verkleideten Anviti, des grau=
samsten Werkzeuges des todten Herzogs, war eine zu freche Her=
ausforderung, eine zu blutige Erinnerung an vielfache schuldlose
Opfer; das Blut kochte auf, und sein Mord wurde eine Vendetta.
Die Regierung ließ die Säule umstürzen, die seinen Kopf ge=
tragen hatte, und man war damit zufrieden, weil sie ein Denkmal
war, das an einen Bourbonen und einen Habsburger erinnerte,
und Alles war wieder ruhig, aber nicht ruhig wie Turin.

Wäre es Mittelitalien und mit ihm Parma gegönnt gewesen,
am Kriege Theil zu nehmen, die Ermordung Anviti's hätte wohl
nie stattgefunden; so aber hatte man nichts gethan, als eine
kleine Herzogin weggejagt. Es glühte in allen Gemüthern, man
hatte das dunkle Gefühl, daß die Freiheit nicht leichten Kaufes
erworben, daß sie mit Thaten besiegelt und gefestigt werden müsse.
Die Truppen der Ligue, die sich zum Theil in Parma sammelten,
der Waffenlärm, die Erzählungen junger Offiziere, die den Krieg
mitgemacht, manche unter Garibaldi, die ganze Ungewißheit der
damaligen Lage, die Vorbereitungen, die der populärste Held
Italiens in Bologna und Rimini traf; Alles regte auf, und
neben der Nationalgarde, die gelassen die Stadt durchzog und
auf ihren Posten stand, nahmen sich die glühenden Augen, die
leidenschaftlichen Geberden des Volks und der Jugend, die sich
unter die Soldaten mischten, beinahe unheimlich aus. Erinnerte
man sich der Leidensgeschichte dieses Volkes, seiner Erziehung durch
Polizei, Mönche und abhängige, heimliche Richter, ferner des
ungewissen Zustandes, der seine theuersten Wünsche hinhielt, des
Mißbehagens, das man betreffs der neuen Regierungen selbst,
z. B. Cipriani's wegen, der allgemein für einen napoleonischen
Agenten galt, empfinden mußte, und endlich des Charakters dieses
Volkes, das aufbrausend ist und nicht ausdauernd, erwartend,
ruhig energisch wie das mailändische, konnte man allerdings für
die nächste Zukunft besorgt werden und einen Ausbruch erwarten,

der terroristisch werden und die adoptirte Politik des Abwartens
und stillen Organisirens kompromittiren könnte. Dazu kam, daß
die kleinen Herzogthümer sich eigentlich von ihrer Ueberraschung
noch nicht erholt hatten, daß sie noch über ihren eigenen Zustand
und die neuesten Vorgänge erstaunt waren. Mailand hatte sich
lange Zeit vorbereitet; es hatte nie an seiner Befreiung gezweifelt;
was es jetzt faktisch war, war es seit Jahren theoretisch; die
Herzogthümer unter dem unerhörten Drucke waren nie im Stande,
einen Plan, eine Politik durchzuführen. Man hatte sie stumpf=
sinnig machen wollen, und Das war bis zur Betäubung gelungen.
Parma war noch immer im Zustande eines Menschen, der soeben
aus einer Betäubung erwacht und sich noch nicht gefaßt hat; von
dem nicht vorauszusagen ist, was er im nächsten Momente be=
ginnen würde.

Aber es waren in den Herzogthümern einzelne Männer an
der Spitze, deren Charakter wie deren Politik jeder systematische
Terrorismus, wie jede Förderung elementarischer Ausbrüche,
gleich sehr fern war. In dem unglücklichen Piacenza z. B. mil=
derte der gebildete Anselmo Guerrieri, der Uebersetzer des „Faust“,
die Stimmung, und Parma stand unter dem Einflusse Modenas,
das von Farini und seiner Umgebung zugleich mit den anderen
Herzogthümern so klug und praktisch regiert wurde.

Modena, oder vielmehr der Palast von Modena, war da=
mals — Anfangs November — der eigentlichste Mittelpunkt der
mittelitalienischen Bewegung.

Die Stadt selbst macht den trübseligsten Eindruck von der
Welt; jeder Stein, die ganze Luft, jedes Gesicht erzählt von der
unvergleichlichen Mißregierung des verjagten Herzogs und seines
Vaters, der seine Freunde und Vertrauten hängen ließ. Jedes,
sage jedes Haus trägt das Jesuitenzeichen I. H. S. als sprechen=
den Beweis, daß der Herr und Besitzer dieser Stadt sie den
heiligen Brüdern gewissermaßen als Eigenthum zu beliebigem
Schalten und Walten übermacht hat. Die Einwohner schleichen
durch die Straßen, als ob jeder Einzelne sich von einem Späher

verfolgt fühlte. Die Gesichter geben sich vergebliche Mühe, sich
in dem neuen Zustande aufzuheitern; die alte Gewohnheit und
Furchtsamkeit ist stärker, als das noch neue Gefühl der Freiheit.
Die Augen bleiben niedergeschlagen und haften am Boden. So
wollten es die Herzoge, die Sanfedisten par excellence. In
Deutschland ist diese politische Sekte wenig bekannt, obwohl es
an seinen Höfen nicht an Bekennern derselben mangelt. Es ist
hier nicht der Ort, ihre Geschichte und ihre Prinzipien auseinander
zu setzen; es sei genug, wenn wir die Sanfedisten als die furchtbarsten Terroristen des Absolutismus bezeichnen. Ihr Streben
geht dahin, alle Ideen der Civilisation und Freiheit mit Stumpf
und Stiel auszurotten, und zu diesem Zwecke sind alle Mittel erlaubt. Kein Prinzip der Menschlichkeit oder Gerechtigkeit darf
auf diesem Wege aufhalten; jede Ungerechtigkeit und Grausamkeit, jede Lüge und Heuchelei ist erlaubt, ja geboten, wenn sie
auf diesem Wege fördert. Der Unterthan soll ein Sklave, ein
Ding ohne alle Selbstbestimmung werden; der Fürst ein in jeder
Beziehung unumschränkter, unverantwortlicher Herr und Eigenthümer, der nach Belieben schaltet und waltet. Da Bildung der
Unterthanen der Erreichung dieses Zieles am Hinderlichsten ist,
wird vor Allem alles Wissen, jeder selbständige Gedanke unter-
drückt, wird die Religion zu Hülfe gerufen, damit der Unterthan
nur glaube, was ihm von der Unbeschränktheit des göttlichen
Rechtes gesagt wird. Das Ideal eines Sanfedistenstaates ist ein
Haufe thierischer Individuen, der nur beten und arbeiten kann.
Wenn es die beiden letzten Herrscher Modenas auch nicht
dahin brachten, ein Ideal sanfedistischen Staates zu bilden, so
waren sie doch die Ideale sanfedistischer Regenten und waren ihre
Helfershelfer Ideale sanfedistischer Höflinge und Beamten. Der
verjagte Herzog Franz V. übertraf noch seinen Vater, der die gewaltigsten Tyrannen aller Zeiten übertraf. Er war großartig und
schauderhaft konsequent in seinen Theorien und wählte zur Verwirklichung derselben, was ihm Späherthum und Pfaffenthum
des Verworfensten bot. Modena war schlimmer als ein Kerker;

es war wie jene Irrenhäuser, in denen die Menschen planmäßig
um ihre Vernunft gebracht werden. Die Geschichte Modenas in
den letzten dreißig Jahren wird nie geschrieben werden, denn der
Historiker, der sich hinsetzt, um die Thaten der beiden Herzoge
aufzuzeichnen, wird entmuthigt die Feder fallen lassen: er will
nicht als Lügner erscheinen, und es wird ihm Niemand glauben.
Es ist auch besser, daß solche Thaten in ewiger Vergessenheit verschwinden — zur Ehrenrettung der Menschheit; es ist zweck-
mäßiger, daß Dergleichen für Unmöglichkeiten gehalten werde,
wie der Elternmord in der Lykurgischen Gesetzgebung. Doch klagen
wir Herzog Franz nicht an. Der Areopag europäischer Menschheit, der Wiener Kongreß, hat die Legitimität im Angesichte einer
zivilisirten Welt als ein heiliges Prinzip neugeweiht, und Europa
hat es anerkannt. Herzog Franz ist nur eine Blüthe der Legitimität, eine nothwendige und logische Folge. Unlogisch wäre,
wer sich über seine Existenz wundern würde. Alle anderen Legitimisten, wenn sie einen kleinen Winkel der Welt regieren würden,
über den das Auge der Mitwelt flüchtig hinwegstreift, würden
eben so regieren, wie Herzog Franz.

Wenn Modena Hekatomben weltlicher und geistlicher Anviti's
geschlachtet hätte, Niemand wäre anzuklagen als Herzog Franz,
der mit achtzig politischen Gefangenen, die er wie einen theuren
Schatz auf die Flucht mitgenommen, in der Welt umherzieht,
oder vielmehr die Legitimität. Wenn ein Volk in seiner gerechten,
durch Jahrzehnte unterdrückten Wuth einen Henker niederschlägt,
da erhebt die Welt ein Geschrei der Entrüstung über die Form-
losigkeit dieses Gerichtes. Wer hat gefragt, mit welcher Form die
unzähligen Opfer der heimlichen Gerichte der Herzoge um Leben
und Freiheit gebracht wurden? Wie wurden jene Achtzig verurtheilt? und welches Recht hat Oesterreich, sie in seinen Kerkern
mit grauenvoller Gastlichkeit verschmachten zu lassen? Warum
schreit Europa über Anviti's Tod? warum schreit es nicht über
jene Entführung und diese Gastlichkeit?

Stille, wie ein Gespenst zog Herzog Franz mit seinen

Soldaten und seinen Opfern an der Gränze einher, nur wenige
Meilen entfernt von Modena. ; Diese Nähe hat vielleicht nicht
wenig zu der fieberischen Aufregung beigetragen, welche bei aller
gewohnten Niedergeschlagenheit das Blut erhitzte. Nirgends wie
in Modena verlangte man Kampf; die Truppenmärsche, die gegen
die Romagna zu begannen, belebten nach und nach die Gemüther,
die Unheimlichkeit nahm ab.

Gänzlich verschwand sie im Palaste, wo sämmtliche Mini=
sterien um Farini versammelt waren, denn hier herrschte eine
Thätigkeit, die den Beobachter mit größter Sicherheit, mit den
besten Hoffnungen für ganz Italien erfüllte. Der Palast in
Modena war damals, unmittelbar vor der Wahl Farini's zum
Diktator der Romagna, vielleicht der interessanteste Punkt Italiens,
jedenfalls derjenige, wo man über Charakter der Menschen und
der Bewegung die reichste Belehrung schöpfen konnte und die
überraschendsten Erfahrungen machte. Es war daselbst wie in
einem Bienenkorbe; aber wie in einem solchen konnte man auch
hier mitten in der gewaltigen Rührigkeit Plan und Zweckmäßig=
keit beobachten. Jeder war auf seinem Posten, Jeder wußte, was
er zu thun hatte, und that es mit bureaukratischer Regelmäßigkeit
und unbureaukratischer Liebe: man sah die ordentlichste, best=
organisirte Revolution. Ein solches Phänomen ist nur möglich
bei vollstem Bewußtsein des Zieles, bei einer klaren Politik
und bei hoher Bildung Derjenigen, die mit der Ausführung
betraut sind.

Die Seele dieser thätigen Welt war Farini, und er mußte es
seinem ganzen Wesen und den Umständen nach sein, auch wenn
ihn seine Stellung als Diktator nicht dazu gemacht hätte. Wir
können uns bei einem übersichtlichen Bericht unmöglich auf die
Schilderung einzelner Persönlichkeiten einlassen, um so weniger,
als die italienische Bewegung so sehr viele hervorgebracht; wir
müssen uns damit begnügen, das Bild derjenigen leicht zu
skizziren, welche für die Zeit im Ganzen oder für einzelne
Gruppen und Richtungen bezeichnend sind und gewissermaßen

einen Inbegriff, eine Personifizirung darstellen. Da darf denn Farini freilich nicht vergessen werden.

Farini steht in einem Alter, das ihm erlaubt hat, die italienische Bewegung, seit sie immer größere Verhältnisse angenommen, d. i. seit dem Jahre 1830, ihre Niederlagen und ihr mit jeder Niederlage wachsendes Anschwellen als bewußter Verstand zu betrachten; aus einem enthusiastischen Jüngling ist er ein praktischer, besonnener Mann geworden: keine der vielen Erfahrungen war für ihn verloren. Das italienische Temperament, die revolutionäre Ungeduld wußte er seiner angeborenen Klugheit unterzuordnen, ohne aus dieser Unterordnung ein allgemein gültiges Dogma zu machen, ohne Enthusiasmus und menschliche Leidenschaften an Andern zu verachten oder gar zu verpönen, ohne, mit Einem Worte, ein Doktrinär zu werden. Seine Klugheit und praktische Lebenserfahrung haben die Wärme des Patriotismus nicht erkalten lassen, und so ist er ein Politiker, wie seiner der Moment bedurfte und wie Italien in neuer Zeit viele hervorgebracht und noch viele hervorbringen wird. Im Auslande vergißt man gar zu gerne, daß Italien von jeher das Land der Politiker gewesen, daß es in seinen schlechtesten und verfallensten Zeiten den meisten Großstaaten Europa's unumschränkte Herrscher in Gestalt von Ministern gegeben, daß das geknechtete Land immer durch irgend einen seiner Söhne, einen Mazarini oder Alberoni, in Europa geherrscht hat. Hätte Farini etwas Abenteuerliches in seinem Charakter, hätte er eine eigene Carriere mehr geliebt als sein Vaterland und wäre er in die Welt gelaufen, um sein Glück zu machen, er wäre ganz der Mann darnach gewesen, sich irgendwo, wo man klugen Rathes und umsichtigen Auges bedurfte, in die Reihe jener Italiener zu stellen. Aber Zeiten und Charaktere haben sich geändert; nur der erbärmlichste Adel des Hoflakaienthums und die Abenteurer schlechtester Sorte suchen noch heute, wie im 17. und 18. Jahrhundert, im Auslande ihr Glück zu machen. Den Patrioten sagt es ihr Herz, den Klugen ihre Klugheit, daß sie in der Gegen-

wart ihres Vaterlandes eine Zukunft pflegen. Bei Farini haben
von jeher beide gesprochen, und seit er denkt, hat er sich für die
Rolle vorbereitet, die er jetzt spielt. Seinen Jugendstudien nach
ein Arzt, hat er die Beobachtung der Symptome und die Rücksicht auf die Folgen der Heilmittel auf das politische Feld übertragen und seit dreißig Jahren in allen Krisen am Krankenbette
Italiens gestanden. Im Jahre 1849 aus der römischen Revolution trotz seinem Antirepublikanismus ins Exil und nach Piemont geworfen, lernte er daselbst sämmtliche Kräfte, die zur Befreiung Italiens beitragen konnten, anerkennen und schätzen.
Das lag in der propagandistischen Luft Piemonts; wie Manin
piemontesisch-konstitutionell, so wurde er in Piemont republikanischer, wenigstens mit Rücksicht auf Andere. Er wurde weniger
ausschließlich und mehr objektiv. So gehört er heute zu Denjenigen, deren Farbe als Politiker schwer zu bestimmen ist; wir
glauben, daß ihm an der Form des Staates weniger gelegen
sei, daß er diejenige adoptire, die für den Moment zum nationalen Ziele führt. Hätte er die Republik als solche erkannt, er
hätte sich nicht besonnen, republikanische Mittel zu ergreifen.
Seine persönlichen Wünsche und Gesinnungen gehen weiter als
der Moment, aber er legt ihnen einen Zügel an, daß sie über
diesen nicht hinausgehen, und weiß auch andere zurückzuhalten
oder zu freiwilliger Beschränkung zu bewegen. Man braucht
Farini nur zu sehen, nur eine halbe Stunde zu sprechen, um
sich dieses Bild seines Charakters zu entwerfen. Aus seinem
ganzen Wesen spricht feurige Thätigkeit bei großer äußerer Ruhe,
Klugheit, selbst einiger List, über die aber männliche Energie,
Muth und Entschlossenheit beruhigen, weltmännische und geistige
Bildung und eine Klarheit des Ueberblickes, die in den ver-
wickeltsten Lagen Sicherheit gibt und endliche Ordnung verspricht. Auch ist das Vertrauen in Farini ein allseitiges. Selbst
Diejenigen, die er fallen läßt, weil er nicht mit ihnen oder sie
nicht mit ihm gehen können, oder denen er sich widersetzt, weil
er ihr Beginnen für unzweckmäßig hält, klagen ihn nicht an,

sondern die Verhältnisse, die ihm nicht gestatten, auf ihre Ab=
sichten einzugehen. Garibaldi, der sich über viele der leitenden
Persönlichkeiten zu beklagen hatte, stand immer auf Farini's
Seite, obwohl dieser mit jenen Persönlichkeiten handelte.

Farini ist vielleicht der bedeutendste Mensch seiner Art, aber
er ist nicht der Einzige, er ist nur der charakteristische Charakter
einer ganzen Richtung, wie sie Nationalanlagen und die Ge=
schichte der letzten dreißig Jahre ausbildeten. Dieß erklärt zum
Theil die kluge, politische Haltung des revolutionären Italiens,
die große Organisationsfähigkeit, die es entfaltete, die Umsicht,
mit der es in so schwieriger Lage handelte, Klippen umschiffte,
Verlockungen widerstand und den feindlichen Schlingen auswich,
kurz alle die Eigenschaften, welche Europa in Verwunderung
setzten, weil es sich gewöhnt hatte, in Italien nur Talente zu
Attentaten, Putschen und augenblicklichem Auflodern ohne Halt
und Folge zu suchen.

Daß Farini nur ein Theil einer Gattung sei, konnte man
in Modena am Besten erfahren.

Die Regierung, der vorzugsweise die Organisation Mittel=
italiens aus der Anarchie heraus, ja noch schlimmer, aus ver=
rotteten Zuständen heraus oblag, die eine Armee, unzählige
Aemter, ja Gedanken, Volk und Menschen zu schaffen hatte, be=
durfte vieler Helfer; berufen oder freiwillig strömten sie aus
allen Theilen Italiens herbei, und im Palaste Modena's konnte
man eine schöne Auswahl italienischer Bildung und italienischer
Vaterlandsliebe kennen lernen. Die Beamten, die allen Ständen
angehörten, obscure bürgerliche und berühmte altadelige Namen
trugen und ohne Unterschied des Namens hohe oder niedrige
Aemter bekleideten, versammelten sich des Abends auf eine oder
zwei freie Stunden zu einer gemeinschaftlichen Mahlzeit und zu
kurzer Ruhe nach tage= und nächtelanger Arbeit, in einem ab=
gelegenen Saale des weitläufigen Palastes. Daselbst befand man
sich in einer der gebildetsten Gesellschaften Europa's, unter
Männern, die die verschiedensten Sprachen kannten, von allen

Früchten des Wissens gekostet, in allen zivilisirten Ländern gelernt
hatten und die nun, mit Heiterkeit und im gehobenen Gefühl des
Momentes, alle ihre Kräfte dem Vaterlande widmeten und aus
der ermüdenden Arbeit in ihren Erfolgen neue Kräfte schöpften.
Da waren viele im Bureaurocke, die noch vor Kurzem die Uniform auf dem Schlachtfelde getragen und bereit waren, sie jeden
Augenblick wieder anzuthun. Unter diesen war wieder der viel-
erfahrene und gelehrte Oberst Frapolli der charakterisirende Typus.
Auch betreffs der Bildung dieses bestverleumdeten Landes herr-
schen in Europa große Vorurtheile. Die Jugend Italiens hat
die sansedistische Absicht der Regierungen bald erkannt, welche
dahin ging, die Halbinsel von den Strömungen moderner Bildung abzuschließen, das Land in Unwissenheit versinken, die
Schulen aussterben oder in jesuitischen Lehranstalten nur ein fal-
sches Wissen pflegen zu lassen und strebende Geister um die schönsten und fruchtbarsten Jahre zu betrügen, zu bestehlen. In der
Angst des wiedererwachten Italiens, hinter dem übrigen Europa
zurückzubleiben, und im Eifer, sich für das Vaterland der Zukunft zu bilden, warf man sich mit desto größerem Feuer auf die
verpönten Studien, suchte man sich das Wissen jedes Faches an-
zueignen. Wir vormärzlichen Oesterreicher wissen etwas von dieser
Angst und von der Sehnsucht, mit der man über die Gränzen
auf das Streben und Forschen freierer Völker sieht. Welche
Früchte dieser Seelenzustand in Italien getragen, sieht man
heute: eine sehr verbreitete Bildung, die eine naive Freude an
sich selbst und ein jugendliches Streben vor der Bildung anderer
Länder voraus hat, die ferner, da sie zum Theil mit Hinblick
auf einen gewissen Zweck erworben worden, einen praktischen
Charakter hat. Auch Dieß vergißt man gern, daß in Italien,
selbst in den schlechtesten Zeiten, Wissen und Gelehrsamkeit nicht
ausgestorben und daß dieses Land immer Männer geliefert, an
welche alle Wissenschaft, oft wie am Ausgangspunkte, anknüpfen
muß. Selbst das 17. Jahrhundert sah Galilei; selbst das 18. Vico
und das 19. seinen Volta. Drei so gewaltige Größen sind nie

vereinzelte Erscheinungen. In Toskana kann man in Beziehung auf italienische Bildung noch größere Erfahrungen machen als in Modena.

In Modena befand ich mich eben im Momente einer großen Krise, durch welche die Stadt an Bedeutung verlieren sollte. Farini wurde zum Diktator auch der Legationen ernannt und begab sich nach Bologna; mit ihm manche seiner erprobtesten Stützen und Arbeiter. Ferner wollten, nachdem Italien den Völkern Europa's der Garantien genug gegeben, die Turiner Politiker, welche Cavour ersetzten, auch der Diplomatie Garantien geben, um sich so bescheiden als möglich dem Kongresse zu unterwerfen. Die Bürgertugenden, die Mittelitalien bewiesen, schienen nicht hinreichend; um würdig vor dem Kongresse zu erscheinen, mußte es gut altpedantisch einregimentirt, bureaukratisirt auftreten; trotz der unleugbaren Revolution, die vor sich gegangen, sollte Revolution so viel als möglich geleugnet und mußten alle revolutionären Kräfte, wie sehr sie sich auch unterordneten und verleugneten, entfernt werden. General Fanti, Oberbefehlshaber der Truppen Mittelitaliens, der mit Turin in engster Verbindung stand, begann die Operation, um dem Regenten, Carignan, der Mittelitalien repräsentiren sollte, ein monarchisch wohlgeordnetes, gescheuertes Land zu übergeben. Er fing es im Kleinen an, indem er diejenigen Männer, die sich für Italien geschlagen und daher noch Grade in der Armee hatten, auch die entschiedensten von Gesinnung waren, von ihren Posten weg in ihre Garnisonen kommandirte. So wurde Frapolli, der sich im zeitweiligen Kriegsministerium die größten Verdienste um die Organisation der Armee erwarb und in dieser Armee seiner Vorsorge wegen und als tapferer Soldat beliebt war, so wurden viele Andere entfernt, um später einen Größeren entfernen zu können Modena wurde stiller, auch etwas verstimmt; das Centrum war nach Bologna verlegt, wo nun Farini und Garibaldi waren. Ich ging nach Bologna: in neue Ereignisse, in eine neue Welt.

Ich glaubte in Parma und Modena, im Lande der Revolution

zu sein; ich hatte mich geirrt. Ein Blick auf Bologna und auf das Land, das ich bis dahin durchzog, sagte mir, daß die Legationen die eigentliche Revolution beherbergten. Garibaldi sagte mir in Turin: Ein schlimmeres 1793 steht hinter uns; wir halten es auf; ohne uns würden alle Priester niedergemacht; die Wuth des Volkes gegen die Priesterherrschaft ist ungeheuer. Nach eintägigem Aufenthalte in Bologna glaubte ich ihm ganz; denn ich fühlte es, ich las es aus allen Augen, ich sah es an der ganzen Haltung der Bevölkerung, daß man hier zum Aeußersten entschlossen, daß hier ein seit Jahrzehnten konzentrirter Haß zum Ausbruch kommen könnte. Die Freiwilligen, die sich in dieser Atmosphäre sammelten und Bologna und Rimini in Kriegslager verwandelten, waren bald von der Stimmung des Volkes angesteckt; waffenlos, wie sie zum Theil noch waren, hätten sie sich in einem Knäul mit dem Volke über Ancona, über die Marken, über den ganzen Kirchenstaat und Rom hingewälzt und Alles auf ihrem Wege erdrückt, immer anwachsend wie eine Lawine, wenn Garibaldi nur ein Wort gesprochen hätte. Er sprach dieses Wort nicht, weil er sich der sarbinischen Politik versprochen hatte, er gab im Gegentheil das Beispiel der Unterordnung unter Fanti, während dieser an seiner Entfernung arbeitete, und das ganze Volk ahmte sein Beispiel nach. Bei jener furchtbarsten Stimmung, die nach einer That lechzte, blieb es in den Legationen so ruhig, wie in Mailand und Modena, und konnte Farini seine bürgerliche Organisation beginnen und fortsetzen; wie in friedlichsten Zeiten. Ja, diese Stimmung selbst unterstützte ihn, denn da man sich die That versagen mußte, nahm man mit Freude die Dekrete auf und half zu ihrer Ausführung, weil sie das verrottete Staatsgebäude des verhaßten Feindes untergruben. Alltäglich erschienen neue Dekrete, und das Volk las sie und weidete sich an der Enthüllung uralter Infamien, welche ihre „Erwägungen" enthielten. In der That waren diese Dekrete ein fortgesetzter und lehrreicher Kursus über kirchliche Regierungskunst. Diesen Dekreten folgte die Veröffentlichung der offiziellen Korrespon-

denzen der Kardinalminister und Kardinallegaten, aus denen
hervorging, daß die Herrscher des Kirchenstaates sich bei der un=
geheuren Majorität des Volkes verhaßt wußten, und die den Ein=
druck, daß man hier ein von Empörung erfülltes Volk vor sich
habe, offiziell bestätigten. Auf das Volk wirkten diese Dokumente
in so ferne beruhigend, als es sich sagte, Europa könne un=
möglich die Legationen zur Rückkehr unter die Herrschaft des
Papstes zwingen wollen, da das Papstthum in diesen Dokumenten
sich selbst als verhaßt und als alle Reformen von sich weisend
darstelle. Naives Volk!

Uebrigens bedurfte das Volk im Ganzen dieser Beruhigung
nicht; in seiner Ueberzeugung war es ausgemacht, daß jede Re=
stauration wie jede Reform eine Unmöglichkeit sei, wie es in
jedem unbefangenen Beobachter ausgemacht war, daß, wenn
troß dieser Ueberzeugung in Folge überlegener Kräfte eine Re=
stauration versucht und durchgeführt werde, die Revolution in
Italien und mit ihm in ganz Europa ein unbestimmbar langes
Leben erhalte. Unter diesen Umständen und beim Anblicke der
Spuren, welche die päpstliche Herrschaft zurückgelassen, konnte
man zu den Nachrichten von den beginnenden katholischen Agi=
tationen zu Gunsten der weltlichen Regierung des Papstes nur
lächeln. Sie haben gut reden und Adressen unterschreiben, diese
Gläubigen, sehr Gläubigen, an Rhein und Donau, an Loire und
Boyne; ihnen ist es leicht, ihre Frömmigkeit mit dem Blute, mit
der Freiheit, mit allem Schönsten und Besten Anderer auszulösen,
Anderer Geist und Leben als Opfer auf den Altar ihres Hohen=
priesters niederzulegen. Man verpflanze sie nur für zehn Jahre
in die Legationen, und wir wollen sehen, ob dann nicht wieder
fern wohnende Gläubige gegen sie solche Adressen unterschreiben
werden, wie sie sie jeßt gegen die Romagnolen unterzeichnen.

Um aber zu den Bolognesen zurückzukehren, muß man ge=
stehen, daß der Anblick dieses revolutionär=ruhigen Volkes nichts
Erquickliches hatte, wenig Schönes, wenig Erhebendes. Der
Geist, gegen den es gewaffnet stand, warf seinen Reflex auf seine

Feinde; die düstere Atmosphäre herzloser Priesterlichkeit schien noch auf Alles zu drücken. Wie schön in ihre Mäntel drapirt diese Männer auf dem Marktplatze standen, durch die langen Arkaden wandelten, ihr Blick voll Haß, voll Bitterkeit, ihr Schweigen, ihr Lauern machte sie unheimlich. Aufschwung, Begeisterung machte sich in diesem Auflehnen gegen kirchliche Gewalt nicht geltend; der schleichende Feind, der dieses Land seit Jahrhunderten unterdrückte, hatte sich einen schleichenden Widersacher erzogen. Diese Revolution sah nicht wie ein schönes, siegendes, mit Fahne und gezogenem Schwert vorwärtsschreitendes Weib aus, sondern wie ein Mann, der mit einem Dolche unter dem Mantel durch die Gasse schleicht. Spanische Städte, die sich für die Inquisition schlugen, mögen so ausgesehen haben, wie diese Stadt, die sich gegen die Inquisition waffnete. Es war düster in Bologna; die Schatten einer jahrhundertlangen Nacht lagen noch auf allen diesen erwachenden Seelen, die schweren Träume wirkten nach. Wollte man Begeisterung, Aufschwung, schöne Regungen, Heiterkeit vor der Schlacht, mußte man zu den Freiwilligen gehen, die aus allen Theilen Italiens, besonders aus Venetien, herbeiströmten und die auch die jungen Romagnolen, die sich ihnen anschlossen, aufweckten und ermunterten. Diese stachen sonderbar ab von den revolutionären Bolognesen und von unzähligen Mönchen, die unter dem Schutze bürgerlicher Ordnung ekklesiastisch lächelnd oder mit dem weißen Bettelsacke auf dunkler Kutte nach wie vor die Gassen durchschritten.

Die Verkörperung der schönen Revolution, der Begeisterung, sah man in ihrem Hauptquartier, im Palaste Aldobrandi, den Garibaldi mit seinem Stabe und seinen Freunden bewohnte. Dieser Punkt ist eben so charakteristisch, als es uns der Palast von Modena gewesen. Garibaldi ist eben so ein Typus, wie Farini, denn Charaktere wie er sind Pflanzen, die nur in Familien wachsen, wenn sie auch ein höheres Wachsthum erreichen als ihre Familienbrüder. Sie ragen nur hervor, und aus weiter Ferne mag man an ihnen erkennen, welche ihre Umgebung ist, und kann

man aus ihrem Dasein schließen, auf welchem Boden sie wachsen
und welche Eigenschaften Tausende mit ihnen gemein haben. Es
giebt nur Bevorzugungen in einem Volke, nicht Ausnahmen.
Garibaldi ist keine Ausnahme in seinem Volke und in der jetzigen
Bewegung; sein Muth, seine Hingebung, seine Entschlossenheit,
Freiheitsliebe, seine unauslöschbare Begeisterung, seine Einfachheit und Anspruchslosigkeit finden sich in einem großen und im
schönsten Theile der Nation. Seine unerhörte Popularität ist nur
eine Folge des allgemeinen Verständnisses solchen Charakters und
der Wahlverwandtschaft; seine Gewalt besteht in dem Familien-
gefühle, das Tausende mit ihm verbindet. Es ist Kurzsichtigkeit
oder Böswilligkeit, die, gezwungen, Garibaldi's edle Erscheinung
anzuerkennen, bei Beurtheilung des italienischen Volkes sagt:
Eine Schwalbe macht keinen Sommer. Es gibt aber nie nur
Eine Schwalbe; die Schwalben kommen immer in Schaaren.
An Garibaldi kann man die vorzugsweisen schönen, ich möchte
sagen, die ästhetisch-schönen Eigenschaften der jetzigen Bewegung
nur am Besten beobachten, weil sie alle in ihm vereinigt und in
einem großen Maßstab gezeichnet sind, wie man an Farini u. A.
die sogenannten praktischen, politischen Eigenschaften studiren
kann, die durch ihren Nutzen ihren Werth erhalten.

Ich habe Garibaldi schon in Turin gesprochen, und ich glaube
ihn nach dem ersten Gespräche so gut gekannt zu haben, wie nach
dem längeren Umgange in Bologna. Schon seine äußere Erscheinung reicht hin, ihn zu kennzeichnen und für immer ein
Charakterbild in die Seele zu prägen; und man glaubt dem ersten
Eindrucke, weil aus Blick, Ton der Stimme, Haltung und Geberde nur Wahrheit spricht; da ist nichts Gemachtes, nichts Arrangirtes; an dem Manne, der seit zehn Jahren auf der Welt-
bühne steht, nichts, was an eine Rolle erinnert. Er gibt sich
mit vollkommenster Unbefangenheit, und überzeugt von seinem
Rechte, möchte er es vor der ganzen Welt proklamiren und die
Mittel, die er zu dessen Verwirklichung nothwendig hält, Jedem
bekannt machen. Er würde mit dem Kaiser von Oesterreich und

dem Papst mit derselben Offenherzigkeit von den Zwecken seines
Lebens sprechen, wie mit dem Republikaner. Er kann es, denn
er denkt nicht an sich, wie er sein vergißt, wenn er, immer der
Erste, dem Feinde entgegenreitet; er denkt nur an Italien, nicht
an seinen Ruhm, nicht an Reichthümer und Stellen. Seine
ganze Persönlichkeit ist in der Liebe zu Italien aufgegangen;
seines Landes Ruhm, Freiheit, Wohlfahrt sind ihm Alles. Er,
der Jedermann wie eine fertige, in sich abgeschlossene Gestalt erscheinen muß, von der man nicht ein Atom entfernen kann, ohne
die allgemeine Harmonie der Erscheinung zu stören, mag sich
selbst am Wenigsten als eine Persönlichkeit vorkommen, da er
aller persönlichen Zwecke so sehr entäußert ist. Italien sei heute
frei, und er wird auf seiner Insel verschwinden, wie eine Fahne,
die ihre Dienste gethan. Seit langer Zeit hat die Welt keinen
Helden hervorgebracht, der mit seiner Idee so Eins gewesen, wie
Garibaldi. Das weiß man, darum ist er so geliebt, wie die
Idee selbst, die der Nation wieder Seele und Leben geben soll,
darum ist er mehr geliebt, als alle Anderen, die dem Lande Erfolge und Fortschritte erringen. Ihnen ist man dankbar für den
momentanen Sieg, der dem Feinde einen Vortheil, ein Stück
der Heimat entreißt; in Garibaldi sieht man den ganzen Sieg,
das ganze Glück, das die Zukunft bringen soll dem ganzen Lande.
Seine Popularität ist beispiellos; die Liebe seiner Umgebung zu
ihm leidenschaftlich, eifersüchtig. Man weiß aus Geschichte und
Mythe, daß die erhabensten Helden, Lehrer und Erlöser ihre
Judasse gefunden; doch scheint es unmöglich, daß in der Nähe
Garibaldi's ein Verräther aufwachsen könne. Was in seine Atmo=
sphäre kommt — und diese erstreckt sich über das Heer und tief
ins Volk hinein — wird Garibaldisch oder ist es schon, denn,
wie gesagt, die schönen menschlichen und patriotischen Tugenden
sind über das Land ausgestreut und haben sich seit 1848 zu einer
reichen Blüthe entfaltet. Ich könnte Viele nennen, die ihm in
nichts nachstehen, wo es sich um Vaterlandsliebe, um Muth,
Hingebung, Uneigennützigkeit und Wahrhaftigkeit des ganzen

Wesens handelt; aber sie gehören nicht so der Oeffentlichkeit wie
Garibaldi. Solche Menschen, solche Charaktere sind Symptome
der Auferstehung, aus ihrem Dasein lassen sich mit größerem
Rechte Schlußfolgerungen ziehen als aus der Süßigkeit Bellini=
scher Musik, wie es Herr Riehl in München thut. Dieser, nach=
dem er willkürlich Bellini zum Kompositeur der Auferstehung
Italiens macht, schließt daraus, daß diese Auferstehung keine
Auferstehung sein könne. O Herr Riehl! Wenn einst ein künf=
tiger Kulturhistoriker Riehl den Kompositeur Riehl zum Tambour=
Major unserer deutschen Auferstehung macht, welche Schlüsse
wird er daraus ziehen? Daß der Auferstandene sich nun wieder
begraben lasse! So wird Beschränktheit unwillkürliche Perfidie.
Warum soll ein Musiker, und gerade ein etwas süßlicher Musi=
ker, der Vertreter einer Volksauferstehung sein? seit wann hat
man vorzugsweise Musikern diese Vertretung zugedacht und nicht
z. B. konkreteren Dichtern? Und warum denkt Herr Riehl nicht
an den gewaltigen Dichter Giusti, der aus dem innersten Herzen
der Nation heraus gesungen, und zwar mit gewaltiger Kraft wie
wenige nationale · Dichter! Herr Riehl ist zu entschuldigen; er
weiß wohl nichts von Giusti und versteht einen Garibaldi nicht,
der gegen ein Mittelalter zu Felde zieht, das Herr Riehl, der
Kulturhistoriker, so sehr liebt und so gerne wieder herstellen möchte.

Ist es nicht erstaunlich, wie Menschen, die vielleicht nicht
fähig sind, einem Individuum ungerechterweise das geringste
Böse nachzusagen, mit größtem Leichtsinn eine ganze Nation ver=
leumden, oder herabsetzen, oder auf unberechtigte und willkür=
liche Symptome hin zur Befestigung alter Vorurtheile beitragen?
Und ist es nicht erstaunlich, daß Das bei uns universellen Deut=
schen so oft vorkommt?

Doch wir haben es nicht mit Kulturhistorikern zu thun, son=
dern mit der lebendigen Geschichte selbst, die Wahres spricht und
Anderes lehrt, als jenes Absprechen, das germanisch sein soll und
so ungermanisch ist, eben weil es den weltbegreifenden germa=
nischen Geist verleugnet und höhnisch=dumm vor dem Schönsten

der Fremde stehen bleibt. Es ist begreiflich, daß man sich in gewissen Gegenden Deutschlands erinnerte, Oesterreich sei deutsch, deutsche Ehre sei in Italien verpfändet, und was Dergleichen mehr sei, ist es aber darum unausweichlich nothwendig, den Feind zu verleumden, seine augenscheinlichsten Tugenden, seine besten Thaten, seine besten Menschen anzuschwärzen? Selbst die Klugheit verwirft solches Verhalten. Die beste Politik ist die des Dichters, der den Feind seines Helden hebt und seine Tugenden anerkennt, um seinen Helden desto größer erscheinen zu lassen. Homer stellt seinem Achilles einen Hektor entgegen, und Milton macht selbst den Satan zu einem schönen und gewaltigen Helden.

Zu den größten Freunden Garibaldi's gehört Viktor Emanuel; der tapfere König bewundert den tapferen Patrioten, und da dieser sich der national-politischen Idee Manins angeschlossen, hat der König das größte Vertrauen in den Republikaner, wohl wissend, daß es ihm dieser ankündigen würde, so bald er für die Republik in Italien auftreten wollte. Aber der König Viktor Emanuel ist nicht die Monarchie und nicht die monarchische Diplomatie Europa's. Die Monarchie saß im Turiner Ministerium in Gestalt der beiden Generale Lamarmora und Dabormida und war in Mittelitalien durch den Oberkommandanten General Fanti vertreten. Der Monarchie graute es vor der Bundesgenossin, der Demokratie, nachdem sie ihrer Hülfe nicht mehr bedurfte; der bureaukratischen Monarchie vor dem Geiste freiwilliger Soldaten, die für eine bewußte Sache bewußt kämpfen wollten. Die regelrechten, aus Militärschulen hervorgegangenen und auf dem Exerzierplatz erzogenen Generale fühlen sich nicht wohl neben einem General wie Garibaldi, der den Volksgeist anerkannte, auch den freiwilligen Muth seiner Soldaten und die begeisternde Idee gelten ließ und vielleicht höher stellte als irgend eine taktische Bewegung. Piemontesischerseits hatte man bereits das Schwert bis über den Griff in die Scheide gestoßen und die Ordnung der italienischen Angelegenheiten ganz der Feder und der Diplomatie überlassen; man zitterte vor dem Gedanken, daß in

Mittelitalien ein Inzidenzfall geschaffen würde, der neue Ver-
wicklungen herbeiführen und die Verhandlungen, die so schön im
Gange waren, stören könnte. Und man hatte Recht, zu zittern.
Der ganze Kirchenstaat war in fieberischer Aufregung; Ancona
bereitete sich auf seinen Fall wie auf ein Fest vor: von allen
Seiten rief und erwartete man die Befreier. Hätte man sich an
den Gränzen von Rimini zu schlagen angefangen, die italienischen
Freiheitstruppen hätten nicht müßig zusehen dürfen. Der ganze
Kirchenstaat wäre in drei Tagen befreit gewesen. Dieß konnte die
Turiner Politik kompromittiren und die Diplomatie verstimmen.
Man mußte Garantie haben und geben, und da man Letzteres
mit den eigenen politischen und persönlichen Wünschen vereinigen
konnte, war der Fall Garibaldi's beschlossen. In dem Augenblicke, da er wie ein Feuer erobernd über die Halbinsel ziehen
konnte — konnte, nicht wollte, da er sich dem König verpflichtet
hatte — wurde er nach Turin berufen und gab oder vielmehr
bekam seine Entlassung. Er wich den Bitten und Vorstellungen,
die allerdings mit der Politik übereinstimmten, auf die er einmal
eingegangen war, und kümmerte sich wenig um die persönlichen
Kleinlichkeiten, welche die Herbeiführung dieser Katastrophe erleichterten und förderten. Es that ihm auch weh, seine Armee zu
verlassen; den Posten, auf dem er unthätig hätte stehen müssen,
gab er gerne auf.

Die Entlassung oder der Rücktritt Garibaldi's — denn es
war Beides — bildet einen der schwierigsten Momente in der
Epoche Italiens. Das Land wollte sich rüsten, und trotz allem
Vertrauen in das organisatorische Talent des gebildeten und er-
fahrenen Fanti, der nun Mittelitalien allein bewaffnen sollte,
kam man sich ohne Garibaldi entwaffnet vor. Dazu kam, daß
eben die Regentschaft des Prinzen Carignan, die provisorische
Einigung, durch Frankreichs Widerspruch gegen dieselbe vereitelt
wurde. Man sah sich fremden Einflüssen preisgegeben, der Diplomatie, von der man nichts hoffte, überantwortet, und der
Mann, den das ganze Volk als einen Damm selbst gegen voll-

endete ungünstige Thatsachen wie gegen laufende Gefahren betrachtete, war beseitigt. Es war die große Probe zu bestehen, ob Italien wirklich so politischen Sinn habe, wie es nun seit Monaten gezeigt, ob es sich selbst bei so tief gehender Erschütterung des Vertrauens in Menschen und Verhältnisse, nicht auch im Vertrauen zu sich selbst, zu seiner Zukunft werde erschüttern lassen; ob es den einmal eingeschlagenen Weg weiter gehen oder unkonsequent auf einen andern überspringen werde? Es hat die Probe auf großartige Weise bestanden; aber daß es sie bestanden, ist mehr den Garibaldisten als allen andern Parteien zu danken.

Anfangs war die Nachricht nur der Regierung und einigen Eingeweihten bekannt; Niemand wagte, sie dem Publikum ruchbar zu machen, und es war in der That Gefahr dabei, die Thatsache anzukündigen. Es hätte sie Niemand geglaubt, der Bote wäre für einen Lügner gehalten worden, für einen Aufwiegler, der nur Zwietracht säen will. Selbst der Monitore ließ mehrere Tage verstreichen, ohne das wichtige Ereigniß mit einem Worte zu erwähnen. Die intimsten Freunde Garibaldi's, die bereit gewesen wären, die Welt dieses Ereignisses wegen aufzuwühlen, schwiegen und verhielten sich in aller Stille, aus Furcht vor dem Unberechenbaren, das auf diese Nachricht bei diesem Volke folgen konnte. Endlich ging ein Gerücht durch die Stadt; es wirkte nicht, weil man es belächelte, es verbreitete aber doch einige Besorgniß, und die Stimmung wurde unheimlich. Die ganze Nacht hindurch schlichen stumme Gruppen um den dunklen Palast Garibaldi's und sahen fragend die stummen Mauern, das geschlossene Thor, die schwarzen Fenster an. Die Schildwache selbst hatte sich in den inneren Thorweg hinter das geschlossene Thor zurückgezogen. Ein Wort in diese Gruppen geworfen, und der Aufstand loderte lichterloh, und die ganze Geschichte Italiens nahm eine andere Wendung — vielleicht eine glücklichere, jedenfalls eine selbständigere und großartigere. Aber die Freunde Garibaldi's hatten indessen Zeit gewonnen zur Berathung und zur Verhinderung von Feindseligkeiten gegen die Regierung: man hatte sich

erholt, man hatte sich damit getröstet, daß der Rücktritt des Generals nur eine diplomatische, momentane Konzession sei, daß
er immer wieder auftreten müsse, wenn die Bewegung vorwärts
gehe, man unterdrückte alle persönlichen Gefühle, die wohlwollen-
den für Garibaldi, die feindlichen gegen Fanti, die verstimmten
gegen Farini: man beschloß Ruhe, und die ganze ungeheure Gährung, die endlich, da kein Zweifel mehr war, im Volke entstand,
konnte auf eine Demonstration vor dem Palazzo del Governatore
beschränkt werden. Dieß dankt Italien den Garibaldisten.

Wir wollen nicht untersuchen, ob es für Italien besser gewesen wäre, wenn es in diesem kochenden Momente die Waffen
ergriffen und gegen innere und äußere Feinde, wie gegen seinen
Alliirten, einen gewaltigen Unabhängigkeitskrieg begonnen hätte;
wir wollen nur feststellen, daß auch in solchen Momenten selbst
ein Volk wie das von Bologna sich zu fassen und zur Ausdauer
zu entschließen verstanden und daß sich Italien in den Tagen,
die dem 17. November folgten, ein Zeugniß der Furchtbarkeit
ausgestellt, den Feinden seiner Zukunft eine Warnung gegeben.

Die Geschichte war nun in Bologna auf den alten, von
Papst- und Kaiserbildern angefüllten Palast del Governatore
beschränkt; sie saß diskutirend im Kabinette Farini's oder finan-
zielle Zahlen schreibend in der Kanzlei des Marchese Pepoli, des
Vetters Louis Napoleons; sie stieg nicht groß und würdig die
breiten Treppen Bramanti's hinauf, und es war Zeit, Bologna
zu verlassen und die Reise nach Rimini, der letzten Gränze der
Revolution, die nicht mehr ausgedehnt werden sollte, aufzugeben.

Ich ging über die Apenninen, ich fuhr eine Nacht durch;
am nächsten Tage erwachte ich in einer anderen Welt. Ist zwischen Bologna und Florenz noch immer ein Unterschied wie zwischen Gallien und Etrurien?

Vom rauhen Apennin hinab ins Thal des Arno fährt man
durch eine unendliche Zahl der herrlichsten Landhäuser, in die
sich die Glücklichen der Erde zurückziehen; Alles ringsum lacht
und blüht. Das Arnothal mit Florenz im Schooße ist un-

beschreiblich und dem trunkenen Auge unerschöpflich. Man fährt durch das Thor San Gallo, das mit Fresken von Ghirlandajo geschmückt ist, dann an Palästen vorbei, vorbei am Battisterio mit den Thoren Ghiberti's und Bologna's, am Dome Arnolfo's und Brunnelleschi's, am Campanile Giotto's, an Or San Michele mit Orgagna und Donatello und hält auf der Piazza del Granduca, jetzt Piazza del popolo, vor dem märchenhaften Palazzo Vecchio, vor dem Ideal der Baukunst, der Loggia Orgagna's, vor den Antiken, vor den Werken Michel Angelo's, Cellini's, Donatello's, Bologna's, wohin man blickt, vor den Uffizien Vasari's mit ihren unsagbaren Reichthümern: auf diesem wunderbarsten aller Plätze ein Volk voll Milde und Güte, das herbeieilt, um gefällig zu sein, um sich hülfreich zu zeigen, das den Fremden in einer melodischen, edlen Sprache anredet, die ihn an die edelsten Dichter alter Zeiten erinnert. Wo ist die Revolution? wo ist die Aufregung? wo sind all die Symptome einer politisch unsicheren Zeit, einer Uebergangsepoche, die fast überall beunruhigt, erhitzt, Besorgniß erregt? Man sieht sich näher um, man bleibt nicht in den Straßen, man bringt in Häuser und Familien, man spricht mit Volk und Politikern — von all Dem keine Spur; der erste Eindruck war der wahre, man befindet sich bei einem milden Volke von Künstlern, in einem ruhevollen, friedfertigen Lande.

Ihr Revolutionstag im sonnigen April ist wie ein Fest abgelaufen, und die festliche Stimmung ist in den Gemüthern geblieben. Jedermann erzählt mit Genugthuung von dem Tage, wie da Alles so schön gewesen und wie die Sache so heiter abgemacht worden. Das Volk versammelte sich und wollte eine nationale Politik vom Großherzog; der Großherzog ging auf den Willen des Volkes nicht ein und wollte Florenz bombardiren lassen. Aber findet sich ein Toskaner, der auf Florenz eine Kugel abfeuern könnte? Er fand sich nicht, und die lothringische Familie, die Das nur durch die Thatsache begreifen konnte, reiste ab. Sie fuhr durch ein ungeheures Volksgedränge, das vor dem ent-

thronten Fürsten, dessen Gattin weinte, den Hut abnahm; als
die Fliehenden so weit waren, daß sie nicht mehr hören konnten,
flogen die abgenommenen Hüte und Mützen in die Luft und erhob sich der Ruf: Es lebe Italien! So rücksichtsvoll war das
Volk dem fliehenden Feinde gegenüber. Einige hiesige Offiziere
begleiteten den Flüchtling bis an die Gränze. Dort verlangte er,
seinen Begleitern die Hände zu drücken, und sagte: „Ich danke
Ihnen, meine Herren, für Ihre Begleitung, aber ich muß mein
Bedauern aussprechen, daß es in Toskana nie eine treue Armee
geben werde." Ein Oberst antwortete: „Kaiserliche Hoheit, Toskana wird eine treue Armee haben, so bald es einen italienischen
Fürsten haben wird." — Der Großherzog zuckte die Achsel und
fuhr weiter, die Offiziere ritten nach Florenz zurück, das sich indessen mit dreifarbigen Fahnen geschmückt hatte. Das war die
ganze Revolution, und von jenem Tage an war die Ordnung
nicht einen Augenblick gestört, die Stimmung nicht einen Moment getrübt. Anfangs saß eine provisorische, dann eine defini-
tive Regierung; darauf kam es nicht an; das Volk braucht kaum
eine Regierung, höchstens eine Administration, die die Steuer
erhebe und sie verwende.

Der Fremde, besonders wenn er von den kochenden Legationen kommt, kann sich Anfangs von seinem Erstaunen nicht erholen; ja, er ist empört über diese Ruhe, über diese festliche Glückseligkeit mitten in einer so bewegten Zeit, in der sich's um Sein
oder Nichtsein des Vaterlandes handelt, in der alle Leidenschaften, selbst Haß, Mißtrauen, Argwohn nicht nur berechtigt, sondern
selbst als Pflicht erscheinen. Er sucht das alte Florenz, das
er aus der Geschichte kennt, mit seinen gewaltigen Kämpfen,
mit seinen Parteien, mit seinen Dolchen und Schwertern und
Proskriptionen, mit seinen Macchiavelli und Guicciardini, das
Florenz, das an den Straßenecken an die Pazzi, Albizzi, an
Dante erinnert — er findet es nicht: er findet im Gegentheil —
nach längerer Bekanntschaft und dann nicht mehr empört — eine
Stadt, von der er glaubt, daß sie ohne alle Politik, ohne jede

Regierung und ohne alle Revolutionen bestehen könnte, denn sie
ist vom sanftesten, wohlwollendsten, gebildetsten Volke bewohnt.
Sieht er sich näher um, überzeugt er sich, daß er in der That
in demselben alten Toskana lebt, das er Anfangs vergebens
suchte, in demselben Toskana, nur anders geworden; in einem
Toskana, das nur die Folge des alten ist.

In Parma, der ersten italienischen Stadt, die dem Fremden
mit auf ihrem Boden gewachsenen herrlichen Kunstwerken, mit
großartigen Architekturen und schönsten Bildern — den schönsten
Correggios — entgegentritt, fällt es dem Beschauer nicht ein,
Jetzt und Einst in irgend welche geistige Verbindung zu bringen,
eben so wenig in Bologna, das mit einer unerhörten Anzahl
von Kunstwerken geschmückt ist, obwohl die meisten Produkte der
Bologneser Schule eine Düsterheit zur Schau tragen, die sehr
wohl an Geist und Stimmung der heutigen Bewohner erinnert.
In Parma und Bologna sieht man immer den Abgrund, der
zwischen jenen Kulturzeiten und dem heutigen Tage klafft; in
Florenz im Gegentheil überall die Kontinuirlichkeit des zivilisa=
torischen Wesens. Darf man über Bildung und Milde eines
Volkes erstaunen, bei dem die Zivilisation nie ausgestorben, bei
dem sie vor historischen Zeiten beginnt und in den traurigsten
Epochen der modernen Geschichte so zu sagen unterirdisch, un=
gesehen, unmerklich fortwirkt? Zivilisationsadel ist kein leerer
Wahn. Auf diesem Boden blühte eine mysteriöse Bildung in
Zeiten, die uns noch heute ein Geheimniß sind; sie breitete sich
über Rom aus, das sie eroberte, und kehrte durch griechische
Anmuth und römische Kraft bereichert von da zurück. Unenträthselte
Monumente sagen doch so viel, daß sie hier fortlebte, während
Barbarei des Verfalls, des neuen Germanenthums und des
neuen Christenthums den Rest der Welt bedeckte; und während
die aszetische Kirche noch über den Erdkreis ihre dunklen Schatten
warf, im tiefsten Mittelalter, zeugen auf toskanischem Boden die
Werke Cimabues, Giottos, der Pisani, Gaddi, Orgagna, Dante
von einer lichtvollen Bildung, die mitten in der Nacht den ein=

zigen Flecken der Erde, Toskana, mit beinahe hellenisch = klarem
Lichte beleuchtet. Und nun durch drei überall sonst barbarische
Jahrhunderte hindurch, über Brunnelleschi hinweg, über Fra An=
gelico von Fiesole, dem seraphischen Verklärer düsteren Christen=
thums, bis in die allgemeine Entfaltung aller schönsten mensch=
lichen Schöpferkraft, die in der Weltgeschichte ohne Gleichen ist.
Aber es frommt nicht, die Geschichte Toskanas zu erklären. Die
Kenntniß seiner vielfachen Thaten und Kämpfe kann das Bild
nur verwirren und trüben; man muß die Werke sehen, die aus
dieser Geschichte hervorgewachsen, die Monumente von Florenz,
Pisa u. A., um sich zu überzeugen, daß hier Licht war, helles
Licht wie in diesen Tempeln, während der Rest der Welt in By=
zantinismus und Gothik, das ist in Aszetik und Dämmerung, stak.
Die fremde Eroberung, das Papstthum, die Monarchie haben
die männliche Schöpferkraft gebrochen; aber die Geschichte und
ihre Produkte waren nicht verloren. Mit weiblichem Sinne ließ
der Toskaner die Werke seiner männlichen Zeit auf sich wirken;
in Mitte der herrlichsten Kunstwerke lebend, die aus seinem
eigenen Genius hervorgegangen, verstand er sie und ließ er sich
von ihnen erziehen, wie von den anderen Traditionen seiner
Kultur. Unbewußt, stille stand er mit allen Wurzeln in einer
uralten Bildung, und jetzt, da er wieder am Tageslicht erscheint,
staunen wir, ein mildes, höchst zivilisirtes Volk vor uns zu haben,
dem Fürsten und Priester die Bücher genommen, das aber in
seinen Straßen und in den Erinnerungen alter Zeiten las.

Wie viele Länder und Städte ein vielerfahrener Ulysses
gesehen, wie vielfache Sitten er erforscht haben möge, er hat nichts
gesehen und erforscht, was sich mit diesem Lande, mit Sitte und
Charakter dieses Volkes vergleichen ließe. Ein Statistiker wird
berechnen, wie viele Toskaner nicht schreiben und lesen können,
und daraus den Schluß ziehen, daß Toskana ein ungebildetes
Land sei; aber diese hergebrachten Kriterien der Bildung hören
hier auf, und der Statistiker wird ungerecht sein. Das Volk kann
nicht lesen, aber es hat edlere Formen, es ist besser, milder,

künstlerischer, anmuthiger als irgend eine aus Schulen hervor=
gegangene Nation. Der Tourist, der die Gesellschaft von Florenz
kennen lernt, wird sagen, daß die Florentiner Müßiggänger sind,
und er hat Recht, da er eben von dieser eleganten Gesellschaft
spricht, die zu den verächtlichsten aller Städte gehört. Jene ver=
derbte Welt, die wir aus Parinis Satiren kennen und die die
Monarchie erzogen, ist nicht ganz aus der neuen Zeit verschwunden.
Florenz ist in vieler Beziehung ein großartiges Baden=Baden;
das elegante Gesindel aller zivilisirten und unzivilisirten Länder,
die Müßiggänger und Abenteurer Englands, Frankreichs, Deutsch=
lands, Rußlands, Polens, der Walachei ꝛc. versammeln sich hier
und vermischen sich in Florenz mit den Sprößlingen des alten
Cicisbeats. Es gibt nirgends leerere Stutzer und frivolere Welt=
damen als am Arno. Aber diese sind nur ein Rest der Welt,
welche die Zustände unter den letzten Medicis und den Lothringern
geschaffen: Produkte historischen und systematischen Verderbnisses,
Folgen einer monarchischen Politik, die nichts so sehr fürchtete,
als das Heranwachsen bürgerlicher Tugenden, und nichts so sehr
begünstigte, wie Verflachung, persönliche Eitelkeit, äußerlichste
Genüsse, Frivolität, lakaienhafte Gemeinheit. Daß trotz dieser
Zustände das Land sich so erheben konnte, wie es gethan, daß
selbst aus dieser Gesellschaft heraus mit einem Male sich große
Beispiele schönster Bürgertugend geltend machten, das ist es ge=
rade, was Toskana als ein zukunftfähiges Land erscheinen läßt.
Wie viele dieser leeren Stutzer verwandelten sich, als die Zeit
kam, schon im Jahre 1848, plötzlich in begeisterte Jünglinge, die
sich mit Heldenmuth ihrem Capua entrissen und den Beschwerden
des Krieges und den Gefahren des Todes entgegeneilten. Bei
Curtatone und in letzter Zeit bei Magenta und Solferino standen
junge Männer, die hunderttausend Lire jährlich zu verzehren
haben, als gemeine Soldaten in Reihe und Glied; daß viele
Andere in der neuen toskanischen Armee nicht dazu kamen, für
das Vaterland Blut und Leben zu lassen, war die Schuld von
Villafranca, nicht ihre. Andere, die vordem ihre Tage in den

Boudoirs ruſſiſcher Damen verzärtelten, ſitzen ſeitdem in den
Bureaus der neuen Regierung. Jene eitlen, leeren Weltdamen
wurden zum Theil und ſchon ſeit 1848 zu römiſchen Matronen,
die ihren erſten Sohn, dann den zweiten, dann den dritten ins
Feld ſchickten, nachdem ſie ſich durch zehn Jahre aller Vergnü=
gungen beraubten, um durch ihre Zurückgezogenheit mit in den
Widerſpruch gegen die beſtehenden Verhältniſſe einzuſtimmen.
Die Patrizier, deren ſich viele, wie die Ariſtokraten aller andern
Länder, im Laufe zweier Jahrhunderte in Höflinge und Kammer=
herren verwandeln ließen, erinnerten ſich, im Gegenſatze zu der
anderen Ariſtokratie Europa's, bei der Erhebung ihres Vater=
landes zu einem menſchenwürdigeren Daſein, ihrer Namen, die
auf jedem Blatte der toskaniſchen Geſchichte genannt ſind, und
wurden gute Bürger. Ob Ariſtokraten jemals wirkliche Freunde
der Freiheit werden können, iſt freilich auch hier die Frage, trotz
dem Muthe, der Opferwilligkeit und Selbſtverleugnung, welche
die toskaniſchen gezeigt haben. Aber zur Zeit iſt die ariſtokratiſche
Idee in Italien eben ſo wie die kirchliche, ja ſelbſt die politiſche,
vor der nationalen in den Hintergrund getreten. Uebrigens iſt
der florentiniſche Ariſtokrat, ſo weit ihn die Monarchie nicht ver=
dorben, in Toskana, beſonders in Florenz ein anderer; er iſt
mit der Geſchichte des Volkes viel inniger und demokratiſcher
verwachſen als ſonſt wo, und jedenfalls iſt ihm eine vorbereitende
Freiheitsbeſtimmung zugedacht, wie die Beſtimmung der Männer
dritten Standes vor und nach der Julirevolution geweſen.

Aber es gibt nicht bloß edle aus dem Charakter und der
Geſchichte ſtammende Inſtinkte; Toskana beſitzt auch eine ſolide,
tiefgehende, bewußte moderne Bildung. Was wir in Modena
erfahren, wird uns hier durch bei Weitem zahlreichere Beiſpiele
beſtätigt. Gelehrſamkeit, Bildung, edler Geſchmack treten nicht,
wie im vorigen und ſiebenzehnten Jahrhundert, als vereinzelte
Erſcheinungen auf; ſie gehören bereits ganzen Klaſſen und Ständen.
Die Zahl Derjenigen, die ſich durch hiſtoriſche, naturwiſſenſchaft=
liche, litterariſche und künſtleriſche Bildung auszeichnen, iſt er=

staunlich groß und verwischt mehr als in anderen zivilisirten
Ländern Gränzen und Unterschied der Stände. Nirgends wie
hier ist Wissen ein Adelstitel, der alle Thore öffnet und alle
Wege ebnet. Die Besetzung der Stellen seit der Aprilrevolution
hat Das genugsam bewiesen. Der Salon des alten Vieusseux,
des Freundes aller bedeutenden Menschen, die Italien seit vierzig
Jahren hervorgebracht, ist einer der merkwürdigsten Vereinigungs=
punkte für Wissen und Talent, wie ihn nicht Berlin, nicht Rom
aufzuweisen hat. Dorthin muß der Fremde gehen, um sich zu
überzeugen, daß noch mehr als drei Hochschulen und daß mehr
Akademien in Toskana mit würdigen Mitgliedern besetzt werden
können. Die alte Stube, in der Colletta, die Pepe, Giordano,
Giusti, Capponi und so viele Andere der ausgezeichnetsten Men=
schen dieses Jahrhunderts heimisch waren, sieht noch heute an
jedem Sonnabend eine Gesellschaft, die nur die erweiterte und
entfaltete Fortsetzung jener Zeit repräsentirt. Neben Michele
Amari, Vanucci, Giubicci, Lambruschini und anderen Berühmt=
heiten erholen sich hier in dieser durchgeistigten Atmosphäre der
Minister Ridolfi, der in seiner viermonatlichen Thätigkeit für den
Unterricht mehr gethan, als die Lothringer in vier Menschen=
altern, Ricasoli, Buoncompagni und andere öffentliche Charaktere,
denen man es ansieht, daß sie sich für ihre Laufbahn nicht allein
in Bureaus ausgebildet haben, und versammelt sich eine streb=
same Jugend, die sich solcher Vergangenheit und Gegenwart als
vielversprechende Zukunft anschließt. Von der in Toskana herr=
schenden Bildung und Gelehrsamkeit würde schon eine Aufzählung
aller der wissenschaftlichen Organe, die selbst unter dem Drucke
gegen den Willen der Regierung gegründet wurden, einen großen
Begriff geben, geschweige die plötzliche Entfaltung, die sich in
der Freiheit überall ausbreitet. Aber solche Aufzählungen liegen
außer dem Bereiche eines summarischen Berichtes; es muß die
Versicherung genügen, daß man auf wenigen Punkten der Welt,
auf so kleinem Raum, so viel Talent, Streben, Wissen und Pa=
triotismus vereinigt findet, wie in Florenz, überhaupt in Tos=

kana. Die alten Zustände, die Abtrennung von Europa, dann
die Bescheidenheit und der Patriotismus dieser Männer, der sie
bewog, sich im Innern zu konzentriren, daheim zu wirken und
ihren Ruf nach Außen zu vernachlässigen, sind allein Schuld
daran, daß sich Toskana in dieser Beziehung nicht eines größeren
Ruhmes erfreut und daß der Fremde bei dem Schauspiele, das
sich ihm hier bietet, fast beleidigend staunen muß.

Um aber vom Einzelnen wieder auf das Volk im Ganzen
und zum Theil auf die gestürzte Regierung zurückzukommen, so
ist die Antwort bezeichnend, die der Fremde auf die Frage er-
hält, warum man denn die Lothringer, die doch ziemlich milde
regierten, weggejagt habe? Die Antwort verwandelt sich in die
Frage: Und das Mittel, ein solches Volk hart zu regieren? In
der That gibt es auf diese Gegenfrage keine Erwiderung. Die
Weichheit und Nachgiebigkeit dieses Volkes macht jede energische
Unterdrückung unmöglich und würde jede härteste Tyrannei un-
scheinbar machen. Es gibt nach, es erträgt, und es schreit nicht.
Nur eine grausame, blutige Regierung, die an Grausamkeit und
Blut eine zwecklose Freude hätte, könnte sich in Toskana bemerklich machen; jeder andere Druck geht geräuschlos vorüber, wie
ein Druck auf ein weiches Kissen. Minister Landucci wußte Das
sehr wohl, und in der Verzweiflung, die Aufmerksamkeit der europäischen Reaktion nicht erwecken zu können, und in der Absicht,
die heimische Reaktion nach 1849 auf lärmende Weise einzuleiten,
einen Terrorismus als nothwendig erscheinen zu lassen, ließ er
in Sta. Croce auf unschuldiges, betendes Volk von Weibern und
Kindern schießen. Die Unterdrückung des Statutes über das
Konkordat mit Rom, welches das alte freie, toskanische Kirchen-
recht vernichtete, nur um den Papst für Oesterreich zu gewinnen,
und andere solche Willkürlichkeiten ließ sich das Volk ruhig gefallen, ohne sie jedoch zu vergessen. Es hätte sich noch mehr gefallen lassen, wenn nicht die Nationalität im Spiele gewesen
wäre. Durch ihre österreichische Politik und durch hundert Einzelnheiten haben die Lothringer fortwährend daran erinnert, daß

sie Fremde waren und daß Italien nichts von ihnen zu hoffen habe. Unglücklicherweise für sie thaten sie Das noch im letzten entscheidenden Momente, indem sie Florenz wollten bombardiren lassen, eine Absicht, deren Barbarei selbst der Fremde nicht begreift, und die den Florentinern ungeheuer erscheinen mußte. Ein Mensch, in dessen Blute nur ein italienischer Tropfen fließt, dessen Geist nur eines kleinsten zivilisatorischen Momentes fähig ist, konnte dieser reizendsten und von Werken der Schönheit bevölkerten Stadt gegenüber unmöglich einen Augenblick lang einen solchen Gedanken haben, und er war bei den Lothringern seit lange vorbereitet. Sie waren also diesem Volke als Feinde des Vaterlandes und als Barbaren doppelt fremd. [1]

Aber wenn die Lothringer dem Volke fremd waren, so folgt daraus noch nicht, daß die neue Regierung dem Geiste Toskana's ganz und gar homogen und seiner würdig sei. Sie ist es nicht. Das Volk ist mehr werth als die jetzige Regierung, und wenn aus dieser Ungleichheit des Werthes bisher kein Antagonismus hervor-

---

[1] Das Faktum, daß Großherzog und Sohn Florenz wollten bombardiren lassen, das so vielfach bestritten wurde, steht heute außer allem Zweifel. Die Schülerinnen im Mädcheninstitut der Großherzogin wurden auf das Bombardement vorbereitet. Man sagte ihnen, sie sollten nicht erschrecken, wenn sie vom Fort des Belvedere her Kanonendonner hören. Sie seien sicher, auf ihr Haus werde nicht geschossen werden. Uebrigens schieße man nur, um einen Sieg der Oesterreicher über die Franzosen zu feiern. — Aber offenbar erfunden ist folgende Anekdote. Ein toskanischer Hofmann des Großherzogs, der davon gehört hatte, daß Florenz beschossen werden sollte, kam zu diesem, um von der That abzurathen. „K. Hoheit,“ sagte er, „es wird sich kein Toskaner finden, der auf die Stadt Dante's feuere.“ — „Al Diavolo Dante!“ rief der Großherzog. — „Al Diavolo Dante?“ brummte der Toskaner — „al Diavolo il Granduca,“ fügte er hinzu, indem er aus der Thüre ging, um nie wieder zu seinem Herrn zurückzukehren. — Diese Anekdote ist, wie gesagt, offenbar erfunden, aber sie beweist, für wie fremd man den Großherzog gehalten, denn kein Toskaner wäre fähig, selbst auf der Tortur nicht, „al Diavolo Dante“ zu sagen. Man kann auf Gott, die Madonna und alle Heiligen schimpfen; ein grobes Wort gegen Dante ist eine pure Unmöglichkeit. — Es gibt noch viele andere Anekdoten solchen Charakters.

gegangen, so ist Das das Verdienst des Volkes, welches durch
Widerspruch die Schwierigkeiten einer umgestaltenden Uebergangs-
zeit nicht erhöhen will. Das Volk von Toskana hat durch neun
Monate und zwar in den schwierigsten, aufgeregtesten Zeiten gezeigt, daß es eigentlich gar keiner Regierung bedarf, daß es ohne
Regierung bestehen könnte, wie es ohne Fürsten besteht, mit
einem Worte, daß es eigentlich ein vortreffliches, republikanisches
Volk sei, das keinen andern Zügel braucht, als den es sich selbst
anlegt. Und die Regierung, wie sie heute zusammengesetzt ist,
besteht zum großen Theil aus doktrinären Männern. Doktrinär
aber sind solche Menschen, die an Freiheit und Selbstbestimmung
viel weniger glauben, als viele der ärgsten Absolutisten, die an
Dergleichen oft nur nicht glauben wollen. Doktrinäre haben
Dogmen, gefrorene Dogmen, die ihnen höher stehen, als alle
Erfahrungen und als alle schönsten Eigenschaften, die je ein Volk
manifestiren kann; nach diesen Dogmen handeln und denken sie
in allen Verhältnissen, unter allen Klimaten. Es ist sonderbar:
das Philisterthum, das sich seit Ciceros Zeiten niemals in der
italienischen Geschichte geltend gemacht, es tritt heute in der Gestalt des Doktrinarismus auf, in der Gestalt jener Fledermaus,
die nicht Maus, nicht Vogel ist, nicht geht und nicht fliegt und
am Liebsten in der Dämmerung erscheint. Italien dankt Das dem
Kontakt mit dem übrigen Europa, aus dessen Schule viele seiner
Staatsmänner hervorgegangen; eine eingeborne Frucht ist der
Doktrinarismus nicht. Der von Toskana zeichnet sich wie überall
aus durch einen eingewurzelten Haß gegen jede freie, spontane,
menschliche Regung, die nicht in seine engen Formen paßt, und
gegen den Republikanismus und, wie überall, durch Selbst-
überschätzung, durch Glauben an seine Unfehlbarkeit und, in
Folge dessen, durch einen kalten Fanatismus jedem Widerspruch,
jeder anderen Meinung gegenüber, die ihm unerträglich scheint.
Wo er transigiren und Zugeständnisse machen muß, ist er,
ebenfalls wie überall, mehr geneigt sich dem geschriebenen
todten Rechte als dem lebendigen, natürlichen zu fügen. Die

Doktrinäre der toskanischen Regierung und ihre Anhänger lassen
keine Gelegenheit vorüber gehen, in ihrem Monitore und in
anderen offiziellen und offiziösen Blättern dem Republikanismus
und dem Jahre 1848, wie man sich auszudrücken pflegt, einen
Fußtritt zu geben; auf die Ruhe, die unter ihrem Regime herrscht,
und auf die Unruhe des genannten Jahres hinzuweisen, die
besten Männer der republikanischen Partei herabzusetzen oder mit
einer großmüthigen Anerkennung zu beleidigen, nicht bedenkend,
daß im Jahre 1848 eine Revolution mit Parteien im Innern
gemacht worden und daß man jetzt einen Krieg mit einem äußeren
Feinde führe, zu dessen Bekämpfung sich alle Parteien selbst=
ständig und aufopfernd auf nationalem Boden vereinigten, nicht
bedenkend ferner, daß die Kämpfe und Erfolge des Jahres 1859
durch die Kämpfe, Leiden und ununterbrochenen Arbeiten der
anderen Parteien, auf die sie heute herabsehen, vorbereitet worden,
und daß jene ohne diese unmöglich gewesen oder ganz und gar
der fremden Hülfe verdankt worden wären. Nein, sie geberden
sich, als ob sie die Freiheit und Unabhängigkeit Italiens erfunden
hätten, als dankte man den ganzen Stand der Dinge nur ihnen,
als hätten sie es auch ohne alle Antecedentien dahin gebracht, wo
Italien heute ist. Sobald sie zur Regierung kamen, verlangten
sie von Volk und Parteien jene Abdankung, mit der ihre Un=
fehlbarkeit allein am Ruder bleiben kann, und Volk und Parteien
verleugneten sich mit jenem Heldenmuthe, den wir schon erwähnt
und der für die ganze italienische Bewegung bezeichnend ist.
Anfangs freilich erschrickt man über den Schlaf, in den man das
Volk gewiegt, über die Friedfertigkeit, zu der man es mit allen
Mitteln gezwungen; man fragt sich, ob, wenn ein neuer Kampf
bevorsteht, noch die rechte Thatkräftigkeit da sei, ob der Feind
nicht ein verschlafenes Lager finden werde? — aber bei näherer
Bekanntschaft beruhigt man sich. Das nationale Gefühl ist nicht
eingeschlafen; man bedurfte der Aufregungen und der Regsamkeit
nicht, um wach zu bleiben. Man haßt nicht, man ist nicht er=
hitzt, man ist nicht fanatisch, aber man ist entschlossen.

So ist mir Italien in den Hauptorten jener Theile, denen
es vergönnt war, an der Bewegung Theil zu nehmen, so sind
mir Stimmung und Charaktere in Mailand, Turin, Parma, Modena, Bologna, Florenz und in manchen weniger bedeutenden
Städten und hie und da im offenen Lande entgegengetreten. Ich
glaube, daß die Schlüsse, zu denen diese Erscheinungen nicht nur
berechtigen, sondern vielmehr zwingen, im Ganzen höchst tröst-
lich und für die Zukunft vielversprechend ausfallen müssen. Keines
der Völker, die sich in modernster Zeit zu einer nationalen Existenz
glücklich oder unglücklich aufrafften, Griechenland, Polen, Ungarn,
ist so ausgerüstet und so schön in seiner Erscheinung auf dem
Kampfplatze erschienen wie Italien. Mögen seine Feinde, aufrichtig überzeugt oder politisch lügenhaft, seine Zukunft an-
zweifeln, wer es in der Nähe betrachtet, gibt zu, daß es alle
Elemente besitze, um eine große Nation zu bilden, um einst,
vielleicht bald, als mächtiger Bundesgenosse der Freiheit und Zivilisation Europa's aufzutreten. Oesterreichisch gesinnte Deutsche,
die voll Vorurtheil hierher gekommen, wie praktische Engländer,
die das Land als kühle Beobachter bereisten, haben mir Das nach
kurzem Aufenthalte zugegeben. Damit ist freilich nicht gesagt,
daß Italien nicht noch unterliegen könne; historische und moderne,
außerhalb des Volkscharakters liegende Verhältnisse, wie plumpe
materielle Uebermacht können das Volk aufs Neue überwältigen
und sich erdrückend über dasselbe herwälzen: aber sie können die
Zukunft nicht mehr vernichten und die großen Eigenschaften, die
sich entfaltet und die die Geschichte wird anerkennen müssen, nicht
mehr entwurzeln.

Was uns Deutsche betrifft, so haben wir alle Ursache Italien
die besten Erfolge zu wünschen. Ein freies und unabhängiges
Italien ist an sich eine Schwächung jener Macht, die sich von
jeher der Einigung der nationalen Existenz, der Freiheit Deutschlands widersetzte. Ein kräftiges Italien ist der beste Bundesgenosse Deutschlands, denn die beiden Länder haben einen gemeinschaftlichen Feind, so lange Eroberung oder Einfluß in der

Fremde zu den traditionellen Forderungen europäischer Politik gehören. Die Allianz mit Frankreich kann durch Jahre dauern, so lange die Folgen eines gemeinschaftlich unternommenen Krieges, die daraus entstandenen Verpflichtungen und die Dankbarkeit nachwirken; endlich aber tritt das natürliche auf der geographischen Lage und den Interessen beruhende Verhältniß wieder ein; dann hat Italien dort, wo Frankreich ebenfalls drohend an der Gränze steht, den natürlichen Bundesgenossen zu suchen und vice versa auch Deutschland. So sind wir bei einem starken Italien noch mehr interessirt als England, das sein Interesse längst erkannt hat, obwohl es bei Erstarkung der Halbinsel die Einbuße eines Theiles seines Einflusses im mittelländischen Meere zu fürchten hat. — Mit der Befreiung Italiens wird ein Prinzip festgestellt, das vor Allem dem zerrissenen Deutschland zu Gute kommen muß, dessen Zustände mit den italienischen so große Analogie haben; und ein Prinzip, das von der Zivilisation, wie sie der deutsche Geist versteht, heilig gesprochen werden muß. Denn mit der Heiligsprechung dieses Prinzips, das allen Völkern seine Individualität sichert, beginnt mit der Sicherung der einzig natürlichen Gränzen, die Anbahnung jenes Friedenszustandes, welcher der Bildung höchstes und schönstes Ziel ist. Es ist Zeit, daß wir jenen seit lange steril gewordenen romantischen, den Geruch der Barbarei tragenden Wahn einer Herrschaft über Italien aufgeben; er ist keines Volkes so wenig würdig, wie des universellen, weltbürgerlichen Deutschen; er hat uns durch Jahrhunderte unser Blut, unsere beste Kraft und endlich unsere Einheit gekostet, indem er das Fürstenthum erstarken machte, während sich das Reich in Italien verblutete. Wir haben mit jenen Traditionen nichts zu thun; sie tragen nur dazu bei, Prinzipe aufrecht zu halten, unter denen Deutschland am Meisten leidet, Deutschland mit Oesterreich zu identifiziren und es in der Fremde für Anderer, ihm selbst nachtheilige Interessen verhaßt zu machen.

Man hat uns ein neues Schreckbild aufgestellt, den Pan-Romanismus oder Pan-Latinismus, der mit einer Einigung der

Völker romanischer Zungen unter französischer Hegemonie drohen soll. Das Wort drückt einen bei Weitem größeren Unsinn aus als Panslavismus und Pangermanismus. Frankreich, die pyrenäische, die apenninische Halbinsel haben nichts mit einander gemein als höchstens die Rivalität im mittelländischen Meere. Die Charaktere der drei Völker gehen noch weiter auseinander als ihre Interessen und ihre historische Entwicklung. Es gibt keine drei Völker in Europa, die drei so verschiedene Geschichts= entwicklungen durchgemacht hätten. Man beruft sich auf die Verwandtschaft der Sprachen. Sie sind allerdings Töchter der lateinischen, aber diese ist von den Eroberern den verschiedensten Stämmen auferlegt und später von anderen eingewanderten, er= obernden Stämmen angenommen worden; in den romanischen Ländern sind Verwandtschaft der Sprache und Verwandtschaft der Völker zwei Dinge, die nichts mit einander gemein haben, die einander nicht bedingen, wie in slavischen und germanischen Ländern. Der Panromanismus ist die grundloseste aller Chi= mären, die in diesem Jahrhunderte ausgeheckt worden, da er weder auf Interessen und Charakteren, noch auf Geschichte und Stammverwandtschaft beruht.

Wir haben von Italien nichts zu fürchten; wir haben vom Siege der italienischen Sache Alles zu hoffen, was in der immer enger werdenden europäischen Familie, was bei der Gemeinschaft= lichkeit zivilisatorischer Interessen vom Siege eines zivilisatorischen, d. i. freiheitlichen Prinzips zu hoffen ist. Uns Deutschen, dem universellsten Volke germanischen Stammes, gesellt sich mit einem freien starken Italien, in der Arbeit für Freiheit und Kultur, das universellste Volk romanischer Zunge als geistvoller und von der Natur reich begabter, edler Helfer bei. Und wir sollten es zu= rückweisen? Wir sollten ihm nicht vielmehr mit Liebe und An= erkennung entgegenkommen? ....

Moritz Hartmann.

Biographische Bilder und Skizzen.

Mazzini.

Er lebt! Er ist todt! So berichten seit Tagen die Zeitungen über Mazzini, und sein Sterben will mythisch, geheimnißvoll werden wie sein ganzes Leben. Vielleicht ist er schon todt, und seine Jünger haben ihn in der Stille begraben und lassen ihn nur noch, wie die Höflinge Solimans und Selims, fälschlich weiter leben, um die Feinde zu schrecken und den Muth der Freunde aufrecht zu erhalten. Ach nein! Auch der moderne Alte vom Berge, der so viele Schicksale gelenkt, wie ein hehrer Rosse-lenker, auch er muß dem Schicksale endlich erliegen, und dieser Herbst scheint dazu bestimmt, die letzten wirklichen, großen Größen, die noch von alter Saat her auf dem Stoppelfelde Eu-ropa hervorragen, einzuheimsen, die höchsten Mohnköpfe abzu-schlagen, wie Tarquinius; auf daß die Zeit der Mittelmäßig-keiten, der Philistergrößen, der klugen Leute, der bewunderten Beutelschneider und Taschenspieler, das Jahrhundert der Bis-marcke und ihrer Lehrer und Schüler ungehindert seine Pracht entfalte: die Epoche der erhabenen Erscheinungen, die Geibel besingt und deren Herodote Treitschke heißen. — Wer wie Joseph Mazzini in seinem Herzen die Leiden eines ganzen Volkes getra-gen, allein gegen eine Welt der mächtigsten Feinde gekämpft, allein, ein wunderbarer Freimaurer, die Grundmauern einer ganzen Zukunft angelegt, allein arbeitend in dunklen Tiefen, in denen nichts leuchtete als ein schwacher Hoffnungsstrahl — der hat ein Recht, müde zu sein und sein Haupt hinzulegen in einem

Momente, da die Geschichte mit einer Periode persönlicher Größen abzuschließen gedenkt. In Lugano, so heißt es, liege er mit brechenden Augen, an der Gränze seines Vaterlandes, seines Kanaan, wie Moses! — O Viktor Emanuel, du sitzest daheim in deinem Palazzo Pitti, in Gesellschaft all der Kleinen von den Deinen, den Rattazzi's und Konsorten, und bist ein Knecht jenes parodirten Mazzini in den Tuilerien und nennst dich König von Italien — und jener alte Mann muß an der Thür Italiens sterben, weil du noch vor dem Greise zitterst, und deine Spione umschleichen sein Sterbehaus, um dir nicht eine Minute zu spät die Nachricht zu telegraphiren: Er ist nicht mehr! — Und doch dankst du ihm allein deine Krone, und er ist der große Patriot, und deinen Namen spricht heute kein Italiener ohne Verachtung aus. —

So wenden sich die Geschicke, und am Ende weiß die Welt doch einen Unterschied zu machen zwischen Denen, die Trompeterstöchter lieben und Louis Napoleons Bundesgenossen sind, und Jenen, die Louis Napoleon hassen und die Freiheit lieben. Das Verhältniß zu Napoleon wird der Zukunft ein Kriterium werden zur Beurtheilung der Menschen unserer Tage.

Doch ich will nicht Politik machen; nur eine kleine, unbedeutende Erinnerung an den großen Agitator will ich niederschreiben.

Es war im Frühling 1850. Ich war in London oder vielmehr in Chelsea draußen, im Hause Thomas Carlyle's, des berühmten Historikers der französischen Revolution, Cromwells, Friedrichs des Großen, des Uebersetzers und maßlosen Verehrers, ja Vergötterers Goethe's. Wir saßen in der Empfangsstube mit dem berühmten Kaminschirm, auf dem sich unzählige, nur auf Goethe bezügliche Bilder befinden: Goethe's Porträts in den verschiedenen Lebensaltern, Goethe's Geburtshaus, Wohnhaus, Landhaus, Sesenheim ꝛc. Wir plauderten über das deutsche Parlament, oder vielmehr wir hatten geplaudert, denn jetzt sprach Carlyle allein, wie es seine Gewohnheit war, nach kurzem Zwiegespräch über den angeregten Gegenstand einen unend

lichen, geistreichen, sprühenden, oft leidenschaftlichen Monolog
zu beginnen. Man saß dann da wie am Ufer eines Stromes
und ließ es vor sich hinbrausen. Da erhub Mistreß Carlyle, die
kluge, vortreffliche Frau, plötzlich den Kopf. Aus dem Vorzimmer
hatte ein Ton an ihr Ohr geschlagen, der sie elektrisirte. Ihr
Auge leuchtete, sie eilte auf die Thür zu, und mit einem Freuden-
schrei erfaßte sie die Hände eines eintretenden Mannes auf eine
Weise, die einer Umarmung fast gleich kam. Auch Carlyle verstummte und machte mit seinen langen Storchbeinen dem An-
kömmlinge einen einzigen großen Schritt entgegen. Der An-
kommende sowohl wie die Freunde, die ihn so empfingen, waren
offenbar im Innersten ihrer Herzen tief gerührt — und ich, der
Fremde, der den Ankömmling gar nicht kannte, war es mit,
denn einmal sah ich hier auf sämmtlichen betreffenden Gesichtern
die wahrhaftigsten Gefühle ausgedrückt, und dann klang aus
den wenigen Worten, die der Ankömmling sprach, ein Ton,
ein Wohllaut, eine Musik der Seele hervor, die augenblicklich
und unwiderstehlich für ihn einnahm und Theilnahme an seinem
Schicksale einflößte. Der Ankömmling war Mazzini. Die Freunde
hatten ihn nicht gesehen, seit er London verlassen, um die römische
Republik zu gründen.

Mistreß Carlyle konnte nicht umhin, sie mußte Mazzini mit
der Hand über den Bart fahren, und mit Thränen in der Stimme
rief sie aus: Ach, wie ist er grau geworden! Das Zittern ihrer
Stimme sagte es, daß diese treffliche Frau, besser: dieses Weib,
in dem Augenblicke alle Sorgen, Arbeiten, Leiden nachempfand,
die den Bart des Triumvirs in diesen letzten zwei Jahren grau
gemacht hatten. —

Wer Thomas Carlyle und seine Meinungen kennt, wird
zugeben, daß dieser Empfang des Wiederkehrenden, des für den
Moment geschlagenen Liberators und Agitators, diese Freundschaft für Mazzini, bei dessen Namen sich doch Millionen Philister bekreuzten, ein eigenthümliches, eigentlich unverständliches
Schauspiel gewährte. Carlyle, der furchtbare Absolutist, der

Bewunderer des Kaiſers Nikolaus und aller Quäler des Menſchen=
geſchlechtes; der da behauptet, der Menſch ſei ein Thier, in dem
der Teufel ſtecke, und daß die großen Tyrannen auserwählte,
heilige Zuchtruthen dieſes teufliſchen Thieres: Menſch, ſeien;
der Cavaignac nur ſo lange verehrte, als er in ihm eine künf=
tige Zuchtruthe Frankreichs ſah; der in dieſem Augenblicke mit
der Herausgabe ſeiner alle Freiheit und alle Freiheitsbeſtrebungen
verhöhnenden „Latter day pamphlets“ beſchäftigt war —
dieſer furchtbare Carlyle war im Innerſten gerührt beim
Wiederſehen dieſes Freundes Mazzini und bei dem Gedanken,
wie viel er bei der Trennung durchgemacht, wie vielen Gefahren
er ſeitdem entronnen. Die Sache iſt die: daß Größen einander
immer naheſtehen und einander verſtehen; daß es mit Carlyle’s
Abſolutismus und Hobbesismus im Grunde nicht ſo arg ge=
meint, daß er viel mehr ein verzweifelter Freund, denn ein
urſprünglicher Feind der Freiheit und Menſchheit ſei — und end=
lich daß Mazzini ein unwiderſtehlicher Menſch war. Ein trockener
Abſolutiſt wie Metternich konnte wohl die Achſel über ihn zucken,
entſeelten Bureaukraten bedeutet er nichts — aber ein Abſolutiſt
wie Carlyle mußte ihn lieben.

Mazzini war damals in den Vierzigen, aber ſein ſchwarzer
Bart war, wie ſchon angedeutet, bereits ſtark mit Grau melirt;
ſein Geſicht braun, blaß und etwas mager; die Stirne hoch=
gewölbt, die Kopfform ausnahmsweiſe ſchön und mäßig groß;
die Geſtalt mittlerer Größe, beinahe mager; die Kleidung ein=
fach und einfärbig dunkel. Das läßt ſich Alles wie in einem
Signalement beſchreiben, iſt Alles wahr und gibt von Mazzini
nicht den geringſten Begriff. Auf der Straße an ihm vorüber=
gehend, würde man nicht das geringſte Auffallende an ihm ent=
decken, dieß um ſo weniger, als die ſchöne Stirne vom Hute be=
deckt wäre. Aber ſelbſt in der Straße würde man ſtehen bleiben,
wenn er zufällig die Augen aufſchlüge und den Begegnenden mit
Aufmerkſamkeit betrachtete; ſtehen bleiben und ein Gefühl des
tiefſten Wohlbehagens würde man empfinden, wenn er zufällig

lächelte; aber ganz gewiß würde man betroffen Halt machen und mit allen Sinnen lauschen, wenn Mazzini zufällig spräche und mehrere Laute an das Ohr des Vorübergehenden schlügen. Diese drei Dinge sind weder für das Signalement des Passes noch für den Beschreiber geschaffen: sein Blick, sein Lächeln, der Ton seiner Stimme. Und wieder der Blick voll Gluth und Milde und das bezaubernde herzbannende Lächeln, sie treten weit zurück in den Hintergrund vor diesem Tone, diesem Klange, dieser wahrhaften Musik seiner Stimme. Wie ich ihn sprechen hörte, im ersten Augenblick begriff ich die hingebende, die religiöse Begeisterung für seine Person, die ich bis dahin an so vielen Menschen, Männern und Frauen, kennen gelernt hatte; verstand ich, daß er Hunderten und Tausenden ein Dogma war „indiscutable" und warum man ihm so treu anhing, warum man an ihn glaubte, warum man auf ein Wort von ihm in Tod und Gefahren eilte. Er bedurfte nicht des Haschisch, dessen sich der Alte vom Berge bediente, um seine Anhänger zu begeistern; sein Wesen reichte hin, sein Wort war Haschisch. Er hatte weder in seiner Ausdrucksweise, noch in seinen Geberden und Bewegungen etwas Pathetisches; Alles an ihm war einfach, nämlich anmuthig, anspruchslos im höchsten Grade, aber wie er zu sprechen begann und sein Wort mit diesem Blicke voll Güte und Kraft, mit diesem Lächeln begleitete, begann es auch im Herzen seines Zuhörers zu vibriren und harmonisch mitzutönen, daß man sich mit ihm wie Eins und zugleich unendlich wohl fühlte. Was aus dieser Stimme klang, war Liebe und Wahrheit, hatte etwas von jener Schönheit voll Einfalt, die wir an den Werken der großen alten Meister bewundern. Darüber ist man wohl einig, daß der Mensch für oder wider sich keine wahrhaftigeren Zeugen hat, als die drei: seinen Blick, sein Lächeln und den Ton seiner Stimme. Diese Drei täuschen nicht, und diese Drei gingen siegreich, liebliche Liktoren mit rosenumwundenen Bündeln, neben dem großen Agitator, den Millionen Dummköpfe und Tausende offizieller, feiler Seelen durch vierzig Jahre verleumdeten.

Ein Vorschlag zur Güte.

Wir leben in der Zeit der Weltausstellungen. Versuchen wir
einmal, auf irgend einem neutralen Orte, etwa in London oder
irgendwo in der Schweiz, eine Weltausstellung von Menschen,
öffentlichen Menschen. Jedes Land schickt zwei Gattungen: Solche,
welche die Welt mit Staatsstreichen, und Solche, die sie mit
Ideen, Bildung, Freiheit beglücken wollen. In dem einen Flügel
des Ausstellungsgebäudes finden sich die Louis Napoleon, Viktor
Emanuel, Bismarck ꝛc. aller Länder, und was nach unten und
oben zu ihnen gehört; in dem andern die Mazzini, Garibaldi,
Johann Jacoby ꝛc.; in kleinen Seitenflügeln auf der einen Seite
die Cassagnacs aller Länder, auf der andern die Börne, Paul
Louis Courier, Rochefort ꝛc. Die Völker strömen herbei. Sie
haben sich nicht mit Theorien den Kopf zu zerbrechen; sie sollen
nur sehen, nichts als sehen und dann wählen! Wenn sie
dann noch Viktor Emanuel, Louis Napoleon, Bismarck wählen
— habeant sibi. —

Wenn die Engländer vor 90 Jahren eine solche Ausstellung
veranstaltet und auf die eine Seite König George, Lord North
und Graften, auf die andere Washington und Franklin gestellt
hätten — es wäre wohl nie zum Kriege gekommen. —

Es ist hier nicht am Platze, zu wiederholen, was dort in
Chelsea nach jenem Wiedersehen im Freundeskreise gesprochen
wurde. Erst spät Abends verließ ich mit Mazzini das Haus.
Wir machten einen langen Spaziergang, fuhren dann out-side
mit dem Omnibus durch Oxford-Street und lustwandelten dann
wieder weiter gegen Tavistock-Square. Mazzini sprach in der
einfachsten und anspruchslosesten Weise von Allem, was er in
diesen letzten zwei Jahren gethan und erlebt, erkundigte sich nach
deutschen Verhältnissen, die er übrigens sehr wohl kannte, und
nach Persönlichkeiten in der Emigration, auf die man sich verlassen könne. Ich nannte ihm Manche, die sich seitdem als un-
zuverlässig erwiesen. — Ich verließ ihn, ganz bezaubert von
seinem Wesen, und doch erfüllt von jenem Staunen, das wir

troß aller Erfahrung nicht unterdrücken können, wenn wir mit einer gewaltigen Persönlichkeit zusammentreffen und diese gewaltige, historische Persönlichkeit in Allem und Jedem die allereinfachste, anspruchloseste Einfachheit darstellt.

Kurze Zeit nach jenem Zusammentreffen ging ich nach Irland, von da nach Schottland, von da nach Holland u. s. f. und bekam Mazzini nie wieder mit Augen zu sehen.

Aber zufällig kam es im Laufe der Jahre doch zu mancher mittelbaren Berührung mit dem großen Agitator. Ungefähr sechs Jahre später — es war in Paris, ich lag krank zu Bette — da trat eines Abends spät, noch ganz athemlos durch meine fünf Treppen, ein Mann in meine kleine Stube. Es war kein Anderer als Daniel Manin, den ich übrigens seit längerer Zeit kannte. Er setzte sich zu mir ans Bett und theilte mir mit, daß er von argen Sorgen geplagt sei. Er wisse, daß drei Italiener sich aus London aufgemacht, um sich über Deutschland nach Paris zu begeben und daselbst etwas, wahrscheinlich gegen Louis Napoleon, zu unternehmen. Nun seien diese drei Italiener aber schon der französischen Polizei verrathen, und sie gingen nußlos in ihr Verderben. Er, Manin, der sich damals schon der piemontesischen Cavour-Politik angeschlossen, war mit Mazzini und der Londoner Emigration Italiens vollkommen zerfallen und außer aller Verbindung. Er kam darum zu mir, um mich zu fragen, ob ich nicht eine Warnung nach London gelangen lassen könnte. Das konnte ich allerdings, und es geschah auch in derselben Nacht, indem ich Mazzini durch einen Freund benachrichtigen ließ. Die drei Italiener sind in der That den Fallstricken, die sie erwarteten, entgangen.

Aber wie kam Manin dazu, die Geheimnisse der Pariser Polizei zu durchschauen? Die Sache ist an sich interessant, und ich will die kleine Polizeigeschichte hier erzählen.

Herr X., einer der geschworenen Uebersetzer (traducteurs jurés) der Pariser Polizei-Präfektur, ließ sich neben einigen Sprachen, die er schlecht verstand, auch auf andere beeidigen,

die er gar nicht verſtand. Um ſich eintretenden Falls aus
der Verlegenheit zu helfen, auch bequemlichkeitshalber, da er
bereits alt und wohlhabend war, engagirte er einen polyglotten
Ungar, natürlich einen Flüchtling, der die Dokumente, die ihm
von der Präfektur zukamen, für ihn überſetzen mußte. — Zu
dieſem Zwecke mußte Herr X. die Dokumente natürlich heim in
ſeine Wohnung nehmen, wo ſie der Ungar entweder in ſeiner
Gegenwart überſetzte oder auch, wenn es viel zu arbeiten gab,
wieder ſeinerſeits heim in ſeine Wohnung nahm. So brachte
der Ungar eines Tages ein Dokument nach Hauſe, das ſeine
ganze Aufmerkſamkeit erregte.

Es war eine deutſch geſchriebene, aus London eingeſchickte
Denunziation. Sie rührte von einem öſterreichiſchen Maler her
(ich könnte ihn nennen, wenn ich wollte), der ſich in die Geſell=
ſchaft der italieniſchen Flüchtlinge eingeſchlichen hatte und bei
ihnen den Spion machte. Wahrſcheinlich war er von Oeſterreich
bezahlt, aber aus Liebe zur Kunſt wollte er offenbar ſeine Ver=
bindungen ausdehnen und berichtete auch der franzöſiſchen Polizei,
wie er verſicherte, aus purer Verehrung. Er gab in jener Denun=
ziation alle möglichen Einzelnheiten über Ausſehen, Charakter,
Ausrüſtung, Reiſeroute ꝛc. der drei Italiener und verlangte für
ſeine freiwillige Dienſtleiſtung nichts als Gnade der franzöſiſchen
Polizei, indem er ſich zu fernerweitigen Dienſten mit hingebender
Liebe erbot. Dem Ungar wurde, als er die Denunziation las,
ganz ſchwül; der arme Mann wußte nicht, was er beginnen
ſollte, und lief mit dem Dokumente zu Manin, welcher in Folge
deſſen dann zu mir kam. Nachdem ich nach London meine War=
nung hatte ergehen laſſen, wurde noch dafür geſorgt, daß die
Denunziation ſo ſpät als möglich in die Hände der Polizei
zurückkam.

Und wieder drei Jahre ſpäter — im November 1859 — ſaß
ich zu Bologna bei Herrn Frapoli, der wenige Tage vorher
Kriegsminiſter der neueroberten Emilia geweſen, auf ſeinem
Zimmer in der „Penſion Euiſſe.“ Er hatte ſeine Entlaſſung

gegeben, weil man von Turin aus arg gegen Garibaldi intri=
guirte, und während wir in Bologna zusammen saßen, war der
Schlag gegen den General bereits gefallen. Man hatte ihn von
Bologna, wo er sein Hauptquartier hatte, nach Turin gelockt
und dort hinterlistiger Weise zur Abdankung bewogen oder ge=
zwungen. Mit der Eroberung Ancona's und der Marken war
es also nichts für jetzt. Als die Nachricht nach Bologna kam,
suchte sie Jedermann zu verheimlichen, aus Angst vor Dem, was
kommen könnte, wenn sie im Volke ruchbar würde. — Und in
der That war die Nachricht, obwohl sie bereits Hunderte von
Mitwissern hatte, noch nicht ins eigentliche Volk gedrungen.
Wir sprachen über die Lage der Dinge, als sich mit einem Male
die Thür öffnete und drei uns Beiden unbekannte Männer ein=
traten: zwei von ihnen ziemlich eleganter, der dritte etwas derber
Natur, mit einem Stocke in der Hand, mit nacktem Halse und
gar heiß glühenden Augen.

Dieser Dritte nahm das Wort und wendete sich mit einem
Seitenblicke auf mich, an Frapoli: „Herr Oberst, wir haben mit
Ihnen zu sprechen:"

„Geniren Sie sich vor diesem Herrn nicht," antwortete der
Oberst.

„Wir sind Agenten Mazzini's."

„Das dachte ich mir."

„Sie wissen, wie es steht. Noch weiß das Volk nicht, wie
man dem General mitgespielt. Es wird in große Aufregung ge=
rathen. Sie wissen, Herr Oberst, daß wir die Turiner Politik
nicht mitmachen und uns in nichts mischen. Aber Sie sind ein
Freund des Generals, und wenn Sie eine Demonstration oder
eine Revolution für nöthig halten, so stellen wir uns zu ihrer
Verfügung. Ganz Bologna soll, wenn Sie es wünschen, heute
Abend auf den Beinen und bewaffnet sein."

Diese Rede wurde kurz und entschieden hervorgestoßen. Man
sah es dem Manne an, daß er nur versprach, was er leisten
konnte. Herr Frapoli dankte für die patriotische Bereitwilligkeit

und hat um kurze Bedenkzeit. So gingen denn die Herren und
versprachen, um zwei Uhr wiederzukommen.

Herr Frapoli meinte, man dürfe jetzt, wo sich scheinbar ganz
Italien in dem Rufe: „Es lebe Viktor Emanuel, es lebe Cavour!"
vereinige, dem Auslande nicht das Schauspiel innerer Zwietracht geben; auch wolle er die Verantwortlichkeit, von jetzt in
wenigen Stunden eine große Stadt in die Revolution gestürzt zu
sehen, was vielleicht den Anfang zu einer Reihe von Revolutionen
abgeben würde, nicht auf sich nehmen, und so dankte er den drei
Männern, die pünktlich wieder erschienen, ablehnend. Sie ver-
neigten sich stumm und verschwanden.

Es war nicht viel, aber es war doch ein Eindruck und zwar
ein etwas unheimlicher, geheimnißvoller. Es erinnerte an mittel-
alterliche Verschwörungen, an geheime Bruderschaften, an Vehme,
selbst an venezianisches Polizeiwesen. Ich wußte, daß mazzinistische
Agenten und mazzinistische Organisationen nicht ins phantastische
Fabelreich gehörten — und später wußte ich noch besser, welche
wohl organisirte, eng zusammenhängende Bruderschaft über ganz
Italien ausgebreitet ist.

Mazzini wird vielleicht in diesen Tagen sterben — sein Werk
wird leben, und die Carignans werden das Ihrige thun, um
diesem Werke immer neue Lebenskraft zu geben. Viktor Emanuel
täuschte sich nicht: es gibt bereits eine Republik unter seinen
Füßen, und wenn sie ihm oder seinem Sohne auch erst in
zwanzig Jahren bis an den Hals heranwächst — der Stifter
war und bleibt Mazzini. Und der Tag wird kommen, da werden
die Statuen der Savoyarden gestürzt und werden an ihrer
Stelle die Statuen der Begründer der Freiheit errichtet werden.

(1868.)

Prim.

Das bekannte Wort: „Für den Kammerdiener gibt es keinen großen Mann," hat Goethe auf den richtigen Werth zurückgeführt, indem er hinzufügte: „Das ist die Schuld des Kammerdieners." Sehr ungern sähe ich mich für einen Kammerdiener gehalten, aber ich muß gestehen, daß ich den Mann, der jetzt alltäglich in den Zeitungen genannt wird, der schon viel gerühmt wurde und der, wenn er in der jetzigen Bewegung siegt, höchst wahrscheinlich in den Himmel gehoben wird, nicht für einen großen Mann halten kann, obgleich oder weil ich ihn oft zu sehen oder zu sprechen Gelegenheit hatte.

Ich lernte den General Prim zu Anfang der Fünfziger Jahre zu Paris in einem Hause der Place de la Concorde bei einem Diner kennen. Er saß links von mir, während ich rechts einen Gesandten hatte. Die Gesellschaft war vorherrschend aristokratisch; dennoch schien es nicht den geringsten unangenehmen Eindruck zu machen, daß der General mich sofort mit Flüchtlingskollegialität behandelte und recht demokratisch sprach. Es choquirte Das selbst den Gesandten nicht, der das Gespräch am Deutlichsten hören konnte. Die Damen — es war eine damals berühmte, jetzt verstorbene Schönheit darunter — hörten ihm trotz entgegengesetzter Gesinnungen mit sichtlichem Interesse und offenbarer Sympathie zu. Seine Reden bildeten einen auffallenden Kontrast mit den großen Ordenssternen auf dem dunkelblauen Frack. Ihm schräge gegenüber saß General Ortega, sein Mitverbannter, ein Mann, der aussah, als hätte er von der Pique auf gedient, was, wenn

ich nicht irre, auch der Fall war, und welcher mehr einem Ser-
geanten als einem General glich: ein langer, ſchlanter Flügel-
mann, ohne viel Gedanken im Geſichte, aber mit dem Ausdrucke
ſtarker, paſſiver Energie. Wer öfter mit Männern, die eine Rolle
ſpielten, zuſammenkam, wird immer Menſchen dieſer Art in ihrer
Geſellſchaft gefunden haben; es ſind Das Typen des „Anhängers,“
oder auch, wenn man will, des „Werkzeugs.“ Sie haben keine
eigenen Gedanken und leben von denen des Mannes, dem ſie
anhängen, ſie ſind „die That von ſeinen Gedanken,“ ſein Schwert,
ſein Beil, ſein Gewehr. General Ortega ſprach wenig, woran
nicht allein ſein ſchlechtes Franzöſiſch Schuld war, dafür aber
begleitete er jedes Wort Prims mit großer Aufmerkſamkeit: er
ſah ihn faſt ununterbrochen an, und gegen wen General Prim
liebenswürdig war, den lächelte auch General Ortega freundlich
an. Im Uebrigen war die Unähnlichkeit zwiſchen Beiden eine
ganz außerordentliche. Während aus des magern, langen, ſonn-
verbrannten Ortega Augen eine dunkle, gedankenloſe und darum
unheimliche Gluth brannte, blickten die ebenfalls dunkeln meines
Nebenmannes mit wahrhaft weiblicher Sanftmuth. Während
man es Jenem anſah, daß er ohne Zaudern der verderblichſten
Gefahr entgegen zu gehen, die furchtbarſten, ja grauſamſten
Thaten mit der größten Ruhe auszuführen im Stande war,
wenn es ihm nur von Dem, der ſeine Gedanken vorſtellte, be-
fohlen wurde, war in dem Geſichte Prims von jener Energie,
die man an ihm rühmt, der er einen ganzen Zyklus heroiſcher
Legenden verdankt, nicht die Spur zu entdecken. Mir war es
um ſo ſchwerer, den Eindruck eines Schlachtenhelden und gefährlichen Verſchwörers von ihm zu erhalten, als mich ſeine ganze
Geſtalt wie der Schnitt ſeiner Augen, der kleine weibliche Mund
und ſelbſt die Form des Bartes fortwährend an den friedlichen
öſterreichiſchen Dichter Ludwig Auguſt Frankl erinnerte. Er hatte
auch nichts von einem ſpaniſchen Don Juan an ſich; dennoch
konnte man bemerken, daß alle Frauen, mit denen er in Berührung kam, für ihn ſchwärmten, und die Sage, daß er den

Kugeln seiner Feinde zu wiederholten Malen nur mit Hülfe der
unschuldigen Isabella entronnen, welche über das Haupt ihres
Lieblings höchstens ein Verbannungsurtheil aussprechen ließ, war
nur geeignet, sein „Prestige" in den Augen und Herzen der
Frauen zu erhöhen. Bei all Dem war es, als ob nur das Milde
und Weiche auf die weiblichen Herzen wirkte: von männlicher
Kraft des Gemüthes oder des Geistes kam in seinem Benehmen
wie in seinem Gespräche nichts zum Vorschein; ja, die Art und
Weise, wie er sich verhätscheln und anbeten ließ, hatte etwas,
das nichts weniger als heldenhaft aussah — ich muß aber rasch
hinzufügen, daß auch nicht das Geringste in seinem Wesen an
einen Gecken oder Abenteurer erinnerte. Von Prahlerei oder
Großmannssucht entstellte ihn auch nicht der Schatten eines
Schattens; er war im Gegentheile immer anspruchslos, beschei=
den und suchte weder durch Reden noch durch Benehmen die
Aufmerksamkeit auf sich zu ziehen. Was das Gespräch betrifft,
so war dieses allerdings gebildet, angenehm, einnehmend und
durch einen schönen Klang der Stimme geschmückt: aber eigene,
ungewöhnliche, auf einen ausgesprochenen Charakter oder selb=
ständige Anschauung deutende Gedanken kamen nie, nie an den
Tag. Man traute ihm zu, daß er im gegebenen Falle beredt
sein konnte — aber man erwartete von dieser Beredtsamkeit kein
tieferes Eingehen auf Menschen und Zustände, kein zusammen=
fassendes, Ziele zeigendes, schöpferisches Schlagwort, das den
Stempel der Situation trüge.

Diese Beobachtungen sind, wie sich von selbst versteht, nicht
das vorwitzige Ergebniß jener ersten Bekanntschaft während des
Essens auf der Place de la Concorde. Ich traf den General
Prim in demselben Hause zu wiederholten Malen; später wohnte
er mit mir unter Einem Dache, in einem Hôtel garni der Rue
des trois frères, und in Schumla und in den Türkenlagern an der
Donau traf ich mit ihm als mit einem alten Bekannten zusammen.

Unser Haus, das Hôtel garni, war, so lange er es bewohnte,
fortwährend von Spionen umschwärmt, und täglich kam ein

verkleideter Polizist, um über Thun und Lassen des Generals Prim und seines kleinen Gefolges die genauesten Erkundigungen einzu= ziehen. Madame Thierry, unsere Hauswirthin, konnte sich nicht genug verwundern, daß man einen so liebenswürdigen, sanften, unschuldigen Mann auf diese Weise überwache, und als Fran= zösin konnte sie nicht umhin, dem nachfragenden Kommissär oder auch von der Schwelle herab den draußen umherschleichenden Aufpassern manche spitze Bemerkung entgegen zu schleudern oder geradezu ihre Entrüstung auszusprechen. Im Innern des Hauses sprach sie über dieses Verfahren der Regierung mit dem ver= achtungsvollsten Achselzucken und in den stärksten Ausdrücken. „Der gute General Prim," sagte sie mit Beziehung, „sieht gar nicht so aus, als ob er irgend ein Verbrechen oder gar — einen Staatsstreich begehen könnte. Dazu muß man ganz anders aus= sehen. Wir wissen sehr wohl, wie! nous autres Français! Hm!"

In Schumla, wohin man ihn geschickt hatte, um ihn aus Madrid zu entfernen, bewohnte er einen großen Konak mit breiter Veranda. Nachdem er mit Glanz beim Serdar Ekrem, Omer Pascha, vorgeritten war, umgeben von seinen zahlreichen Offizieren, darunter ein wahrer Adonis, einer der schönsten Menschen, die ich je gesehen, war er fürs Publikum verschwunden. Tage lang lag oder saß er auf türkische Weise auf den Teppichen der Veranda und rauchte, vor sich hinblickend und träumend, wie ein ächter Orientale, wie ein Mensch, der zu diesem morgen= ländischen Faulenzerleben geboren und erzogen ist — während seine Offiziere sich überall in das buntbewegte Treiben, das da= mals im Hauptquartier herrschte, mischten und als die liebens= würdigsten Kameraden bekannt und sehr beliebt wurden. Während unser Einer mit neugierigem Eifer überall hin eilte, wo ein Ge= fecht, ein Flußübergang, ein Brückenschlagen, eine Belagerung u. dergl. zu sehen war, blieb General Prim mit der größten Ge= müthsruhe zu Hause, wie ein Mann, der solche Dinge sattsam gesehen, und während man Silistria belagerte oder den Fluß= übergang bei Giurgewo versuchte, rauchte er daheim Cigaretten und Nargileh. Eines Tages fand ich ihn, wie er mit großem Fleiße Buchstaben auf Sackleinwandpakete zeichnete, und er sagte mir, daß er sich seit Stunden so beschäftigte. — „Was soll man," fragte er, „in dieser Einsamkeit beginnen?" Mit einem Buche betraf ich ihn niemals, und immer war ich erstaunt, um wie viel besser ich über die kriegerischen Vorgänge unterrichtet war, als er, zu dem ich doch ging, um etwas Neues zu erfahren. Es war, als ob er sich für Dinge dieser Art nicht im Geringsten interessirte. Erst später, in Rustschuk, sah ich ihn mehrere Male mit seinen Adjutanten verschiedene militärische Positionen bereiten. Sein Gefolge bestand beinahe ganz bis auf die gemeinen Soldaten herab, welche theils militärisch, theils in die heimische Landes= tracht gekleidet waren, aus seinen engern Landsleuten, aus Katalanen. Sie alle schienen gern zu seiner Umgebung zu ge= hören, aber von jener tiefen Anhänglichkeit, von jener so zu sagen religiösen Ergebenheit der Jünger an ihren Meister, wie ich sie in der Umgebung Garibaldi's gefunden, war hier kaum ein schwacher Anklang zu entdecken.

Ueberhaupt scheint mir nichts falscher als die Vergleichung zwischen Prim und Garibaldi, wie man sie jetzt hie und da zu hören bekommt. Es ist äußerlich wie innerlich ein abgrundtiefer Unterschied zwischen diesen beiden Menschen — ein Unterschied wie zwischen Realismus und Idealismus, zwischen Profan und Religiös, zwischen Klugheit und Opfer, zwischen Politik der Thatsachen und Kampf für die Idee. Ein Garibaldi wird nicht ein Graf Reus, wird nicht Capitan General von Cuba, heirathet keine mexikanischen Millionen, transigirt nicht mit einer Isabella, und wenn er eine Revolution macht, so sagt er es offen, zu welchem Zwecke — und wenn er seinem Vaterlande einen Dienst geleistet oder ein Stück seines Ruhmes geopfert, zieht er sich in seine Einsamkeit oder Armuth zurück.

Vielleicht siegt Prim — dann ist er in vierzehn Tagen ein großer Mann und ich — ein Kammerdiener.

(September 1867.)

Künstler und Prätendent.

Wir gemeinen Sterblichen, wie wir uns bescheiden nennen, sind meist so großherziger Natur, daß wir uns von dem Kampfe, den die Ablehnung eines Thrones kostet, gar keine Vorstellung machen können. Für die Sprößlinge der wenigen Familien, die sich zur Beherrschung der Welt unter allen Breitegraben geboren wähnen, muß dieser Kampf ein außerordentlich harter sein; denn selten sieht man Einen dieser Hochgebornen daraus als Sieger hervorgehen, d. h. einen Thron ausschlagen. Wir sehen Prinzen erlauchter Häuser, die ihre Stammbäume an die Sterne wachsend glauben, Kronen annehmen, die nicht viel besser sind als Karne= valskronen von Papier — Kronen, über die jeder Kluge lacht, wie über Narrenkappen, und Andere wieder Throne besteigen, an deren Füßen jedes gesunde Auge Abgründe voll Blut und Schlangen klaffen sah, und Kronen annehmen aus so unreinen Händen, daß sich mancher ehrenhafte Bettler besonnen hätte, aus solchen Händen einen Sou als Almosen zu empfangen, aus Angst, mit dem Sou Unheil und Schande wie mit einer fluchbeladenen Gabe heimzutragen — zu geschweigen der großen und kleinen, der schamlos offenkundigen wie meuchlerisch=heimlichen Ver= brechen, die man zu allen Zeiten begangen, um sich eines Thrones oder Thrönleins zu bemächtigen. Es muß also eine ganz eigene Bewandtniß haben mit einem bloß nominellen König, der noch dazu einer Familie angehört, deren Zweck und Bestimmung es

seit einiger Zeit scheint, sich in jedem Jahrzehnt irgend einen
europäischen Thron zu erwerben, ohne Rücksicht auf Nationalität,
Klima oder Religion, wenn dieser nominelle König endlich Ge=
legenheit hat, sich aus einer imaginären Größe in eine wirkliche,
aus einem bloßen Zähler in einen Nenner, in einen wirklichen
König, und zwar eines weit größeren Reiches zu verwandeln,
und diese Gelegenheit nicht bei der fliegenden Locke faßt, ja sie
kurzer Hand und schnell besonnen von sich weist, als brächte sie
in ihrer Schürze, nicht eine alte romantische Krone, um die einst
Habsburg und Bourbon, ja ganz Europa zwölf Jahre lang blutig
gestritten, sondern irgend ein dem Manne verächtliches Spielzeug.

Was bewegt den König=Vater Dom Ferdinand Koburg, eine
der Kronen Caroli Quinti so brevi manu und mit ernsthaf=
terer Handbewegung als die Cäsars auf dem Kapitol zu ver=
schmähen, und zwar in einem Augenblicke, da diese Krone durch
ein großes nationales Erwachen Aussicht auf neuen Glanz ver=
spricht? Er mag wohl ein halbes Dutzend guter Gründe haben,
die wir nicht kennen; aber einen, der ihm vielleicht selbst nicht
klar ist und der in der Diplomatie kaum erwähnt werden wird,
glauben wir zu errathen. Er liegt in den wenigen Worten ver=
borgen: Dom Ferdinand ist ein Künstler!

Es ist bekannt, daß die Ehe Ferdinands von Koburg und
der Donna Maria da Gloria viel glücklicher ausfiel, als die
unter ähnlichen Verhältnissen und Voraussetzungen geschlossene
der unschuldigen Isabella und Don Francisco's, die Wand an
Wand mit ihnen hausten. Donna Maria war allzeit getreu, der
Germane Ferdinand immer häuslich und voll Familiengefühls.
Die Interessen seiner Gattin machte er ganz und gar zu den
seinigen, und obwohl erst bei der Geburt seines ersten Sohnes
mit dem Königstitel geschmückt, nahm er sich doch im Stillen
der Regierung so weit an, als er es als treuer Freund und
Rathgeber der vertrauensvollen Frau mußte und als es die
Konstitution des Landes gestattete. In dieser Beziehung war er
noch ein angemessenerer Königin=Gemahl als Prinz Albert, der

sich durch seine Stellung gedrückt fühlte und an geheimem Ehrgeiz litt. Er war eine leichtere Natur, obwohl er andererseits,
was seine Pflichten und stille Wirksamkeit betraf, mit seinem
Bruder Leopold von Belgien einige Aehnlichkeit hatte. Er stellte
sich zu seiner Gattin ungefähr wie dieser zur belgischen Ver-
fassung. So bewahrte er sich die ruhevolle und heitere Gemüths-
stimmung, die ihm seinen Neigungen zu leben gestattete. Diese
aber gehörten vor Allem der Kunst! Wer jemals das alte
Moreskenschloß de la Pena in der Sierra de Cintra gesehen,
muß Dom Fernando für einen Künstler oder wenigstens höchst
künstlerischen Menschen halten. Aus Ruinen hat er ein Feen-
schloß gemacht, elende Fragmente zu einer moreskischen Romanze
voll Klang, Duft und Goldglanz neu gedichtet, und der Schatz
von Kunstwerken, den er darin aufgehäuft, bildet den würdigen
Kern dieser herrlichen, edlen Schale. Dort, wie in seinem
Palaste zu Lissabon, finden sich an den Wänden wie in zahlreichen Mappen neben den Kunstwerken der verschiedensten Meister die vielen eigenen Werke des Königs.

Dom Fernando ist nicht nur, wie La Pena beweist, ein Architekt, der sich mit ganzer Seele und schöpferisch in einen alten,
edlen, ganz eigenthümlichen und phantasievollen Stil mit ger-
manischer Empfänglichkeit hineinzuleben versteht, sondern auch
erfindungsreicher Zeichner, Kupferstecher und Aquafortist — und
dabei ein Sammler und Kunstverständiger, wie ihn manche Galerie als Direktor sehr wohl brauchen könnte. In allen diesen
Eigenschaften ist er für Portugal von außerordentlichem Werthe.

Für das arme Land — an dessen Schätzen die Jahrhunderte,
die Jesuiten und die Engländer lang gesogen — ist nicht nur die
Zeit der großen Seehelden, der Prinz Heinrich, Vasco de Gama,
Magellan, Albuquerque, die Zeit der Camoens, die Zeit der
großen Staatsmänner à la Pombal längst dahin, sondern auch
die Zeit der bedeutenden Künstler wie Gran-Varco, Sequiena,
Viera. Mit den künstlerischen und national-bewußten Epochen
ist auch der Sinn für die Kunst total abgestorben. Die Jesuiten

schufen eine Wüste nach der portugiesischen Renaissance, in der
noch viele Generationen weder säen noch ernten werden. Die
Errichtung eines Denkmals für den großen nationalen Dichter
war in neuerer Zeit wie eine traumhafte Erinnerung, wie eine
Bewegung im Schlafe — vielleicht aber auch nur eine mechanische
Nachahmung der allgemeinen europäischen Mode. In Portugal
wäre an vieles Große zu erinnern, vieles Verfallende zu retten,
vieles Versprengte zu sammeln gewesen, — es dachte kein Mensch
an diese Pflicht gegen das Schöne, die Geschichte und die Nation,
bis der Deutsche dahin kam. Er sah, was bis dahin kein Auge
gesehen; er restaurirte, er stützte, er sammelte, er kaufte, soweit
seine beschränkten Mittel reichten, und seine Zimmer in der Stadt
wie auf dem Lande sind eigentlich die einzigen Museen, die das
Land heute besitzt. Wer nach Portugal kommt, um portugiesische
Kunst und Geschichte zu studiren, muß sich direkt an den König-
Vater wenden.

Aber mit Museen allein war es nicht gethan; dem Lande
fehlen auch die Künstler. Dom Fernando gab ihm wenigstens
Einen — ein Schelm gibt mehr, als er kann — in seiner eigenen
Person. Wir wollen nicht übertreiben, wie man Das gern thut,
wenn man einen neuen Gegenstand aufs Tapet bringt und diesen
Gegenstand interessant machen will; wir werden nicht behaupten,
daß König Ferdinand in Kupfer sticht wie Keller oder Jakobi,
daß er zu ätzen versteht wie Rembrandt 2c., aber mit gutem Gewissen können wir behaupten, daß manche illustrirte Zeitung sich
Glück wünschen dürfte, besagten König als Mitarbeiter zu besitzen. Bisher ist das vielbewegte und bunte portugiesische Volks-
leben, sind die Straßenszenen von Lissabon noch von keinem
Künstler so geistvoll, wahr und dabei so humoristisch aufgefaßt
worden, wie von ihm. Ein Nachahmer kann er auf diesem Felde
nicht sein, weil er keinen Vorläufer hatte, und man kann nicht
behaupten, daß er Goya aus dem Spanischen ins Portugiesische
übersetzt habe, da er mit diesem noch nicht die entfernteste Aehnlichkeit hat. Daß er weit mehr ist als ein Dilettant, dafür spricht

die ausgeſprochene Individualität ſeiner Werke, in der ſich der
harmloſe Humor, die Gutmütigkeit ſeiner Seele, die ganze
Bonhommie ſeines Weſens aufs Treueſte wiederſpiegeln. Mit
wenigen Strichen, mit kleiner Uebertreibung könnte er ſeine Zeich=
nungen leicht in Karikaturen oder Satiren verwandeln; er macht
dieſe Striche nicht, er weicht der Uebertreibung aus und bleibt
bei ſcherzhafter Komik, bei gemüthlichem Humor ſtehen. Er iſt
freilich auch Karikaturen=Zeichner, aber bis auf dieſen Tag hat
er ſich als Opfer ſeiner Karikaturen nur die Vertrauteſten oder
die Geachtetſten und Ehrenwertheſten ſeiner Umgebung auserſehen,
von denen er ſicher iſt, daß der Scherz ſie nicht ſchmerzt oder
der ihnen ſchuldigen Ehrerbietung keinen Eintrag thut. Doch
auch dieſe Karikaturen ſind höchſt gutmüthiger Natur. Nur Eine
kennt man, die wirklich dieſen Namen verdient und ihren Gegen=
ſtand mit einiger Bosheit behandelt; dieſer Gegenſtand iſt aber
kein anderer als der Zeichner und König in höchſteigener Perſon.
Sie ſtellt ein Konzert bei Hofe dar, in welchem ſich der König
als Tenor und in armeniſcher Verkleidung mit ſeiner übertriebe=
nen Magerkeit neben der bekanntlich ſehr korpulenten Primadonna
Marietta Alboni in der That höchſt lächerlich ausnimmt, und je
lächerlicher die beiden Sänger durch den Kontraſt, deſto komiſcher
wirkt die Verzückung der Höflinge, die dem Duett zuhören. Ein
deutſcher Zeichner, der einen deutſchen Souverän ſo darzuſtellen
wagte, würde wegen Erregung von Haß und Verachtung und
Majeſtätsbeleidigung in eine der zahlreichen deutſchen Haus=
vogteien geſperrt werden.

Daß Dom Ferdinand auch am Tajo ein guter Deutſcher ge=
blieben, dafür ſprechen, neben den häuslichen Tugenden, deren
ſich die Deutſchen trotz ihres ausgebildeten Kneipenlebens ſo
gerne rühmen, auch die Gegenſtände ſeiner Zeichnungen, deren
Stoffe meiſt deutſchen Märchen oder deutſchen Dichtern ent=
nommen ſind, wie z. B. ſein „Pegaſus im Joche“, welches Ge=
dicht er als Adminiſtrator manchmal bis auf den Grund empfun=
den haben mag, oder ſeine Zeichnungen zum „Kater Murr“ von

E. T. A. Hoffmann. Wir kennen eine in diesen Zyklus gehörige Handzeichnung, und wir stehen nicht an, sie als eine durch und durch treffliche Illustration hervorzuheben. Dom Ferdinand ist überhaupt stark in Szenen aus dem Thierleben; die gequälten portugiesischen Pferde und Esel haben ihm manche rührend-komische Szene geliefert, aber sein „Kater Murr" ist ein Ausbund von katzenhafter Grazie und von Hoffmann'schem Humor zugleich. Der Ernst des memoiren-schreibenden, philosophischen Katers, der auf einem Haufen von Folianten sitzt, die Ueberraschung Kreislers, der ihn belauscht, geben ein dem Original vollkommen entsprechendes Bild, das noch durch die Einrahmung, welche aus lauter Katzen in den verschiedensten katzenhaften Stellungen besteht, ergänzt und abgeschlossen wird.

Für das nachhaltige Deutschthum des portugiesischen Königs spricht auch die Vorliebe, mit der er neben den Werken alter italienischer und niederländischer Meister selbst große moderne Bilder seiner Landsleute, wie Lessings, Heß' und Anderer, in Aqua forte reproduzirt — und für sein Familiengefühl und lebhafte Erinnerung an die Jugend die häufig vorkommende Widmung: „Meinem Bruder Leopold als Andenken an vergangene glückliche Zeiten."

Sonderbar ist, daß den regierenden Vetter Koburg-Gotha, den Schützenkönig und ruhmvollen Eroberer des Waldes von Schmalkalden, nicht eine einzige solche Widmung ehrt, obwohl der Tonsetzer von „Santa Chiara" sein Bruder in Apollo ist — denn Das haben wir zu sagen vergessen, daß Dom Ferdinand auch einiger musikalischer Kompositionen verdächtig geworden. Gewiß ist, daß er viel singt, daß er eine schöne Tenorstimme besitzt oder einst besessen und Frau Musikam in Ehren hält, soweit Das in Portugal bei dem großen Mangel an Musikern überhaupt möglich ist.

Die Vereinigung so vieler Eigenschaften in der Person Dom Fernando's motivirt der französische Kunstkritiker Alfred Bucquet, der sich lange in Portugal aufgehalten und den König

wie seine Talente kennen gelernt, damit, „daß er die edle Milch
jener mächtigen Amme eingesogen, die man Deutschland nennt;
daß die Grundlagen der Erziehung niemals verloren gehen,
welchen Verlockungen uns auch im späteren Leben das Schicksal
aussetzen möge ... König Dom Fernando," fährt Herr Bucquet
fort, „spricht sieben Sprachen; er ist ein ausgezeichneter Musiker,
wie (der Franzose sagt es) alle seine Landsleute ... er ist auch
Bildhauer. Wir kennen von ihm eine Reiterstatue des Marschalls
von Ranzau, die achtbare Eigenschaften besitzt, und er hat auch
das Getäfel im Schlafzimmer der Königin mit Bildern in Farben
geschmückt. Man erkennt da eine durch und durch deutsche, und
zwar eine höchst sorgsame deutsche Erziehung. Auch ist der König
ein Phänomen im heutigen Portugal."

Letzteres wollen wir gerne glauben, und wir sind überzeugt
daß die Portugiesen seinem Thun und Treiben ohne Ver- und
Bewunderung höchst phlegmatisch zusehen, diesem, wie Allem,
was in der Welt geschaffen wird, ihr beliebtes Wort entgegen=
setzend: „Das können wir Portugiesen auch, wenn wir nur
wollen."

Herr Bucquet hat auch viele schöne Worte für die Person
und den Charakter des Königs und meint, es sei unmöglich, ihn
zu sehen, ohne lebhafte Sympathie für ihn zu empfinden. Das
mag wahr sein, kann aber auch in der Leichtigkeit begründet
sein, mit der souveräne Häupter le commun des mortels
einnehmen. Wahr aber ist es jedenfalls, daß aus allen seinen
Werken ein glücklicher, heiterer, idyllischer Charakter spricht, den
man mit einem unsympathischen Wesen schwer oder gar nicht
vereinigen kann. Und dieser heitere, glückliche, idyllische, singende
Mensch, der die Genüsse des Schaffens kennt, die höchsten, die
immer gleichen, die das Privilegium nur bevorzugter Kreaturen
sind, die keine Krone der Erde aufwiegen kann — er soll sich
zum König von Spanien, zum Nachfolger einer Isabella machen
lassen?

Wir wundern uns nicht, daß er ablehnt; wir werden uns

verwundern, wenn wir hören, daß er doch angenommen, und
uns diesen Abfall von sich selbst nur mit seiner Vaterliebe erklären.

Kaiser Leopold meinte zwar, als Scarlatti bedauerte, daß
er nicht Musiker geworden, daß er sich so besser stehe — wer
aber das Glück des Schaffens wirklich kennen gelernt, wer mit
Recht ausrufen kann: Anch io son pittore! der läßt sich dieses
Glück nicht ablaufen mit Reichen, in denen die Sonne nie unter-
geht, am Wenigsten mit Reichen, in denen sie längst untergegangen.

(Oktober 1868.)

François Rude.

Rude, comme artiste, appartiendrait à Vasari;
comme homme, il tenterait Plutarque.
J. Rousseau.

Seit dem Tode François Rude's sind unzählige Artikel, ja
Bücher erschienen, welche Leben, Charakter und Werke dieses
großen Bildhauers mit Begeisterung rühmen und preisen. Wahr=
scheinlich wird man davon wieder Veranlassung nehmen, über
die Ungerechtigkeit der Menschen zu klagen, über ihre Bereitwillig=
keit, Todte zu apotheosiren, die sie bei Lebzeiten vernachlässigt
haben, und was dergleichen oft gerechte Klagen mehr sind. Dieß=
mal aber irrt sich das Publikum. Selten hat es wohl einen
Künstler gegeben, dessen Leben und Wirken mit gleich starker
Macht zu Lob und Preis herausforderten; selten einen, dem gegen=
über selbst der Neid das böse Wort so zu unterdrücken gesucht
hat, wie vor Rude. Aber das Lob mußte schweigen; die Be=
geisterung mußte sich in stille Verehrung umwandeln. Rude
haßte das Cliquenwesen und verabscheute die Lärmglocken, mit
denen sich moderne Künstler zu umgeben lieben. Nur seine Werke
sollten von ihm sprechen und sollten ihm Ruhm verschaffen, wenn
Das in ihrer Macht war. Den Freunden wurde Schweigen über
ihn und sein Wirken als die erste Bedingung fortdauernden freund=
schaftlichen Umganges auferlegt, und so gingen sie schweigend wie
eleusinische Eingeweihte umher und durften es Niemand verrathen,
daß in der bescheidenen Werkstatt der Rue d'Enfer unsterbliche

Werke geschaffen wurden, himmelweit verschieden von denen, die
alltäglich auf offenem Markte als Wunderwerke ausgerufen
wurden. Nun ist Rude todt, und die Schleusen der Herzen öffnen
sich, und Alles eilt, es dem Jahrhundert zu verkünden, daß mit
ihm der größte Künstler Frankreichs, das fleckenloseste Leben, der
edelste Charakter zu Grabe gegangen. Das lange unterdrückte
Lob macht sich Luft, und über dem Grabe ertönen die rühmenden
Fanfaren, schön zusammenstimmend, sanft gedämpft von Trauer,
doch hochfeierlich und Unsterblichkeit verkündend.

Neben dem Schweigen der Freunde gibt es noch andere tiefere
Ursachen, welche den Ruhm Rude's bei Lebzeiten nicht so hoch
aufwachsen ließen, als er seinem gesunden Keime nach hätte aufwachsen sollen. Rude war ein Fremder im modernen Frankreich.
Jede Zeit, die ihr Gebäude vollendet, läßt vorspringende Steine
an ihrem Gebäude, an denen die nachfolgende Zeit weiterbauend
anknüpfen kann. Aber die nachfolgende Zeit baut manchmal an
einem anderen Punkte an, und die vorspringenden Steine ragen
einsam, traurig, ruinenhaft in die Luft. Ein solcher vorspringen-
der Stein seiner Zeit, der besten und schönsten Zeit der französischen Revolution, war François Rude. Das moderne Frankreich
hat an einer entgegengesetzten Seite weitergebaut. F. Rude war
einsam, festgewurzelt in jenem Gebäude, das auf Grundsätzen
der Menschlichkeit, der Gerechtigkeit, der Wahrheit und Liebe
aufgeführt worden. Sein Atelier in der fernen und stillen Rue
d'Enfer ohne allen koketten Schmuck, wie ihn Künstler lieben,
um ihre Werkstatt interessant zu machen, nur mit Dingen angefüllt, die nothwendig zur Arbeit gehörten; in diesem Atelier
fleißige und verehrungsvolle Schüler, welche vor Eintritt in diese
Schule wissen mußten, daß sie allen Privilegien, allen Protek-
tionen entsagen, die ihnen in anderen offiziellen Werkstätten
winkten und ein sorgenfreies Leben versprachen, welche ferner wissen
mußten, daß hier nur Arbeit verlangt und nur Kunstbildung,
aber nicht der geringste weltliche Vortheil verheißen werde; in
Mitte dieser Schüler der Meister in einfachster Arbeitertracht, aus

dessen Zügen Strenge der Sitten, unüberwindliche Festigkeit der
Ueberzeugungen und außerordentliche, lächelnde Milde und Heiterkeit des Gemüthes sprechen, dessen Kopf wie von ihm selbst gemeißelt, dessen Hand Porphyr und Erz zu bemeistern geeignet
scheint — alles Das zusammengenommen bildet einen herrlichen
Anachronismus, in den man sich gerne vertieft, wie man sich in
den Traum von vergangenen großen Zeiten zu versenken liebt.
Wie gern hätte man oft stundenlang in diesem Atelier geträumt,
wenn man nicht gewußt hätte, daß der Meister die Träumer nicht
liebte, er, der immer thätig war und jeden Traum in eine That
verwandelte.

Doch erzählen wir das Leben dieses Künstlers, das an sich
ein tabelloses, harmonisches Kunstwerk war.

François Rude erblickte das Licht der Welt am 4. Januar
1784 zu Dijon in Burgund, und er war ein ächter Burgunder.
Im Ausland, wenn man von Frankreich spricht, hat man immer
Paris und die Zentralisation im Auge und mit einem gewissen
Rechte, denn Paris ist die Quintessenz Frankreichs, da seine Einwohner, von denen die Statistik behauptet, daß sie nicht die vierte
Generation erreichen, sich ununterbrochen aus der Provinz rekru-
tiren.   Aber die verschiedenen Volksstämme haben trotz der Einheit Frankreichs, von der so viel gesprochen wird, trotz der gewaltigen Zentralisation ihre Eigenthümlichkeiten, ihre verschiedenen Charaktere bewahrt bis auf diesen Tag.   Man konnte die
Namen und alten Gränzen der Provinzen aufheben, man konnte
den angeborenen Geist, die angeborenen Familien-Eigenthümlich-
keiten, Familien-Tugenden und Fehler nicht abschaffen.   Der
Kenner der Provinzen weiß, wie gewaltig noch heute der Unterschied zwischen Franzosen und Franzosen.   Wir wollen nur die
Hauptstämme mit ihren hervorstechendsten Eigenthümlichkeiten
erwähnen.   Der Bretone von alter, ungemischter Race, an der
entferntesten Gränze des Reiches wohnend, hat sich mit dem eigentlichen Frankreich und mit seiner Zeit niemals Eins gefühlt.   Er
liebt es, sich zu vertiefen, und lebt entweder in der Zukunft oder

in der Vergangenheit; träumend von dieser oder jene myſtiſch
oder auch rationaliſtiſch aufbauend. Abailard, Carteſius (ein
Bretone, obwohl durch Zufall in der Touraine geboren), Chateaubriand, Lamennais, Renan, Brizeur und andere größere und
kleinere Landsleute ſowie der ſpekulative und myſtiſche Geiſt der
Bretagne überhaupt ſprechen dafür. Wie ganz anders ſchon ſind
die benachbarten Einwohner der Touraine, des Blaiſois, des
Orleannais, überhaupt die Söhne des mittleren Frankreichs
geartet! Sie ſind die wahren Franzoſen, wie man ſie ſich allgemein im Auslande vorſtellt, wie ſie zumeiſt in der Geſchichte als
leichtſinniges Volk, als Musketäre, als geiſtreiche Spötter auftreten. Dieſe ſtehen immer und ganz in ihrer Zeit, ob ſie ſie nun
angreifen oder ſie nur beſpötteln, wie Rabelais, Courier,
Balzac ꝛc. Der Südländer der Gascogne, Languedocs, der
Provence gehört nicht ſowohl ſeiner Zeit als vielmehr dem Augenblicke an. Er läßt ſich hinreißen, er iſt voll Feuer und Pathos,
ein begeiſterter Apoſtel und Kämpfer für alle Beſchlüſſe, die er
ſelber faßt oder die Andere für ihn faſſen. Aber er gibt ſich
ſchnell auf und erſchöpft ſich im Pathos, und die Saaten, die er
geſäet hat, pflegt der Nordländer und trägt ſie heim. Darauf
verſteht ſich vorzugsweiſe der kluge, ausdauernde, kühle Nor-
mann mit ſeinen Nachbaren, den Pikarden u. A. Er bemächtigt
ſich des genialen Gedankens des Südländers und führt ihn prak-
tiſch aus; am Feuer der ſüdlichen Begeiſterung kocht er gemächlich
ſeine Suppe. So beherrſcht er den Süden. Zwiſchen dem Nord-
und Südländer ſteht der Burgunder, wohl der begabteſte und
tüchtigſte Stamm Frankreichs, der die Eigenſchaften der beiden
Nachbaren in ſich vereinigt. Er denkt und handelt; er faßt den
Gedanken und führt ihn ſelber aus und genießt ſelber die Früchte.
Das hat er ſeit den älteſten Zeiten in einer unendlichen Reihe
der verſchiedenſten Männer bewieſen, von Bernhard v. Clair-
vaux und früher angefangen über Buffon herab bis auf Monge
und Franz Rude.

Dieſer war ein ächteſter Sohn ſeines Stammes, denn er kam

aus den untersten ungemischten Klassen des Volkes. Sein Vater,
ein Schmied, war stolz auf seinen Stand wie auf sein Handwerk
und auf die Wohlthat, die er Frankreich durch Erfindung der
sogenannten „preußischen Kamine" glaubte erwiesen zu haben.
Er hatte diese Kamine auf seiner Wanderschaft durch Süddeutsch=
land kennen gelernt und paßte sie dem französischen Bedürfniß
an. Bald wurden sie in Dijon populär, und ihre Verfertigung
nährte ihn reichlich. Kein Wunder, daß er diesen Nahrungszweig
und die Ehre, die er mit sich brachte, auf seinen Sohn zu ver=
erben und seinen Namen auf ewig mit dem der preußischen
Kamine zu verschmelzen wünschte. Aber der kleine François
Rude hatte, bevor er den Schmiedehammer in die Hand nahm,
noch eine andere Schule durchzumachen.

Sein Knabenalter fiel in die heißeste Zeit der Revolution,
in jene Zeit, da man einander mit römischen Namen anrief und
so schnell als möglich, etwas treibhausmäßig, republikanische
Bürger großzuziehen suchte. Aecht französisch fing man damit an,
daß man schon acht= bis zehnjährige Knaben in die Uniform steckte
und aus ihnen Regimenter bildete, welche einen Theil der National=
garde ausmachten. Diese Regimenter exerzirten und machten
alle Festlichkeiten der wirklichen Nationalgarde mit. Des Morgens
erschienen sie auf dem Paradeplatz, des Abends führten sie auf
der Bühne, vor dem ganzen Publikum, um die Büste Marats
und Robespierre's militärische Evolutionen auf und sangen sie
mit ihren unschuldigen Stimmen unter enthusiastischem Applaus
das Lied Rouget de Lisle's. Am Sonntag marschirten sie in
die Kirche, wo ihnen ein Stadtrath eine Rede über die Tugenden
und Pflichten des Bürgers hielt. Alles Das war geeignet, Affen
oder Komödianten zu bilden; aber tiefere Gemüther erfassen
überall das Ernstere, und dasselbe Schauspiel, das den Einen
zum Gecken macht, ist geeignet, in dem Andern heldenmüthige
und männliche Gefühle zu wecken. Das Letztere war bei F. Rude
der Fall, der im Regiment Royal Bonbon diente und der sich
noch im spätern Alter mit Rührung des kindischen Spieles und

mit Ehrfurcht der Gefühle erinnerte, welche bei den ermahnenden
Worten des Bürgers Stadtrathes in ihm Wurzel faßten. Vielleicht,
daß eben in jener kindischen Zeit sich in ihm die Grundsätze
festigten, auf denen Rude sein Leben lang fest und glänzend da-
stand, wie eine Erzstatue auf ihrem Piedestal. Wenigstens zeigte
er schon damals einen Muth, eine Charakterfestigkeit, die des
künftigen heitern Stoikers würdig gewesen. Als nämlich nach
dem neunten Thermidor und dem Sturze der Bergpartei ein Theil
der Nationalgarde und mit ihr das Regiment Royal Bonbon aufgelöst wurde und die Waffen abliefern mußte, weigerte sich der
kleine Rude, sein civisches Recht des Waffentragens aufzugeben.
Trotz dem Beispiele, das ihm große und kleine Bürger gegeben,
trotz allen Drohungen behielt er seine Waffen und wußte er sie
so gut zu verbergen, daß er unter allen ausgeschiedenen Nationalgardisten Dijons der Einzige war, der im Besitze derselben verblieb. Was sollte man mit ihm anfangen? Konnte man den
zehnjährigen Bürger guillotiniren, unter einem Regierungswechsel,
der eben gegen die Guillotine gerichtet war? —

Kurze Zeit nach Auflösung des Regimentes Royal Bonbon,
sobald Rude den Blasebalg zu bewegen und einen Hammer zu
schwingen im Stande war, trat er in die Werkstatt seines Vaters
und begann seine Laufbahn, wie Quintin Messis, Peter Vischer,
Caffo Ferrato, als Zyklop. Sechs volle Jahre verbrachte er so
als Lehrling und Geselle seines Vaters, bis ihm sein Künstlerberuf durch einen Zufall enthüllt wurde. Ein rothglühendes
Eisen war ihm auf den Fuß gefallen und machte ihn während
mehrerer Wochen zur Arbeit unfähig. Als Rekonvaleszent an den
Krücken durch die Gassen schleichend, kam er an der neuerlich
durch Herrn Devosges gegründeten Zeichenschule vorüber, wo
eben die öffentliche Preisvertheilung stattfand. Rude trat ein.
Beim Anblick der ausgestellten Zeichnungen war es ihm, als ob
er auch Dergleichen zu schaffen im Stande wäre, und ein unwider-
stehlicher Drang, so zu thun, wie die preisgekrönten Schüler gethan hatten, bemächtigte sich seiner. Er hinkte nach Hause und

flehte seinen Vater an, ihm den Besuch der Zeichenschule zu gestatten. Nach langem Bitten wurde es ihm gewährt, täglich des Abends nach Schluß der Werkstätte die Schule auf zwei Stunden besuchen zu dürfen, aber auch nur unter der Bedingung, daß er niemals Künstler werde, daß er unter Tags mit dem Vater arbeiten und die in der Zeichenschule gewonnenen Kenntnisse nur zur Ausbildung und zum Schmuck des Handwerks verwenden solle. Daß Rude Letzteres gethan, beweist ein eiserner Balkon zu Dijon, dem man es ansieht, daß ihn ein kunstbegabter Schmied geschmiedet.

Schon nach einjährigem Besuche der Schule trug Rude drei Preise heim: den ersten Preis in der Ornamentirkunst in Gestalt einer goldenen Medaille; den zweiten in Gestalt einer silbernen für seine Zeichnungen nach lebendem Modell, und endlich ein Accessit für eine nach der Natur in Thon gemodelte Figur. Den Mangel an Zeit ersetzte der arme Schmiedegeselle, der den ganzen Tag den Hammer schwingen mußte, durch angeborenes Talent, durch Begeisterung für seine Kunst und durch jenes große Mittel, das er allen Künstlern als das wirksamste, als das am Sichersten zum Ziel führende empfiehlt: durch ausdauernden, hartnäckigen Fleiß. Devosges, der Direktor der Schule, der von Anfang an die große künstlerische und moralische Begabung seines Schülers erkannt hatte, stand ihm mit seinen einsichtsvollen und gesunden Rath-schlägen treu zur Seite. Bald wurde der Lehrer der begeisterte Freund seines Schülers, in dem er das verwirklichte Ideal Dessen sah, was er dereinst aus sich selbst hatte machen wollen. Es wurde das eine Freundschaft, die sich in aller Zukunft auch keinen Augenblick verleugnete. Sie fing damit an, daß Devosges seinem vielversprechenden Schüler Papier und Bleistift lieferte, die sich dieser aus eigenen Mitteln nicht anzuschaffen vermochte.

Die vielfachen Zeichnungen und Kopien nach Antiken und nach den größten Meistern der neuen Zeit, die Rude in der Akademie zu Gesichte bekam, machten ihn auf die Verschiedenheit der Auffassung und Ausführung, auf die Verschiedenheit der einzelnen Künstler und ihrer Werke und endlich auf die Verschieden-

heit der Zeiten, in denen diese Kunstwerke entstanden, diese
Künstler gelebt, aufmerksam. Der denkende Jüngling konnte sich
mit dieser äußerlichen Beobachtung nicht begnügen; er mußte
diese Erscheinung ergründen, und welch ein Feld des Studiums
eröffnete sich ihm damit! Mußte er nicht die Völker kennen lernen,
die solcher Ideale fähig waren? mußte er nicht einen Blick in
ihre Entwickelungsgeschichte werfen? und was hat sie begeistert?
und wer sind ihre Helden und Götter? und welche Mittel wandte
man zu allen Zeiten an, sie darzustellen? Wo sind die alten
Ueberlieferungen aufzufinden, die uns sagen, wie Ideal und
Wahrheit in Eins verwachsen? Geschichte, Mythologie, Poesie,
Geometrie, Anatomie und wie viel Anderes war noch zu studiren,
um all diese Fragen zu beantworten. Und so lag zwischen den
Stunden am Studirtische in der Dachstube und zwischen den
Stunden am Amboß oft nur ein ganz kurzes Stündchen Schlaf.
Wieder war es der edle Devosges, der zu diesen nächtlichen
Studien die Bücher und selbst die Kerzen lieferte. Damals legte
Rude den Grund zu den tiefen und ausgezeichneten Kenntnissen,
die ihn sein Lebenlang unter seinen Kollegen in der Kunst zu
einer auch in dieser Beziehung hervorragenden Erscheinung machten.

Diese Studien dauerten mehrere Jahre. In der Schule
glänzte er bereits als Künstler; im Umgang mit den Gebildetsten
seiner Vaterstadt als ein an Wissen sehr reicher Geist. So trat
die Disharmonie zwischen seiner Bildung, zwischen den Hoff=
nungen, die man von ihm hegte, und seiner täglichen Beschäf=
tigung immer greller hervor. Die Besten der Stadt bestürmten
den Vater, doch den so hochbegabten Sohn die Laufbahn, für
die er offenbar geboren war, ganz und ungehindert betreten zu
lassen. Lange umsonst. Endlich gab der Vater nach, und Rude
sollte den Schmiedehammer wegwerfen, um den Meißel zu er=
greifen. Da wurde der Vater durch eine Lähmung aufs Kranken=
bett geworfen, und die Ernährung der Familie fiel dem jungen
Künstler als unabweisbare Pflicht anheim. Als Schmied war er
noch nicht so weit, um das Geschäft des Vaters selbständig fort=

sehen zu können, und als Künstler? — er war noch ein Schüler, ohne Namen, ohne Geld und in einer Provinzstadt! Mit der ihm eigenen Charakterstärke entschloß er sich schnell, und wir sehen ihn plötzlich als Gesellen eines Zimmermalers, wie er Farben reibt, Schnörkel an Sims und Schränken malt und Fenster und Thüren anstreicht.

Aber Freund Devosges wird seinen Schüler und eine große Zukunft nicht so zu Grunde gehen lassen. Während Rude Fenster und Thüren anstreicht, eilt er von Haus zu Haus, ob er ihm nicht eine seines Talents würdigere Beschäftigung schaffen könnte. Dem unermüdlichsten Freundeseifer gelingt das Unwahrschein- lichste. In der guten Stadt Dijon wird es plötzlich Mode, nicht mehr, wie es alter Brauch gewesen, Familiengemälde aufzuhängen, sondern Familienbüsten aufzustellen, und Rude steht wieder vor Thon, ja selbst vor Marmor und versieht die Familien mit Laren und Penaten. Mehrere seiner Büsten machen Aufsehen. Herr Devosges — immer der gute Herr Devosges — hat nun den Muth, ihn dem kunstverständigen Herrn Fremiet, einem höheren Steuerbeamten, vorzustellen, für den er eine Büste seines Schwie- gervaters ausführen soll. So kommt Rude mit einer Familie in Berührung, die ihm eben so theuer wird wie Devosges und die auf sein ganzes Leben den entscheidendsten Einfluß ausübt. Rude wird bald so intim in der Familie, daß er sich leicht bewegen läßt, eine Stube im Hause anzunehmen, in der er seine Arbeit mit größerer Bequemlichkeit ausführen kann. Man lernt sich immer näher kennen, immer inniger lieben, und Rude ist ein Sohn des Hauses. So vergeht eine schöne und glückliche Zeit. Rude gewinnt genug, um seine Familie zu ernähren; er hat ein Atelier, er wird als Künstler betrachtet, er studirt, er arbeitet, er hat theuere und treue Freunde. Das Kriegsjahr 1805 droht, ihn sei- nem Glücke zu entreißen; denn Napoleon ruft Alles zusammen, was Frankreich an junger Kraft besitzt. Rude hat einundzwanzig Jahre und kann sich nicht länger der Konskription entziehen. Aber der gedankenlose Zufall, der ihn eine böse Nummer ziehen läßt,

wird durch die Freundschaft unschädlich gemacht, indem Herr
Fremiet von seinem bescheidenen Vermögen soviel hergibt, als
nöthig war, um einen Stellvertreter zu bezahlen. So vergingen
dann noch zwei glückliche und fleißige Jahre.

Endlich im Jahre 1807 entreißt er sich dem liebevollen Umgange und wandert, dem eigenen Drange und dem Rathe der
Freunde folgend, nach Paris, um die Welt zu sehen und in die
Schule größerer Meister zu treten. Mit einer Gipsstatue, die
einen Theseus vorstellte, und mit einem Empfehlungsschreiben
von Devosges bewaffnet, stellt er sich dem berühmten Denon vor.
Dieser nimmt die Theseusstatue für die Kopie einer Antike, und
über diesen Irrthum mehr erfreut als beschämt, macht er sich
zum Beschützer des jungen Künstlers, dem er den Eintritt in das
Atelier des Gaules verschafft, wo eben an der Vendomesäule
gearbeitet wurde. Ein Theil der Basreliefs am Piedestal wurde nach
einigen Probearbeiten sofort dem Neuangekommenen übergeben.
Zur selben Zeit öffnete ihm der Bildhauer Cartelier sein Atelier.

Wenige Monate darauf nahm er an dem Konkurs der Akademie Theil und gewann einen Preis, der ihm die Pforten dieser
pedantischen Schule öffnete. Mit dem Eintritt in dieselbe begann
für Rude eine Zeit, die er sein Leben lang als eine verlorene
betrachtete. Der offizielle, pedantische Unterricht, der dem Schüler
ein lebloses, aller Natur und Wahrheit widersprechendes Ideal
hinstellt, brachte ihn um alle Früchte, die er durch anhaltendes
Studium nach der Natur, nur seinem gesunden Sinn und den
guten Rathschlägen des Herrn Devosges folgend, mit Mühe und
Ausdauer errungen hatte. Eben so großer Mühe und Ausdauer
bedurfte er später, wie er oft versichert hat, um sich wieder von
den todten und starren Regeln zu befreien und zu den ersten un-
beirrten Anschauungen der Jugend zurückkehren zu können. Er
hatte wohl eine Ahnung, daß er sich auf schlechten Wegen befand,
und der Zwiespalt, der zwischen dem Schüler, der auf die Worte
des Meisters schwören muß, und der frischen, gesunden, unabhängigen Künstlernatur entstand, machte ihn um so unglücklicher,

als er zu gleicher Zeit sehr harte Kämpfe mit dem äußeren Leben
zu bestehen hatte. Diese Kämpfe, in denen Hunger, Elend, Entbehrung jeder Art die Hauptrollen spielen, sind in Künstlerbio-
graphien schon so oft geschildert worden, daß wir uns dabei nicht
länger aufhalten wollen. Wir wollen nur erwähnen, daß dieser
schreckliche, für Körper, Geist und Charakter oft so sehr gefährliche
Kampf bei Rude an fünf Jahre gedauert, daß er ihn nicht nur
nicht gebrochen, sondern im Gegentheil geläutert und gestählt hat
für das ganze künftige Leben. Arbeit und Entsagung bauten ihm
Brücken über die Abgründe, in die so Viele versinken, um nie
wieder aufzutauchen. Im Jahre 1812 steht Rude, der hungernde
Zeichenlehrer im abgeschabten Rocke, als ein Mann da, der sein
edles Ziel jenseits der Abgründe nicht einen Augenblick aus dem
Auge verloren, der dem schlechten Geschmack oder irgend einem
äußerlichen Bedürfniß nicht das geringste Zugeständniß gemacht,
der seine Unabhängigkeit und seinen ganzen Stolz bewahrt hat
und dem endlich eine gewichtige und dießmal fruchtreiche Lorbeer-
krone aufs Haupt gelegt wird. Er erhielt den großen römischen
Preis, jenen Preis, der dem Gekrönten eine Reise nach Rom und
mehrjährigen Aufenthalt in der ewigen Stadt sichert, Muße zur
Ausführung eines großen Werkes gewährt und der Anfang einer
ruhmvollen Laufbahn werden kann.

In Folge der Preiskrönung erhielt Rude sofort mehrere bedeutende Arbeiten, u. A. sollte er die Basreliefs für den Obelisken ausführen, welchen der Kaiser der „großen Armee" zu
Ehren in der Nähe des Pont-Neuf errichten wollte. Die Begeben-
heiten verhinderten dessen Ausführung. Rude verlor mit dieser
Arbeit, die ihn außerdem von der römischen Reise abhielt, nahe
an zwei Jahre. Erst im Jahre 1814 machte er sich auf, um vor
Allem seine Freunde in Dijon zu besuchen und dann dem gelobten
Lande der Kunst zuzueilen. Er befand sich eben in seiner Vaterstadt, als ganz Frankreich in ungeheure Aufregung gerieth, denn
Napoleon war von Elba zurückgekehrt. Alles, was frei dachte,
was das Vaterland liebte, was die fremde Einmischung verab-

scheute, kurz alle nationalen Parteien standen damals auf Seiten des Kaisers, um die Trikolore geschaart, gegen die Lilien. Doch erzählen wir die muthige Rolle, die Rude um diese Zeit zu spielen bestimmt war, mit den Worten eines vertrauten Freundes, dessen Aufzeichnungen, für Freunde abgefaßt, vor uns liegen. Dieser erzählt:

„Im Monat März 1815 befand sich die Herzogin von Angou-lême zu Lons-le-Saulnier; Marschall Ney war ihr mit einer Di-vision von 18,000 Mann dahin gefolgt, um den Eifer der Roya-listen in der Provinz zu schüren, dem Kaiser entgegen zu mar-schiren und ihn in seinem Vordringen aufzuhalten.

„Der Kaiser kam über Lyon und Chalons. Man wußte bald, daß die Regimenter Ney's über Auxonne auf Dijon losrückten. Die Dijoner Royalisten, auf die Armee zählend, hatten alle weiße Kokarden aufgesteckt und die Lilienfahne aufgepflanzt.

„Rude versuchte es mehrere Male, sich die Schlüssel zum Thurme „Logis-du-Roi" zu verschaffen, um die ungeheure weiße Windfahne an seiner Spitze mit den drei Farben zu bemalen. Der Thürhüter Droin, obwohl nicht ins Vertrauen gezogen, ver-weigerte sie ihm standhaft.

„Bei der Nachricht, daß das erste Regiment sich schon der Stadt nähere, hatte Herr Fremiet, der bei der Bonapartistischen Partei in großem Ansehen stand, die Absicht, die entschlossensten und thätigsten Gesinnungsgenossen zu versammeln, sich mit ihnen in die Berge zu werfen und sich dem Kaiser anzuschließen. Rude übernahm es, sie in einem gewissen Kaffeehause, unterhalb der Wohnung des Herrn Devosges, zu versammeln. Die Zeit drängte; die Stadt, angefüllt mit Soldaten, die weiße Kokarden trugen, hatte ein bedrohliches Aussehen. Wie sollte man die Bonapar-tisten über das Vorhaben belehren?

„Nach vielem Hin- und Hergehen tritt Rude in das Kaffee-haus; es war leer. Aber in einer Stube jenseits des Hofes findet er fünf Patrioten, die dreifarbige Kokarden tragen . . . . In diesem Augenblicke hört man die Trompete; es war die Avant-

garbe, die durch die Gaſſe Chabot=Charny einzog. Die ſechs
Männer, entſchloſſen troß ihrer kleinen Zahl, treten heraus und
ſtellen ſich vor dem Brettergerüſte des Theaters, an dem eben
gebaut wurde, in Schlachtordnung auf. — Ein Huſarenregiment,
mit langen Bärten und in Kalpaks, Schwert in der Fauſt und die
weiße Kokarde auf dem Kopfe, rückt geraden Weges auf ſie los.

„Vive l'Empereur! ruft die kleine Schaar. Wenn Rude
dieſe Epiſode erzählte, pflegte er zu ſagen: ‚Die Soldaten
brauchten nur ihre Degen zu ſenken, um uns an die Bretter zu
nageln.‘ Aber das erſte Peloton betrachtet die kleine Schaar, be=
trachtet die trikoloren Fahnen und Kokarden dieſer ſechs Männer,
macht ſeine Schwenkung und marſchirt ruhig in die andere Gaſſe.
Darauf rückt das zweite Peloton heran.

„Vive l'Empereur! ruft die kleine Schaar zum zweiten
Male und mit mehr Kraft. Die Soldaten ſehen ſie an, zaudern,
und wie „Schwenkt!‘ kommandirt wird, erwidern ſie mit dem
allgemeinen Ruf: Vive l'Empereur! Die Erſten, welche ſchwei=
gend vorbeigezogen waren, wiederholen nun dieſen Zuruf, welcher
ſich mit der Schnelligkeit einer Exploſion die ganze Linie des
Regimentes entlang fortpflanzt.

„Damals und in dieſem Momente geſchah es, daß ſich die
Diviſion des Marſchalls Ney an die Imperialiſten anſchloß .....

„Der Marſchall, der im Hotel de la Cloche wohnte, ſah ſeine
Truppen von ſeinem Balkon aus defiliren und empfing ihre
enthuſiaſtiſchen Zurufe ſelber mit Enthuſiasmus.“

Wir erzählen dieſe Epiſode aus dem Leben Rude's des hiſto=
riſchen Intereſſes wegen, nicht um ein Zeugniß für ſeinen Muth
abzulegen. Denn klein iſt dieſer Muth, ſich Bajonetten und dem
Schafotte entgegenzuſtellen, neben dem Muthe, den er bald nach
jenem hiſtoriſchen Ereigniſſe im Kreiſe ſeiner kleinen Privatwelt
zu zeigen hatte, neben dem höheren Muthe, einer ungewiſſen Zu=
kunft, allem Elende des Exiles und der gezwungenen Arbeit ent=
ſchloſſen entgegen zu gehen, eine glänzende und ſorgenloſe Laufbahn
aufzugeben, um einer Pflicht des Herzens freiwillig zu genügen.

Das Reich Napoleons war faul wie sein Herrscher und
dauerte nicht hundert Tage. Das Bourbonische Regiment machte
sich zu allen jenen Maßregeln der Rache und der Verfolgung bereit, die man unter dem Namen des „weißen Schreckens" zusam-
menfaßt. Kein Patriot war seines Lebens sicher; wer nicht von
den servilen Gerichten verurtheilt wurde, war in der Gasse und
im eignen Hause von der Rache fanatisirter Horden bedroht.
Rude, zu jener Zeit noch ganz unbekannt, blieb unverfolgt; Niemand achtete der Rolle, die er während der hundert Tage beim
Einzuge des Marschalls Ney zu Dijon und später als Freund des
Herrn Fremiet und als patriotischer Propagandist gespielt hatte.
Auch hatte er Paß und Reisegeld in der Tasche, um offiziell nach
Rom abgehen zu können. Aber Fremiet, ein Notable Dijons,
hatte an der Spitze der Burgunder Patrioten gestanden; auf ihn
richteten sich unmittelbar nach der Schlacht von Waterloo die
Blicke der wüthenden Royalisten, und gleich nach dem Falle von
Paris sollte er verhaftet werden. Gewarnt, entschloß er sich, die
Flucht zu ergreifen. Bewaffnet ging der junge Rude neben ihm
einher, durch die Nacht und auf abgelegenen Wegen von Dorf
zu Dorf schleichend. Oft waren der Flüchtling und sein Beschützer
in Gefahr, verrathen zu werden, denn überall lauerten die
Royalisten. Rude hatte jeden Tag, während der ganzen Wanderung, Gelegenheit, bald seinen Muth, bald seine Verschlagen-
heit zur Rettung seines Freundes zu beweisen. Durch hundert
Abenteuer gelangten sie endlich an eine Station, wo gute Pässe
für Fremiet bereit lagen und von wo aus er sicher über die bel-
gische Gränze gelangen konnte. Auf dieser gefährlichen und aben-
teuerlichen Wanderung trafen die beiden Flüchtlinge mit dem
ebenfalls flüchtigen Louis David, dem berühmten Maler, zusammen. Herr Fremiet war in Sicherheit. Aber Rude glaubte seine
Aufgabe noch nicht erfüllt. Er kehrte nach Dijon, wo ihm indessen
die Angeberei Schlingen gelegt hatte, zurück, ordnete die Angelegenheiten Fremiets und reiste endlich mit dessen Frau, beiden
Töchtern, einer Schwester und einer fünfundachtzigjährigen

Mutter dem Familienhaupte nach Brüssel nach. Herr Fremiet hielt sich für Alles, was er einst für den jungen Künstler gethan, durch Monate lange Gefahren, Mühen und Trangsale reichlich bezahlt und drang nun in Rude, seine Reise nach Italien anzutreten und die durch die politischen Ereignisse unterbrochene, so sehr hoffnungsvolle Laufbahn wieder aufzunehmen. Aber davon wollte Rude nichts hören. Ade, ersehntes Italien! Ade, Ruhm und Reichthum! Ade, Vaterland! Rude macht sich zum Exilirten und bleibt in Brüssel, um für seine Freunde, die durch die Verbannung aller Mittel beraubt waren, zu arbeiten und zu sorgen.

Ach! welche Kämpfe jetzt begannen! Kämpfe mit der täglich sich neu gebärenden Noth, Kämpfe mit der Sprödigkeit der Kunst, die nur dem ausdauerndsten Liebhaber ihre Gunst gewährt, und endlich jene unerquicklichsten Kämpfe mit der kleinlichen Eifersüchtelei, mit dem Künstlerneid, mit dem Kirchthurmpatriotismus. Brüssel besaß damals zwei sehr mittelmäßige Bildhauer, Godecharles und Van-Geel, welche für große Künstler galten und von einer Schaar von Trabanten umgeben waren. Diese thaten alles Mögliche, um den Fremden, in dem sie bald einen gefährlichen Nebenbuhler erkannten, zu unterdrücken, und da er doch nach und nach bekannt zu werden anfing, haschten sie ihm alle Bestellungen vor dem Munde weg, um ihn auszuhungern und zum Rückzuge zu zwingen. Der Architekt Vanderstraeten war klüger. Er suchte Rude nicht zu unterdrücken, sondern auszubeuten, nicht auszuhungern, sondern kümmerlich zu ernähren, um ihn in seiner Abhängigkeit zu erhalten und so lange als möglich zu benutzen. Vanderstraeten hatte im Auftrage der neuen holländischen Regierung mehrere öffentliche Gebäude und im Auftrage der belgischen Stände den Palast von Trevueren für den holländischen Erbprinzen aufzuführen. Rude, dessen großes Talent er zu schätzen wußte, half ihm sowohl bei Entwerfung der Pläne, als bei der Ausschmückung der vollendeten Gebäude mit allerlei Ornamenten, Basreliefs und Statuen. Der Architekt machte ihm große, eines großen Künstlers würdige Versprechungen und bezahlte ihn wie

einen gemeinen Arbeiter. Die Regierung, die ihre Paläste mit
so prächtigen Kunstwerken bevölkert sah, wurde wohl auf Rude
aufmerksam, aber sie hielt es nicht für gut, einen Verbannten zu
unterstützen, und erachtete es für klüger, die von der Zivilliste zur
Unterstützung der Künste ausgesetzte Summe in dem neu gewon=
nenen Lande zu ihrer Popularisirung zu benutzen und sie nur den
einheimischen Künstlern zufließen zu lassen.

Indessen aber wuchs doch der Name Rude's; die uneigen=
nützige Jugend erkannte den Unterschied zwischen ihm und den
einheimischen Größen, und die Schüler drängten sich in Menge
zu ihm. Er eröffnete ein Atelier in einer alten verfallenen Ka=
pelle, und in dieser Kapelle bildete der von Belgien so sehr ver=
nachlässigte und verfolgte Meister viele jener Künstler, die später
dem Lande Ruhm gaben und es als eines der Heimatländer der
Künste erscheinen lassen. Das Atelier schaffte Rude viele Freunde,
viele begeisterte Schüler, viele innere Befriedigung; seine materielle
Existenz verbesserte es nicht, denn es war gegen seine Grundsätze,
sich von seinen Schülern bezahlen zu lassen. Sein Unterricht war
eine freie Gabe, die er gern austheilte, wie ein Apostel seine
Lehren. Nur die Modelle mußten die Schüler bezahlen.

Eine Helferin erstand dem ringenden Künstler in Fräulein
Sophie Fremiet, die schon früher in Dijon eine der besten Schü=
lerinnen Devosges' gewesen und die jetzt der ebenfalls verbannte
David zu einer Künstlerin ausbildete, zu einer solchen Künstlerin,
daß er ohne Anstand manches ihrer Bilder mit seinem Namen
unterzeichnete. Diese trug nun mit einen Theil der Last, die sich
der edle Rude ursprünglich allein auferlegt hatte. Auch Herr
Fremiet hatte eine kleine Anstellung gefunden und schrieb außerdem
Abhandlungen über Kunst, die zu jener Zeit stark gelesen wurden.

So kam nach Stürmen einige Ruhe in dieses vielbewegte
Künstlerleben, und in dieser Ruhe bildete sich bald ein stilles,
idyllisches Glück. Im Jahre 1821 heirathete Rude die Tochter
seines Wohlthäters, Sophie Fremiet, und erreichte damit das
höchste Ziel irdischen Glückes, das er seit Jahren geträumt hatte.

Sophie Fremiet gab ihm sein Leben lang so viel Glück, als ein edles, anmuthiges, hochbegabtes Weib geben kann. Seine Häuslichkeit war voll stiller Zufriedenheit; in ihrem Schooße verflossen jene reichen Abende, von denen man noch heute in Brüssel zu erzählen weiß, jene Abende, wo Rude und David mit Freunden und Schülern über Kunst sprachen, oder wo bei erquickender Musik von der Arbeit des Tages ausgeruht wurde. Der Tag verstrich im Atelier, in der Mitte von Schülern, die begeisterte Freunde waren und die Arbeit des Meisters oft mit ihrem Gesange oder mit Musik begleiteten. Selbst in den härtesten Zeiten hatte Rude die ihm eigene Heiterkeit, Güte und Milde des Gemüthes nicht verloren; im Glücke traten alle diese Eigenschaften zugleich mit einer erhöhten Produktivität noch glänzender hervor.

So vergingen wieder Jahre. Rude hatte wieder ganze Paläste mit seinen Werken geschmückt, ohne dadurch an Ruhm oder Gold reicher zu werden. Zufällig kam ein alter Freund, der Bildhauer Roman, durch Belgien. Er sah die Werke Rude's und war erstaunt, diesen nach solchen Schöpfungen in so sehr bescheidenen Verhältnissen zu finden, und noch mehr erstaunt war er, daß sein Name noch ganz und gar nicht über die Gränze ins Vaterland des Künstlers gedrungen war. Er redete ihm zu, nach Paris zu übersiedeln, und Rude war um so leichter zu bewegen, als ihn sowohl wie seine Frau die Sehnsucht nach der Heimat zurückzog. So machte er sich denn im Jahre 1827 mit seinem Weibe und dem neugeborenen Sohne auf, um die Gränze des lang entbehrten Vaterlands zu überschreiten und als ganz unbekannter Mann in seinem dreiundvierzigsten Jahre eine neue Laufbahn anzutreten.

Aber es scheint, daß die Rückkehr ins Vaterland für ihn so viel wie eine Auferstehung bedeutete.

> Der Riese hat die Mutter berührt,
> Und es wachsen ihm neu die Kräfte.

Alles, was er in Belgien geleistet, steht tief unter den Arbeiten, die er auf französischem Boden ausführte. Während seiner

ganzen belgischen Zeit mußte er sich den Anforderungen Anderer
unterordnen und hatte er mit sich selbst zu kämpfen, um die
schlechten Gewohnheiten, die ihm die Akademie eingeimpft, wieder los zu werden. Seine ersten Arbeiten in Frankreich zeigen
ihn von der Schule emanzipirt, in seiner ganzen, ihm ganz allein
eigenthümlichen, von allem Angelernten befreiten und gereinigten
Urkraft. Es manifestirt sich der größte und eigenthümlichste Bildhauer des modernen Frankreichs.

Bei seinem Eintritt in Frankreich war jeder Schüler der
Akademie oder eines Ateliers bekannter als der dreiundvierzig-
jährige Rude; aber sein alter Lehrer Cartelier erinnerte sich sein
mit Liebe, und er war es, der ihm die erste Bestellung, eine Madonna für die Kirche St. Gervais, verschaffte. Diese und einen
Merkur, der sich die Sohlen unterbindet, zeigte er, in Gips ge-
gossen, in der nächsten Kunstausstellung dem Publikum. Aber
Niemand kümmerte sich um die Gipsarbeiten des Unbekannten;
und doch war es dieser Merkur, der bestimmt war, eines Tages
im Louvre unter den Meisterwerken aller Zeiten aufgestellt zu
werden. Charakteristisch für Rude ist es, daß zu seinen ersten
Arbeiten eine Büste Devosges', seines alten Lehrers und Freundes, gehörte, die er für seine Vaterstadt ausführte. Devosges,
der Edle, war indessen heimgegangen, und Rude arbeitete mit
Pietät am Monumente des Freundes, dessen Züge seinem Herzen
unverlöschlich eingegraben waren. Zu gleicher Zeit arbeitete er
auf Bestellung des Museums der Marine an einer Büste Lapey-
rouse's, des großen Seefahrers, und diese Bestellung war für
seinen Ruhm entscheidend. Nicht die Büste selbst war es, die
diese Entscheidung herbeiführte; es war ein Stück Marmor, das
von dem zur Büste bestimmten Blocke übrig blieb. Schon lange
hatte sich Rude gesehnt, eine selbständige Komposition in Marmor
ausführen zu können, denn in Marmor, meinte er, werde er
am Besten zeigen, was er zu leisten im Stande sei. Aber es
fehlte ihm an Geld, um einen Marmorblock zu bezahlen, und so
begnügte er sich mit dem kleinen Abfall jener Büste, um ein

Meisterstück zu schaffen, das, als es endlich im Jahre 1833 ausgestellt wurde, die ganze Künstlerwelt in Aufruhr brachte und
Rude mit einem Male an die Seite der gefeiertsten Bildhauer
stellte. Wir meinen den „Fischerknaben, der mit einer Schildkröte
spielt," jene reizende Schöpfung, die man heute im Louvre sehen
kann und die viel mehr in der benachbarten Galerie der Antiken
zu Hause zu sein scheint, als unter den modernen Bildwerken.
Nur die neapolitanische Fischermütze verräth es, daß wir ein modernes Werk vor uns haben.   In der That behaupteten die
Klassiker gleich beim Erscheinen dieses Werkes, daß sein Schöpfer
zu ihrer Partei gehöre, während im Gegentheil die Romantiker
geltend machten, daß die Natürlichkeit, die freie Grazie, die Abwesenheit alles Traditionellen Rude zu einem Romantiker stempele.
Der Streit der beiden Lager der Klassiker und Romantiker, der
damals in vollen Gluthen stand, trug nur dazu bei, den Ruhm
Rude's und seines Werkes zu erhöhen, seines Werkes, das er unter
Noth und Entbehrung ausgeführt hatte. Er mußte an demselben
das Gröbste der Arbeit selbst übernehmen, und um während der
Zeit nur leben zu können, war er gezwungen, einen Theil von
seiner und seines Weibes Garderobe zu verkaufen. Auch die Fanfaren, die seinen Ruhm verkündeten, hörte er nicht, denn sie wurden
von den Schlägen des Hammers übertäubt, der eben die Nägel in
den Sarg seines einzigen, geliebten, hoffnungsvollen Sohnes schlug.

 Sprechen wir nicht ausführlicher über diesen großen Schmerz,
den auch Rude in das Leichentuch eines ewigen Schweigens gehüllt hat. Die Lücke in seiner Häuslichkeit suchte er durch die
Adoption einer Nichte, die Leere in seiner Zukunft durch die
Schöpfung unsterblicher Werke auszufüllen.

Schon die Bourbonische Regierung, auf Rude's Genie durch
seinen Merkur aufmerksam gemacht, hatte liberal genug gedacht, um
den Republikanismus des Künstlers zu vergessen, und hatte, nur
die Schönheit des Nationalwerkes bedenkend, ihm die Ausführung
des Arc de l'étoile überlassen wollen. Ein Theil des Frieses war
vollendet, als die Julirevolution ausbrach und die Ausführung

verhinderte. Als man sie wieder aufnahm, sollte sie aufs Neue
Rude übergeben werden und zwar auf Veranlassung Thiers'.
Dieser Minister, ein ausgezeichneter Kunstkenner, der sich in seiner
Jugend, ehe er sich in die politische Schriftstellerei geworfen, vorzugsweise mit Kunst und Kunstgeschichte beschäftigt hatte, gehörte
zu den Ersten, die Rude's großes Talent und ihn als unter den
lebenden Künstlern weit hervorragend erkannten. Kaum an die
Regierung gelangt, bestellte er bei ihm eine Kopie seines Merkur
und veranlaßte er die Uebertragung der Skulpturarbeiten am
Arc de l'étoile an Rude. Aber in einem Lande, wo Alles von
der Regierung zu leben gewöhnt ist, mußte eine solche Maßregel
einen Aufruhr in der Künstlerwelt erregen. An einem National-
werke, hieß es, müssen alle nationalen Talente arbeiten; Jeder
muß etwas von der ausgesetzten Summe in seiner Tasche nach
Hause tragen. Der Sturm war so groß, daß Thiers weichen
mußte, und vom ganzen Arc de l'étoile blieb nach langen Kämpfen für Rude ein einziges Basrelief übrig. Es ist das „le Dé-
part" oder der Abmarsch der Freiwilligen zur Vertheidigung des
Vaterlandes; ein Basrelief, das unstreitig zu den größten Skulp-
turwerken der letzten Jahrhunderte gezählt werden muß. Dieses
sein Basrelief ist ein großes, erhabenes Epos. Ich habe es nie
gesehen, ohne an die Verse Homers zu denken, da Eris die
Achaier zum Kampfe ruft; sie geben am Besten eine Idee vom
Charakter wenigstens eines Theils dieses Werkes, und wir setzen
sie darum hierher:

> Zeus nun sandte daher zu der Danaer Schiffen die Eris,
> Welche zu schrecklichem Wehe das Kriegsgraun trug in den Händen,
> Und sie betrat des Odysseus gewaltiges, dunkeles Meerschiff,
> Welches die Mitt' einnahm, daß beiderseits sie vernähmen . . . .
> Allda stand die Göttin und schrie, machtvoll und entsetzlich
> Laut in Achaias Heer und rüstete jeglichen Mannes
> Busen mit Kraft, unlässig zu streiten im Feld und zu kämpfen.

So ist die Göttin des Krieges, die, machtvoll und entsetzlich
schreiend, den Helm auf dem Kopfe, mit nacktem Schwert auf

ben Feind deutend, mit grauenvoll ausgebreiteten Flügeln über
die obere Hälfte des Bildes dahinfliegt. Ihrem Geschrei entspricht
die Bewegung, die unter ihr entsteht. Da sind Greise, die zum
Kampfe ermahnen, Jünglinge, die dieser Ermahnung nicht bedürfen und vorwärts stürzen; der Eine stößt in die Trompete, um
das ganze Land aufzurühren, der Andere spannt den Bogen, der
Dritte schwingt das Schwert, der Vierte sprengt auf wildem
Schlachtrosse daher. Im Vordergrunde, gleichen Schritts und mit
verschlungenen Armen, schreiten ein reifer Mann und ein kaum
dem Knabenalter entwachsener Jüngling; das Gesicht des Mannes
strahlt dieselbe Begeistrung, dieselbe Kampflust, wie das des Jünglings; das des Jünglings dieselbe ruhige Entschlossenheit und
Größe, wie das des Mannes. Alles schreit und bewegt sich. Der
ganze Stein wiederhallt von Kriegslärm, als wäre es ein Felsen-
gebirge, in dem Hunderttausende eine Völkerschlacht schlagen.
Man glaubt, eine Armee zu sehen und zu hören, und es sind ungefähr zehn Figuren. Niemals vielleicht ist in einem Basrelief
mit so geringen Mitteln eine so große Wirkung erzielt worden.
Man muß dieses Werk gesehen haben, um zu wissen, wie sehr
der kalte Stein das Herz vor Aufregung, vor edlem Schauer er-
zittern machen kann. Dieser Stein ist das Denkmal Rude's; so
lange er der Zeit widersteht, so lange wird der Name Rude's
als der eines großen Künstlers im Andenken der Welt fortleben.

Nach dem Basrelief sollte Rude noch die Ornamentirung
des Triumphbogens übernehmen, aber er gab sie auf, da er die
Anforderungen der Regierung nicht mit denen seines Künstler-
gewissens vereinigen konnte. Es war in Louis Philipps Politik,
öffentlich den Napoleonisten zu schmeicheln, aber im Geheimen
sein Möglichstes zu thun, um die Erinnerungen an das Empire
zu unterdrücken. So wollte er denn manche der Felder am Napoleonischen Triumphbogen mit Allgemeinheiten ausgefüllt und
in den Ornamentirungen, die auf den kaiserlichen Adler berechnet
waren, den gallischen Hahn angebracht sehen. Durch all Das
wäre der Charakter des Denkmals verwischt, seine künstlerische

und hiſtoriſche Einheit geſtört werden. Rude war nicht der Mann, um ſolche Zugeſtändniſſe zu machen, und er zog ſich einfach zurück. Thiers, der den Künſtler für ſo viele Enttäuſchungen ſchadlos halten wollte, benutzte jedes ſeiner Miniſterien, um ihm wieder= holt Stellen, Aemter, Titel und allerlei Ehrenbezeigungen anzu= bieten. Der Stoiker Rude dankte. „Ich habe, was ich brauche.“ Was ſollte man mit einem Künſtler anfangen, der den Orden der Ehrenlegion, den man ihm ins Haus ſchickte, niemals trug? der den römiſchen Preis, den er in ſeiner Jugend gewonnen hatte und den man ihm aufs Neue zur Benutzung anbot, nicht annahm? den man auf die Liſte der Akademiker ſetzte und der ſich wieder ausſtreichen ließ, weil er zu beſcheiden war, um ſich auf den Platz zu ſetzen, von welchem der Tod eben ſeinen Freund Roman entführt hatte? mit einem Künſtler, der jedes Mal über die Summen erſtaunt war, die man ihm für ſeine Arbeiten be= zahlte, ſelbſt wenn dieſe Summen die Koſten der Arbeit kaum überſtiegen? Der Herzog von Luynes, der bekannte Mäcen, für den er die Reiterſtatue Ludwigs XIII., des Connetables und andere Skulpturen angefertigt, weiß davon zu erzählen, wie ſchwer es ihm geworden, Rude auf eine würdige Weiſe für ſeine Arbeiten zu belohnen.

Die Anträge des Miniſters zurückzuweiſen, wurde Rude ſehr leicht, — er verachtete alle die hergebrachten Ehren, und er hatte keine Bedürfniſſe. Gegen Ende der Dreißiger Jahre brachte er es endlich nach ununterbrochener Arbeit und Anſtrengung zu einer Rente von 1200 Frcs., und nun erklärte er ſich für alle Zukunft geborgen und unabhängig. Noch glücklicher als in dem Bewußt= ſein dieſer Geborgenheit hatte er ſich ſchon einige Jahre vorher gefühlt, als er es dahin gebracht, in dem ſtillen Thale der Bievre ein kleines Bauernhaus kaufen zu können. In dieſem ſtillen Aſyle verbrachte er mit ſeiner Familie und einigen intimen Freunden die Sonntage; die Wochen vergingen in beſtändiger Arbeit in ſeinem Atelier in der Rue d'Enfer, in der Mitte ſeiner zahlreichen Schüler. Bei der Arbeit ließ er ſich vorleſen

meift aus bem Plutarch. Von Zeit zu Zeit unterbrach er ben
Vorlefer mit bem Ausruf: „Quels hommes! quels hommes!
Fumons une bonne pipe!“ So verfloß fein Leben auf ein=
fache Weife, ohne viele äußerliche Abwechslung, unb ba es nicht
ber Zweck biefer Skizze ift, bie Gefchichte unb Befchreibung feiner
zahlreichen Meifterwerke zu geben, fonbern nur fein Leben zu er=
zählen, fo finb wir, ba wir ihn aus ben Stürmen in ben Hafen
begleitet haben, eigentlich mit unferer Aufgabe zu Enbe. Ich
habe nur noch zu erwähnen, baß er enblich im Jahre 1843 bie
langerfehnte Reife nach Italien angetreten. An ber Seite eines
Freunbes burchflog er bie an Kunftwerken reichften Stäbte, unb
verjüngt kehrte er unb mit neuem Muthe in fein ftilles Atelier
zurück. Sogleich nach feiner Rückkehr zerftörte er feine kleine
Statue, „Arifte, bie Bienen beweinenb,“ baffelbe Werk, für bas
ihn bie Akabemie gekrönt hatte, bie Akabemie, bie fich einbilbet,
baß man in Italien bie Beftätigung ihrer Regeln finbet. Rube,
nachbem er bie Antiken unb bie großen Werke ber Renaiffance
gefehen, fcheint anberer Meinung gewefen zu fein.

Von ben Werken, bie er nach feiner italienifchen Reife ge=
fchaffen, erwähnen wir als bie vorzüglichften nur bie Statue Na=
poleons, bie fich auf einem Lanbgute in ber Nähe von Dijon
befinbet unb bie ein Grenabier von Elba beftellt hatte, unb bas
Grabmonument Gobefroy Cavaignacs, bas im Jahr 1847 voll=
enbet wurbe unb auf bem Friebhofe Montmartre zu fehen ift.
Eine franzöfifche Zeitung fagte bei Gelegenheit ber Enthüllung
biefes Denkmals: „Der Künftler, ber fern lebt von Coterien,
von Kabalen, von Gunftbezeugungen, ber in feiner Ehrenhaftig=
keit unb feiner Kunft alt geworben, ber fich in feiner Ueber=
zeugung unb in feinem Gewiffen verfchanzt hat wie in einer
uneinnehmbaren Feftung, ber weber mit einem Orbensbanb ge=
fchmückt, noch penfionirt, weber Akabemiker noch Hofmann ift,
ber nur bie Ehren feiner Werke unb feines Lebens trägt, —
ber Künftler enblich, ber bie Revolution fo gemeißelt hat, wie
fie hätte fein können, mit ihrem großen Kriegsgefchrei unb ihrer

unbesiegbaren Spannkraft, dieser Künstler mußte der Darsteller
eines der edelsten Kinder der Freiheit, Godefroy Cavaignacs,
werden. Gewiß, der Künstler und der Held waren für einander
geschaffen."

Im Jahre 1848 wurde Rude von seiner Vaterstadt Dijon
auf die Kandidatenliste für die Nationalversammlung gesetzt, aber
er trat zurück, um einem Andern Platz zu machen, den er für
befähigter zu diesem Posten hielt. Dafür wurde er von jener
Zeit an, da die Künstler selbst und nicht mehr die Regierung
die Geschworenenliste für die Kunstausstellung aufzusetzen hatten,
einstimmig in die Künstlerjury gewählt, ein Beweis des allgemeinen Vertrauens, das seine Kollegen in sein Urtheil sowohl
wie in seine Ehrenhaftigkeit und Gerechtigkeitsliebe setzten. Als
die Regierung später den Künstlern wieder das allgemeine Stimm-
recht entzog und das Privilegium, die Geschworenen zu ernennen,
der Akademie zurückgab, wagte diese es nicht, der öffentlichen
Meinung entgegenzutreten, und einer der ersten unter den von
ihr ernannten Geschworenen war wieder François Rude. Diese
Erfolge waren dem Einsamen viel theurer, als alle anderen sonst
von Künstlern angestrebten Auszeichnungen. Doch nahm er sie
mit Ruhe hin; aber in wahrhafte Aufregung versetzte ihn der
letzte, ach, der allerletzte seiner Siege, die Auszeichnung, die ihm
die Jury der allgemeinen Ausstellung des Jahres 1855 zu Theil
werden ließ. Die große goldene Medaille, die ihm die Auser-
wählten aller Nationen, gewissermaßen die Deputirten der ganzen
europäischen Kunstwelt, in erster Reihe zusprachen, erfüllte seine
Bescheidenheit mit Staunen. Mit wahrhafter Naivität versicherte
er seine Freunde, daß er dieses Phänomen nicht begreife, daß es
ihm aber trotzdem eine tiefe Freude verursache. Diesen Freunden
gereicht es, rückblickend, noch zu einem besonderen Trost, daß
Rude diesen Triumph erlebte, denn schon stand in jener Zeit der
Tod an seiner Pforte.

Bereits während seines Amtes als Kommissär der Kunstausstellung war er mehrmals ungewöhnlich angegriffen und müde.

Manchmal, wenn er geschäftig und gewissenhaft arbeitsam wie immer durch die Säle ging, fühlte er sich plötzlich von Schwindel überfallen und war er gezwungen, der nächsten Bank zuzuwanken oder sich an die Wand zu lehnen, um nicht hinzufallen. Am 30. Oktober zeigte sich, während des Gastmahls, das die Regierung den Jurymitgliedern gegeben, abermals dieses beunruhigende Symptom. Er kehrte früh nach Hause zurück, hatte aber nicht mehr die Kraft, in seine Stube zu gelangen. Er blieb auf der Treppe sitzen, ohne Jemand herbeizurufen. So fand ihn Madame Rude, welcher er durch sein Schweigen den Schrecken ersparen wollte. Das treue Weib brachte ihn unter Schluchzen und Klagen ins Bett, aus dem er sich aber schon nach drei Tagen und, wie es schien, vollkommen wohl erhob. Er will nur noch eine Pfeife rauchen und sich dann ins Atelier begeben, um die seit einigen Wochen begonnene Arbeit, eine Büste seines ersten Freundes und Wohlthäters Devosges, wieder aufzunehmen. Aber die Pfeife ist noch nicht ausgeraucht, als der Schwindel wiederkehrt. Madame Rude sieht, wie er bleich wird, und führt ihn, der sich plötzlich erhoben und einige rasche Schritte durch die Stube gemacht hatte, zum Sopha zurück. Er will sprechen und bringt nur, auf das Herz deutend, die Worte „hier schmerzt es" hervor. Darauf streckt er die Arme aus, fällt auf das Sopha zurück, und ein schmerzliches Ach! beschließt ein langes, edles, von keinem unreinen Moment beflecktes Leben.

Rude schlummert auf dem Kirchhofe des Mont-Parnasse. Seine Sargträger waren Ary Scheffer, Heim, Dumont, Noisot. Villaumé, der Historiker, sprach an seinem Grabe. Auch einige seiner Schüler wollten sein Lob aussprechen; sie gaben es auf; es kam Keiner zu Worte vor hervorstürzenden Thränen.

Mit François Rude ging der größte Künstler Frankreichs und einer der edelsten Charaktere seiner Zeit zu Grabe.

(1857)

Beranger.

Ma muse c'est le peuple
Mes chansons c'est moi...
                    Beranger.

An einem schönen Junimorgen des Jahres 1846 wanderte
ich an der Seite meines Freundes Venedey jener entlegenen und
einsamen Gegend zwischen der Barrière de l'étoile und der
Barrière du Roule entgegen, um von ihm dem mir theuern
Chansonnier vorgestellt zu werden. Damals war dieser entfernte
Winkel der großen Stadt noch nicht in ein elegantes Viertel verwandelt. Die Gassen Chateaubriand, Byron, Balzac waren
kaum angefangen und bestanden mehr aus Gartenmauern denn
aus Wohnhäusern. Akazien und allerlei Fruchtbäume umgaben
die einzeln stehenden, kleinen Häuschen; ja selbst ein kleiner Hain
von Tannenbäumen erfüllte die Luft mit jenem wunderbaren,
geheimnißvollen Sausen, das vom Geräusche in den Gassen so
unendlich verschieden ist, und durch das Tannenrauschen und
Gesause erscholl Vogelgesang. Man glaubte auf dem Lande zu
sein, in einem Dorfe, das einige Glückliche procul negotiis,
nach überstandenen Kämpfen und Leiden angelegt haben. Auf
dieser glückseligen Insel, in einem einsam stehenden Hause mit
Gärtchen wohnte der populärste Mann des modernen Frankreichs
und der größte Dichter seiner letzten zwei Jahrhunderte. Er empfing Venedey, den er seit Jahren kannte und schätzte, und des
Freundes wegen auch mich mit so schöner Herzlichkeit, daß ich

mich neben dieser großen Berühmtheit, der ich mich in meinem jungen Enthusiasmus nur mit Herzklopfen näherte, schon nach wenigen Minuten ganz gemüthlich fühlte. Der würde Beranger großes Unrecht gethan haben, der sich in seiner Nähe, trotz der feinen Ironie, die auf den feinen Fältchen seines Gesichtes lagerte, trotz des eindringenden Scharfblicks, der aus den blauen Augen drang, auch nur einen Augenblick länger, als es die hohe Verehrung für den genievollen Dichter erforderte, beengt gefühlt hätte. Der vorherrschende Charakter seines Wesens war hohe Milde, Versöhnlichkeit, ausgleichende Weisheit. Das machte den Fremden etwas betroffen, denn man fand einen Philosophen, oder besser, einen Weisen, wo man eine glänzende Berühmtheit, eine lärmende Popularität oder sogar einen ausgelassen lustigen, manchmal boshaften, Throne unterminirenden Chansonnier gesucht hatte. Der Mann im blauen Schlafrocke, mit dem Sammetkäppchen auf dem kahlen, runden Dichterschädel, den lange, graue, über den Nacken herabfallende Locken bekränzten, der Mann mit dem großen blauen Auge, mit dem sehr großen, etwas sinnlichen Munde, mit der dicken volkthümlichen Nase, mit den unzähligen kleinen Fältchen und dem so überaus klugen Ausdrucke im Gesichte — der Mann, der in dem kleinen Salon so gemüthlich dasaß und plauderte und mit einem Worte, mit einer Miene seinen Gast ganz und gar à son aise setzte, der Mann war der vollendetste Weltmann; er hatte, wie Goethe von einer Frau sagte, nicht nur Welt, er hatte die Welt. Wort, Miene und Geberden vereinigten sich bei ihm aufs Ungezwungenste zum harmonischen und anmuthigen Konzert und machten aus dem volksthümlichen Dichter, den der Mann der Last und Arbeit und des Schmutzes wie einen Gott verehrte, auch äußerlich den vollendetsten Gentleman.

Von sich selber sprach er wie von Andern mit der größten Objektivität, mit jener Freiheit des Geistes, die man erst nach einem langen Leben, nachdem man viele abgeschlossene Perioden hinter sich hat, zu erringen im Stande ist. So erzählte er auch

einzelne Ereigniſſe aus ſeinem Leben, als ob er Geſchichte ſchriebe,
und urtheilte er über ſeine Leiſtungen wie ein Literaturhiſtoriker,
ohne gemachte Beſcheidenheit und mit milder Strenge. Wider⸗
ſprach man ihm, nahm man ihn gegen ihn ſelber in Schutz, ſo hörte
er gerne zu und geſtand es lächelnd, wie ſehr froh er ſei, wenn
man ihn widerlege, die Chanſon als eine höhere Dichtungsart
anerkenne und ihm das Verdienſt zuſchreibe, dieſelbe vervoll⸗
kommnet und ihr eine höhere Stimmung gegeben zu haben. Daß
Beranger an der Kraft und Ausgiebigkeit der Chanſon eben ſo
wohl wie an ſeinem Talent, ſie zu erweitern, lange gezweifelt
habe, weiß ich von Dupont (de l'Eure). Der alte, ehrwürdige
Republikaner erzählte, wie ihn der Dichter einſt in ſeine kleine
Wohnung beſchied, in welcher er mehrere ſeiner intimſten Freunde
verſammelt fand. Beranger ſchien ein wenig verlegen und hatte
offenbar etwas auf dem Herzon. Endlich zog er ein Papier her⸗
vor und ſagte: Ich habe hier eine Chanſon ganz neuer Art, die
ich eurer Beurtheilung vorlegen will; aber ich fürchte, zu arrogant
zu ſein und der Chanſon mehr zuzutrauen, als ſie ihrer Natur
nach vertragen kann. Kann man ein Stück ernſter Philoſophie
in einer heitern Chanſon heiter vortragen, ohne die Würde des
Gedankens zu ſchänden? C'est ce que vous me direz. — Und
ſo ſprechend, begann er den Freunden das ſo bedeutungsvolle
Lied: Le Dieu des bonnes gens, vorzuleſen. Die Freunde
brachen in Lobpreiſungen aus, und Beranger war glücklich. Von
nun an, ſagte er, halte ich keinen Gedanken für zu groß, um
in einer Chanſon ausgedrückt zu werden; ſie hat einen Schritt
vorwärts gethan.

Dieſe Anekdote iſt charakteriſtiſch für Beranger und malt ihn
ſo, wie ich ihn gefunden habe. La Chanson, ſagte er mir,
vient du coeur, mais elle doit passer par la tête. Er war
eine naive, mit der Kraft des Gedankens ausgerüſtete Natur,
und er hat ſich zum Künſtler ausgebildet. Mit Hülfe der Re⸗
flexion kam er dahin, urſprüngliche, einfache, wie tiefe und
ernſte Gedanken in kombinirten Schöpfungen naiv auszudrücken;

bemächtigte er sich mehr als irgend ein anderer zeitgenössischer
Dichter aller Mittel, die ihm seine Sprache geboten, und schuf
er sich neue; wußte er aus der modernen Bildung und aus der
Zeitgeschichte jene Elemente herauszugreifen, die unmittelbar aus
den Nationen kommen und, geformt und poetisch gestaltet, mäch:
tiger auf sie zurückwirken mußten. Dieß Alles ohne die merkbar
verstimmende Absicht, geistreich zu erscheinen. Naiv im gewöhn:
lichen Sinne sind nur Diejenigen zu nennen, die, wie ich bei
meinem ersten Besuche, in Beranger einen naiven Menschen zu
finden erwarteten. Nur bedeutende Geister, die sich gebildet, die
geforscht, gesucht und mit Mühe gearbeitet haben, bringen es zu
der hohen Kunstfertigkeit, die Beranger auszeichnet. Frische,
selbst unausgebildete Geister werden im gegebenen, günstigen
Momente Volkslieder schaffen, die weiter gesungen werden, weil
sie einem gewissen Moment, einem gewissen Ereignisse, einer ge:
wissen Privatstimmung entsprechen; nationale Gesänge, wie die
Beranger'schen, werden nur von Dem erobert, der das Ver:
ständniß hat für das innerste Leben einer ganzen Nation, für
das Wünschen und Streben, für Furcht und Hoffnung, für
Leiden und Freuden seiner ganzen Zeit. In unsrer Zeit kann
ein solcher Dichter auch nicht in die engen Gränzen einer Na:
tionalität eingepfercht bleiben, für ihn gibt es keine Pyrenäen
und keinen Rhein; er gehört der Welt. Auch stand Beranger
„an der Wiege jeder Freiheit," und hat er „die heilige
Allianz der Völker" gedichtet. Einige Monate vor meinem
Besuche war ich über Ernst Moritz Arndt in Bonn erstaunt, als
ich den Büchertisch dieses Franzosenfeindes von französischen
Büchern und Revüen bedeckt fand und ihn selbst von seinen
französischen Freunden und Korrespondenzen, und den Deutsch:
thümler mit Interesse von Franzosen und Slaven, unsern Erb:
feinden, sprechen hörte. Ich durfte nicht mehr staunen, als ich
den größern französischen Dichter in alle Geheimnisse aller Völker
eingeweiht sah und Worte der Liebe und Theilnahme für alle
aussprechen hörte. Für bedeutende Menschen ist die Nationalität

nur eine Waffe, oft nur ein Kleid, manchmal eine bloße Maske.
— Was mir damals und später noch oft besonders wohl that,
war Berangers Bekanntschaft mit den deutschen Zuständen. Er
interessirte sich für dieses Herz Europa's, das so groß fühlt und
so langsam schlägt. Selbst mitten in den bewegtesten Zeiten vergaß er es nicht, und ich erinnere mich eines Briefes, den Jakob
Venedey zur Zeit des Frankfurter Parlamentes von ihm erhielt,
der aufmunternde und weise Worte an uns richtete. Die deutsche
Literatur kannte er, so weit er sie aus Uebersetzungen kennen
konnte; ja, er hatte sich manchen Dichter, der noch nicht über den
Rhein gedrungen war, von Freunden eigens übersetzen lassen.
Er sprach mit mir von Heine, Uhland, Freiligrath, Hoffmann
von Fallersleben und Andern. An Heine hatte er viel auszu-
setzen. Der Dichter, der hinter dem heitersten Couplet einen
ernsten Gedanken verbarg, konnte den Dichter nicht aufrichtig
lieben, der hinter dem ernsthaften Worte eine Grimasse versteckte.
Von Uhland sprach er mit jener tiefen Sympathie, die zwischen
den beiden verwandten Genien bestehen mußte; vor Freiligrath,
dessen erste Sammlung er nur kannte, stand er staunend wie
vor einer Sonderbarkeit, die er am Allerwenigsten in Deutschland erwartete; an Hoffmann pries er die populäre Seite.

Die kleine Stube des kleinen Hauses in dem entfernten und
einsamen Winkel der Weltstadt erschien, wenn man Beranger so
reden hörte, wie die Stube einer hohen Warte, die höher ist,
als die Zinne der Partei, und von der aus man sich eines weiten,
weiten, weltüberschauenden Blickes erfreute. Ich bestehe auf
dieser Eigenthümlichkeit Berangers, weil sie bei diesem Chansonnier gewiß am Wenigsten erwartet und von seinen französischen Panegyrikern noch weniger erkannt und hervorgehoben
wird, und endlich weil ich sie, einige praktische Politiker ausgenommen, seit dem Jahre 1846 bei nur sehr wenigen seiner
Landsleute angetroffen habe. Ich habe ausgezeichnete und berühmte
Professoren ihre Weisheit von der Kanzel verkündigen hören; sie
wurden Dummköpfe oder lächerliche Prahlhänse, sobald sie ihren

Gedanken über die Gränzen Frankreichs fliegen ließen. Michelet, der sich einbildet, ein weltumfassendes Herz zu besitzen, erniedrigt die ganze Welt zu einer Folie Frankreichs; Merimée, der geistreiche, vielgereiste, viel reisende und viel lesende, steht nur auf dem Standpunkte des geistreichsten und gebildetsten Commis voyageur; J. J. Ampère, der liebenswürdigste Franzose, hat freilich ein empfängliches Herz für alles künstlerisch Schöne aller Völker. Sie sind Ausnahmen; die meisten Andern begnügen sich mehr oder weniger mit der Possenreißer-Anschauung eines Harlekins, wie Philarète Chasles.

In der kleinen Stube athmete Alles jene Poesie der Anmuth, die uns aus hundert heitern Liedern des Dichters entgegenweht. Sie war ein sichtbarer Beweis, daß diese Poesie, an die so schwer zu glauben ist, in der That und Wirklichkeit bestehen kann. Aber der größte Dichter könnte sie in einer Junggesellenstube nicht so evident zur Anschauung bringen, wie in seinen Gedichten, wenn ihm da nicht eine ordnende, weibliche Hand zu Hülfe käme. Die viel besungene treue Gefährtin Berangers ging bescheidenen Schrittes ein und aus, und ihr Dasein erklärte die duftige Poesie, den Geist der Ordnung und Anmuth, die über dem einfachen Hausrath in ten bescheidenen Räumen walteten. Die Zeit war schon gekommen, von der der Dichter prophezeit hatte:

> Lorsque les yeux chercheront sous vos rides
> Les traits charmants qui m'auront inspiré.

In der That zogen sich schon viele feine Fältchen durch das einst so schöne Gesicht; aber noch hatte es seine jugendlichen Farben bewahrt, und die blauen, großen Augen blickten milde und voll Verstand in die Welt.

> Vous vieillirez, ô ma belle maîtresse!
> Vous vieillirez, et je ne serai plus.
> Pour moi le temps semble, dans sa vitesse,
> Compter deux fois les jours que j'ai perdus.
> Survivez-moi; mais que l'âge pénible

Vous trouve encor fidèle à mes leçons;
Et bonne vieille, au coin d'un feu paisible,
De votre ami répétez les chansons. [1]

La bonne vieille hieß eigentlich Judith. Sie hat ihr Leben lang treu neben dem Chansonnier ausgehalten, hatte mit ihm alle Wechsel des Geschickes ertragen und mit ihm gelacht und geweint. Sie war ihm mehr als eine „belle maîtresse." Seine größten und anspruchsvollsten Freunde, wie Manuel, Chateaubriand, Lamennais und Andere, achteten und liebten diese legitime Muse und illegitime Freundin des Dichters, und bei den kleinen Symposien, die manchmal im Gärtchen desselben stattfanden, waren der Blick und das Wort dieser Freundin nicht zu viel. Manuel, Chateaubriand, Lamennais liebten es, mit ihr Stunden zu verplaudern, und Beranger erkannte sie als höchste Richterin über seine Dichtungen, und zwar nicht wie Molière, der an seiner Köchin die Komik seiner Stücke probirte. Der herausfühlenden Weiblichkeit in ihr gab er das Recht über Leben und Tod seiner Chansons, und er versichert, viel von ihr gelernt zu haben. — Survivez-moi! — ruft er ihr flehentlich zu, und hoffend, daß sie ihm gehorchen werde, ist es die einzige Sorge für ihre alten Tage, die ihn zu einiger Oekonomie, zu gewissen vorsichtigen Maßregeln bewegt, ihn, der so glücklich in den Tag hineinlebt, wie ein Vogel auf den Zweigen, und an nichts in der Welt weniger denkt als an Geld und Gut. Er hält eine Anzahl von Chansons zurück und schließt wegen seiner posthumen Memoiren Buchhändlerverträge ab, um nur, wenn er dahingegangen, der

---

[1] Alt, schöne Freundin, hör' es ohne Klage,
Alt wirst du einst, und fern bin ich dir dann.
Nur allzu karg, befürcht' ich, schreibt die Tage,
Die ich verlor, die Zeit mir doppelt an.
Mich überlebend wahr' in spätern Tagen
Du meine Mahnung treu und unversehrt:
Sing, Mütterchen, am Herde mit Behagen
Die Lieder, die dein Freund dich einst gelehrt.

Ludwig Seeger.

bonne vieille ein feu paisible zu hinterlaſſen, an dem ſie ihres Freundes Lieder wiederholen kann.

Objet chéri, quand mon renom futile
De vos vieux ans charmera les douleurs,
A mon portrait, quand votre main débile,
Chaque printemps, suspendra quelques fleurs,
Levez les yeux vers ce monde invisible
Où pour toujours nous nous réunissons;
Et bonne vieille, au coin d'un feu paisible,
De votre ami répétez les chansons. [1]

Es ſollte Beiden nicht ſo gut werden. La bonne vieille ſtarb einige Monate vor Beranger, und die einzige ökonomiſche Maßregel ſeines Lebens war umſonſt.

Beranger war ſein Leben lang ein armer Mann, obwohl die Gelegenheiten, ſich zu bereichern, nie gefehlt haben. Wie theuer hätte man ſeine Unabhängigkeit bezahlt; wie glänzende Stellungen ſind ihm oft auf ehrenhafte Weiſe angeboten worden. Doch Das gehört in ſein öffentliches Leben; ſo lange wir uns auf ſeiner Stube befinden, wollen wir uns mit einigen Zügen aus ſeinem Privatleben begnügen. Eine Auflage ſeiner Gedichte brachte ihm 30,000 Franken ein. Nie hatte er eine ſolche Summe beiſammen, und er war in Verlegenheit, was damit zu beginnen. Er brachte das Geld zu einem Freunde, einem Bankier. „Da bringe ich dir une grosse somme; ich verſtehe nichts von Geſchäften; handle damit nach deiner Einſicht." — Durch mehrere Jahre liefen die Zinſen regelmäßig ein; aber eines Tages tritt der Freund

---

[1] Geliebte, wenn bei meinem ſchlichten Namen
Du dich dem Gram des Alters fühlſt entrückt,
Wenn jeden Frühling meines Bildes Rahmen
Erzitternd deine Hand mit Blumen ſchmückt,
Schau auf nach Oben, wo die Sterne tagen,
Wo Keines je des Andern mehr entbehrt,
Sing, Mütterchen, am Herde mit Behagen
Die Lieder, die dein Freund dich einſt gelehrt.
Ludwig Seeger.

vor Beranger: „Da haft du dein Geld; ich ziehe mich von den
Geschäften zurück und will mich nicht länger damit belaften.“

„Was liegt daran, daß du dich zurückziehft? — ich habe dir
das Geld als meinem Freunde, nicht als Bankier anvertraut.
Was soll ich damit anfangen?“

Der Freund widerfteht, Beranger dringt vergebens in ihn,
das Geld zurückzunehmen, und endlich merkt er an deffen Niedergeschlagenheit, daß hinter feiner Handlungsweise irgend ein Geheimniß verfteckt fei. Nach langem und eindringlichem Zureden
gefteht endlich der Bankier, daß er in Folge mehrerer faillites
ruinirt fei und wahrscheinlich selbft gezwungen fein werde, fich
faillit zu erklären. „Meine reichen Geschäftsfreunde,“ fügt der
Bankier hinzu, „können einen Theil ihres Geldes verlieren, das
fie bei mir in Geschäften gewagt haben; aber mit dir verhält es
fich anders. Dieß ift dein ganzes Vermögen, du haft nicht
fpekulirt, du haft nichts wagen wollen, du mußt dein Geld zu-
rücknehmen.“

„Mein lieber Freund,“ antwortete Beranger, „du glaubft
billig und gerecht zu handeln und merkft es nicht, daß du etwas
Tadelnswerthes begehen willft. Du follft als ehrlicher Mann;
kein Tadel haftet auf dir; ich will nicht, daß du etwas gegen
deine Pflicht thuft, und ich will auch nichts gegen die meinige thun.
Nimm das Geld wieder mit dir.“

Der Bankier mußte das Geld nolens volens mitnehmen.
Einige Tage darauf war er im Konkurs, und Beranger erhielt
von feinem ganzen Kapital 3000 Francs.

Wieder ein anderes Mal, da er ebenfalls fein ganzes Vermögen bei einem Bankier angelegt hatte, ohne fich weiter darum
zu kümmern, kommt ein Freund zu ihm und räth ihm, fein Geld
zurückzuziehen.

„Und warum?“

„Weißt du denn nicht, daß N.'s Geschäfte fehr schlecht
gehen?“

„Wenn feine Geschäfte schlecht gehen,“ antwortet Beranger,

„so sehe ich nicht ein, wie seine Geschäfte, wenn ich mein Geld zurückziehe, darum besser gehen sollen."

So ließ er denn auch sein Geld, wo es war, und verlor es auch bis auf den letzten Sou.

Auch das Alter, das, wie man sagt, im Allgemeinen die Liebe zum Besitz vergrößert, hat an der unbegränzten Uneigennützigkeit Berangers nichts verändern können. Herr Isaak Pereyre, der seine Unternehmungen dadurch adelt, daß er an ihren Früchten gern die Edelsten und Besten seiner Nation Theil nehmen lassen will, schickte bei Gründung des Crédit mobilier dem greisen Dichter eine große Anzahl von Aktien zu und zwar al pari. Der Dichter wäre in wenigen Tagen zum reichen Manne geworden, wenn er die Sendung angenommen hätte. Aber er nahm sie nicht an. Nachdem man ihm erklärt hatte, daß er bei der herrschenden Sucht nach diesem Papiere übermorgen wahrscheinlich über Hunderttausende gebieten werde, lief er erschrocken zu Herrn Pereyre und bat ihn, diese Papiere, die ihn aus seinem gewohnten Gleise werfen würden, doch ja gütigst zurückzunehmen.

Aber wer ist dieser Phönix im Lande Frankreich? Woher kommt er? — Wie ist er es geworden? Wir müssen doch endlich sein Leben erzählen — denn dieß ist der Zweck dieser Zeilen — obwohl wir noch Vieles über das innere Hauswesen, über den Charakter und über die Dichtungsweise Berangers zu sagen hätten. Vielleicht wird uns die Lebensgeschichte noch manche Gelegenheit dazu bieten; bevor wir aber an diese gehen, fügen wir hinzu, daß Beranger kein Phönix ist und daß es in dem Lande der „Korruption" noch viele so reine, mehr als spartanische Charaktere gibt, Männer, von denen man sagen könnte, sie seien Spartaner, die sich lange in Athen aufgehalten. Wir haben im ersten Artikel von François Rube gesprochen, wir sprechen hier von Beranger und werden ferner von einem Künstler sprechen, der es verdient, als im Bunde der Dritte aufzutreten. Und diese Drei stehen nicht allein. Die Rube und Beranger, sowie die Carrel, die Geoffroy Cavaignac, die Dupont haben ihre Nach-

folger. Die große Tradition ist in Frankreich nicht ausgestorben.
Es gibt neben Beranger noch Viele, die sich durch den Schmuz,
den die Ebbe nach so vielen Fluthen am Strande zurückgelassen,
rein und unbefleckt durchgearbeitet haben.

Pierre-Jean de Beranger ist geboren in der Heimat Molière's,
Voltaire's, Beaumarchais', d. i. in Paris, und nach diesen vier
Blüthen des Pariser Geistes zu schließen, müßte man annehmen,
daß vor allen andern Franzosen die Pariser mit dem kampffertigen,
immer heiteren Geiste des Widerspruchs gegen menschliche Thorheit und Schlechtigkeit begabt sind, und dann wäre es nicht die
Zentralisation allein, welche die Hauptstadt zum Vorkämpfer und
zwar zum singenden und lachenden Vorkämpfer Frankreichs macht.
Robespierre kam aus der Provinz, Camille Desmoulins war ein
Pariser. In einem alten Hause der Rue Montorgueil, das heute
verschwunden ist, unfern dem Geburtshause Molière's, hat Beranger das Licht der Welt erblickt und zwar in der kleinen Stube
seines Großvaters, eines alten Schneiders, im Jahr 1780, wie
er in seinem Gedichte „der Schneider und die Fee" selber erzählt.

> Dans ce Paris plein d'or et de misère
> Eu l'an du Christ mil sept cent quatre-vingt,
> Chez un tailleur, mon pauvre et vieux grand-père,
> Moi, nouveau-né, sachez ce qui m'advint.

Mit diesem Gedichte fängt die Biographie Berangers an,
die man sich ganz aus seinen Liedern zusammensetzen kann, denn
seine Lieder waren seine Thaten; aus seinen Thaten erwuchsen
ihm seine Martyrien wie sein Ruhm, und in diesen Thaten wie in
seinen Leiden spiegelt sich die ganze Zeit, die er durchlebt hat.

Er wurde bei seinem Großvater geboren, weil sein Vater kein
Chez-soi hatte. Dieser hielt sich für einen Edelmann, führte ein
lustiges Leben so in den Tag hinein und wartete es ruhig ab,
bis ihm die gebratenen Tauben in den Mund flogen. Desto zärt-
licher war der Großvater; so zärtlich, daß er den kleinen Pierre-
Jean auch nicht mit dem einfachsten Erziehungssystem, nicht mit

dem geringsten Unterricht behelligte. Dieses Geschäft mußte die
Zeit übernehmen, und man darf voraussetzen, daß die Erstürmung
der Bastille, der er als Gamin von neun Jahren beiwohnte,
eine gute und ausgiebige Lektion gewesen. Daß er sie nicht vergessen, beweist das Lied, das er, beinahe ein halbes Jahrhundert
alt, gedichtet hat und aus dem eine sehr lebhafte Erinnerung
herausklingt:

> .... Souvenir plein de charmes!
> J'étais bien jeune; on criait: Vengeons-nous!
> A la Bastille! aux armes! vite aux armes!
> Marchands, bourgeois, artisans couraient tous...

Im Jahre 1790 wurde er nach Peronne gebracht und einer
Tante übergeben, die daselbst in der Vorstadt ein kleines Gasthaus hielt. Nicht lange nachher hatte er ein kleines Abenteuer.
Er stand am Fenster und betrachtete die Wolken, die gewitter-
schwer heraufzogen, während die alte, fromme Tante voll Angst
ein Kreuz nach dem andern schlug und sich und den Neffen mit
Weihwasser besprißte. Der Bliß schlägt ein, das Kind wird getroffen und fällt bewußtlos zu Boden. Beranger war nahe daran,
das Augenlicht zu verlieren. Erst nach langen Bemühungen
bringt man ihn wieder zum Bewußtsein, und sein erstes Wort,
obwohl er noch blind, ist an die Tante gerichtet: „Nun, was
hat all dein Weihwasser genüßt?" — Wie viele seiner gegen
Aberglauben und Bonzenthum gerichteten Gedichte liegen keimend
schon in dieser Frage. Das gemüthvolle, rührende Gedicht
„souvenirs d'enfance" erwähnt dieses Abenteuers mit einem
anderen, lyrischeren Wiße:

> Du ciel, ici, sur moi la foudre tombe
> Et m'apprivoise avec celle des rois.

Diese Verse erinnern unwillkürlich an die Worte, die Mira-
beau über Franklin gesprochen, Franklin, mit dem Beranger so
manche Aehnlichkeit hat, und in der That spricht er in demselben

Gedichte von dem amerikanischen Buchdrucker, dessen Handwerk
er in Peronne erlernte:

> .. Je me crus des droits au nom de sage,
> Lorsqu'on m'apprit le métier de Franklin.

Le métier de Franklin lehrte ihn auf Bitten der Tante,
die mit Schrecken in dem kleinen Jungen einen unpositiven,
poetischen Geist entdeckt hatte, der erste Buchdrucker des Ortes,
Herr Laisney. Aber das Schicksal hat der Tante einen Streich
gespielt, denn Herr Laisney machte selber Verse, und sobald er
in seinem Lehrling eine verwandte Neigung entdeckt hatte, unterrichtete er ihn mit viel mehr Eifer in der brodlosen Verskunst,
denn in der ehrenwerthen Buchdruckerkunst.

> „Dans l'art des vers, c'est toi qui fus mon maître“

bekennt Beranger, indem er Laisney anredet. Aber dieser gute
Mann sah ein, daß das poetische Feuer sich leicht selbst verzehrt,
wenn ihm nicht Wissen und Bildung die gehörige Nahrung bieten,
und er ließ Beranger die Schule des Institut patriotique besuchen, welches ein Herr Ballue de Bellenglise, Erbeputirter der
Legislative, nach Rousseau'schen Ideen in Peronne gegründet hatte.
Daselbst erhielt Beranger die Grundlage zu einer soliden Bildung,
die er sein ganzes Leben hindurch zu erweitern bestrebt gewesen.
Man braucht nur das oben erwähnte Gedicht zu lesen, um an
der Rührung, mit der Beranger von jener Peronner Zeit spricht,
zu erkennen, daß er sie für die glücklichste Epoche seines Lebens
gehalten. Trotzdem verließ er sie schon im Jahre 1796, fest entschlossen, in Paris eine große und glänzende literarische Laufbahn
zu beginnen.

Das Erste, was ihm in Paris auffallen mußte, war die
sogenannte goldene Jugend, la jeunesse dorée, die unter dem
Direktorium auf Gräbern tanzte, zwischen den Trümmern zer-
schlagener Hoffnungen schwelgte und für einen Augenblick das
Sündenleben der Regence und Ludwigs XV., nur auf breiterer

Baſis, neu erſtehen ließ. Gegen dieſe verderbte Welt richtete er
ein ſatiriſches Luſtſpiel „die Hermaphroditen,“ das er aber nicht
auf die Bühne bringen konnte. Bald darauf mühte er ſich mit
einem großen patriotiſchen Epos „Chlodwig“ ab, das ganz in
ſteifen, höchſt regelrechten Alexandrinern abgefaßt war. Die
Jugend ſteckt immer in der Tradition und ſchwört auf die Worte
des Meiſters; mehr als jede andere Jugend die franzöſiſche, die
in tiefer Andacht vor der Klaſſizität des ſiebzehnten Jahrhunderts
erzogen wird. In der Revolutionszeit hatte die Klaſſizität neuen
Saft und Kraft und einen wahrhaft antiken Anhauch erhalten
durch André Chenier, den großen Dichter, in deſſen Adern das
griechiſche Blut ſeiner Mutter floß. Der ächte antike Geiſt Cheniers
ſowie der falſche antike Formalismus Chateaubriands führten
den ſuchenden Beranger irre, und er beging noch eine dritte anti=
tiſirende Sünde in dem idylliſchen Gedichte „die Pilgerfahrt“, das
aus vier langen und langweiligen Geſängen beſtand. Welche
Kämpfe hat das Genie zu beſtehen, wie viele Umwege hat es zu=
rückzulegen, bis es zu ſich ſelber gelangt.

Müde von der dem Jüngling ſchon zu lange währenden und
doch vergeblichen Ruhmesjagd, faßte er den Entſchluß, nach
Aegypten auszuwandern — aber von einem beſonnenen Manne,
der die Expedition mitgemacht, wieder von ſeinem Entſchluſſe ab=
gebracht, zog er ſich nun, aller Mittel bar und alle ehrgeizigen
Träume aufgebend, in eine Manſarde zurück. Und ſiehe da, die
Armuth, ſobald er ſich mit ihr allein fand, enthüllte ſich ihm als
ſeine Muſe. In der Manſarde, der Welt, des Ehrgeizes, der
Akademie, des Alexandriners vergeſſend, begann er in unge=
zwungenen Verſen das Glück der Armuth, die Freuden des Dach=
ſtübchens, die Reize Liſettens zu ſingen, und Beranger hatte ſich
ſelbſt gefunden, ohne es zu wiſſen. Er ſprach immer mit Rührung
und Liebe von jener Zeit der Entbehrung, der Entſagung und
der ungehofften Freuden:

„Ich war ſo arm!... Erlaubte ich mir nur das kleinſte Ver=
gnügen, war ich durch acht Tage gezwungen, von den magerſten

Speisen zu leben, die ich mir selbst bereitete; dabei häufte ich
Reim auf Reim und war ich voll Hoffnung künftigen Ruhmes.
Spreche ich Ihnen nun von jener lachenden Epoche meines Lebens,
da ich ohne Stütze, ohne gesichertes Brod, ohne Kenntnisse eine
Zukunft träumte, ohne die Freuden der Gegenwart zu versäumen,
füllen sich meine Augen unwillkürlich mit Thränen. O, welch eine
schöne Sache ist die Jugend, sie, die ihren Zauber bis über das
Greisenthum, dieses so arme und enterbte Alter, zu verbreiten
vermag. Benützen Sie wohl den Rest der Jugend; lieben Sie und
lassen Sie sich lieben. Ich habe dieses Glück sehr genau gekannt;
es ist das größte des Lebens."

Ich einer seiner Vorreden, die zugleich Meisterwerke des
französischen Stiles sind, erzählt Beranger, wie er mit Hülfe
Luzian Bonaparte's dem Elende, das ihn trotz aller Jugendkraft
erdrückt haben würde, auf ehrenhafte Weise entronnen ist.

„Beraubt aller Hülfsmittel, müde des immer getäuschten
Hoffens, ohne Ziel und Aufmunterung, ohne Bildung und Rath
Verse machend, hatte ich im Jahre 1803 die Idee, meine form-
losen Gedichte einzupacken und sie per Post dem Bruder des ersten
Konsuls, Luzian Bonaparte, zuzuschicken, welcher bereits als
großes Rednertalent und wegen seiner Liebe zu Künsten und
Wissenschaften berühmt war. Mein, eines jungen Republikaners
würdiges Geleitschreiben — ich erinnere mich dessen noch — trug
den Stempel des Stolzes, der sich verletzt fühlte durch die Noth-
wendigkeit, zu einem Protektor seine Zuflucht zu nehmen. Arm,
unbekannt, so oft enttäuscht, wagte ich es nicht, auf den Erfolg
eines Schrittes zu rechnen, den Niemand unterstützte. Aber schon
nach drei Tagen, o unsagbare Freude! läßt mich Luzian Bonaparte zu sich berufen, erkundigt sich nach meiner Lage, der er
bald zu Hülfe kommt; spricht mit mir als Poet und überhäuft
mich mit Aufmunterung und Rathschlägen. Unglücklicherweise ist
er gezwungen, Frankreich zu verlassen. Ich glaubte mich beinahe
vergessen, als ich aus Rom eine Anweisung erhielt, um das
Honorar des Instituts, dessen Mitglied Herr Luzian Bonaparte

geweſen, zu erheben, zugleich mit einem Schreiben, das ich ſorg=
fältig aufbewahrt habe und in dem er mir ſagt:

„„„Ich überſende Ihnen eine Anweiſung auf mein Honorar
des Inſtitutes. Ich bitte Sie, daſſelbe anzunehmen, und ich zweifle
nicht, daß, wenn Sie fortfahren, Ihr Talent arbeitend auszubilden,
Sie einſt eine der Zierden unſers Parnaſſes werden. Pflegen Sie
vor Allem die ‚Delikateſſe‘ des Reimes! Hören Sie nicht auf,
kühn zu ſein, aber ſeien Sie eleganter ꝛc. ꝛc."„

Beranger bezog das akademiſche Honorar bis zum Jahre 1812.
Seit 1805 vermehrte er dieſe ſehr mäßige Einnahme durch jour=
naliſtiſche Mitarbeiterſchaft an den Annales des Musées, die der
Buchhändler Landon herausgab. Etwas ſpäter (1809) von dem
Akademiker Arnault empfohlen, wurde der bereits bekannte Dichter
durch Herrn de Fontanes, Großmeiſter der Univerſität, als
Commis expéditionnaire in den Bureaux des Sekretariats mit
1800 Francs Gehalt angeſtellt. In dieſer beſcheidenen Stellung
verblieb Beranger bis beinahe in die Hälfte ſeines Lebens.

Dieſer Herr de Fontanes mußte einige Sympathie für
Beranger haben, denn er ſelbſt hatte ſeine Laufbahn als Frei=
heits=Dichter angefangen. Er hieß eigentlich de Launay und war
ein Neffe des Gouverneurs der Baſtille, unter dem dieſe Zwing=
burg geſtürmt wurde. Die Revolutionsregierung ſchrieb einen
Preis für die beſte Hymne auf den Fall der Baſtille aus; der
Neffe des Gouverneurs gewann ihn. Aber er hatte bei dieſer
Gelegenheit den verhaßten Namen Launay gegen den unſchuldigen
Fontanes vertauſcht, unter welchem Namen er noch viele mittel=
mäßige Gedichte ſchrieb und Graf und Marquis wurde. — Monſ.
de Fontanes war der Vetter Rouget de Lisle's, des Dichters der
Marſeillaiſe, und, wie geſagt, der Verſorger Berangers; ſo be=
gegnen und berühren ſich die drei Freiheitsdichter Frankreichs,
die drei ſo verſchiedene Phyſiognomien und Schickſale haben.

Einmal vor der Nothdurft des Lebens geſchützt, kommt Be=
ranger wieder auf ſeine alte Marotte, das Theater, zurück und
verfaßt ſogar ein Vaudeville. Glücklicherweiſe aber war er bereits

schon zu bekannt als Chansonnier, als liebenswürdiger anakreon=
tischer Sänger, als daß sich nicht Leute von Besonnenheit und
Urtheil hätten finden sollen, die ihn aufs Neue von diesem Wege,
der für sein Talent ein Abweg war, weise abgeführt haben.
Desaugiers, der berühmteste Chansonnier jener Zeit, sah Be=
rangers Erfolge ohne Neid und Eifersucht, und obwohl ahnend,
daß er von diesem umfassenden Geiste bald überstrahlt sein werde,
munterte er ihn doch auf und führte ihn als ein würdiges Mit=
glied in den Caveau ein. Le Caveau war eine Art von Lud=
lamshöhle, in welcher sich unter dem Empire die talentvollsten
unter den unabhängigen Geistern Frankreichs versammelten und
die bald ein größeres Ansehen gewann als selbst die Akademie,
welche sich den despotischen Einflüssen Napoleons nicht entziehen
konnte. Auch hatte die Polizei damaliger Zeit mehr als einmal
darüber nachgedacht, wie le Caveau unschädlich gemacht werden
könnte. Aber welche französische Polizei hat noch das Mittel ge=
funden, ein fliegendes Lied in seinem Fluge aufzuhalten? Es ist
wohl zu bemerken, daß Beranger in diesem Oppositionskeller bald
eine der ersten Rollen spielte; denn zu oft sucht man ihn als einen
unbedingten Verehrer des Empire's darzustellen, während er nur,
wie alle Nationalen zur Zeit des Unglücks, sich auf Seite des
geschlagenen Kaisers stellte und, wie alle Liberalen zur Zeit der
Restauration, gegen die aufgebrungene Regierung mit Erinnerungen
an die Gloire=Zeit gegen eine demüthigende Gegenwart Oppo=
sition machte. Daß er nicht einmal ein unbedingter Anhänger der
„Gloire" gewesen, zeigt seine liebliche Satire „Le Roi d'Yvetot,"
die er als Mitglied des Caveau gegen den Krieg 1813 verfaßte.
Aber erst im Jahre 1814, im Jahre des Unglücks, wird er, wie
ihn Börne nennt, „die Nachtigall mit den Adlerklauen," tritt er
als eigentlicher politischer Dichter auf, als derjenige Dichter, der
ewig als der wahrste verkörperte Wiederhall seiner Zeit dastehen
wird. Vergessen sind die heitern Weisen der „Bacchante," des
„Senateur," der „Gaudriole," „Roger Bontemps," der „Gueux"
2c. 2c.; jetzt gilt es, männlich zu Muth und Kampf aufzufordern

und, da Frankreich gefallen ist, es liebend zu trösten und auf
bessere Zeiten hinzuweisen.

> Gai! gai! serrons nos rangs!
> En avant, Gaulois et Francs!

Im Angesichte des Feindes erschallen seine tyrtäischen Oden,
vor ihren Ohren zischen seine Spottlieder. Den Generälen Kaiser
Alexanders singt man das Lied von den beiden Grenadieren;
Wellington selbst hört die „Anglomanie“ und „Villain=Ton“ als
eine Serenade vor seinen Fenstern erklingen. Berangers Lieder
sind wie eine Fortsetzung des Kampfes bis zu dem Augenblicke,
da Napoleon die Insel Elba verläßt. Der Kaiser erkennt dieses
Verdienst, und in den hundert Tagen will man den Dichter be=
lohnen; man bietet ihm die Stelle — eines Zensors an! So
wenig begriff bereits Napoleon, selbst als er den Liberalen spielen
wollte, einen Charakter wie Beranger. Auf solche Anträge ant=
wortet der Dichter als Diogenes:

> Diogène,
> Sous ton manteau,
> Libre et content, je roule mon tonneau.

Mit der zweiten Restauration beginnt für Beranger die glor=
reichste und zugleich durch seine äußeren Schicksale interessanteste
Zeit. Vor den Reihen, die sich zusammendrängten, um die
Schmach Frankreichs so viel als möglich zu verwischen, die Reste
der Freiheit, oder vielmehr der Freiheiten, gegen ein aufge=
drängtes Königthum, einen aus der Verbannung mit veralteten
Ansprüchen rückkehrenden Adel, gegen einen immer kühner und
anmaßender sich erhebenden Klerus zu retten — vor den Reihen,
die Manuels und Foy's Reden begeisterten, P. Louis Couriers
Pamphlete aufreizten, ging er als singender Fahnenträger einher,
und seine Stimme erscholl so laut und wirkte so mächtig bis auf
die hintersten Linien, daß man geneigt war, ihn als Einen der
liberalen Partei zu betrachten. Er bedient sich jenes nationalen
Mittels der Opposition, welches fast von sämmtlichen Liberalen

jener Zeit als das mächtigste und wirksamste anerkannt und adoptirt worden: der Erinnerung an die Zeit des Ruhmes und an den Kaiser, ein Mittel, das den Bourbonen unangenehmer sein mußte, als jeder noch so heftige direkte Angriff. Neben seinen Liedern gegen König, Adel und Klerus wagt er es, den Mann von St. Helena zu besingen in seinen Souvenirs du peuple, le petit caporal, le cinq Mai und Anderm. Ueber seinen Imperialismus spricht er sich in seiner Vorrede von 1833 am Besten selbst aus:

„Meine enthusiastische und treue Bewunderung für das Genie des Kaisers, die Vergötterung, zu der er das Volk begeisterte, welches nicht aufhörte in ihm den Vertreter der siegreichen Gleichheit zu sehen; — diese Bewunderung, diese Vergötterung, die eines Tages aus Napoleon den edelsten Gegenstand meines Liedes machen sollten, haben mich nie über den stets wachsenden Despotismus des Kaiserreiches verblendet. Im Jahre 1814 sah ich in dem Falle des Kolosses nur das Unglück eines Vaterlandes, das ich unter der Republik lieben gelernt habe. Nach der Rückkehr der Bourbonen, die mir gleichgültig waren, schien es mir, daß ihre Schwäche das Wiederaufleben der nationalen Freiheiten erleichtern werde. Man versicherte, daß sie sich mit diesen versöhnen würden; trotz der Charte glaubte ich wenig daran; aber man konnte ihnen diese Freiheiten aufzwingen ... Die Täuschung dauerte nicht lange ... Die Rückkehr des Kaisers theilte Frankreich bald in zwei Lager und begründete den Widerstand, der bis 1830 dauerte. Sie erhob wieder die volksthümliche Fahne trotz Waterloo und des Unglücks, das darauf folgte. In den hundert Tagen täuschte mich die Volksbegeisterung keineswegs; ich sah ein, daß Napoleon nicht konstitutionell regieren konnte. Ich gewann die tiefe Ueberzeugung, daß, wenn selbst die Bourbonen so wären, wie sie ihre Anhänger zu schildern pflegten, dennoch für sie keine Möglichkeit da war, Frankreich zu regieren, und für Frankreich keine Möglichkeit, ihnen die liberalen Grundsätze aufzudrängen, welche seit 1814 wieder erobert hatten,

was sie unter der Schreckenszeit, der Anarchie des Direktoriums
und der „Gloire" des Kaiserreiches an Boden verloren. Diese
Ueberzeugung verdanke ich weniger der Berechnung meines Ver-
standes, als dem Instinkte des Volkes. Bei jedem Ereignisse habe
ich es mit einer religiösen Sorgfalt studirt, und ich habe es fast
immer abgewartet, bis seine Gefühle mir im Einklange mit meiner
Berechnung erschienen, um nach ihnen in der Rolle, die mir
damals die Opposition anwies, mein Verhalten zu bestimmen.
Das Volk ist meine Muse."

Ein solcher Mann konnte unter der verfolgungssüchtigen
Restauration nicht unbemerkt bleiben. Er hat ihren furchtbarsten
Feind betrauert und in den Augen der Nation verklärt; er hat
das Volk, das unter dem „weißen Schrecken," lu terreur blanche,
seufzte, getröstet; er hat den ci-devant, den Marquis de Carabas
und seine Sippschaft ausgelacht, das waren seine Verbrechen, die
nicht ungestraft bleiben konnten. Sein bescheidenes Amt hatte er
schon selbst aufgegeben, um nicht einer Regierung zu dienen, die
er verachtete; der Mangel war wieder bei ihm eingekehrt. Das
war nicht genug. Die Regierung wagte es, Hand zu legen an
einen Dichter, der den verkörperten Instinkt des Volkes, das sie
regierte, darstellte, und hoffte so sich an diesem Instinkte zu
rächen, wo nicht ihn ganz zu unterdrücken. Im Jahre 1821 erhob der Procureur des Königs, Marchangy, der durch diese That
eine traurige Berühmtheit erlangt, vor den Assisen gegen Beranger die Anklage auf Beleidigung der öffentlichen Moral, der
guten Sitten, der Religion und des Königs, und der Dichter
wurde trotz der geistvollen Vertheidigung Dupins von den ein-
geschüchterten und ausgewählten Geschwornen zu drei Monaten
Gefängniß und einer Geldstrafe von fünfhundert Francs verurtheilt. Der Tag seiner Verurtheilung war der Anfang seiner
größten Triumphe. Nie hat eine cause célèbre eine so große,
so theilnehmende Volksmenge im Justizpalaste versammelt. Trotz
aller Vorsichtsmaßregeln waren vom frühesten Morgen an alle
Räume besetzt und war das Gedränge um und in dem Sitzungs-

saale so ungeheuer, daß Präsident, Richter und Advokaten nur
durch die Fenster auf ihre Posten gelangen konnten. Am Abend
nach der Verurtheilung war ganz Paris auf den Beinen, und alle
Gassen erschollen von den Liedern des Verurtheilten, die in hun-
dert= und tausendstimmigen Chören gesungen wurden. Im Ge=
fängnisse Sainte-Pelagie erhielt er alltäglich und aus allen Ge=
genden Frankreichs die schönsten Beweise lebhaftester Theilnahme,
und zwar kamen diese Demonstrationen zum großen Erstaunen
Berangers und des Publikums, und vielleicht zum noch größeren
Erstaunen der Regierung, aus den Departements, welche den
Bourbonen von jeher die treueste Anhänglichkeit bewährt hatten.
Ist es ein Wunder, daß Beranger unter solchen Umständen, wenn
auch im Gefängniß, den heitersten Ton seiner Jugendlieder
wiedergefunden und daß die anakreontischesten seiner Gesänge aus
Sainte-Pelagie datirt sind? Ist es ein Wunder, daß der Dichter
aus diesem Gefängnisse kräftiger und gewaltiger hervorgegangen?
Obwohl bereits in den Jahren, da die dichterische Kraft sonst ab=
zunehmen pflegt, bespannte er seine Lyra mit neuen und ehernen
Saiten, und seine Freude, wie ein vorgefühlter Triumph, sein
Spott und sein Anathema erschollen zugleich melodischer und ge=
waltiger als je. Er wurde der Abgott des Volkes, und die her=
vorragendsten Männer der Nation drängten sich um ihn, suchten
seine Freundschaft, strebten, freilich vergebens, ihm ein sorgen=
loses und bequemes Leben zu bereiten. Unter diesen Männern
waren selbst solche, die kämpfend vor dem Throne der Legitimität
standen, wie Chateaubriand. Zu seinen intimsten Freunden aus
der liberalen Partei gehörten Marschall Sebastiani, Dupont
(de l'Eure), Laffitte, General Foy, Manuel, „der einzige Mann,
den er nicht verlassen haben würde, wäre er selbst in der hervor=
ragendsten Stellung gealtert."

Aus alle Dem verstand es die Restauration nicht, sich eine
Lehre zu ziehen. Die Anwendung der kleinlichsten Mittel, die
Verkennung des Nationalgeistes und der Wünsche und Sym=
pathieen des Volkes waren ihr unter Karl X. zur zweiten Natur

geworden. Der definitiven Unterdrückung fämmtlicher Freiheiten
follte die Unterbrückung der einzelnen Freien vorhergehen, und im
Jahre 1828 wurde gegen den Dichter von „Charles le Simple,"
„les infiniment petits," „l'Ange gardien," „Denys maître
d'école," eine neue Anklage gefchleudert. Derfelbe Triumph für
Beranger, nur war er dießmal ruhiger, denn Frankreich fühlte
fich ftark und kampfbereit. Das Urtheil lautete auf zehn Monate
Gefängniß und 10,000 Francs Geldstrafe. Die Geldstrafe zahlte
für den armen Dichter die Nation; die Haft faß er im Gefängniß
La Force ab, dem härtesten Gefängniß von Paris, gut ver-
wahrt und aufgehoben, daß von dem allgemeinen Chor der Liebe
und des Mitleids, der fich in ganz Frankreich für ihn hob, nicht
Ein tröftender Ton zu ihm zu bringen vermöge. Der König hielt
es für nothwendig, in feiner Thronrede auf die gefangene Nachtigall anzuspielen; der Erzbischof von Paris und andre Bischöfe
warfen ihre Bannstrahlen gegen ihn in Hirtenbriefen; die Pfarrer
predigten gegen den Gefangenen. Aber das Volk fang feine
Lieder, und die Nationalgarde vergaß ihn nicht, wenn fie, wie es
damals Gewohnheit wurde, den König mit allerlei Ausrufungen
empfing. Man ftand am Vorabend von 1830.

So trug Beranger zu der Julierhebung durch fein Leben und
durch feine Lieder eben fo viel bei, als Manuel und Foy durch
ihre Reden. Was er in den Julitagen felbst gethan, ist bisher
unbekannt, obwohl es vielleicht die heldenmüthigste That feines
Lebens. Was ich hier erzählen werde, ist ein Faktum. und ich
habe es aus der besten Quelle, von Beranger felbst. Das Volk
fchlug fich, die Kanonen donnerten, aber eben fo unfchlüffig wie
in St. Cloud war man in den Salons Laffitte's, wo fich die
liberalen Deputirten verfammelten. Es fand fich Niemand, der
die Revolution in die Hand zu nehmen, der ihr eine Richtung zu
geben wagte, und es war Gefahr da, daß das heldenmüthige Volk
ermatte, wenn ihm nicht von irgend einem bekannten Vorkämpfer
der Freiheit Muth zugesprochen und das Ziel gezeigt werde, auf
das es loßsteure. Beranger erkannte Dieß und trat unter die

zaubernden Deputirten. Er machte den Vorschlag zu jener Proklamation, die später erschienen ist. Man lächelte über den poetischen
Brausekopf. Da Beranger das Zaudern sieht, setzt er sich selber
hin und verfaßt die Proklamation und legt sie zur Unterschrift
vor. Abermaliges Zaudern. Da schreibt Beranger selbst die
Namen hin. „Gut,“ sagt er, „gelingt die Sache, dann habt ihr es
gethan; wird das Volk geschlagen, dann habe ich die Proklamation
aufgesetzt und unterzeichnet.“ Mit diesen Worten verläßt er das
Zimmer und eilt in die Druckerei. Wenige Stunden später sprach
die Proklamation von allen Straßenecken zum Volke; den gedruckten Namen konnte man es nicht ansehen, welche Handschrift
sie unter die Proklamation gesetzt. Wenige Tage darauf waren
die Unterzeichneten an der Spitze der Regierung; der Unterzeichner
blieb in seinem bescheidenen Dunkel. Zwar werden ihm Stellen
genug angeboten, aber er entzieht sich mit einem Liede: A mes
amis devenus ministres.

> Non, mes amis, non, je ne veux rien être;
> Semez ailleurs places, titres et croix.
> Non, pour les cours Dieu ne m'a pas fait naître:
> Oiseau craintif, je fuis la glu des rois.
>
> . . . .
>
> De mon berceau près de bénir la paille,
> En me créant, Dieu m'a dit: Ne sois rien.

Und wie er früher die Vorsorglichkeit der Freunde vereitelt,
eine ihm günstige Klausel in Manuels Testamente unmächtig gemacht, Sebastiani's Anerbietungen zart zurückgewiesen, Laffitte's
Anträge belächelt hatte, so mußte er jetzt auch den Anerbietungen
der Minister gewordenen Freunde auszuweichen. Vor diesen und
vor den Ovationen des Volkes zog er sich in die Stille Passy's
zurück und oft, um den Unbequemlichkeiten des Ruhmes zu entgehen, in das Innere des Landes nach Fontainebleau, nach
Tours und andern stillen Tusculis. Die Chanson war ja, wie
er sagte, mit Karl X. entthront, und Frankreich hatte Freiheiten

genug, um sich auch ohne seine Chanson für die Freiheiten bilden zu können.

In seine Einsamkeit zog er sich mit den Erfahrungen eines ereignißreichen halben Jahrhunderts zurück und hatte so Stoff genug, ein würdiges Alter würdig zu beschäftigen. Er wollte, wie er es in seiner berühmten Vorrede von 1833 ankündigt, une espèce de Dictionnaire historique schreiben, in welchem er an jeden Namen einer politischen oder literarischen Notabilität seine Bemerkungen, Erfahrungen, Urtheile, Aufklärungen anknüpfen wollte, um Irrthümer und Verleumbungen aufzuhellen, und zwar ohne Parteilichkeit und Vorurtheil. „Frankreich wird mir es einst Dank wissen. Wer weiß, ob es mein Name nicht diesem Werke des Alters verdanken wird, wenn er mich überlebt. Es wäre komisch, wenn die Nachwelt sagen würde: der einsichtsvolle, der gründliche Beranger! Warum nicht?"

Der Dictionnaire historique hat sich in den letzten Jahren des Dichters in mehrere Bände geordneter Memoiren verwandelt, die, wenn sie unter den posthumen Werken erscheinen, gewiß eine der besten und lautersten Quellen unserer Zeitgeschichte bilden werden. [1]

Aus seiner Einsamkeit ließ Beranger nur wenige Liederraketen aufsteigen, aber eins dieser wenigen Lieder, „Le déluge," das im Jahre 1847 erschienen, reichte hin, um den Glauben an seine Prophetengabe, an seine Solidarität mit dem innersten Leben der Nation und der ganzen Zeit zu erneuern. Enthielt denn dieses, mit der ganzen Beranger'schen Meisterhaftigkeit geformte Gedicht nicht die Vorhersagung des Jahres 1848 in sich? Als dieses ausbrach, glaubte man den Anfangsversen dieses Gedichtes doppelt gerne:

„Toujours prophète, en mon saint ministère.
Sur l'avenir j'ose interroger Dieu.

[1] Die Autobiographie Berangers ist seitdem erschienen und findet sich in der vortrefflichen, meisterhaften Uebersetzung seiner sämmtlichen Werke von Ludwig Seeger.   [M. H.]

Pour châtier les princes de la terre,
Dans l'ancien monde un déluge aura lieu." etc.

und das Volk strömte dem Propheten zu, riß ihn mit den lär-
mendsten Ovationen aus seiner geliebten Einsamkeit und wählte
ihn, endlich mit 204,471 Stimmen zu seinem Vertreter bei der
konstituirenden Versammlung, obwohl er den Wählern vor der
Wahl ablehnend gedankt hatte. Seine Entlassung, die er eingab,
wurde einstimmig von der Versammlung zurückgewiesen, und er
sah sich gezwungen, wiederholt um seine Freiheit zu bitten, die
ihm endlich gewährt wurde. Diejenigen, die an dem fleckenlosen
Leben und Charakter Berangers gern etwas zu tadeln haben
möchten, machen ihm diese Bescheidenheit, die sich in seinen
beiden Briefen an die Versammlung so rührend ausspricht, zum
Vorwurf. Der Mann, sagen sie, der sein ganzes Leben den
guten Patrioten, den aufopfernden Bürger gespielt hat, hätte
diese Gelegenheit benutzen sollen, um seine Erfahrungen, seinen
Geist zum Vortheil des Vaterlandes auszubeuten. Als ob ein
großer Dichter auch ein großer Gesetzgeber sein müßte; als ob
der Verfasser unsterblicher Oden auch unsterbliche Paragraphen
müßte verfassen können. Cicero war ein schlechter Dichter, und
dieser große Dichter wäre vielleicht ein schlechter Cicero geworden.
Wie sehr ist es im Gegentheil an ihm zu rühmen, daß er trotz
aller Triumphe eines halben Jahrhunderts, trotz des allgemeinen
Vertrauens seiner Mitbürger, sich nicht Talente zutraute, die er
vielleicht besaß, die er aber noch nicht erprobt hatte. Es ist nicht
zu verwundern, daß sich gewisse Menschen freuten, Beranger
einen Vorwurf machen zu können. Der Athener, der den Ari-
stides verurtheilte, nur weil ihn alle Welt den Gerechten nannte,
ist ein ewiger Typus. Im Uebrigen gab es in unserer Zeit nur
wenige Größen, die, was ihren Ruhm und ihren Ruf betrifft,
so unangefochten durchs Leben gingen. Als Künstler wie als
Charakter fand er, trotz aller Parteien, die allgemeinste Anerkennung. Schon bei Lebzeiten wurde ihm als einer unvergäng-
lichen Größe gehuldigt, wie einem Molière und Lafontaine.

Sainte-Beuve wagte, sich an ihm zu reiben, aber nur, um zu beweisen, wie wenig dieser alexandrinische Bücherwurm fähig sei,
einen Dichter wie Beranger, einen wahren Dichter überhaupt zu
begreifen. Man lese nur, was er über Berangers Refrains sagt.
Nur in den schönsten Volksliedern des Nordens ist der Refrain
mit solcher Meisterhaftigkeit, so musikalisch, so Ahnung weckend
und geheimnißvoll angebracht, wie in Berangers Chansons.
Sainte-Beuve findet ihn überflüssig, störend, oft trivial. Auch
die Freiheiten, die sich Beranger manchmal mit der Sprache erlaubt, rechnet er ihm zum Vorwurf an, nicht ahnend, daß man
ihm gerade das Gegentheil zur Last legen könnte. Wenn es jemals
einen Dichter gab, der durch seine Sprachwissenschaft berechtigt
und durch seine außerordentliche Popularität befähigt war, die
akademische und traditionelle Fessel der französischen Poesie zu
sprengen, so war es Beranger. Eine höhere Kritik dürfte ihn
mit Recht darum tadeln, daß er die Herkömmlichkeit und den
Diktionnaire der Akademie zu sehr geachtet, daß er zu klassisch
gewesen, daß er die Sprache nicht aufgefrischt und bereichert hat,
indem er wie englische und deutsche Dichter vergessene, aber
kräftige Elemente aus gesunden und ächt nationalen Dialekten
holte; daß er nicht über Boileau hinausgegangen und nicht die
Sprache berücksichtigt hat, in der Rabelais und Montaigne und
endlich sein großer Ahnherr, der Vagabund und Chansonnier
Villon, geschrieben; daß er nicht zur selben Einsicht gekommen,
wie seine Zeitgenossen P. L. Courier und Honoré Balzac, die
es Beide erkannten, daß in der Sprache der Touraine und des
mittleren Frankreichs überhaupt ein Verjüngungsquell der französischen Poesie sprudle. Beranger kann freilich antworten, daß
er ein Pariser gewesen und daß er um so bewundernswürdiger
sei; daß er, mehr ein Schüler Lafontaine's als der Volkspoesie,
dennoch ein Volksdichter im größten Sinne des Wortes geworden
und daß er die Kunstsprache und die Kunstpoesie auf jene Höhe
der Vollendung erhoben, wo sie der Volkspoesie so nahe steht,
daß sie ihr die Hand reicht. Sainte-Beuve hat sich in jenem

Artikel über Beranger als Denjenigen bewährt, als den wir ihn
kennen.   Es ist einmal die Eigenthümlichkeit und Leidenschaft
dieses Montagsplauderers und Feuilletonisten des Moniteurs,
alle Größe zu verkleinern, das Kleine zu erheben, das Wahre zu
fälschen, das Gemeine zu vergolden und vor Allem sich über jede
Unabhängigkeit zu ärgern, alles Ursprüngliche zu hassen, alles
Neue zu verwerfen.   Auch Herr Pomartin griff Beranger an,
aber man wußte es in ganz Paris, daß dieser Skribent dieses
Angriffs bedurfte, um sich im Faubourg St. Germain, dem er
seine schwachen, aber bürgerlichen Kräfte gewidmet, zu legitimiren.
Beide Angriffe trugen nur dazu bei, Beranger zu beweisen, daß
er in der öffentlichen Meinung unangreifbar sei.

Seit 1848 und den auf dieses Jahr folgenden trüben Ereignissen zog der Dichter eine noch dichtere Einsamkeit um sich.
Er redigirte seine Memoiren und fügte dem Bande, der nach
seinem Tode erscheinen soll, neue Gedichte zu.   Obwohl diese
Gedichte gewiß würdig sind, den bereits bekannten an die Seite
gesetzt zu werden (wir kennen einige aus dieser Zahl), denn Beranger ist als Dichter nicht gealtert, so können sie seinen Ruhm
und seines Namens Popularität doch nicht vermehren.   Es ist
beinahe unmöglich, sich eine höhere Popularität zu denken.   Es
hat in Frankreich vielleicht nie eine höhere gegeben, und es wird
wohl sobald nicht eine kommen, die sich mit dieser messen kann.
Wir werden die Tage nicht vergessen, da es hieß, daß Beranger
im Sterben liege, und niemals die Volksmenge, die aus den
Vorstädten und vom Lande herbeiströmte, um seinem Begräbniß
beizuwohnen, als er bereits begraben war — und am Allerwenigsten werden wir den Ausdruck der tiefen und feierlichen
Trauer vergessen, die auf allen Gesichtern lag.   Beranger hinterließ keine Familie, aber ganz Frankreich trauerte um ihn.   Nur
eine Schwester hinterließ er, und Die trauerte nicht um ihn, denn
sie ist Nonne, und Beranger hat in den letzten Stunden zu ihren
Bekehrungsversuchen gelächelt.   Die Regierung trauerte um ihn,
indem sie eine Armee ausrücken ließ, um die zudringliche Volks-

menge abzuhalten, und indem ſie des Todten Wunſch, bei ſeinem
Freunde Manuel begraben zu liegen, ſo ſchnell als möglich zu
erfüllen trachtete. Schon achtzehn Stunden, nachdem Beranger
den letzten Seufzer ausgehaucht, noch ehe Paris eigentlich erfahren, daß es ſeinen größten Bürger verloren, war dieſer
Wunſch erfüllt.

Beranger ſtarb am 16. Juli 1857, um 5 Uhr Nachmittags.

(1857.)

Barye.

M. Barye is assuredly one of the greatest
artists that France possesses; one of those
also who have been the most roughly tried
in the course of a life fertile in masterpieces
of a deep and enduring character.
              Bayle St. John.

Mehr als eine persönliche Genugthuung, eine große un-
interessirte, reine Freude gewährt jeder neue Beweis, jede noch
so kleine Bestätigung, daß man sich in dem Manne, den man
trotz aller Verkennung seit Jahren verehrt, nicht geirrt habe.
Diese Freude empfinden alle Diejenigen, die Barye seit lange für
einen der größten und seit Rude's Tode für den größten Bildhauer Frankreichs halten, so oft sie an dem neuen, nunmehr aller
Gerüste entledigten Louvre vorübergehen. Da wimmelt in Nischen
und auf Galerien ein ganzes Volk von Statuen, das aus sämmtlichen berühmten und unberühmten Werkstätten hervorgegangen
ist, da die Regierung an diesem eben so wohl politischen als
nationalen Werke so viele Geister und Hände als nur möglich
wollte Theil nehmen lassen; und siehe da, der stumpfsinnigste
Beschauer dieser unzähligen Bildwerke wie der parteiischste kann
es nicht leugnen, daß die vier von Barye gelieferten Gruppen
über dieses ganze Statuenvolk einen fürchterlich verdunkelnden
Schatten werfen, und daß sie fortfahren würden, diesen fürchterlichen Schatten zu werfen, selbst wenn dieses Statuenvolk um
ein Bedeutendes weniger mittelmäßig wäre, als es wirklich ist.
Ja, selbst Diejenigen, die immer zugegeben haben, daß Barye

der größte Thierbildhauer Frankreichs ſei, müſſen überraſcht vor
dieſen vier Gruppen ſtehen bleiben und geſtehen, daß er hier
ebenſo große, menſchliche Ideale geliefert, wie er ehemals Ideale
von Löwen, Tigern, Stieren, Ebern dargeſtellt hat, und daß dieſe
vier Männer mit den vier Kindern, obwohl Theile allegoriſcher
Darſtellungen, alle übrigen, Menſchen der Geſchichte mit wahr=
haftigen Phyſiognomien darſtellende Statuen in Allem, was Natur,
Charakter, Individualität betrifft, weit hinter ſich zurücklaſſen.
Es konnte dem verkannten oder mit Perfidie theilweiſe anerkann=
ten Barye nichts Angenehmeres widerfahren, als dieſe Ausſtellung
der Leiſtungsfähigkeit ſeiner Kollegen — die, in ſeiner Nachbar=
ſchaft, eine Bloßſtellung und für ihn ein perpetuirlicher Triumph
geworden iſt. Der Louvre iſt ihm Das geworden, was Rude
ſeine „Marſeillaiſe" und die benachbarten von den andern Bild=
bauern herrührenden Skulpturen der Arc de l'étoile geworden
— der ſteinerne Beweis ſeines Rechtes auf die Hegemonie ſeiner
Zeitgenoſſen.
    Der Triumphator iſt heute, am Tage ſeines endlichen und
allgemeinen Triumphes, einundſechzig Jahre alt. Späte An=
erkennung iſt das moderne Schickſal großer Talente, und es mußte
Barye treffen, eben weil er ſo wenig von einem modernen Künſt=
ler hat, ſowohl in ſeinem Talent, wie in ſeinem Charakter. Er
gehört mit ſeinem ganzen Weſen dem ſechzehnten Jahrhundert
und in die Familie der Brunelleschi, Leonardo, Michel Angelo,
Benvenuto, Dürer — in die Klaſſe jener Künſtler, die nicht
Architekten, Maler, Bildhauer, Goldſchmiede von Profeſſion,
ſondern Künſtler, Künſtler in der weiteſten Bedeutung geweſen
— die ihren ſchönen Gedanken nicht bloß in einer eingelernten,
ſondern in jeder ihrem Gedanken angemeſſenen Form zu geben
verſtanden — als Statue, als Gemälde, als Palaſt, als Gedicht.
Sie hatten nicht Eine Kunſt erlernt, ſondern die Kunſt, die
Eins und einzig iſt in der verſchiedenſten Form. Sie haben ihre
Laufbahn auf dem Einen Felde angefangen, auf dem andern
fortgeſetzt, auf dem dritten beſchloſſen. Bei dieſem Bildhauer

wurde eine Freske, bei jenem Maler eine Reiterstatue, bei jenem
Bildhauer oder Maler der Bau eines Tempels oder einer Festung
bestellt, und jeder Künstler kannte oder erfand sich mit Leichtigkeit,
was er auf dem neuen Felde an Technik, an Mitteln der äußeren
Ausführung bedurfte, und es sammelte sich in Köpfen wie Leo=
nardo, Michel Angelo, Cellini, Dürer eine Masse von Erfahrungen,
die einer Büchersammlung über Gegenstände der scheinbar ver=
schiedensten Art gleich kam. Müssen wir dieser Menschen, die
man universell nennt, weil sie nur einheitlich waren, nicht ge=
denken, wenn wir von Barye sprechen? — von Barye, dem
großen Bildhauer der Menschen und Thiere, dem merkwürdigen
Landschaftsmaler, dem größten Goldschmied unserer Zeit, dem
geschicktesten Erzgießer, dem Manne, der schon in früher Jugend
für Napoleon die verschiedensten Befestigungspläne modellirt hat
und der, weil er eine besondere Vorliebe für Thierbildung hatte,
die Anatomie und Physiologie der Thiere so gründlich studirte,
daß er ein großer Veterinär und letzte Zuflucht der Direktoren des
Jardin des Plantes geworden.

Antoine Louis Barye ist am 3. Vendemiaire des IV. Jahres
der Republik (September 1796) zu Paris geboren. Seine Eltern
waren zu arm, um ihm irgend eine Erziehung geben zu können;
er wuchs wild auf, beleckste mit Kohle die Mauern der Nach=
barn und die Papierfetzen, die ihm der Wind entgegentrug. In
seinem vierzehnten Jahre gezwungen, ein nährendes Handwerk
zu erlernen, wählte er eines, das seinen schlummernden Instink=
ten am Meisten zusagte, und trat als Lehrling in die Werkstatt
des Graveurs Fourier. Hier arbeitete er zuerst an den Bunzen
und Stempeln, die zur Verfertigung aller Metalltheile an der
Uniform dienten, als da sind Blechgürtel, Helme, Adler, Kreuze
der Ehrenlegion ꝛc. Von Zeit zu Zeit wurden dem talentvollen
Fourier auch Arbeiten höherer Art anvertraut, und er trieb für
den Hofgoldschmied Biennais die Bas=reliefs aus, welche die von
Napoleon für verschiedene Souveräne bestimmten Dosen schmück=
ten. Bald wurde der Lehrling Barye vorzugsweise bei diesen

höheren Arbeiten beschäftigt, und eines der erften Basreliefs, das
er in Gold und zur größten Genugthuung des Meifters heraus-
trieb, ftellte die Zufammenkunft der Kaiser Napoleon und Alexander dar. Kurz darauf wurde er von eben diesem Napoleon gezwungen, die friedliche Werkftatt zu verlaffen und in dieselbe
Armee zu treten, welche gegen denselben Alexander einexerzirt
wurde. Es war die Zeit, da der Despot die letzten Reihen der
gelichteten Jugend den schrecklichften Schlachtfeldern entgegen-
führte und seine Konskription die blutige Hand selbst über das
Haupt bartloser, kaum der Schule entronnener Knaben aus-
ftreckte.

Zum Glück verstand man es in der Napoleonischen Armee,
jeden, auch den letzten, Mann auf den ihm zukommenden Platz
zu ftellen und hatten die Offiziere ihrem großen Feldherrn die
große Kunst abgesehen, wie jedes einzelne Talent am Erfolgreich-
ften zu benutzen war. Barye wurde in die topographische Brigade
des Geniecorps gesteckt, und er modellirte die Reliefs der ver-
schiedenften Gegenden und Städte. Die Reliefs von Cherbourg,
Koblenz, vom Berge Cenis werden noch heute als Muftermodelle
in den Kriegsarchiven aufbewahrt. Mit siebzehn Jahren wird er
als höchft brauchbarer, vollendeter Topograph dem 2. Bataillon
der Sapeurs du genie zugetheilt und modellirt er für den geschlagenen und fliehenden Kaiser während der Flucht und so zu
sagen im Fluge viele Festungen und wichtige strategische Punkte,
die man verlaffen muß, für den möglichen Fall einer einftigen
Wiederkehr. Während die Weltgeschichte ihre Szene auf den Feldern um Paris aufgeschlagen — März 1814 — befindet er sich
eines Tages allein auf einer Miffion in der Gegend von Mont-
rouge, um das umliegende Terrain geheim aufzunehmen. In
die Kaserne zurückgekehrt, erfährt er, daß sich die Armee an die
Loire zurückgezogen. Es ift ihm unmöglich, ihr zu folgen, und
seine Dienftzeit hört so mit dem Napoleonischen Regiment von
selber auf.

Um sich zu nähren, fängt er wieder zu ciseliren an; um sich

zu bilden, beschäftigt er sich in den abendlichen Mußestunden
mit Zeichnen und Modelliren. Bald hat er es in Beidem weit
genug gebracht, um im Jahre 1816 von dem Bildhauer Bosio
und im Jahre 1817 von dem berühmten Maler Gros mit großem
Vergnügen als Schüler aufgenommen zu werden. Schon im
nächsten Jahre tritt er in die Ecole des beaux-arts und gewinnt sofort als Graveur in Medaillen eine mention honorable;
aber sein Basrelief, Milon von Kroton mit dem Löwen dar-
stellend, das er bei der Bewerbung um den ersten Preis in der
Skulptur geliefert, wird nicht berücksichtigt. Es zeichnete sich zu
sehr durch Lebhaftigkeit, Originalität und Unabhängigkeit von
allem Hergebrachten aus, also durch drei Eigenschaften, welche
mehr geeignet sind, das Mißtrauen und Uebelwollen als die Anerkennung der Akademie einem jungen Künstler zuzuwenden.
Aehnlich erging es ihm bei den Preisbewerbungen der zwei folgenden Jahre, da er immer mit dem zweiten Preise heimgeschickt
worden, während der erste mittelmäßigen, aber schulgerechten
Talenten wie Jacquot und Lemaire zuerkannt wurde. Barye sah
ein, daß man auf die Worte der Meister schwören, jede in-
wohnende Schöpferkraft unterdrücken und nur tobtgeborne Kinder
liefern müsse, wenn man sich der Preise der Akademie erfreuen
wolle. Zu dieser Selbstverleugnung konnte er sich des momentanen Ruhmes und der Vortheile wegen, die ein erster Preis mit
sich brachte, nicht entschließen, und er verließ jenen Kampfplatz,
auf dem der Schwächere siegt, für immer — jenen Kampfplatz,
von dem man mit Recht sagte, daß man ihn nur mit gebundenen
Händen und Füßen betreten müsse, wenn man ihn als Sieger
verlassen will.

Den Vortheilen, welche die Akademie bieten konnte, ent-
sagend, dachte Barye daran, für einen bescheidenen Broberwerb
zu sorgen, und er bemühte sich um eine Stelle als Graveur an
der Münze. Aber auch diese Stellen werden nur an Protegirte
der Akademie und der Regierung vergeben. Mit der Akademie
hatte Barye gebrochen, und die Regierung war die Regierung

Karls X., um deren Gunst sich ein offener, grader, unabhängiger Charakter nicht so bemühen konnte, wie es verlangt war.

Auf Broderwerb ausgehend, gelang ihm dieser ganz und gar so, wie er einer naiven, aller gemein praktischen Spekulation fremden Künstlerseele gelingen mußte: er erwarb mit Mühe und Noth just das Stück Brod, dessen er zu kümmerlicher Nahrung bedurfte, während seine Arbeit einem Andern Ruhm und Reichthum einbrachte. Er hatte das Schicksal aller ächten, aber unbekannten Künstler; er wurde ausgebeutet. Herr Fauconier, Goldschmied und Juwelier, erfreute sich damals neben der allmächtigen Protektion der Herzogin von Berry und des ganzen Hofes eines Rufes, wie er heute Herrn Fromant Meurice auszeichnet, und doch hatte Herr Fauconier kein anderes Talent, als dasjenige, welches die Mittelmäßigkeit fast immer und ausschließlich zum Schaden der wirklichen Künstler besitzt — das Talent, Andere zu benutzen und auszubeuten. Ein gewisses, vielstöckiges Haus im Faubourg St. Germain, fern seiner bekannten Werkstatt wie seinem Laden, könnte das Geheimniß Herrn Fauconiers verrathen und erzählen, wie man ein berühmter Goldschmied und Millionär wird. In den versteckten' Winkeln dieses Hauses, im Keller wie in den Dachstuben, getrennt von einander wie in Zellengefängnissen, saßen die jungen brodlosen Künstler, die Herr Fauconier mit der Spürkraft eines Jagdhundes in den Wildnissen von Paris aufzutreiben verstand, und verschwendeten den Reichthum jugendlicher Phantasie an Modelle, welche die Bewunderung des Hofs und der ganzen Welt erregten und dem ausbeutenden Spekulanten den Ruf eines modernen Benvenuto Cellini verschafften. Unter diesen weißen Sklaven verbrachte Barye schöne, lange Jahre, zufrieden, Brod für sich und seine Familie zu schmieden und Material in Händen zu haben, an dem er seine künstlerische Schöpfungskraft üben konnte.

Aber à quelque chose malheur est bon, wenigstens ist das bei kräftigen, empfänglichen und schöpferischen Geistern immer wahr; ihnen wird jede Lage, jedes noch so traurige Ver-

hältniß zur Schule. Barye machte im Verstecke des Herrn Jau-
conier und unter der Fuchtel seiner gierigen Anforderungen mehr
als einen Kursus durch. Die tausendfache Verschiedenheit der
Schmucksachen und Breloques zwang ihn, alle Formen aus
Pflanzen-, Thier- und Menschenreich zu studiren, und er that es
zum Behufe eines kleinen Breloques, das vielleicht den fetten
Bauch eines Finanziers schmücken sollte, mit derselben Gewissenhaftigkeit, als sollte seine Arbeit irgend einen öffentlichen Platz
der Weltstadt verherrlichen. Einer kleinen Goldschmiedarbeit
wegen durchmusterte er die ungeheuren Sammlungen des Louvre,
das Hotel Cluny, lief er von Bibliothek zu Bibliothek, in den
Jardin des Plantes oder meilenweit ins Land hinaus, um
nach der Natur zu zeichnen. Dabei wurde er Goldschmied im
Sinne der Ghibertis und lernte aus eigener Erfahrung und
Beobachtung, wie die verschiedenen Metalle verschieden zu behandeln sind, und die mannigfaltige Art des Gusses, Gravirens
und Treibens. So bildete sich in dem armen Arbeiter der Goldschmied, Graveur, Erzgießer, Zeichner, Maler, Naturforscher und
Bildhauer zu gleicher Zeit aus; als Letzterer trat er, da Herr
Fauconier glücklicherweise gestorben war, in der Ausstellung des
Jahres 1827 mit mehreren Büsten auf, die aber nicht geeignet
waren, die Aufmerksamkeit des Publikums auf den Unbekannten
zu lenken, obwohl man sie jetzt als Meisterwerke der Individua-
lisirung und des Ausdruckes bewundert.

Wieder genöthigt, um das tägliche Brod zu arbeiten, fing er
jene unendliche Reihe kleiner Meisterwerke zu schaffen an, die, obwohl auf industrielle Weise vervielfältigt und bestimmt, als Schmuck
der Uhren und Kamine, als Briefbeschwerer und Dintenfässer zu
dienen, darum nicht minder zum Schönsten gehören, was die
vereinte Kraft von Kunst und Industrie in unserer Zeit hervorgebracht, zum Besten überhaupt, was die letzten Jahrhunderte in
dieser Art geschaffen haben. Ich fürchte nicht, daß mich der Leser
der Uebertreibung zeihen wird, wenn er meiner Einladung folgt
und das Magazin der Barye'schen Bronzen (Rue saint Anastase,

10. Marais) besucht und da die vielen Einzelstatuen und Gruppen — ein alter Katalog, der vor mir liegt, zählt 113 auf —
meist Thierstücke, mit Kennerauge betrachtet oder wenn er, den
langen Weg scheuend, in das Magazin, besser gesagt, Museum
Barbedienne's, auf dem Boulevard Poissonnière tritt und daselbst den Tiger Barye's zu Gesicht bekommt. Jede dieser kleinen
Bronzen, groß ausgeführt, in Stein gehauen oder in Erz ge-
gossen, wäre geeignet, Paläste, Hallen, Gärten, Parks, Brunnen,
öffentliche Plätze aufs Großartigste und Schönste auszuschmücken.
In der kleinen Form und großen Anzahl, in der sie bestehen,
werden sie der Nachwelt einen falschen Begriff von unserm Ge-
schmacke beibringen. Wie mögen sie die Kunst geliebt haben,
werden unsre Nachkommen, ungefähr wie wir von den Einwohnern Pompeji's sagen, daß sie sich überall mit diesen herrlichen Meisterwerken umgeben haben. Im Gegentheil klagen uns
diese kleinen Meisterwerke an, daß wir sie in ihrer Kleinheit be-
lassen, da sie uns vor Allem als Modelle großer Monumente an-
muthen, und wie wenige der Käufer, die sie nach Hause tragen,
wissen, was sie auf Cheminée, Uhren, Schreibtisch aufstellen; wie
Viele achten sie gering, weil sie nur 5, 10 oder 20 Francs für
ein Kunstwerk bezahlt haben!

Künstler und Kenner wußten sehr wohl, was sie an diesem
Industriellen besaßen. Vom Maler Diaz z. B. ist es mir bekannt,
daß er sich auch nicht die kleinste aus den Gießereien Barye's her-
vorgegangene Bronze entgehen ließ und sich ein förmliches Museum
einrichtete, das er benutzt, um des großen Bildhauers Ruhm zu
predigen. Von andern Künstlern hingegen weiß ich, daß sie in
Gemälden und Skulpturen die kleinen industriellen Bronzen als
Modelle benutzt, sich aber gehütet haben, etwas zur Anerkennung
Barye's beizutragen. Ja, diese ganze kleine bronzene Thierwelt
wurde sogar mit Erfolg gebraucht, um Barye's Verdienst zu verkleinern. Man ließ ihn gern als Thierbildhauer gelten, um ihm
das Talent, Menschen zu gestalten, mit einem Anschein von Gerechtigkeit streitig zu machen. Mit Vergnügen vergaß man seine

drei Grazien, die Amazone, Angelika, die Gruppen Minotaurus
und Theseus, Centaur und Lapithe, und mit noch größerm Vergnügen die Reiterstatuetten Karl VI., Gaston de Foix, General
Bonaparte — obwohl diese Reiterstatuen sich mit dem Besten
vergleichen können, was die Renaissance hervorgebracht, obwohl
in den Gruppen manche Michel Angelo'sche Ader zu entdecken,
obwohl in den drei erstgenannten Werken der unabhängige, aber
empfängliche Jünger der Antiken nicht zu verkennen ist. Die vier
großen Gruppen an den beiden neuen Pavillons des Louvre, „die
Ordnung, der Friede, der Krieg, die Kraft," sind nun leider
freilich zu öffentlich geworden, als daß man in jenem System
der Verkleinerung eines großen Künstlers fortfahren könnte.

Barye hatte früh erkannt, mit welcher Welt er zu thun
hatte. Mit einer Seele, weiß und fleckenlos wie der edelste
Marmor, und mit einem Nacken hart wie Porphyr geboren, war
er nicht geeignet, mit ehr- und geldgierigen Künstlern Clique zu
machen und sich vor Journalisten und Regierenden zu beugen; —
so zog er sich denn in eine Einsamkeit zurück, welche auch die
Sympathie der begeistertsten Verehrer seines Genies nicht zu
durchbrechen im Stande war. Seit achtzehnhundert und dreißig
ist er förmlich aus der Welt verschwunden und ist sein Leben in
Künstlerkreisen zu einer wahren Sage geworden. Man begegnet
ihm manchmal in den Volkstheatern der Insel St. Louis, manchmal nach der Natur zeichnend in den Wäldern von Fontainebleau.
Durch Jahre kannte man die Adresse seines Ateliers nicht und
wußte man noch weniger von seinen persönlichen Schicksalen.
Man sagt, er sei verheirathet und habe in seinem Familienleben
große Schmerzen getragen. Vier reizende Töchter voll Geist und
Anmuth sind, der Sage nach, unter seinen Augen dahin gewelkt
und es ist ihm nichts von ihnen geblieben, als vier Porträts,
die er selber gemalt und die Meisterstücke der Porträtirkunst sein
sollen. Aber wer hat sie gesehen? — Ich weiß es nicht. Henri
Daumier, der große Zeichner, traf ihn einmal in der Straße
und benutzte die Gelegenheit, ihm die Zeichenlehrerstelle an

einem Institute anzubieten. Die Verhandlungen dauerten durch
Stunden und wurden in den Gassen geführt; an einer Straßenecke
mußte Daumier den Bildbauer verlassen, der wieder in seinem
Geheimniß verschwand. Das Jahr 1848 rief den bereits grau ge=
wordenen Künstler ans Tageslicht hervor. Die Republik stellte
seine zwei herrlichen Löwen, den sitzenden Löwen und den Löwen
mit der Schlange, im Tuileriengarten auf, jene beiden Meister=
werke, die ich einmal mit Erfolg einem bekannten deutschen
Archäologen und Kunstkenner als Antiken vorstellte. (Wenn ich
nicht irre, figuriren sie auch als solche in dem Buche dieses Ge=
lehrten.) Ledru Rollin gab ihm eine Stelle im Louvre, und eine
Thätigkeit begann, welche die intelligenteste Aufstellung der An=
tiken und allen Museen und Akademien Europa's die herrlichsten
Abgüsse versprach — aber die Zeiten änderten sich, und Barye hat
seine Stellung, ich weiß nicht, ob verloren oder aufgegeben.
Barye ist eben so wenig gemacht, unter den obwaltenden Um=
ständen, Aemter zu behalten, als sie zu seinem Vortheile auszu=
beuten, wie folgende kleine Anekdote beweist. Kurze Zeit fungirte
er als Thierzeichenlehrer im Jardin des Plantes. Gipsmodelle
verschiedener Thiere wurden gebraucht, das Geld, sie einzukaufen,
in die Hand Barye's gelegt, und er kaufte die Thiere des Bild=
hauers Mene; er, der die Thierwelt erschöpft hat und dessen
Magazin in der Rue Anastase der edelsten Modelle voll ist,
er kaufte die Schöpfungen Mene's, der ihm nicht ans Knie reicht.
Daran war nicht sowohl Barye's, des armen Mannes, Uneigen=
nützigkeit als seine Bescheidenheit schuld; es kam ihm sonderbar
vor, daß er seine Schöpfungen als Modelle aufstellen sollte. Und
doch hat seit den Alten, die der Natur um so viel näher standen
und den Gott in ihr begriffen, die armen Geschlechter

> Der kinderreichen
> Lebendigen Erde,

wohl Niemand die Thierwelt so dargestellt wie Barye. Er gibt
nicht Tendenzthiere der Fabel, auch nicht verkleidete Satiriker wie

Kaulbach, sondern Thiere, wahre Thiere, in ihrer eigenthümlich=
sten Eigenthümlichkeit, in ihrer Kraft, Wildheit, Anmuth, List,
Treue 2c., je nachdem sich der „gebundene Gott" in dem Indi=
viduum ausspricht — freilich in jener potenzirten Wahrheit, in
jener Idealität, die den Menschen zum Menschen und aus dem
Menschen den Künstler macht; mit jener Offenbarung der Kunst,
die das Geheimnißvolle zugleich geheimnißvoller und klarer macht.
Ueber seinen Gebilden schwebt die Ahnung Dessen, was jenseits
der Schranken der verschlossenen und uns stummen Natur zu
suchen ist. Unwillkürlich denke ich, wie sonderbar Das auch dem
Leser klingen mag, bei den Thieren Barye's an die Verse Lenau's:

> An Blumen freut sich mein Gemüthe,
> Und ihrem Räthsel lausch' ich gern,
> Die uns so nah durch Duft und Blüthe
> Und durch ihr Schweigen doch so fern.

Ueber Barye's Persönlichkeit kann ich dem Leser nicht die
geringste Mittheilung machen. Ich habe den Geheimnißvollen
nie gesehn. Ich wollte nur auf den großen, in Deutschland noch
unbekannten Künstler mit einigen Worten aufmerksam machen,
ohne den Gegenstand zu erschöpfen; ferner wollte ich, nachdem
ich Rude's und Berangers Charakteristiken geliefert, gerecht sein
und zeigen, daß ihrer würdige Charaktere im heutigen Frankreich
auch noch unter den Lebenden wandeln — denn Das ist es, was
man so schwer und so ungern glaubt; am Schwersten, wenn man
selbst in Paris lebt.

(1857.)

Stephen Heller.

That strain again: — it had a dying fall:
O it came o'er my ear like the sweet south,
That breathes upon a bank of violets,
Stealing and giving odour.
                                    Shakespeare.
Cet artiste n'est pas connu pour ce qu'il vaut.
                                    Fétis.

Die letzten drei Dezennien haben Schaaren von Virtuosen
an uns vorbeigeführt: die Zahl ihrer Herolde und Verkünder
ihres Ruhmes war noch größer und die Zahl ihrer Bewunderer
unendlich. Alle Ehrenbezeugungen, wie sie Wohlthätern der
Menschheit angemessen scheinen, Kronen, Kränze, offizielle Aus=
zeichnungen, Titel und Würden, verherrlichender Gesang, An=
betung von Seiten der Frauen — Alles, Alles wurde ihnen zu
Theil; sie setzten ruhige Städte in Bewegung, sie verursachten
Zusammenrottungen und Aufruhr, sie erweckten Parteikämpfe,
und wie sie die Mittelpunkte begeisterter, brüderlicher Feste waren,
so wurden sie auch die Urheber von Zwietracht und Zerwürfniß. —
Wo sind sie heute, diese weltbewegenden, gewaltigen Erschei=
nungen? — Verschwunden, vergessen, verschollen. Ihre alten
Bewunderer erröthen, wenn sie sich ihrer Thorheit erinnern; ihre
Freunde verleugnen sie. Die Götter sind zusammengebrochen,
und man sah die Hohlheit ihres Innern; das Kind zerriß end=
lich die angebetete Puppe und sah den gemeinen Inhalt. —
Dennoch hatte man Unrecht, sich dieser Begeisterung zu schämen;

sie war nur natürlich. Man begeisterte sich auch für Seydelmann; man bewunderte, man liebte ihn, als ob er den Mephisto ge= schaffen hätte, den er nur darstellte. Die Bewunderung für den exekutirenden musikalischen Virtuosen, den Schauspieler des Kom= ponisten, war ursprünglich an eine andere Adresse gerichtet, an die des Tondichters; daß sie der Virtuose als treuloser Bote unterschlug, merkte das Publikum in seinem Enthusiasmus erst spät oder glaubte auch, daß dem Boten Alles gebühre. In seiner Gedankenlosigkeit krönte es die in Goldflitter gekleideten Tänzer und Läufer vor dem Wagen des Triumphators, der in seiner schlichten Größe kaum beachtet wurde. Aber der Triumphator ist noch heute der Triumphator — wo sind die Tänzer und Läufer und Histrionen?

Wieder nichts natürlicher als ihr Verschwinden; es ist eben so motivirt, als ihr Auftauchen. Kaum war Lessing da, so waren auch schon Schauspieler da. Die exekutiven Kräfte, die Kärrner, sind immer und überall in großer Menge vorhanden; sobald sich die produktive, diese seltenere Kraft zeigt, fangen sie zu wirken an. Es hat musikalische Virtuosen gegeben, seit es Kompositeure gibt. Als die Musik mit Beethoven die höchste Höhe erreichte, mußte es von Virtuosen zu wimmeln anfangen. Sie waren in der Musik, was nach einer großen Literatur die Kom= mentatoren, Glossatoren, Nachahmer, Wortkünstler, Deklamatoren, Rhapsoden, Schauspieler, Bearbeiter ꝛc. zusammen sind. — Sie brauchten zu ihrem Geschäfte wenig Talent, instinktiven Nach= ahmungstrieb und viel Geduld und physische Arbeitskraft. Das Genie, das man ihnen so freigebig nachrühmte, saß meist im Sitzfleisch. — Bei den ersten unter den Virtuosen bestimmte ein gewisses angeborenes musikalisches Talent die Wahl des Berufs; das Glück, das diese machten, bestimmte die meisten ihrer Nach= folger. Erstere hatten vor Letztern nur wenig voraus, da es sich zumeist um physische Arbeit, Ausdauer, Geduld handelte. Man machte Virtuosen. Man unterrichtete nicht, man weckte nicht Keime von Talenten, man richtete ab. Die schönsten, die unbe=

fangensten Tage des Lebens mußten zwölf bis sechszehn Stunden
der physischen Arbeit am Instrumente abgeben; Alles mußte
darüber zu Grunde gehen, selbst das musikalische Ohr, wenn von
Natur aus eins da war. Der geistigen Ausbildung war kein
Moment Raum gelassen, eben so wenig der gemüthlichen. Darum
mußte auch Geist und Gemüth eingelernt werden. Man lernte
mit Geist spielen, man lernte Herz in die Musik legen. So
wurde man ein Golem, eine Maschine, ein Automat. Wie oft,
wenn man sie mit dieser fürchterlichen Wuth spielen und Stücke
ausführen hörte, die eine Verhöhnung aller Musik waren, mußte
man sich sagen, daß sie sich offenbar an der Kunst, die ihnen die
schönste Zeit des Lebens, die besten Gaben des Geistes und des
Herzens geraubt, rächen, daß sie sie für immer ausrotten und in
der Meinung der Menschen verächtlich machen wollten. — Meist
aber sagte man sich, daß sie in dieser mechanischen Beschäftigung
mit Musik allen musikalischen Sinn verloren. So verlieren oft
alte Richter allen Sinn für Gerechtigkeit, Maler allen Sinn für
die Farben; Krieger, die mit Begeisterung ausgezogen, werden
im Laufe des Krieges gedankenlose Schlächter.

Es ist kein Wunder, daß so viele der gefeierten Virtuosen
physisch zu Grunde gegangen und daß andere, die, müde der
oberflächlichen Triumphe, einem höhern Ehrgeiz dienen und als
Tondichter sich versuchen wollten, nur das lärmendste Gegentheil
von Musik, die Negation, die Karikatur der Musik hervorbrachten.
Mit einer ungeheuern Charakterkraft, mit einer beinahe unerschöpflichen musikalischen Aussteuer müssen die Seelen Derer ausgerüstet gewesen sein, die sich, wie Mendelssohn, Chopin, aus
der Virtuosität noch mit einem Fonds von Musik, mit Produktivität gerettet haben. Wir wollen hier die Charakteristik eines
solchen Musikers und mit ihr zugleich eine bezeichnende Lebensgeschichte aus der Kunstepoche unserer Zeit liefern.

Stephen Heller hat sein Virtuosenthum überlebt und ist
daraus als Kompositeur hervorgegangen. Wieder als Kompositeur
hat er alle Kämpfe, die einem jungen und originellen Geiste vor-

behalten sind, durchgekämpft, hat er Noth, Elend, Entsagung, Verkennung ertragen, Selbstverleugnung und Demüthigung vor dem eigenen Genius kennen gelernt und steht heute als ein in seinem Fache beliebtester, von Tag zu Tag an Ruhm gewinnender Tondichter mit ausgesprochener Individualität, mit großen, kaum mehr angefochtenen Vorzügen und Verdiensten da. Die Geschichte eines solchen Lebens kann nur belehrend sein.

Stephen Heller wurde im Jahre 1813 am 15. Mai zu Pesth in Ungarn geboren. Sein Vater, der in einer Fabrik angestellt war und außerdem noch in der Stadt mathematischen Unterricht ertheilte, bestimmte ihn den Rechtswissenschaften und schickte ihn deßhalb frühzeitig auf das Gymnasium der ehrwürdigen Piaristen-väter, patrum piarum scholarum. Etwas Musikunterricht wurde, weil Das zu einer guten Erziehung gehört, bei einem Herrn Meixner, Fagotbläser beim Musikkorps eines Artillerie-regiments, genommen. Bald zeigte es sich aber, daß diese Neben-sache den Knaben vorzugsweise beschäftigte, daß er bei dem dürf-tigen Musikunterricht, bei dem auch einige Generalbaßlehren mit unterliefen, mit viel größerer Theilnahme verweilte, als bei Latein und Griechisch. Da wurde denn ein bedeutenderer Lehrer, der beste, der in Pesth aufzutreiben war, Franz Bräuer, jetzt regens chori im Dome, gewonnen, und dieser hatte bald den Muth, mit seinem Schüler vor das Publikum zu treten. Lehrer und Schüler spielten im Pesther Theater Dusseks Doppelkonzert (b-dur) für zwei Piano's und zwar mit Beifall. Da erwachte der Ehrgeiz im Vater. Wie wäre es, wenn sein Kind ein Wunderkind wäre? Wenn aus dem Wunderkind ein Virtuose er-wüchse, ein Virtuose, der die ganze zivilisirte Welt, so weit es nervöse Weiber gibt, in Bewegung setzte? Der Mathematiker fing zu rechnen an, und er wollte sicher gehen. Mehrere Versuche wurden angestellt; Stephen mußte gewaltig arbeiten und zu wiederholten Malen vors Publikum treten und Konzerte geben. Das Experiment gelang: viel Beifall wurde geerntet; also Ade Griechisch und Latein und Juristerei! Der Vater setzt sich mit

dem Sohn in den Wagen; es geht nach Wien, in die Hauptstadt
der Musik.

Stephen wurde dem damals bedeutendsten Musiklehrer Anton
Halm übergeben. Dieser ahnte bald einen wahren Künstler in
seinem Schüler und stellte den Knaben bei Gelegenheit Bee=
thoven, F. Schubert, Abbé Stadler vor. Aber das Kind war
noch zu sehr Kind, um das ganze Glück solcher Bekanntschaften
zu erfassen; in seinem jungen Gehirn erwachte noch keiner jener
fruchtbaren Gedanken, welche die Berührung mit solchen auf der
Höhe der Menschheit stehenden Geistern zu erwecken pflegt, keiner
jener großen Entschlüsse, die solche Beispiele zur Reife bringen
und für die ganze Zukunft bedeutend machen. Er war eben noch
ein träumendes Kind und vor Allem nur Klavierspieler.

Als Solcher gab er in Wien im Jahre 1826 sein erstes, 1827
sein zweites Konzert. Am Ende des zweiten trat er kühn mit
einer freien Komposition hervor, die ihm, eben der Kühnheit
wegen, im Publikum manche Freunde und Beschützer, aber ganz
und gar nicht den Beifall der Kritik verschaffte. Dießmal war
die Kritik im Rechte. Es fehlte Stephen Heller noch an geistiger
und materieller Ausbildung, um schon selbständig auftreten zu
können. Das Beste in seiner Komposition war höchstens als eine
Anweisung auf die Zukunft zu betrachten. — Doch glaubte der
Vater nun den Moment gekommen, da man mit Nutzen die
Künstlerlaufbahn anfangen könnte. Der Sohn wurde nach Pesth
zitirt, und im Jahre 1828 verließ er den geliebten Lehrer Anton
Halm, der ihn betrübt ziehen sah.

Mit Absicht habe ich alle Meister Hellers mit Namen ge=
nannt: es ist das Geringste, das man Lehrern zum Lohne thun
kann, wenn man sie bei Gelegenheit ihrer Schüler nicht vergißt.
Die rührendsten Erscheinungen im Leben bedeutender Künstler
sind, neben den Müttern, die Lehrer. Während der Schüler
seinen Flug nimmt, die Welt mit seinem Namen zu erfüllen,
stehen sie an der Schwelle ihres stillen, vergessenen Hauses und
sehen ihm in rührender Hülflosigkeit nach, wie die Gluckhenne,

die Enten ausgebrütet, am Rande des Teiches, und sind froh,
wenn ihnen aus weiter Ferne von Zeit zu Zeit nur ein kleines
Wörtchen der Erinnerung zukommt. Sie werden vom Sohne,
vom Schüler mehr oder weniger vergessen — was liegt daran,
wenn es ihm nur gut geht, wenn er nur Erfolge hat, wenn er
nur der Lehren gedenkt, die man ihm mitgegeben. — Wie rührend klingt die einfache Zeile im Tagebuche Perugins: Heute ist
mein lieber Raphael Sanzio abgereist; möge ihn Gott begleiten
auf allen seinen Wegen, und möge er glücklich ankommen. —

Der Vater wurde in seinen Plänen noch mehr bestärkt, als
die Ungarn mit ihrer heißblütigen Bewunderung den Sohn in
mehreren Konzerten bis in den Himmel hoben und ihm einen
Beifall zollten, als wäre er bereits eines der glänzendsten Lichter
der Welt. Keine Nation Europa's läßt sich durch den Patriotismus so sehr verblenden, wie die Magyaren; die Erfahrung,
daß sie eigentlich noch sehr wenig Genies hervorgebracht, hindert
sie nicht, jede auf ihrem Boden neu auftauchende Erscheinung
sofort für ein Wunder zu erklären. — Der mathematische und
kluge Vater vergaß es nicht, den Patriotismus vom Verdienste
des Sohnes zu subtrahiren. Dennoch gab er seine Stellung in
Pesth auf und trat nun mit seinem Sohne die „Kunstreise" an.
Wenn Stephen Heller später nicht durch zwölf Stunden täglich
am Klavier verthieren wollte, wenn er sich weigerte, Journalisten
den Hof zu machen, schlechte Modemusik zu spielen, wenn er sich
eine glückliche Stunde verschaffen und sich in die Musik „in
ihm selbst" vertiefen, etwas komponiren oder mit den großen
Meistern die Zeit verlieren wollte: hat ihn zwar der Vater gewähren lassen; dennoch glaubte er, daß er sich nicht deßhalb den
Mühen, Unbequemlichkeiten,·Kosten und Wagnissen der Reise
ausgesetzt habe und daß der Sohn sich auch befleißen müsse, hals-
brecherische Stücke zu spielen, Knalleffekte zu machen, das Publikum in Erstaunen zu setzen, kurz ein Phänomen zu werden,
wie der große X und der berühmte Y. Er meinte es gut, aber
er verstand es nicht besser. Daß für das künstlerische Seelenheil

des Sohnes, für sein äußeres und inneres Glück besser gesorgt gewesen wäre, wenn man den erwachenden Tonkünstler in seiner einsamen Stube, in seinen tönenden Träumen gelassen hätte. Das fiel ihm, der wenig Begriff von Musik und von den Vorgängen in einer Künstlerseele hatte, nur selten ein.

Die Reise ging durch einen Theil Ungarns, über Krakau nach Warschau, wo der Winter zugebracht wurde, dann weiter nach Breslau, über Dresden, Leipzig, Braunschweig nach Hamburg, wo zum zweiten Male die Winterquartiere bezogen und drei Konzerte gegeben wurden. Stephen Heller, nunmehr schon ein erblühter Jüngling, lernte etwas von der Welt kennen, kam mit Künstlern in Berührung und gewann sich durch sein Spiel manches weiche Frauenherz. Damit war dem besorgten Vater nicht gedient. Weltkenntniß konnte dem Sohne verderblichen Unabhängigkeitssinn einflößen, seine Erfolge konnten ihm zu viel Bewußtsein seines Werthes geben; die Künstler waren im Stande, ihm über die Kunst Ideen beizubringen, die mit den Kunstideen des Vaters, mit seinen positiven Zwecken nicht übereinstimmten. Dem allem mußte vorgebeugt werden, und der Vater führte ein strenges Abschließungssystem ein, und so ging es weiter über Kassel und Frankfurt a. M., wo er Ferdinand Hiller kennen und lieben lernte, nach Bayern. —

In Augsburg angekommen, brach das gehetzte Wild zusammen. Er konnte nicht weiter. Es zeigten sich so große Spuren der Ermüdung und Abspannung, daß der Vater den Vorstellungen der Aerzte, neugewonnener Freunde und Musikliebhaber nachgab, dem Sohn einige Zeit auszuruhen erlaubte, ihn unter der Obhut einer kunstsinnigen Freundin zurückließ und nach Pesth zurückkehrte.

Nun begannen für Stephen Heller eigentlich erst die Lehrjahre, die bei ihm auf die Wanderjahre folgten. Die Atmosphäre der stillen, alten, romantischen Stadt that seinem etwas melancholischen, nach Ruhe und Sammlung sehnsüchtigen Gemüthe sehr wohl. Endlich nach langem, unerquicklichem, wüstem Umher-

schweifen hatte er die Muße, nach langer Vereinsamung die
Einsamkeit, deren er so sehr bedurfte, das Erlebte und Gehörte
in Geist und Gemüth zu verarbeiten. Er konnte sich endlich
sammeln und sein Inneres belauschen, ob da etwas wachse und
sprieße. Die glückliche Stimmung, in die er sich mit Einem Male
versetzt fühlte, wurde noch durch die liebevolle Theilnahme jeglicher Art erhöht. Wir dürfen nur derjenigen erwähnen, die
sich auf sein der Oeffentlichkeit gehöriges Leben bezieht. Da steht
Graf Fugger, Rittmeister in der bayerischen Armee, Stephen
Hellers Lothar und Jarno in einer Person, obenan. Ein feiner
Musikkenner und ein nach allen Seiten hochgebildeter Mann, erkannte er bald die großen Anlagen des jungen Künstlers, sein
edles, bisher unterdrücktes Streben, eben so wohl wie die Lücken
seiner musikalischen und anderweitigen geistigen Bildung. Mit
vieler Liebe unterstützte er ihn in seinen Studien und stellte ihm
seine große, an Büchern und Musikwerken reiche Bibliothek zu
freier Verfügung. Diese Güte benutzte Stephen Heller in allen
Stunden, die ihm der Unterricht, den er zur Bestreitung seiner
kleinen Bedürfnisse geben mußte, übrig ließ, das Versäumte
nachzuholen, das Gehörte durchzusehen, die bedeutenden Werke
der Meister der Dichtung wie der Musik zu studiren. So wurde
aus dem auf kurze Zeit bestimmten Aufenthalt ein Aufenthalt
von Jahren, eine reiche Zeit der Sammlung, des Fortschritts,
des Glücks und der geliebten, schöpferischen Arbeit. — Das
Glück und — wir müssen es sagen — die Liebe weckte den
Tondichter wieder auf, der schon in seinem neunten Jahre in
jener oben erwähnten Komposition in ihm erwacht, später, im
Unbehagen des Virtuosenlebens, aber wieder eingeschlafen war.
Doch hatte er als Virtuose schon im Jahre 1829 in Leipzig bei
Probst Op. 1. Variationen über ein Thema von Paganini, bald
darauf bei Böhme in Hamburg ein Rondo und später mehrere
Variationen herausgegeben.

Während Stephen Heller still, gesammelt, arbeitsam in
Augsburg lebte, fing Robert Schumann seine später so bedeutend

gewordene Wirksamkeit in Leipzig an, jene praktische und theo=
retische Wirksamkeit, aus der er nach mannigfachen Phasen und
Umwandlungen als Meister hervorgegangen. In seiner Zeit=
schrift für Musik las Stephen Heller die Aufforderung an junge
Kompositeure, ihre Manuskripte zur Besprechung einzusenden.
Er besann sich nicht lange und schickte an Robert Schumann, von
dessen Kompositionen er nichts kannte, von dem auch wohl kaum
mehr als die Papillons und die Variationen über den Namen
„Abegg" veröffentlicht waren, drei Impromptus (Op. 7) und
Scherzo (Op. 8). Der Ton, in dem die Zeitschrift für Musik
geschrieben war, die Wärme und neidlose Theilnahme, die Freude
an den Schöpfungen Anderer, die aus den Artikeln Robert
Schumanns sprachen, hatten Stephen Heller aufgemuntert und
ihm Vertrauen eingeflößt. Schumann beantwortete dieses Ver=
trauen in sehr freundlicher Weise, und gleich in dieser ersten An=
näherung zeigte sich zwischen beiden Tondichtern eine gewisse
Wahlverwandtschaft, eine Gleichartigkeit des Empfindens und
der Anschauung. Ein sonderbares Zusammentreffen machte sie
Beide darauf aufmerksam. Die Impromptus Hellers waren Ma=
demoiselle Liane de Fraulay aus Jean Pauls „Titan" gewidmet,
und eben hatte Schumann eine Komposition vollendet, welche
dem Fräulein Wina aus den „Flegeljahren" zugedacht war.
— Versetzt uns diese kleine Anekdote nicht mit einem Ruck in
jene romantisch=schwärmerische Zeit zurück, die jetzt schon so weit
hinter uns liegt?

Robert Schumann empfahl diese beiden ihm zugesandten
Werke dem Verleger F. Kistner, der sie sofort veröffentlichte, so
wie bald darauf auch eine Sonate (Op. 9). Schumann sprach
sich alsdann über diese Erstlingswerke in seiner Zeitschrift aus.

Liebenswürdig und von edlem Gemüthe zeugend ist das Lob,
das Robert Schumann mit Wärme und Begeisterung als ein
wahrer Poet dem Mitstrebenden spendet, der noch sein Neben=
buhler werden konnte.

So kam zu Liebe und Freundschaft in der Augsburger Zeit,

zum Glücke des Studiums und des Schaffens noch die Anerkennung, die um so wohlthätiger wirkte, als das innerste Gewissen von ihrer Wahrhaftigkeit getroffen sein mußte; als sie
nicht jenes geheime, beunruhigende Unbehagen erregte, das die
Folge unverdienten Lobes ist. Aber trotzdem oder vielleicht eben
deßhalb war seines Bleibens nicht in Augsburg. Er fühlte sich
gestärkt, anerkannt, mit neuem Wissen ausgerüstet — er sehnte
sich nach einem größern Horizonte, nach einem weitern Kampfplatze. — Diese Unruhe trieb ihn für einige Zeit nach Pesth, und
da er dort nicht fand, was er suchte, bald wieder in die Heimat
seines Glücks, nach Augsburg. Aber es war vorauszusehen, daß
es nur einer kleinen Veranlassung bedurfte, um seiner Unruhe
Ziel und Plan zu geben.

Im Jahre 1837 kam Kalkbrenner durch Augsburg und gab
daselbst mehrere Konzerte. Er sah Heller und erkannte sein
großes Talent und daß die stille Stadt nicht sein natürlicher
Schauplatz sei. Er sprach ihm von Paris, von allen Schätzen der
Ausbildung, die diese Stadt biete, von ihren gesellschaftlichen
Hülfsmitteln, von ihrem bewegten Leben, von der Leichtigkeit,
mit der ein begabter Mensch bei einigem Glücke von diesem
Zentralpunkt aus seinen Ruhm ausbreiten könne — und im
November 1838 sehen wir Stephen Heller schon in Paris, um
daselbst den Winter zuzubringen.

Da war freilich nicht Alles so golden und rosig, wie es ihm
Kalkbrenner ausgemalt hatte, besonders in musikalischer Beziehung nicht, und die Phantasie des fünfundzwanzigjährigen
Künstlers mußte manche Enttäuschung und sein Herz, nach dem
gemüthvollen, deutschen Zusammenleben in Augsburg, manche
Stunde der Vereinsamung empfinden — aber der lebhafte und
empfängliche Geist Stephen Hellers fühlte sich neuangeregt und
bereichert, und muthig entschloß er sich, alle Kämpfe zu bestehen,
die er schon in nächster Nähe drohend auftauchen sah. Er fühlte
das Herz einer Welt an sein Herz pochen — er lernte eine neue,
so reiche und so Mannigfaltiges bietende Gesellschaft kennen —

und aus dem Winter ist ein Jahr geworden, aus dem Jahre
zwei Jahre, und nun sitzt Heller schon volle zwanzig Jahre in
demselben Paris, das mit seinem Zauber schon viele Söhne verschiedener Heimat für immer festgebannt hat. In einem Briefe
an einen Freund spricht er sich selbst über diesen Zauber so aus:
„Die völlige Ungebundenheit des Lebens, die freie Ansicht nach
allen Richtungen, die weltbürgerliche Toleranz, die jede Eigen-
heit, jede Bizarrerie fast mit Nachsicht und einer gewissen Grazie
des Geistes und des Herzens beurtheilt und nichts dafür verlangt, als gleiche Toleranz und Nachsicht; alle diese unschätzbaren
Vortheile einer feinen, seit Jahrhunderten an sich selber arbei-
tenden und polirenden Gesellschaft, so wie die Möglichkeit, eben
so einsam als im Strudel der Welt leben zu können, und zwar
bald das Eine, bald das Andere — dieß hielt mich seit so langer
Zeit in Paris fest.“

Und wahrlich, die Anziehungskraft dieser Weltstadt muß
eine gewaltige gewesen sein, wenn sie durch alle Leiden und Entbehrungen, welche Jahre lang das Leben Stephen Hellers ver-
dunkelten, nicht gebrochen werden konnte. Weiß man, was er
hier geduldet, getragen, gelitten, ist man erstaunt, daß er nicht
schon nach wenigen Wochen oder Monaten die Flucht ergriffen,
bewundert man die Ruhe und Objektivität, mit der er mitten
im Elend die Vortheile und Vorzüge des Pariser Lebens, die
Förderung, die es dem Geist bietet, beurtheilte und würdigte.

Gänzlich unbekannt, fand er eben so wenig Schüler als
Verleger für seine Kompositionen, und es begann für ihn jenes
Leben, jenes Fegefeuer, in dem schon starke Seelen und starke
Körper zu Grunde gegangen. Wir wollen ein oft gemaltes Bild,
die Noth eines Künstlers, nicht noch einmal malen; wir wollen
nur einige kleine Anekdoten und Ereignisse aus dem Leben Hellers
erzählen, die zugleich das Leben vieler Anderer mit wenigen
Strichen zeichnen.

Nach Kurzem hatte Stephen Heller einsehen gelernt, daß
er für Werke, die sich an die in Deutschland veröffentlichten

(Op. 7, 8, 9) würdig anschlössen, keine Verleger in Paris fände. In der Hauptstadt der Mode und des Brillanten waren solche Werke nicht am Platze. Von der Noth gezwungen, den Bedingungen der Verleger nachzugeben, publizirte er erst einige leichte Kompositionen für Schüler, welche man lieber annahm, mit Recht hoffend, daß er die Freunde, die an ihm irre werden konnten, später durch bedeutende Werke beruhigen werde. Er hatte die Absicht, auf das Titelblatt dieser und ähnlicher Kompositionen in ganz kleiner Schrift, um sich vor sich selbst, vor den Kennern und Freunden zu entschuldigen, die zwei Buchstaben T. F. (d. i. travaux forcés) anzubringen, die den Galeerensträflingen eingebrannt werden, um damit den Zwang anzudeuten, aus dem sie hervorgegangen. Aber die Verleger wollten auf diesen tragischen Witz einer unglücklichen Künstlernatur nicht eingehen. Selbst diese travaux forcés schienen ihnen noch zu gut; sie wollten Oberflächlicheres, etwas, was mehr scheine und weniger bedeute, und bezahlten ihm selbst diese Arbeiten, die ihn so unglücklich machten, gar nicht oder auf erbärmliche Weise. Man schämte sich nicht, ihm aus seiner Trefflichkeit einen Vorwurf zu machen. Der Musikalienhändler Schlesinger saß einmal mit drei Kompositeuren bei Tische: mit Wolf, Heller und X. — Sehr ungezwungen sagte er ihnen seine Meinung über ihre Verwendbarkeit im Handel, „Ihr alle Dreie," rief er, „seid nicht zu brauchen, aus verschiedenen Gründen: Sie, Wolf, sind zu schwer, Sie, Heller, zu gut, Sie, X., zu schlecht!" —

Wir wollen nur die Geschichte einzelner Werke Hellers erzählen und werden damit einen trefflichen Beitrag zu Künstlers Erdenwallen liefern; zuerst die Geschichte der chasse, jenes Stückes, das von allen berühmten Klaviervirtuosen Liszt, Thalberg, Döhler, Wilhelmine Clauß ꝛc., gespielt wurde, allen vorgerückten Schülern vorgelegt wird und sich eines eigenen Ruhmes erfreut.

Moritz Schlesinger, Vorgänger von Brandus, war damit beschäftigt, eine neue Klaviermethode herauszugeben, die den

Titel Méthode des Méthodes führen sollte und in der That
unter diesem Namen erschien. Am Schlusse sollten Klavier-Etüden
von den bedeutendsten Pianokomponisten beigegeben werden. Es
wurden also an Moscheles, Chopin, Mendelssohn, Hiller, Liszt,
Döhler, Thalberg, Henselt, Benedict u. A. Aufforderungen erlassen, besonders prägnante und zugleich praktisch nützliche Etüden
zu liefern.   Stephen Heller war dem Verleger unentbehrlich
geworden, da er ihm die nothwendige Sklavenarbeit verrichtete,
außerdem noch für die musikalischen Zeitungen schrieb. Diesem
Umstande und einer gewissen Vorliebe, die der Kaufmann für
den jungen Künstler hatte, in dem er mit dem ihm eigenen Instinkte eine Zukunft ahnte, dankte Heller die Aufforderung, ebenfalls eine Etüde zu liefern. Der Verleger wollte, wie er sagte,
die Gelegenheit benutzen, um ihn in die Gesellschaft dieser hohen
und berühmten Namen einzuschwärzen. Nach so vielem Traurigen, das ihm von dieser Seite zugemuthet war, fühlte sich
Heller durch diese Einladung doppelt glücklich, obwohl von Honorar nicht die Rede gewesen. Er ging nach Hause, in seine
kleine Stube, und in einer Nacht voll Fieber und Aufregung
schrieb er eine Etüde, bei der ihm das Bild einer Jagd vor-
schwebte, einer tollen Jagd, die tiefen Liebesgram zerstreuen sollte,
und setzte als Motto die Worte einer alten französischen Chronik
darüber: La meute est déchaînée — les fanfares éclatent.
— Messire le roi Philippe sur son ardent coursier, s'efforce
à dissiper le chagrin que lui cause le trépas de sa mie,
Agnès de Meranie . . . Schlesinger war über Titel und Inschrift, die für eine Etüde freilich nicht orthodox klangen, etwas
verdutzt und zuckte die Achsel über diesen romantischen Jüngling,
sagte aber nichts. Gutmüthig, wie er ist, wollte er den jungen
Kompositeur in seinem Glücke, das aus seinem ganzen Gesichte
sprach, und in der Zufriedenheit, mit der ihn die Vollendung
eines wahrhaft poetischen, zaubervollen Werkes erfüllte, nicht
stören. Erst nach vierzehn Tagen lud er ihn zu Tische, um ihm
mit Schonung zu sagen, daß seine Etüde für die Méthode des

Méthodes nichts tauge, daß sie von Kennern verworfen sei und
daß er was Anderes liefern solle. — Aber Heller erwiderte ihm
ruhig: „Eine beßere Etüde werde ich nicht schreiben; ich glaube,
daß sie neben Liszt, Thalberg, Döhler bestehen könne." — So
nahm sie Schlesinger doch in seine Methode auf, und da sie großen
Beifall fand, wurde sie einige Jahre später besonders (als Op. 29)
gestochen und hat französischen, deutschen und englischen Ver-
legern mehr eingebracht, als Heller je besaß oder besitzen wird.
An Honorar hat ihm diese berühmte chasse nicht einen Pfennig
abgeworfen.

Aehnlich ging es Heller noch später mit den Werken 33—36,
worunter die Caprice über die Forelle, die durch Liszt, Döhler,
Halle so berühmt geworden. Heller war in bitterer Noth. Eines
Abends nach Beendigung der vier Capricen über Schubert'sche
Lieder (Forelle, Lob der Thränen, die Post, Erlkönig), ging er
zu Schlesinger und bot ihm dieselben um 400 Fr. an. Der Verleger wollte den Antrag kaum anhören; der Kompositeur stimmt
seine Forderung auf 200 Fr. herab. Umsonst. Ein Verleger aus
Lyon hat sie ihm endlich für 400 Fr. abgekauft. Zu diesem Pro-
vinzverleger kam Heller auf eigenthümliche Weise. Bald nach
Erscheinen seiner ersten Etüdensammlung (Op. 16. 24 Etud.)
l'art de phraser (die er Schlesinger als Eigenthum für alle
Länder um 300 Fr. überließ) erhielt er von einer ihm ganz unbekannten Dame einen äußerst herzlichen Brief, in welchem sie
ihm ihr Erstaunen ausdrückte, so wenig von einem Autor gehört
zu haben, der solche Etüden, wie z. B. die 15. feuillet d'Album
betitelte (welche Ernst später für Violine arrangirte), zu komponiren vermöge. Diese Dame war Madame Montgolfier, deren
Mann ein Sohn des Erfinders des Luftballons. Sie gab in
Lyon Unterricht im Piano und ist eine der geistvollsten und be-
gabtesten Damen Frankreichs. Ihrem begeisterten Briefe antwortete Heller mit einer Geschichte seiner vier Capricen, um ihr
zu zeigen, wie einsam sie mit ihrer Begeisterung für seine Kompositionen stehe. Die Dame ihrerseits wollte ihn vom Gegentheil

überzeugen, verband sich mit drei andern Musikliebhabern Lyons,
und da diese versprachen, die Musik Stephen Hellers zu beschützen
und zu empfehlen, bekam der Lyoner Verleger den Muth, jene
vier Capricen mit 400 Fr. zu bezahlen. Dankbar hat sie Heller
Madame Jenny Montgolfier und ihren Freunden gewidmet. —
Durch den großen Erfolg der Forelle noch mehr ermuthigt, kaufte
derselbe Lyoner Verleger Stephen Heller die Werke 45, 46, 47,
— im Ganzen 80 Etüden ab und bezahlte sie ihm mit 2000 Fr.
— Es ist bekannt, welches Glück diese Etüden gemacht; sie wurden in Zehntausenden von Exemplaren verkauft, und als sich der
Lyoner Verleger vom Geschäft zurückzog, wurde ihm, nach zwölf-
jähriger Ausbeutung derselben, das Eigenthumsrecht noch mit
10,000 Fr. bezahlt. — Das letzte Heft dieser Etüdensammlung
hat eine eigenthümliche Entstehungsgeschichte, die man seiner
Physiognomie nicht aberkennen sollte. Man setze sich ans Klavier,
man spiele diese kindlichen, herzlichen Stücke — diese kleinen
Liebeslieder, Sonette, Kanzonen und Kanzonetten — man wird
sich in eine glückliche, gemüthvolle Zeit voll freundlicher, lieben-
der, harmloser Scherze und Spiele versetzt fühlen — und diese
Etüden sind geschrieben, während der Tondichter gezwungen in
seiner Stube saß, während in der Straße Aufruhr wüthete, von
den fernen Vorstädten Kanonendonner hallte und auf Paris eine
drückende Atmosphäre der Angst, der Sorge für die nächste Zukunft lastete: sie sind in den Junitagen geschrieben. Versetze sich
Einer in die Geheimnisse einer Künstlerseele. Entsetzt vor den
Schauern des Tages flieht sie und flieht und sucht die Oase, da
sie allein ihr Glück finden kann, und da steht sie vielleicht eben
vor einer glücklichen Erinnerung, vor einem schönen Moment
dieses wechselvollen Daseins — und je unglücklicher die Gegenwart, desto intimer versenkt sie sich in diesen Moment — und es
entstehen Idyllen, glückliche Träume, lächelnde Gedichte mitten
in Junitagen. Dazu bedenke man, daß in jenen Tagen das
Privatleben des Künstlers noch bei Weitem trauriger war als das
öffentliche Leben; selbst die Reichen hielten sich für Bettler;

Niemand erlaubte sich irgend einen Genuß, der an Luxus streifte;
die Kunst war überflüssig geworden, die Künstler hungerten.
Stephen Heller sagte damals der geliebten Cigarre Lebewohl und
adoptirte den höllischen tabac-caporal; er verließ die historisch
gewordene Restauration der Mère Morel, wo sich die Künstler
versammelten, um sein Mittagsessen in einer schrecklichen Gar-
gotte, bei Madame Guizot, einer Tante des Ministers, einzunehmen. — In solcher Zeit, in solcher Lage sind die reizenden,
lieblichen Dinger des Op. 47 entstanden!

Indeß erwachte troß allem geistigen und materiellen Elend
manchmal der Humorist in Heller, und er machte sich über
Publikum und Verleger auf seine Weise lustig. Schlesinger bestellte
zwei Stücke auf die „Jüdin" von Halévy. Zu dem zweiten
Stücke nahm Heller buchstäblich nicht mehr als einen und einen
halben Takt aus der Jüdin und ließ es unter dem Titel Boléro
sur un thème de la Juive de Halévy drucken. Weder Verleger noch Publikum merkten die Mystifikation und nahmen das
Originalwerk für eine Bearbeitung fremden Themas. Nur Madame Montgolfier ließ sich nicht täuschen. Sie schrieb an Heller:
„Woher haben Sie denn diesen Bolero? Ich habe die ganze Par-
titur der Oper durchforscht und kann Ihr angebliches Halevy'sches
Motiv nicht finden."

Doch genug dieser betrübenden Beispiele. Sie können nur
geeignet sein, das Bild, das sich das Publikum nach seiner an-
muthsvollen Musik von Stephen Heller gemacht, zu fälschen und
ihm einen Hintergrund zu geben, einen traurigen, prosaischen,
unerquicklichen Hintergrund, der nicht vorhanden ist. Trösten wir
uns lieber mit dem Gedanken, daß bei einer wirklichen, reichbe-
gabten Künstlernatur nichts verloren ist, nicht einmal das Elend;
daß bei einer solchen Alles Blüthe und Frucht trägt. In der
That haben viele jener gezwungenen Arbeiten dem verfolgten
Künstler Nutzen gewährt. Theils hat er gesucht, das geringe
Interesse der meisten Themas durch neue Aperçûs, harmonische
Wendungen und künstlerische Durchführung zu heben; theils hat

er sich dadurch Gewandtheit und Leichtigkeit der Formen ange=
eignet, die ihm bei den Originalwerken zu Gute kamen. Endlich
war auch, wie Robert Schumann zu verschiedenen Malen in
seiner damals noch von ihm redigirten Zeitschrift bemerkte, ein
Vortheil beim Nachtheil. Er beklagte, daß der Komponist, der
so viel aus sich schöpfen könne und nichts Fremdes brauche,
durch Umstände gezwungen sei, hier und da für Dilettanten und
größeres Publikum zu arbeiten; aber andererseits sei es auch für
die ein Vortheil, daß sich einmal ein wirklicher Künstler für sie
beschäftige, statt daß meist die Lehrer nach verruchtem Zeug
greifen müssen, um Schülern und Liebhabern etwas Angenehmes
geben zu können.

Wir haben einige Punkte aus den Schattenseiten des Pariser
Lebens berührt; es ist Zeit, daß wir auch etwas von den Licht=
seiten sagen, welche auf Heller trotz alles Elends jene An=
ziehungskraft ausübten, die er in wenigen Worten so trefflich
schildert.

Da ist zuerst das gesellschaftliche Leben, das in Frankreich,
bei dem großen egalitären Sinne der Franzosen, die Berührung
mit bedeutenden Menschen aller Klassen und Stände so sehr er=
leichtert und Bekanntschaften und Verbindungen zu Wege bringt,
die, wenn man auch nicht wie Heller den Charakter und die
Neigung darnach besitzt, sie zur Förderung positiver Zwecke zu
benutzen, jedenfalls geistig anregen und in einer höhern Stim=
mung erhalten. Diese Vorzüge der französischen Gesellschaft, diese
Vortheile der Gleichheit, die nur eine Aristokratie der Bildung
und des Geistes gelten läßt, traten in der Louis Philippistischen
Zeit noch klarer und wohlthuender hervor als heute. Stephen
Heller, mit einem feinen, gesellschaftlichen Takte, mit Witz und
Geist begabt, war es leicht, diese Vortheile zu benutzen, und nach
kurzer Zeit sehen wir ihn in Verbindung mit Allem, was ihn
hier interessiren konnte. Natürlich war er zuerst in den Künstler=
kreisen heimisch.

Ernst, der berühmte Violinist, dessen Talent die ganze Welt,

deſſen vortrefflichen, edlen Charakter, deſſen Witz, deſſen immer
gleiche Gemüthsart nur Diejenigen kennen, die das Glück hatten,
ſeines intimen Umgangs zu genießen; Halle, der liebenswürdige
Klavierſpieler; der geniale Berlioz gehörten zu den erſten Freunden, die Stephen Heller in Paris fand. Die Zeit, in der er mit
Ernſt zuſammen die „Penſées fugitives" für Piano und Violine komponirte, zählt er zu den ſchönſten und inhaltreichſten
Zeiten ſeines Lebens. Halle aus Hagen hielt ihn in den ſchwerſten
Prüfungen aufrecht. Er erkannte ſofort das edle und große Talent und war der Erſte, der Hellers Muſik in Paris einführte.
Er wagte es, ſeine Caprice Symphonique (Op. 28), ein großes,
für ein Konzertpublikum wenig paſſendes Stück öffentlich zu ſpielen,
und machte ſo die Kritik und die Verleger auf das neue Talent
aufmerkſam. An und mit Berlioz hat Heller die reichſten und
aufregendſten Erfahrungen gemacht. Was das heiße: ein Künſtler-
leben in Paris, welche Aufregungen, welche Niedergeſchlagen-
heit, welche Ebbe und Fluth, welche verzehrende Flammen, welche
eiſige Enttäuſchungen, welche Verzweiflungen und Wonnen, welche
Ueberraſchungen und Kataſtrophen es enthalte, hat er hier kennen
gelernt. Gleich nach ſeiner Ankunft in Paris gab Berlioz ein
Konzert im Saale des Konſervatoriums. Nie früher hat Heller
eine Note von ihm gehört. Was er über ihn in Deutſchland ver-
nommen (auch Chelard in München ſprach in dieſem Sinne),
machte ihn glauben, Berlioz ſei gar kein Muſiker, ſondern ſchreibe
nur ſo auf, was ihm eben durch den Kopf laufe, ohne Plan,
ohne Logik, mit einer gewiſſen Phantaſie, die eine Art von Ha-
zardſpiel treibe, manchmal gewinne, viel öfter aber verliere. Wie
ſehr war er überraſcht, als er im Gegentheil überall ſo viel Plan
und Logik, ja manchmal zu viel Logik und unendlich viel Muſik
fand. Es war die Symphonie fantaſtique. Alle Sätze dieſer
merkwürdigen Schöpfung ergriffen ihn; das Adagio „aux champs"
hat ihn zu Thränen gerührt, der Hinrichtungsmarſch erſchüttert
— das Finale freilich hat ihn wieder etwas ernüchtert. — So
geht es Einem wohl mit den meiſten Werken Berlioz'. Nicht die

Originalität seiner Künstlernatur, sondern sein Verstand, seine Reflexion, die er mit Gewalt heraufbeschwört, verleitet ihn manchmal zu Bizarrerien, zu einer barocken Ausdrucksweise, die momentan den herrlichsten Stellen schadet. Aber ihm Genialität, Kraft, ungeheure Phantasie, oft hinreißende, schmerzlich-ergreifende Gedanken absprechen, das kann doch nur der Mißwollende oder der starre Routinier. — Einige Jahre später war Heller in einem Konzerte, in welchem zum ersten Male Berlioz' Romeo und Julie gegeben wurde. Neben ihm in der Loge saß Paganini, geisterbleich, schwarz angethan, einen silbernen Stern auf der Brust. Der unheimliche Mann hörte mit der gespanntesten Aufmerksamkeit zu und trocknete sich manchmal die schwarzen, immer fieberhaft glänzenden Augen. Nach dem Konzert ging Heller mit den Freunden ins Foyer, wo Berlioz erschöpft ihre Glückwünsche entgegennahm. Das Orchester des Konservatoriums hatte wunderbar gespielt, wie nur dieses Orchester spielen kann; der Erfolg war außerordentlich. Da kam Paganini. Das unbeschreibliche Getümmel von Musikern, Malern, Bildhauern, Poeten, Journalisten, Liebhabern, machte Platz — Paganini ging mitten durch, mit geisterhaften Schritten, auf Berlioz los, umarmte ihn und fiel im Uebermaße des Gefühls aufs Knie. Berlioz war außer sich. Folgenden Tages schrieb ihm Paganini einen begeisterten Brief und bat ihn, 20,000 Fr. von ihm anzunehmen, die freilich, wenigstens der Sage nach, nicht aus seiner Kasse kamen. Alle diese Aufregungen warfen Berlioz aufs Krankenlager, und er konnte das folgende Konzert, das wieder Romeo und Julie brachte, nicht selbst dirigiren. Habeneck, ein Gegner Berlioz', übernahm die Direktion; er erwies sich bei dieser, wie bei vielen andern Gelegenheiten, als wackern Mann und trefflichen Dirigenten: die Ausführung war eben so vollendet, wie unter des Autors Leitung.

Aber die Künstlerkreise, mit ihrem Leben und ihren Erfahrungen, reichen nicht hin, eine Künstlerseele vollkommen auszubilden und das Gleichgewicht herzustellen, das zu formvollen,

dauernden Schöpfungen nothwendig ist. Sie sind vielleicht eine
Welt in der xten Potenz, aber der Künstler, der Schöpfer und
Poet, muß mit seinen Füßen in dieser positiven Welt stehen,
wenn er nicht allen Boden verlieren soll. Das Leben in der Künst=
lerwelt regt zur Ausführung an; das Leben in der Welt gewöhn=
licher edler Menschen gibt die eigentlichen gesunden Ideen, die
der Ausführung würdig sind. Die Atmosphäre der Begeisterung,
die die Künstlerwelt erfüllt, härtet gegen diese ab; die Atmo=
sphäre in der Mitte bloß empfänglicher, für das Schöne empfin=
dender Menschen weckt diese Begeisterung selbständig. In Künst=
lerkreisen, besonders in französischen, herrscht troß jener Begeiste=
rung oft ein Ton der Angewohnheit, der die Kunst leicht als
Metier erscheinen läßt; — man muß aus diesen Kreisen heraus=
treten, um von der Kunst wieder in einem höhern Sinne sprechen
zu hören, um sie wieder als ein Priesterthum betrachten zu lernen.

In dieser Beziehung war Stephen Heller vom Schicksal sehr
begünstigt. Durch seinen Freund Karl Halle wurde er in einen
Kreis eingeführt und in ein Leben, wie es Goethe für seinen
Wilhelm Meister nicht erfunden hat. Manche Zeit, besonders die
Sommer 1841 und 1842 brachte er auf eine Weise zu, als ob
er in einem ideal=realistisch Goethe'schen Romane lebte. Madame
de Froberville, eine ausgezeichnete, gebildete Dame von der Insel
Bourbon, hatte bei Blois an den reizenden Ufern der Loire ein
altes Schloß Plessis=Villelonet angekauft, das sie mit ihrem
Sohne, einem Geographen, und dessen Frau bewohnte. Das
Schloß wurde restaurirt, und neben der Familie und ihren Gästen,
historisch, literarisch und gesellschaftlich interessanten Persönlich=
keiten, erfüllten Architekten, Maler, Maurer, Zimmerleute, Holz=
schnißer 2c. alle Räume. Der eigentliche intime und feststehende
Kreis war zusammengesetzt aus schönen, trefflichen, durch Erleb=
nisse wie durch Bildung bedeutenden Menschen. Heller vertrat
die Musik, die hier so sehr geliebt wurde und für die man einen
edlen Geschmack hatte. Eine höchst ansehnliche Bibliothek wurde
vielfach, besonders des Abends benutzt und brachte große Dis=

kuſſionen über klaſſiſche und moderne Literatur aufs Tapet, eben
ſo wie die Arbeiten im Schloſſe, beſonders in einer alten Kapelle,
die mit Bildern und Skulpturen ausgeſchmückt wurde, das Geſpräch oft auf die bildenden Künſte brachten. Die alten Herren
und Damen, meiſt hiſtoriſche Perſonen, erzählten aus alten
Zeiten. So wurde hier in der Wirklichkeit übertroffen, was
Goethe in den Auswanderern, Tieck im Phantaſus, Hofmann in
den Serapionsbrüdern von einer bedeutenden und geiſtreichen
Geſellſchaft geträumt hatten. Jeder trug ſein Scherflein bei, ſein
Scherflein der lebendigen Anmuth oder der künſtleriſchen Leiſtung
oder der geſellſchaftlichen Unterhaltung, zur Ausſchmückung des
Zuſammenlebens ſowohl als der ſchönen Behauſung, des alten
Schloſſes. Heller lernte hier die Geſellſchaft in ihrer edelſten
Form kennen und neben der Geſellſchaft die Meiſterwerke der
franzöſiſchen Literatur und geſprächsweiſe wie in der Praxis die
Kunſtgeſchichte — ſo wie er einſt durch den Grafen Fugger in
Augsburg die deutſchen Dichter und Beethoven kennen gelernt.
Wer da weiß, wie deutlich und klar der gebildete Franzoſe die
Geheimniſſe ſeines Faches, ſei es in Kunſt oder Wiſſenſchaft,
mitzutheilen verſteht, wie lebendig er das Erlebte erzählend neu
belebt, wie liebenswürdig und aufmunternd er der Wißbegierde
entgegenkommt, der wird begreifen, welche reiche Schule Stephen
Heller in den Sommern und Herbſten auf dem Schloſſe an den
Ufern der Loire durchmachte! — Natürlich fehlte es auch an
Schwänken nicht — es war ja eine franzöſiſche Geſellſchaft! —
und Stephen Hellers Witz und Geiſt mußten vorzugsweiſe zu
dieſen herhalten. Mit wunderbarer Leichtigkeit hatte er ſich in
kurzer Zeit die franzöſiſche Sprache angeeignet, und ſo ſchrieb er
eine Zeitung, welche über die täglichen Vorgänge im Schloſſe
charivariſch Bericht erſtattete, und dazu einen Roman „Les pre-
mières amours d'une vieille Anglaise.“ Herr de Vaines,
der Maler, illuſtrirte dieſe Zeitung mit Karikaturen. — Auch
an einem lebenden Roman, auch an Liebe fehlte es in dieſem
durch die ſchöne Natur ringsum, durch Geiſt, Witz, durch alle

Künste, durch Scherz und Ernst, durch Freundschaft und Bildung
ausgezeichneten Leben nicht. Herr de Vaines liebte die wunder-
schöne Nichte der Hausfrau und heirathete sie endlich nach mancherlei aufregenden Vorkommnissen. Es war Das dieselbe Madame de Vaines, die wegen Schönheit, Anmuth und Geist als
„Nichte Guizots" berühmt wurde und zwei Jahre lang die glänzendsten Salons von Paris mit ihrem Zauber beherrschte und
Alles hinriß, um endlich — es ist eine der schrecklichsten Geschichten, und man erinnert sich wohl des Wehschreis, den die
französischen Zeitungen damals ausstießen — um endlich in der
Blüthe ihrer Jahre, ihres Geistes, ihrer Schönheit, des qual-
vollsten Todes zu sterben. Es ist Das dieselbe Madame de
Vaines, die in demselben Schlosse, wo sie das Schönleben noch
verschönerte, des Feuertodes starb. Sie stand am Kamin, ihr
Kleid fing Feuer, und im Augenblick war sie von der Flamme
umhüllt. Drei Tage lang rang sie in furchtbarster Qual, bis
sie der Tod erlöste. Seit damals geht ein trauriger Geist durch
das Schloß. Alles Glück ist geflohen. In der Kapelle, die man
mit so vieler Liebe ausschmückte, betet, in sich gekehrt und von
der Welt abgewendet, die ehemals so heitere und klare Hausfrau
Madame de Froberville.

> „Jüngst sah ich drei alte Leute,
> Ich halte auf sie ein Stück;
> Die sagten mir unter Anderm,
> Es gebe auf Erden kein Glück."

Es wäre überflüssig, auseinanderzusetzen, welchen Eindruck
solches Leben, solcher Umgang, solche Ereignisse auf eine edle
und empfängliche Natur machen, wie sie einen bildungsfähigen
und hochbegabten Geist entwickeln, wie sie den Künstler von
Fortschritt zu Fortschritt leiten, läutern, abrunden und vollenden
mußten; Dieß um so mehr, als Stephen Heller zu jenen vom
Schicksal besonders Begünstigten gehört, von denen die äußern
Widerwärtigkeiten machtlos abfallen, ohne sie herabziehen, schwächen

ober irgendwie entwürdigen zu können — denen aber jedes fchöne
Erlebniß, jedes glückliche Zufammentreffen, jede bedeutende Be=
gegnung unverwifchbare Spuren zurückläßt, neue Kräfte weckt
und die Seele mit frifchen Saiten beziebt. Der Schreiber diefer
Zeilen lernte ihn im Jahre 1845 bereits als fertigen Mann und
Künftler kennen. Sein Name war damals noch nicht fo weit be=
kannt, wie heute, aber ich konnte bemerken, daß ihn der große
Kreis feiner Bekannten eben fo wie Fernftehende bereits als einen
zu Ruhm Beftimmten anfahen. Man führte mich in den Divan
Lepelletier, den damaligen Verfammlungspunkt der intereffanteften
und geiftreichften Menfchen von Paris, um mir diefe Merkwür=
digkeit der Hauptftadt zu zeigen. Unter den „Intereffanten" be=
zeichnete mir Fortuné Guiran, der Philofoph und Verfaffer der
Briefe über Hegel'fche Philofophie, einen fchlanken jungen Mann
von eleganten Manieren und fließender witziger Beredtfamkeit,
mit ausdrucksvollem Gefichte und früh ergrautem Haare als
Stephen Heller. Zu jener Zeit konnte man auch, ohne vorgeftellt
zu fein, einen Fremden im Kaffeehaufe kennen lernen; man
brauchte ihn nur zu belaufchen, denn die Konverfation war frei,
man fürchtete keine Späher; von Tifche zu Tifche fanden Dis=
kuffionen ftatt; von einem Winkel zum andern warf man fich
Witze zu wie Federbälle.

Diefer heitere und forgenlofe Ton,. der die Parifer Vierziger
Jahre charakterifirte und von dem man heute keinen Begriff mehr
hat, wurde durch die Februarrevolution begraben. Die fchönften
Kreife wurden auseinandergefprengt, Freundfchaften wurden zer=
riffen, alte Verbindungen getrennt. Stephen Heller, der endlich
zur Anerkennung von Seiten der Verleger durchgedrungen war,
verfiel wieder den bitterften Sorgen, die ihn zwangen, mit feinem
treuen und bewährten Freund Ernft nach London auszuwandern,
wo er fich zu feinem größten Staunen überall mit Sympathie
und Bewunderung empfangen und umringt fah. Doch war er
fchon zu fehr Parifer geworden, um fich in diefer ihm fremden
und fremdartigen Welt, wo man ihm mit den fchönften Aner=

bietungen entgegenkam, zurückhalten zu lassen, und sobald es
thunlich war, nach acht Monaten, wandte er sich wieder nach
Paris. Sonderbar! den Rückgekehrten empfing man als eine Berühmtheit; seine Abwesenheit hatte erst seinen Werth ins rechte
Licht gesetzt. Die Verleger hatten ihn vermißt, die Musikwelt
fühlte eine Lücke trotz der nur wenig künstlerisch gestimmten
Zeit. Chopin war indessen gestorben, ein Thron war erledigt,
man sah sich nach einem würdigen Nachfolger um, einem Nachfolger, der ihn als Pianist, als Lehrer und als Tondichter ersetze.
Bei dieser Prüfung sah man, daß kein Würdigerer da war, als
Stephen Heller. Er wurde mit Akklamation auf den Schild gehoben und proklamirt. Aber man hatte die Rechnung ohne den
Wirth gemacht. Nach so vielen Kämpfen sehnte sich Stephen
Heller nach Ruhe; der Künstler, der es endlich, endlich dahin gebracht, ganz sich und seiner Muße zu leben, zu dichten und zu
schaffen, wie es ihm behagte, war nicht gewillt, eine Führer-
schaft anzunehmen, die ihn wieder in das Gewühl gestürzt und
vielleicht zerstreut hätte. Er zog sich in die Einsamkeit zurück
und schuf jene Reihe herrlicher lyrischer Werke, in denen er seit
ungefähr zehn Jahren die so lange unterdrückte, tiefe, poetische
Individualität so glänzend enthüllte. Bei Gelegenheit seiner
Promenades d'un solitaire beschreibt das Journal des Dé-
bats den Eremiten der Rue St. Georges: Heller se donne
avec raison le titre de solitaire, car jamais ermite plus
ermite n'a habité ce desert d'hommes qu'on nomme
Paris. Er singt für sich selbst, er schreibt für sich selbst; er
macht seine Musik nach Muße, un peu partout, draußen, drin-
nen, in der Stadt, auf den Feldern, im Regen und im Sonnen-
schein; er träumt drei Tage lang an seinem Kamin und er läuft
aufs Land und vergißt heimzukehren; er ist im Stande und setzt
sich an den Fuß einer Kletterstange und glaubt im Schatten einer
dichten Buche zu sitzen, sub tegmine fagi; er bleibt vierundzwanzig Stunden ohne Nahrung und wird sich wundern, was
denn das Geklöff seines Magens bedeuten solle; wenn er eines

Morgens eine Frau nähme, er würde Abends vergessen, daß er
verheirathet sei. In dieser Beziehung ist Heller der Lafontaine
der Musik.

Die Anwesenheit Ferdinand Hillers in Paris in den Win-
tern 1852 und 1853 war die letzte Verlockung, die ihn seiner
Eremitage in der Rue St. George auf eine Zeit untreu machte.
Hiller gehört zu Hellers alten Freunden, zu Denen, die ihn an-
erkannten und liebten, noch ehe das Publikum viel von ihm
wußte. Sein großes gesellschaftliches Talent, seine persönliche
Liebenswürdigkeit und der Ruf, der ihm hierher vorausgegangen,
erleichterten es Hiller, dem Fremden, einen Salon herzustellen,
wie er nur noch der Tradition angehörte und wie er im jetzigen
Momente gar nicht mehr existirt. Mitglieder des Instituts,
Künstler jeden Faches, Berühmtheiten aller Nationen, schöne und
geistreiche Frauen machten seine Soireen zu den interessantesten
von Paris. Die Musik tödtete nicht die Konversation, die Konversation ließ der Sammlung, die zur Anhörung klassischer
Meisterwerke nothwendig ist, Raum genug. Diese Genüsse und
zugleich Hillers löbliche Bestrebungen, deutsche Werke auf die
italienische Bühne zu bringen, lockten Heller wieder aus seiner
Einsamkeit, und wieder sah man ihn, auch außer dem Salon
Hillers, in einem Kreise intimer Freunde. Diese versammelten
sich damals meist nach der italienischen Vorstellung im Café du
Helder; da sah ich sie oft plaudernd, kritisirend, scherzend: Heller,
Hiller, Ernst, Franck, Rakemann, die Maler Karl Müller und
Wichmann, der leider so früh verstorbene, talentvolle, liebenswürdige Künstler Eckert, jetziger Direktor des Kärnthnerthorthea-
ters, Szarvady, die französischen Maler Hebert und Ricard 2c. 2c. ....
Das Auftreten der ausgezeichneten Pianistin Wilhelmine Clauß
besiegte um jene Zeit auch Hellers Scheu vor Konzerten. Neben
dem herrlichen Spiel seiner eigenen Kompositionen interessirte
ihn die Kühnheit dieses Kindes, das es wagte, nur mit gedie-
genster und ernsthaftester Musik vor ein Pariser Publikum zu
treten und sich dessen rauschenden Beifall trotzdem zu erringen. —

Der schöne Kreis aus dem Café du Helder ist nach allen
Weltgegenden versprengt; Hiller ist wieder in Köln, wo er als
Komponist und Direktor des Konservatoriums besser an seinem
Platze ist und Größeres leisten kann, und Heller ist mehr als je
der Eremit der Rue St. George geworden. Er brauchte nur zu
wollen, und seine Wohnung würde sich mit Schülern füllen und
er könnte Reichthümer erwerben. Aber er zieht es vor, im Stillen
zu schaffen und sich, nachdem er endlich diese Möglichkeit errungen, in bescheidenen Verhältnissen ganz seinem Genius hinzugeben. Nun kommen sie, die Verleger, von allen Seiten und
machen ihm Anerbietungen, und keiner schreibt ihm mehr vor,
was und wie er es zu machen habe, und keiner sagt ihm mehr,
daß er zu gut sei und daß man der Mode und dem Bedürfnisse
nachgeben müsse — sie wollen gern nehmen, was er ihnen immer
gäbe. Nur sachte! sachte! — antwortet ihnen Heller — was
wird, Das wird — ich habe keine Fabrik und arbeite nicht auf
Bestellung.

So sind mit Hülfe der Einsamkeit, jener Mutter der schönsten
Schöpfungen, diese Werke entstanden, die Stephen Heller zum
ersten Klavierkomponisten dieser Zeit machen: Saltarello, Promenades d'un Solitaire, Traumbilder, Neue Folge der Promenaden, 24 Préludes, Blumen-, Frucht- und Dornenstücke
(alte Liebe rostet nicht; der Jean Paulianer taucht wieder auf),
Feuilles d'Album, 2 Tarantelles, Im Walde, 5 Tarantelles, III. Sonate rc.

Mit Hülfe dieser und anderer Werke hat es der Tondichter
heute so weit gebracht, daß die Musiklehrer von Paris, um ihren
edlen Geschmack zu bekunden, sich dadurch empfehlen, daß sie
vorzugsweise Heller spielen lassen. Einer derselben, Herr Le
Couppey, gab vor Kurzem eine große musikalische Matinée, in
welcher seine Schüler und ausgebildete Künstler nur Heller'sche
Musik machten. Siebenzehn Heller'sche kleinere und größere
Stücke wurden exekutirt, und mit jedem Stücke wurde der Beifall
des zahlreichen Publikums größer, bis er in wahre Begeisterung

endete. Eine der ausübenden Künstlerinnen war Mademoiselle
Rouget de Lisle, eine Nichte des Sängers der Marseillaise.

So oft der Verfasser dieser flüchtigen Skizze irgendwo ein
Heller'sches Stück spielen hört und in ihm der Wunsch erwacht,
es vom Dichter selbst zu hören — denn Niemand spielt die
Heller'schen Kompositionen so herrlich wie er selbst — oder wenn
er erfährt, daß Heller eine neue Dichtung bereit hat, wie z. B.
jetzt die Eklogen, wandert er in die Rue St. George, in die stille,
aber elegante Hofwohnung und trägt seine bescheidene Bitte vor.
Gütig legt Stephen Heller die Cigarre hin, weist mir einen be-
quemen und eleganten Fauteuil am Kamine an und setzt sich ans
Klavier. Die Flamme prasselt; die Bilder Beethovens, Mozarts,
Haydns, die Medaillons Mendelssohns, Hillers, Berlioz' horchen
ernst von den Wänden; aus den Ecken von Postamenten und
von der Cheminée blicken Barbedienne'sche Bronzen der herrlichsten Antiken. Wie Maitre Wolfram im Bilde Lemüde's, das da
vor mir hängt, sitzt Heller am Klavier, das Zimmer füllt sich
mit Melodien, wie das Herz mit Träumen und Erinnerungen,
und ich begreife die edlen Formen, weil ich die Antiken vor mir
habe, und den romantischen Inhalt, weil ich Maitre Wolfram
sehe und alle unendlichen Gefühle erwachen.

> Und manche selig todte Stunde,
> Gefühle, die ich todt geglaubt,
> Erheben still entzückt das Haupt
> Und lauschen . . .

Wie man bei gewissen Dichtern, z. B. bei Byron oder Lenau,
gleich nach den ersten Versen, bei gewissen Malern, z. B. bei
Titian oder Giorgione, gleich beim ersten Anblick in eine gewisse
Stimmung gebannt ist, aus der man nicht mehr heraus will und
nicht mehr heraus könnte — in der man untergehen möchte —
so ist man bei Heller'scher Musik nach dem ersten Takte in eine
überwältigende Stimmung versetzt. Es ist das wohl das vorzüg-
lichste Kriterium einer ausgesprochenen dichterischen Individualität.

Was nun aber die Individualität Stephen Hellers betrifft
und die reine klassische Form, in der sie sich ausspricht und die
trotz der Klassizität überall den Stempel einer von allen andern
verschiedenen Persönlichkeit trägt — darüber wollen wir uns
kein Urtheil anmaßen. Wir haben bloß einen Blick in die Ent-
wicklungsgeschichte eines ächten und modernen Künstlerlebens eröffnen wollen. Ueber die Verdienste Stephen Hellers als Kompositeur sind beinahe die Akten geschlossen; hier dürfen wir uns
nur auf Thatsachen berufen und die gewichtigsten Zeugenschaften
anführen. Stephen Hellers Musik wurde die Musik aller der bedeutendsten Virtuosen, deren Repertoire sich durch edle und ge-
schmackvolle Wahl auszeichnet, die den Titel „Künstler" verdienen;
sie wurde die Lieblingsmusik aller Liebhaber guter Schule; sie
wurde geliebt, wo sie bekannt wurde. Die theoretische Anerkennung kam ihr von den größten Autoritäten unter den Zeitgenossen.
Berlioz hat begeisterte Artikel über ihn geschrieben; Fetis, der
Aeltere, hat zu wiederholten Malen mit allem Aufwande seiner
Gelehrsamkeit bewiesen, daß Stephen Heller in den vordersten
Reihen der Zeitgenossen stehe; Robert Schumann, der den Meister
im Anfänger erkannte, hat sein Leben lang nicht aufgehört, ihn
auf seinem Wege zu der prophezeiten Meisterschaft mit Interesse,
mit Liebe zu begleiten und seine hohe Achtung vor dessen Lei-
stungen bei jeder Gelegenheit auszusprechen. — Wir Publikum,
wir haben nur das Recht, ihm unsere Liebe und Bewunderung
ohne Motivirung auszusprechen, uns rückhaltslos und ohne Untersuchung den tief elegischen Wirkungen seiner Poesien, ihrer Leidenschaft wie ihrer wohlthuenden Melancholie hinzugeben.

Es scheint, daß der Biograph nicht mehr viel von äußern
Erlebnissen zu erzählen haben werde. Es sieht so aus, als ob
Stephen Heller mit seinem Schiffe ruhig im Hafen vor Anker
liege. Während einer Krankheit hat er eine treffliche deutsche Familie aus Hamburg kennen gelernt; sie kam ihm, dem einsamen
Landsmann, mit großer Herzensgüte entgegen; es hat sich ein
intimes Freundschaftsverhältniß entsponnen, und Heller lebt in

dieser Familie wie in seiner eigenen. Die gemüthvolle Theilnahme, die so oft dem Deutschen in Paris fehlt, findet er dort;
die Ruhe und Zurückgezogenheit, deren er zum Schaffen bedarf,
in seiner stillen Wohnung, einer ächten, einfachen, aber mit Geschmack und Schönheitssinn ausgeschmückten Künstlerwohnung.
So wurde ihm nach und nach Alles zu Theil, was sein beschei-
dener Künstlergeist erstrebte: Anerkennung der Besten, Liebe
und Freundschaft und endlich Sammlung und nach Stürmen
Ruhe. So wird Stephen Heller, der heute in vollster Entwickelung seiner Kraft steht, gewiß noch Werke liefern, die eine mehr
eingehende und rühmende Auseinandersetzung seines Wirkens
und Lebens rechtfertigen werden.

Was wir hier gegeben, ist nur eine Silhouette; die ganze
Physiognomie dieses Charakterkopfes ist eine solche, daß ein ge-
schickterer und besser ausgerüsteter Maler in ihr die Elemente zu
einem historischen Porträt finden könnte und dermaleinst gewiß
finden wird.

(1859.)

Erinnerungen an Rossini.

So sollte denn Auber doch Recht haben, als er bei der Nachricht von Meyerbeers Tode, obwohl um einige Jahre älter als Rossini, ausrief: Maintenant c'est le tour de ce pauvre Rossini! Jetzt ist die Reihe an dem armen Rossini! — Er ist nun wirklich todt! Der Schwan von Pesaro hat seine Flügel ausgebreitet und ist dahingeflogen, mehr ein Phönix denn ein Schwan, denn solche Sing- und Wundervögel, wie er einer gewesen, kehren nicht mit jedem neuen Frühling, sondern erst mit neuen Jahrhunderten wieder. Wer kann es berechnen, wie viele Millionen Herzen er seit einem halben Jahrhundert an tausend verschiedenen Punkten der „kinderreichen" Erde erfreut hat? Es würde ein großes Volk heiterer, lächelnder, lachender Menschen ausmachen. Wenn man Eroberern und sogenannten Schlachtenhelden Monumente setzt und sie, die Millionen elend machen, in Epopöen besingt, was verdient ein solcher Herzerfreuer, Gramverscheucher, Tröster und Schöpfer zahlloser glücklicher, melodiendurchwebter Stunden! Könnte man diese Stunden sichtbar oder chronologisch berechenbar aneinanderfügen, es gäbe ein goldenes Zeitalter, eine saturnisch schöne Epoche des Menschengeschlechtes, wie sie die liebevollsten Dichter träumten, und über jenem Volke, diesem Reiche des Glückes, würde ein Himmel lachen, wie aus dem „Ecco ridente il cielo!" Wie viele Seelen denken heute seiner in freudig-schmerzlicher Dankbarkeit, und während eine

Thräne ins Auge tritt, drängen ſich zur würdigen Todtenfeier eines ſolchen heimgegangenen Menſchenfreundes lachende, ewig heitere, wie der italieniſche Himmel klare Melodien zu ſeinem Andenken auf die Lippen. Man kann ihn nur mit einem naſſen, einem lächelnden Auge beweinen. Wohl ihm darum! Und Diejenigen, die gerne an ſeinem Ruhme mäkeln, weil er ihnen nicht ganz in ihre Schulregeln paßt, die mögen an ſeinem Grabe ſich erinnern und nachdenken, ob es, ſeit es Menſchen gibt, Viele gegeben, die ſo zahlreiche Herzen ihrer Brüder mit den erheiterndſten Sonnenſtrahlen erfüllt haben, wie Blüthen = und Blumenkelche im Frühling? Sie werden Wenige finden, die ſich in dieſer göttlichen Kraft mit Roſſini meſſen können. Das Wort des Ruhmes mögen ihm Andere nachrufen; ich möchte ihm hier nur ein Wort der Liebe nachſprechen, denn ich habe ihn gekannt und ich liebte ihn, wie Alle, die ihn gekannt haben.

Ich lernte Roſſini in Paris kennen. Ich konnte ihm unmöglich beſſer empfohlen ſein, als durch Ferdinand Hiller, den der alte Maeſtro ſeit langen Jahren kannte, den er überaus ſchätzte und liebte als Künſtler wie als Menſchen, und mit dem er eben erſt mehrere Wochen auf dem Lande verlebt hatte. Dieſer Empfehlung danke ich es, daß ich beinahe ſofort in eine Art von Intimität aufgenommen wurde. Ich wurde ſogleich in die gewiſſe dritte Stube, die zweite hinter dem Salon, gezogen, welche gewiſſermaßen ein Allerheiligſtes war und in die Roſſini nur einen Extrakt ſeiner Geſellſchaft zuließ, in der er ſich meiſt ſelbſt aufhielt, während ſich die Geſellſchaft im Salon und in den andern Zimmern befand. Er liebte es ſehr, viele Menſchen um ſich zu haben, aber aus den Vielen wählte er ſich eine kleine Schaar, mit der er ſich umgab wie mit einem Generalſtabe — und während man da drüben im Salon große Welt ſpielte und die Geſellſchaft ſtolz war, ſich bei Roſſini zu befinden, ging es in der dritten Stube aufs Gemüthlichſte her, plauderte man im kleinen Kreiſe und lachte zu den Witzen des alten Maeſtro. Dort lernte man ihn kennen, nicht im Salon. Ich hatte ihn ſchon

früher zu wiederholten Malen in der Straße gesehen, auf dem
Boulevard oder in der Rue Laffitte, wie er mit den Händen auf
dem Rücken umherflankirte und vor den Kaufläden betrachtend
stehen blieb. Hätte ich nicht gewußt, daß es Rossini sei, ich hätte
ihn für einen guten, behäbigen Provinzbewohner genommen,
der zeitweilig seine Rente in Paris verzehrt. Nur die große,
vielfarbig gestreifte Sammtweste, die das halbe, sehr wohl gepflegte Bäuchlein bedeckte, und die Uhr mit dem großen Gehänge
erinnerte mehr an eine gewisse verjährte italienische Eleganz, als
an französische. Nur in der dritten Stube, in seinem Schlafrocke
lernte man ihn kennen als Das, was er war, als einen der
liebenswürdigsten Menschen dieses Jahrhunderts, und entdeckte
man auch bald in ihm den Kompositeur des „Barbier von
Sevilla" und von Zeit zu Zeit den ausgelassenen, übermüthigen,
bis zur Kindlichkeit und Gassenbüberei lustigen Komponisten der
„Italienerin in Algier."

Rossini war, als ich ihn kennen lernte, bereits tief in den
Sechzigen; aber seine Züge sprühten, wenn er sprach, noch von
Jugendlichkeit und Geist, von Heiterkeit und blitzschneller Intelligenz. Sein Mund sagte immer etwas, selbst wenn er schwieg;
ausdrucksvollere Augen als die seinen kann man sich kaum vorstellen, und zu Mund und Augen die vollständigste Ergänzung
bildete eine feingeschnittene Nase, welche die feinste Witterung
zu haben schien und deren Flügel im Stillen immer mitzusprechen
schienen, und eine prachtvolle Stirne, der würdige Sitz des
Genius. Obgleich sehr wohl genährt und im Einklang mit dem
eben so wohlgenährten Körper, war das Gesicht doch ganz und
gar Physiognomie und von einer Lebhaftigkeit und Beweglichkeit,
wie sie bloß den phantasievollsten Kindern des Südens eigen sind.
Seine Gesichtsmuskeln machten in einer gesprächigen Stunde
mehr Bewegungen durch, als hundert norddeutsche Gesichter in
einem Jahre, aber ohne sich die geringste Steigerung oder Uebertreibung zu Schulden kommen zu lassen; denn was sie ausdrück-
ten, war meist die feinste Jronie, schalkhafte Laune, liebens-

würdigster Scherz oder jener komische Ernst, mit dem er seine
besten Witze zu begleiten pflegte. Er konnte freilich auch ernst
sein, sehr ernst, besonders wenn er sich bei Fremden nach Dingen
erkundigte, die ihn interessirten, und wenn er zuhörte; denn
auch zuzuhören verstand er eben so gut, wie selbst zu sprechen.
Sein frischer, ewig junger Geist suchte immer zu lernen, immer
Neues in sich aufzunehmen. Von alten Zeiten und seinen Erleb=
nissen erzählend, war er fast immer der bekannte große Humorist,
denn das Bewußtsein seines großen Ruhmes zwang ihn in einem
gewissen Gefühle der Bescheidenheit, von sich, seinen Erfolgen,
seinen Arbeiten immer mit Humor, mit einiger Selbst=Ironie zu
sprechen; aber doch gab es Momente, besonders im kleinen Kreise,
wo er ernst, ja selbst rührend von seiner Vergangenheit sprach.
Und Das war vorzugsweise der Fall, wenn er von seinen Eltern
sprach und von dem mannigfachen Elend, das er in seiner
Jugend durchzumachen hatte. Aus Andeutungen und Fragmen=
ten ging hervor, daß er der zärtlichste und liebevollste Sohn ge=
wesen, daß diese seine Eigenschaft oft entscheidend auf seine ganze
Lebensbahn eingewirkt und daß dieses kindliche Gefühl noch jetzt
in seinem vorgerückten Alter überaus mächtig in ihm fortlebte.
Wie viel hat er gearbeitet, gelitten und aufgeopfert für seinen
alten Vater, den Stadthornisten von Pesaro, und wie ehrwürdig
erschien er uns, abgesehen von seinem Genie, in solchen flüchtigen
Momenten des Selbstverrathes. Mit ähnlicher Liebe hing seine
Erinnerung an den Lehrern seiner Jugend, bei denen er, der
eigentlich Sänger werden sollte, in seiner Jugend, meist in
Bologna, oft dürftig genug zusammenraffte, was seine Schule
ausmachte. Selbst von den Direktoren, Impresarii, Sängern,
die sein frühreifes Talent ausbeuteten, ihn jämmerlich bezahlten
und sich mit ihm bereicherten, sprach er mit Liebe, weil sie zu
seiner Jugend gehörten, weil sie trotz Allem zu seinen Erfolgen
beigetragen und weil sie doch diese oder jene Eigenschaften hatten.
Wenn er von den jämmerlichen Honoraren, oft einigen lumpigen
Dukaten, erzählte, die er für Opern wie „Tancred" erhielt, welche

dann die Reise um die Welt machten, während er sich als
Maestro al cembalo oder als Gesanglehrer durchschlagen mußte,
beseufzte er dieses Mißgeschick auch nur im Hinblick auf die Hülfs-
losigkeit seines Vaters. Auch von seinen Vorläufern wie von
seinen Zeitgenossen unter den italienischen Opern-Kompositeuren
sprach er stets, wenn auch manchmal Einzelnes tadelnd oder als
reiner Kritiker, doch im Ganzen immer mit Anerkennung und
Hervorhebung ihrer Vorzüge und guten Seiten. Er unterließ
auch nie, anzugeben, was er von Dem oder Jenem gelernt, was
er dem Einen oder Anderen abgelauscht, um es besser zu machen.
Er war vielleicht nicht immer so, aber zu der Zeit, da ich ihn
kannte, war Rossini hoch erhaben über allen Künstlerneid und
auf dem Standpunkte angekommen, wo er mit der Milde eines
Weisen von allen Dingen und Talenten das Gute hervorzuheben
liebte. Nur die Virtuosen-Musik war ihm in innerster Seele verhaßt; doch hinderte ihn auch Das nicht, manchen jungen Künstler
bei sich spielen zu lassen, wenn er sich sagte, daß ihm Das in der
Welt nützen könne.

Mit überaus liebenswürdigem Spotte liebte er es, über das
Kunstverständniß und Mäcenatenthum der allerhöchsten Herr-
schaften zu berichten. Da er durch Metternich vor den Kongreß
von Verona zitirt worden war, um allerlei offizielle Kantaten zu
komponiren, und außerdem an verschiedene Höfe kam, die sich
einbildeten, die Kunst zu lieben, hatte er auf diesem Felde viele
Erfahrungen. Er lobte manche Souveräne als Menschen, als
Kunstverständige gab er ihnen die majestätsbeleidigendsten Namen,
welche wiederzugeben sich die Feder sträubt. Auch genirte er sich
nicht und setzte ihnen musikalische Speisen vor, die würdig waren,
als offizielle zu fungiren, und würdig solcher Zwecke, wie sie die
damaligen Kongresse verfolgten.

Mit dem Fürsten Metternich machte er eine Ausnahme; dem
schrieb er ein wirkliches Interesse an der Kunst zu, ebenso wie
dem Kaiser Dom Pedro von Brasilien, von dem er auch einmal
eine Komposition zur Aufführung brachte. Eines Tages erzählte

mir Rossini auch von seinem Aufenthalte in Wien, von seinem kurzen Besuche bei Beethoven, von der Schönheit der Stadt und der Liebenswürdigkeit der Einwohner, und bei der Gelegenheit theilte er mir einen schönen Zug mit von dem alten Weigl, dem Kompositeur der „Schweizerfamilie". Es sollte eine Oper von Rossini — ich weiß nicht mehr, welche — aufgeführt werden, was auch die Ursache seines Besuches war. Weigl war Kapell= meister des Operntheaters. Er erfuhr, daß man ihn, freilich der Wahrheit gemäß, Rossini als einen seiner großen Gegner ge= schildert. Besorgt, Rossini könnte meinen, er werde deßhalb seine Oper feindselig behandeln, gab er sich mit dem Einstudiren der= selben die allergrößte Mühe, „und niemals," sagte Rossini, „ist eines meiner Werke von Orchester und Sängern mit solcher Präzision, solcher Gewissenhaftigkeit, niemals so vortrefflich auf= geführt worden, wie diese Oper unter der Direktion meines Feindes. Das nenne ich einen Christen! Es ist übrigens schade, daß der Kompositeur der „Schweizerfamilie" keine Jungen ge= macht hat. Man würde sie heute freilich nicht verstehen!" Mit dem „Heute" war Rossini als Musiker allerdings höchst unzu= frieden, und bei einer Gelegenheit gab er dieser Unzufriedenheit höchst energischen Ausdruck.

Herr Nestor Roqueplan, Direktor der Großen Oper von Paris, setzte den „Wilhelm Tell" aufs Repertoire. Er glaubte damit dem alten Meister eine große Freude, vielleicht Ehre zu erweisen, warf sich in Frack und begab sich zu Rossini, um ihm das Ereigniß offiziell und feierlich mitzutheilen, zugleich, wie er hinzufügte, den Meister um etwaigen Rath und Willensmeinung zu bitten. Rossini aber, dem mit einem Male der ganze Jammer der Großen Oper, ihre Mißverwaltung und Talentlosigkeit vor der Seele stand, erhob sich und rief mit einer Entrüstung, auf die der Herr Direktor am Wenigsten gefaßt war: „Spielen Sie meine Oper, oder spielen Sie sie nicht — es ist mir Beides gleichgültig, vollkommen gleichgültig. Sie können nicht mehr singen, Sie können nicht mehr spielen, Sie können nicht mehr

in Szene setzen! Voilà!" — Beschämt zog der Beamte der Herren
Fould und Bacciocchi ab. — In gewissen Dingen verstand Rossini
keinen Spaß. Er, der jetzige Millionär, sah mit Bedauern und
Sehnsucht auf die Zeit zurück, da er sich elend durchschlagen
mußte, da man es aber noch mit der Kunst ernst nahm und
nicht alle Kraft an Dekorationen und Ballet vergeudet wurde.
Es steckte überhaupt, wie sich übrigens für Diejenigen, die seinem
Genius gerecht sind, von selbst versteht, ein großer Ernst in
diesem Humoristen, in diesem Manne, den Diejenigen, die er
beiseite liegen ließ, einen Buffone nannten, weil er witzig war.
Tiefer Ernst muß in einem Künstler liegen, der in einer Kunst=
form das Höchste leistet — und ist der „Barbier von Sevilla"
nicht die beste aller komischen Opern?

Vergessen wir auch seine Schwäche nicht, die übrigens all=
gemein bekannt ist. Alle Welt weiß, daß Rossini gerne aß, und
gerne, sehr gerne sehr gut aß. Man sah es ihm auch auf hun=
dert Schritte an; hätte es nicht seine wohlbehäbige Beleibtheit
verrathen, sein Mund hätte es nicht verborgen, der trotz aller
Feinheit, Laune, Ironie das Ideal des Mundes eines Gour=
mands war. Die ganze Weisheit eines Brillat=Savarin lag
auf diesen Mundwinkeln; diese Lippen spitzten sich, als wollten
sie den Rahm der Welt abschlürfen. Sein Tisch war ihm
von großer Wichtigkeit, und es war nichts Kleines, wenn er
Jemanden an diesen Altar lud. Obwohl er einen ausgezeichneten
Koch — Cordon bleu — besaß, so begab er sich in gewissen
entscheidenden Momenten, wenn gewisse Speisen bereitet wurden,
doch selbst in die Küche, und bei gewissen italienischen Speisen
legte er selbst Hand an. Sein Tisch war überhaupt vorherrschend
italienisch. Jeden Freitag lud er eine Anzahl Gäste zu den sieben=
ben, zu welchen sein uralter Freund, der Musiker und Principe
Caraffa gehörte; diese Gäste bildeten den Kern, um den sich dann
Abends die große Gesellschaft sammelte. Rossini's Platz bei Tische
war in der Mitte der Längenseite; rechts von ihm saß gewöhn=
lich eine geladene Dame, links ein männlicher Gast, den er aus=

zeichnen wollte; aber es war dafür gesorgt, daß rechts und links zwischen ihm und seinen Nachbarn ein breiter, sehr bequemer Zwischenraum blieb, der ihm gestattete, mit den Armen ganz ungehindert zu manövriren. Es war nun unendlich komisch, wie das Gesicht des Maestro, das eben beim Gespräche noch im Wider= schein der eigenen Witzfunken gesprüht hatte, sich plötzlich ver= änderte und wie es von dem Augenblicke, da er sich auf den Stuhl niederließ, ein heiliger, ein steinerner, ein eherner Ernst bedeckte. Jetzt hörte aller Spaß auf. „Meine Schlachten donnern, in mir ist's stumm!" heißt es in Grabbe's Napoleon. Rossini war stumm; die Serviette unter das Kinn und über den Nacken zusammengebunden, that er nichts als essen, dachte nichts als essen. Die befreundete und gewohnte Tischgenossenschaft kannte Das, der taktvolle Fremde merkte es, und man unterhielt sich unter einander, ohne an den Herrn des Hauses ein Wort zu richten. Von Zeit zu Zeit aber kam es vor, daß Damen seine Nachbarschaft benützen wollten, um eine ausgiebige Konversation mit ihm zu Stande zu bringen, und ihn mit Fragen über seine Vergangenheit, seine Erlebnisse, seine Werke 2c. bestürmten. Da war es wieder wahrhaft tragisch und rührend, welche Trauer sich auf das sonst so heitere Gesicht des Maestro herabsenkte. Er sollte sprechen, jetzt sprechen! Er antwortete wohl manchmal mit einem, mit zwei Worten, aber wenn er damit den Feind nicht abschlug, erhob er einen flehenden Blick gegen den alten Freund, und mit der Stimme eines Erliegenden rief er: „Caraffa." Da sprang denn der alte rüstige Caraffa ein, fing alle Fragen auf und ant= wortete in Rossini's Namen. Das Essen und Rossini's Andacht erreichten ihren Höhepunkt, wenn die Maccaroni erschienen, die er meist selbst und auf eigene Weise zubereitete. Auf diese aller= dings ganz ausgezeichnete Zubereitung war er vielleicht stolzer als auf seinen „Wilhelm Tell", und wenn die Maccaroni da waren, durfte man ihn auch durch ein gefühltes Kompliment stören und unterbrach ein sanftes Lächeln den tiefernsten Aus= druck seines ruhmvollen Antlitzes.

Es ist kein Zweifel, daß ihm solche Komplimente lieber waren als die meisten, die ihm von der Masse der Menschen, welche sich an ihn herandrängte, über seine Werke gemacht wurden und die er meist mit einer unendlich ironischen Bescheidenheit ablehnte oder annahm. Herzlich komisch war es, wenn z. B. ein kleines, neu komponirtes Klavierstück von ihm in seinem Salon gespielt wurde und bei der letzten Note eine Schaar von Frauen auf ihn losstürzte und ihm ihre altherkömmlichen Phrasen darbrachte. „Quel talent, Mr. Rossini! quel talent! Charmant! charmant!“ u. s. w. „In der That,“ antwortete Rossini, „in der That, ich hoffe, wenn ich so fortfahre, es zu etwas zu bringen.“ Einmal bei Tische brach eine Dame plötzlich in Begeisterung aus und bat Rossini, ihr doch zu sagen, wie sie ihn nennen solle, ob Cavaliere, Maestro, Divino 2c.? — „Appelez-moi votre lapin!“ lächelte Rossini.

Nach solchen Vorkommnissen pflegte er in dem gewissen dritten Zimmer die komischsten Geschichten von ihm dargebrachten Huldigungen und Geschenken, Ausdrücken der höchsten Verehrung zu erzählen. Er zeigte auch manche dieser Geschenke, wie z. B. ein an der Wand aufgestelltes, aus porzellanen Affen bestehendes Orchester, das er, Rossini — ebenfalls als Affe — dirigirte. An einer andern Wand hing ein riesiges, aber unnennbares diätetisches Instrument, welches nach uralter Sage der Ibis erfunden haben soll, ganz aus Elfenbein und gewiß von sehr großem Geldwerthe; es war dieß das Geschenk einer russischen Fürstin, die zur Verlängerung seiner Lebenstage das Ihrige beitragen wollte.

Doch diese Kleinigkeiten sind kaum am Platze, da sich das Grab über dem großen Meister eben erst geschlossen, und die nächste Zeit wird wohl Tausende von Rossiniana zu Tage bringen, da sein Leben voll ist von netten kleinen Dingen, Ereignissen und Worten, die zu seinem liebenswürdigen Charakter paßten. Besser am Platze wäre es hier, von seiner großen Verehrung für die großen Meister, für Bach, Haydn, Mozart, zu sprechen und von der Genialität seiner eigenen Werke, aber Das überlasse ich zweck-mäßiger Kompetenteren.

Mir schien Rossini immer der höchste und zusammenfassende künstlerische Ausdruck jenes Humors, der in dem schönsten Lande der Welt selbst in seinen elendesten Zeiten niemals ausstarb und dem Volke über die traurigen Jahrhunderte hinweghalf, jenes Humors, zu dessen Vertretern schon Signor Formica, Salvator Rosa gehörten. Wer so eine ganze geistige und hoch-wichtige Seite seines Volkes in seinen Kunstwerken zur Erschei-nung bringt, so den Sammelpunkt geistiger Strömungen und einzelner Errungenschaften bildet wie Rossini, der ist ein Genie; denn so zu thun und zu sein, war von jeher das Geschäft der Genies. Und wenn die Pedanterie, die Stubenhockerei, die nationale Beschränktheit sich vielleicht noch eine Zeitlang sträuben wird, Rossini als Genius anzuerkennen — wir haben den Glau-ben, daß er von den größten Meistern aller Zeiten dort, wo sie unsterblich zusammenleben, mit Lächeln empfangen wird, wie man einen jüngsten Bruder mit einem Auge voll ewiger Jugend empfängt. Was aber hier diese Erde betrifft, so wissen wir, daß sie mit Rossini einen der liebenswürdigsten Bewohner verloren — und einen der glücklichsten. Das wissen die Götter, wie viele Jahre vorübergehen werden, bis wieder ein so Glücklicher und so lange auf ihr verweilt. Aber weil er es war, gießen wir auf sein Grab, neben der Thräne, „aus goldener Schale den frohen Opferwein!"

Daß ein Rossini in unserer Zeit noch leben und sterben konnte, das sagt das Tröstliche:

> Noch lächelt unveraltet
> Das Bild der Erde dir,
> Der Gott der Jugend waltet
> Noch über dir und mir.

(1868.)

Wanderungen durch Pariser Ateliers.

I.

Fleury, Jerome, Hamon, Ary Scheffer.

Die angenehmste Beschäftigung, der man sich in Paris bei einiger Muße und einiger Bekanntschaft in der Künstlerwelt hingeben kann, ist wohl von Zeit zu Zeit eine Wanderung durch die Ateliers. Man muß, um sich diesem Vergnügen ganz widmen zu können, allerdings mit viel freier Zeit und sehr guten Beinen, wenn nicht mit einem guten Fiaker ausgerüstet sein; denn die Ateliers haben sich fast sämmtlich in die stillen, darum entfernten Quartiere und des guten Lichtes wegen meist in den fünften und sechsten Stock zurückgezogen. Da gilt es, zu reisen und zu steigen, als ob man helvetisches Gebirgsland durchzöge. Die Malerkunst hat ihre Hauptquartiere an den zwei entgegengesetztesten Endpunkten der ungeheuren Stadt aufgeschlagen: diesseits der Seine, am Nordende, am Fuße des Montmartre, auf jenen luftigen Höhen, die noch vor wenigen Jahren mit Gärten, im vorigen Jahrhundert noch mit entfernten Landhäusern bepflanzt waren, in den Gegenden, zu denen die steilaufsteigenden Straßen Rue Blanche, Pigalle, Larochefoucauld ꝛc. führen; jenseits der Seine in der fremden und neuen Welt hinter und neben dem Luxembourg, in Gegenden, die manchem alten Pariser so unbekannt sind wie der Harz und die Karpathen, in jenem sagenhaften, von der Romantik so sehr ausgeschmückten Lande der Studentenpoesie, wo einst die Chaumière, jetzt die Closerie des Lilas blüht, in der Nähe der alten Richtstätte, die jetzt durch das Monument des Marschalls Ney wieder ehrlich gemacht werden soll. Diesseits der

Seine auf den letzten Ausläufern des Montmartre, die von der
Rue St. Lazare begränzt werden, hat sich die Malerei friedlich
mit der Musik angesiedelt, und neben Ary Scheffer, dem nunmehr
verlassenen Atelier Delaroche's, neben Couture, Ricard, Hebert
wohnen Berlioz, Felicien David, Pauline Viardot, Rosenhain,
Duprez 2c. Jenseits der Seine haben die bildenden Künste die
Nachbarschaft der Wissenschaften nicht gescheut, zu deren Umgang
sie durch die Universität, College de France, Louis le Grand 2c.
gezwungen wurden, und wenn wir Robert Fleury oder gar in
weitester Ferne Jerome besuchen, sind wir auch nicht ferne von
Historikern wie die beiden Thierry, Henri Martin 2c. und in der
Nähe fast aller Pariser Heroen der Naturwissenschaften.

Bleiben wir vorerst da drüben und steigen wir in der Rue
de Lille sogleich bei einem der Genannten ein und wir befinden
uns sofort in mediis rebus bei einem Ritter des Ordens pour
le mérite, einer der größten Berühmtheiten der jetzigen französischen Malerwelt. Wir kommen im günstigsten Momente, denn
einige Wochen später, und das herrliche Bild, das sich eben vollendet auf der Staffelei befindet, ist nach Berlin, und der Meister,
der uns so liebenswürdig empfängt, vielleicht nach Rom als
Direktor der römischen Schule abgereist. Wir befinden uns bei
Robert Fleury. Der Name kann den Deutschen nicht fremd
klingen, denn viele seiner Bilder, wie z. B. „Die Mönche
von den Räubern gebrandschatzt" oder „Tasso in St. Onofrio
empfangen," sind in mannigfachen Vervielfältigungen auch in
Deutschland bekannt geworden; in Berlin scheint Robert Fleury
besonders anerkannt zu sein; die Ritter des Merite-Ordens haben
ihn an die Stelle Delaroche's gewählt, und erst vor Kurzem ist
bei ihm von dort aus ein großes, historisches Bild bestellt worden.
Auch haben wir ein kleines Anrecht an ihn und an seinen Ruhm;
denn, wie er mir mit einem gewissen, meinem patriotischen
Gefühle schmeichelnden Stolze erzählt, ist er in Deutschland, in
Köln, in einem Viertel mit P. P. Rubens geboren. Er hat zwar
die Sprache seiner Jugend ganz und gar vergessen, Das stört uns

aber nicht, und wir drücken dem klug und fein und geistreich aussehenden Greise die Hand, als ob wir einen Landsmann begrüßten,
und Dieß um so lebhafter, als das eben vollendete Bild von der
Staffelei herab laut genug versichert, daß es eine Ehre ist, einen
solchen Landsmann zu haben.

Das Bild stellt die Einnahme Roms unter Karl V. vor und
ist eines der schönsten Werke Robert Fleury's. Und Robert Fleury
ist ein Mann mit hellweißem Bart und Haar. Das ist es, was
ihn unter seinen Kunstgenossen zu einer merkwürdigen Erscheinung,
zu einem Phänomen macht, daß er mit den Jahren fortwährend
auch in seiner Kunst fortgeschritten ist. Das Alter konnte ihn
nicht schwächen, die Zeit hat ihn nur mit Erfahrungen bereichert,
ohne ihm die Mittel, die Erfahrungen zu benutzen, geraubt zu
haben, was doch oft das Schicksal der größten Meister gewesen.
Wollte man Robert Fleury nach seinen älteren Bildern beurtheilen, die ihn doch berühmt gemacht, man thäte ihm das größte
Unrecht. Wenn man Dichter und Künstler überhaupt nach ihrem
Besten richten soll, so muß dieser Maler immer nach seinem letzten
Werke gerichtet werden. In Allem, was Wahl des Gegenstandes,
Komposition, Zeichnung und Farbe betrifft, hat der alte Fleury
bis auf den heutigen Tag nicht aufgehört Fortschritte zu machen,
und in allen diesen Beziehungen ist das vor uns stehende Bild
ein Zeugniß für die dauernde Jugend des Meisters, ein noch viel
lauter sprechendes Zeugniß als seine lebhaften feurigen Augen,
als sein bewegtes, geistreiches Gespräch. Er hat nicht ein wildes,
von Blut und Flammen überströmtes Gewirre dargestellt, wie
Andere gethan haben würden, um uns die Gräuel einer durch
Landsknechte und wilde Spanier eroberten Stadt anschaulich zu
machen. Mit geringen Mitteln, wie ein ächter Meister, wie ein
großer dramatischer Dichter, mit wenigen Gruppen und in einer
verhältnißmäßig kleinen Anzahl von Gestalten hat er uns den
ganzen darzustellenden Schrecken lebhaft vor die Sinne geführt.
Das Bild konzentrirt sich auf und vor der Brücke, die zur Engelsburg führt. Volk und Geistlichkeit flüchten in wildem Gedränge

in das feste Grabmal Hadrians. Ein Kardinal ist todt von seinem
Maulthier gesunken und wird, mit einem Fuße im Bügel steckend,
nachgeschleift; etwas weiter nach links, ungefähr in der Mitte
des Bildes, kämpft eine edle Patrizierin, aufrecht stehend, das
Angesicht voll Schreck, Heldenmuth und edler Keuschheit, gegen
die Rohheit zweier Krieger, die sich des schönen Weibes zu bemächtigen suchen, während andere Plünderer Juwelen aller Art,
Teppiche, kostbare Gewande, Kirchengeräthe ꝛc. dahinschleppen,
zusammenpacken oder Kisten erbrechen und nach Schätzen wühlen.
Dort und da liegt ein Verwundeter, ein Sterbender, ein Todter.
Neben diesem schauerlichen Gewühl, neben dem Kampf der
römischen Lucretia macht doch eine nur kleine Episode den tra-
gischsten und ergreifendsten Eindruck. Rechts, in der Nähe der
Engelsburg, mit dem Gesicht an eine Säule gelehnt, beinahe
ganz abgewandt vom Zuschauer steht ein kleiner Knabe von elf
bis zwölf Jahren, der aus einer Wunde in der Brust langsam
verblutet. Die ganze Tragödie ringsumher, die Leichen, die
brennenden Häuser, der geschleifte Kardinal, die bedrohte Weiblichkeit, all Das zusammengenommen macht nicht eine so erschüt-
ternde Wirkung wie das stille, verlassene Verbluten des unschuldigen, wehrlosen Kindes. Wir vermuthen, daß jene Frau, die
sich dort so heldenmüthig vertheidigt, des Knaben Mutter sei und
daß die starren Füße, die hinter einer Säule hervorblicken, seinem
todten Vater angehören. Fast freut man sich darüber, daß das
Kind aus dieser schauerlichen Welt scheidet, und es scheidet so
still, so hingegeben, es scheint sein Schicksal mit so unbewußter
Größe zu tragen, daß man sich versöhnt fühlt, wie am Schluß
einer schönen Tragödie. Mit der Hinstellung des kleinen Knaben
hat Robert Fleury sein Bild erst zu einem Kunstwerke im höchsten
Sinne des Wortes erhoben — und alle anderen großen Vorzüge
desselben, wie z. B. das maßvolle Kolorit, die kunstvolle Kombi-
nation des Tageslichtes mit der Flammenbeleuchtung, die Mäßigung in der Wildheit des Gewühles, die kunstvolle, wahrhaft
akademische, doch von aller Absichtlichkeit entfernte Gruppirung

verschwinden neben dieser tief dichterischen Erfindung. — Alt-
römische Statuen sehen ernst und steinern, als für ewig in sich
beruhigte Geister, auf das Ganze herab — starr, wie die Weltgeschichte, vor deren Auge ein sterbendes Kind, ein entehrtes Weib,
ein geschleifter Kardinal, ein Connetable von Bourbon mit seinem
Verrath, ein Kampf zwischen Kaiser und Papst Atome sind,
Staubkügelchen, die im Sonnenlichte tanzen und im Schatten
verschwinden.

Zu solcher Höhe hat sich Robert Fleury von einem Genre-
Maler aufgeschwungen. Schon in der Ausstellung von 1857 hat
er uns in seinem Bilde „Karl V. im Kloster St. Just" gezeigt,
wie ruhig, würdig und groß er die Geschichte aufzufassen verstehe.
Wie unheimlich, gebrochen und weltgebietend zugleich sah der
gichtbrüchige Mönchskaiser in seiner Sänfte aus; wie sah man
auf diesem Gesichte alle die Trümmer schiffbrüchiger Pläne um-
hertreiben; wie kunstvoll war durch Farbe und Beleuchtung
über die ganze Leinwand eine Stimmung, eine Atmosphäre
ausgegossen, die an Kloster und Palast, an Entsagung und
ungebrochenen Stolz zugleich erinnerte! Die Stimmung ist
es vor Allem, die den Künstler und sein Kunstwerk charakterisiren.

Doch dieses Bild finden wir nicht mehr im Atelier. Leider
gehen die Bilder Fleury's so schnell in alle Welten, daß man
froh sein muß, ein eben vollendetes noch auf der Staffelei zu
finden; meist muß man sich mit einem eben in der Arbeit be-
griffenen begnügen. So in diesem Augenblick mit dem „Fest im
Hotel de Ville" unter Ludwig XIII. Es ist das eigentlich nur ein
pompöses Festbild, das mit seinen Kostümen des siebzehnten Jahrhunderts und mit dem Gewoge des damaligen französischen Hofes
dem Maler Gelegenheit gibt, große Farbenpracht und die Kraft
der Massenbewältigung zu zeigen. Aber Robert Fleury konnte
es sich nicht versagen, das Bild durch eine historische Anekdote
interessanter zu machen.

Man kennt diese Anekdote. Richelieu haßte die Königin Anna

von Oesterreich, die ihrerseits den dürren, alle Gewalt an sich reißenden Kardinal nicht leiden mochte. Der Kardinal, der überall seine Spione hat, kommt hinter die Intrigue der Königin mit dem liederlichen Herzog von Buckingham und erfährt auch, daß sie ihm ihre Diamanten, ein Geschenk des Königs, habe zukommen lassen. Er steckt Das dem König. „Wir werden uns," sagte der König, „am bevorstehenden Feste im Hotel de Ville von der Wahrheit der Sache überzeugen; dort muß sie ja mit ihren Diamanten erscheinen." Die Königin erfährt, welche Gefahr ihr droht, und der wilde Ritt der Musketiere beginnt, welcher durch Alexander Dumas' Roman so berühmt geworden. Der König und Richelieu erscheinen zuerst in dem Hotel de Ville und erwarten die Königin; der Erste gespannt, der Andere im Voraus in der Beschämung der Königin schwelgend. Aber die Musketiere haben das Unglaublichste gethan: sie haben in kürzester Zeit die Diamanten aus London geholt, und die Königin erscheint strahlend von Edelsteinen und im Wiederscheine des Sieges, den sie über ihren Feind davonträgt. Der König wendet sich vorwurfsvoll zu Richelieu wie zu einem Verleumder; Richelieu zuckt die Achsel und sagt: „Werde Einer mit Weibern fertig."

Diese letzte Szene zwischen Ludwig XIII., Anna und Richelieu bildet den Mittelpunkt des Bildes, das sich gegenwärtig auf der Staffelei Fleury's findet. Schon ist es voll Leben und Bewegung; schon ist überall eine große Farbensymphonie angedeutet. Es wird jedenfalls, wenn auch nicht ein ergreifendes und erschütterndes Bild, wie eins der früher genannten, so doch ein glänzendes, prachtvolles.

Vielleicht kehren wir zurück, wenn er fertig ist; jetzt wandern wir weiter und zwar viel, viel weiter, aus dem einfachen und stillen Atelier des fertigen père Fleury in das entlegene, aber prachtvolle des strebenden jungen, alle Stoffe und alle Genres erfassenden Jerome.

Sein Bild, das Duell eines Pierrot mit einem Harlekin, hing im vorigen Jahr neben dem Karl V. Fleury's und theilte

mit diesem die Ehren der Kunstausstellung. Das sich drängende
Volk vor demselben hatte oft gar keinen Blick für den alten Kaiser:
der verblutende Pierrot auf dem Schnee beschäftigte es zu sehr,
als daß es sich für einen alten Kaiser von 1550 hätte interessiren
können. In der That war das Bild auch ein großes Trauerspiel
trotz der Hanswurstjade; es war ein Stück aus der Schauer- und
Wahnsinnsgeschichte des menschlichen Lebens, die sich in der
Hanswurstjade, im Narren König Lears und im armen Tom oft
ergreifender manifestirt als in Haupt- und Staatsaktionen. Am
Morgen des ersten Ausstellungstages war es um eine ungeheure
Summe verkauft, und jeden Tag kamen neue Käufer mit neuen
größeren Anbietungen. Jerome, schon früher bekannt, wurde
berühmt, sehr berühmt, so wie Hebert durch seine Malaria, wie
Ricard durch seine Madame Sabatier plötzlich berühmt wurde.
Sehen wir, was Jerome jetzt macht. Können wir es nicht er-
rathen? Wir haben allerlei ägyptische Landschaften und das
Duell eines Pierrot von ihm gesehen. Was können wir jetzt er-
warten? Wieder eine Landschaft oder einen Opernball oder eine
Szene aus den Funambules. Weit gefehlt! Man ist gewiß, bei
Troyon Kühe, bei Rosa Bonheur Kühe und Pferde, bei Corot
umnebelte Landschaften, bei Ricard herrliche an Van Dyck oder
Tizian erinnernde Porträts, bei Diaz irgend eine gliederlose
Wald- oder Blumengöttin mit Amoretten zu finden — was man
in Jerome's Atelier findet, kann kein Prophet voraussagen.

Wir sehen ein prächtiges Haus mit ungeheuren Atelier-
Fenstern vor uns; die Façade ist barock genug mit sehr großen
Bildern zweier Chinesen geschmückt. Wir treten in das weite,
mit Holzschnitzwerk, Galerien, allerlei edlen Stoffen und barocken
Gegenständen aus Osten und Westen geschmückte Atelier, und
was finden wir bei dem Landschafter Jerome, bei dem Verherr-
licher Pierrots? — Einen „Tod Cäsars," einen Kandaules, der
die Reize seines Weibes dem Freunde Gyges verräth, eine unbe-
fleckte Empfängniß, einen Papst Pius IX., der die Lokomotive
der Eisenbahn des Herrn Mires segnet, und alle die andern Bilder,

welche den prachtvollen Waggon Seiner Heiligkeit schmücken sollen.
Welch ein Polyhistor! Und doch ist es überall der talentvolle
Jerome, der uns aber um so besorgter macht, je talentvoller er
ist. Es scheint uns am Ende doch nicht, daß wir es hier mit
einer Vielseitigkeit à la Rubens zu thun haben; wir fürchten, daß
uns moderne Fabrikmäßigkeit entgegentritt, die mit Hülfe einer
vollendeten Technik eben Alles macht, was gebraucht oder bestellt
wird. Wir glauben es mit einem Virtuosen zu thun zu haben,
der jetzt ein Liszt'sches Kunststück, gleich darauf eine Beethoven'sche
Sonate oder Bach'sche Fuge spielt. Die Bach'sche Fuge, die
Beethoven'sche Sonate wird doch ein wenig nach Liszt riechen.

Am Wenigsten gefällt uns der Tod Cäsars. Die geraden
Linien der Architektur sind vorherrschend, und da die unzähligen
leeren Sessel der Kurie hinzukommen, hat das ganze Bild etwas
entsetzlich Oedes. Verschworene und Senatoren sieht man nur
von rückwärts und im Hintergrund, wo sie, in einen kleinen Raum
zusammengedrängt, hinauseilen; in der Mitte des Bildes schläft,
übertrieben genug, ein einzelner Senator, links liegt die Leiche
Cäsars ganz verlassen. Dieß alles auf sehr großer Leinwand.
Cäsar liegt gerade so da wie der ermordete Guise auf dem bekannten Bilde Paul Delaroche's, was schon zu einem Atelierwitze
Veranlassung gegeben; man nennt den Cäsar un Guise deguisé.
Warum malt Jerome ein Bild, über das man so schlechte Witze
machen kann, und ein so häßliches Bild, er, der so schöne machen
könnte! Ich glaube, die Absicht zu errathen. Jerome will in die
Akademie kommen, und da sind denn gerade Linien, Langweilig-
keit und Farblosigkeit eine vortreffliche Empfehlung. Die Witze
sind ein gutes Prognostikon, daß Jerome seinen Zweck erreichen
werde, denn über die meisten Bilder der meisten Akademiker sind
Witze gemacht worden, Das wissen die Herren Blondel, Abel de
Pujol ꝛc. ꝛc. Kandaules ist noch zu wenig vorgerückt, als daß
man ein Urtheil über ihn fällen könnte: die Anordnung scheint
sehr zweckmäßig und die Untermalung verspricht sehr schöne Farben.
Jedenfalls wollen wir hoffen, daß sich der Maler bei seiner Aus-

führung mehr an Herodot als an Hebbel halten werde. Die
Waggonbilder werden aber Dekorationsmalereien, mit denen der
heilige Vater zufrieden sein wird, da sie seine Thaten vorstellen,
die „immaculée conception" und die Eisenbahneinweihung.
Sonderbare Zusammenstellung! tolle Zeit! Da sage noch Einer,
daß wir in einer Uebergangsepoche leben, daß es überhaupt
Uebergangsepochen gebe! Papst, Eisenbahn, Waggonbilder wie
ebemals Kapellenbilder, Mires Ben Abraham Besteller, neues
Dogma, Pierrotmaler, Alles auf Aktien, bringe mir Das ein
Humorist unter Einen Hut!

> O Knabe, Thor! Du nennst Das Puppenspiel?
> Ich blicke ernst und nenn' es Weltgeschichte.

Das Puppenspiel führt uns in nächster Nähe zu Hamon,
der durch sein Bild: das Puppenspiel, welches die Weltgeschichte
vorstellt, bekannt und durch das unsäglich anmuthige Bildchen
„Ma soeur n'y est pas" berühmt geworden ist. Hier wissen
wir, was uns erwartet. Was sonst, als runde, bausbackige
Mädchen und liebreizende Kindergestalten, und doch sind wir
überrascht, sobald wir eintreten. Zuerst überrascht uns der Maler
selbst. Diese breitschultrige, untersetzte Proletariergestalt mit
dickem, wirrhaarigem Kopfe, die kurze Pfeife im Munde, die
Bluse auf dem Leibe, kann unmöglich der Maler jener holdseligen
Gestalten, jener blumenhaften Menschen und Märchen
sein! Und doch ist er es. So sonderbar sind oft seine Seelen in
Sackleinwand verpackt, als wäre es Töpferwaare oder was noch
Gröberes. Dann sind wir von den Bildern selbst überrascht, die
immer dieselben, doch immer neu sind, immer mit frischem Reize
wirken.

Man sagt, daß Hamon als Porzellanmaler angefangen habe,
und es ist wahr, daß seine Art, zu malen, diesen Aberglauben bis
zu einem gewissen Grade rechtfertigt. Seine Gesichter sehen so
aus, als wären sie aus einem halb und halb durchsichtigen Stoffe;
die Halbtinten sind etwas glasig, und das Knochenwerk macht sich

schrecklich wenig bemerklich. Mit einem Worte, Hamon ist nicht
wahr, am Allerwenigsten real; das schneidendste Gegentheil der
Realisten; aber seinen Bildern gegenüber, bei Betrachtung dieser
eigenthümlichen Kinder und Mädchen schämt man sich, diese Bemerkung zu machen. Man käme sich roh und grob vor, wenn
man eine realere Wahrheit verlangte oder auch ein anderes
Ideal. Man fragt hier überhaupt nicht nach Wahrheit, wie man
den Dichter nicht fragt, ob sein reizendes Märchen Wahrheit
sei; man versenkt sich im Gegentheil gern in diese goldene Lüge
und träumt in ihr Wahrheit. Seine Gestalten stammen aus
jenem Lande, in welchem nach dem Kinderglauben die Menschen
in Versen und in Musik sprechen, anstatt des Gehens nur den
Tanz kennen und immer so schön und reinlich glänzend gekleidet
sind wie in den Bildern. Und mögen seine Personen das Ge-
wöhnlichste, das Alleralltäglichste thun, sie bleiben solche Märchen-
gestalten, wie z. B. sein Mädchen, das eine Nadel einfädelt.
Sieht man sie bei ihrer Beschäftigung, so ist man nur erstaunt,
daß in jenem Lande auch genäht wird. Am Liebsten kleidet er seine
Figuren griechisch, oder er läßt sie auch ganz nackt; er könnte sie
immer ganz nackt lassen, und die empfindlichste Prüderie wäre
nicht beleidigt. Das Märchenhafte seines Pinsels, die unendliche, oft durch und durch kindliche Anmuth der Figuren ersetzt
das dichteste Feigenblatt. Dazu ist Alles so ein klein wenig verwischt, daß man wie durch einen Nebel in unendliche Ferne sieht
und in ein fernes Land, in eine fremde Welt zu sehen glaubt,
mit der man nicht rechten und von der man annehmen kann, daß
sie durch ihre klimatischen Verhältnisse zu solcher Färbung, solchem
Knochenbau, solchen Augen berechtigt sei. Hamon ist eben
vor Allem ein Romantiker; das Nahe rückt er in unendliche
Ferne und entzieht es unserer nüchternen Analyse. Thut er
manchmal so, als wäre er sehr plastisch, sogar antik, so ist das eine
kindliche Heuchelei, durch die wir uns nicht betrügen lassen. —
Einem solchen Maler kann die Allegorie nicht fern stehen; seine
Gestalten leben ja doch nicht wie andere Geschöpfe von Fleisch

und Blut, warum sollte er ihnen nicht eine theoretische Beschäf=
tigung geben, um sie zu beschäftigen? Und in der That begegnen
wir bei ihm sehr vielen Allegorien, die sich dadurch von andern
Allegorien unterscheiden, daß sie uns nicht langweilen; sie sind
durch ihre Lieblichkeit, durch ihr sonderbares Wesen, durch ihre
Traumhaftigkeit nichts weniger als trocken, sondern ganz blühende
Märchen geworden, wie Das die Abstammung so manchen schön=
sten Märchens, so manchen schönsten Mythos' sein mag, wie
z. B. des Mythos von Amor und Psyche. —

In seinem Atelier finden wir im gegenwärtigen Augenblicke
ein Bild, das uns mit seiner Landschaft an Hamons Meisterstück
„Ma sœur n'y est pas" erinnert. Wir sehen eine öde, ver=
brannte Landschaft, mit der wir, trotzdem sie herrlich gemalt ist,
Nichts anzufangen wissen. Wir sehen näher zu und entdecken eine
Thüre, die in eine höchst ärmliche, eine Art Höhlenwohnung führt.
Noch ist uns die Sache nicht ganz klar. Auf der Thüre liegt ein
dichter Schatten, und — jetzt erst entdecken wir die Hauptsache,
die Hauptfigur und die Idee — in diesem dichten Schatten steht
ein kleiner, allerliebster Amor mit Bogen und Köcher und klopft
an und horcht, ob aufgethan wird. Auch in diese kleine, arme,
jämmerliche, versteckte Behausung hat er seinen Weg gefunden.
Möge er einziehen und Glück bringen und das Elend der Erde
vergessen machen. Wie wir ihn dastehen sehen mit den hold=
lächelnden, spitzbübischen Augen, den anmuthigen Knaben, haben
wir ja selbst sofort die Wüste ringsum und das Elend in der
Hütte vergessen. Wir haben laut aufgelacht und uns gefreut, daß
die Liebe allüberall hindringe, in divitum turres pauperumque
tabernas. — Dann sehen wir eine Fortuna, die über einer Erd=
kugel über ein Sprungseil springt, wie die kleinen Mädchen im
Tuileriengarten. Ihre Sprünge sind ihr ein Spiel, und sie denkt
weiter nichts dabei; aber wie herrlich springt sie, mit welcher
Anmuth, ja mit welcher Größe! Wie flattert ihr Gewand, wie
schweben ihre Glieder! Und gleich daneben auf einer anderen
Leinwand kommt die Hoffnung übers Meer geflogen, und nach

sich zieht sie an einem Bande eine Muschel, in der ein junger
Weltbürger ruht, der eben aus einer fremden Welt anlangt.
Wir sind wenig gerührt von der Allegorie, aber wie schön ist das
Kind, wie anmuthig die gute Amme, die es ins Leben einführt.
Farben und Ausdruck haben nichts Irdisches mehr; sie sind zu
purer Musik geworden. —

Das ist freilich wahr: die Gränzen der Künste hat Hamon
verrückt. Malerei, Plastik — seine Bilder sehen oft wie kopirte
Basreliefs aus — Musik, Poesie, ja sogar Philosophie fließen
bei ihm ineinander, und es ist heillos, welche Verwirrung er an-
richten kann; aber diese heillose Wirthschaft ist ihm natürlich
und bildet bei ihm eine Individualität, die immer alle Theorien
verhöhnt hat. Bewahre uns nur der Herr vor Nachahmern; die
sind zu fürchten. Wir könnten ihrer Manche in seiner nächsten
Nähe finden; darum eben fliehen wir aus diesen entfernten Welten
des Luxembourg, nicht ohne erst in der Rue Royer Collard einen
Blick in die Werkstätte unsers talentvollen Landsmannes, des
Kupferstechers Jakobi und auf seine gewissenhafte und höchst feine
Arbeit, die Kaulbach'sche Hunnenschlacht, geworfen zu haben.

Wir wandern zurück in die bekanntere Welt am Fuße des
Montmartre, und weil es eben Mittwoch ist, benützen wir Das
und treten in der Rue Chaptal in das Atelier Ary Scheffers.
An diesem Tage nämlich öffnet der alte Meister seine beiden
Ateliers dem Publikum, um es gütig zu entschädigen dafür, daß
er seit Jahren seine Bilder nicht mehr im Salon ausstellt. Wir
befinden uns bei einem der gebildetsten und liebenswürdigsten
Männer dreier Länder, denn drei Ländern gehört Ary Scheffer
an: Deutschland durch Abstammung von deutschen Eltern, Holland
durch die Geburt, Frankreich durch Wirksamkeit, langen Aufenthalt und Adoption.[1] Alle drei Länder sind gerechtfertigt,
wenn sie sich um seinen Besitz streiten.

---

[1] Ary Scheffer ist am 15. Juni 1858 zu Paris gestorben, und Frankreich hat dadurch auch das Vorrecht erhalten, ihm die letzte Ruhestätte bieten
zu dürfen.　　　　　　　　　　　　　　　　　　　　　　　[A. H.]

Es tritt uns ein Mann entgegen, der mit seinem grauen
Schnurr- und Knebelbart auf den ersten Blick ein alter, pensio-
nirter General zu sein scheint; aber die Milde des Wortes, die
Einnigkeit des Auges widersprechen bald und erinnern daran,
daß man einen sinnreichen, tiefsinnigen Künstler vor sich habe.
Um wie viel mehr wurde Das von Allen, die ihn näher kennen,
erkannt. In der That gibt es im heutigen Frankreich wenige
Männer, um die sich ein so ausgewählter Kreis versammelt, wie
um Arn Scheffer, sei es, um die Abende in bedeutsamem Gespräche zu verbringen, sei es, um die edelste Musik in seinen
Salons oder Ateliers zu hören. Da findet man Männer wie
Renan, Henri Martin, Viardot, Künstler wie Mad. Viardot ꝛc.
und wo sind die Zeiten, die er in Gesellschaft Lamennais', Berangers, Manins, überhaupt der edelsten Zeitgenossen zugebracht! Nur ein Blick ins Atelier, und wir erkennen aus der
Galerie von Freunden, die er für sich gemalt, daß wir es mit
einem Manne zu thun haben, der den Besten seiner Zeit genug
gethan, um den sich die Bedeutendsten und Einflußreichsten gesammelt haben. Da hängen in einer langen Reihe die herrlichen
Porträts — kostbare Illustrationen zur Zeitgeschichte — Guizots,
Caraignacs, Lamartine's, Berangers, Lamennais', Manins u. A.
Die Leiden und Freuden des ganzen Jahrhunderts lassen sich von
diesen Gesichtern herablesen, viel deutlicher und wahrer, als aus
den Memoiren des Erstgenannten. Es sind historische Bilder,
diese Porträts, und gehören mit zum Besten, was der große
Maler geschaffen. Das harte, kantige, erbarmungslose, herrsch-
süchtige Guizots, das grübelnde, durchfurchte, fanatische Lamennais', das niemals seinen ekklesiastischen Ausdruck abzulegen vermochte, das klare, ehrliche, wohlwollende Manins, das in seinem
Ausdrucke so sehr einfache, fast beschränkte, aber gradausblickende
und ehrenhafte Caraignacs und der Andern — sie sind so wahr,
so lebend, wie sie ein Physiognomiker nur wünschen kann, um
aus ihnen die geheimsten Herzens- und Geistesoperationen heraus-
zulesen. Beranger hat es wohl gefühlt, daß ihn Arn Scheffer

wahrer und schöner der Nachwelt überliefern werde, als seine
eigenen Memoiren thun, und daß er mit seinem Porträt den besten
Kommentar seiner Chansons schaffen werde, und Ary Scheffer war
der einzige Maler, dem er zwei kurze Sitzungen gönnte. Das
vor uns hängende Porträt ist das einzig wahre des großen Volks-
dichters, und es spiegelt alle die großen und kleinen Reize ab,
welche die patriotischen, anakreontischen und satirischen Lieder
Berangers so einzig machen. Man sehe dieses Bild nur an, und
man wird, wenigstens für die Zeit der Betrachtung, ein heiterer
Philosoph, ein ausdauernder Mann, ein unabhängiges Gemüth.

In Dichterseelen und Dichterwerke sich zu versenken, versteht
Ary Scheffer wie kein anderer Maler seiner Zeit; er ist eben selbst
ein großer Dichter und dabei, was so wenige seiner Kollegen
sind, ein gebildeter Mann. Die schönsten Dichtungen aller
Länder haben ihm seine Stoffe geliefert, und er versenkte sich mit
seiner Sinnigkeit so tief in seine dichterischen Stoffe und in die
Eigenthümlichkeit des Dichters, daß er denselben Gegenstand mit
dem Pinsel noch einmal dichtete, nicht nachmalte. Was ist es,
was uns bei den meisten Illustrationen und Bildern nach Dichter-
werken so großes Unbehagen verursacht? — daß sie meist, fast
immer, die Phantasie beengen, ihr die Flügel binden, daß sie
sich an Aeußerlichkeiten halten und nie etwas liefern, was der
Einbildungskraft des Lesers nachkommen könnte. Sieht man aber
die Scheffer'schen Bilder nach Dichtern, gibt man schnell zu, daß
er die Dinge schöner gesehen als wir, und wenn wir ein Ideal
mitbringen, schwindet es sofort vor der schöneren Darstellung, die
leibhaftig und doch unendlich wie das Dichterwerk auf unsere
Seele wirkt. Dante, Goethe, Schiller, Byron, Uhland haben
sich nicht zu beklagen, daß sie von Scheffer in Farben übersetzt
worden. Man sehe nur Francesca da Rimini, die Faustbilder
(besonders die ersten), die Mignonbilder, den Giaur, die Eber-
hard=der=Greiner=Bilder! Auf allen diesen Bildern derselbe, jedem
einzelnen Poeten wie jedem einzelnen Gegenstande eigenthümliche Duft; auf jedem die Atmosphäre, die Stimmung, die der

Dichter oft durch ein Wort, durch den Stil, durch den Tonfall
hervorbringt. Ary Scheffer ist in dieser Beziehung so einzig in
seiner Art, daß man für ihn eine besondere Bezeichnung erfinden
müßte; er ist nicht ein historischer Maler; er verhält sich zur
historischen Malerei, wie sich die Poesie zur Geschichte verhält.

Im Atelier sehen wir neben den Porträts das große und
berühmte Bild Francesca da Rimini, das im Stiche so bekannt
geworden, daß wir es nicht zu beschreiben brauchen. Es gehört,
wenn ich nicht irre, der Familie Orleans, und Scheffer hat es aus
dem Schiffbruch gerettet. An der Wand hängt der Giaur —
Byronisch, wenn je ein Gedicht oder Bild Byronisch war. Der
Lord würde aufgejauchzt haben, sich so wiedergegeben zu sehen.
Ebenso würde es unsern Uhland freuen, könnte er gleich daneben
seinen Eberhard sehen, wie er das Tischtuch zerschneidet. (Das
größere Pendant zu diesem Bilde, eines der schönsten Scheffers:
Eberhard, seinen Sohn beweinend, befindet sich im Luxembourg,
dem Pantheon der großen lebenden Künstler.) Da ist auch der
König von Thule, nordisch düster, und doch golden romantisch
wie Goethe in seinen Balladen. Auf der Staffelei befindet sich
ein Bild, das wir als unfertig nicht beurtheilen wollen, fürchten
aber, daß wir das vollendete auch nicht werden loben können,
was übrigens dem Meister ganz gleichgültig sein kann. Der
Gegenstand scheint uns zu vage, zu verschwommen, zu mystisch,
wie denn Scheffer einem dunklen Gerüchte zufolge in der That
jetzt sich ein wenig dem Mystizismus zuneigt. Das Bild stellt
bedrängte, leidende, durch Leiden geläuterte Seelen vor, die,
befreit und erlöst, wie Wolken schwebend, dem Himmel zu-
streben. Unter diesen Seelen entdecken wir auch Francesca und
Paolo. Mystizismus, Verschwommenheit waren die Gefahren,
die den Maler bedrohten, der seine Gestalten nur aus Dichter-
werken, nicht direkt aus dem Leben oder aus der konkreten Geschichte holte, und siehe da, Ary Scheffer scheint an diesen Klippen
scheitern zu sollen. Ein anderes Bild auf anderer Staffelei,
„Christus und Satan," erinnert uns an eine Altersschwäche, die

sich bei dem großen Künstler eingestellt und die man seit einer
Reihe von Jahren zu bedauern Ursache hat.   Wer die ersten
Goethebilder und die letzten gesehen, mußte zuerst auf diese Schwäche
aufmerksam werden.   Ich meine die Abnahme des Farbensinnes.
Das neue Bild ist noch ein Meisterstück der Komposition, ein
Muster großartiger Einfachheit, aber die Farben sind todt.   Sollte
auch dieser Umstand irgend eine asketisch-mystische Ursache haben
und mehr im Blicke des Geistes als in dem körperlichen Auge
begründet sein? Mit Schmerzen denken wir an desselben Meisters
„Laßt die Kleinen zu mir kommen,“ das wir vor achtzehn Jahren
in Berlin gesehen und das ein Herd paradiesischer Farben war.

Im Atelier Ary Scheffers gibt es einen geheimnißvollen
Winkel, den ein dichter Vorhang bedeckt.   Dieser Winkel ist nicht
der mindest interessante Theil der interessanten Werkstätte; in ihm
finden sich die Reliquien der Prinzessin Marie von Orleans, der
früh geschiedenen Tochter Louis Philipps, der talentvollen Bild-
hauerin, welche die schöne Jeanne d'Arc und andere nicht minder
verdienstvolle, wenn auch minder populäre Bildwerke geschaffen.
Hinter dem Vorhange sind mehrere derselben verborgen, und
traurig sieht auf dieselben das Bild der Frühgeschiedenen herab.
Sie wurden Ary Scheffer zur Verwahrung anvertraut, denn er
war der geliebte Lehrer der jungen Künstlerin und der intime
Hausfreund der Orleans.   So kommt es auch, daß er in mancher
Beziehung so zu sagen eine historische Rolle gespielt hat.   Ary
Scheffer war es, der in Gesellschaft Thiers' während der Julitage
nach Neuilly fuhr, um dem Herzoge von Orleans zuerst die Regentschaft, eigentlich aber die Krone anzubieten.   Man betrauete ihn
mit der Botschaft, wohl wissend, daß Louis Philipp sich zu ihm
offener über seine Ansichten und Wünsche aussprechen werde, als
er es allen den Staatsmännern gegenüber, die sich bei Herrn
Laffitte versammelten, gethan hätte.   So spielten Ary Scheffer
und sein Modell Beranger, deß Bild dort hängt, in der großen
Umwälzung eine größere Rolle, als sonst Maler und Chanson-
niers bei solchen Gelegenheiten zu spielen pflegen.   Beranger

verfaßte und unterschrieb die Proklamation, welche die Bourbons
für abgesetzt erklärte, Scheffer bot die vom Haupte des alten
Königs gefallene Krone seinem Freunde an. Er scheint zu einer
Rolle in der Geschichte Orleans prädestinirt gewesen zu sein. In
der Februarrevolution tauchte er plötzlich wie ein Schutzengel der-
selben auf und setzte die Rolle fort, die er in der Julirevolution
angefangen. Als Helene von Mecklenburg, Herzogin von Orleans,
mit männlichem Muthe in die Kammer ging, um den letzten
Versuch zur Rettung der Krone ihres ältesten Sohnes zu wagen,
gerieth sie auf der Place de la Concorde in das furchtbarste
Volksgedränge. Der Duc de Chartres war plötzlich von ihrer
Seite gerissen; entsetzt sieht sich die Mutter nach ihrem geliebten
Kinde um und entdeckt es lächelnd und in Sicherheit auf den
Armen eines Nationalgardisten. Der Nationalgardist war Ary
Scheffer. Er trug ihr das Kind nach in die Kammer, rettete es,
als es einmal unter die Füße der wogenden Menge gerieth, und
verließ Mutter und Kinder nicht eher, als bis sie in Sicherheit
waren.

So stehen wir im Atelier des Malers, für den wir einen
andern Titel gesucht haben als den eines historischen Malers,
zwischen ihm, den Reliquien einer Orleans und dem Portrait
Berangers auf historischem Boden. Aber wo in Paris ist Das
nicht der Fall?

Aus der Rue Chaptal heraustretend, sind wir überall von
den großen Atelierfenstern angeglotzt. Da ist kaum ein Haus,
das nicht von einem Maler bewohnt wäre; da ist die Avenue
Frochot, die allein von einer größeren Anzahl Maler bewohnt
ist, als manche große Residenz beherbergt; da ist das große Haus
Nr. 1. Rue Duperré, aus dem alljährlich so viele Bilder hervorgehen, als wäre es eine große Manufaktur von Bildern; doch
wohnen talentvolle Künstler daselbst, wie z. B. der unheimliche
Chavanne, der anmuthige Gendron, der die Welt mit Luftgeistern,
mit allerlei tanzenden und schwebenden Gestalten bevölkert. Wir
gehen an Couture's Atelier vorbei. Der Maler der römischen

Verfallzeit interessirt uns nicht mehr, seit er ein offizieller Maler
geworden, Apotheosen Napoleons und große Kindtaufen malt,
überhaupt Alles, was bestellt wird und Geld einbringt, und der
trotzdem in öffentlichen Blättern versichert, er sei der einzige ernst=
hafte Künstler des Jahrhunderts, und der Kaiser habe dieselbe
Meinung von ihm. Gustav Planche, der einzige ernsthafte Kri=
tiker, war anderer Meinung. Wir gehen auch an Madame
O'Connell vorbei, der französischen Malerin aus Potsdam, bel=
gischer Schule und irischen Namens, welche zu beweisen glaubt,
daß ein Weib schöpferisches Genie haben könne. Aber wir treten
in das sonderbare Haus Nr. 4. Rue Duperré, und wir treten mit
Andacht ein, denn bald stehen wir vor dem größten Porträtmaler
Frankreichs, vor Gustav Ricard. Es ist uns, als wären wir durch
zwei und drei Jahrhunderte zurückgereist. Alle moderne Plati=
tude ist verschwunden, und wir fühlen uns vom edlen Geiste der
Idealität des sechzehnten Jahrhunderts angeweht. Wir wollen
uns bei Ricard länger aufhalten und brechen darum hier unsre
erste Wanderung durch die Pariser Ateliers ab, um mit frischer
Kraft und mit frischen Augen in diese herrliche Farbenpracht, in
diese Gesellschaft idealer Gesichter zurückkehren können.

- - - - - - - - -

II.

Gustav Ricard.

Während ich fern von Paris den ersten Bericht über meine
Besuche bei Pariser Malern aufzeichnete, lag einer derselben, und
zwar der bedeutendste unter den genannten, im Sterben. Das
Todtengericht, das die öffentlichen Organe und das Publikum an
seinem Sarge gehalten, bestätigte nur, was ich über Ary
Scheffer gesagt habe. Es war mir leicht, jene Unparteilichkeit
zu üben, die sonst nur einem Todten gegenüber leicht ist, denn —

ich darf es jetzt aussprechen, was ich damals verschweigen mußte —
ich habe Ary Scheffer seit langer Zeit wie einen Sterbenden betrachtet. Seit Jahren litt er an einem unheilbaren Uebel, von
dem er sowohl wie seine Freunde wußte, daß es ihn plötzlich
hinraffen werde. Wenn ich ihn im Bois de Boulogne blaß,
leidend so hinreiten sah, erinnerte er mich an jene Balladen-
gestalten, die todt in die grüne Welt hineinreiten, ohne, wunder-
barerweise, aus dem Sattel zu fallen. Ein Stück vom Maler,
jener Ary Scheffer, der die Welt in so holden, poesievollen Farben
gesehen, war längst in ihm gestorben; es blieb nur noch der denkende Maler, und in der That waren seine Gestalten der letzten
Zeit bloße Abstraktionen. Aber der Mensch, der edle, tief fühlende,
künstlerische, etwas träumerische und immer wohlwollende Mensch
war bis zum letzten Augenblicke lebendig geblieben, und je treuloser ihn der Körper verrieth, desto treuer hielt ihn der Geist
aufrecht, der ihm durch Kunstgenüsse jeglicher Art immer neue,
belebende Nahrung zubrachte. Wenn Frankreich seine großen
Verluste an großen Künstlern und edlen Charaktern, die es in
den letzten zwei Jahren erlitten, aufzählt, darf es neben Rude,
Beranger, Cavaignac auch Ary Scheffer nicht vergessen; er gehörte mit zu jenem Kreise auserlesener Menschen, die, aus der
Entfaltungszeit der Restauration stammend, dieser und der Juliepoche ihren Glanz verliehen und in der darauf folgenden Sitten-
verfallsepisode immer die Prinzipien der Ehrenhaftigkeit aufrecht
erhielten. Dieser Kreis, der auch im gesellschaftlichen Leben meist
zusammenhielt und zu dem sich in den letzten Jahren der Venetianer Manin als ein würdiges Mitglied gesellte, ist heute beinahe ausgestorben und auf dem Père Lachaise zu seinen Vätern,
zu Manuel, Foy, Benjamin Constant versammelt. Die Männer
dieses Schlages leben heute nur noch sporadisch in Frankreich —
oder im Exil — aber sie leben noch und werden wohl auch Nachkommen haben. Mit den Skizzen und Biographien, die wir hier
veröffentlichten, haben wir vorzugsweise Das beweisen wollen, daß
solche Männer im heutigen Frankreich noch athmen und daß

Frankreich wohl noch lange ihnen ebenbürtige hervorbringen
werde. Das unmoralische Treiben ist uns eben so verhaßt, wie
den Moralisten, die über Paris und Frankreich nach vierzehn-
tägigem Aufenthalte aburtheilen — vielleicht noch etwas mehr
verhaßt; — aber eben diesen Moralisten und den noch mora-
lischeren Zeitungsartikeln, den unendlichen, gegenüber ist es
Pflicht, auf die kleine Republik der Ehrenhaften aufmerksam zu
machen, welche kleine Republik denn doch auch als ein Symptom
betrachtet werden darf, wenn jeder Aktienschwindel und jeder
fraudulöse Bankerott zur Würde eines historischen Sittlichkeits-
symptoms erhoben wird.

Allein wir wollen uns hier nicht tiefer einlassen auf die „kultur-
historischen Studien" — in Deutschland ist jetzt Alles Kulturgeschichte — um uns nicht zu weit von unserm Gegenstande zu
entfernen. Auch würden wir zu sehr in der Gegenwart, im
Momente stecken bleiben, während ich den Leser, der mich auf
diesen Wanderungen begleitet, zu einem Ausfluge in frühere
Jahrhunderte aufgelegt wünsche. Wir sind an der Schwelle des
Ricard'schen Ateliers stehen geblieben; ein Schritt über diese
Schwelle, und wir stehn in der guten Zeit der alten Malerschulen;
mit dem einen Schritte haben wir zwei und drei Jahrhunderte
zurückgelegt.

Gustav Ricard — der, wenn er eben in seiner Ana-
choretenstimmung ist, uns mit Gebrumm oder gar nicht, wenn
er aber was Schönes gemacht hat, mit einem italienischen oder
einem fürchterlich schlecht ausgesprochenen deutschen Grüße und
mit einem Katarakt von Witzen empfängt — Gustav Ricard,
heute ungefähr 34 Jahre alt, ist in Marseille geboren und stammt
aus der florentinischen Familie Riccardi, welche vor drei Jahrhunderten in Folge politischer Unruhen ihre künstlerische Heimat
verlassen hat. Sein schwach bemittelter Vater konnte bei einer
zahlreichen Familie auf die artistische Erziehung des aufgeweckten
und frühes Talent verrathenden Knaben nicht viel verwenden,
und er mußte sich mit einer kleinen Zeichenschule begnügen. Auf

sich selbst und auf eine höchst ärmliche Farbenschachtel angewiesen,
mußte sich Gustav Ricard so zu sagen die Malerei selbst erfinden
und machte er die ganze Entwickelungsgeschichte der Kunst, von
der ersten Cimabueschen Naivetät bis zur vollendeten venetianischen und flandrischen Pracht, an sich selber durch. In Marseille finden sich noch Studienköpfe, von welchen man glauben
könnte, daß sie aus der Zeit vor Raphael, oder vor Masaccio
stammen. Ricard hat sie in seinem fünfzehnten Jahre gemalt.
Seit damals hat er andre Köpfe geliefert, welche ein wenig ge-
schickter Fälscher in Tiziane oder auch in Van Dycks verwandeln
und als solche verlaufen könnte. — Die ersten bedeutenden
Bilder, die ihm zu Gesicht gekommen, sind die Rubens in der
Marseiller Galerie; diese im Verein mit dem mittelländischen
Meere und dem provenzalischen Himmel haben wohl viel dazu
beigetragen, in ihm jenen hohen Farbensinn zu entwickeln, der
ihn zum größten Koloristen Frankreichs macht. Vielleicht hat er
alle Ursache, die Umstände zu segnen, die ihn verhinderten, eine
andre Primär-Schule durchzumachen, die ihn nicht in das Atelier
eines Pariser Malers brachten, wo er einen Dutzendunterricht
erhalten und auf die Worte des Meisters schwören gelernt hätte,
oder gar in die Akademie, die sein Auge geblendet und seinen
Geist in Schnürstiefel eingeschnürt haben würde. Gezwungen,
selbst zu sehen und zu prüfen, das Gesehene und Geprüfte mit
selbstgefundenen, nicht überkommenen Mitteln wiederzugeben, hat
sich sein Geist an eine Forschungsweise gewöhnt, die sich auf alle
Gegenstände der Kunst und des Lebens erstreckt und aus ihm
einen Künstler machte, der sich durch Das auszeichnet, was den
meisten seiner Zeit- und Lebensgenossen fehlt: durch Individualität, eigne Anschauungsweise, eigne Mittel und endlich — durch
den Gedanken. Erst spät kam er nach Paris, wo er einige Ateliers durcheilte, um sich desto eiliger in seine eigentliche Schule,
in sein eigentliches Vaterland, nach Italien zu flüchten. Florenz,
Parma, Bologna, Venedig, Rom — arme unschuldige Künstlerseele, welche von einer Schule der andern, einer Theorie, einem

Künstler dem andern zugeworfen wird wie ein Spielball. Das
Faustische Suchen, Streben, Irren, Hoffen, Wissen, Zweifeln
und Verzweifeln beginnt; Bilder, Bücher, Menschen und Natur
müssen heran und Fragen auf Fragen hören — aber wie selten
geben sie Antwort. Die Famuli Wagner haben es immer und
überall gut, auch in der Malerei; sie wissen viel und glauben,
Alles wissen zu können. Aber es gibt andre Maler, die, mit dem
Pinsel in der Hand, der Natur gegenüber so hochtragisch anzu-
sehen sind, wie Faust vor der Bibel, oder mit dem Messer das
Lebensprinzip suchend vor einer Leiche, oder wie ein Paracelsus
vor seinen Retorten. Ja, sie haben es in vieler Beziehung
schlimmer als alle die geängstigten Gemüther, die ausrufen: Was
ist Wahrheit? denn ihrem suchenden Geiste offenbart sich eine
Doppelerscheinung, stellen sich zwei mächtige Gewalten zugleich
dar, die Beide gleiche Rechte geltend machen, denen Beiden er sich
als leib- und seeleneigen bekennen muß: Die Wahrheit und die
Schönheit. Welch ein Kampf des ganzen Gedanken- und Seelen-
lebens, bis er die Beiden vereint erblickt in dem Einen: im Ideal.

Von der Theilnahme an diesem rühmlichen Kampfe hat
Ricard in seiner ersten Zeit in vielen Köpfen Zeugniß abgelegt.
In Rom hinterließ er das Porträt des Herrn Landsberg, das
die Künstlerwelt in Aufregung brachte, und ging nach Venedig,
um sich dort zu dem Maler auszubilden, der in der Ausstellung
des Winters 1850—1851 mit dem Porträt der Madame Sabatier[1]
plötzlich eine Berühmtheit wurde. Der Schreiber dieser Zeilen
wohnte diesem Triumphe bei und hat das interessante Schauspiel
mitangesehen, wie man in Paris über Nacht une des gloires
de la France wird. Das Bild war noch auf der Staffelei, als
man schon in allen Ateliers von der Wiederauffindung der italienischen Farbe sprach. Die Maler eilten herbei, um es zu sehen,
und um nicht zu gestehen, daß sie es studiren wollten, wie man
auf einer italienischen Reise studirt. Meissonier, jenen Maler

[1] Nicht, wie man allgemein glaubt, die berühmte Sängerin Mad.
Unger-Sabatier. [M. H.]

der kleinen Bilder, die den Stempel der Unſterblichkeit tragen,
habe ich vor dem Bilde in Ekſtaſe geſehen. Die Ausſtellung machte
dieſen Triumph in der Künſtlerwelt zu einem allgemeinen.
Heberts poetiſche, elegiſche „Malaria“ (heute im Lurembourg),
Courbets Epoche machendes „Begräbniß,“ welches die rea=
liſtiſche Schule einweihte, konnten die Aufmerkſamkeit der Kenner
von der Dame mit dem Hündchen auf dem Schooße, mit den
klaren Augen, mit dem Stumpfnäschen nicht abziehen. Ricard
hatte das Problem gelöst, wie man ein Porträt mit jenem hiſto=
riſchen Reiz, mit jener Unſäglichkeit ausſtattet, die ſonſt nur die
Porträts der großen Zeit auszeichnet. Mit dieſem e i n e n Por=
trät ſtellte er ſich hoch über die meiſten Porträtmaler unſers Jahr=
hunderts; er manifeſtirte ſich darin, wie die Giorgiones, Tiziane,
Velasquez, Van Dyds, wie alle größten und wahrhaft großen
Porträtiſten als Hiſtorienmaler. Der aber iſt der wahrhaft große
Porträtiſt, der erkennt oder erfühlt, daß ſich in jedem Geſichte,
wie die Sonne im Thautropfen, die ganze Zeit abſpiegelt. Weiß
er es mit dieſer Wiederſpiegelung wiederzugeben, dann hat er
ſich zum Range eines Hiſtorienmalers aufgeſchwungen, dann er=
zählt er uns und der Nachwelt mit e i n e m Geſichte mehr, als
eine große Leinwand voll Haupt= und Staatsaktionen zu erzählen
vermag. Hat nicht J n g r e s mit dem Kopfe Armand Bertins,
des Beſitzers des Journal des Debats, mehr und deutlicher vom
Triumph und Selbſtbewußtſein des Bürgerthums erzählt, als
Louis Blancs Geſchichte der zehn Jahre? — Solche Porträtirkunſt
ſtößt in unſrer Zeit auf größere Schwierigkeiten, als man in den
Zeiten Leonardo's, Giorgione's, Van Dyds gekannt hat. Die
zweite Hälfte des fünfzehnten, die erſte des ſechzehnten Jahrhun=
derts, die Zeit der Wiedergeburt, des allgemeinen Erwachens,
des Umſturzes aller alten Anſchauungen und Syſteme, des neuen
Staatsweſens, der neuen Völkerwege und Ziele, der neuen
Künſte und Wiſſenſchaften, bildete in allen Schichten ſo viele
ausgeſprochene Charaktere aus, wie ſie in ſolcher Anzahl
keine andre Epoche der Weltgeſchichte aufzuweiſen hat. Dieſe

venetianischen Senatoren, welche Throne vergaben; diese Borgias,
Roveres, Medicis auf dem päpstlichen Throne; diese Braccianos,
Colonnas, Trivulzis mit Genossen — Männer, die keine Schwierigkeiten kannten, wenn es sich um Erreichung irgend eines Zieles
handelte, welche den zarten Dichter, den großen Maler, den
weisen Platoniker und den Bravo gleich sehr zu schätzen wußten,
Männer der Gewaltsamkeit, der großen Pläne, des Verbrechens
und der Kunstsinnigkeit mußten ebenso wie die Pulcianos, die
Leonardos, Picos, Savonarolas ausgesprochene Physiognomien
haben. Und die Frauen, die die Dichter liebten, den Ehrgeiz der
hunderttausend Ehrgeizigen anstachelten, voll Leidenschaft und
voll zarten Gefühles waren und dabei begabt mit der Fähigkeit,
Gift zu mischen — wie die ausgesehen, davon gibt uns die Mona
Lisa Leonardo's sichere Kunde. — Dem Jahrhundert des Erwachens und der Gewaltsamkeit folgte das Jahrhundert der großen
Intrigue, dem die Jesuiten in ihrer Blüthe Stimmung und Charakter gaben; „ihr Roman," wie es Michelet nennt, war in vollster
Entwickelung. Viele Nachzügler des früheren Jahrhunderts liefen
durch dieses. Velasquez fand des Interessanten und Charakte-
ristischen genug in den Habsburgischen Chilperichen Spaniens,
Van Dyck in den Dogenabkömmlingen Genuas, und in den Kava-
lieren Karls I., des Prädestinirten. In die siegreichen Niederlande hatte sich die Freiheit gerettet, und wie Giorgione, Tizian,
Tintoretto die Republik malten, „welche," wie Jesaias von Thrus
sagt, „Kronen spendete, deren Kaufleute Fürsten waren und deren
Händler die Geehrten der Erde," so fanden Rembrandt, Van
Dyck. Helst die großmächtigsten Generalstaaten, die klugen Diplo-
maten, Bürgermeister, Zünfte, Großpensionäre, ruhmvollen
Admiräle, alle mit ihren behaglichen, wie holländische Häuslichkeit breit und gemächlich blickenden Hausfrauen, voll bürgerlich-
patrizischen Bewußtseins. Es war schwer, nicht Geschichte zu
malen, wenn man ein solches Gesicht des sechszehnten oder sieben-
zehnten Jahrhunderts abkonterfeite. Wie schwierig ist es hingegen,
ein bedeutsames, modernes Porträt zu liefern. Die demokratische

Weltgeschichte ist auch in diesem Punkte konsequent geblieben und hat auch in den Physiognomien nivellirt und gleich gemacht. Es ist gleich schwer, in modernen Gesichtern das Individuelle heraus= zufinden, wie das für die Zeit allgemein Charakteristische. Die Maler klagen über das allerdings scheußliche Kostüm — aber, wären nur die Gesichter anders, die Tracht würde als Nebensache verschwinden. — Nur der Künstler von sehr großem Genie kann aus einem modernen Porträt ein historisches machen; und diese dunkle Erkenntniß war es, die dem ersten großen Porträt Ricards, jenem obengenannten der Madame Sabatier, die große Anerken= nung verschaffte. Wenn Ingres mit seinem Armand Bertin die Juliepoche, die Rue Laffitte und Chaussée d'Antin gemalt hat, so hat Ricard die Geschichte fortgesetzt und das Quartier Breda und mit diesem eine ganze herrschende Seite unsrer Zeit gemalt.

Wir halten uns bei diesem Bilde auf, weil es Ricards An= fang gewesen und für ihn und seine ganze Richtung bezeichnend geblieben ist und weil wir uns natürlich auf die Beschreibung zahlreicher Porträts nicht einlassen können. Nach jenem Erfolge eilten die schönen, oder schön sein wollenden Weiblein dem Atelier Ricards zu, und es war Gefahr da, daß die Winterhalter und Dubufe's überflügelt werden. Aber Ricard, wie schön er auch Stoffe und Spitzen zu malen versteht, konnte sich nicht dazu hergeben, Illustrationen zu Modezeitungen zu verfertigen. Er verstand das Schöne anders als diese Damen und ihre Anbeter aus dem Café Tortoni, und Winterhalter und Dubufe waren gerettet; die Bank und die alte und neue Aristokratie kehrten wieder zu ihnen zurück. Das war ein Glück für Ricard und seine Kunst. Er wählte seine Modelle, und so entstand eine Reihe von Studienköpfen, die in dieser Zeit vergebens ihres Gleichen suchen. Ich nenne nur den sogenannten deutschen Studentenkopf, den vielbewunderten weiblichen Rothkopf, das Mädchen, das im Schaufenster des Bilderhändlers in der Rue Laffitte Volksauf= läufe verursachte, die beiden Medaillons der Töchter des Herrn Laffitte, das Zigeunermädchen, den gefallenen Engel, die unheim=

liche Dame, die auf der allgemeinen Ausstellung so viel Glück
machte und das Motiv zu einem Romane wurde ꝛc.   Wie
einfach in den Mitteln, wie groß in der Ausführung und wie
mannigfaltig im Charakter sind diese Bilder. Seine Neider und
Feinde nennen ihn eben dieser Mannigfaltigkeit wegen einen
Eklektiker, der sich an zu verschiedene Schulen anlehne. Wie
thöricht! Als ob Van Dyck, nachdem er sich in der Welt umgesehen,
nicht auch Flamänder, Italiener und er selbst zugleich gewesen
wäre; als ob man einem Dichter einen Vorwurf daraus machen
könnte, daß er in diesem Gedichte dieses Versmaß, in jenem jenes
anwendete.   Je nach dem Charakter seines Modells ist seine
Malerei allerdings jetzt venetianischer, jetzt holländischer, manchmal sogar ein wenig à la Greuze — wie z. B. in dem Bildchen
einer reizenden, vierzehnjährigen Wienerin, das uns eben von
der Staffelei anlächelt — aber trotz Venetianern, Holländern und
Franzosen steht immer die unabhängige, selbst sehende und schaf-
fende Persönlichkeit des e i n e n Künstlers hinter diesen Bildern.

Bezeichnend für einen Porträtmaler ist es, welches Publikum
sich um ihn bildet, welche Klienten ihn vorzugsweise aufsuchen.
Da ist es denn als ein ausgesprochenes Urtheil über Ricard zu
betrachten, daß er vorzugsweise von Künstlern und künstlerisch
gestimmten Menschen aufgesucht wird. Ich habe selbst die Porträts der ausgezeichneten Maler Hebert, Meissonier, Chenevard
auf Ricards Staffelei gesehen — eben so die Porträts Ferdinand
Hillers, Theodor Gouvy's, Wilhelmine Clauß' ꝛc. Frau von
Calergi, von der schwer zu sagen, ob sie mehr Künstlerin oder
schöne Frau ist, das trefflichste Modell für die größten Koloristen,
die Heine so bizarr als weißen Elephanten, Theophile Gautier
nicht weniger barock als Symphonie blanche besungen hat, malte
Ricard zweimal, einmal, wie sie, ein ander Mal, wie er es gewollt.
Das zweite Exemplar ist ein Bild geworden, dessen sich Paul
Veronese gerühmt haben würde. Dort hängt es an der Wand,
und man begreift, daß sich der Schöpfer von einer solchen
Schöpfung nicht trennen könne.

Bleiben wir mit diesem Bilde im Atelier, und sehen wir uns um. Wir kommen in einem glücklichen Augenblicke: die Staffeleien sind aufs Reichste und Mannigfaltigste ausgestattet. Neben jenem reizenden Mädchen à la Greuze, der verkörperten Poesie des anbrechenden „Backfischthums,“ das so frisch in die Welt sieht, daß es der Maler „cinq heures du matin“ nennt, das Bild einer wunderherrlichen Frau, über deren Gesicht der Zauber ewiger Jugend und ewiger Weiblichkeit ausgegossen ist; der Reiz inniger Lebensfülle, trotz dem leidenden Zuge um den Mund, von dem jene melancholische Stimmung ausgeht, die wir fast bei jedem Kunstwerke wünschen. Welch einen Kontrast bildet diesem milden Antlitz gegenüber der blondlockige, rundwangige Knabe, der sich vor Jugend und Geist kaum im Rahmen halten kann — und dieser herrlichen Gruppe gegenüber wieder welch ein Kontrast in dem Bilde des berühmten Bankiers Mr. Blunt! Es ist Das derselbe Mr. Blunt, der Herrn Mires, welcher in einer Versammlung von den barons de l'industrie gesprochen, geantwortet, er habe bis jetzt in dieser Beziehung nur von „Chevaliers“ sprechen hören. Diese Antwort charakterisirt ihn. Es ist der englische Finanzmann, der die Phrase wie den Schwindel haßt, sicher auf sich selber steht, unbekümmert, welchen Titel man ihm gebe, im Bewußtsein seines Berufes, seiner Macht und seiner Solidität. So steht er in dem Ricard'schen Bilde vor uns, die Poesie der Positivität, die Poesie unsrer Zeit und das herrschende Prinzip. Klugheit, Ruhe, etwas Kälte, aber Sicherheit, die ein wohlthuendes Vertrauen einflößt und dem Ganzen eine gewisse Gemüthlichkeit verleiht, sprechen aus dieser Gestalt, die ungenirt und in der ganzen Welt zu Hause, den einen Daumen in das Achselloch der Weste gesteckt, aus der Leinwand wie aus der Thür des marktbeherrschenden Bureaus tritt. — Mächtiger erweckt ein größeres und glänzenderes Porträt unsre Aufmerksamkeit. Wir enthalten uns jeder Charakteristik, denn mit diesem Gesichte müßten wir die ganze Zeit vom Staatsstreiche bis auf unsre Tage und müßten wir vorzugsweise den französischen Senat charakterisiren, wozu wir uns nicht berufen fühlen. Es ist Das das Porträt des Mannes, der den Muth hatte, Tacitus Lügen zu strafen, er, der selber ein großes Stück bestätigenden Kommentares des unglück= lichen Römers darstellt; es ist Das das Porträt des Präsidenten des Senates, des Herrn Troplong. Wir sagen nichts darüber, nur daß Ricard hier mit einem meisterhaften Bilde zugleich ein so wahres Stück Geschichte geliefert, wie irgend Jemand, der in diesem Augenblicke im Geheimen taciteische Memoiren schreibt oder wie Procopius eine doppelte Geschichte.

Sehen wir uns weiter um in dem Atelier. Eine Atmosphäre von Poesie durchweht die weiten Räume. Da ist nichts Absicht= liches, nichts Arrangirtes, auch nichts von dem induftriellen Wesen, das so viele Pariser Ateliers auszeichnet; wohl aber fühlt man sich in einer Werkstätte des Geistes. Alles sagt: hier wird gedacht, gestrebt, gekämpft und Schönes geschaffen. Alte Ta= pifferien bedecken die hohen Wände; über diese hängen vielfache Freundesporträts, allerlei Meisterwerke anderer Meister, wie z. B. ein Adrian Ostade, ein höchst merkwürdiger Studienkopf von Ingres, ein unbekannter Venetianer, welche alle Ricard, ein eben so trefflicher Kenner als Maler, in den Tröblerbuden aufgestöbert hat. Eine lange Reihe von Kopien läßt uns einen Blick in die Studien thun, die Ricard durchgemacht hat, bis er auf diese Höhe gelangt ist. Da hängen Kopien nach Tizian, Veronese, Bonifaz, Rubens, Rembrandt (die nächtliche Ronde), Claude Lorrain u. A., sämmtlich Meisterstücke der Kopie. Kein moderner Maler hat es verstanden, so die Werke der alten großen Vorgänger nachzudichten, sich so in ihr Wesen hinein= zuleben, so ihre subtilsten und unfaßbarsten Geheimnisse zu erfassen. Den alten Robert Fleury sah ich in Begeisterung vor einer Ricard'schen Kopie eines Bonifaz stehen; er wußte nicht, von wem sie herrührte, und rief aus: Ich hätte nicht gedacht, daß ein Moderner Das zu leisten im Stande sei! — In der That gibt es gewisse Farbenwunder, die heut zu Tage nur Ricard thun kann, und diese Wunder werden noch wunderbarer, wenn man ſieht, wie er die Farbenmittel, mit denen er ſie vollbringt, immer mehr und mehr auf ein Minimum beſchränkt.

Es gehört mit zu den ſchönſten Genüſſen, in einem Winkel dieſes Ateliers zu ſitzen, ſeine Cigarre zu rauchen und zuzuſehen, wie Ricard mit der ſehr wenig bunten Palette die Wunder thut und wie er zugleich durch ein geiſtvolles, immer anregendes Geſpräch das innerſte Weſen auf das Geſicht des Modells herauszuzaubern verſteht. Ricard iſt nämlich einer der liebenswürdigſten und geiſtreichſten Geſellſchafter und Plauderer des heutigen Frankreich. Der Fremde glaubt in ihm das Modell jener Geſprächshelden und Meiſter zu erkennen, welche Frankreich ſo konverſationsberühmt gemacht haben. Aber der Fremde irrt. Ricards Geſpräch iſt von ganz anderer Natur: die Unterhaltung, das Sprechen iſt ihm nicht Selbſtzweck; eben ſo wenig will er glänzen. Er wiederholt ſich nicht, er hat kein Repertoire von Witzen und Geiſtreichheiten, er iſt nicht frivol, wie jene berühmten Meiſter der Konverſation. Bei ihm ſtrömt das Geſpräch aus der Fülle des Geiſtes, des Gemüthes und der Phantaſie; er iſt in jedem Augenblicke neu angeregt und immer produktiv. Derſelbe Menſch, der jetzt wie ein Kind gelacht, mit Kindern kindiſche Späße gemacht oder ein Feuerwerk ſprühender Witze hat aufſteigen laſſen, derſelbe Menſch kann einen Augenblick ſpäter auf die kleinſte Veranlaſſung die ſinnigſten Aphorismen über menſchliche Verhältniſſe, die tiefſten Theorien über Kunſt, die umfaſſendſten Aperçus über die höchſten Intereſſen ausſprechen. Iſt er jetzt der geiſtreichſte Dialektiker, ſo iſt er wieder den Augenblick ſpäter Das, was man ſeit Goethe „eine Natur" zu nennen liebt — iſt er jetzt der Kritiker, der die geheimſten Urſachen der räthſelhafteſten Wirkungen aufzuſuchen verſteht, ſo iſt er gleich darauf wieder der urſprüngliche, unbewußt ſchaffende Poet in aller Friſche und Unmittelbarkeit, ohne die geringſte angekränkelte Bläſſe des Gedankens. — Mit einem ſolchen geiſtigen Weſen und mit einer ſehr einnehmenden Perſönlichkeit ausgeſtattet — Ricard ſieht ſo aus, wie ſich ein Romantiker gern einen Künſtler

des sechzehnten Jahrhunderts vorstellt — könnte er in der Pariser wie in jeder andern Gesellschaft große Eroberungen machen
und sich leicht mit einem Kreise von Freunden, Bewunderern und
Protektoren umgeben, wenn er nicht ein Anachoretencharakter und
in vieler Beziehung ein Fremdling in unsrer Zeit wäre. Wenn
die Klöster so wären, wie man sie gern schildert, wäre er wohl
in ein Kloster gegangen; wenn sein strebender und hungriger
Geist nicht immer neuer Nahrung bedürfte, wenn er nicht im
Grunde ein Mensch wäre, der mit allen Nerven am ganzen Leben
hängt, er hätte sich längst in die Einsamkeit oder in irgend eine
geschlossene Brüderschaft zurückgezogen — wie einst Fra Angelo
oder Fra Bartolommeo. — Am Liebsten, sagte er einmal, möchte
ich in einem Kloster leben und meine Brüder umsonst malen. —
Aber damals saß ihm eine dicke Frau, die um jeden Preis sehr
modern und elegant gemalt sein wollte. Man gebe ihm ein schönes und sinniges Modell, und die Erde hat ihn wieder. — Sein
Atelier, ein kleiner Kreis von Freunden, die interessanten Gesichter, denen er in der Straße begegnet, sind seine Welt; Malen,
Lektüre, ein anregendes Gespräch, ein Ausflug nach Italien
oder in die Galerien Deutschlands und der Niederlande, eine
Reise zu einem deutschen Musikfeste ist sein Leben. Mit einem
Worte: Person und Wesen und Leben stimmen harmonisch mit
den Schöpfungen; beide sind schön, beide eines großen Künstlers.

Wir verlassen das Atelier des größten französischen Porträt-
malers. Verlassen wir es! — Denn wie viel wir noch über ihn
und seine Art, zu malen, sagen könnten, wir können dem Leser
doch keinen eigentlichen Begriff von seinen Bildern geben. Auf
ihnen liegt jener unsagbare Reiz, jenes mit Worten Unausdrück-
bare, das jedes Werk eines ächten Künstlers charakterisirt, das
uns sogleich daraus entgegenweht und uns sagt: Siehe! Hier ist
Schönes, Bedeutendes! — das nicht errathen werden kann, ehe
es da ist, und nicht analysirt, wenn es da ist. Der Kritiker kann
jeden Pinselstrich beschreiben, jeden Vers zerlegen, jede Musiknote
aufzählen — aber den gewissen Duft eines Kunstwerkes kann er

nicht wiedergeben, und am Ende muß er auf das Kunstwerk selbst verweisen: Sehet, leset, höret! Genug, wenn er der Herold des wahrhaft Schönen ist. — Aber, fragt der Leser erstaunt, dieser große Künstler Ricard hat nichts gemalt als Köpfe? — Nichts als Köpfe oder auch ganze Gestalten; aber wahrlich, ich sage dir, o Leser, Giorgione wäre Giorgione auch ohne die großen Lein= wande, auf denen sich mehrere Figuren zusammenfinden, Van Dyck wäre Van Dyck auch ohne seine Heiligenbilder und Velasquez Velasquez selbst ohne sein großartiges Lanzenbild und selbst ohne das wunderbare Bild der Spinnerinnen. Das ganze berühmte Madonnenbild Murillo's in dem großen Saale des Louvre ist nicht so viel werth, als die wenigen bescheidenen Köpfe, die sich unten, links in einem Winkel des Bildes befinden. Und wahr= lich, ich sage dir ferner: Wer einen Kopf so malen kann wie Ri= card, der kann Alles.

III.

Hebert, Heilbuth, Brendel, Imer, Henneberg, Knaus.

Von Ricard zu Hebert ist nur ein Schritt. Vor einigen Jahren, da sie erst viel versprechende, junge Künstler waren, nannte man sie nur zusammen, da sie zu gleicher Zeit auftraten und zu gleicher Zeit berühmt wurden. Nach und nach, da sie aus hoffnungsreichen Jünglingen fertige Künstler wurden, da sich ihre Individualitäten immer entschiedener aussprachen, wurde auch die Entfernung zwischen Beiden immer größer, und wie sie heute dastehen, haben sie nichts mehr mit einander gemein. Heberts Entwicklung ist in so fern interessanter, als man schon in seinen frühesten Bildern dieselbe Persönlichkeit, dieselbe Art, zu sehen und zu fühlen, entdeckt, welche in seinen vollendetsten

Werken so wohlthuend, so sympathisch auftritt und ihm einen
ausgezeichneten und auszeichnenden Stempel aufdrückt. In den
Sälen der Akademie der bildenden Künste umherwandernd, betrachtete ich einmal eine lange Reihe von Bildern, welche den
Verkauf Josephs durch seine Brüder darstellten. Sie waren
sämmtlich schülerhaft ausgeführt, aber eines unter ihnen fiel mir
durch sein nach milder Harmonie strebendes Kolorit und durch
eine über das Ganze ausgegossene Melancholie auf und erinnerte
mich zugleich, trotz seiner Schülerhaftigkeit, an die schönsten Bilder Heberts — und in der That war es sein Konkurrenzbild,
mit dem er vor langer Zeit über alle diese rechts und links aufgestellten Bilder den Preis, den römischen Preis, le grand
prix de Rome, davon trug. Seit jenem Bilde hat Hebert
nicht aufgehört, Fortschritte zu machen, und hat auch, durch alle
durchgemachten Phasen, nicht aufgehört, er selbst zu sein. Die
bereits große Reihe seiner Genre=, Historien= und Porträtbilder
macht gewissermaßen ein Ganzes, ein einziges Kunstwerk, wie
Das bei den gesammten Kunstwerken ausgesprochener Charaktere,
trotz aller Umwege der Entwicklung, trotz Suchen und Irren
immer der Fall ist. Wer ein Ohr hat, wird Beethoven sogleich
erkennen, ob er nun die d-moll oder die d-dur Symphonie höre
— die doch beide so sehr verschieden sind. Das Charakteristische
der Hebert'schen Bilder liegt nicht in Aeußerlichkeiten; nicht gewisse Farbentöne, nicht Einförmigkeit des Gegenstandes ist es,
die sie sogleich erkennen läßt: es ist ihr innerster Charakter, es
ist eine in Farben und Formen nach außen gekehrte, manifestirte
Innerlichkeit eines gewissen einzelnen und einzigen Menschen; es
ist das ethische Wesen einer Persönlichkeit, die sich so und nicht
anders ausdrücken kann und die sich anders als jeder Andere
ausdrücken muß. Dieses Charakteristische aber ist eben deßhalb,
weil es seiner Natur nach ausschließlich ist, sehr schwer in Worten auszudrücken. Man kann in einem solchen Falle nur allgemeine, wenig bezeichnende Ausdrücke gebrauchen, die eben so gut
auf einen andern Künstler übertragen werden können, ohne daß

die Beiden eine innerliche Aehnlichkeit haben müßten. Sagen wir
also: Melancholie der Physiognomie sowohl wie des ganzen
Gegenstandes und eine überaus wohlthuende, milde, gedämpfte
Harmonie der Farben — Abwesenheit jedes Geschreies und jeder
Effekthascherei — so haben wir Hebert nur in seiner allgemein=
sten Tugend bezeichnet. Am Besten thut man wohl, man geht in
den Luxembourg und vertieft sich in seine Malaria. Ich habe
noch Niemand gesehen, den dieses Bild nicht auf den ersten Blick
ergriffen und nach und nach mit einer sanften, wohlthuenden
Trauer erfüllt hätte. Die Barke, die mit Männern, Weibern
und Kindern dahinfährt über die Gewässer der pontinischen
Sümpfe, erscheint wie ein trauriges Symbol der Lebensreise;
der Luft sieht man es an, daß sie den Tod in ihrem Schooße
trage. Aber dieser Tod ist jener Tod des Liebes, der da singt:

> O, ruhe mild,
> Ich komme nicht, zu strafen,
> Ich bin nicht wild,
> Sollst sanft in meinen Armen schlafen.

Die Trauer der Dahinfahrenden ist die schöne Trauer der Er=
gebung — der Kampf ist aufgegeben, und die Menschen neigen das
Haupt, wie verwelkende Blumen. Eine wilde Physiognomie, ein
schreiender Pinselstrich, ein greller Sonnenstrahl hätte den Ein=
klang, die tiefempfundene künstlerische Einheit dieses Werkes ge=
stört. Hebert hat sich vor Dergleichen gehütet, obwohl ein solcher
Schrei, ein solcher Kontrast das Bild auffallender, lärmender,
zudringlicher gemacht hätte, obwohl solche Mittel seit lange in
der französischen Schule traditionell sind und man sie gewisser=
maßen als nothwendig betrachtet. Hebert hat dem schlechten Ge=
schmacke nicht die geringste Konzession gemacht, er hat sich nicht
einen Augenblick verleugnet, und dieser Heroismus einem Pariser
Publikum gegenüber hat die schönsten Früchte getragen. Die
Malaria ist ohne Knalleffekt ein populäres, geliebtes Bild,
Hebert ist in seinen Grundsätzen bestärkt worden. Er hat von

vornherein gezeigt, wie ernst es ihm mit sich und seiner Kunst
sei, und hat sich von Anfang an das Vertrauen und die Achtung
der Kenner, der Kunstwelt und des Publikums erworben. Die
erwähnte Selbstverleugnung ist um so mehr anzuerkennen, als
Hebert ein Schüler Delaroche's ist und dieser Meister — man
kann es nicht leugnen — seinen Effekt durch melodramatische
Gegenstände und auffallende Anordnung hervorzubringen suchte.
Damit aber der Leser durch Erwähnung der farblosen Schule Delaroche's nicht irre geführt werde, will ich gleich hinzufügen, daß
Hebert unter den heutigen Malern Frankreichs als einer der
größten Meister in der Farbe genannt werden muß. Das Bild,
das wir in seinem Atelier finden, wird uns sein Recht auf diese
Ehre klar machen.

Wir steigen Rue Navarin Nro. 11 drei Treppen hoch. Ein
dunkles, beinahe bronzenes, farbloses, von langen schwarzen
Haaren beschattetes Gesicht lächelt uns einen freundlichen Gruß
zu; das Lächeln wie die tiefschwarzen und feurig leuchtenden
Augen sagen uns, noch ehe ein Wort gesprochen, daß wir es
hier mit einem feinen, gebildeten Geiste zu thun haben. Die
ganze, wir möchten sagen verbrannte, basaltene Erscheinung
läßt auf große Leidenschaftlichkeit schließen; aber die Ruhe und
Milde des Benehmens stellen sofort wieder die Harmonie zwischen
den Bildern und ihrem Schöpfer her, die einen Augenblick lang
in unsern Gedanken gestört war. In der That sollte man von
einem Maler mit solcher Physiognomie wilde Bilder à la Dela-
croix erwarten — aber es geht wie immer. Bei näherer Bekanntschaft entdeckt man die Züge des Kindes im Vater, des Vaters
im Kinde. Wenn Hebert wirklich ein Vulkan ist, wie er aussieht,
dann sind seine Produkte die Lacrymae Christi — milde,
süße, poetische Produkte voll innern Feuers. Daß dieses Feuer
zusammengehalten, daß wilde Ausbrüche vermieden, daß es zu
einem innern gemacht und zur Beseelung seiner Gestalten benutzt
wird — Das ist eben Sache des großen Künstlers — und zumeist
des großen Künstlers, der die Gaben der Natur nicht im rohen,

naiven Zustande gelassen, der sie und sich gebildet, der denken
und die Welt und sich selber als außer ihm betrachten gelernt.
So oft wir ein Werk Heberts gesehen, muthete uns etwas wie
Bildung daraus an und empfanden wir, daß ein Unterschied sein
müsse zwischen ihm und den Malern, die sich einbilden, es sei
genug, wenn man nur mit dem Pinsel umzugehen wisse, und
deren es heute in Frankreich Hunderte gibt. Hebert hat seine
ganze Jugend, nach dem strengen Willen des Vaters, wissen=
schaftlichen Studien gewidmet. Er ist in Grenoble geboren, und
in der französischen Provinz erschaudert noch heute jede Familie
vor dem Gedanken, durch einen Künstler in ihrem Schooße ent=
ehrt zu werden. Künstler heißt noch immer so viel als Vagabund,
Hungerleider, Lump. Kein Wunder, daß man Hebert zu einem
Brodstudium zwang, troß dem ausgesprochensten Künstlerberuf.
Mit einer außerordentlichen Energie bewältigte er die innern
Widersprüche, die sich gegen die aufgezwungene Laufbahn er=
hoben; die Trockenheit der juristischen Studien suchte er sich durch
wissenschaftliche Behandlung derselben genießbar und durch gleich=
zeitige Beschäftigung mit der schönen Literatur erträglich zu
machen. So stand er mit zweiundzwanzig Jahren als fertiger
Advokat, als gebildeter und als unabhängiger Mensch da. In
seiner Freiheit machte der Künstler in ihm sein Recht geltend; er
nahm wieder Stift und Pinsel zur Hand, die man ihm vor Jah=
ren entwunden hatte. Plößlich verließ er das Palais de Justice,
das für ihn in allen Räumen nur salles des pas perdus hatte,
und mit derselben Energie, mit der er Juristerei studirte, und mit
mehr Liebe, warf er sich auf die Malerei, und nach kurzer Zeit
ist er aus den Schulen Delaroche's, der Akademie und der großen
Schule Italiens als der fertige Meister hervorgetreten, der die
Malaria schaffen konnte. — Das, was wir in Deutschland
Objektivität nennen, jene Unparteilichkeit des Auges und Ruhe
des Geistes, jene Herrscherfähigkeit der äußern Welt gegenüber,
jenes Schweben über dem Chaos der Erscheinungen, das allein
ein schöpferisches „Werde!" ermöglicht, verdankt Hebert gewiß zum

großen Theile der Bildung, die er sich un peu malgré lui angeeignet. Kleine, unkultivirte Geister begreifen es nicht, wie bedeutenden Menschen Alles zu Nutze wird, was sie immer gelernt
haben, welchem Stande sie immer angehören mögen.

Hebert ist so eben aus Italien, das er schon zu wiederholten
Malen besuchte, zurückgekehrt. Zwei Jahre saß er in einem kleinen Dorfe, fern von Rom, mitten in den wildesten Apenninen.
Die stereotypen Modelle Roms, ihr arrangirtes Kostüm konnten
ihm, der nach Wahrheit strebt, nicht genügen; so entschloß er sich,
italienische Natur, italienische Physiognomie und Tracht in ihrer
eigenthümlichsten Heimat aufzusuchen, in der Wildniß und Einsamkeit, wo die ursprüngliche Naivetät im Bewußtsein des Mo-
dellmetiers noch nicht untergegangen. Auf seinem Tische finden
wir noch die eben ausgepackten Bücher, die ihn in die Einsamkeit
begleiteten, Homer, Xenophon, Luzian in der Ursprache und,
um doch auch mit der lebenden Welt in Verbindung zu bleiben,
die Revue des deux Mondes — auf den Staffeleien aber finden
wir einen Theil der schönen Ausbeute dieser zwei der Kunst ge-
widmeten, mit Entsagung und Aufopferung ertragenen Jahre.
Da sind zuerst: die Mädchen und Weiber am Brunnen. Zwei
Mädchen lehren uns den Rücken und bücken sich über die ge-
mauerte Einfassung, um Wasser zu schöpfen. Ein drittes Mädchen wartet, stützt den Arm in die Hüfte und sieht uns im Bewußtsein ihrer Schönheit und unnahbaren Jungfrauschaft mit
großen Augen an. Neben ihr, am Fuß einer Mauer, sitzen zwei
früh gealterte Weiber, mit den ihnen zukommenden, durchfurch-
ten, verwelkten, zerstörten südlichen Gesichtern — die eben so gut
gemüthlichen, märchenerzählenden Großmütterlein wie alten Hexen
angehören können — denn die Elemente zu Beiden stecken in
diesen italienischen alten Weibern. Sie plaudern gemüthlich mit
einander, d. h. sie klatschen. Was klatschen sie? Sie klatschen
offenbar über Das, was jene Jungfrau bewegt, so stolz in die
Welt zu blicken. Sie unterhalten sich sotto voce gewiß von
jenem bleichen, kranken, tief melancholischen Geschöpf, das wir

noch nicht erwähnt haben und das, halb im Schatten, auf der
Brunneneinfassung allein und verlassen abseits sitzt. Sie hält
ihr Gefäß in der Hand und wartet, bis die Andern fertig sein
werden; jetzt wagt sie es nicht, sich zu nähern. Berührte sie beim
Schöpfen eine von ihnen mit dem Arme oder nur mit dem
Saume ihres Kleides, sie würde zurückgestoßen, beschimpft, mit
Flüchen und Schmähungen überladen, als wäre sie eine Aus-
sätzige. Die bei Seite Sitzende ist ein gefallenes Mädchen, und
die Sitte in den Dörfern der Apenninen ist so furchtbar grausam.
Keine von all den Anwesenden würdigt sie eines Blickes. Im
Geheimen spricht man vielleicht ein Wörtchen mit ihr, bedauert
man sie auch, aber öffentlich, am Brunnen, wird kein Mädchen,
das sich achtet, nur einen Blick auf ihr ruhen lassen, aus Furcht,
selbst in Verruf zu kommen. Das ganze Unglück der Verlassen-
heit liegt auf dem blassen, schönen, von Gram durchseelten Gesichte der Gefallenen. Der Mann, der sie verführt, hat sie verlassen; um sich nicht als den Schuldigen zu verrathen, kommt er
ihr in ihrer Noth nicht zu Hülfe; Arbeit findet sie als eine Aus-
gestoßene auch nicht, so ist sie dem Hunger und Elend verfallen;
ihr Unglück hat sie aufs Krankenlager geworfen — und so sitzt
sie jetzt da, nothdürftig genesen, traurig schön und noch so jung
und noch mit einem so langen Leben voll Gram und Einsamkeit
vor sich. Alles dieses äußere und innere Unglück hat der Künstler
mit wunderbarer Meisterhaftigkeit in wenigen Pinselstrichen auf
dieses kleine Gesicht gebannt und in der Haltung ausgedrückt —
aber poetisch gemildert durch die Schönheit, durch die Anmuth
des Leides. — Ceci, c'est votre signature! sagt ein Kenner,
der eben da war, auf das Mädchen deutend. In der That würde
man an dieser e i n e n Gestalt Hebert unter tausend Bildern her-
auserkennen.

Seiner meist italienischen Stoffe wegen hat man Hebert schon
oft mit Leopold Robert verglichen. Selten war eine Vergleichung
so hinkend. Leopold Robert ist eigentlich sein Leben lang ein
Schüler Davids geblieben. Seine David'sche Anschauungs- und

Darstellungsweise hat er auf moderne Gegenstände übertragen;
seine Bauern und Fischer machten antike, akademische Stellungen
— sehr schöne, edle, oft großartige antike Stellungen, mit einer
Meisterhaftigkeit ausgeführt, daß man eigentlich die Natur vergaß, oder vielmehr, daß sie ganz natürlich erschienen. Aber man
merkte doch die Absicht und die Schule, sobald man sich Rechenschaft über den Effekt ablegte, sobald man das Bild analysirte
und in seiner Zusammenstellung belauschte. Man konnte genau
sagen, warum diese Figur hier und nicht dort, so und nicht anders dastehe. Nach dem ersten prächtigen Eindrucke wurde man
an den Meister erinnert, anstatt daß man ihn immer mehr hätte
vergessen sollen. — Nichts von Alledem und das Gegentheil von
Alledem ist bei Hebert der Fall. Schüler einer strengen Schule
wie L. Robert (der Akademie und Delaroche's) hat er vor Allem
die Schule vergessen, oder vielmehr ist er bei der Natur in die
Schule gegangen, um die Traditionen, Regeln und hergebrachten
Formen verdecken, verwischen zu lernen. Nirgends merkt man
eine Absicht. Nur die Selbstbeherrschung, das Maß ist ihm aus
der Schule geblieben. Leopold Robert hat so zu sagen die Statue,
die ihm Modell stand, belebt; Hebert nimmt den Menschen selbst
und gibt ihm manche der Eigenschaften, die ihm fehlen und welche
die ideale Statue besitzt. Die Wärme, die alle seine Bilder athmen, sagt es deutlich, daß es sich hier nicht um Belebung, sondern um direktes, unmittelbares Leben handelt. Seine Auffassung ist eine ursprüngliche — seine Ausführung eine objektive.
Es geht ihm mit der Natur, wie es jedem ächten Künstler geht,
wie dem ächten Manne mit dem Weibe. Erst wird er von ihr
erfaßt; dann besitzt er sie. — Auch was die Farbe betrifft, haben
die beiden Verglichenen nicht die geringste Aehnlichkeit. Leopold
Robert ist immer der Zeichner und Kupferstecher geblieben, der
seine gezeichneten Figuren ausführte. Bei Heberts vortrefflich
gezeichneten Bildern denkt man nicht an die Zeichnung; die Kon-
turen verschwinden wie in der Natur, und die Farben des ganzen
Bildes sind so zu sagen eine einzige Farbe, so sehr sind sie in

Harmonie mit einander, so sehr bilden sie einen einzigen Akkord. Daher wirken sie auch einheitlich als ein Ganzes, und wie man bei andern Bildern einzelne schöne Stellen bewundert, so ist man hier immer unter dem Eindruck des ganzen Bildes. Erst wenn man mit kalter Absicht prüfen und zerlegen will, erstaunt man, mit welcher Weisheit, mit welchem Geschmack die Einzeln= heiten zu diesem Ganzen verbunden und verschmolzen sind.

Alles Das mußte dem Beschauer schon vor den italienischen Mädchen, die in der allgemeinen Ausstellung von 1855 so großes Aufsehen machten, klar werden; doch predigt dieses neue Bild, das wir vor uns sehen, noch lauter von den Vorzügen der Hebert'schen Muse. Wäre es nicht schon nach jenem Bilde aus= gesprochen worden, man müßte es jetzt anerkennen, daß E. Hebert einer der größten Maler der jungen Generation ist und vielleicht insofern der größte, als er den Zeichner und Koloristen, die in Frankreich so sehr getrennt sind, in sich vereinigt, zugleich mit einer Individualität, die den abgedroschensten Gegenstand immer neu und eigenthümlich und immer schön und natürlich wieder= geben wird. Was uns aber vor Allem darauf aufmerksam macht, daß wir hier einen wirklich genialen, von aller falschen Genialität fernen Künstler vor uns haben, das ist das Maßvolle, Harmo= nische, Ruhevolle und Milde, das uns beim ersten Anblicke der Hebert'schen Bilder sofort befriedigend anmuthet — etwas von jenem Geiste, den wir aus Hermann und Dorothea und aus Tasso kennen. — Daß Hebert auch von den alten Meistern anerkannt werde, hat der Verfasser dieses Artikels selbst erfahren. Als Ro= bert Fleury den Anfang dieser Wanderungen gelesen, fragte er sogleich, ob ich denn nicht auch über Hebert schreiben werde, und fügte hinzu: Qu'il ne me dise pas du mal de celui-là! Auch hüte ich mich, Böses zu sagen von Einem, den Akademiker und Delacroixisten gleich sehr anerkennen und dessen Bilder mich seit Jahren mit dem poetischsten Behagen erfüllten.

Neben dem genannten Bilde sehen wir in Heberts Atelier noch eine nackte Schöne auf weichen Kissen, noch eine Italienerin,

zwei Frauenporträts und das Porträt eines Knaben, der eine
Armbrust in Händen hält. Allen diesen Bildern lassen sich dieselben Vorzüge nachrühmen, wie jenem großen Genrebilde. Die
Nackte ist durch die Schönheit der Formen und die milde Beleuchtung ausgezeichnet, und das Knabenporträt erinnert an die schönen
Prinzen- und Aristokratenbilder des siebzehnten Jahrhunderts.
In Porträts war Hebert nicht immer so glücklich; er hat manchmal zu viel von seiner Poesie in das leibhaftige Modell übertragen und daraus ein Mittelding von körperlichem und schatten-
haftem Wesen gemacht — doch hat er auch auf diesem Felde
Ausgezeichnetes geleistet. Die letzte Ausstellung brachte ein Bild
der Fürstin B.., das man für ein Porträt aus der schönsten
italienischen Zeit hätte halten können, ein Bild voll lebendiger
Hoheit und anmuthigen, weiblichen Stolzes.

Wir verlassen das Atelier Heberts in der Hoffnung, bald
zurückzukehren, denn nächstens soll ein großes Bild, die bedeutendste Arbeit seines italienischen Aufenthalts, hier eintreffen.
Wir wandern weiter, die Höhe des Quartier Breda hinan, der
Avenue Frochot entgegen. Die Avenue Frochot ist eine kleine,
schöne, mitten in Paris abgeschlossene, isolirte Welt. Die
Häuser, aus denen sie sich zusammensetzt, sehen aus wie liebliche Villen; alte und junge Bäume und Blumenbeete und kleine
Rasenplätze schmücken die Gärten und Gärtchen vor diesen Landhäusern mitten in der Stadt. Es sieht da aus, wie in einem
reizenden Kurplatze, in dem sich Gesunde des Lebens freuen
wollen. Man schließt das Thor der Avenue, und eine ganze Gemeinde ist abgeschlossen. Diese Gemeinde besteht meist aus Künstlern und Schriftstellern und Solchen, die künstlerischen Sinn haben.
Noch vor einigen Jahren hauste Alexander Dumas daselbst —
aber wo hat Der nicht schon gehaust! Die meisten dieser Häuser
bestehen nach Norden zu aus großen Fenstern, Atelierfenstern —
überall wohnen Maler. Vor nicht langer Zeit trug man den
alten berühmten Isabey von hier hinaus auf den nahen Montmartre; jetzt hat sein Sohn sein Atelier inne. Wir treten in das

Haus Vidals, dessen anmuthige, träge, wollüstige Even, Stuben=
mädchen ꝛc. wir alle kennen; aber wir besuchen nicht Vidal, son=
dern einen Landsmann, Ferdinand Heilbuth aus Hamburg.
Ein junger, blasser, blonder Mann empfängt uns mit einigen
Witzen, wohl auch mit einigen Calembourgs, bittet uns gleich
darauf um Entschuldigung und macht mit großer Lebhaftigkeit die
Honneurs seines Ateliers. Aber noch bevor er seine eigenen Bilder
zeigt, fragt er: „Sind Sie schon bei Henneberg gewesen? Haben
Sie Brendels neuen Schafstall gesehen? Haben Sie Knaus be=
sucht?" — Er liebt es, daß man seine Landsleute kenne und an=
erkenne, obwohl er, seit früher Jugend in Paris lebend, seinem
Wesen wie seiner Kunst nach ganz Franzose geworden. — Das
sagen uns auch seine Bilder, wenigstens die Farben seiner Bilder
und die oft bis ins Kleinste gehende Ausführung von Einzel=
heiten, Kleiderstoffen, Möbeln, Architektur ꝛc., welche eine ge=
wisse französische Gruppe von Malern charakterisirt. Doch wird
er in dieser Beziehung niemals minutiös oder übertrieben; die
Einzelheiten sind ihm nicht Hauptsache, sondern die Wirkung des
Ganzen — als Malerei. Der Gegenstand steht für ihn erst in
zweiter Reihe. Was die meisten seiner bisher gemalten Bilder
vorzugsweise kenntlich macht, ist neben der schönen und heitern
Farbe eine gewisse Ruhe, die er anstrebt und die uns manchmal
etwas übertrieben vorkommt. Er scheut sich vor jeder heftigen
Bewegung in der Physiognomie, in den Gliedmaßen seiner Fi=
guren, vor einer starken Lebhaftigkeit in den Gruppen, als ob
die Bewegung nicht auch zum Wesen des Malerischen gehörte
und dieses oft erhöhte. So werden seine Gruppen oft zu plastisch
und bekommen einen akademischen Charakter, der mit den fri=
schen, eleganten, so zu sagen melodischen Farben nicht zusam=
menpaßt. Trotzdem ist das Ganze immer hell, klar, angenehm.

Wir kennen eine große Reihe von Bildern Heilbuths, aber
wir wollen uns bei diesen nicht aufhalten, weil wir die Ursachen
angeben müßten, derenthalben uns viele von ihnen kalt gelassen,
und wir halten Das für überflüssig im Angesichte des Bildes, das

wir noch in der Arbeit finden und das uns einen sehr großen
Fortschritt anzudeuten scheint.   Das Bild stellt eine Episode aus
dem Leben des großen Malers Luca Signorelli vor, die man
aus dem Gedichte Platens kennt.   Der große Meister verlor
seinen Sohn,

> „den schönsten Jüngling, den die Welt erblickte.
> Es war die Schönheit sein Ruin,
> Die oft in Liebeshändel ihn verstrickte."

Ein Nebenbuhler hat ihn getödtet; die schöne Leiche wird in ein
Mönchskloster gebracht; der unglückliche Vater eilt herbei. —
Auf dem Bilde sehen wir die Bahre mit der Leiche des jungen
Signorelli; ringsum stehen traurig, erstaunt, stumm, sprechend,
die Mönche des Klosters, Schüler Signorelli's, Freunde des
Todten — die Treppe herab im Hintergrunde stürzen andere
Betheiligte oder Neugierige herbei.   An einer Säule, zu Füßen
der Bahre, steht zusammengebrochen, auf den todten Sohn hin=
starrend, der unglückliche alte Vater.   Sein Antlitz spricht:

> O mein Geschick!
> So lebt' ich denn, so strebt' ich denn vergebens?
> Zunichte macht ein Augenblick
> Die ganze Folge meines reichen Lebens!

Die dunklen Wölbungen, überhaupt die ganze Architektur, die
von Signorelli herrührenden Fresken des jüngsten Gerichts an
den Wänden, die Klosteratmosphäre und Stille — Alles ver=
einigt sich, mit der Leiche, den Mönchen, dem unglücklichen Vater
ein großes und harmonisches Ganze zu bilden — dem Bilde
einen bedeutenden historischen Charakter zu geben.   Was Heilbuth
in seinen frühern Bildern nicht gelungen ist, hat er hier zu
Stande gebracht — die ganze Luft ist mit dem Gedanken der
Komposition angefüllt; — es ist eine dämmernde, webende, träu=
merische Luft — während seine früheren Bilder immer mit einer
Helle angefüllt waren, die wenig zu denken, nichts zu errathen

übrig ließ. — Sein Signorelli verhält sich zu seinen frühern
Bildern, wie der dämmerige, zum Denken, Träumen, Vertiefen
einladende Abend zum grellen Mittag, der von allen Stunden
des Tages die Dinge im prosaischsten Lichte zeigt. Heilbuth hat
es früher nicht bedacht oder nicht gefühlt, daß nach jeder noch so
eingehenden und erklärenden Kritik eines ächten Kunstwerkes
immer ein Etwas übrig bleiben muß, das sich in das endliche
Wort nicht muß können fassen lassen, denn es ist das Unendliche,
der eigentlichste Inhalt des Kunstwerkes, der wahre Stoff der
Kunst. — Da steht ein sehr verdienstliches, schönes Bild vor
uns: Tasso, den beiden Eleonoren und dem Herzog sein Gedicht
vorlesend — die Architektur, die Möbel, die Kleiderstoffe, Alles
vortrefflich gemalt — aber die Personen und die Handlung
werfen, um mich so auszudrücken, keinen Schatten. Wo kein
Schatten, da ist keine Hülle, wo keine Hülle, kein Interesse des
nähern Eingehens. — Heilbuth hat sich eigentlich bis jetzt selbst
nicht verstanden. Die Wahl seiner Stoffe, die meist aus der
geistig bewegten Welt genommen sind, wie z. B. besagter Tasso,
ein Konzert bei Palestrina, der Sohn Tizians, scheint darauf
hinzudeuten, daß er vor Allem geistiges Leben darstellen, daß
er höhere Stimmungen wecken wolle, wie sie die Erinnerung an
bedeutende Erscheinungen in der Kunstwelt, in der Poesie in uns
erwachen läßt. Aber hat er einmal diesen gedanklichen Stoff gewählt, wird er ihm Nebensache, und alles Nebensächliche, vorzugsweise die Malerei als Mache, tritt in den Vordergrund. —
Man begreift diesen Dualismus in einem jungen Maler, wenn
man eine Zeit lang in Paris gelebt. Da gibt es eine ganze
große Schule von Malern, denen die Malerkunst ebenso viel und
nicht mehr bedeutet als Malenkönnen. Will man Idee, Gefühl,
Stimmung von ihnen, so nennen sie Das unbegründete, unberechtigte literarische Zumuthung. Malen sei malen, und
nichts weiter. Sie sind die Ableger jener Schule, welche in der
romantischen Zeit den Satz aufstellte: die Betrachtung eines schönen rothen Tuches sei ein Kunstgenuß. Es sind Das Theorien,

die aus Unbildung hervorgehen, und der Himmel weiß, wie höchst
ungebildet ein großer Theil der hiesigen Maler sich in die Kunst
wirft. Spricht man ihnen von einem geistigen Inhalte der Kunst,
so spricht man Blinden von der Farbe; man müßte ihnen erst
einige Bildung geben, ehe man ihnen von Geist spräche. So
hat sich hier eine Schule gebildet, die der Gegenpol ist jener deutschen Schule, die da glaubt, man dürfe nur Philosophie und
abstralte Ideen malen.

Man thäte Heilbuth großes Unrecht, wenn man ihn zu der
Schule der Gedankenlosen rechnete; man kann nur nicht leugnen,
daß ihre Theorien, vielleicht auch die Erfolge der Belgier auf
seine Anschauungsweise, während er seine ersten Bilder malte,
Einfluß gehabt. Ein sehr begabter Künstler, wie er ist, kann
ihm diese Verirrung zum Heil gereichen, denn er hat während
seines Aufenthaltes in dieser Schule malen und die technischen
Schwierigkeiten überwinden gelernt; nun er beinahe Meister dieser
äußerlichen Kunst geworden, wird sich der innere Künstler geltend
machen und gewiß wahrhaft Schönes zu Stande bringen. Bei
diesem Luca Signorelli braucht Heilbuth nur etwas mehr Ausdruck als ehemals in die Physiognomie zu bringen, um ein Kunstwerk zu schaffen, das ihm einen sehr ehrenvollen Platz unter den
jüngern Künstern erobern und ihm für immer die Ueberzeugung
geben kann, daß nur jene Werke wahrhaft auf des Menschen
Seele und Geist wirken, die etwas von des Menschen Seele und
Geist in sich haben und erzählen.

Heilbuth ist in Rom gewesen. Sein großes Talent für die
Farbe macht es wünschenswerth, daß er noch nach Venedig gehe.
Wir sind überzeugt, daß ein Aufenthalt in der Gesellschaft Giorgione's, Tizians, Veronese's seine große Anlagen rasch entwickeln
werde. — Ricard, der ein Kenner ist, sagte einmal ein geistreiches Wort über Heilbuth. Ein anderer Maler stand vor einem
Heilbuth'schen Bilde und fragte den Verfasser: Vous êtes allé
à Venise? — Non! antwortete Ricard für ihn — mais il en
vient!

Heilbuth, der es liebt, den Cicerone in den Ateliers seiner Landsleute zu machen, läßt uns kaum Zeit, seine Bilder bis zu Ende zu bewundern, und führt uns in das Atelier Brendels. Da sehen wir nichts als Schafe, so viele Schafheerden, als wären wir beim Erzvater Jakob nach seinem Auszuge aus Mesopotamien. Die letzte Ausstellung hat Brendel plötzlich zu einem berühmten Schafmaler gemacht. Man kann sagen, daß er den Belgier Verboekhoven in der Meinung der Franzosen gestürzt und sogleich einen höhern Platz eingenommen, als der Gestürzte. In der That unterscheidet er sich von dem Belgier, wie sich die Wahrheit der Poesie von der Wahrhaftigkeit der Nachahmung unterscheidet. An seinen Bildern ist nicht viel zu beschreiben; es sind Schafe im Stalle, oder Schafe auf dem freien Felde, oder Schafe auf einem Abhange — ruhig vor sich hinweidend, oder aus dem Stalle wie Schulkinder aus der Schule stürzend, springende oder wandelnde Schafe, mit den entsprechenden Widdern und Lämmern. Es sind nicht geistreiche Satiriker im Schafpelze, wie Kaulbach'sche Thiere, auch deklamiren sie keine Fabeln und Apologe und predigen kein philosophisches fabula docet. Aber sie athmen die ganze Poesie des Naturlebens. Das tiefe Geheimniß der gebundenen, stummen Naturwelt, der animalischen Lebensfreude wie der gedankenberaubten Melancholie tritt uns räthselhaft aus ihnen entgegen. Das Räthsel, das uns die ganze Natur zu errathen aufgibt, ist hier in einen engen Rahmen künstlerisch gefaßt, in einem seiner lebenden Vertreter personifizirt. Der Künstler weiß es oft selbst nicht, was er uns in solchen Darstellungen bietet; aber Das, was seinen künstlerischen Sinn reizt und zu poetischer Nachahmung bewegt, ist eben diese Poesie, dieses Räthsel in der Natur. Hat er dieses erfaßt, dann ist es gleichgültig, welches hoch oder niedrig in der Reihe der Geschöpfe stehende Wesen er zur Darstellung bringt. Es wird ein Kunstwerk sein, und alle Kunstwerke sind trotz der verschiedenen Titel ebenbürtig. Paul Potter steht wohl so hoch mit seinen Kühen, wie mancher Maler, der Kaiser und Päpste gemalt hat.

Auf dem Wege zu einem andern Landsmann halten wir uns bei einem halben Landsmann, bei dem Schweizer Eduard Imer auf. Dieser, ein Landschafter, ist der Sohn jenes Imer, der in der Jugendgeschichte Leopold Roberts eine Rolle spielt. Er kam mit diesem aus Lachaurdefonds nach Paris, und sie bewohnten dasselbe Haus. Imer studirte im Atelier Davids, Leopold Robert war damals noch Kupferstecher. Eines Tages kommt Roberts Schneider mit einer Rechnung; der arme Kupferstecher konnte die Hose nicht bezahlen. — So machen Sie mir, sagt der Schneider, der sich auf den Unterschied von Kupferstecher und Maler nicht versteht, so machen Sie mir für die Hose mein Porträt in Oel. — In der Verzweiflung läuft Robert zu seinem Freunde und Nachbar Imer und holt dessen Palette und Pinsel und fängt zu malen an — und siehe da, es gelingt. Der Schneider entwickelt sich mit jedem Pinselstriche immer lebendiger aus der Leinwand, und Leopold Robert entschließt sich, ein Oelmaler zu werden, und man weiß, daß er es geworden, während sich sein Freund Imer, durch Verhältnisse gezwungen, auf Bankgeschäfte wirft und ein reicher Mann wird. — Das im Vater unterdrückte Talent ist im Sohne neu erwacht, und das Kind des Marseiller Bankiers ist der Maler der Provence geworden. Die Provence ist seine Provinz, wie die meisten französischen Landschaftsmaler ihre besonderen Gegenden haben, die sie sich mit ihren Pinseln eroberten. Dupré und Français gehört der Norden mit seiner gemäßigten Natur, Villevieille die Seine mit ihren reizenden Ufern und die Küstenstriche der Normandie; Corot jedes neblige Niederland; Rousseau der Wald von Fontainebleau. Imer hat seine Provence, die Ufer der Rhone, die griechische Umgebung des Etang de Berre, die halbwilden Gegenden um Marseille in Besitz genommen. Noch kein französischer Maler hat die Poesie jener Landstriche, die den Reisenden im Vorüberfluge kahl und leer erscheinen, so erfaßt, wie Imer. Das Leben, das die glühende Sonne auf die verbrannten Felsen zaubert, den Farbenschmelz, der von dem blauen Himmel niederthaut, die Feinheit

und Romantik der uns Nordländern exotisch erscheinenden Vegetation, die Pflanzenfülle, die überall emporwuchert, wo nur ein
Sumpf einige belebende Feuchtigkeit bietet, weiß er mit idealer
Wahrheit wiederzugeben. In der Provence hat er es wohl gelernt, den Reichthum und die Mannigfaltigkeit der Natur aufzufinden, selbst da, wo sie nackt und von glühender Sonne alles
erfrischenden Lebens beraubt scheint, und diese Schule war es
wohl, die ihn befähigte, auch Aegypten, das er besuchte, in
seinem Reichthum, in seiner Belebung, in seinem malerischen
Charakter darzustellen. Alle Landschaften, die uns bisher aus
Aegypten heimgebracht wurden, glichen einander, wie ein Ei dem
andern. Da war eine gelbe Fläche, ein monotoner Horizont, ein
eben so monotoner Himmel — die Fläche höchstens hie und da
von einem Nilsumpf unterbrochen, der Himmel höchstens hie
und da am Horizont von einer oder zwei Palmen, wie von
traurigen Ausrufungszeichen, durchschnitten. Es geht den meisten
Landschaftsmalern, wie es den Touristen geht. Was der Erste
in einem Lande gesehen, sieht die ganze Reihe seiner Nachfolger
durch ganze Generationen nach ihm; nicht mehr, nicht weniger.
Wir erhalten immer Variationen über das alte Thema. Dem
Lande wird ein stereotyper Charakter oktroyirt — und dabei
bleibt es. So war es mit Aegypten. Alle Welt malte dieses
Land, wie es dereinst Decamps gemalt hatte. Einmal sah man
zwei, einmal drei Palmen. Die Pyramiden, die des Lokaltons
wegen da sein mußten, standen einmal rechts, einmal links, einmal in der Mitte. Erfahren wir Dergleichen nicht alle Tage
in der Touristenliteratur? Die tausend Bücher, die seit Goethe
über Italien geschrieben worden, haben alle dasselbe und im
selben Geiste behandelt wie Goethe — bis Stahr mit eigenen
Augen kam. Seit Börne erscheint jedes Jahr eine Anzahl von
Büchern und Artikeln über Paris, die noch immer dieselben
Gegenstände behandeln wie Börne, und ganz in seinem Geiste.
Es gehört eigene Genialität, eigene Persönlichkeit und Produktivität dazu, sich den Banden solcher Traditionen zu entreißen.

Dieß hat Jmer in Aegypten gethan. Wir glaubten, ein neues
Land zu entdecken, als wir ſeine Studien und fertigen Bilder
ſahen, die er vom Nile mitbrachte. Es war nicht mehr das kahle,
todte Land, aus dem wir befreit zu ſein wünſchten; es war das
geſegnete und ſchöne Land, nach deſſen Fleiſchtöpfen ſich die
Kinder Jſrael zurückſehnten.

Da war eine Fülle maleriſcher Schönheiten in Vegetation,
Terrain, Luft und Himmel, und architektoniſcher Mannigfaltigkeit. Ja! architektoniſcher Mannigfaltigkeit, wie ſonderbar Das
auch klingt, nach den Landſchaftsbildern, die uns daran gewöhnt
haben, in Aegypten nur die gerade Linie der Pyramiden, der
Obelisken und die ſchwerfälligen der Sphinxe zu ſuchen. Aber
auch die Griechen, die Römer und die Araber ſind in Aegypten
geweſen, und wir erfahren durch Jmer, daß wir in dieſem Lande
ſo maleriſche Fluren, Dörfer und Flecken, ſo romantiſche Kom-
binationen finden, wie nur irgendwo in Italien.

Von Süden nach Norden, in die Rue de la Chauſſée d'Antin
27. zu Henneberg, dem vorzugsweiſe nordiſchen Maler. Wir
keuchen fünf fürchterliche Treppen hinauf, und es iſt uns zu Muthe,
als ob wir den Brocken erſtiegen. Henneberg aus Braunſchweig,
ein blonder, eleganter Recke, empfängt uns mit großer Liebenswürdigkeit, erſchreckt uns aber mit der beſcheidenen Verſicherung,
daß in ſeinem Atelier nichts zu ſehen ſei. Er glaubt immer,
nichts zu machen, und doch finden wir die Werkſtätte voll von
angefangenen Werken, die ihn in einem gegebenen Momente zu
ſeiner eigenen Ueberraſchung als ſehr produktiven und fleißigen
Künſtler werden erſcheinen laſſen. Die Unzufriedenheit eines
Künſtlers und die langſame Gewiſſenhaftigkeit, mit der er ſeine
Studien in abgerundete Kunſtwerke verwandelt, iſt immer von
guter Vorbedeutung. An den Wänden ringsum ſehen wir den
Karton zu ſeiner berühmt gewordenen „Wilden Jagd“, unzählige
Landſchaftsſtudien aus dem Harz und Schwarzwald und eine
lange Reihe von Studienköpfen und komponirten Skizzen. Alles
Das wird ſich einſt verwerthen und als Theil in einem künſt-

lerischen Ganzen seinen Platz finden. Es sind Das des Künstlers erste Eindrücke und festgebannte Erinnerungen; die Musen aber sind Töchter der Erinnerung. — Auf der Staffelei sehen wir ein großes Bild in der Arbeit: Der Sonnenwirth, nach Schillers merkwürdiger, psychologischer Skizze. Wir erkennen den Maler der wilden Jagd.

Einen Vergleich, den man für gut und bezeichnend hält, darf man wohl zweimal brauchen. So nehmen wir keinen Anstand, Henneberg hier wieder, wie wir es schon einmal gethan haben, mit seinem Landsmanne Bürger zu vergleichen, mit dem Dichter der Leonore, der Wilden Jagd, der Entführung ꝛc. Die Ballade Bürgers hat uns vielleicht zuerst auf dessen Aehnlichkeit mit dem Maler aufmerksam gemacht — aber es ist nicht die Behandlung desselben Stoffes, es ist der Charakter des Künstlers, der diese Vergleichung rechtfertigt. Gewaltige Bewegung, Lebhaftigkeit, Wildheit, eine gewisse Unheimlichkeit, wie sie nur der nordischen Ballade eigen ist: Das sind die hervorstechendsten Eigenschaften Hennebergs. Nicht auch Bürgers? Sie sind ja Beide demselben Lande, demselben germanischen Stamme entsprungen; warum sollten sie nicht eine Stammverwandtschaft in der Anschauung der Dinge bekunden? Vielleicht sind es die Schatten ihres heimischen Harzgebirges, die in ihren Seelen jene geheimnißvolle nordische Dämmerung verbreiteten, die eine so eigenthümliche, kräftige, etwas düstere Poesie erstehen ließ. — Ich möchte Henneberg, trotz der Formen, die man gewöhnlich historische nennt, nicht einen Historien=, sondern einen Balladenmaler nennen — und zwar einen nordischen Balladenmaler, einen durch und durch germanischen. — Was die nordische, germanische Anschauung in Kunst und Poesie, wie überhaupt in der ganzen Welt des Gedankens, von der südlichen unterscheidet, ist das Recht, das dem Unendlichen eingeräumt wird. Das Einzelne und Endliche geht in der Unendlichkeit auf, während hingegen die Südländer das Unendliche ins Endliche zu bannen suchen. Die Griechen bauten der Gottheit Tempel und stellten

sie in beschränkten, menschlichen Gestalten, in Einzelheiten, in
Individuen zersplittert dar; Allvater wurde kein Tempel gebaut
und kein Bild errichtet. Das ist im Grunde der wesentliche Unterschied zwischen Klassizität und Romantik. Das antike Kunstwerk
und die Kunstwerke der aus vorherrschenden römischen Elementen
hervorgegangenen Völker werden immer ganz in sich abgeschlossen
sein; sie werden nichts oder wenig zu errathen übrig lassen; im
germanischen Kunstwerke findet sich immer neben dem ausge-
führten Gegenstande der Anfang zu etwas Anderem, der Ueber-
gang zu einem Unbekannten, das errathen sein will; es weckt
die Ahnung. — In diesem Sinne ist Henneberg vor Allem ein
nordisch-germanischer Maler, und er wird es bleiben, wenn er
auch der französischen Schule noch so viele Hülfsmittel der Darstellung ablauscht, und er wäre es, selbst wenn er nicht wilde
Jagden malte, selbst wenn er italienische Volkslieder oder neu-
griechische Balladen illustrirte. So ist Henneberg ein nationaler
Künstler in einem viel tiefern Sinne als jene Maler, die, weil
Deutschland ein philosophisches Land ist und Kant'sche und Hegel'sche Philosophie hervorgebracht hat, philosophische Gedanken
auf die Leinwand zu schreiben versuchen. Die Philosophie macht
nicht den Künstler, wohl aber die Kraft, Das, was an dem individuellen Leben, an historischen, nationalen und ethischen Elementen unseres Volkes in uns lebt, in Formen wiederzugeben.

Der „Sonnenwirth" auf der Staffelei wird der wilden Jagd
würdig werden. Wir sehen den Verbrecher aus verlorner Ehre
in dem Momente, da er unter die Räuber geräth; da ihm die
schwäbischen out-laws und die beiden Weiber der Bande zureden, bei ihnen zu bleiben, und ihm goldene Berge vormalen.
Margarethe mit dem unverschämten, aber schönen Dirnengesichte,
Marie, die blonde, etwas kränkliche, seine Blume, die offenbar
bessern Boden verdient hätte, stehen ihm am Nächsten und suchen
ihn nach ihrer Weise zu verführen; der Sonnenwirth ist noch un-
entschlossen. Der letzte Rest von Ehrenhaftigkeit kämpft noch in
dem Unglücklichen, der vor einigen Stunden Mörder geworden.

Der Ausdruck sämmtlicher Physiognomien ist überaus dramatisch, lebendig, charakteristisch, individuell. Vollkommene Abwesenheit aller traditionellen und konventionellen Formen. Wie Schillers Erzählung keine Räubergeschichte mit hergebrachter Romantik, so ist dieses keins der Räuberbilder, die wir jährlich zu Dutzenden sehen. Es ist belebte, traurige, verwilderte Wirklichkeit; ein Stück aus jenem Winkel des Lebens, den man wie gewisse Quartiere alter Städte „das Elend" nennen könnte. Der Held, der Sonnenwirth, ist häßlich, wie ihn der Dichter schildert und wie der Unglückliche sein mußte, der gezwungen war, seine Liebe zu bezahlen und so den ersten Fuß auf den Weg der Verworfenheit setzte; aber der Maler hat sein unglückliches Schicksal, seine innerlichen Kämpfe und den Rest des Guten in seinem Gemüthe benutzt, um dieses Gesicht zu vergeistigen und es der Kunst würdig zu machen. Die Züge sind beinahe so, wie sie ihm der Dichter gegeben — doch können sie einen Augenblick schön erscheinen, und das weibliche Auge Mariens, das mit weiblichem Vorgefühle und mit Mitleid sieht, scheint sie so zu finden. Diese Marie ist die Idylle, das versöhnende Element in dem wilden Treiben. Es ist ein sehr schöner Blondkopf, voll Weiblichkeit, trotz der zu Grunde gegangenen Keuschheit, und ein sprechender Beweis, daß der Künstler das Milde, Liebliche eben so darzustellen wisse wie das Wilde, Unheimliche. Wie die einzelnen Köpfe, ist die ganze Szene charakteristisch durch die starke Bewegung in den gedrängten Gruppen, durch die hier wild wuchernde, dort wüst liegende Natur, sowie durch viele zur Vervollständigung gehörige Aeußerlichkeiten. Selbst wer den Sonnenwirth nicht gelesen, muß das Bild auf den ersten Blick verstehen; man muß sich sofort sagen: Eine wilde Schlucht, ein Versteck verlorener Menschen — ein neuer verlorener Mensch, der dazu kommt und der zurückgehalten werden soll und der mit dem Entschlusse kämpft — zwei Weiber — das eine ganz verloren, das andere besitzt noch einen Rest des Ewig=Weiblichen in Blick und Herzen — diese wird den Entschluß des Zaubernden bestimmen. So kann es Henne=

berg auch wagen, das Bild im Pariser Salon auszustellen vor
einem Publikum, das von Schillers Verbrecher aus verlorener
Ehre nichts weiß. So sollten eigentlich alle, nach Dichtern gemalten Bilder sein; sie sollten eben so deutlich erzählen wie die
Schrift, während sich die meisten auf den Kommentar des Buches
verlassen. Freilich muß man dazu die selbstschaffende Kraft besitzen, wie sie Henneberg hat, und das divinatorische Talent des
dramatischen Dichters, der die verschiedensten Charaktere in Physiognomien auszudrücken versteht, wie ebenfalls Henneberg.

Neben dem Sonnenwirth sehen wir noch ein kleineres Bild,
einen reitenden Jäger, dessen zwei Jagdhunde mit einem Hasen
ein grausames Spiel treiben, ein Bildchen voll Kraft und Natur-
wahrheit. Ferner ein Stück Mittelalter: Einen an einen Hirsch
gebundenen Wilddieb. Der Hirsch ist zusammengestürzt und vor
Müdigkeit dem Tode nahe; der Wilddieb ist längst todt. Da
liegen sie Beide. Die Wildniß des Harzes paßt zu der ganzen
Geschichte. Der Menschheit ganzer Jammer faßt uns an! Das
Bild ist noch in einem etwas chaotischen Zustande, aber die Elemente zu einem gewaltigen Effekt sind schon vorhanden. Wohlthuender sind die beiden Skizzen zu einer Amazonenjagd und zu
einer Entführung einer Amazone durch einen Urhelden. In beiden
wird das Nackte vorherrschend sein. An der Wand hängt der
Karton zu einem großen Bilde. Ein Bär hat sich in die Nähe
einer Mühle gewagt; schon hat er den alten Müller mit einer
Ohrfeige niedergeschlagen; die Müllerbursche eilen mit allerlei
Waffen, die Tochter des Müllers mit Geschrei herbei über einen
Steg, der die Schlucht überbrückt, in der die Hauptszene spielt.
Auch hier sind Disposition, Bewegung und Geberden überaus
lebhaft und kühn. Wenige moderne Maler haben diesen Muth
der Bewegung und dieses Talent, durch Lebhaftigkeit der Handlung den malerischen Effekt hervorzubringen, wie Henneberg. Er
ist vor Allem der Maler der Bewegung. In dieser Beziehung ist
seine wilde Jagd besonders charakteristisch für ihn: da regt, rührt
sich, fliegt Alles — man glaubt einen vom Sturmwind gejagten

Wolkenzug zu sehen — man ist erstaunt, daß das Bild vor uns stehen bleibt, daß die ganze Erscheinung nicht vom Sturme fortgetragen wird. Es ist bei solchen Eigenschaften natürlich, daß er so gern die Jagd malt; sie ist seiner übersprudelnden Kraft, seiner hinreißenden Phantasie, was sie den alten Deutschen gewesen: ein zeitweiliger Ersatz für Größeres, Mächtigeres, für den Krieg, die Schlacht. Wir sind überzeugt, daß in Henneberg eigentlich ein großer Schlachtenmaler stede und daß sich einmal so was wie ein Salvator Rosa, mit dem er viel Aehnlichkeit hat, aus ihm entwickeln werde. Es ist natürlich, daß er nicht Uniformen und grade Regimenterlinien malt; dergleichen muß offiziellen Malern ohne Sinn fürs Malerische überlassen werden; indessen könnte sich selbst in modernen Kriegsgeschichten Manches finden, was eines Künstlers würdig wäre. Henneberg ist ein Braunschweiger; sollten die patriotischen und heldenmüthigen Kämpfe der beiden braunschweigischen Herzöge und ihrer todtgeweihten Schaar mit den Franzosen nicht manchen schönen Stoff liefern, der ebensowohl den genialen wie den patriotischen Künstler reizen könnte? Henneberg sollte den Umstand, daß Braunschweig einen solchen Künstler wie ihn hervorgebracht, benutzen, um auch durch die Wahl der Stoffe zur Ehre seines engern Vaterlandes beizutragen. Es kann nach ihm wieder eine lange Zeit vergehen, bis Braunschweig ein Talent von seiner Kraft hervorbringt. Er sollte dieses um so lieber thun, als die Verherrlichung dieses Patriotismus keinen Beigeschmad von Partikularismus haben kann; der braunschweigische Patriotismus war der ächteste deutsche. Wenn er unter seine schwarzen Jäger schreibt: „Auch sie starben fürs Vaterland," werden die Worte nicht im Geringsten so paradox klingen, wie sie an einer gewissen andern Stelle klingen.

Einmal in ächter deutscher Atmosphäre, gelüstet es uns nicht, sie sobald zu verlassen, und wir wandern zurück in die Rue Larochefoucauld, um den berühmtesten, wohl auch bisher bedeutendsten unter den in Paris weilenden deutschen Künstlern zu besuchen: wir meinen den Wiesbadener Knaus. Wir haben

auf den Pariser Ausstellungen seine Dorfschenke, seine Zigeuner,
seinen Kinder=Leichenzug im Walde gesehen, und wir sind nach
diesen Erfahrungen überzeugt, daß uns in seinem Atelier etwas
Bedeutendes, Tiefpoetisches, jedenfalls etwas eines Meisters
Würdiges erwartet. Wir haben uns nicht getäuscht. Auf der
Staffelei finden wir ein halbvollendetes Bild: eine „goldene
Hochzeit im Dorfe." Knaus weiß, was Goethe gewußt hat,
daß von der Wahl des Stoffes viel abhängt. Das wissen freilich
auch Andere, aber sie wissen nicht zu wählen wie Knaus. Die
Wahl ist auch nichts Willkürliches. Bei einem ächten Künstler
wird sie immer mit seiner Persönlichkeit, mit seiner Anschauungs=
weise aufs Innigste zusammenhängen; er muß gewisse Stoffe
wählen und an anderen vorübergehen, wenn er sein eigenstes
Wesen ausdrücken, wenn seine Kunst nicht in leere Form und
Technik aufgehen, wenn sie nicht bloße Kunstfertigkeit und sein
Werk nicht ein bloßes Kunststück werden soll. Knaus wird darum
immer tiefgemüthliche, poetische oder gewaltig à la Hogarth ins
Leben eingreifende Stoffe wählen. Seine Schenke war ein wunder=
bares Gemisch von den beiden in ihm wirkenden Elementen: da
war der Humor Hogarths mit der ihm besonders eigenthümlichen,
tragisch=poetischen Anschauung gepaart. Sein Kinderleichenzug
im Walde eine idealische Elegie, fast möchten wir sagen, eine
idyllische Elegie, schöner, unmittelbarer, wohlthuender als die be=
rühmte Elegie „auf einem Dorfkirchhof" von dem Engländer Gray.
Es war die Poesie, trotz dem traurigen Gegenstande, die erquick=
lichste, versöhnungsvollste Poesie selbst, wie sie nur der große
Dichter verwirklichen kann. Diese goldene Hochzeit im Dorfe wird
die beiden Meisterwerke noch übertreffen. Da ist eine Meister=
haftigkeit, eine Charakteristik, ein dramatisches Leben und eine
schöne Wahrhaftigkeit, die uns eine Auferstehung der schönsten
niederländischen Malerei, und zwar in mancher Beziehung ver=
edelt und vergeistigt, hoffen läßt. Dabei eine Fülle von Motiven
und Gedanke, die hinreichen würde, das Leben manches Malers
auszufüllen. Das Jubelpaar tanzt auf dem Dorfplan unter einem

alten Baume. Mehrere Generationen sehen diesem goldenen
Hochzeitstanze zu — wie vielfach, phantasievoll und schön sind
diese Generationen gruppirt — der Schulmeister hält die Ordnung aufrecht, um den greisen Tänzern Platz zu machen. Aus
dem Hintergrunde kommt der Herr Amtmann, um das Fest durch
seine Gegenwart zu erhöhen. Wir brauchen Das nicht. Der Tanz
des würdigen Paares, das ein halbes Jahrhundert lang Leid
und Freud mit einander getheilt, die Gegenwart spielender Kinder,
welche die Bedeutung eines solchen Festes noch nicht begreifen,
verlassene Greise, denen das Glück solchen Festes nicht zu Theil
geworden, die Atmosphäre eines an den Herbst erinnernden Tages
— alles Das und vieles Andere versetzt uns in jene erhöhte,
feierliche Stimmung, in die wir bei ernsthafter Betrachtung des
Lebens und seiner Räthsel, beim Vertiefen in die Geheimnisse des
Entstehens und Vergehens versetzt werden. Fort fließt und unauf-
haltsam der Strom des Lebens — ruhig, tief, unerforschlich —
wir wissen nicht, woher, wir wissen nicht, wohin. Im Hintergrunde
des Bildes sehen wir das Bauernhaus, das Knaus n i c h t hin-
gemalt hat und das die Inschrift trägt:

> Ich bin, ich weiß nicht, wer?
> Ich komme, ich weiß nicht, woher?
> Ich geh', ich weiß nicht, wohin?
> Wie kommt's, daß ich so fröhlich bin?

Wir wollen damit nur die Stimmung und die tiefe Bedeutung
des Bildes geben; wir enthalten uns, es ausführlich zu beschreiben, da es nicht vollendet ist und wir nicht von vornhinein
durch eine Worterklärung den Duft desselben, seine Unendlichkeit,
verkleinern wollen.

Ich bin zufrieden, wenn man mir zugibt, durch vor-
stehende Skizzen auf Interessantes aufmerksam gemacht, vom
Leben und Treiben in den Pariser Ateliers einen kleinen Begriff gegeben zu haben. Ich ließ mich vom Zufall leiten und
verweilte da, wo mir Schönes begegnete, wo ich ein Talent

kennen lernte, das eine Zukunft verspricht. Darum sind wir auf
unsern Wanderungen an Berühmtheiten wie Ingres, Dela-
croix, Decamps, Meissonier, Vernet u. A. vorüber-
gegangen. Die sind auch in Deutschland bekannt und seit lange in
sich abgeschlossen; wir sind bei anderen Berühmtheiten, wie Ary
Scheffer, Robert Fleury stehen geblieben, weil diese alten
Meister noch in ihrem späten Alter neue Phasen der Entwicklung
durchmachten. Von den jüngeren wären wohl noch manche zu
nennen, wie z. B. die männliche Rosa Bonheur, der formvolle
Cabanel, der gemüthvolle Millet, der lustige, romantische,
Gendron, der geniale Zeichner Biba, Rousseau, Troyon
u. A., aber wir wollen den Leser nicht ermüden, wir wollen uns
damit begnügen, ihm eine Gruppe hingestellt zu haben, aus
deren Leben und Treiben und Schaffen er sich selbst ein unge-
fähres Bild der heutigen Kunstzustände in Paris zusammenstellen
kann. Freilich wäre die offizielle Malerei vielleicht die für den
Moment charakteristischste, aber diese gehört der Politik an und
hat mit Kunst nichts zu schaffen. Diese wird Derjenige berücksichtigen, der eine ausschließliche Geschichte der imperialistischen
Epoche der Kriecherei, die sie bezeichnet, schreiben wird. Mit
diesen Schäden haben wir nichts zu thun; im Gegentheil haben
wir uns, um sie zu vergessen, zu Künstlern geflüchtet.

(1858—1859.)

Vermischtes.

Die Wunder des Magnetismus.

Motto:
Jedes ehrlichen Mannes Kleid paßt dem Spitzbuben.
Shakespeare.

1.

Wer nicht befähigt ist, theoretisch für oder gegen eine Idee, Lehre oder Glauben einzutreten, deffen Pflicht ist es wenigstens, seine bezüglichen Erfahrungen, wenn er zufällig solche gemacht, mitzutheilen. Ich fühlte diese Verpflichtung, als ich vor Kurzem zufällig einen viel gelesenen Roman kennen lernte, in welchem der Glaube an den animalischen Magnetismus in seiner phantastischesten Ausdehnung als begründet und berechtigt anerkannt, die Wahrheit des Mesmerismus als eine Thatsache vorausgesetzt wird, und als ich bei dieser Gelegenheit erfuhr, daß in neuerer Zeit mehrere dergleichen Bücher erschienen, welche die genannten unheimlichen Mächte zur Entwicklung ihrer Märchen benutzen. In neuester Zeit kommt noch der infame Schwindel der amerikanischen Brüder Davenport hinzu, welche mit hoher obrigkeitlicher Bewilligung in Paris ihr Wesen treiben und, wie vor einigen Jahren Herr Home, von hohen und höchsten Personen protegirt werden. Dummheit und Politik verbinden sich; die Zeit scheint günstig, die Welt in Finsterniß zu tauchen, und die Umkehr des Jahrhunderts soll eine Wahrheit werden. Mehr und mehr wagen sich bornirte oder verschmitzte Schriftsteller hervor, um Hellseherei, Prophetenthum, Geistererscheinungen, und was der

gleichen Unsinn mehr ist, zu vertheidigen und — wie sie sagen
— „wissenschaftlich" zu begründen. Der wissenschaftliche Mensch
darf über Dergleichen die Achsel zucken und sich mit Verachtung
abwenden. Er hat vom Aberglauben nichts zu fürchten. Der
Aberglaube kann in sein Bereich nicht eindringen; aber der ge=
wöhnliche Mensch hat alle Ursache, dem Unsinn gegenüber für
seines Gleichen besorgt zu sein, und es ist gerade auf diesem Felde
nicht überflüssig, hundert Mal Gesagtes noch einmal so oft zu
wiederholen. Wie viele Menschen schöpfen ihre halbe oder ganze
Bildung aus Romanen und Novellen; jedes gedruckte Wort ist
ihnen ein wahrhaftiger Zeuge; da kann es nichts schaden und nur
nützen, wenn gleiche Gegenzeugen auftreten.

Neigung zum Aberglauben scheint nicht immer von Erziehung
und Bildung abzuhängen. Bei vielen Menschen scheint er bis zu
einem gewissen Grade in ihrer Natur begründet; ebenso wie er bei
Andern trotz aller Anstrengungen in der Erziehung, trotz aller Ein=
flüsse der Umgebung niemals Wurzel fassen kann. Auf die Gefahr
hin, daß man diesen Letztern allen die schöne Gabe der Götter, die
Phantasie, abspreche, wie Das in der That oft geschieht, so muß
der Verfasser dieses Aufsatzes doch bekennen, daß er zu dieser
unglücklichen Kategorie gehört. Als ein Solcher stand er, ein
wahrer Peter Schlemihl, dem der Schatten fehlt, sehr vereinsamt
und beinahe beschämt in der Gesellschaft, in welche ihn wäh=
rend seines Aufenthaltes in Paris im Jahre 1851 Zufall oder
Schicksal geworfen. Ein ziemlich gelehrter Mann hatte zwei
Damen dieser Gesellschaft mit seinem Glauben an den Magnetis=
mus angesteckt, und diese Krankheit griff in dem ganzen Kreise
um so rascher um sich, als man ebenso wenig dem genannten
Herrn als den beiden Damen Geist und Verstand absprechen
konnte. Nach kurzer Zeit hatten die meisten Mitglieder dieses
aus gebildeten Menschen und Künstlern aller Art bestehenden
Kreises mit Magnetismus und Magnetiseuren ihre Erfahrungen
gemacht, und bald wurde in derselben Gesellschaft, welche sich
früher nur mit Wissenschaft, Kunst oder Politik beschäftigte, von

nichts Anderem gesprochen, nichts Anderes diskutirt, als Somnambulismus, und was drum und dran hängt. Ich nahm mir vor,
mir die Sache in der Nähe zu besehen und zwar an der Quelle,
an der Hochschule der neuen Wissenschaft, bei Herrn Baron Dupoté im Palais Royal.

Eines Sonntags befand ich mich auf dem Wege dahin, als
mir auf dem Boulevard des Italiens ein lieber Bekannter
begegnete, den ich seit Monaten nicht gesehen hatte. Er trägt
den Namen eines der berühmtesten Historiker der Welt, von dem
er auch abstammt, den wir aber, da der Name hier nichts zur
Sache thut, in Herrera verwandeln wollen; dieser, nebenbei gesagt, ausgezeichnete junge Mann hatte in seiner Bildung wie
in seiner äußern Erscheinung etwas Kosmopolitisches: der Sohn
eines spanischen Vaters und einer deutschen Mutter, glühten in
seinem, dem langen hellblonden Haar entsprechenden Gesichte
zwei dunkelglühende südliche Augen voll Phantasie und Leidenschaft. Nachdem er in seinem Vater- und Mutterlande die erste
Erziehung genossen und beider Sprachen gleich mächtig geworden,
vollendete er seine Bildung in Paris, wo er nach zwei Jahren
den Doktorgrad der Medizin erworben. Zur Zeit war er an
einem der Hospitäler angestellt, und alle Welt prophezeite dem
wunderschönen, ebenso geistvollen als gelehrten jungen Manne
die schönste Zukunft, und diese Prophezeiung hat sich zur Zeit, da ich
Dieses schreibe, längst verwirklicht. Dr. Herrera nimmt in einer
der Hauptstädte Europa's eine sehr ehrenvolle und auf wissenschaftlichem wie politischem Felde höchst einflußreiche Stellung ein.

Er lachte laut auf, als er erfuhr, auf welchem Wege ich
mich befand. „Gehen Sie," sagte er, „vielleicht erleben Sie
dort etwas so Sonderbares, wie ich es vor zwei Jahren erlebt habe."

Ich wurde neugierig und bat ihn, zu erzählen. Er sträubte
sich ein wenig, lächelte vor sich hin, sah auf die Uhr und sagte
dann, indem er meinen Arm erfaßte: „Sie haben noch ein halbe
Stunde Zeit. Gerade genug für mein Abenteuer, das Sie für

die Sitzung des Herrn Dupoté würdig vorbereiten wird. Sie kennen mich und werden, was ich Ihnen erzähle, glauben, und ich hoffe von Ihnen, daß Sie keine üble Deutung werden aufkommen laffen.

„Vor ungefähr zwei Jahren wurde mir aus Marfeille ein junger Marineoffizier empfohlen. Ich machte, wie Das von mir erwartet wurde, seinen Cornac durch Paris und zeigte ihm, so viel an mir war, alle zugänglichen Sehenswürdigkeiten. Meine Studentenkasse erlaubte mir nicht, meine Gefälligkeit auch noch kostspielig zu machen, und ich suchte vorzugsweise Vergnügungen und Merkwürdigkeiten auf, die wenig oder gar kein Geld kosteten. Sie wissen, daß man auf diesem Wege bald am Ende ist, und gerade an einem Sonntag wußte ich nicht mehr, was mit meinem Gaste anzufangen, und nachdem ich ihm im Palais Royal die kleine Kanone gezeigt, die um Mittag von selber losgeht, war ich am Ende meines Latein. Da fiel mein Blick glücklicherweise auf die Fenster über dem Café de la Rotonde; ich erinnerte mich, daß gerade an diesem Tage und zu dieser Stunde der große Hexenmeister Dupoté daselbst seine Wunder that — ich war gerettet, ich faßte den Arm meines Marineoffiziers und schleppte ihn in die Hexenküche.

„Der kleine Saal war schon ganz besetzt, und Herr Baron Dupoté hatte seinen Vortrag, der immer gegen das Institut als gegen ein Blinden-Institut und gegen die Männer der Wissenschaft als gegen Blinde gerichtet ist, bereits gehalten, und es war uns nicht leicht, in dem Kreise noch Plätze zu finden. In der Entresolstube herrschte eine dumpfe Schwüle; Männer und Weiber wischten sich fortwährend die Stirne, und ein Nachbar schrieb die Hitze und die drückende Atmosphäre dem magnetischen Fluidum zu, welches Herr Dupoté um sich verbreitete. In der Mitte des Kreises stand ein Stuhl, auf welchen Herr Dupoté ein Individuum nach dem Andern setzte und es bearbeitete. Manches schickte er bald auf seinen Platz zurück, behauptend, daß er sich gegen dasselbe heute nicht stark genug fühle, oder auch,

daß es nicht empfänglich sei; Andere hingegen fielen bald in
Schlaf, und der Baron führte sie mit größter Gleichgültigkeit,
ohne die geringste Siegermiene auf den Platz zurück, wo sie zu
schlafen fortfuhren, die Einen ruhig, die Andern in einem gewissen milden konvulsivischen Zustande, indem sie allerlei komische
oder schreckliche Gesichter schnitten. Ich sah eine unmagnetisirte
Frau, die sich voll Entsetzen an ihren Mann klammerte, aber,
von der Unheimlichkeit des Schauspiels mächtig angezogen, die
Stube um keinen Preis verlassen wollte. Eine andere Frau, ebenfalls unmagnetisirt, fiel in Zuckungen, und ein Kind fing fürchterlich zu schreien an. Alles Das war nach der Meinung der Majorität die Wirkung des Fluidums, das den Raum erfüllte. Es
sah wirklich höchst gefährlich aus. Trotzdem wurde meine Aufmerksamkeit von diesem Schauspiele bald auf ein anderes abgewendet. Es traten drei Personen ein, die ich sogleich als
Deutsche erkannte: ein Herr mit zwei Damen. Von dem Manne
sagte ich mir, daß er einer von den reichen westphälischen Guts-
besitzern sein müsse, die jährlich tausend Exemplare vortrefflicher
Schinken in die Welt schicken. Er war blond, ungefähr 40 Jahre
alt, rund, breitschulterig und von überaus lebhafter Fleischfarbe.
Die Aeltere der beiden Damen sah wie eine begleitende Tante oder
etwas Dergleichen aus; meine ganze Aufmerksamkeit nahm die
Jüngere, die am Arme des Mannes hing und wahrscheinlich seine
Frau war, in Anspruch. Es war eines der schönsten und zar-
testen Geschöpfe, die ich die Tage meines Lebens gesehen habe;
das Ideal einer deutschen Schönheit, blond, blauäugig und von
zarten Farben, wie man sie nur auf Frauengesichtern Englands
oder Norddeutschlands findet. Obwohl ziemlich voll und abge-
rundet und nicht im Geringsten krankhaft aussehend, war es
doch, als ob sie ein Hauch umwehen könnte. Ihre blauen Augen
blickten mit einer erstaunlich kräftigen Intensität und dabei doch
überaus schwärmerisch und sehnsüchtig. Sobald ich in diese
Augen sah, konnte ich die meinigen nicht mehr abwenden, und
es schmeichelte mir außerordentlich, daß die Fremde, nachdem sie

Das bemerkt, einige vergebliche Versuche gemacht, ihre blauen
Sterne mit den zarten Lidern zu verdecken, und daß sie mich
endlich beinahe ebenso unausgesetzt ansah, wie ich sie. Weiß
Gott, ich fing an, an Magnetismus zu glauben, nur wußte ich
nicht, ob sie mich, ob ich sie magnetisirte. Ich verlor meine Zeit
nicht mit Untersuchungen, ich gab mich dem behaglichen Gefühle
hin, das mein ganzes Wesen durchströmte und das sich zu wahrhafter Glückseligkeit steigerte, als ich bemerkte, daß auch sie lächelte,
wenn ich es that, und daß sie eben so melancholisch wurde wie ich,
wenn ich sie voll Sehnsucht oder, hol mich der T....., voll
Liebe anstarrte.

„Aus diesem glücklichen Zustande, der mich die ganze Umgebung vergessen ließ, weckte mich der unglückselige Hexenmeister.
Plötzlich stand er vor mir und behauptete, vielleicht durch mein
träumerisches Wesen getäuscht, ich müsse ein vortreffliches Sujet
sein. Aergerlich über die Störung, und weil er mir die Aussicht
auf die schöne Deutsche versperrte, schüttelte ich den Kopf und
versicherte ziemlich barsch, daß ich im Gegentheil ein sehr
schlechtes Sujet abgebe. Baron Dupoté aber beharrte auf seiner
Meinung und forderte mich auf, mich auf den Stuhl in der
Mitte der Stube zu setzen. Ich erhob mich, mein ganzer Ra-
tionalismus empörte sich, und mit dem Stolz meiner jungen
Wissenschaft erklärte ich laut, daß ich an all das Zeugs nicht
glaube, und daß er wohl besser thue, seine Kunst an mir nicht
zu versuchen. Es war nun für Herrn Dupoté Ehrensache, mich
auf den Stuhl zu bringen. Er drang noch mehr in mich, und
bedenkend, daß ich den Charlatan bloßstellen könnte, mehr aber
noch, weil mich der Sitz auf dem Stuhle der schönen Deutschen
um die halbe Breite des Zimmers näherte, entschloß ich mich
rasch, und schon nahm ich den verhängnißvollen Sitz ein. Herr
Dupoté schob die Rockärmel etwas zurück und begann, mich mit
großem Eifer von oben nach unten zu bestreichen; von Zeit zu
Zeit schnellte er sämmtliche Finger beider Hände vor meinen
Augen los, um mich mit vollen Ladungen des Fluidums zu

beschießen. Ich kümmerte mich um all Das nur sehr wenig. An
Herrn Dupoté vorbei sah ich meiner schönen Deutschen in holder
Nähe entgegen; unsere Augen versenkten sich Eins ins Andere,
und ich wußte nicht, ob ich träumte oder wachte, ob ich es
wirklich sah, oder mir es nur einbildete, daß sie nach und nach
ihren Kopf vorwärts beugte — immer mehr und mehr, bis sich
mir ihr ganzer Oberkörper, wie von einer unwiderstehlichen Macht
angezogen, entgegenneigte. Unwillkürlich machte ich dieselbe Bewegung, und wäre das Publikum nicht mit der Hexerei des
Barons zu sehr beschäftigt gewesen, es hätte bemerken müssen,
daß wir Beide, die junge Deutsche und ich, uns in einer Weise gegen-
einander benahmen und unsere gegenseitige Anziehungskraft zur
Schau stellten, wie man es sonst in Gesellschaft nicht zu thun pflegt.
Es blieb selbst dabei nicht lange. Die Deutsche wurde mit einem
Male unruhig, höchst unruhig; wie starr sie bisher dagesessen
hatte, so lebhaft fing sie jetzt an, sich auf ihrem Sitze zu bewegen; ihre Lippen zitterten, sie lispelte vor sich hin, und es war
mir, als müßte sie jeden Augenblick laut zu sprechen anfangen.
Offenbar besorgt, etwas zu beginnen, was sie fürchtete, klammerte sie sich plötzlich an den Arm ihres Mannes, der einen ihm
gegenübersitzenden Magnetisirten und dessen Krämpfe beobachtete,
dann ließ sie den Arm wieder los, um sich aufs Neue, wie vorhin, weit vor und mir entgegen zu neigen. In diesem Augenblicke fiel jener Magnetisirte mit einem lauten Schrei von seinem
Stuhle; ein großer Theil des Publikums sprang von seinen Sitzen
auf, und Das war wie ein Signal für die Deutsche; sie erhob sich
ebenfalls, machte zwei Schritte vorwärts, streckte mir die Arme
entgegen, dann, als wäre sie plötzlich zum Bewußtsein gekommen,
hielt sie hart an mir inne — aber nur um in demselben Momente
mit einem leisen Seufzer ohnmächtig vor meine Füße zu sinken.

„Die Verwirrung, der Lärm, das Geschrei war arg, der
Westphale stürzte mit seiner Begleiterin auf die Ohnmächtige los.
Aber noch bevor er sie aufhob, rief er in deutscher Sprache, wäh-
rend er mich anblickte: „Das ist eine Niederträchtigkeit," dann zog

er die Ohnmächtige mit Hülfe der ältern Frau in die Nebenstube. Ich selbst, der ich aufgesprungen war, als mir das reizende Ge- schöpf zu Füßen fiel, stand wie verzaubert da. Alles hatte die Fassung verloren, nur nicht Herr Baron Dupoté. Kaum hatte er die Ohnmächtige fallen hören, als er sich triumphirend seinem Publikum zuwendete und ausrief: ‚Sie sehen, meine Herren und Damen, wie eigenthümlich hier der Magnetismus gewirkt hat. Ich konnte zwar auf diesen Herrn, der mir mit seinem Unglauben widerstrebte, keine Wirkung ausüben, er aber hat indessen, wäh- rend ich ihn vergebens zu magnetisiren suchte, mit seinen Augen jene junge Dame magnetisirt und sie mit seinen Blicken allein so mächtig angezogen, daß sie ihm nicht widerstehen konnte und sich ihm zu Füßen werfen mußte.‘

„Als Herr Dupoté diese triumphirenden Worte kaum aus- gesprochen hatte, hörte ich, wie der Westphale, der in der Thüre der Nebenstube stand, wieder mich anblickend und voll Zorn aus- rief: ‚Der infame Kerl!‘

„Dieser Schimpf weckte mein studentisches Ehrgefühl: ich wollte weder niederträchtig noch infam sein, auch nicht in den Augen des ehrlichen Deutschen und der reizenden kleinen Person für einen Compère Dupoté's gelten und eilte zu meinem Marine- lieutenant zurück, um ihn zu dem Beleidiger zu schleppen und von diesem sofort Rechenschaft zu fordern. Aber die Thüre der Nebenstube war geschlossen, da man der Ohnmächtigen, um sie ins Leben zurückzubringen, die Kleider lose gemacht hatte. So stellte ich mich mit meinem Marinelieutenant draußen im Vorzimmer auf, um daselbst den Deutschen zu erwarten.

Ich gestehe, daß sich die Hitze meines Ehrgefühls, während wir an der Treppe warteten, etwas legte, und sie sank auf sehr tiefe Grade herab, als der Deutsche nach ungefähr einer halben Stunde mit der jungen Dame am Arm aus der Stube trat. Sie sah blaß aus und versteckte sich bei meinem Anblick, so weit es anständiger Weise ging, hinter dem wohlbeleibten Herrn. Er war sichtlich überrascht, mich auf seinem Wege zu finden, und noch mehr, als ich ihn deutsch anredete. Anstatt ihn zur Rechenschaft zu ziehen, erklärte ich ihm, wer ich wäre, und in kurzen Worten, was ich von dem ganzen magnetischen Wesen hielte. Daran knüpfte ich eine Anspielung auf seine beleidigenden Ausdrücke. Es schien ihm darum zu thun, mich rasch los zu werden, er erklärte, daß er gar nicht wisse, was er im ersten Schrecken gesagt, verbeugte sich auf das Verbindlichste und ging die Treppe hinunter. Die ältere Dame bildete den Nachtrab. Die Schöne blickte während unseres Gespräches so ruhig, als ob gar nichts vorgefallen wäre, und Das ärgerte mich so sehr, daß ich einen Moment lang daran dachte, die Sache wieder aufzunehmen und dem Manne den Marineoffizier in das Hotel d'Espagne nach-zuschicken."

„Unglücklicher," rief ich hier, den Dr. Herrera unterbrechend, „Sie wissen, in welchem Hotel sie abgestiegen — Sie sind ihr nach-gegangen, die Geschichte ist hier noch nicht zu Ende."

„Wir sind am Palais Royal angekommen," erwiderte Dr. Herrera mit komischer Würde, „treten Sie ein in den Tempel der Magie, und da Sie sich einmal auf Mysterien einlassen, ge-wöhnen Sie sich auch das Fragen ab, denn das Fragen ist vom Uebel. Ich habe Ihnen nur eine Lehre, eine vorbereitende Lektion über den thierischen Magnetismus geben wollen. Gehen Sie ein, und möge es Ihnen mit dem Magnetismus so wohl ergehen, wie es mir ergangen."

So sprechend, grüßte er und verschwand.

Ich ging ein, aber es erging mir nicht, wie es mir Dr. Herrera gewünscht hatte. Ich fand, mit Ausnahme des Aben-teuers, Alles, wie er es geschildert; so auch bei meinem zweiten, dritten und vierten Besuche Dupoté's; immer denselben Vortrag über die Dummheit der Wissenschaft, immer einige schlafende, oder von Krämpfen geplagte Individuen und unter diesen manche stehende Gäste und immer einen Theil des Publikums gläubig und ängstlich zuhörend und zusehend. Ich sagte mir bald, daß hier Compéres und Selbstgetäuschte schwer von einander zu

unterſcheiden ſeien, daß die Sache auf die Länge langweilig
werden müſſe und daß hier nichts zu holen ſei. Ich war auch
Herrn Dupoté ein ſehr nußloſer Gaſt, denn ich abonnirte nicht,
wie ſo viele andere Beſucher ſeiner Sißungen, auf ſeine Zeit-
ſchrift „Der Magnetismus", und ich trug auch nichts zur Verbrei-
tung des Glaubens an Magnetismus bei. Dieſes aber war
ſeine eigene Schuld, denn er hörte mich nie, wenn ich ihn auf-
forderte, es doch auch mit mir zu verſuchen.

Um in die Sache etwas Abwechſelung zu bringen und mehr
als einen Apoſtel kennen zu lernen, beſuchte ich auch den Dr. Hebert, der im Saale Barthélemy ſeine Sißungen hielt. Dort
ging es viel großartiger her, als bei dem Baron Dupoté. Das
Publikum nahm die Siße ein, welche längs der Wände des
großen Saales hinliefen. Obenan war eine große Tribüne angebracht, auf welcher Dr. Hebert ſeinen Siß hatte und wo er
vom männlichen und weiblichen Komité der Geſellſchaft umgeben
war. Durchſchnitten war die ganze Länge des Saales von zwei
Reihen von Bänken, die mit den Rücklehnen aneinander ſtanden.
Die Herren und Damen des Komité's, ebenſo wie viele Andere,
die zwiſchen den Sißen des Publikums und den leeren Bänken
in der Mitte auf und nieder gingen, wurden mir ſämmtlich als
Magnetiſeure bezeichnet und Einzelne von ihnen, als mit einer
ganz beſondern Kraft ausgeſtattet, hervorgehoben. Es waren
ihrer wohl an ſechzig, die ſich der wunderbaren Gabe der Natur
erfreuten. Aeußerlich hatten ſie nichts Gemeinſchaftliches, nichts
Typiſches. Die Einen waren dick, die Andern mager, die
Einen elegant pariſeriſch, die Andern ziemlich ruppig gekleidet,
die Einen hatten ein abenteuerliches, die Andern ein ganz ge-
ſeßtes ſolides Ausſehen. Von den Frauen blickten die Einen, um
mich eines milden Ausdrucks zu bedienen, muthig, die Andern
beſcheiden oder anſtändig in die Welt. Es waren Alte und
Junge, doch nicht ſehr Junge, Hübſche und Häßliche darunter.
Dr. Hebert hielt zur Einleitung der Sißung einen Vortrag, der ſehr
große Aehnlichkeit mit den Vorträgen des Herrn Dupoté hatte:

dieselben Thatsachen, dieselben Argumente, dieselbe Polemik.
Sonderbarer Weise erinnerte mich Dr. Hebert, wie er da oben
stand, mit seinem ganzen Aussehen und seiner Art und Weise
auf das Lebhafteste an einen gewissen Professor der Philosophie,
dessen Schüler zu sein ich durch zwei Jahre das Glück hatte.
Diese Aehnlichkeit verfehlte ihren Eindruck nicht, und ich konnte
nicht umhin, dem Doppelgänger einen Theil jenes Vertrauens
entgegen zu tragen, das ich einst dem geliebten Lehrer geschenkt
hatte. Wenn Jemand, so hätte mich dieser Dr. Hebert zum
Glauben an den Magnetismus bekehren können. Aber was
darauf folgte, war zu komisch, um nicht jeden geistigen oder gemüthlichen Eindruck zu verwischen. Nach dem Vortrage wurde
das Publikum aufgefordert, sich den Proben zu unterziehen. Im
Augenblicke waren die langen Bänke, welche den Saal in der
Mitte durchschnitten, besetzt und saßen zwei Reihen Individuen
Rücken an Rücken da, und sogleich stand vor Jedem dieser flui-
dumslustigen Individuen irgend ein männlicher oder weiblicher
Magnetiseur, und es begann eine Thätigkeit, wie in einer höchst
betriebsamen Fabrik. Man denke sich an sechzig Menschen
Rücken an Rücken sitzend, die Einen lächelnd, die Andern mehr
oder weniger ängstlich der Dinge wartend, die da kommen sollten,
und vor diesen wieder zwei Reihen Magnetiseure, die einander
ins Gesicht sehen und mit großem Ernst beide Hände bewegen,
herauf und herunter streichen, die Finger ausspreizen oder die
Hand steif und starr vor die Augen des Opfers halten. Während
all Dem tiefes Schweigen in dem weiten Saale. Magnetiseure
und Magnetisirte geben keinen Laut von sich. So bleibt es eine
Zeit lang, bis da und dort sich ein Individuum erhebt, erklärt,
nichts gefühlt zu haben, und sich auf seinen früheren Sitz zurück-
begibt, während sein Magnetiseur oder seine Magnetiseurin,
ohne im Geringsten die Fassung zu verlieren, über diesen Miß-
erfolg erhaben, nur die Achsel zuckt. Andere dagegen sitzen bereits
in tiefem Schlafe da. Man vernimmt sogar da und dort ein
leises, wohl auch ein lautes Geschnarche. Manche Schläfer

erheben sich und taumeln durch den Saal, Andere fallen hin und bekommen Krämpfe. Dr. Hebert bemächtigt sich des Einen oder des Andern, streckt ihm die Hand entgegen und zieht ihn am unsichtbaren magnetischen Seile durch den Saal. So thun auch andere Magnetiseure, und es beginnt am Ende, da diese immer rascher laufen, ein wahres Wettrennen: die Magnetiseure mit ausgestreckter Hand rückwärts laufend, worauf die Somnambulen ihnen nach, die Einen mit offenen, die Andern mit geschlossenen Augen. Auch von rückwärts, ohne von den Somnambulen ge= sehen zu werden, ziehen Dr. Hebert und seine Genossen diese nach sich und manchmal mit rasender Geschwindigkeit. Das Ganze macht den Eindruck von Akrobatenkunststücken, und Dr. Hebert erinnerte nicht im Geringsten mehr an einen Professor der Philo= sophie. Eine der Damen, die im Komité mit großer Würde mit= präsidirt hatte, sah ich kurze Zeit darauf auf dem Boulevard Bonne Nouvelle. Sie warf mit Blicken um sich, die zwar nicht an ihrem thierischen Magnetismus zweifeln ließen, aber doch auch das Vertrauen in die Persönlichkeit erschütterten. Nach ungefähr einem Jahre traf ich ein junges Mädchen, das mir sowohl seiner Schönheit, als seiner Geschicklichkeit wegen auf= gefallen, mit der es durch die ganze Salle Barthélemy gelaufen, im Atelier eines mir befreundeten Malers. Sie machte jetzt Modell für Gesicht und Hände. Als ich ihr sagte, wo ich sie zum ersten Male gesehen, erwiderte sie mit großer Ernsthaftig= keit: „Ich habe das Metier aufgegeben, es bringt zu wenig ein.“ Dann zeigte sie uns ihre ehemalige Kunst, indem sie die Augen schloß und mit rasender Schnelligkeit rückwärts in großen Kreisen durch das Atelier lief.

<hr />

2.

Wer hat nicht von dem großen Somnambulen Alexis ge= hört? Ganz Paris ist seiner Wunder voll, und man kann sagen, daß sein Ruhm den Erdkreis erfüllt. Daß ich auch diesen kennen gelernt, danke ich einem Freunde, der nach Paris kam und gleich den Heros des Somnambulismus sehen wollte. Noch ein dritter Freund begleitete uns, und auf dem Wege besprachen wir uns über unser Verhalten. Nur Einer sollte sprechen und auf die Fragen, die man ihm stellte, die striktesten und kürzesten Antworten geben. Da sich Alexis mit der Person, in Bezug auf welche die Konsultation stattfindet, durch irgend einen von dieser Person getragenen Gegenstand in Rapport setzt und in seinem somnambulen Zustande diesen Gegenstand erräth, wenn er noch so gut verhüllt und verpackt ist, so nahm mein Freund einen sorgfältig und vielfach in Papier gewickelten Schleier einer ihm nahestehenden Dame mit. Ich muß hinzufügen, daß mein Freund damals im höchsten Grade verliebt und in seiner Sehnsucht, von der Entfernten etwas zu erfahren, trotz der Ungläubigkeit, die ihn im normalen Zustande charakterisirte, in seinem jetzigen aufgeregten und etwas unglücklichen Zustande zu einiger Gläubigkeit geneigt war.

Im Vorzimmer des Herrn Alexis empfing uns dessen Doktor und Magnetiseur. Diese Herren und Damen haben nämlich immer irgend einen Doktor zur Seite. Der Doktor entschuldigte Herrn Alexis, der uns erst in einigen Minuten empfangen könne, setzte sich auf das Freundschaftlichste zu uns und suchte ein Gespräch anzuknüpfen. Wir blieben, unserm Vorsatze getreu, so schweigsam, als es die Höflichkeit gestattete, indem wir alle seine Reden und Fragen mit möglichst kurzen Worten erwiderten, die ihm über unsere Verhältnisse, über Das, was wir von Herrn Alexis erwarteten, nicht die geringste Aufklärung gaben. Resignirt erhob er sich endlich und holte Herrn Alexis, einen großen, stämmigen, aber etwas verlebt aussehenden jungen Mann, aus dem anstoßenden Zimmer. Dieser begrüßte uns stumm, setzte sich hin, und der Doktor fing an, ihn zu bestreichen, um ihn in den somnambulen Zustand zu versetzen. Schon nach drei oder vier Strichen zuckte Herr Alexis mehrere Male zusammen und sagte, daß es genug sei. Darauf gab ihm mein Freund das kleine Paket in die Hand und fragte ihn, was es enthalte? Der Somnambule drückte und quetschte es von allen Seiten, drehte es hin und her und sagte endlich, es sei ein Nachtleibchen. — „Nein!" — Der Somnambule begann seine Untersuchung aufs Neue, hob das Paket zuletzt an die Nase und beroch es von oben nach unten, von rechts nach links; dabei konnten wir sehr wohl bemerken, wie er mit seiner Nase das Papier zu verschieben suchte. Aber der Gegenstand war zu gut verhüllt und kam trotz allem Hin- und Herschieben nicht zum Vorschein. Da hieß es mit einem Male, der eingehüllte Gegenstand sei eine Nachthaube. So sah der Somnambule noch mehrere Male Gegenstände, die in dem Paket nicht enthalten waren, bis ihm mein Freund das Geheimniß enthüllte und ihm sagte, daß es ein Schleier sei. Darauf fragte man ihn, wo die Person, die den Schleier getragen, sich jetzt aufhalte und wie sie aussehe. Der Somnambule hielt sich zuerst an Allgemeinheiten, die auf die verschiedensten Personen passen konnten. Bei jedem Worte, das er sprach, sah er uns prüfend in die Augen, um aus deren Ausdruck zu erkennen, ob er sich der Wahrheit nähere oder nicht, und zwar hatten seine Blicke etwas so Herausforderndes und Drohendes, daß es schwer war, ihnen mit gleichgültigen Blicken zu begegnen. Doch hielten wir Stand, machten nichtssagende Augen und antworteten auf seine Reden weder mit Ja oder Nein, noch mit irgend welcher Geberde. Da er uns als Deutsche erkannte, machte er aus der Person, nach der gefragt wurde, eine Blonde mit blauen Augen. Sie war zufälliger Weise braun und hatte schwarze Augen. Von ihrem Aufenthalte sagte er, er liege jenseits eines großen Wassers. Das war allerdings wahr, da die betreffende Dame sich eben in Amerika befand, Herr Alexis dachte bei dem großen Wasser wahrscheinlich an den Rhein. „Das große Wasser" ausgenommen, hatte Herr Alexis auch nicht das Geringste errathen, was der Doktor damit erklärte, daß die Dame wohl den Schleier seit Langem nicht getragen habe. Aber was schadete Das dem Doktor und Herrn Alexis, da mein Freund trotz Allem seine zehn Franken bezahlen mußte.

Eine ganz ähnliche Erfahrung machte ich mit einer minder berühmten Somnambule, die eine Zeit lang viel von sich reden machte und zu deren Wohnung in der Rue Jufroy die Kranken in Menge herbeikamen, die man auch an manches Krankenbett berief. Ihren Namen habe ich vergessen; wir wollen sie der Bequemlichkeit wegen Madame Goulé nennen.

Eine Frau meiner Bekanntschaft, die seit Jahren an einem Uebel litt, das unheilbar schien, da sich die Kunst der Aerzte an ihr ohnmächtig erwies, wurde von einer Anzahl alter und junger Weiber ihres Kreises bestürmt, doch ja Madame Goulé, von der sie sich nicht Wunders genug erzählen konnten, zu konsultiren. Sie fügte sich endlich dem Drängen und gab uns die zur Konsultation nothwendige Locke von ihrem Kopfe mit. Es war im Winter. Ich ließ meinen Paletot, die Dame, meine Begleiterin, ihren Mantel im Vorzimmer der Madame Goulé, und wir traten in den Salon. Man ließ uns ziemlich lange warten, aber wir sprachen verabredeter Maßen während des Wartens auch keine Silbe über den Zweck unserer Expedition oder über die betreffenden Personen. Nach einiger Zeit trat ein älterer Mann in den Salon und setzte sich wie ein ebenfalls auf eine Konsultation Wartender hin. Da wir stumm blieben, knüpfte er ein Gespräch an, und es war ihm leicht, dasselbe auf Madame Goulé zu lenken und daran einige uns selbst betreffende Fragen zu knüpfen. Wir aber gaben Antworten, die gerade so viel werth waren wie keine. Da trat nach einiger Zeit „der Doktor" herein, den wir sogleich als einen Engländer erkannten. Er entschuldigte Madame Goulé, daß sie uns so lange warten lasse, da sie von vielen Konsultationen müde sei. Wir möchten gütigst nur noch einige Minuten Geduld haben. Diese einige Minuten benutzte der Doktor zu einer Unterhaltung, in der mancherlei indirekte Fragen vorkamen, auf die wir aber eben so ausweichend antworteten, als auf die Fragen jenes Herrn, der noch immer im Salon war. Zuletzt führte uns der Doktor in das anstoßende Zimmer. Aber Madame Goulé, nachdem sie uns begrüßt, entschuldigte sich wieder mit ihrer Müdigkeit und verließ das Zimmer durch eine Thüre, die in das Vorzimmer führte. Der Doktor war in den Salon zurückgetreten, und wir blieben wieder allein. Madam Goulé, die wir nur einen Augenblick gesehen, war eine häßliche alte Frau mit arg zerarbeitetem und runzeligem Gesichte, ihr Blick, der uns sehr eindringlich von Kopf bis Fuß gemessen hatte, flößte so wenig Vertrauen ein, daß wir erstaunt waren, wie so viele Menschen an sie glauben konnten. Ich schämte mich, diesen Auftrag, wenn auch nur aus Gefälligkeit, übernommen zu haben, und in diesem Gefühle wurde ich des Wartens schnell überdrüssig. Um die Sache abzumachen, wollte ich Madame Goulé herbeirufen und folgte ihr durch dieselbe Thüre, durch die sie uns verlassen hatte. Als ich sie öffnete, stand Madame Goulé mit meinem Paletot in der Hand da. Sie war im höchsten Grade bestürzt, faßte sich aber rasch und fragte, ins Haus hineinrufend, wem denn dieser fremde Paletot gehöre. Offenbar suchte sie nach irgend welchen Papieren, einer Karte oder Briefadresse, die sie auf unsere Spur hätte lenken, mit deren Hülfe sie Näheres über uns und die Kranke hätte erfahren können. Sie hätte uns dann mit der Konsultation, wie sie es denn auch wirklich that, auf einige Tage vertröstet und diese Zeit benutzt, um Erkundigungen einzuziehen. Ich ließ mich auf die Geschichte mit dem Paletot nicht weiter ein und forderte sie auf, uns nicht länger warten zu zu lassen. Sie gehorchte und kam in Begleitung des Doktors. Dieser bestrich sie, sie erklärte sich in einer halben Minute für hellsehend und ich legte ihr die mitgebrachte Haarlocke in die Hand.

Ich will kurz sein. Madame Goulé rieth auf Kopfübel, Herzübel, Lungenübel, Leberübel, kurz auf alle möglichen Uebel, nur nicht auf das Eine, um das es sich handelte und das allerdings außer dem Bereiche des Errathens lag. Der Doktor machte ein höchst verlegenes Gesicht und erklärte das Mißgeschick mit

der Müdigkeit der Somnambule. Er bat uns, in einigen Tagen
wieder zu kommen.

Wir stiegen in den Wagen, den wir in einer andern Straße
hatten warten lassen, und schlugen einen andern Weg ein, als
den, der uns in die Wohnung der Kranken geführt hätte. Nach
einigen Tagen kehrte die Dame, die ich begleitet hatte, zu Madame Goulé allein zurück, und die Konsultation hatte vollkommen
denselben Erfolg wie das erste Mal.

Von solchen untergeordneten Zauberern könnte ich noch viel
erzählen, aber ich ziehe es vor, zum großen Magus Dupoté zurückzukehren. Seiner allsonntäglichen Vorträge und Kunststücke wäre
ich bald müde gewesen, hätte mich nicht die Neugierde auf ein
gewisses, viel gerühmtes Kunststück bei ihm zurückgehalten. Ich
hatte die Wirkungen des Zauberspiegels noch nicht gesehen, nach
der Versicherung aller Eingeweihten das Schönste, Größte und
zugleich Fürchterlichste, was man bei Herrn Dupoté sehen konnte.
Es sollte mir werden. Eines Sonntags, nachdem Herr Dupoté
sechs oder acht Individuen mit mehr oder weniger Erfolg auf
die gewöhnliche Weise magnetisirt, kam in die versammelte Gesellschaft plötzlich eine große Bewegung, ja Aufregung, denn Herr
Dupoté holte aus einem Winkel den Zauberspiegel hervor. Man
muß sich unter dem Zauberspiegel nicht einen Spiegel gewöhnlicher Art vorstellen; aber auch nicht ein Instrument von irgend
welchem ungewöhnlichen überraschenden Aussehen. Der Zauberspiegel ist ein mittelgroßes, ungefähr ein und einen halben Schuh
breites und einen Schuh hohes, polygon zugeschnittenes Stück
Pappendeckel, welches rings herum anstatt des Rahmens eine
farbige Papiereinfassung hat und dessen Verzierungen und Aus-
schnitte nicht die geringste kabbalistische oder irgend welche geheimnißvolle Formen zur Schau tragen. Von Spiegelglas ist
hier keine Rede. Was im Zauberspiegel gesehen wird, sieht man
nur mit des „Geistes Auge." Den Zauberspiegel in Händen haltend, sah sich Herr Dupoté in der Versammlung um, bis seine
Blicke mit offenbarer Befriedigung und augenscheinlich auch mit

Achtung auf zwei jungen Männern haften blieben, welche in der
vordern Reihe der Zuschauer ſaßen. Ich wie alle Andern folgte
den Blicken Herrn Dupoté's, und ich wie alle Andern theilte das
Gefühl, das ſich im Geſichte des Zauberers ausſprach. Um es
gleich mit Einem Wort zu ſagen: der Eine der beiden jungen
Männer war einer der ſchönſten und intereſſanteſten Menſchen=
kinder, die mir jemals zu Geſichte gekommen, und der Leſer wird
mir nach dieſer Verſicherung die Beſchreibung dieſes herrlichen
jungen Menſchen erlaſſen. Es denke Jeder an die Vorſtellung,
die er ſich von einem Byron'ſchen Helden macht, von einem Child
Harold, von einem Lara in ſeiner ſchönſten Jugend, oder wie
er ſich irgend einen Shelley'ſchen Helden, einen Julian oder Ma=
dalo denkt. Die Kleidung des jungen Mannes war die eines
reichen und eleganten Gentleman. Er mochte ungefähr 23 Jahre
alt ſein, ſeine tief dunklen, ſchwarzen Augen, ſein rabenſchwarzes
Haar und die blaßbraune Farbe des Geſichtes wie überhaupt deſſen
Form deuteten auf einen ſüdlichen Urſprung; der Mund, hinter
deſſen ſchwellenden Lippen zwei Reihen der ſchönſten Zähne her=
vorblickten, lächelte, im Widerſpruche mit der ganzen Gluth des Ge=
ſichtes, mit jener ſanften Trägheit, welche die Kreolen charakteriſirt.
Füße und Hände wie überhaupt die ganze ſchlanke Geſtalt, letztere
trotz ihrer Kräftigkeit, hatten jene Zartheit des Baues, die man
gewöhnlich als ariſtokratiſch bezeichnet. Sein Begleiter, den ſein
ganzes Ausſehen als einen Landsmann verrieth, hatte nicht ganz
denſelben Adel des Ausdruckes, ſah überhaupt nicht ganz ſo
intereſſant aus, und daran war vorzugsweiſe eine etwas dicke
und herabhängende Unterlippe, eine zu ſehr gebogene Naſe und
die etwas zu breiten Schultern bei kleiner Geſtalt ſchuld. Im
Uebrigen war auch er ein hübſcher Mann und zeichnete ſich
durch dieſelbe reiche und feine Eleganz aus wie der Andere und
hätte ohne dieſen Andern in jeder Geſellſchaft als eine ſchöne
und intereſſante Erſcheinung auffallen müſſen. Herr Dupoté
nahte ſich den beiden jungen Männern in höchſt achtungsvoller
Haltung, und nachdem er einige Worte mit ihnen gewechſelt

wandte er sich zum Publikum und sagte mit lauter Stimme: „Diese beiden Herren sind Spanier aus Süd = Amerika und erst vor einigen Tagen in Paris angekommen." Dann wandte er sich zu dem schönen jungen Manne und fragte ihn, ob er die Güte haben wolle, sich zu dem Experimente herzugeben und den Zauberspiegel in die Hand zu nehmen. Der junge Mann lächelte etwas verlegen und abwehrend, aber mit einer Anmuth, welche die ganze Versammlung bezauberte und unwillkürlich ein wohl= gefälliges Lächeln auf allen Lippen hervorrief. Herr Dupoté nahm diese Antwort nicht für eine entschieden ablehnende, be= strich den Spiegel und drängte ihn dem Spanier mit sanfter Ge= walt auf, indem er ihn bat, nur eine Minute lang die Fläche anzublicken. Der Spanier schüttelte den Kopf, nahm den Spiegel in die beiden behandschuhten Hände und that, aber offenbar un= gläubig, wie Herr Dupoté verlangte. Dieser trat um einige Schritte zurück.

Der Spanier lächelte, wie gesagt, ungläubig, als er den Spiegel anzublicken begann. Er fuhr fort, zu lächeln, und bald mußten wir uns sagen, daß er nicht mehr aus Unglauben lächelte. Sein Gesicht nahm nach und nach einen ganz andern Ausdruck an, selbst das Lächeln verschwand auf einen Augenblick, und er blickte mit dem Ausdruck höchster Ueberraschung in den Spiegel. Wieder wich die Ueberraschung, und wieder kehrte das Lächeln zurück, aber es war das Lächeln der Freude, welches nach und nach den Ausdruck der höchsten Seligkeit annahm. Es war, als sähe er in dem Spiegel das paradiesischeste Land, bevölkert von den göttlichsten Gestalten, oder vielleicht seine ferne Heimat und die geliebtesten Personen, oder die glücklichsten Szenen seines eigenen Lebens, oder die Verwirklichung seiner schönsten Träume. Man konnte alles Das aus seinen Mienen herauslesen, und diese Mienen wurden noch unterstützt durch einen unendlich sanften Ton, der singend und sehnsüchtig aus dem Innersten seines Her= zens hervorzukommen schien. Der Ton, den er vor sich hinsang, während er in den Spiegel blickte, ein sanfter leiser Mollton,

war, als käme er von einer Aeolsharfe. Von Zeit zu Zeit
beugte er sich auf den Spiegel nieder, aber es schien, als ob
dann die Gestalten, die er darinnen sah, immer unklarer wurden,
und er zog rasch wieder den Kopf zurück, um sich des frühern
Schauspiels zu erfreuen. Manchmal hielt er den Spiegel nur
mit einer Hand, während die andere auf seiner Oberfläche nach
etwas haschte, was vor ihr zu fliehen schien. Auch sein Nachbar
blickte mit in den Spiegel, und auch auf dessen Gesicht sprach
sich, wenn auch nicht so ausdrucksvoll wie auf dem andern, eine
große Glückseligkeit aus. Die Minute, um die Herr Dupoté ge-
beten hatte, war längst vorüber, und es fiel dem Spanier, der
Alles um sich her vergessen hatte, nicht ein, den Spiegel zurück-
zugeben. Er sollte ihn noch lange und unter den abwechselndsten
Gefühlen behalten. Ebenso, wie sich sein Gesicht nach und nach
zur höchsten Glückseligkeit verklärt hatte, ebenso verfinsterte es
sich jetzt und zogen wie Wolken die traurigsten und schmerzlichsten
Affekte darüber hin, Kummer, Schrecken, Furcht, Entsetzen, als
ob er jetzt in dem Spiegel die gräulichsten Szenen zu sehen be-
käme. Der schöne holde Ton, den er vorhin gesungen hatte,
war verschwunden, und man hörte jetzt als entsprechende Begleitung des bald zornigen, bald entsetzten Blickes ein Grollen,
ein Aechzen, manchmal einen grellen Schrei. Die Gesellschaft
wurde besorgt und fühlte zugleich das größte Mitleid mit dem
jungen Manne, der Unsägliches zu leiden, Grauenvolles zu sehen
schien. Herr Dupoté, der ihn fortwährend mit seinem Blicke
fixirte, machte eine kleine Bewegung, der Ausdruck höchsten
Schmerzes und Entsetzens verschwand aus dem Gesichte des
Spaniers, seine Schönheit, die hinter der Verzerrung der Züge
beinahe verschwunden war, kam wieder zum Vorschein, und nach
und nach kehrte jenes selige Lächeln wieder, welches die ganze
athemlos und staunend zusehende Versammlung mit einem süßen
Gefühle erfüllte, wie sie vor einer Minute der schreckensvolle
Blick des schönen Auges und die unartikulirten Laute des
Schmerzes und der Verzweiflung mit Schrecken erfüllt hatten.

So ging das Unbeschreibliche zu wiederholten Malen auf und abwärts, abwechselnd durch das höchste Glück, wie durch das tiefste Elend. Endlich trat Herr Dupoté entschlossenen Schrittes auf den jungen Mann los und faßte den Zauberspiegel, um ihn ihm zu entreißen; der Spanier aber hielt ihn mit ganzer Kraft und sah darein, als wäre er entschlossen, sich ihn um keinen Preis entreißen zu lassen. Dennoch gelang es Herrn Dupoté, ihm denselben zu entwinden. Rasch lief er damit an das entgegengesetzte Ende des Zimmers. In demselben Augenblicke und im Laufe weniger Sekunden entwickelte sich und endete ein wahrhaft schreckliches Schauspiel, das Niemand, der es gesehen, je vergessen wird. Der junge Mann erhob sich und eilte ihm mit ungeheuern Schritten nach. Er trat so gewaltig auf den Boden, daß das ganze Zimmer erdröhnte und erzitterte, dabei hob er seine Beine hoch in die Luft und machte so eckige Bewegungen, wie sie beim Gehen ein Mann aus Holz oder Stein machen würde, und endlich stieß er auf dem Wege von einer Ecke des Zimmers in die andere, den er auf diese Weise zurücklegte, ein wahrhaftes Geheul, das Geheul eines wüthenden wilden Thieres aus, welches in seinem Kontraste zu der wunderschönen Erschei=nung desto schrecklicher wirkte. Aber daran war noch nicht genug. Der andere Spanier, der ebenfalls in den Spiegel gesehen, folgte ihm ebenfalls, als ihn Herr Dupoté entführte, aber auf andere Weise. Wie ein geschnellter Ball, oder wie ein Panther mit Einem Satze, flog er von seinem Stuhle dem Zauberspiegel nach, und in dem Augenblicke, da der Andere mit geballten, in die Luft gehobenen Fäusten vor Dupoté ankam, lag er mit heraus=gestreckter Zunge zu dessen Füßen und umklammerte diese, wäh=rend sein Gesicht auf dem Boden lag. Es sah aus, als sollte Herr Dupoté von zwei wüthenden Dämonen in Stücke gerissen werden. Aber er machte rasch einige Bewegungen mit der Hand, die Wuth der beiden jungen Männer legte sich augenblicklich, sie seufzten auf, sahen erstaunt um sich und waren überrascht, sich in der andern Ecke der Stube zu sehen. Lächelnd und beschämt

kehrten ſie zu ihren Sitzen zurück. Mit ihnen erwachte die ganze
Verſammlung wie aus einem höchſt phantaſtiſchen, aber auch
ſchrecklichen Traume. Eine Viertelſtunde lang hatte Niemand zu
ſprechen oder auch nur laut zu athmen gewagt. Jetzt erhob ſich
Alles, ſprach Alles untereinander über das merkwürdige Phänomen. Herr Dupoté fand kaum Gelegenheit, ſein Wort darüber
zu ſagen, und die Verſammlung trennte ſich in höchſter Aufregung.

Ich ſah den Child Harold oder Lara ſpäter noch einige
Male auf den Boulevards, und zwar nicht ſelten vor Tortoni
in Geſellſchaft der bedeutendſten Elegants von Paris. Seine
Kleidung und ſein Auftreten waren wohl meiſt die eines eleganten und reichen jungen Mannes, ſein Geſicht immer ſchön
und eines Novellenhelden würdig; aber dieſes ſah doch manchmal übernächtig aus, wie eines Menſchen, der nicht immer haus-
hälteriſch mit Jugend und Leben verfährt, und jene waren manchmal ebenſo verfallen und deuteten auf Ebbe in den Privat-
verhältniſſen. Ich betrachtete ihn in Erinnerung an jene merkwürdige Szene immer mit Intereſſe, bis er mir zuletzt ganz aus
den Augen verſchwand.

Ungefähr fünf Jahre, nachdem ich jene Szene mit dem
Zauberſpiegel erlebt hatte, nahm ich eines Tages an einem
großen Diner in einem Landhauſe bei Fontainebleau, wo ich
wohnte, Theil. Es war auch ein junger ruſſiſcher Fürſt mit
ſeinem Hofmeiſter zugegen, und Beide erzählten von ihren Erlebniſſen in Paris und von den Merkwürdigkeiten, die ſie daſelbſt
geſehen. Sie geriethen in Enthuſiasmus, und Einer ſuchte dem
Andern das Wort aus dem Munde zu nehmen, als ſie auf
Dupoté kamen und auf Das, was ſie erſt geſtern in ſeiner Sitzung
geſehen hatten. „Ich,“ ſagte der junge Fürſt mit jenem Enthuſiasmus, der den Ruſſen allem Myſtiſchen gegenüber ſo leicht
wird und den ſie ebenſo gerne zeigen, „habe nie etwas Aehnliches geſehen, und ich bin dem Magnetismus gegenüber vollkommen gläubig geworden.“ Der Hofmeiſter, der kein Ruſſe

war, bemerkte das spöttische Lächeln mehrerer Gäste und fügte, um seinen Zögling nicht lächerlich erscheinen zu lassen, dem enthusiastischen Ausrufe desselben mit absichtlicher Ruhe hinzu: „Seien Sie versichert, meine Herren und Damen, daß an Dem, was wir gestern gesehen, der Betrug unmöglich irgend welchen Antheil haben konnte. Wie man über den Magnetismus immer denken möge, die Personen, an denen er sich gestern bewährte, können unmöglich verdächtigt werden. Wir sahen den Zauberspiegel."

Bei diesem Worte wurde ich aufmerksamer und fragte: „Wer waren die Personen, an denen Herr Dupoté mit seinem Zauberspiegel sein Experiment machte?"

„Zwei sehr schöne, im höchsten Grad distinguirt aussehende junge Männer," antwortete der Hofmeister, „besonders der Eine, der den Zauberspiegel in Händen hatte, ist ein wahres Ideal südlicher Schönheit; man kann diese zwei offenbar reichen und ausgezeichneten Männer um so weniger für Compères des Herrn Dupoté halten, als sie erst vor wenigen Tagen in Paris ankamen, es sind nämlich Spanier aus dem südlichen Amerika —"

„Halt," rief ich, „nicht weiter, ich werde Ihnen die Fortsetzung sagen und Alles erzählen, wie das Experiment von Anfang bis zu Ende vor sich gegangen."

Ich that, wie ich sagte, indem ich Alles so erzählte, wie ich es hier oben gethan. Der junge Fürst war überzeugt, daß ich gestern mit im Publikum des Herrn Dupoté gewesen, und war höchst verblüfft, daß ich dieselben neu angekommenen Südamerikaner und ihre Elstase schon vor fünf Jahren gesehen haben sollte. Ich segnete den Zufall, den Fürsten und seinen Hofmeister, die mir, ich gestehe es, über einen Zweifel hinweghalfen, der mich überschlich, so oft ich an jenen Sonntag und an den Zauberspiegel dachte. Schauspieler und Schauspiel waren derart, daß sie dem kühnsten Zweifler den Muth benahmen, ihre ganze Wahrhaftigkeit anzuzweifeln.

3.

Aehnlich ging es mir in Florenz (1860). Eine bekannte Dame gab eine große Soirée, und um ihre Gesellschaft auf neue Weise zu unterhalten, engagirte sie für diesen Abend Signor Ricciali (ich erinnere mich des Namens nicht genau) mit seiner Tochter, welche, trotz der Annexionsvorgänge und der großen politischen Bewegung, als Somnambule viel von sich reden machte. Der Vater hatte eines jener konfiszirten italienischen Gesichter, die man an den Vätern italienischer Sängerinnen, Tänzerinnen und Virtuosinnen jeder Gattung kennt; die Tochter aber hätte Andrea del Sarto als Modell zu einer seiner unschuldvollsten Madonnen benutzen können. Es war ein italienisches Gesicht von der zarten und melancholischen Art, und man erkannte auf den ersten Blick, daß Signorina Ricciali gebildeter war und mehr gelernt haben mußte als der größte Theil ihrer Landsmänninnen. Bei aller Unschuld und Naivität war es ein geistig durchgebildetes Gesicht. Im Ganzen war sie schmächtig, ja kränklich, von zartem Körperbau, und wie sie, vom Vater magnetisirt, mit geschlossenen Augen im Lehnstuhle dalag und manchmal schmerzlich an allen Gliedern zuckte, konnte sie nicht anders als inniges Mitleiden einflößen. Es gehörte einige Härte des Charakters dazu, ihr nicht glauben zu wollen. Der Vater hauchte ein Taschentuch an, fragte dann den Besitzer des Taschentuches, welchen Duft es aushauchen solle, hielt es dann seiner Tochter unter die Nase, fragte sie, welchen Duft sie rieche, und sie nannte regelmäßig dieselbe Blume, Frucht oder Essenz, welche der Besitzer verlangt hatte. Man erklärte sich Das damit, daß in der an die Somnambule gerichteten Frage des Vaters die Andeutung des Duftes gelegen habe. Aber es war nicht zu leugnen, daß die Frage nur aus sehr wenigen Worten bestand und daß es überaus schwierig, wenn nicht unmöglich war, mit der verschiedenen Stellung der Worte des kurzen Satzes so unzählige Namen von Düften, als im Laufe des Abends genannt wurden, anzudeuten, und unter diesen Düften kamen, wie man sich vorstellen kann, die allerseltensten und ausgesuchtesten vor. Nach diesem Experimente setzten sich verschiedene Personen der Gesellschaft mit der Somnambule in Rapport, indem sie ihre Hand ergriffen und festhielten. Die Somnambule sagte ihnen dann den Inhalt ihrer Gedanken. Die Meisten behaupteten, daß sie es richtig getroffen habe, und wenn sie es nicht traf, gestanden sie ihr zu, etwas zerstreut gewesen zu sein. Es kam auch die Reihe an mich: Signorina Ricciali sollte mir sagen, was und woran ich denke. Sie wand sich krampfhaft und warf sich wie im bösen Traume hin und her, dann bat sie mich wiederholt, meine Gedanken zu sammeln, ich sei zerstreut — Das hindere sie, klar zu sehen. Ich that das Meinige, endlich sagte mir Signorina Ricciali, daß ich weit fortdenke — über die Berge — nach der Schweiz. Das war ganz richtig, ich sollte zwei Tage nach diesem Abende in der That nach der Schweiz abreisen, alle meine Sinne waren dahin gerichtet und auch im gegenwärtigen Momente dachte ich an Genf. „Und wohin nach der Schweiz?" fragte ich wieder. — „Ich sehe," antwortete die Somnambule nach einiger Anstrengung, „eine Stadt an einem See." — „Ganz richtig," sagte ich, „aber die Person, an die ich denke, wie sieht sie aus?" — „Sie hat dunkle Augen." — „Und in welchem Kleide denke ich mir sie?" — Jetzt wurde die Somnambule im höchsten Grade unruhig, sie warf sich hin und her, sie seufzte und warf mir wieder meine Zerstreutheit vor. Dießmal mußte ich widersprechen und ver= sicherte sie, daß ich die Person und das Kleid ganz deutlich vor Augen habe. Nun antwortete sie entschlossen, das Kleid sei schwarz. Unglückseligerweise war es ein hellblaues Ballkleid mit weißen Sternchen, und mein Glaube sank rasch wieder zusammen, wie gerne ich auch dem interessanten Geschöpfe geglaubt hätte. Daß sie auf die Schweiz gerathen, schien mir nicht wunderbar; sie hatte mich Deutsch und Französisch sprechen hören und mochte daraus geschlossen haben, daß ich ein Schweizer sei. Uebrigens befanden wir uns zu Anfang des Frühlings, gerade in jener Jahreszeit, in welcher die meisten Fremden aus Italien nach der

Schweiz reisen. Sobald ich ihr zugegeben, daß ich an die Schweiz denke, war es leicht, die Stadt am See hinzuzufügen; die bedeutendsten Städte, die man in der Schweiz besucht, liegen meist an den Seen. Es blieb nichts übrig, als die dunklen Augen, und die konnten mit dem gleich darauf folgenden Verkennen des Kleides nicht hinreichen, meinen Glauben an die schöne Somnambule und an den Somnambulismus überhaupt zu kräftigen.

Genug der einzelnen Erfahrungen. Anstatt vieler anderer will ich die Geschichte eines Gläubigen zu den bereits erzählten hinzufügen.

Im Herbste des Kriegsjahres 1854 wurde ich sehr krank und elend in das deutsche Hospital zu Konstantinopel gebracht, wo ich ein kleines abgesondertes Zimmer miethete. Einsam, wie ich war, hatte ich trotz aller Schmerzen das Bedürfniß, zu arbeiten, aber unfähig, im Bette aufrecht zu sitzen und selbst zu schreiben, bat ich die Bekannten, sich nach einem Deutschen umzusehen, dem ich diktiren könnte. Wenige Tage darauf trat ein junger Mann mit einigen empfehlenden Zeilen eines Freundes vor mein Bett, und ich war sogleich entschlossen, ihn zu engagiren. Es war eine sehr einnehmende Erscheinung, ein junger Mensch von ungefähr 25 Jahren, der um so rascher für sich gewann, als sein formvolles Auftreten, sein schönes und feines Gesicht in den ärmlichen und abgetragenen Kleidern, die bessere Tage gesehen hatten, Mitleid einflößten. Er trug in Allem und Jedem den Stempel unverschuldeter Armuth; hatte nichts von den Abenteurern, denen man im Orient so oft begegnet, und war vom besten Willen beseelt, seinen Lebensunterhalt auf anständige Weise zu gewinnen. Seine überaus hohe Stirne, über der das Haar trotz seiner Jugend sich schon zu lichten anfing, gab ihm ein geistreiches, sein blaues Auge und sein kleiner weiblicher Mund ein überaus sanftes Aussehen. Wenn er sprach, lächelte er immer, aber dieses Lächeln hatte etwas Rührendes und konnte die Melancholie, die auf diesem Gesichte lag, nicht ganz verdecken. Seine Gestalt war an sich, besonders aber im Verhältniß

zu dem großen Kopfe, sehr klein und schmächtig. Man sagte
sich, Das sei ein Mensch, der zu geistiger, nicht körperlicher Thätigkeit geboren ist. Um so mehr bedauerte man ihn, wenn man
erfuhr, daß er in den letzten Monaten aus Noth schon Kellner-
und Packträgerdienste verrichtet hatte. Da ich des Morgens mit
meiner Kur beschäftigt war, wurde ausgemacht, daß Herr Wallat,
so wollen wir ihn nennen, jeden Nachmittag kommen solle. Wir
fingen sogleich an, und ich hatte durch mehrere Tage alle Ursache,
mit der deutlichen Schrift, mit der Aufmerksamkeit und dem guten
Willen meines Sekretärs zufrieden zu sein. Am vierten oder
fünften Tage unserer Bekanntschaft aber bemerkte ich, daß er
während des Schreibens mehrere Male unwillig den Kopf schüttelte,
sich offenbar unbehaglich fühlte und daß sein Gesicht manchmal
einen höchst schmerzlichen Ausdruck annahm. Ich brach früher ab,
als ich wollte. Er stand auf, legte die Papiere schweigend zusammen und schien auch so gehen zu wollen, als er sich plötzlich zu
mir wandte und mit der tiefsten Betrübniß im Gesichte ausrief:
„Ach, Herr Doktor, Sie können sich nicht vorstellen, was ich leide!"

Diese Klage war so plötzlich und so überzeugend ausgestoßen,
daß ich, überrascht und erschüttert zugleich, nicht sofort einer
Frage fähig war. Nachdem er mich, hart vor meinem Lager
stehend, ebenfalls schweigend einen Moment lang angesehen,
fuhr er fort: „Ist es nicht grausam, einen armen Menschen so in
Allem zu hindern, wenn er sich auf ehrliche Weise sein Brod
verdienen will? Kann man da gar nichts dagegen thun? Ist
Das nicht die größte Ungerechtigkeit? Ist es nicht schrecklich, so
ganz in der Gewalt fremder Menschen zu sein!"

Während er so sprach, legte er beide Hände übereinander,
und sein Gesicht drückte zugleich die höchste Empörung und die
tiefste Niedergeschlagenheit aus.

„Wer ist es," fragte ich, „der Sie so an Allem hindert?"

„Der Dr. Markus aus Mainz," antwortete er in einem Tone,
als ob sich Das von selber verstünde, oder als ob seine Geschichte
Jedermann bekannt sein müßte.

„Dr. Markus aus Mainz," fragte ich — „ist der hier in Konstantinopel?"

„O nein! Der ist immer in Mainz."

„Und von dort aus sucht er Ihnen zu schaden?"

„Allerdings," bestätigte Wallat, „was sind ihm die größten Entfernungen? Mit seinem großen Magnet kann er überall hin wirken und kann er mich erreichen, wo er will."

Ich wurde etwas stutzig, aber ich fragte weiter: „Wie schadet er Ihnen aber?"

„Sehen Sie, Herr Doktor," sagte Wallat, während er mit der rechten Hand vor seinem Ohre zu wiederholten Malen die Bewegung machte, als ob er eine Fliege fangen wollte — „sehen Sie, so haschen sie mir das Wort vor dem Ohre weg, wenn Sie mir diktiren, und es bedarf der außerordentlichsten Anstrengung, um Ihnen zu folgen. Ich habe immer Angst, daß ich nur die Hälfte der Worte schreibe, die Sie mir diktiren, weil sie mir Alles vor dem Ohre wegschnappen. Sehen Sie, so" — dabei machte er wieder jene Bewegung des Fliegenfangens.

„Aber wer sind denn Die, die Ihnen die Worte vor dem Ohre weghaschen," fragte ich, mehr und mehr erstaunt.

„Nun, die kleinen Männchen, sehen Sie" — dabei bückte er sich und streckte die flache Hand tief unter sein Knie — „sie verlassen mich nie, sie umgeben mich fortwährend. Ich kann Ihnen gar nicht beschreiben, welche dummen Späße sie machen; in meinem höchsten Aerger muß ich über sie lachen. Am Schlimmsten treiben sie es, wenn ich mit ihnen allein bin auf meiner Stube, da gibt es ein Gelächter und Possen so toller Art, daß es gar nicht auszuhalten ist, und ich muß über sie lachen, obwohl sie mein Unglück sind. Anfangs, als ich hier in Konstantinopel ankam, war es nicht so arg. Diese neue Welt mit all diesen ungewohnten Sachen, Menschen und Kostümen setzten sie in Erstaunen, und sie schwiegen eine Zeit lang; später lachten sie viel über die Türken, mich aber ließen sie in Ruhe. Jetzt, da sie sich wieder an Alles gewöhnt haben, treiben sie

es gerade so, wie sie es in Korfu, in Ancona und Triest getrieben haben."

Mir war während dieser Mittheilungen sehr wehe zu Muthe.
Kein Zweifel, ich hatte hier einen Wahnsinnigen vor mir, und
zwar einen Wahnsinnigen der phantasievollsten und, wie ich überzeugt war, auch tragischesten Art. Ich war von dieser Entdeckung
so erschüttert, daß ich keines Wortes fähig war. Auch er sagte
nichts mehr und ging höchst traurig aus der Stube.

Am folgenden Tage kehrte er mit seinem gewohnten lächelnden Gesichte zurück. Ich hütete mich, an das gestrige Gespräch
zu erinnern, und diktirte weiter, als ob nichts geschehen wäre.
Er schrieb ruhig seine drei Stunden fort, und ich sagte mir, daß
er wohl nur vorübergehenden Paroxysmen unterworfen sei, wohl
aber den größern Theil der Zeit von seiner fixen Idee nichts ver-
spüre. Er bewies mir sofort, wie sehr ich mich täuschte. Kaum
hatte er die Papiere zusammengelegt, als er sich zu mir wandte
und mir mit großer Befriedigung mittheilte, daß er, seit er mir
von den kleinen Männchen gesprochen, von ihnen beinahe ganz
in Ruhe gelassen worden und daß er besser geschlafen habe als
seit Monaten.

„Ich bin überzeugt," fügte er mit lächelndem und vertrauens-
vollem Gesichte hinzu, „ich bin überzeugt, Herr Doktor, daß ich
Das dem Umstande verdanke, daß die Männchen vor Ihnen Re-
spekt und Furcht haben. Sie könnten viel für mich thun —
wenn Sie z. B. an den Dr. Markus in Mainz schreiben wollten,
daß er mich endlich in Ruhe lasse. Wahrhaftig, eine so große
Strafe habe ich nicht verdient — um so weniger, als ich es gar
nicht gethan habe; glauben Sie mir, Herr Doktor, ich bin gar
nicht der Mensch, der anonyme Briefe schreibt — einer solchen
Niederträchtigkeit bin ich nicht fähig — das hat schon der große
Magnet des Dr. Markus gethan. Mit so einem Magnet schiebt
man Ihnen einen ganz andern Menschen unter, man schiebt
Ihnen Gedanken in den Kopf, die Ihnen ganz fremd sind und
die Ihnen ohne den Magnet niemals in den Sinn gekommen

wären. Ich habe manchmal ganz wahnſinnige Gedanken und manchmal ganz infame verbrecheriſche, deren ich gar nicht fähig bin. So ein Magnet iſt eine ungeheuere Macht, und es ſollte gar nicht erlaubt ſein, daß ein Menſch eine ſolche Macht beſitze und über Andere ſo unumſchränkte Gewalt ausübe."

Mehrere Fragen, die ich an ihn richtete, gingen ganz unge= hört an ſeinem Ohre vorüber, kopfſchüttelnd und vertieft verließ er mich, und ich fing zu ahnen an, daß auf dem Gewiſſen dieſes Unglücklichen eine Schuld laſtete, eine Schuld, in der ein ano= nymer Brief eine Rolle ſpielte. Da er mir von nun an beinahe jeden Tag von ſeinem Zuſtande ſprach, konnte ich mir bald das Allgemeine ſeiner Geſchichte zuſammenſetzen. Ich diktirte ihm einen kleinen Roman, und ich konnte wohl bemerken, wie er bei Beſchreibung einer Liebesſzene glücklich und melancholiſch vor ſich hin lächelte. Er erzählte mir an dieſem Abend, daß er in ſeinem zwanzigſten Jahre in einem Komptoir eines Bankiers in einer der kleinen deutſchen Reſidenzen gearbeitet. „Dort," ſagte er, „kannte ich ein Mädchen, ein Fräulein, das ſo ſchön war, wie die Heldin Ihres Romanes. Ach! Herr Doktor, wie ſehr habe ich ſie geliebt. Ich ſah damals nicht ſo elend und ſchäbig aus wie jetzt; ich war ein eleganter junger Mann und, ich verſichere Sie, ein ganz hüb= ſcher Junge. Ich bildete mir ein, ſie würde mich auch lieben können; denn ſie ſah es offenbar gerne und lächelte, wenn ſie mir überall auf Promenaden, im Theater und Konzerten begeg= nete. Sie war leider adelig und gehörte zu Hofe. In dieſer kleinen Reſidenz ſind Bürgerliche und Adelige ſehr ſtreng von einander geſchieden; ich konnte nie mit ihr ſprechen, aber ich ſtellte mich im Theater und bei Konzerten immer ſo, daß wir uns ſehen und Blicke der Liebe austauſchen konnten. Ich weiß, daß man Das bemerkte, denn man bemerkte Alles, was auf dieſes reizende Geſchöpf Bezug hatte; ſie war die Löwin der Stadt, alle Welt machte ihr den Hof, und der Argwohn meiner Nebenbuhler mußte unſer Verhältniß bald entdecken. Was lag mir daran? Ich war glücklich, ich wußte ja, daß ſie mich liebte, ihre Blicke

sagten es mir zu deutlich. Ich kümmerte mich wenig darum,
wenn die Leute zischelten oder auch mit Fingern auf mich wiesen,
so oft ich mich im Theater auf meinen Posten stellte, um mich
durch drei Stunden an ihrem Anblick zu weiden."

Wallat machte diese Mittheilungen im Tone größter Selbst=
befriedigung; plötzlich aber ballte er die Faust und rief: „Ich
sage, wenn ein Adeliger sich mit einem Bürgerlichen nicht schlagen
will, so ist Feigheit oft vielmehr die Ursache als der Stolz
seines Standes. Der Major von Haßwit [1] war bei Hofe und in
seinen Kreisen ein sehr beliebter Stutzer; aber ich bin überzeugt,
daß er auf dem Schlachtfelde laufen würde, wie groß er auch
thut. Angst, nichts als Angst war es, daß er sich mit mir nicht
schlagen wollte."

„Wie kamen Sie dazu, sich mit dem Major schlagen zu
wollen?" fragte ich erstaunt.

„Sollte ich nicht? Eines Abends im Theater bemerkte ich,
wie er in der Loge jener jungen Dame fortwährend über mich
lachte. Er muß sehr komische Dinge gesagt haben; denn sie lachte
mit, und alle andern Offiziere sahen mich ebenfalls an und lachten,
und bald verspottete mich das ganze Publikum und Das alles in
Gegenwart dieses herrlichen Geschöpfes, das ich so sehr liebte.
Ich will dir zeigen, dachte ich, was ein Kommis kann und wie
er seine Ehre vertheidigt. Major v. Haßwit führte die Dame
aus dem Theater. Auf der Treppe trat ich ihm in den Weg.
Kaum sah er mich, als er ausrief: ‚Der dummen Geschichte muß
ein Ende gemacht werden!' und mit einer schmachvollen Bewegung
seines Beines stieß er mich aus dem Wege und die Treppe hin=
unter. Das niederträchtige Publikum lachte, und das Hoffräulein
lachte auch. Ich war außer mir, ich stürzte noch einmal auf
den Major los und forderte ihn auf der Stelle. Da lachte das
Publikum wieder, und das Hoffräulein lachte wieder mit."

Wallat erzählte die Geschichte an jenem Abende nicht

---

[1] Wir geben hier andre Namen, da die Träger der wirklichen zum Theil
noch leben.

weiter, auch an den folgenden Abenden kam er nicht wieder
darauf zurück. Er sprach nur hier und da abgebrochen von dem
Major v. Haßwit, und bei einer solchen Gelegenheit erzählte er,
daß dieser Major v. Haßwit ein sehr intimes Verhältniß mit
der Baronin Steiningen hatte und daß der Baron Steiningen
von diesem Verhältniß durch einen anonymen Brief unterrichtet
wurde. Der Baron Steiningen, nachdem er durch diesen Brief
von dem Verhältniß erfahren, gab vor, auf die Jagd zu gehen,
kehrte plötzlich zurück und überzeugte sich, daß der anonyme
Brief ihn nicht getäuscht hatte. Major Haßwit wurde bei dieser
Gelegenheit lebensgefährlich verwundet und die Baronin Steiningen am hellen Tage aus ihrem Hause auf die Straße gestoßen. Ihre ganze Familie, sonst sehr geehrt, kam dadurch in
eine sehr traurige Lage und war gezwungen, sich in ein einsames
Dorf zurückzuziehen. Das Aergerniß war damals sehr groß in
der Residenz, und alle Welt verfluchte den anonymen Brief-
schreiber.

„Und wann wurde dieser Brief geschrieben?“ fragte ich,
immer klarer sehend in dieser Geschichte.

„Ich schrieb ihn in derselben Nacht,“ erwiderte Wallat, „die
auf den Abend folgte, an welchem mich der Major Haßwit vor
den Augen der Geliebten beschimpfte. Nein,“ fügte er dann ver-
bessernd hinzu, „nicht ich; ich glaubte damals auch, ihn geschrieben zu haben, aber kaum war er abgeschickt, als ich erkannte,
daß Dieß unmöglich war. Glauben Sie mir, Herr Doktor, ich
bin einer solchen Niederträchtigkeit nicht fähig. Nicht ich habe
den Brief geschrieben; gleich am Morgen wußte ich, daß es der
Dr. Markus aus Mainz war, der mit Hülfe des großen Mag-
neten, den er besitzt, mich zwang, diesen Brief zu schreiben. Mir
selbst wäre ein solcher Gedanke niemals gekommen.“

„Damals schon,“ erzählte er mir ein anderes Mal, „kurz
nachdem der Skandal mit der Baronin Steiningen vorgekommen,
erschienen die kleinen Männchen. Der Baron wollte sich an mir
rächen, daß ich ihm die Augen geöffnet und ihn zu einem Schritte

verleitete, den er, als so viel Unglück daraus erfolgte, bereute,
und er bezahlte den Dr. Markus in Mainz, daß mir sein großer
Magnet die kleinen Männchen nachschicke. Ich hielt es nicht aus
und begab mich, um den Männchen zu entfliehen, nach Wien,
wo ich in einem befreundeten Handlungshause sogleich eine Stelle
fand. Anfangs ging Alles gut, aber nach einiger Zeit hatte der
Magnet meinen Aufenthalt doch ausgespäht, und die Männchen
erschienen wieder. Indessen hatte ich die Erfahrung gemacht, daß
sie doch eine Zeit lang suchen mußten, bis sie mich fanden, und
darum begab ich mich weiter nach Triest. Dort war es wie in
Wien: nach einigen Tagen waren die Männchen wieder da. Ich
wußte nicht mehr, was anzufangen, ich war in Verzweiflung und
verfiel endlich in eine schwere Krankheit. Durch viele Tage
kämpfte ich bewußtlos mit einer Hirnentzündung. Als ich genas,
war ich von den Männchen frei, und ich glaubte, daß sie nur in
meiner Einbildung existirt hätten, daß sie bloß Ausgeburten
meines bereits zur Krankheit geneigten Hirns gewesen. Mit der
Genesung von dieser Krankheit hoffte ich dieser Einbildungen für
immer ledig zu sein; aber ich mußte mich leider überzeugen, daß
diese Männchen nicht Ausgeburten meines Gehirns, sondern
wahrhafte Wirklichkeiten waren, denn bald erschienen sie wieder
und zwangen mich zur neuen Flucht nach Ancona. Eine Stelle,
die ich dort fand, verlor ich nach einigen Tagen wieder, was
mich nicht grämte, weil ich eben im Begriffe war, vor den
Männchen nach Korfu zu fliehen. Von Korfu floh ich weiter
hierher nach Konstantinopel und habe seit Ancona die traurige
Ueberzeugung, daß mich die Flucht jetzt nicht einmal mehr für
einige Tage von meinen Verfolgern befreie. Sie lassen mich
wohl manchmal zu Athem kommen, aber ich höre sie fortwährend
in meiner Nähe lachen und kichern und Scherze machen, die mich
zur Verzweiflung bringen, während ich selber mitlachen muß.“

Ich behaupte nicht, daß ich die Geschichte Wallats so erzähle,
wie ich sie erfahren habe. Ich mußte mir sie aus mehr zerstreuten
Bruchstücken zusammensetzen und gebe sie dem Leser geordneter,

als ich ſie empfangen habe. In den abgebrochenen Sätzen, in denen ſie mir mitgetheilt wurde, klang ſie tragiſcher, als ſie der Schriftſteller mittheilen kann, und wie ſie ſtückweiſe aus den Nebeln emportauchte, machte ſie einen viel erſchreckenderen Eindruck, als dieſe Aufzeichnung hervorbringen kann.

Ich hatte das Hoſpital noch nicht verlaſſen, als ich erfuhr, daß Wallat aus Konſtantinopel verſchwunden war. Vielleicht machte er einen neuen Verſuch, dem Magnet des Dr. Markus zu entgehen.

Auch mit der Tiſchrückerei und Geiſterklopferei habe ich in der erſten Zeit ihres Auftretens zu Paris Manches erlebt. Ueber den Unſinn an und für ſich wäre jedes Wort verloren; ich will nur kurz Einiges hinzufügen, was ich, nicht mit der Sache, ſondern mit den Menſchen bei dieſer Gelegenheit erfahren.

Die erſten Anhänger fand die neue, amerikaniſche Lehre in ariſtokratiſchen Kreiſen — und bald wußte man die wunderbarſten Geſchichten von den tanzenden Tiſchen zu erzählen, die in einem der älteſten und adeligſten Häuſer des Faubourg St. Germain ihr Weſen trieb. Von dieſem Hauſe aus verbreitete ſich die Epidemie in alle mit jenem Hauſe befreundeten Kreiſe. Nach wenigen Wochen wußte man, daß Mademoiſelle P..., ein Sprößling jenes uralten Hauſes, das ſich Königen gleich ſtellt, ein fünfzehnjähriges, dickes Mädchen, die gewaltigſten Tiſche auf eigene Fauſt tanzen machte und Vater, Mutter und die ganze Ariſtokratie an der Naſe herumgeführt hatte. Vom Augenblicke der Entdeckung hörten alle ariſtokratiſchen Tiſche dieſes Kreiſes zu tanzen auf. Dem dicken Mädchen hatte es geſchmeichelt, daß man ihr ſo viel „Fluidum" zugetraut.

Größeres Unheil verurſachten die Erzählungen von den tanzenden Tiſchen in einem gewiſſen Atelier einer gewiſſen bekannten Malerin. Dort, das wußte man, verſammelten ſich die geiſtreichſten und gebildetſten Menſchen, Künſtler, Gelehrte, Mitglieder der Akademie: was unter deren Augen vorging, war nicht wegzuleugnen, und ebenſo ſtand es feſt, daß viele dieſer

ausgezeichneten Menschen in diesem Atelier durch Thatsachen,
die sie nicht wegbisputiren konnten, vom krassesten Unglauben
zum Glauben an die tanzenden Tische bekehrt worden. Wo immer
in Paris man sein Wort gegen den neuen Aberglauben erhob,
wurde man mit Hinweisung auf die Vorgänge in jenem Atelier
niedergeschmettert. Was nützte alles Leugnen, Räsonniren, Philosophiren im Angesichte jener Thatsachen und der Zeugenschaft,
welche die ausgezeichnete Gesellschaft ablegte?

Eines Tages, gegen Ende des Sommers, der auf jenen
Tisch-rück-Winter folgte, kehrte ich von Fontainebleau nach Paris
zurück. Ins Coupé steigend, fand ich daselbst zu meiner freudig-
sten Ueberraschung eine alte, gute Bekannte, deren Gesellschaft
mir immer lieb gewesen, die mir aber, wie Dieß in Paris zu
gehen pflegt, seit ungefähr einem Jahre aus den Augen verschwunden war. Fräulein B...., eine Dame in angenehmen
Jahren, war in vielen und guten Gesellschaften von Paris eine
gerne gesehene Erscheinung. Als ehemalige Gesellschafterin einer
Kaiserin hatte sie große Reisen und reiche Erfahrungen hinter
sich, die in Verbindung mit ihrem Witze, ihrem scharfen und
hellen Verstande eine nicht unbedeutende Persönlichkeit aus ihr
machten. Durch ihre Rente wie durch ihre Jahre und gesellschaftliche Stellung vollkommen unabhängig, scheute sie sich auch nicht,
die Unabhängigkeit ihres Geistes wie ihrer Ansichten die Welt
errathen zu lassen — so weit es ihr genehm und bequem war.
Ich freute mich immer, mit ihr zusammen zu treffen — und da
sie Das wußte und wir in Gesellschaften oft unsere Beobachtungen
und Bemerkungen austauschten, sie mir außerdem viel von ihren
früheren Erlebnissen an einem deutschen Königs- und einem
fremden Kaiserhof zu erzählen pflegte — hatte sich zwischen uns
ein ziemlich vertrauliches Verhältniß gebildet. Die Freude über
das Wiedersehen im Coupé war beiderseitig, und da wir allein
waren, ging es bald an Erzählungen, Bekenntnisse, Mittheilungen aller Art. Indessen bemerkte ich doch, daß Fräulein B.
mit etwas zurückhielt, daß sie, vom letzten Winter sprechend,

nicht ganz mit der Sprache herauswollte, daß ſie mich manchmal prüfend anſah und überlegte, ob ſie es wagen ſolle oder nicht? Endlich, nachdem ich über ihre ſichtliche Unſchlüſſigkeit meine Be- merkung gemacht hatte, brach ſie los: „Ja,“ rief ſie, „ich muß es Ihnen ſagen! Ich muß einen Vertrauten haben, ſonſt bohre ich wie Midas' Barbier ein Loch in die Erde und rufe es da hinein: ‚Auch die geſcheiteſten Menſchen haben Eſelsohren, auch Aka- demiker.‘ Wie oft habe ich es gewünſcht, mit Ihnen zuſammen zu treffen, um es Ihnen erzählen zu können, und jetzt, da mich der Zufall mit Ihnen zuſammen führt, ſollte ich ſchweigen?“

Sie fing zu erzählen an — und — um es kurz zu ſagen: ſie war Diejenige, welche die ganze ausgezeichnete Geſellſchaft des Ateliers gläubig gemacht hatte — ſie war es, die alle dieſe Künſtler und Gelehrten, Philoſophen und Naturforſcher genas- führt hatte — und zwar mit den gewöhnlichſten, oft gröbſten Mitteln, die, wie ſie meinte, einem Kinde hätten auffallen müſſen. Sie erzählte, wie die geſcheiten Leute Dinge geſehen und gehört, die gar nicht vorgekommen, wie man über ſie her- fiel, wenn ſie es wagte, Wunder anzuzweifeln, die ſie ſelbſt ge- macht — und lachend kamen wir in dem geſcheiten, gläubigen, byzantiniſchen Paris an.

Trauriger war die Erfahrung, die wir Deutſchen mit einem Landsmanne machten. Profeſſor K. kam als Flüchtling nach Paris, da er daheim, in Oeſterreich, ein Radikaler geweſen war und der äußerſten Linken einer konſtituirenden Verſamm- lung angehört hatte. Er galt in ſeiner Partei niemals für ein großes Licht; aber man glaubte doch, daß er einer Ueber- zeugung fähig ſei, und Dieß um ſo mehr, als er vorzugsweiſe philoſophiſche Studien gemacht hatte. Bald aber zeigte es ſich anders. Die Entbehrungen des Flüchtlingslebens, die Nothwen- digkeit, ein Märtyrerthum auf ſich zu nehmen, zu dem er nicht den geringſten Beruf hatte, innere Haltloſigkeit bei ganz neuer Lebensweiſe und Umgebung — Dieſes alles, kombinirt mit einer ſehr verſtimmenden Krankheit, führte einen ſo raſchen Verfall der

ohnehin schwachen geistigen Kräfte herbei — daß seine Bekannten
wohl erschraken, sich aber nicht verwunderten, ihn plötzlich als
Apostel des Tisch- und Hutrückens auftreten zu sehen und von
allerlei Geistern und Geistererscheinungen predigen zu hören. Es
ist mir noch heute eine niederschlagende Erinnerung, wie er mich
und einen Freund eines Tages zu einem Kapitän C.... brachte,
um uns die Wunder sehen zu lassen, die dieser mit Hüten, Tischen,
Wassergläsern verübte, wie er gläubig dasaß und mit blöd-
sinnigem Auge zusah und in seiner Gläubigkeit nicht gestört
wurde, als ich den Kapitän durch Fragen nach Dingen, die nicht
existirten, ad absurdum führte — wie er wahnsinnig auf-
wieherte, als der Kapitän versicherte, daß jetzt Goethe im Tischchen stecke 2c. — Auf dem Heimwege setzte uns der Professor
auseinander, wie in jedem Tropfen Wasser, das sich im Zimmer
befinde, ein Geist stecke, in jedem Funken Feuer, so daß, wenn
man eine Cigarre rauche, man einen Geist mit sich herumtrage,
und wie man auf diese Weise nie allein sei, sondern immer in
Gesellschaft von Geistern. Es war der vollständigste Wahnsinn,
der um so unheimlicher war, als K. sich in demselben sehr wohl
zu fühlen schien, da er immer nur mit einem gewissen, freilich
blödsinnigen Lächeln seine Theorieen auseinandersetzte.

Nicht lange darauf verschwand K. aus Paris. Er ging nach
Amerika. Nach ungefähr drei oder vier Jahren kam er wieder
zurück und zwar körperlich, wie es schien, geheilt und geistig
ebenfalls etwas hergestellt, denn er sprach nicht mehr von Geistern und tanzenden Tischen. Doch blieb er moralisch für immer
ruinirt: der Rest von Charakter hatte sich in vollkommene Halt-
und Grundsatzlosigkeit aufgelöst. Vor seiner Reise wahnsinniger
Spiritist, kehrte er aus Amerika als „Praktiker" zurück, und unter
dieser Firma diente er der Sache, die er früher bekämpft hatte,
verleumdete er die Menschen, die sich früher aus Mitleid seiner
angenommen — mit einem Wort: er schien einige geistige Kraft
wieder gewonnen zu haben, nur um den Rest der moralischen
definitiv zu Grunde zu richten.

War auch bei diesem Professor der Glaube an dergleichen
Unsinn die Folge von Geistesschwäche, so mag es doch auch oft
der Fall sein, daß umgekehrt solcher Glaube zur Geistesschwäche
führt — und wie oft mag Das schon vorgekommen sein, seit man
an Somnambule, Magnetiseure, Mediums, an Dupoté's, Alexis
und Brüder Davenport glaubt!

(1862—1867.)

Die schwarzen Bankozettel.

———

Es war immer ein großer Moment — einer jener Momente, welche sich den Kindern unauslöschlich in Herz und Phantasie einprägen — wenn die Großmutter von Zeit zu Zeit die unterste Lade der alten, ausgeschweiften und mit gelb und braunen Holzmosaiken ausgelegten Kommode aufzog und uns daselbst einen Haufen kleiner, gerollter, mit Bindfäden zusammengebundener Pakete sehen ließ. Sie besaß noch andere Merkwürdigkeiten, die uns mit Staunen und Bewunderung erfüllten, wie z. B. eine unendlich lange Allonge-Perücke, die sie von ihrem Großvater geerbt und wie ein Heiligthum aufbewahrte. In einem schön geschnitzten, vor Alter kohlschwarzen Eichenkästchen bewahrte sie silberne Moschusbüchschen, einen Thurm in Filigran gearbeitet, der einem Dogen von Genua gehört haben sollte, eine goldene Denkmünze auf die Befreiung Münchens von den Schweden vom Jahre 1640 und dergleichen Antiquitäten mehr, die sie meist bis auf die Zeiten Karls des Großen zurückführte. Den Gegenständen, die eine Jahreszahl aufzuweisen hatten, gab sie gewöhnlich ein Alter von so vielen Jahren, als die Jahreszahl besagte; so kam es, daß die jüngeren Gegenstände in ihrer Schätzung die älteren wurden und umgekehrt. Aber wie groß auch die Andacht war, die uns Aussehen und Alter dieser Familienschätze einflößten, so war es doch nur ein oberflächliches Gefühl im Vergleiche mit jenem, das uns durchrieselte, wenn sie jene unterste Lade der Kommode aufzog und mit ausgestrecktem Arme und Zeigefinger

auf die unſcheinbaren kleinen Papierpaketchen zeigte. Da ſtanden
wir und blickten in den dämmerigen Raum, ungefähr wie man
in ein Grab oder in einen Abgrund blickt. Unſere kleinen
Hände legten wir dann auf den Rücken, um der Verſuchung, jene
geheimnißvollen Paketchen zu berühren, leichter widerſtehen zu
können, wohl wiſſend, daß eine ſolche Berührung von der Groß=
mutter unnachſichtlich mit einem tüchtigen Schlage auf die vor=
witzige Hand beſtraft würde. Die Großmutter ſah aber in dieſen
Augenblicken auch zu imponirend und großartig aus.

Den Oberkörper zurückgebeugt und den Arm vorgeſtreckt,
glich ſie faſt der Kaiſerin Maria Thereſia, deren Kupferſtich in
derſelben Stube über der Kommode hing, und dieß umſomehr,
als ſie genau dieſelbe Haube mit den zwei großen Spitzen trug,
die rechts und links die Augen wie zwei Flügel beſchatteten. Wenn
wir lange genug in die dunkle Lade geſtarrt, ſagte ſie mit tiefer
Stimme: „Seht, ihr Kinder, das ſind die ſchwarzen Bankozettel!"
— Und nachdem wir dieſe Mittheilung regelmäßig mit einem
halb erſtaunten, halb furchtſamen „Oh!" beantwortet, fuhr ſie,
immer in die Lade weiſend und mit etwas erhöhter Stimme fort:
„Da liegen zwanzigtauſend todte Gulden!"

Unſer Oh! wiederholte ſich mit einem Ausdrucke des Schreckens,
ja des Grauens. Zwanzigtauſend todte Gulden! War das nicht
genug, um Kindergemüther mit allen möglichen Schrecken zu
erfüllen? In dem Augenblicke ſahen wir die zwanzigtauſend
Gulden erſt leibhaftig und lebendig und gleich darauf als ebenſo
viele Leichen vor uns. Aber unſer Schrecken wich ſogleich der
tiefſten moraliſchen Entrüſtung, denn die Großmutter fuhr nun=
mehr mit drohend erhobenem Arme und entſprechender Stimme
fort: „Um Das alles hat uns der Kaiſer Franz gebracht! Um
zwanzigtauſend Gulden hat er uns gebracht, der Kaiſer Franz.
Und wißt ihr, wie?" — „Durch das Finanzpatent!" ſchrieen wir
im Chor.

Wir hatten Das ſchon ſo oft gethan, daß wir es bereits mit
außerordentlicher Uebung wie mit einer Stimme thaten, und daß

wir uns, wenn sie die unterste Schieblade öffnete, auf den Moment
freuten, wo wir una voce ausrufen konnten: „Durch das Finanzpatent!"

Die Großmutter schien dann befriedigt, schob die Lade zu,
drehte sorgsam den Schlüssel und steckte ihn in die Tasche. Aber
die Szene war damit noch nicht geschlossen. Sie erklärte uns
dann weiter, wie wir jetzt ohne den Kaiser Franz und sein Finanzpatent reiche Leute wären und um wie viel leichter es ihr würde,
uns, ihre vier verwaisten Enkelchen, ordentlich erziehen zu lassen
und zu versorgen. Und ans Fenster tretend, zeigte sie uns einen
schönen Komplex von Gebäuden, der, beinahe schloßartig, ungefähr eine halbe Stunde fern von unserem Dorfe freundlich von
einem Hügel herabgrüßte wie ein alter Bekannter, wie Einer,
der zu uns in freundschaftlichen oder verwandtschaftlichen Beziehungen stünde. „Das ist der Hendrichshof!" riefen wir dann
wieder einstimmig.

„Richtig!" bestätigte die Großmutter und fragte dann wie ein
Schulmeister: „Und warum heißt er der Hendrichshof?" — „Weil
unser Urgroßvater Hendrich hieß," antwortete wieder der Chorus.

„Richtig!" bestätigte dann wieder die Großmutter und fügte
hinzu: „Und den Hendrichshof, der seit uralten Zeiten unserer
Familie gehörte und in dem einmal der General Laudon über-
nachtete, den haben wir damals verkaufen müssen, als die
schwarzen Bankozettel mit Einem Male keinen Kreuzer mehr werth
waren. Und wie verkaufen?" rief sie mit klagender Stimme. „Für
die Kühe, die im Stalle waren, bekämen wir heute mehr, als
uns damals für den ganzen Hof mit Kühen, Pferden, Schafen
und Feldern bezahlt wurde. Aber was sollten wir beginnen,
man mußte doch etwas Geld in der Hand haben; wir wären
sonst ganz zu Grunde gegangen und an den Bettelstab gekommen."

Nach dieser letzten Klage verlor sich die Alte gewöhnlich mit
gebeugtem Haupte und so gedrückt, als ob das Finanzpatent eben
erst jetzt promulgirt worden wäre, in die Dunkelheiten der Küche.
Wir Kinder setzten uns dann hin und schwelgten in allerlei

Phantaſien, was wir thäten und begännen, wenn der Hendrichs=
hof uns noch gehörte und wenn wir noch ſo reich wären. wie wir
es vor dem Finanzpatent geweſen. Ich ſprach von einer Reiſe nach
Mexiko, welches damals, da ich gerade Campe's „Eroberung von
Mexiko" geleſen, einen beſonderen Reiz für mich hatte; meine
ältere Schweſter wollte Roſa von Tannenburg beſuchen und ihr
die ſchönſten Sachen mitbringen; mein ebenfalls älterer elfjähriger
Bruder kaufte ſich ein Paar ſchwarzer Ponies mit einem kleinen
Wurſtwagen dazu, genau daſſelbe Geſpann, wie es der Doktor
in der Stadt hatte und das manchmal, die ganze Dorfjugend
aufregend, an unſerem Hauſe wie ein Stück Märchen vorüber=
flog; unſer Jüngſter war in ſeinen Wünſchen am Wenigſten ge=
nügſam, denn er wollte Alles, was wir drei Aelteren wollten,
Ponies kaufen, Roſa von Tannenburg beſuchen und Mexiko be=
reiſen, ſogar erobern. Dann, wenn wir gehörig im Glücke ge=
ſchwelgt, ſprachen wir von den traurigen alten Zeiten und mit
großer Entrüſtung über das ſchreckliche Finanzpatent. „Das
Finanzpatent" war uns ein geläufiger Ausdruck, denn die Groß=
mutter brauchte ihn bei jeder Gelegenheit. Es war ihr eine
Gränzſcheide in der Geſchichte der Menſchheit, wie dem Hiſtoriker
die Erbauung Roms, die Hunnenſchlacht, die Entdeckung Amerika's
oder die Eroberung Konſtantinopels durch die Türken. Sie ſagte
z. B.: „Ja, Das waren noch gute Zeiten, Das war noch vor dem
Finanzpatent." „Mein Sohn, Gott habe ihn ſelig, war zwanzig
Jahre alt zur Zeit des Finanzpatentes." „In dieſes Haus zogen
wir, jenes Feld kauften wir ſo und ſo lange nach dem Finanz=
patent." „Nachbar Krandt ſtarb acht Monate nach dem Finanz=
patent, er konnte es eben auch nicht verwinden; es ſchlug ihm auf
die Bruſt, ſein Blut wurde zu Waſſer, und der ſo geſunde Mann
mußte auch daran glauben."

Wenn die Großmutter ſo mit uns vor der Kommode ſtand
und uns die ſchwarzen Bankozettel ſehen ließ, ſaß der Großvater
draußen vor der Thür auf ſeiner Bank und brummte gar viel
über Weiberthorheit und dergleichen. Sein Grundſatz war: „Was

abgemacht ift, ift abgemacht," und fo wollte er auch nicht immer
an die zwanzigtaufend Gulden und an den Hendrichshof erinnert
werden, die er durch das Finanzpatent verloren hatte, umfoweniger
als er fich feitdem durch Arbeit und gute Spekulationen fo ziemlich wieder aus dem Dickften herausgearbeitet hatte. Jetzt war
es freilich mit Arbeit und Geschäften zu Ende, denn Chiragra
und Podagra im engften Bunde feffelten ihn feit Jahren an den
Lehnftuhl in der Stube und an die Bank vor dem Haufe. Das
war auch der Grund, daß er über die Thorheiten und Phantafien
der Großmutter und über ihre unloyalen, gegen Kaifer Franz
gerichteten Reden nur fo lange brummte, als der Auftritt drin an
der Kommode dauerte.

Er fehnte fich bald wieder mit ihr aus, wohl wiffend, daß
er derfelben Kraft, die fo mächtig über den Kaifer zu fchimpfen
verftand, Vieles verdankte. Seit Jahren ruhten alle Sorgen
des Haushaltes, der kleinen Oekonomie, des Schaufelhammer-
gefchäftes und der Erziehung der vier verwaisten Enkelkinder auf
ihren Schultern, und fehr anerkennenswerth war es, mit welchem
Heldenmuth fie den Schmerz über den Tod ihres Sohnes und
der Schwiegertochter niederkämpfte, um die Kraft und die Ruhe
zu gewinnen, das Haus in Ehren aufrecht zu erhalten und den
Kindern, foweit es anging, die verlorenen Eltern zu erfetzen.
Mit derfelben Energie behauptete fie, daß fie mindeftens fünf
und achtzig Jahre alt werden, das heißt fo lange leben müffe,
bis der kleine Otto, ihr jüngftes Enkelkind, das zwanzigfte Jahr
erreicht habe. Sagen wir es gleich hier, daß fie diefen Entfchluß
ebenfo treu ausgeführt, wie alle anderen Entfchlüffe ihres Lebens.
Als Otto wirklich feinen zwanzigften Geburtstag feierte — der
Großvater war fchon feit mehreren Jahren todt — war es, als
ob man aus ihrem Innern plötzlich ein Gerüfte, das fie ftramm
und aufrecht erhalten, weggenommen hätte, und nicht ganze drei
Monate nach jenem Geburtstage entfchlief fie fanft, wie fie noch
mit letzter Anftrengung angab: "Gerade zwei und dreißig Jahre
nach dem Finanzpatent."

Aber nur ſelten, nur, wie geſagt, in großen und feierlichen
Momenten öffnete ſie die Kommode, wenn ſie auch mit der Vergangenheit und dem Finanzpatent öfter haderte und jede Gelegenheit ergriff, uns Kindern einen wahrhaft hannibaliſchen Haß
gegen daſſelbe einzuflößen. Daran war der Großvater längſt
gewöhnt, und ſelten verwies er uns, wenn auch wir gegen das
ſchändliche Finanzpatent, das wir uns als eine Art Gegenſatz
und Widerſpiel des Chriſtkindes vorſtellten und gegen den Kaiſer
Franz, deſſen Vater, mit Kraftworten zu Felde zogen, die zu
unſerem Alter in keinem Verhältniſſe ſtanden. Er gab ſich ruhig
und mit Muße ſeiner Beſchäftigung hin, und dieſe beſtand darin,
daß er, als eine Art Hochwächter der Gegend auf ſeiner Bank
daſitzend, ſo weit ſeine noch immer guten Augen reichten, die
Felder und Wieſen überwachte und auch auf den Himmel, reſpek-
tive das Wetter, ſeine vorſorgliche Aufmerkſamkeit richtete. Er
war ſo der Cenſor ſämmtlicher Bauern des Dorfes, und Derjenige unter ihnen, der ſein Feld zu früh oder zu ſpät beſtellt
oder nicht ganz nach den Regeln, die mein Großvater für die
rechten hielt, bekam, wenn ihn der Weg am Hauſe vorüberführte,
manchen eindringlichen Rath, manchmal ſelbſt eine Predigt zu
hören, die nicht in evangeliſche Worte gekleidet war. Denn er
war ein auffahrendes Gemüth, unſer Großvater, und nahm ſich
das Wohl ſeiner Nachbarn ganz ernſtlich zu Herzen. Das wußten
die Bauern auch und nahmen es ihm daher nicht übel, ſelbſt
wenn er ſie expreß vor ſeine Bank wie vor einen Richterſtuhl
zitirte und ſie ſelbſt oder einen ihrer Knechte der Fahrläſſigkeit,
der Trägheit oder Dummheit anklagte. Er that Das mit ſolchem
Eifer, als ob ſie alle ſeine Knechte wären und ſein Feld beſtellten.
Man wußte, daß er es gut meinte; man erkannte ſeine Vormund-
ſchaft an und nahm auch ſeine derbſten Zurechtweiſungen dankbar
und unterwürfig hin. Wie ſollte man nicht? Wußte man doch
auch, daß man ſich nur an ihn zu wenden brauchte, wenn das
Kapital zur Anſchaffung einer Kuh, eines Pferdes, eines neuen
Pfluges fehlte. So an hundert Gulden und mehr hatte er trotz

des Finanzpatentes für solche Hülfeleistungen immer bereit, gerade so, wie die Großmutter ebenfalls trotz des Finanzpatentes
für andere Bewohner des Dorfes, für die der Großvater keine
Felder und Wiesen zu überwachen hatte, immerbar allerlei andere
Dinge bereit hielt. Ihr gewaltig großer Backofen besaß einen
eigenen Winkel, in welchem allwöchentlich eine bedeutende Anzahl
Laibe gebacken wurden, die nicht fürs Haus bestimmt waren, die
noch ganz warm unter der Schürze in die verschiedensten Richtungen ausgetragen wurden, mit einer Regelmäßigkeit, wie man
heutzutage die Zeitungen austrägt. Und wie klein auch der Haus-
halt war, so verstand sie es doch, mit jedem Eintritte des Winters
eine erkleckliche Anzahl alter Kleider zusammenzubringen, welche
zumeist den Weg des Brodes gingen, und in ihrem großen, mit
Blumen bemalten Schranke auf dem Hausflur fand sich wunder-
barerweise bei den meisten Krankheitsfällen im Dorfe gerade das
Hausmittel, manchmal selbst der Wein — es war meist Melniker
— der in diesem Falle besonders angezeigt war.

Großvater und Großmutter hatten Beide ihre Adjutanten
und Vertrauten, die sie in ihren Beschäftigungen unterstützten.
Der großmütterliche war ein Schulmeister ohne Schule. Er war
vor langen Jahren ins Dorf gekommen, kurz nach dem Gesetze,
welches jeder größeren Gemeinde anbefahl, eine Schule zu errichten und einen Schulmeister zu bezahlen. Beides that man
auch in unserem Dorfe, aber als das Finanzpatent den Bauern
den vorletzten Kreuzer aus der Tasche nahm und der Krieg den
letzten, und als ein humoristischer Kosak nur zum Vergnügen,
nicht aus Feindschaft, denn er war ja unser Alliirter, das Dorf
ansteckte und bei dieser Gelegenheit das noch ganze neue Schul-
haus in Flammen aufging, verloren die Bauern den Muth, ein
anderes zu bauen, mit dem Schulehalten hatte es ein Ende,
und man sah nicht ein, warum man den Schulmeister bezahlen
sollte. Dieser aber figurirte sammt der Schule auf der Liste des
Kreisamtes, auf dem Papiere, und damit begnügte sich die
Regierung, und so blieben die Dinge seit dem Finanzpatent bis

in die Tage, von denen wir erzählen. Für die Großmutter war
es Grund genug, daß des Schulmeiſters Schickſal mit dem
Finanzpatent zuſammenhing, um ihm ihre wärmſten Sympathien
entgegenzubringen, obwohl er auch ſonſt ſo geartet war, daß er
das lebhafteſte Mitleid einflößen mußte. Wie ein abgeſchiedener
Geiſt und in jeder Beziehung wie förperlos ſchlich er im Dorfe
umher, ohne Zweck, ohne Beſchäftigung, ohne Gehalt und Brod.
Zu gutmüthig, um ſeine Rechte geltend zu machen und als
Kläger gegen die Bauern aufzutreten, — die jetzigen waren der
Mehrzahl nach einſt ſeine Schüler geweſen — kam er ſich ſelbſt
wie ein Schatten vor, und in dieſem Gefühle verwandelte ſich
ſein ganzes Weſen und wurde ſein Schritt wie ſeine Stimme
unhörbar. Er ging auf den Fußſpitzen, immer als ob er zu
ſtören fürchtete, und ſeine Reden waren nur ſo hingehaucht. Die
Kleider meines Großvaters, der, je länger ihn das Podogra an
die Bank bannte, deſto korpulenter wurde, waren auch eher
geeignet, die Körperloſigkeit als die Körperlichkeit des Schul=
meiſters darzuthun; er wäre ein Nichts geweſen, wenn er nicht
der Schützling meiner Großmutter geweſen wäre, und er hätte
nichts, gar nichts zu ſchaffen gehabt, wenn er nicht um und
durch das Haus hätte ſchweben dürfen, und wenn zwiſchen den
Kleidern des Großvaters, die er trug, und ſeiner Leiblichkeit
nicht ſo viel Raum geblieben wäre, um daſelbſt die größten
Brode und Kleiderbündel zu verbergen, welche ſie an die ver=
ſchämteſten Hausarmen des Dorfes verſendete. Zu einigem neuen
Leben und Bewußtſein erwachte er, als wir Enkelfinder ins Haus
famen und unſere literariſche Erziehung ſeiner Sorge anver=
traut wurde. Von dem Augenblicke an wurde er im Hauſe noch
heimiſcher und gewann ſeine Stimme, wenn auch nicht ſein
Schritt, an Ton und Konſiſtenz. Sehr viel trug es zur Ver=
beſſerung ſeiner Lage bei, daß die Großmutter nunmehr beinahe
immer einen Menſchen bei der Hand hatte, dem ſie vom Finanz=
patent ſprechen, gegen den ſie ſich über Kaiſer Franz auslaſſen
fonnte und der ihr beinahe ebenſo andächtig zuhörte wie wir

Kinder. Und wie uns Kindern wurde ihm endlich auch gestattet, in jenen großen Momenten, wenn die Großmutter die Lade öffnete und die schwarzen Bankzettel sehen ließ, gegenwärtig zu sein. Er stand dann hinter uns, aber seine lange Gestalt beugte sich weit vor, und mit einem Blitzen, das sonst an seinen sanften Augen nie bemerkt wurde, blickte er in die Dämmerungen der Kommode. Er nahm die zwanzigtausend Gulden in Bankozetteln für baare Münze; er sah in der Lade einen Schatz, ein ungeheueres Vermögen, einen Nibelungenhort. Uns Kinder erfüllte der Anblick mit Neugierde, mit jener Theilnahme, die uns jede Geschichte erregte, und aus Pietät für die Großmutter auch mit Andacht; ihn aber mit einem Gefühle, das nur das Gewaltige, das Undenkbare einflößt und das beinahe Grauen ist. Er hatte nie den Muth empfunden, vom Leben das Geringste zu verlangen; jetzt aber erwachte etwas wie die auri sacra fames in seinem Herzen. Zum ersten Male fühlte er ein Auflodern der Leidenschaft. Als Mitwisser des großen Geheimnisses wuchs er in seinen eigenen Augen. Nach dem Genusse eines solchen Schauspieles ging er größer und mit etwas lautererem Schritte einher. Der Großvater zuckte die Achseln und meinte, „der Lehrer sei mehr Kind als die Kinder." Die Großmutter erwiderte, „alle Schulmeister seien wie die Kinder, und Das sei auch das Rechte, denn ohne Dieses würden sie ja die Kinder nicht verstehen." Trotzdem mußte sie selber lächeln, wenn sie manchmal den Schulmeister betraf, wie er bewegungslos vor der Kommode saß, die Hände im Schooße, und die unterste Lade gedankenvoll betrachtete.

Der Schulmeister war ihr um so nothwendiger, als sie vor dem Vertrauten und Freunde des Großvaters, dem Freibauer, von den schwarzen Bankozetteln gar nicht und vom Finanzpatent nur darum sprechen konnte, weil es ihr zur Zeitbestimmung diente. Gegen Letzteres konnte der Freibauer nichts haben; wenn ihr aber ein Wort der Klage über die Verluste durch die schwarzen Bankozettel und durch den Kaiser Franz vor ihm entwischte, dann

lächelte der Freibauer auf eine Art, auf so weise und zugleich
so traurige Art, daß sie erschrak und ernstliches Schamgefühl
nicht unterdrücken konnte. Der Freibauer war ein wohlhabender,
vielleicht sogar ein reicher Mann; auf seinem Gute lag seit un-
denklichen Zeiten keine der Lasten, welche die andern Bauern an
ihre ehemalige, seit nicht zu langer Zeit aufgehobene Leibeigen-
schaft erinnerten. Mit einigem Ehrgeiz hätte er sich auch einen
Gutsbesitzer nennen können; doch führte er selbst den Pflug,
selbst die Sense, hatte nur wenige Knechte und bebaute sein Land
persönlich so gut und mit solchem Eifer, daß ihm gegenüber die
Oberaufsicht meines Großvaters vollkommen überflüssig war.
Sein Fleiß war um so bewunderungswürdiger, als er eigentlich
Niemanden hatte, für den er arbeitete. Einst hatte er drei Söhne;
alle drei Söhne hatte ihm der Krieg genommen. Als die Reihe
an den Dritten gekommen war, spannte er sein bestes Paar
Pferde vor seinen Wagen und fuhr in möglichster Eile nach Wien,
um sich den dritten und letzten vom Kaiser Franz loszubitten.
Der Kaiser versprach das Beste und bezeichnete sich seine Bitt-
schrift zu besonderer Berücksichtigung; als er aber wieder daheim
eintraf, war auch sein Dritter schon eingestellt und an die Gränze
marschirt. Die Jahre 1809, 1812 und 1813 hatten ihn der Reihe
nach um seine Kinder gebracht. Der Aelteste starb bei Kulm in seinen
Armen. Als der Freibauer hörte, daß die Alliirten sich in solcher
Nähe zu einer Schlacht sammelten, zog er ihnen nach, um dabei
zu sein, wenn sein Kind etwa seiner bedürfen sollte. Wie sollte er
Das erfahren, ohne nach der Schlacht die Felder und Wiesen von
Kulm und Arbesau abzusuchen? Das that er denn auch gewissenhaft bis spät in die Nacht. Hunderte von Leichen und Ver-
wundeten drehte er um, um ihnen ins Gesicht zu sehen, bis er
in ein Gesicht sah, das ihn bekannt, ach, so bekannt anlächelte.
Er hatte gerade noch Zeit, den Kopf des Lächelnden in seinem
Schooße weich zu betten. Auf seinem Wagen brachte er ihn ins
Dorf, um ihn wenigstens in heimischer Erde zu begraben. Seit-
dem wurde er durch mehrere Monate ein eifriger Kirchengänger,

denn an der Kirchthür fanden sich jeden Sonntag die Namen der
Gefallenen angeschlagen, die aus der Stadt und aus den zu
dieser gehörigen Dörfern stammten. Damals gab es viele eifrige
Kirchgänger, aber viele von ihnen blieben vor der Thüre stehen
und kehrten weinend wieder heim, ohne in die Kirche getreten zu
sein. So kehrte eines Tages mit vielen Andern auch der Freibauer heim: es war einige Wochen nach Leipzig. Man erzählte
sich, daß er an jenem Sonntage auf halbem Wege sitzen geblieben
und daß man ihn am Nachmittage, da es heftig schneite, ganz
von Schnee zugedeckt gefunden habe. Er fuhr fort, in die Kirche
zu gehen, denn die Oesterreicher zogen ja weiter nach Frankreich
— aber der Name seines Stefan fand sich nie an der Kirchen-
thür, und die Zettel hörten endlich auf, und die Oesterreicher
kehrten zurück, aber der Stefan war nicht unter ihnen, weder
unter den Todten, noch unter den Lebenden. Bis Lyon hatte er
ihn verfolgt, dort verlor sich jede Spur. Warum sollte er nicht
glauben, daß der Stefan noch lebe? Warum hätten ihn auch
die Franzosen erschießen sollen, ein vortrefflicher Klarinettist, wie
er war, und da er, anstatt mit dem Gewehre, nur mit seinem
Instrumente bewaffnet die Invasion mitmachte? Dazu kam noch
ein Trost. Sein Stefan war ein leichtsinniges Musikantenblut;
der Himmel weiß, in welches Abenteuer er sich in der Fremde
eingelassen, und wie weit fort ihn das geführt haben mochte.
Vielleicht, sagte sich der Vater im Stillen, vielleicht ist er
desertirt; desertirt ist besser als todt, und man hat ein Recht
dazu, wenn man schon zwei Brüder hat fallen sehen und zu
Hause einen Vater hat, dem kein Kind mehr übrig geblieben.
Der Freibauer hoffte noch immer, eines Tages mit Klarinetten-
tönen — denn ohne Klarinette konnte er sich seinen Stefan gar
nicht denken — geweckt zu werden, und wie so die Jahre vergingen, gewöhnte sich der Freibauer mehr und mehr an das
Warten, und man kann sagen, daß sein Leben in der Hauptsache nichts Anderes war, als ein beständiges Horchen, ob sich
nicht vom Walde her, aus dem der Weg ins Thal mündete,

ober in der Nacht vor dem Fenſter ſeiner Kammer Klarinetten=
töne hören ließen. Manchmal hörte er ſie wohl im Traume,
dann ſprang er auf und riß das Fenſter auf, um es nach langem
Hinausſpähen und Horchen mit einem Seufzer wieder zu ver=
ſchließen. Dieſes ewige Horchen nach der Klarinette aber und
dieſe Träume machten ihn nicht zum Träumer; er arbeitete ſo
rüſtig wie in den beſten Zeiten, er arrondirte und vergrößerte
ſogar ſein Land. Wenn der Stefan wieder kommt, ſoll er ſein
Gut in beſter Ordnung und ſich ſelbſt als einen der reichſten
Leute in der Gegend wieder finden. Man konnte nicht wiſſen.
es war ja auch möglich, daß er mit Weib und Kindern wieder
kehrte. Bei all Dem aber ſagte ihm jener unbeſtechliche, phan=
taſieloſe, unbarmherzige, poſitive Ungenannte, der neben dem
Phantaſten und Träumer in jedem Herzen ſitzt: Du biſt ein Narr!
Dein Stefan iſt gerade ſo todt, ganz ſo todt wie Die von Kulm
und Leipzig; irgendwo in Frankreich, an einem Feldraine, hinter
einer Hecke liegt er begraben.

Das war es, was die Großmutter beſchämte und ſie bewog,
jede Klage über Finanzpatent, ſchwarze Bankozettel, zwanzig=
tauſend Gulden, Hendrichshof in Gegenwart des Freibauers zu
unterdrücken. Was waren all ihre Verluſte neben denen des
vereinſamten Vaters, und wie klein und kleinlich war ihre Hoff=
nung, daß die ſchwarzen Bankozettel einſt wieder etwas werth
ſein dürften, neben der Hoffnung des Freibauers: der Sohn, der
möglicherweiſe noch lebte, könne einſt zurückkehren! Und daß er
nicht einmal klagte und zu ſtolz war, auf Kaiſer Franz zu
ſchimpfen, der ihm doch mehr genommen hatte, Das gab ihm
geradezu das Ausſehen eines Weiſen, und nach Weisheit ſah
auch das milde Lächeln aus¹, das immer um ſeine Lippen ſchwebte,
wenn er ſo in ſeinem kurzen Leinwandkittel, die Hand vorne in
die Bruſt geſteckt, daherkam oder der Großmutter ruhig zuhörte.
Nur einmal regte ſich ein etwas feindſeliges Gefühl gegen ihn in
ihrem Herzen, als er ihr eines Tages ankündigte, daß geſtern
die Sache ins Reine gekommen, und daß er den Hendrichshof

käuflich an sich gebracht. Der Großvater freute sich herzlich, seinen ehemaligen Besitz in so guten Händen zu wissen, sie aber mußte den Gedanken erst überwinden. Der Freibauer that, was er in solchem Falle immer that, er lächelte und versicherte sie lächelnd, daß er, sobald die schwarzen Bankozettel ihren ehemaligen Werth wieder erlangt und Kaiser Franz seinen Gläubigern noch die Zinsen der verlorenen Jahre darauf bezahlt haben werde, bereit sei, ihr den Hof ohne den geringsten Gewinn abzutreten.

Das klang ein wenig nach Spott; allein die Großmutter hatte mehr Hoffnung als je, und diese Hoffnung hatte der Schulmeister in ihr angeregt.

Seit er den Schatz kannte, beschäftigten sich seine Gedanken unablässig mit demselben. Anfangs mischte sich einige Aengstlichkeit darein; er erinnerte sich alter Sagen und Geschichten, die sich mit Schätzen beschäftigten und die fast immer darthaten, daß an Schätzen ein gewisses Unheil klebe, welches früher oder später über den Besitzer kommen müsse. Nachdem er diese Aengstlichkeit als abergläubisch besiegt, grübelte er über Alles, was er mit den Bankozetteln in Verbindung bringen konnte, und kam endlich zu einer Reihe von Folgerungen und Resultaten, die er der Großmutter nicht glaubte vorenthalten zu dürfen. Ihr dieselben in zusammenhängender Rede auseinanderzusetzen, war er nicht der Mann, aber stückweise raunte er ihr seine Entdeckungen und Betrachtungen zu, die sich nach und nach in ihrem Geiste zu folgenden Ergebnissen sammelten: Nunmehr erfreuen wir uns seit mehr als zwölf Jahren des schönsten Friedens. Wozu braucht der Kaiser das viele Geld, das wir heute gerade so steuern müssen, wie in den schlimmsten Kriegszeiten? Ein Kaiser kann doch nicht einen Bankerott auf ewige Zeiten machen! Er sammelt und sammelt und wartet, bis er, die ungeheure Summe zu den Millionen schlagend, die er aus Frankreich als Kriegsentschädigung mitgebracht, eines schönen Tages, etwa an seinem Geburtstage oder vielleicht am Jahrestage des Finanzpatentes, seinen Gläubigern zurufen kann: Da habt ihr euer Geld, und zwar nicht nur das

Rapital, fondern noch die Zinfen und die Zinfen von den Zinfen.
Alle Welt fang ja das Lied vom „guten Raifer Franz." Wo
wäre die Güte, wenn er nicht fo handelte, wie es der Schul=
meifter ausgefonnen und fie, die Großmutter, hoffte?

Diefe Hoffnung wuchs im Stillen und wurde beinahe zur
Gewißheit, als das arge Hungerjahr 1829 hereinbrach, und zwar
aus vielen Gründen. Der erfte Grund war, daß die Groß=
mutter in diefem Jahre das Geld befonders brauchte, weil es
die Mitgenießer ihres Backofens brauchten, und weil deren Zahl
von Tag zu Tag in erfchreckender Weife anwuchs. Den zweiten
Grund bildete unfere Schwefter Lenchen, die nicht mehr Rofa von
Tannenburg befuchen wollte, auch nicht mehr Chriftoph Schmids
Gefchichten las, fondern Auguft v. Lafontaine's Romane, und
anftatt Rofa von Tannenburg nunmehr Rofa, die Geliebte des
„Sonderlings" Hermann Burkhardt, fehnlichft kennen zu lernen
wünfchte, um fich mit ihr über Liebe und dahin Einfchlägiges zu
befprechen. Großmutter und Enkelin waren ftillfchweigend darüber
einig, daß ein gewiffer junger Bergbeamter einen vortrefflichen
Ehemann abgeben würde; aber gerade weil er ein Beamter war,
brauchte er Geld, recht viel Geld, und an Baarem war, wenn
fich Raifer Franz nicht bald befann, wenig vorhanden. Und zu
all Dem kam ein alter Finanzverwalter, der fich in dem Hunger=
jahre feiner uralten Freundfchaft mit meinem Großvater plötzlich
erinnerte und beinahe alltäglich trotz feiner achtundfiebzigjährigen
Beine den langen Weg aus der Stadt ins Dorf zurücklegte, um
den Nachmittag neben meinem Großvater auf der Bank zu fitzen,
von alten Zeiten zu fprechen und — einen halben Laib Brod zu
verzehren. Die Großeltern kannten fehr wohl die Reifezwecke des
alten Sandrath, und er machte kein Geheimniß daraus, indem
er dem Brode, obwohl es in diefem Jahre etwas dunkler ausfiel
als fonft, weiblich zufprach und auch das Gläschen Slibowitz,
das daneben ftand, nicht verfchmähte. Er kam nicht allein. Seine
alten Beine bedurften einer Antigone, und da die feinige nicht
feine Tochter war, mußte fie befoldet werden. Ihr Sold beftand in

dem härteren Theile des Brodes, in der Rinde, die seine Zahnlosig-
keit nicht bewältigen konnte. Antigone — mit ihrem historischen
Namen Pepke, später Pepi und zuletzt Josephine — war ein wunder-
schönes Mädchen, trotz ihrer erstaunlichen Magerkeit, welche ihre
gewaltigen schwarzen Augen noch größer erscheinen ließ — aber
eine opferfähige Natur war sie nicht. Das habe ich in späteren
Jahren selbst erfahren, als ich ihr, meiner Zeit- und Alters-
genossin, als Student in Prag wieder begegnete, wo sie die
ganze Studentenwelt in Aufruhr brachte, einen Professor des
römischen Rechtes heirathete, um sich bald darauf von einem
jungen Grafen, seinem Kostgänger, entführen und sich wieder
diesem von seinem Onkel in vormundschaftlicher Entrüstung über
so dumme Jugendstreiche entreißen zu lassen. Mit diesem Onkel,
der so etwas wie Landtagsmarschall war, ging sie auf Reisen,
von denen er allein zurückkehrte. Man hat nie erfahren, wo sie
geblieben. Wahrscheinlich durch die damals neue Oper: „Die
Stumme von Portici" angeregt, und weil man wußte, daß sie
mit ihm auch in Neapel gewesen, entstand die Volkssage, daß sie
der alte Graf in einem Anfalle von Eifersucht in den Vesuv gestürzt. Mittlerweile aber stand die zu so großen Schicksalen Be-
rufene noch sehr bescheiden als Antigone da, und wie ein hung-
riges Hündlein ließ sie ihre Augen auf ihrem Herrn, dem alten
Sandrath, ruhen, bis er die Worte aussprach: „Pepke, da hast
du die Rinde!" Mit beiden Händen fing sie die zugeworfenen
Bissen auf. Der alte Sandrath bewies der Großmutter seine
Dankbarkeit für Speise und Trank auf doppelte Weise, indem er
mit ihr gegen Kaiser Franz loszog, der ihn, wie er behauptete,
viel zu früh pensionirt habe, und indem er andererseits doch
wieder auf ihren Sinn einging und versicherte, Kaiser Franz sei
ein guter Kaiser, und auf ihre Hoffnungen, daß ein solcher guter
Kaiser doch endlich und bald seine Schulden bezahlen müsse. Er
rechnete es ihr aufs Genaueste aus, welche ungeheuren Summen
jetzt im Staatsschatze liegen, und daß diese Summen mehr als
hinreichend seien, sämmtliche Staatsschulden sammt den Zinsen

zu zahlen. Vielleicht war der alte Sandrath in diesen Gesprächen
während des Hungerjahres der erste Erfinder des historischen, viel
gebrauchten Wortes von den „unerschöpflichen Hülfsquellen" Oester=
reichs. Und da er ehemaliger Finanzverwalter war, warum sollte
ihm die Großmutter in Finanz=Angelegenheiten nicht aufs Wort
glauben — zumal seine klaren, positiven, auf Sachkenntniß be=
ruhenden, mit Zahlen beweisenden Auseinandersetzungen mit den
Ahnungen und Visionen des kindlichen Schulmeistergemüthes
übereinstimmten?

Immer kühner trat sie mit ihren Hoffnungen selbst vor dem
Großvater hervor. Sie hatte den Muth, die Sache in seiner
Gegenwart mit dem Finanzverwalter zu diskutiren, in der Ab=
sicht, endlich auch den Ungläubigen zu bekehren. Oefter als sonst
öffnete sie die unterste Lade der Kommode; die Pakete schwarzer
Bankozettel wurden vom jahrelangen Staube der Verachtung
gereinigt; von den zwanzigtausend Gulden wurde als von einem
Kapital gesprochen, auf das man sich, Gott sei Dank, noch ver=
lassen könne, und bald war nur noch von einem Kapital von
vierzigtausend die Rede. Der Freibauer wurde zu wiederholten
Malen an sein Versprechen, den Hendrichshof zum Ankaufspreise
abzugeben, erinnert und Lenchen in ihren Hoffnungen auf den
jungen Montanisten bestärkt.

Dem Großvater wurde die Sache nachgerade unheimlich; er
fürchtete, daß sich die Einbildungen in fixe Ideen verwandeln
könnten, und er hatte seine Alte zu lieb, um sie gerne verrückt
zu sehen. Endlich riß seine Geduld, er wurde arg böse, hob
seinen Stock in den krummen Fingern hoch in die Luft und stieß
die fürchterlichsten Drohungen und Lästerungen aus. Die schwar=
zen Bankozettel nannte er einen werthlosen Plunder, der ins
Feuer gehöre. Der Finanzverwalter, der der Alten für Brod und
Slibowitz nach dem Munde rede, solle ihm nicht mehr ins Haus
kommen, und den alten Narren von Schulmeister wolle er zu
allen Teufeln jagen. Der Schulmeister zitterte. Die schwarzen
Bankozettel ein werthloser Plunder? Das war Lästerung. Sie

ins Feuer werfen? Das war eine Barbarei, ein Verbrechen an
der Familie, an der Menschheit. Er hatte sich mit ihnen so
identifizirt, daß er zu ihnen, sie zu ihm, ja ihm gehörten. Es
war ihm, als hätte er die Pflicht, sie zu retten, wenigstens zu
beschützen gegen die neronische Wuth des Alten. Stundenlang
ging er wie eine Schildwache vor der Kommode auf und ab oder
saß er da, immer das Auge auf die unterste Lade geheftet.
Manchmal fielen ihm die Lider im Halbschlafe zu, dann wühlte
er träumend in den geliebten Zetteln und war so unendlich reich
und hatte ein Gefühl, wie er es nie empfunden. Bei hellerer,
weniger dämmeriger Besinnung sagte er sich, daß er sie besitzen
möchte, selbst wenn sie wirklich nichts werth wären. Er hätte
doch etwas, was einmal einen Werth gehabt hatte, vergangene
zwanzig-, ja vierzigtausend Gulden! Es war ihm, als verschaffte
er sich damit eine glückliche, eine opulente Vergangenheit, und
es muß so schön sein, eine glückliche Vergangenheit zu haben.
Ein werthloser Plunder! Ins Feuer werfen! Wenn er sich des
werthlosen Plunders bemächtigte — wenn er ihn rettete! Gedanken zugleich verbrecherischer und heroischer Natur stiegen in
diesem Kopfe ohne Hinterkopf und mit rückwärts fliehender Stirne
auf — Gedanken, die ihn verwirrten, wie Schlingen um seine
Füße lagen und wie summende Mücken, die fortwährend zu stechen
drohen, um seine Ohren, vor seinen Augen flogen. Er wurde
noch schweigsamer, sein Schritt noch tonloser. Dabei dachte er
an das Unheil, das an Schätzen haftet, und an das Glück der
Armuth — und da tröstete ihn wieder die Möglichkeit, daß die
schwarzen Bankozettel keinen Kreuzer werth sein und er trotz
ihres Besitzes so arm bleiben könnte wie vorher.

Da ging eine große Botschaft durchs Land: der Kaiser kommt
nach Prag! Nun wird Alles gut. Was will der Kaiser im Lande,
wenn nicht der großen Noth abhelfen? Alle Musikbanden und
alle Schulkinder übten ein: „Gott erhalte Franz den Kaiser,
unsern guten Kaiser Franz!" Dann hieß es wieder: Der Kaiser
ist in Prag! Diese Freudenbotschaft wurde etwas gedämpft durch

die daran gehängte, daß, als man beim Einzuge mit den Vivats
auch „Brod! Brod!" rief, der Kaiser ein sehr verdrießliches Gesicht
machte und daß die Studenten, die mit unter den „Brod"=Rufern
waren, unter die Soldaten gesteckt wurden. Letzteres erfuhren
wir durch den jungen Montanisten, der jetzt allabendlich kam
und der unter jenen Studenten einen Bruder hatte. Lenchen
und wir Alle waren mit ihm entrüstet, . denn wir betrachteten
den armen, in den Soldatenrock gesteckten Studenten, der nach
des Kaisers ausdrücklicher Verfügung mit seinen Schicksals=
genossen niemals avanciren sollte, bereits als unseren Anver=
wandten. Der Montanist sagte, daß er von dem kaiserlichen
Dienste nichts mehr wissen und dem Kaiser sein Amt sammt den
hundertzwanzig Gulden Gehalt vor die Füße werfen wolle. Wir
Kinder billigten seinen Entschluß, obwohl wir für den Fall, daß
der Kaiser auch in unsere Gegend käme, ebenfalls „Gott erhalte
Franz den Kaiser" einstudirten. Wir, und speziell Lenchen,
waren mit dem Entschlusse um so mehr einverstanden, als der
Montanist meinte, daß er ohne Amt sich anständig werde ernähren
und Lenchen heirathen können, was, wenn er das kaiserliche
Brod zu essen fortfahre, erst möglich wäre, wenn seine Braut
einen grauen Zopf trüge. Lenchen wollte keinen grauen Zopf
tragen, und für uns hatte der Gedanke auch viel Abstoßendes.

Die Großmutter war in einem ganz anderen Fahrwasser.
Bei der ersten Nachricht von der Reise des Kaisers senkte sie
sinnend den Kopf und verharrte in dieser Haltung bis zu der
anderen Nachricht von der Ankunft in Prag. Jetzt erhob sie den
Kopf und enthüllte offen ihre Pläne. Nach Prag wollte sie,
Audienz nehmen, vor den Kaiser treten und die Schuld ein=
treiben. Lenchen sollte mit und in einer Hand einen Blumen=
strauß tragen, in der andern einen zierlichen Korb mit den
schwarzen Bankozetteln drin. Das ganze Haus gerieth in Auf=
ruhr. Trotz seines Podagra's rannte beinahe der Großvater
durch die Stube; er lachte und tobte abwechselnd; er meinte,
nur noch Einen Schritt, und die Alte sei wirklich und wahrhaftig

verrückt. Sie dürfe ihm nicht mehr ins Haus, wenn sie einmal
diese Thorheit begehe und ihn und die ganze Familie lächerlich
mache. Er warnte sie auch, daß man sie in Prag leicht als eine
Verrückte betrachten und ins Narrenhaus sperren könnte; der
Freibauer, den der Großvater zu Hülfe gerufen hatte, rieth ihr
mit seinem Spott, sich, wenn Kaiser Franz sie abschlägig beschei=
den sollte, an dessen Oheim, den Kaiser Josef, zu wenden, der
doch, nach der Behauptung der Bauern, auch noch lebe. „Gerade
so wie die schwarzen Bankozettel," fügte er lächelnd hinzu. Der
Montanist war außer sich. Lenchen sollte nicht zu Hofe, er habe
in seinem Leben schon viel zu viel Schlimmes vom Hofe und
von den Hofleuten gehört. Das sei eine gräuliche Verderbniß,
mit der ein tugendhaftes Landmädchen auch nicht für die Zeit
einer halben Stunde in Berührung kommen dürfe. Wer zu Hof
gehe, verliere die halbe Seele. Er möchte aus der Haut fahren
bei dem Gedanken, wie die alten Sünder mit den vielen Orden
auf der Brust Lenchen ansehen und sie vielleicht am Kinn fassen
werden; er seinerseits werde nie ein Mädchen heirathen, das
Hofluft geathmet. Lenchen wollte ihren Bräutigam um keinen
Preis verlieren, weinte und sträubte sich nach Kräften gegen die
Reise. Aber die Großmutter stand wie ein Fels im Meer. Die
Alle würden schon anders reden, wenn die Sache erst durch=
geführt sei, wenn sie so zwischen zwanzig= und vierzigtausend
Gulden in klingender Münze, oder wenigstens eine ganz frische
Schuldverschreibung auf höchstens drei Monate mit der eigen=
händigen Unterschrift des Kaisers heimbringe. Dann werde sie
die kluge, muthige, große Frau sein, die für ihre Familie zu
sorgen wisse, und im ganzen Lande werde man von der merk=
würdigen Frau Hendrich erzählen. Was der Alte vom Narren=
thurm sage, das könne sie nicht abschrecken, im Gegentheil nur
ermuthigen, denn von jeher habe man die Leute, die Großes
und Neues ersannen, für Narren gehalten, bis zu dem Momente,
da sie es durchsetzten. Mit unerschütterlicher Ruhe ging sie an
die Vorbereitungen zur Reise; die glänzendsten Stücke aus ihrer

und Lenchens Garberobe wurden hervorgeholt und neu aufgeputzt.
Nur der Schulmeister fehlte in diesen stürmischen Tagen; er war
unsichtbar geworden, wie sehr sich auch die Großmutter bemühte,
ihn aufzufinden, da sie das Bedürfniß fühlte, mit ihm die Rede
zu komponiren, die sie dem Kaiser vortragen wollte. Sie fand
es feig und treulos von ihm, sich in so wichtigen Momenten zu
verstecken, und sie setzte voraus, daß er den Zorn des Großvaters
floh, welcher ihm die Ehre erwies, ihn für den Urheber des
ganzen Planes zu halten.

Ach, es sollte sich bald zeigen, daß es sich anders verhielt.

Man war am Vorabende der Abreise; alle Vorbereitungen
waren getroffen, der Großvater, bereits müde des Widerstandes,
saß brummend in seinem Sessel; Lenchen ging gebeugten Hauptes
durchs Haus; wir Brüder machten bunte Schleifen, die den
Pferden an Zaum und Zügel genäht werden sollten. Es war
nichts Anderes mehr zu thun, als die schwarzen Bankozettel zum
letzten Male vom Staube zu reinigen und in Pakete von je
tausend zu binden. Am Liebsten hätte dieß die Großmutter in
Abwesenheit ihres Mannes gethan, aber er rührte sich heute nicht
aus der Stube. So nahm sie ihren Muth zum letzten Male zu=
sammen, zog den Schlüssel aus der Tasche, schob ihn ins Schloß
und öffnete mit entschlossenem Zuge die Lade.

Es war ein schrecklicher Moment. Die Großmutter stieß
einen solchen Schrei aus, daß wir ihr Alle entsetzt die Köpfe zu=
wendeten und eine halbe Stunde später neben ihr an der Lade
standen — trotz seines Podagra's auch der Großvater. Wir
folgten ihren entsetzten Blicken und sahen, was sie sah: einen
leeren, einen ganz und gar leeren Raum. Die schwarzen Banko=
zettel, die daselbst beinahe zwanzig Jahre geschlummert hatten,
waren verschwunden, bis auf den letzten verschwunden. Wie
eine Bildsäule stand die Großmutter da und wir Kinder rechts
und links von ihr wie die Niobiden. Sie bot einen erbarmungs=
werthen Anblick, und Lenchen, die sich in den letzten Tagen im
Weinen geübt, brach, wie sie ihr ins Gesicht sah, in Thränen

aus. Ihr Mund war halb geöffnet, und ihre Hände hingen mit
verschränkten Fingern herab, während sich ihr Leib über die leere
Lade herabbeugte. Es war Gefahr vorhanden, daß sie vornüber
und mit dem Kopf an die Kommode stürzte, da sie endlich leise
zu schwanken anfing. Wir faßten sie unter den Armen und zogen
sie in den Lehnstuhl des Großvaters, soweit als möglich fort
von dem betrübenden Schauspiel der Leerheit. Ein flehender und
fragender Blick erhob sich gegen den Großvater; dieser aber stand
selbst so erschüttert da, und seine ganze Haltung verrieth ein so
tiefes Mitleid mit der armen getäuschten Frau, daß der Verdacht,
der in ihr aufgestiegen war, schnell wieder entwich, um voll-
kommener Hoffnungslosigkeit Platz zu machen. Sie war ganz
gebrochen; es fiel ihr nicht einmal ein, nach dem verlorenen
Schatze suchen zu wollen. Der Großvater, der ernstlich für sie
besorgt wurde, that es selbst. Sämmtliche Dienstboten wurden
zitirt und in ein strenges Verhör genommen; die Großmutter
folgte ihren Aussagen mit der gespanntesten Aufmerksamkeit, obwohl sie, wie man es dem Ausdrucke ihres Gesichtes ansehen
konnte, keinen derselben für den Dieb hielt. Mit einem freundlichen Kopfnicken, als ob sie ihn für das Verhör um Verzeihung
bitten wollte, entließ sie jeden Einzelnen. Aber nicht ohne Demüthigung, denn Jeder, bis auf den Letzten, erklärte, daß er
von den schwarzen Bankozetteln in der Kommode wohl gewußt,
daß er aber auch gewußt, daß sie nicht einen Kreuzer werth
waren, und daß man sich von jeher gewundert, wie eine so kluge
Frau auf das werthlose Papier so große Stücke halten konnte.
Das wisse doch jeder Bauer, daß Kaiser Franz von den alten
Schulden nicht einen Heller bezahlen werde. Die Großmutter
begleitete alle diese Reden mit einem stillen Kopfnicken, und als
wir uns nach dem Verhöre erboten, das ganze Haus nebst den
Nebengebäuden in allen Winkeln und Verstecken zu durchsuchen,
verbot sie uns Das mit einer heftig abwehrenden Geberde. Ebenso
verhielt sie sich gegen den Antrag des Großvaters, den Diebstahl
beim Amte anzuzeigen. Da war denn nichts mehr zu thun übrig;

wir ſetzten uns ſchweigend um die Großmutter herum und warteten, bis ſie ſich erholt haben würde. Das dauerte nicht lange.
Kaum eine halbe Stunde nach vollendetem Verhöre erhob ſie ſich
plötzlich, ſtreckte ſich und ging hin, um ihre und Lenchens Kleider
in die Garderobe zu tragen, und dann in die Küche, um das
Mittageſſen zu beſtellen. Sie that ihr Tagewerk wie ſonſt, nur
ſtiller, nur indem ſie das Nothwendigſte ſprach — und dieſes
Verhalten hatte vielleicht darin ſeinen Grund, daß ſie das Zittern
ihrer Stimme, das auch noch am nächſten Tage hörbar war,
verbergen wollte. Der Großvater ließ ſie nicht aus den Augen,
ſo beſorgt war er um die Alte, und Lenchen folgte ihr auf Schritt
und Tritt. Ueberhaupt lag eine Atmoſphäre auf dem Hauſe, als
ob ein Kranker darin wäre. Die Großmutter bemerkte Das,
lächelte, erhob wieder ihre Stimme, und es wäre Alles wie ſonſt
geweſen, wenn ſie nicht doch von Zeit zu Zeit in ſtilles Brüten
verſunken wäre, und wenn nicht das Geheimniß, wie die ſchwarzen Bankozettel verſchwunden, auf die Geiſter gedrückt hätte.

Auch die Löſung dieſes Geheimniſſes erſchien nach ungefähr
einer Woche, und zwar in traurigſter Geſtalt, in der Geſtalt des
Schulmeiſters, der womöglich noch magerer geworden und mehr
einem Geiſte, einem Geſpenſte, als einem lebenden Weſen glich.
Wir ſaßen in der großen Stube zuſammen und freuten uns der
alten Heiterkeit unſerer Großmutter, als er plötzlich mitten unter
uns ſtand, als wäre er aus einer Theaterverſenkung aufgetaucht.
In dem einen Schoße ſeines Rockes, den er wie eine aufgehobene
Schürze mit beiden Händen hielt, trug er die ſchwarzen Bankozettel, die chaotiſch unter einander lagen und zerknittert waren,
als hätten ſie nicht zwanzig unberührte Jahre hinter ſich, ſondern
als kehrten ſie nach langer Zirkulation dahin zurück, wohin zurückzukehren ſie nicht beſtimmt waren. Er warf erſt ſie, dann ſich
zu Füßen der Großmutter und ſtammelte etwas von Raub, Diebs-
ſtahl, werthloſem Plunder, ins Feuer werfen, von Schatz und
Unheil und alten Sagen. Die Großmutter bückte ſich nicht einmal, um die ſchwarzen Bankozettel aufzuheben. Der Kaiſer hatte

ja Prag wieder verlassen, und sie hätte sie nicht aufgehoben,
selbst wenn er noch dagewesen, selbst wenn er in unser Dorf ge=
kommen wäre. Sie hatte mehr Auge für die jämmerliche Gestalt
des Schulmeisters, der sich reumüthig zu ihren Füßen wand und
zuletzt wie leblos liegen blieb. Er war offenbar aufs Aeußerste
erschöpft. Nachdem man ihn durch Speise und Trank wieder
etwas erfrischt hatte, erfuhr man — denn er antwortete offen=
herzig auf alle Fragen — daß er mit seinem Schatze das Haus
eigentlich gar nicht verlassen, daß er sich mit ihm in einem Winkel
der Scheune, hinter einem Heuhaufen versteckt gehabt. Ein Papier=
Midas, war er in Gefahr, dort auf seinem Schatze zu verhungern.
Nur in der Nacht wagte er sich einige Male heraus, um in den
Nachbargärten von den Bäumen etwas Nahrung zu holen. Hunger
und Gewissen trieben ihn gleich mächtig, der Großmutter ihren
Schatz zurückzustellen. Er bot seine Hände dar, daß man ihn
fessele und den Gerichten überliefere, und tief beschämt, vernichtet
schlich er fort, als Dieses nicht geschah und er in Aller Blicken
Verzeihung für sein Verbrechen las. Der Großvater aber, nach=
dem er die Großmutter noch mit einem forschenden Blicke ange=
sehen, gebot Otto, unserem Jüngsten, die schwarzen Bankozettel
zu sammeln und in den Kamin zu werfen. Die Großmutter
regte sich nicht, und wir Alle sahen schweigend, nicht ohne einige
Erschütterung zu, wie die Flamme die einstigen Zwanzigtausend
ergriff und wie einzelne Zettel in der Luft tanzten gleich Schmetter=
lingen, die einen vom Rauche emporgetragen wurden in die
Dunkelheiten des Rauchfanges, die anderen zurücksanken, um
mit der Masse Asche zu werden. Nach einer Minute war das
ganze Opfer vollbracht — und die Großmutter sprach in Zukunft
wohl noch vom Finanzpatent, aber nie wieder von den schwarzen
Bankzetteln.

Diese Finanzperiode war im Hause ein= für allemal abgethan.
Dafür aber begann eine andere, gehaltvollere. Der Freibauer
freute sich, daß diese Thorheit überwunden sei, und erklärte, daß
er den Hendrichshof für den Fall, daß sein Stefan nicht zurück=

kehren ſollte, für uns Kinder gekauft, daß wir ihn bis dahin zu Lehen bekommen und daß ihn der Montaniſt mit Lenchen für uns Alle bewirthſchaften ſolle. Da nun Stefan wirklich nicht mehr zurückkehrte und der Freibauer die Hoffnung auf ſeine Rückkehr, freilich erſt auf ſeinem Todtenbette, aufgab, kam nicht nur wieder der Hendrichshof, ſondern durch Teſtament auch das Gut des Freibauers an die Familie und damit weit mehr, als uns Kaiſer Franz mit Zins und Zinſeszinſen für die ſchwarzen Bankozettel hätte geben können. Der Freibauer war nicht der Erſte, der aus dem Kreiſe dieſer Alten ſchied; der Schulmeiſter hatte ſich lange vor ihm weggeſchlichen. Seit jenem Tage, da er den entwendeten Schatz zurückbrachte, war es ganz aus mit ihm; hätte er geſprochen, würde man vielleicht erfahren haben, daß es in ſeinem kleinen Kopfe nicht ganz richtig war; da er aber beharrlich ſchwieg, nur in der Einſamkeit lebte, uns auch ſeit lange nicht mehr zu unterrichten hatte, blieben die Vorgänge in ſeinem Gehirne ein Geheimniß, bis man ihn eines Tages in einem der ſtillſten Winkel des Speichers ausgeſtreckt fand, ver- ſenkt und eingehüllt in das ewige Schweigen.

Seit der Großvater das große Autodaſé angeſtellt und die ſchwarzen Bankozettel zum Feuertode verurtheilt, war es, als hätte der Dichter die Worte: „Unſer Schuldbuch ſei zerriſſen" nur mit Beziehung auf die Großmutter niedergeſchrieben. Wie ein Bach durch Wieſen, ſanft, wenn auch manche Mühle treibend, floß ihr Leben dahin, ruhevoll und thätig bis ans Ende. Sie ſah noch Urenkel, die ihr Lenchen gegeben, und ſterbend lächelte ſie, denn ſie ſtarb in den Mauern des altangeſtammten, zur Familie zurückgekehrten Hendrichshofs.

(1868.)

Eine Vermuthung.

Im Jahre 1852 wandelte in Paris jeder auf politischem Felde irgendwie bekannte Mensch, selbst der unbedeutendste, auf Fall-thüren. War schon der Einheimische vogelfrei, um wie viel mehr mußte es der Fremde und erst der Flüchtling sein. Wer nicht in die Heimat zurückkehren oder in einen andern fremden Staat übersiedeln konnte, that sehr klug, wenn er wenigstens aufs Land ging. Die Zweckmäßigkeit einer solchen Reise erkennend, begab ich mich ins mittlere Frankreich, den eigentlichen Schauplatz der französischen Geschichte, bevor Frankreich zu jener Zentralisation durchdrang, die es so stark und so öde macht. Das Orleannais, das Blaisais, die Touraine, und wie all die inneren Landschaften heißen, sind in mancher Beziehung viel interessanter, als die Pro-vinzen, die meist von Fremden besucht werden und sich deßhalb eines weiteren Rufes erfreuen. In diesen findet man die Sprache Rabelais', die jene von den Klassikern und der Akademie dem Lande oktroyirte Sprache so sehr an Reichthum, Kraft, Mannig-faltigkeit und Bildungsfähigkeit übertrifft, und lernt man jene Städte, Schlösser und Flüsse kennen, welche auf jedem Blatt der Geschichte bis auf Richelieu genannt werden. Die Natur, wenn auch milde und fruchtbar, ist zwar etwas eintönig, dafür aber bietet die Architektur einen Reichthum und oft solche Anmuth der Formen, wie man sie in dieser Fülle nur in Italien wiederfindet. Ich darf wohl bloß die Schlösser von Blois, Chambord, Amboise,

Pleſſis-La-Tour nennen, um an eine Reihe anderer zu erinnern,
und die Städte Orleans, Alois, Tours, Anjou ꝛc., um das An=
denken an tausend entſcheidende Thaten, Verbrechen, Trauer=
ſpiele, hie und da auch Luſt= und Schäferſpiele zu erweden.

Ich war im Schloſſe von Blois eben aus dem Zimmer, in
welchem Heinrich III. den gewaltigen Herzog von Guiſe durch
Meuchelmörder fällen ließ, getreten, um die noch berühmtere
„Salle des Etats“ zu betrachten, wo eben eine Ausstellung von
Provinzkunſtwerken ſtattfand, als ich in der Thür zu meiner
größten und freudigſten Ueberraschung Herrn v. S...y be=
gegnete. Herr v. S...y war mir nur ein guter Bekannter,
aber der intime Freund mehrerer meiner Freunde. Er freute ſich,
einen Bekannten aus Paris zu finden und ſich in dier kritiſchen
Zeit nach Dieſem oder Jenem erkundigen zu können, und nach=
dem er durch Schloß und Stadt meinen Cicerone gemacht, be=
trachtete er es als ſelbſtverſtändlich, ohne mir weiter davon zu
ſprechen, daß ich nun mit ihm ſeinen Wagen besteigen und auf
einige Tage ſein oder vielmehr ſeiner Mutter Gaſt ſein ſolle.
Das Gut ſeiner Mutter lag nur drei Stunden von Blois entfernt;
von der Höhe des Schloſſes aus konnte man Haus und Garten
ganz gut ſehen. Es zog mich magnetiſch an, da es mir längſt
nicht mehr fremd war, da ich viel davon hatte erzählen hören
und es im Schickſale meiner Freunde eine bedeutende Rolle ſpielte.
Madame de S...y, die Mutter, hatte ich immer als eine merk=
würdige und bedeutende, dabei ſehr gaſtliche und liebenswürdige
Greiſin rühmen hören. Der Sohn brauchte alſo nicht lange in
mich zu bringen; wir holten mein kleines Reiſegepäck, ſtiegen in
den Wagen, fuhren über die Loire und durch eine lange Pappel=
allee beinahe ſchnurgerade dem Schlößchen zu.

Ich fand das Gut ſo ſchön, als man es mir geſchildert hatte:
ein behaglich eingerichtetes Haus mit Möbeln aus der Zeit
Ludwigs XV., Kunſtwerke aus derſelben und aus früheren Zeiten,
eine reiche Bibliothek und einen weitläufigen Park, in deſſen alt=
franzöſiſchen Stil ſich hie und da beſſerer, moderner Geſchmack

eingedrängt hatte — und, über all Das freundlich und gastlich
waltend, eine alte französische Dame voll Jugendlichkeit, Güte,
Geist und unzähligen Geschichten aus der Kaiser= und Restau=
rationszeit — aus der Epoche der Loire=Armee, der Invasion
und Paul Louis Couriers, des großen Publizisten, ihres Nach=
bars, den sie persönlich und genau gekannt hatte. Das ehemalige
Gedränge von Künstlern und Gelehrten, von denen ich mir das
Landhaus nach den Erzählungen meiner Freunde immer bevölkert
dachte, war freilich zerstoben, vom Sturme des Schicksals und
der Revolution auseinander geweht; aber man fühlte sich in der
Gesellschaft der Dame und ihres sehr gebildeten Sohnes behaglich
genug. Am zweiten Abend kam noch der Pfarrer des benach=
barten Dorfes, eine unschuldige Seele, die sich nur nach einem
guten Nachtessen sehnte, hinzu und endlich ein ehemaliger Präfekt
Karls X., der viele schnurrige Anekdoten, selbst vom sogenannten
„weißen Schrecken", la terreur blanche, der Zeit der Prevotal=
gerichtshöfe, zu erzählen wußte.

Wir hatten gut gespeist und saßen noch beim Loirewein,
propre cru, unserer Wirthin, den wir sehr lobten, als sich diese
plötzlich zu mir wandte und ausrief: „Ah ça, wissen Sie, Mon=
sieur H.., daß es nicht angenehm ist, sich von einer fünfzig=
jährigen Gewohnheit zu trennen?"

Ich war etwas verdutzt, denn ich verstand Madame de S...y
nicht. — „Pardon, Madame, was wollen Sie sagen?"

„Ich will sagen," antwortete sie, „daß Sie mir meine ganze
Vorstellung von den Deutschen, wie ich sie seit fünfzig Jahren
mit mir herumtrage, von unten bis oben über den Haufen werfen.
Sie widersprechen mit Ihrem ganzen Wesen allen Ideen, die ich mir
bis auf den heutigen Tag von Ihren Landsleuten machte. Sind
Sie eine Ausnahme? oder hat Sie schon Paris so sehr verändert?"

„Ja, Madame, ich muß erst wissen, wie Sie sich denn eigent=
lich einen Deutschen vorstellten?"

„Ein Deutscher," antwortete Madame de S...y, gutmüthig
lächelnd, „war für mich immer etwas ganz Außerordentliches,

Sonderbares — wie soll ich sagen? — etwas Phantastisches, das anderen Menschen nicht gleicht."

„Ah, Madame," rief ich lachend, „ich begreife! Hoffmann, les contes de Hoffmann! Sie haben Loewe-Weimars Ueber-setzung der Hoffmannischen Geschichten gelesen, und seitdem ist Ihnen, wie jedem Franzosen, jeder Deutscher ein Kapellmeister Kreisler, wenn nicht ein Nußknacker oder ein Mauseknönig. Die Franzosen kennen ja Deutschland aus diesem vortrefflichen ethno-graphischen Werke! — Nicht wahr, Madame, sagt man Deutscher, so sagt man: Nebel, Traum, Wolken — Das ist ja jeden Tag in französischen Zeitungen und Büchern zu lesen."

„Allons donc, nicht so hitzig," sagte Madame beschwich-tigend — „ich habe meine Vorstellung von den Deutschen nicht aus Hoffmann und nicht aus den Zeitungen, die ich nicht lese, sondern aus der Erfahrung — oder, wenn Sie wollen, von einem einzigen Eindruck her, der freilich ein Eindruck der Kindheit war und deßhalb desto tiefer gedrungen ist. Ich habe einmal einen merkwürdigen Deutschen kennen gelernt —"

Nach einigem Hin- und Herreden, das mich neugierig machte, erzählte Madame de S...y auf meine Bitte, wie folgt:

„Es war zu Anfang dieses Jahrhunderts, also vor ungefähr fünfzig Jahren. Ich bewohnte dieses selbe Haus mit meinem Vater und war ein Kind von vierzehn oder fünfzehn Jahren. Eines Tages bemerkte ich von der Höhe unseres Balkones aus einen Mann, der, wie es schien, zwecklos auf der Ebene umher-irrte, oft querfeldein ging, ohne doch etwas zu suchen oder einem gewissen Ziele entgegen zu gehen. Zu wiederholten Malen kam er auf dieselben Stellen zurück, ohne es zu bemerken. Am selben Nachmittage, auf einem Spaziergange, begegnete ich ihm; aber er ging in Gedanken vertieft an mir vorüber, ohne mich zu sehen, und als er mir einige Minuten später, bei einer Biegung, wieder im Wege stand, sah er unverwandten Blickes und mit einer un-aussprechlichen Sehnsucht in die Ferne. Jede andere Erscheinung, die mir in dieser Weise begegnet wäre, hätte mich damals in meiner mädchenhaften Albernheit außerordentlich erschreckt; ich wäre vor ihr nach Hause geflohen, um mich hinter meinem Vater zu verstecken. Dieser Fremde hingegen erfüllte mich mit einer Art von Mitleiden, die ich mir nicht erklären konnte. Es war nicht das Mitleid, das man mit einem Armen, Hülfsbedürftigen empfindet, obwohl er hülfsbedürftig genug aussah, denn seine Kleider waren in arger Unordnung, ungeputzt und hie und da sogar zerrissen. Es war ein gewisser edler Ausdruck des Schmerzes und dabei ein Aussehen, als wäre er mit seinem Geiste abwesend, irgendwo bei geliebten Personen in weiter Ferne, die bei seinem Anblick das Herz, wenigstens ein mädchenhaftes Herz, mit Mitleid und Sympathie erfüllten. Abends erzählte ich meinem Vater von dem Fremden. Er meinte, es werde wohl einer der zahlreichen Kriegs= oder politischen Gefangenen sein, die man halb und halb auf freiem Fuß und auf Ehrenwort in den innern Provinzen Frankreichs leben ließ.

„Tags darauf sah ich den sonderbaren Fremden wieder wie am ersten Tage durch die Felder irren und endlich sogar in unsern Park eintreten, welcher der Straße zu offen war. Er sah sich verwundert um und schien sich in dieser Umgebung bald zu behagen. Der große Rasenplatz in der Mitte, den Sie kennen, war damals nicht da; an seiner Stelle befand sich ein großes, mit einer hohen Balustrade eingefaßtes Wasserbecken, und auf dieser Balustrade rings um das Wasserbecken stand eine Gesellschaft von vierundzwanzig großen und kleinen griechischen Gottheiten, meist Kopien antiker Statuen oder anderer aus dem sechzehnten Jahrhundert. In der Mitte des Beckens, auf einem künstlichen Felsen, stand der Neptun des Giovanni de Bologna. Als der Fremde diese Göttergesellschaft erblickte, eilte er ihr mit großen Schritten, in freudigster Begeisterung entgegen. Er hob die Arme in die Höhe, wie anbetend, und vom Zimmer aus schien es uns, als ob er in der That zu seinen enthusiastischen Bewegungen entsprechende Worte ausriefe. Dann ging er rings um das Becken von einer Statue zur andern, immer mit dem Ausdrucke eines

Kenners oder wenigſtens eines Kunſtliebhabers, und mein Vater
wollte bemerken, daß er ſich vor der ſchönſten am Längſten auf=
hielt. Mir machte es das größte Vergnügen, dieſes Schauſpiel
zu belauſchen, und auch meinen Vater ſchien es zu unterhalten.
‚C'est quelque original!‘ wiederholte er mehrere Male, wäh=
rend wir den Fremden beobachteten.

„Sehr ärgerlich wurde ich, als ich in meinem Vergnügen
durch den garde champêtre geſtört wurde. Dieſer, der auch
den Park meines Vaters zu bewachen hatte, ſtürzte plötzlich her=
ein und auf den Fremden los, dem er, wie wir aus den Ge=
berden erkennen konnten, bedeutete, daß Dieß Privateigenthum
ſei und daß er ſich zu entfernen habe. Der Fremde aber lächelte,
kehrte ihm den Rücken und ging zu einer andern Statue. Der
Flurſchütz folgte ihm und beſtürmte ihn mit Reden, die immer
heftiger wurden, je weniger er darauf achtete. Endlich faßte ihn
der Mann in ſeinem polizeilichen Eifer am Arme, um ihn mit
Gewalt aus dem Parke zu ziehen. Mein Vater war ein einfluß=
reicher Mann im Departement, ein Freund des Präfekten und
hätte ſelbſt Präfekt ſein können, daher der Eifer der untergeord=
neten Beamten, ſich ihm dienſtfertig zu zeigen. Aber mit ſolcher
groben Dienſtfertigkeit war ihm nicht gedient. Beim Anblick jener
Gewaltſamkeit eilte er ſogleich hinaus, und ich folgte ihm. Er
verwies dem Wächter ſeine Art, ſchickte ihn fort und ſagte zum
Fremden, daß er ſich nur nach Muße im Parke umſehen ſolle.

„Dieſer, der die Derbheit des garde champêtre kaum be=
merkt hatte, wandte ſich ſogleich zu meinem Vater und ſagte
lächelnd: ‚Die Götter ſind keines Menſchen Eigenthum, ſie ge=
hören der Welt, und wenn ſie uns lächeln, gehören wir ihnen.
Sehen Sie dieſe Aglaja, wie ſie mich anlächelt und mich gefangen
nimmt; ſie lächelt nicht ihrem Beſitzer allein.‘

„‚Es iſt eine Pomona,‘ berichtigte mein Vater.

„‚Nein, es iſt eine Aglaja,‘ erwiderte der Fremde mit Be=
ſtimmtheit und fuhr gleich fort: ‚Das Waſſer hier ſollte klarer
ſein, wie das Waſſer des Cephiſſus oder die Fluth des Erechtheus

auf der Akropolis. Es ist der klaren Götter nicht würdig, sich
in dunklerem Spiegel zu sehen — aber,' fügte er seufzend
hinzu — ,wir sind nicht in Griechenland.'

„Sind Sie vielleicht ein Grieche?' fragte mein Vater halb
im Ernst, halb im Scherz.

„Nein! — im Gegentheil, ich bin ein Deutscher!' seufzte der
Fremde.

„Im Gegentheil?' wiederholte mein Vater — ,ist der Deutsche
das Gegentheil des Griechen?'

„Ja!' antwortete der Deutsche kurz und setzte nach einiger
Zeit hinzu — ,wir sind es Alle! Sie, der Franzose, sind es auch,
der Engländer, Ihr Feind, ist es auch — wir sind es Alle!'

„Dann ganz meinem Vater zugewandt, sprach er noch viel,
dessen ich mich nicht erinnere; auch des Andern, das ich eben
mitgetheilt habe, würde ich mich wohl nicht so deutlich erinnern,
wenn es nicht später in unserem Hause oft wiederholt worden
wäre. So oft mein Vater nach dieser Zeit das Wasserbecken zu
reinigen befahl, pflegte er scherzend hinzuzufügen: das Wasser
muß klar sein, wie das Wasser des Cephissus oder die Fluth
des Erechtheus auf der Akropolis u. s. w. Auch verstand ich
nicht Alles, was der Fremde sagte, abgesehen vom Sinne seiner
Worte; denn er sprach ein sehr schlechtes Französisch, mit einem
höchst entstellenden Accent, der mir viele Worte ganz unkenntlich
machte. Meine Tante, die mich erzog, kam hinzu, und ich erinnere
mich, wie ihr, die bei den Reden des Fremden große Augen
machte, mein Vater zuflüsterte: ,Es ist ein Deutscher, ein Original!'

„Aber das Original gefiel uns Allen sehr. Er war nicht
schön und sah früh gealtert aus, obwohl er nicht mehr als
dreißig Jahre gehabt haben mochte, aber er hatte ein glühendes
und doch sanftes Auge, eben so einen energischen, doch milden
Mund; auch sah man ihm an, daß seine sehr herabgekommene
Kleidung zu seinem Stande oder seiner Bildung nicht im Verhältnisse stehe. Ich freute mich sehr, als ihn mein Vater einlud,
uns ins Haus zu folgen. Er nahm die Einladung ohne

Ceremonie an und ging mit uns, immer ſprechend, und legte im
Gehen von Zeit zu Zeit die Hand auf meinen Kopf, was mich etwas
erſchreckte und mir doch ſehr gefiel. Mein Vater intereſſirte ſich offenbar für den Fremden und hatte Luſt, ſeine eigenthümlichen Reden
noch lange anzuhören, aber im Salon angekommen, war er ſehr
enttäuſcht. Der Fremde ging geraden Weges auf ein Sopha los,
ſagte: ‚Ich bin müde,‘ murmelte noch einige unverſtändliche
Worte, ſtreckte ſich aus, ſchloß die Augen und entſchlief ſogleich.

„Wir ſtanden da und ſahen einander erſtaunt an. ‚Er iſt verrückt,‘ liſpelte meine Tante, aber mein Vater ſchüttelte den Kopf
und ſagte: ‚Es iſt ein Original; er gefällt mir; er iſt ein Deutſcher.‘

„Der Papa ſchickte den Bedienten mit dem beſtellten Weine
wieder zurück, und wir verließen den Salon, um den Fremden,
der in der That ſehr müde ſchien, allein und ſeiner Ruhe zu
laſſen. Ich ſah von Zeit zu Zeit durchs Fenſter; er ſchlief un-
ausgeſetzt, bis gegen Abend. Als er erwachte, lud ihn mein
Vater zu Tiſche. Er freute ſich ſehr an unſerm Weine und wurde
ſehr heiter. Er erzählte Vielerlei aus Deutſchland und aus dem
ſüdlichen Frankreich, und ich erinnere mich, daß er uns, trotz der
Unbehülflichkeit ſeiner franzöſiſchen Sprache, eine pompöſe und
höchſt poetiſche Beſchreibung des Meeres machte, das er bei
Bordeaux geſehen hatte. Manchmal brach er mitten in ſeinen
Erzählungen ab, als ob er fürchtete, daß er, fortfahrend, an
unangenehme Punkte in ſeiner eigenen Lebensgeſchichte gelangen
könnte. Meine Tante, wie ſie ihn ſo ſprechen hörte, bekehrte
ſich zu der Anſicht meines Vaters, daß wir hier nicht einen Ver-
rückten, ſondern ein ‚Original‘ zu Gaſte hatten, und horchte ihm
mit immer wachſender Theilnahme. Sie fand, daß Alles, was
er ſagte, ſehr viel Wahres enthalte und manchmal ſogar eine
große Tiefe des Geiſtes verrathe. Das Unverſtändliche ſetzte ſie
auf Rechnung ſeiner ſchlechten Ausſprache und der Mangelhaftig-
keit ſeiner Kenntniß des Franzöſiſchen. Meine Tante war fromm
und liebte es, über metaphyſiſche Gegenſtände zu philoſophiren,
was ſie ‚philoſophiren‘ nannte, und ſo lenkte ſie das Geſpräch

auch auf solche Texte. Da sagte er sonderbare Sachen, ohne sich
auf ihre Bibelstellen weiter einzulassen. Ich erinnere mich des
Inhalts einer langen Rede, da sich die Tante dieselbe am folgenden Tage in ihr Album schrieb und ich sie später öfter lesen
konnte. Der Inhalt war ungefähr folgender: ‚Dieß ist die Unsterblichkeit. Alles Gute, was wir schön denken, wird zu einem
Genius, der uns nicht mehr verläßt und uns unsichtbar, aber
in schönster Gestalt durchs ganze Leben begleitet, bis ans Grab.
Von unserm Grabhügel aus nimmt er seinen Flug und gesellt
sich zu den Heeren der Genien, die schon die Welt erfüllen und
an ihrer Vollendung und Verklärung weiter bauen. Diese Genien
sind Geburten, oder, wenn Sie wollen, Theile unserer Seele,
und in diesen Theilen ist sie allein unsterblich. Die großen
Künstler haben uns in ihren Werken die Abbilder ihrer Genien
hinterlassen, aber es sind nicht die Genien selbst. Es ist nur
ihre Abspiegelung im Dunstkreis unserer Erde, wie sich die Sonne
im See, nein, im Nebel, wiederspiegelt. Die schönen Götter
Griechenlands sind solche Abbilder der schönsten Gedanken eines
ganzen Volkes. — So ist es mit der Unsterblichkeit beschaffen.‘

„Meine Tante, die gern etwas über ihn selbst erfahren hätte
und immer das Gespräch auf ihn zurückzuleiten suchte, fragte,
vielleicht auch nur, um etwas zu sagen: ‚Glauben Sie, daß Sie
auf diese Weise unsterblich sind?‘

„Ich?‘ fragte er barsch, ‚ich, der vor Ihnen sitzt? Nein!
Ich denke nicht mehr schön. Das Ich, das vor zehn Jahren mein
war, das ist unsterblich — allerdings!‘ — Und sich besinnend,
fügte er bestätigend hinzu: ‚Ja, allerdings, jenes Ich ist es.‘

„Mit all Dem wußten wir nichts von ihm, von seinem Schicksal
— wir wußten nicht einmal seinen Namen. Mein Vater fragte ihn
einmal nach seinem Namen, da legte er den Kopf in beide Hände und
antwortete: ‚Ich werde ihn Ihnen morgen sagen. Glauben Sie
mir, es ist mir manchmal schwer, mich meines Namens zu erinnern.‘

„Das war nun wieder seltsam, aber wir hatten uns wunderbar rasch an die Eigenthümlichkeit dieses Mannes gewöhnt, daß

wir Das alles so hinnahmen, als müßte es so sein. Es fiel
Keinem ein, diesem Unbekannten, Geheimnißvollen gegenüber
irgend ein Mißtrauen zu äußern, und trotz Allem verging uns
der Abend in einer gehobenen Stimmung.

„Allerdings,' sagte Papa zu der Tante, ,glaube ich, daß
dieser Mann im Geiste gestört ist, aber dieser gestörte Geist ist
edel und von Natur groß und tief.'

„Was mich betrifft, ich betrachtete ihn wie einen Propheten,
wie einen wohlthätigen Zauberer, und ich war sehr glücklich, daß
ihn mein Vater, da es schon spät war und er nicht die geringste
Miene machte, das Haus zu verlassen, einlud, bei uns zu über-
nachten. Meine Tante beeilte sich, ihm ein Zimmer zurecht zu
machen, denn sie freute sich, noch mit ihm philosophiren zu
können, und mein Vater nahm sich vor, ihn morgen geradeheraus
nach seinem Schicksal zu fragen, das ein sehr unglückliches schien,
und dann etwas für ihn zu thun — ihm auch, wie er meinte,
in mancher Beziehung den Kopf zurecht zu setzen. Der Mann,
sagte er, habe ein bedeutendes Wissen, das man vielleicht noch
nützlich verwenden könne.

„Aber die Nacht sollte alle Pläne zunichte machen.

„Ungefähr eine Stunde nach Mitternacht weckte die hülfe-
rufende Stimme eines Bedienten, der eben von einem geheimen
Ausflug zurückkehrte und sich in seine Mansarde begeben wollte,
das ganze Haus. Ich stürzte mit der Tante auf den Korridor,
in demselben Augenblicke, da auch mein Vater seine Thür öffnete.
Nach dem ersten Ueberblick über den Korridor eilte der Vater auf
uns zu und drängte uns wieder in die Schlafstube zurück; doch
hatte ich in einer halben Minute genug gesehen. Der Bediente
lag auf der obersten Treppe, von seiner Furcht niedergeworfen,
vor ihm stand der Fremde im sonderbarsten Anzuge. Er hatte
das weiße Betttuch um den Leib geschlagen, und da dieß sein einziges Gewand war, hatte er etwas von einer griechischen Statue;
in der linken Hand hielt er ein Licht, in der Rechten einen alten
Degen, ein schönes Werk der Waffenschmiedekunst des sechzehnten

Jahrhunderts, das meinem Vater gehörte und gewöhnlich in der Stube des Fremden hing. Mein Vater nahm ihm die Waffe ab und führte ihn in das Zimmer zurück, wo er sich auf seinen Wunsch wieder ins Bett legte.

„Ich saß zitternd in meiner Stube neben der Tante, die Thränen vergoß. ‚Der arme Mensch,‘ seufzte sie fortwährend, ‚er ist wirklich wahnsinnig. Ach, wie Schade, wie Schade, um so viel Geist, so viel Wissen und so viel Güte. Ja gewiß, er ist auch sehr gut; selbst sein wahnsinniges Auge ist noch voll Güte.‘ — So saßen wir da, bis der Papa eintrat und uns befahl, wieder zu Bette zu gehen; der Fremde liege im tiefsten Schlafe, und es sei für diese Nacht gewiß nichts mehr zu befürchten. — ‚Welch sonderbares Abenteuer,‘ sagte mein Vater achselzuckend, um sein Mitleid mit dem Fremden, der ihm nicht minder gefiel als der Tante, zu verbergen.

„Als wir des Morgens erwachten, ging der Fremde ruhig, aber mit traurig gesenktem Kopfe im Parke umher. Die Tante wollte ihm folgen, aber mein Vater hielt sie zurück. ‚Es ist besser,‘ sagte er, ‚man läßt ihn allein. Wenn er wieder kommt, will ich sehen, was zu thun ist.‘ — Er befahl uns auch, die Fenster zu verlassen. Wenn der Fremde eine Erinnerung an den Anfall dieser Nacht habe, müsse es ihm nur unangenehm sein, sich beobachtet zu wissen.

„So ließen wir ihn allein. Er hielt sich dießmal nicht bei den griechischen Göttern auf, sondern ging langsamen Schrittes und offenbar sehr niedergeschlagen ins Dickicht. Ein Arbeiter berichtete, daß er sich dort auf eine Bank gelegt habe. Da er aber durch Stunden nicht zum Vorschein kam, ging mein Vater, um ihn aufzusuchen. Er war nicht mehr im Parke. Vom Balkon und von den Fenstern aus durchspähten wir die Ebene — er war nirgends zu sehen. Mein Vater stieg zu Pferde und durchkreuzte die ganze Gegend. Er war und blieb verschwunden; wir haben ihn nie wieder gesehen.

„Dieß ist die Geschichte meines ersten Zusammentreffens mit einem Deutschen.“

„Aber," fügte die liebenswürdige alte Dame ihrer Geſchichte hinzu, indem ſie mich anſah — „aber Sie ſind ja ſehr nachdenk= lich geworden. Was iſt Ihnen?"

„Ich habe alle Urſache, nachdenklich zu ſein, Madame — ich kombinire, ich vergleiche die Daten, und ich glaube, Ihnen ſagen zu können, wen Sie vor einem halben Jahrhundert hier empfangen haben."

„Nicht möglich," rief Madame de S...y, „reden Sie — Das wäre ja merkwürdig, daß ich Das noch erfahren ſollte."

„Ich kann nur vermuthen," ſagte ich, „aber, wie geſagt, wenn ich die Daten vergleiche — leider habe ich kein Buch hier, in dem ich nachſchlagen könnte — in welchem Jahre ſagen Sie, war es, daß Sie den ſonderbaren Gaſt beherbergten?"

„Das kann ich nicht ſo genau beſtimmen; es war in den erſten Anfängen des Jahrhunderts — es wird in den Jahren Zwei oder Drei geweſen ſein."

„Das trifft wohl zu, ſo viel ich mich erinnere. Ganz richtig. Sie nannten auch Bordeaux? Nicht wahr?"

„Ja wohl," rief Madame de S...y ungeduldig, „Sie ſpan= nen mich auf die Folter."

„Ich vermuthe, daß Sie damals einen vortrefflichen, edlen deutſchen Dichter bei ſich beherbergten, Namens Friedrich Hölderlin."

„Was ſagen Sie, Friedrich —?"

„Friedrich Hölderlin, der allerdings wahnſinnig war und halb wahnſinnig aus Bordeaux nach Deutſchland zurückkehrte. Doch kann ein Zufall um jene Zeit auch Jemand Anderen —"

„Nein, nein!" rief Madame de S...y, „ich will nun nichts Anderes glauben, gewiß, es iſt ein edler Dichter geweſen. Er= zählen Sie mir von ihm."

Und ich erzählte die Geſchichte Friedrich Hölderlins, in dem= ſelben Speiſeſaal, in dem er vor fünfzig Jahren — vielleicht zu Gaſt geweſen.

Sollte er es wirklich geweſen ſein?

Gleich und Gleich.

Dramatisches Sprichwort in zwei Akten.

(Den Bühnen gegenüber Manuskript.)

Personen.

Gräfin Valeria.
Mathilde, ihre Tochter.
Konstanze, deren Gouvernante.
Baron v. Walben.
Lieutenant George v. Secking.

Ort der Handlung: Bibliotheks= und Studierzimmer der Gräfin
Valeria. — Eine Mittelthüre, zwei Seitenthüren, links an
der Thüre ein Fenster. Im Vordergrunde rechts und links
Schreibpulte. Im Hintergrunde ein Tisch. Wände, Pulte,
Alles voll Bücher und Papiere. An den Wänden Karten
der alten Welt 2c.

Zeit der Handlung: von Mittag ungefähr, bis spät Abend.

Erster Akt.

Erste Szene.

Walden. George.

Walden. Nur hier herein. Fürchte nichts, du begegnest jetzt keinem Menschen. Da du dich nicht willst vorstellen lassen, mußte ich dir wenigstens vor deiner Abreise einmal das Haus zeigen, drin meine Freunde wohnen, darin ich so viele Stunden verbringe.

George. Schauderhaft, höchst schauderhaft! Bücher, nichts als Bücher! Bücher im Vestibüle, Bücher auf der Treppe, Bücher im Vorsaal, Bücher im Nebensaal, Bücher hier.

Walden. Ja, Bücher überall! Das ganze Schloß ist voll von Büchern. Schadet nichts, man kann hier doch glücklich sein, sehr glücklich. Setze dich (er setzt sich selbst an einen der Pulte), ich habe noch zu arbeiten. Es ist zu arg, wie mich das Kind beschäftigt. Da habe ich schon gestern den ganzen Tag gearbeitet und werde mit dem Plane nicht fertig, und am Ende mache ich es ihr gewiß doch nicht recht.

George. Was will sie denn?

Walden. Ich muß ihr eine neue chronologische Tafel machen, welche die ganze politische und Kulturgeschichte umfassen soll. Alle Künste und Wissenschaften sollen berücksichtigt sein und einen Ueberblick über die gleichzeitige geistige Entwicklung aller Völker in allen Ländern und Epochen gewähren. Da gibt es so viele

Unterabtheilungen, daß ich den Stoff nicht bewältigen kann. Es
ist schrecklich, was mir das Kind zu schaffen macht! Jeden Augenblick hat sie irgend einen solchen Einfall, und was ich ihr dann
mit Müh und Noth zusammenstopple, ist ihr nie gelehrt und
gründlich genug.

George. Es muß ein wahrer Blaustrumpf sein, deine Gräfin
Mathilde.

Walden. Gott bewahre! Es ist wahr, sie weiß zehnmal
mehr, als sonst ein Mädchen von siebenzehn Jahren zu wissen
pflegt; aber von einem Blaustrumpf ist nicht die Rede. Sie ist
so einfach, so anspruchslos, so ganz Natur! Aus jedem Worte,
aus jeder Bewegung spricht das Kind des Waldes — denn ihre
ganze Jugend ist hier in dieser Einsamkeit, in diesem alten Jagdschloß verflossen. Es ist ein liebes, herziges Kind!

George. Also das liebe, herzige Kind ist siebzehn Jahre alt?

Walden. Sechzehn Jahre, zehn Monate —

George. Ein schönes Alter für Kinder wie für Erwachsene.
— Ein sehr verführerisches, kindliches Alter! Walden!

Walden. George?

George. Hm, hm!

Walden. Nun? Es scheint mir, daß du was sagen willst —
heraus mit der Sprache!

George. Wirst du auch nicht böse sein?

Walden. Gewiß nicht. — Du machst mich neugierig.

George (herzlich). Sieh, Walden, du hast mich so gut, so
freundschaftlich bei dir aufgenommen.

Walden. Lieber Freund, wie sollte ich nicht? Bist du nicht
der Sohn jener vortrefflichen Frau, die in meiner frühesten Jugend
so gütig gegen mich war wie eine Mutter? Ich betrachtete es
als ein Zeichen der Fortdauer ihrer Güte, als sie dich hierher zu
mir schickte, um in meinem milden Thale deine Genesung zu
vollenden — und ich hätte dich nicht wie einen lieben Freund,
ja, wie einen jüngeren Bruder aufnehmen sollen? Und kamst
du mir nicht als ein braver Offizier, der sich für sein Vaterland

geschlagen? Und kamst du nicht, um hier deine Wunden zu heilen,
die du für eine gute Sache trägst? Für wen hältst du mich,
George? Du beleidigst mich, wenn du nicht glaubst, daß du mir
am ersten Tage ein lieber, alter Freund gewesen. Also ohne
Rückhalt! Heraus mit der Sprache!

George. Du hast Recht! Es ist mir auch so, als ob wir
seit Ewigkeiten Freunde wären — darum wirst du mir ein un=
bescheidenes Wort verzeihen.

Walden. Sprich! — was es immer sei.

George. Gut. — Seit ich bei dir wohne, sehe ich dich mit
dieser Hyp— Hyp— wie heißt sie?

Walden. Hypsipyle willst du sagen. So hat sie die Mutter
zu Ehren jener Königin von Lemnos genannt, welche die Griechen
vor Troja verproviantirte. Nenne sie lieber Mathilde, denn so
heißt sie eigentlich.

George. Also ich sehe dich immer mit dieser Gräfin Mathilde,
mit diesem siebzehnjährigen Kinde, beschäftigt, und wie aus deinen
Reden hervorgeht, hast du dir nun seit beinahe sechs Jahren eben
so angelegentlich mit ihrer Ausbildung zu schaffen gemacht. Du
hast die halbe Welt gesehen, du hast so viel erlebt und erfahren,
aber der Lieblingsgegenstand deines Gespräches ist immer diese
Mathilde, Hypsipyle genannt. Ich glaube recht gerne, daß es
ein liebes, gutes und kluges Geschöpf ist, aber —

Walden. Nun?

George. Ich glaube — ich muß annehmen —

Walden. Was?

George. Daß du sie für dich erziehst — daß du sie hei=
rathen willst —

Walden. Ich heirathen? und Mathilden heirathen? Ha,
ha, ha!

George. Durch ein bloßes Interesse für ein noch so liebes
Kind läßt man sich nicht so ganz und gar absorbiren. Man macht
sich nicht aus einem freien Manne zu einem Stundengeber —
und ich habe stets gehört, daß das Handwerk eines Stunden=

gebers das betrübteste von der Welt sei. Und du bist ganz und
gar ein Sklave geworden. Ist es mir doch nicht möglich, dich
zum schönsten Ausfluge zu bewegen, wenn du an dem Tage deiner
Mathilde eine Stunde zu geben hast.

Walden. Das ist leicht zu erklären. Es gibt einen päda-
gogischen Beruf, wie es andere Berufe gibt. Nicht alle Schulmeister werden aus Noth Schulmeister. Viele sind es mit Leidenschaft. Ich bin ein geborener Pädagog. Von frühester Jugend
an habe ich mit Leidenschaft unterrichtet. Als Student war ich
der freiwillige Hofmeister meines Hausmeisters. Auf meinen
Reisen hinterließ ich überall Schüler. Die Tochter meines Pariser
Portiers ist heute Gesellschaftsdame und Vorleserin einer Prinzessin, und Das dankt sie meinem Unterricht. Ich bin ein geborner
Schulmeister.

George. Warum bist du dann nicht Professor an irgend
einer Universität geworden? Glaubst du diese Stellung mit deinem
altadeligen Namen unvereinbar?

Walden. Ah pah! Der wahre Adel unseres Volkes steckt
in der Wissenschaft. Wenn man einst von der Größe unserer
Zeit erzählt, wird man mehr gelehrte als adelige Namen nennen.
Aber einmal bin ich nicht so gelehrt, wie du glaubst; meine Reisen
ließen mich nicht dazu kommen, ein Fach auszubilden — dann
würde mir der Professor nicht genügen. Der steht auf dem Ka-
theder, ein abstrakter Mensch, und spricht ins Allgemeine wie ein
Buch. Der eigentliche Pädagog ist persönlich, er unterrichtet nicht
nur, er erzieht, er insinuirt sich, er muß seinen Schüler lieben
und Eins mit ihm werden. Er genügt sich nur in einem persönlichen Verhältniß, er ist der geistige Vater oder die geistige Mutter.

George. Wohl! Aber ich habe noch keinen Pädagogen gesehen, der die Sache so persönlich genommen hätte, wie du mit
dieser Mathilde.

Walden. Nichts natürlicher. Mathilde ist, so zu sagen, mein
Geschöpf. Kurz nachdem ich mich vor ungefähr sechs Jahren hier
in der Nähe angesiedelt, um nach meinen Reisen mit dem Reste

meines Vermögens ein stilles und gebildetes Altjunggesellenleben
zu beginnen, machte ich die Bekanntschaft der Gräfin Valeria, der
Mutter Mathildens. Sie hatte erfahren, daß in ihrer Nachbar=
schaft ein Mann hause, der Griechenland, den Orient, kurz alle
klassischen Orte der Welt gesehen, und sie, die Gelehrte, mußte
mich nothwendig sprechen. Ich lernte eine merkwürdige Frau
und ein merkwürdiges Haus kennen. Die Gräfin Valeria hat
früh ihren Mann verloren, mit dem sie, wie es scheint, nicht
glücklich war. Er liebte die rauschenden Vergnügungen der Welt,
sie die Einsamkeit und die Bücher. An Der, mein Freund, ist
ein wahrer Professor verloren gegangen. Sie benützte ihre Frei=
heit, um sich ganz ihren Neigungen hinzugeben. Sie kaufte dieses
von Park und Wald umgebene Jagdschloß, in das sie sich mit
ihrem Kinde, dessen Gouvernante und einigen Gesellschaftsfräu=
lein, die eigentlich Schreiber und Sekretäre sind, zurückzog. Das
ganze Schloß wurde nach und nach zu einer Bibliothek und die
Gräfin von Tag zu Tag gelehrter. Alte Geschichten aller alten
Völker, alte Sprachen, alte Kunst und Wissenschaft, alte Philo=
sophieen und alte Religionen sind die Gegenstände, die jeden
Winkel ihres Geistes wie ihres Schlosses ausfüllen.

George. Mir graut.

Walden. Es war mir Anfangs selbst unheimlich, besonders
als ich die Lebensweise des Hauses kennen lernte. Die Gräfin
studirt meist in der Nacht und verschläft den größten Theil des
Tages; ihre Gesellschaftsfräulein, die ihr während der Nacht bei=
stehen müssen, schleichen dann blaß, verschlafen, gähnend durchs
Schloß, und Niemand wagt es, laut aufzutreten oder ein lautes
Wort zu sprechen.

George. Und in diese Gesellschaft hast du mich schon meh=
rere Male einführen wollen. Danke bestens. Eine schöne Gesell=
schaft für einen Lieutenant!

Walden. Aber mitten unter diesen bücherstaubbedeckten Ge=
stalten trieb sich die schönste Jugend in Gestalt Mathildens herum.
Sie lief Tage lang allein und unbewacht durch den Wald und

hatte die ganze Anmuth und Wildheit eines Rehs. Sie war da=
mals eilf Jahre alt. Ich fühlte mich sogleich zu dem schönen
wilden Kinde hingezogen und habe sie gewissermaßen entdeckt,
denn Niemand im Hause kümmerte sich um sie. Selbst die Mutter
war überrascht und schüttelte ungläubig den Kopf, als ich ihr
sagte, daß sie da ein begabtes Kind besitze, aus dem etwas wer=
den könnte. Wie sollte sie Das glauben, da es Mathilden nie
einfiel, in eines der zehntausend Bücher zu blicken!

George. Das gefällt mir von dem Kinde.

Walden. Es war mir leicht, mich zum Lehrer des Kindes
zu machen, und um das Vertrauen der Mutter ganz zu gewinnen,
gab ich der Erziehung Mathildens einen Anstrich von Gelehrsam=
keit, wohl wissend, daß Das dem gesunden Wesen nichts anhaben
konnte. Mathilde ihrerseits fand endlich einen Menschen, dem
sie Theilnahme einflößte, und ging mit dem Instinkte kluger Kin=
der auf meine Absichten ein. Sie schloß sich sehr innig an mich,
und heute sehe ich mit Glück die schönen Früchte meiner Be=
mühungen.

George. Du hast mir da Alles schön auseinander gesetzt,
aber mit all Dem noch nicht bewiesen, warum du sie nicht hei=
rathen sollst? Stört dich vielleicht der Gedanke an ihr großes
Vermögen, während du jetzt nur schwach bemittelt bist?

Walden. Ach was! Das ist so eine der hergebrachten An=
sichten, die schön und edel sein sollen. Ein Mann, der nicht
fühlt, daß er so viel werth ist, als die Mitgift eines Mädchens,
hat freilich Recht, solche Ansichten zu haben. Es fällt mir nicht
ein, Mathilden zu heirathen, weil mein Verhältniß zu ihr ge=
wissermaßen ein väterliches ist, weil ich den Gedanken an Heirath
längst aufgegeben und weil ich ein alter Junggeselle bin.

George. Ein alter Junggeselle? Wie alt bist du denn
eigentlich?

Walden. Sieben und dreißig, sage: sieben und dreißig
Sommer und acht und dreißig Winter.

George. Mit sieben und dreißig Jahren ist man heute ein

junger Mann; es wimmelt von jungen Männern von sieben und
vierzig.

Walden. Weil die Verhältnisse darnach sind; weil die
meisten Männer zwanzig Jahre zu kämpfen haben, bis sie eine
Familie oder eine anspruchsvolle Frau ernähren können, und weil
die Andern Egoisten sind. Nachdem sie sich zwanzig Jahre in der
Welt und in allen Freuden herumgetrieben, haben sie die Frechheit, einem jungen lebenslustigen Geschöpfe ein Häuflein Asche
statt eines Herzens anzubieten. Ein solcher Egoist bin ich nicht.

George. Du bist aber auch kein solches Häuflein Asche.
Du bist jung von Herzen, liebevoll, du sehnst dich nach häus-
lichem Glück, du wärst ein vortrefflicher Vater.

Walden (seufzend). Das ist wahr. Mathilde weiß es, daß
ich ein guter Vater bin. Damit begnüge ich mich, muß ich mich
begnügen. Ich war in der That für ein häusliches, liebevolles
Leben — pah — die Zeit ist hin — sprechen wir nicht davon.
Der Anfang aller Weisheit ist: nichts bereuen.

George. Jetzt aber gehe ich. Wenn mich der junge oder
der alte Blaustrumpf hier überraschte, ich wäre des Todes.

Walden (zieht einen Brief aus der Tasche). Laß sehen, um
welche Stunde Mathilde mich hier erwartet.

George. Laß mich lesen; laß mich sehen, wie so ein Ding
schreibt (nimmt Walden den Brief aus der Hand und liest): „Mein geliebter Freund und Lehrer!" Das klingt sehr zärtlich: Mein geliebter Freund!

Walden. Mathilde nimmt es nicht so genau mit den Worten.

George (liest). „Ich erwarte Sie heute um Ein Uhr, und
zwar mit Sehnsucht und Ungeduld." (Spricht) Sehnsucht und Ungeduld, hm, hm! Darf ich da noch weiter lesen?

Walden. Lies, lies! Wir haben keine Geheimnisse.

George (liest). „Warum kommen Sie jetzt nur jeden zweiten
Tag, und nicht täglich, wie sonst? Ich hasse Ihren Lieutenant,
der mich seit drei Wochen um Ihre Gesellschaft bringt." (Spricht)
Danke, Sie sind sehr gütig, Fräulein Mathilde. Welches Glück

ich doch habe; sie kennt mich noch nicht und haßt mich schon! (Liest weiter.) „Kommen Sie! Kommen Sie!" (Spricht.) Noch ein= mal „Kommen Sie!" Zwei Aufforderungen, bei der dritten Auf= forderung wird geschossen. (Liest.) „Was bin ich ohne Sie?" (Spricht.) Das wird ja immer besser. Mein Gott, da kommt auch was Lateinisches. (Liest.) „Tecum vivere amem, tecum ob= eam libens."

Walden. Sie liebt es, zu zitiren. Es ist ein Zitat aus einer horazischen Ode.

George. Und zwar aus der zärtlichsten aller horazischen Oden. Sie kann also lateinisch, das schreckliche Geschöpf?

Walden. Freilich! Sie lernte es der Mutter zu Gefallen.

George. Aber das Zitat ist gut gewählt: „Mir dir lebt' ich, mit dir stürb' ich gerne." Das ist nichts? He? Und Die ist nicht verliebt in dich?

Walden. Thorheit! Man muß Mathilden kennen. Die schreibt in zwei Zeilen mehr, als sie in zwei Jahren verantworten kann, und sie liebt es, sich über ihre besten Freunde lustig zu machen. Du mußt sie endlich kennen lernen; ich stelle dich ihr doch vor.

George. Ich werde mich hüten. Jetzt erst recht nicht.

Walden. Nun, wenn Dem so ist, so fliehen wir, denn jetzt muß sie kommen. Ich gehe mit dir, um dich ein wenig im Parke zu orientiren. Was fängst du dann an?

George. Ich gehe in die Stadt zum Arzte. Mein Arm hat mich heute Nacht wieder etwas unsanft geweckt.

Walden. Gut. Erwarte mich im Parke. Nach einer Stunde gehe ich mit dir, um zu hören, was der Arzt sagt. Komm!

George. Wie froh bin ich, diese schweinslederne Atmosphäre zu verlassen. (Deklamirt.) „Mit dir lebt' ich, mit dir stürb' ich gerne." Das ist nichts?

Walden. Narr!

George. Es ist nicht richtig.

(Beide durch die Mittelthüre ab.)

———— —

Zweite Szene.

Mathilde mit Büchern und Papieren unter den Armen. **Fräulein Konstanze.**

Konstanze. Wird die Stunde heute im Studierzimmer der Frau Gräfin genommen?

Mathilde. Heute und in Zukunft. Mama will es so. Die Atmosphäre dieser Stube wird, so meint sie, auf meinen Geist wohlthätig einwirken. Ich bin schon gelehrt genug, um mich würdig in Gesellschaft dieser dickleibigen, schweinsledernen und andern ledernen Herrn aufzuhalten, um mich mit ihnen vertraulich zu unterhalten, um mit ihnen zu liebkosen. Ja, ja! Ich hatte gestern mit Mama eine lange, achtzigpfündige Diskussion, ein Kolloquium, eine Disputatio! Sie war sehr zufrieden, denn ich bin scheußlich gelehrt. (Konstanze setzt sich mit einer Handarbeit ans Fenster; Mathilde an den Studiertisch.)

Mathilde (sieht auf die Uhr). Jetzt muß er bald kommen, O Gott, wie mir das Herz klopft. Es ist doch ein sehr ängstliches Gefühl, die Liebe. Tage meiner unschuldsvollen Jugend, wohin seid ihr entflohen? — Jetzt muß er es doch gemerkt haben! Ich habe ihn in meinem Billet „meinen geliebten Freund" genannt, ich sprach ihm von meiner Sehnsucht, ich wählte die zärtlichste Stelle aus dem Horatius. In einer fremden Sprache hat man mehr Muth, man spricht wie unter einer Maske. Und gar in einer todten Sprache — Das klingt so geisterhaft. — Aber wenn er es noch nicht merkt? Wenn ihm mein zärtliches Briefchen eben so wenig sagt, wie meine Blicke, meine Seufzer, meine Melancholie? Es ist schrecklich, wie dumm die gescheiten Männer sein können. — Warum sollte ich es ihm nicht gerade heraus sagen? (Nachdenklich.) Ich suche umsonst nach einem Beispiele in der alten Geschichte, auf das ich mich als auf eine Autorität berufen könnte; ich finde keines. Es gab doch so gescheite Völker im Alterthume, sie erfanden so Vieles, sie hatten so gute Gedanken, aber daß auch ein Mädchen dem Manne eine Liebes-

erklärung machen solle, Das ist weder Babyloniern noch Griechen
eingefallen.   Vielleicht gab es ein so weises Volk in den Ur-
anfängen, im goldenen Zeitalter; aber das ist heute vergessen.
Leider! — Vielleicht ist es gegen die Natur? Fräulein Konstanze!

Konstanze. Mathilde?

Mathilde. Kann ein Mädchen einem Manne eine Liebeserklärung machen?

Konstanze. Wie kommen Sie auf eine solche Frage?

Mathilde. Nun — nun — aus Wißbegierde — aus
wissenschaftlichem Trieb —

Konstanze. Diese Wissenschaft geht Sie nichts an, Das ist
eine schlechte Wissenschaft.

Mathilde. Fräulein Konstanze, nur keine Vorurtheile. Alle
Wissenschaften sind gleich ehrwürdig, eine fördert die andere, eine
hängt mit der andern zusammen, und am Ende machen alle zusammen nur Eine aus.

Konstanze. Dummes Zeug!

Mathilde. Beantworten Sie meine Frage. Man darf ein
wißbegieriges strebsames Gemüth nicht so abfertigen. Ein Philosoph sagt: Der Fragende ist immer ehrwürdig. Ich frage: Darf
ein junges Mädchen zu einem Manne sagen: „Ich liebe dich"
oder auch „ich liebe Sie," je nach Umständen.

Konstanze. Nein.

Mathilde. Warum nicht? Ist es gegen die Gesetze des
Staates?

Konstanze. Das nicht.

Mathilde. Ist es gegen die Gesetze der Natur?

Konstanze. Das — eigentlich — im Grunde — auch nicht.

Mathilde. Also warum nicht?

Konstanze. Mathilde, Sie langweilen mich mit Ihren
Fragen. Es schickt sich nicht, daß ein Mädchen eine Liebeserklärung mache, es schickt sich nicht, und es schickt sich nicht, und
damit Punktum!

Mathilde (springt auf, pathetisch). Es schickt sich nicht! Das

ist das große Wort! Gesetz, Natur, Vernunft, Gefühl, die edelste
Leidenschaft, Alles, Alles sagt ja, Alles sagt: thu es, thu es
doch, Mathilde — aber „es schickt sich nicht.“ Als ob das Uni-
versum von einer Gouvernante regiert würde. Wir wollen einmal
sehen, wer stärker ist, ich oder das „Es schickt sich nicht.“ (Setzt sich
nieder, ruhiger.) Wir sind doch sehr egoistisch, wir Weiber. Es würde
den Männern eine so große Freude machen, wenn unser Eins
ihnen sagte: „Ich liebe dich,“ so recht zärtlich: „Ich liebe dich!“
— Aber nein, da warten wir, bis sie es uns sagen, und dann
geben wir höchstens ein anderes: „Ich liebe dich,“ zurück, wie eine
Bezahlung, nicht wie eine freiwillige Gabe, die doch viel schöner
und edler wäre. Sie sind viel besser als wir, Das ist ausgemacht.
Ich habe sie auch viel lieber, besonders Einen. Ach, wie liebe
ich ihn, den guten, edlen Walden. — Max, ich liebe dich!
(Nimmt ein Papier, das vor ihr liegt.) Nun, wenn es ihm meine
Seufzer und Liebesbriefchen nicht gesagt haben, so wird ihm
wenigstens dieser historische Aufsatz beweisen, wie ernst und
gründlich ich mich mit der Liebe beschäftige. Kein deutscher Professor ist jemals so gründlich auf diesen Gegenstand eingegangen.
(Liest.) „Die Liebe bei den Alten.“

Konstanze. Da kommt Herr v. Walden.

Mathilde. Er kommt. O mein Herz! Muth, Mathilde.
Du willst ihm ja nichts Schreckliches sagen, nicht Trauriges, im
Gegentheil etwas Angenehmes, sehr Angenehmes — daß du ihn
liebst, unendlich liebst!

Dritte Szene.

Die Vorigen. Walden.

Walden. Guten Morgen, Fräulein Konstanze, guten Morgen, Mathilde. (Gibt ihr die Hand.)

Konstanze. Guten Morgen, Herr von Walden.

Mathilde. Kommen Sie endlich!

Walden. Ich bin überzeugt, daß Sie dießmal sehr fleißig gearbeitet haben, da Sie mich mit solcher Ungeduld erwarteten. Das freut mich; denn in der letzten Zeit waren Sie etwas träge und zerstreut.

Mathilde (für sich). Er hat es also gemerkt. (Laut.) Sie haben ganz recht gesehen. Ich gestehe, daß mich etwas beschäftigte, — daß mein Gemüth — mein Herz —

Walden. Heute aber haben Sie fleißig gearbeitet.

Mathilde. Sehr fleißig — und mit Liebe — Ein Thema das mich seit Wochen sehr beschäftigt — ein Gegenstand, der —

Walden. Was ist es?

Mathilde. Sie erinnern sich, lieber Freund, daß Sie mir dießmal volle Freiheit in der Wahl meines Gegenstandes zu einem schriftlichen Aufsatze ließen?

Walden. Und was haben Sie gemacht?

Mathilde (nimmt das Papier gleichgültig). Eine historisch-archäologisch-philosophische Abhandlung über —

Walden. Das klingt ja sehr imposant. Dazu muß man sich Zeit nehmen. Darum will ich Ihnen vorher einige Bemerkungen über Ihren Briefstil machen. (Zieht ihren Brief aus der Tasche.)

Mathilde (bei Seite). Mein Liebesbrief! O Gott, er erwartet guten Stil von einem Liebesbrief! Ich bin verloren; nichts, nichts hat er gemerkt.

Walden. Das ist Ihr Briefchen von heute Morgen. Sehen Sie, liebe Mathilde, Sie kennen noch nicht die Bedeutung, das rechte Maß der Worte. Da schreiben Sie mir „Mein geliebter Freund." Gewiß, ich bin Ihr Freund, Ihr bester Freund, aber selbst einem besten Freunde schreibt man nicht: „Geliebter Freund," Das hat eine ganz andere Bedeutung, als z. B. „Lieber Freund."

Mathilde. Wissen Sie, mein lieber Freund, daß Sie ein Pedant sind. „Lieber kommt her von Lieben, verstehn Sie wohl, von Lieben, gerade so wie Geliebter, das ein Partizipium ist und hier als Adjektivum steht, gerade so wie „Lieber," — ich weiß sehr wohl, daß ein gewisser Unterschied zwischen

Lieber und Geliebter obwaltet, aber, welchen von beiden
Ausdrücken ich wählen will, das hängt rein von meinem subjek-
tiven Ermessen, von meinem individuellen Gefühle ab. Verstehen
Sie mich? Verstehen Sie mich ganz?

Walden. Ich verstehe Sie sehr wohl. Sie meinen, in einem
Zettel, den man so hinwirft —

Mathilde. Ach, Sie verstehen mich gar nicht. — Mein
subjektives Ermessen, sage ich, mein individuelles Gefühl, Gefühl —

Walden. Greifern Sie sich nicht so. Mir können Sie schreiben, was und wie Sie wollen, bei mir haben solche Ausdrücke
nichts zu bedeuten — aber —

Mathilde. Nichts zu bedeuten? Sehr viel haben solche
Ausdrücke zu bedeuten; ich sage Ihnen, sie haben ganz außerordentlich viel zu bedeuten.

Walden. Nun, wir wollen über ein Briefchen nicht streiten.
Sie haben Recht, ich bin ein Pedant. Sehen wir Ihren Aufsatz.

Mathilde (liest). „Die Liebe der Alten.“

Walden. Die Liebe der Alten! Das wird wohl eine Satire,
ein komischer Aufsatz?

Mathilde. Gott bewahre, es ist der heiligste Ernst. Ich
bin gar nicht zum Scherzen aufgelegt. Meine wochenlangen
Studien über diesen wichtigen Gegenstand haben mich mit tiefstem
Ernst erfüllt. Hören Sie nur weiter. (liest.) „Die Liebe der
Alten. Die Liebe bei den Griechen und Römern, bei den Juden,
Assyriern, Babyloniern und Chaldäern, bei den Aegyptern und
Phöniziern, mit einer kleinen Uebersicht über die Liebe bei den
Persern, Lydiern, Phrygiern und Kappadoziern und Paphlago-
niern, Szythen und einigen andern Völkern und Völkerschaften
des Alterthums; nebst einem Anhang über die Begriffe Eros und
Anteros, über die Mythen von Amor und Psyche, und einigen Be-
merkungen über die Art und Weise, wie sich die Alten die Liebe
verkörpert dachten und wie sie selbige in Statuen, Basreliefs
und auf Münzen bildeten.“

Walden (lacht). Sie sind ein närrisches Kind.

Mathilde. Närrisch? — vielleicht. Kind? — nein!

Walden. Lesen Sie! Lesen Sie! Das wird sehr unter=
haltend.

Mathilde. Herr v. Walden, wenn Sie sich nur unterhalten
wollen, wo ich mit tiefstem Ernste —

Walden. Sie kommen mir heute sonderbar vor, Mathilde.
Sie sind fortwährend beleidigt, und sonst hat Niemand über Ihre
ernsthaften Aufsätze mehr gelacht als Sie selbst.

Mathilde. Die Zeiten ändern sich und wir mit ihnen. (Seufzt.)

Walden. Lesen Sie. Ich will nicht mehr lachen.

Mathilde (liest). „Schon die Alten kannten sie.“

Walden (bricht in Gelächter aus). „Schon die Alten kannten
sie.“ Das ist reizend, Das ist unbezahlbar — freilich kannten sie
schon die Alten — Das ist nicht zu bezweifeln, man kannte sie
immer und zu allen Zeiten, Das braucht nicht erst historisch er=
wiesen und festgestellt zu werden. Ha, ha, ha!

Mathilde (für sich). Er lacht, er lacht fortwährend. Ich bin
wohl sehr lächerlich. Es wird mir nie gelingen, ihm meine Liebe
zu gestehen — er wird mich nie lieben. (Sie weint und wirft das
Papier fort.)

Walden. Was ist Ihnen, liebes Kind? Sie weinen, Sie
sind gekränkt — ich verstehe Sie nicht mehr.

Mathilde (entschlossen). Sie sollen mich verstehen. (Zu Kon=
stanze.) Fräulein Konstanze, Mama wünscht, daß Sie sie wecken:
sie will nach der Stunde mit Herrn v. Walden sprechen.

Konstanze. Warum sagen Sie mir denn Das jetzt erst.

Mathilde. Ich habe es vergessen. (Konstanze geht in die
Seitenthüre links ab.)

Mathilde (zu Walden). Ihre heitere Stimmung erlaubt
mir nicht, Ihnen meinen Aufsatz weiter vorzulesen. Ich bedaure
Das, denn die Vorlesung hätte mir vielleicht ein Geständniß
erspart, das ein Mädchen nicht ablegen darf, weil es sich
nicht schickt.

Walden. Ein Geständniß?

Mathilde. Setzen Sie sich — So — Ja, ein Geständniß.
Sie sind mein bester, mein liebster Freund; Sie haben ein Recht,
dieß Geständniß von mir zu verlangen, und ich habe die Pflicht,
Sie zu meinem Vertrauten zu wählen.

Walden. Sie machen mich neugierig.

Mathilde. Schon die Alten kannten sie.

Walden. Wen?

Mathilde. Die Liebe.

Walden. Die Liebe?

Mathilde. Warum sollte ich sie nicht kennen?

Walden. Die Liebe?

Mathilde. Ja wohl, die Liebe. Ich bin verliebt, ich liebe!

Walden. Das glauben Sie nur. Sie täuschen sich.

Mathilde. Ich täusche mich nicht. Sie halten mich noch
immer für ein Kind, weil Sie mein Lehrer sind, weil Sie mich
von Kindheit an kennen, weil Sie mich immer sehen und nicht
bemerken, wie ich wachse. Ich bin ein erwachsenes Frauenzimmer,
und ich liebe.

Walden. Sie lieben!

Mathilde. Ja, gewiß, ich liebe und von ganzem Herzen.

Walden. Wen können Sie lieben in dieser Einsamkeit?
Etwa den Herrn v. Falkenberg, den trefflichen Reiter, der täglich
durch den Park reitet und vor Ihren Fenstern sein Pferd kapriolen
läßt? Liebes Kind, das ist kein Mann für Sie.

Mathilde. Sein Sie ruhig; mein Geliebter ist ein schlechter
Reiter.

Walden. Irgend ein Stutzer, der —

Mathilde (mit Beziehung). Mein Geliebter ist nicht ein
Bißchen elegant; zwar ganz ordentlich, aber doch etwas alt-
modisch.

Walden. So ein junger Springinsfeld —

Mathilde. Ein Mann in den besten Jahren.

Walden. Der dem Gänschen süße Dummheiten vorschwatzte.

Mathilde. Mein Geliebter sagt mir nur Grobheiten und lacht mich aus und — nennt mich ein Gänschen.

Walden. Wer kann es sein?

Mathilde. Mein Gott, wer kann es anders sein, als Sie, Sie, mein geliebter, theurer Freund. Sie sind es, den ich liebe, von ganzem Herzen, aus ganzer Seele. (Für sich.) Gottlob, es ist heraus! Jetzt wird er mir sagen, daß er mich wieder liebt.

Walden (springt auf). Ich!

Mathilde. Wer verdient es mehr als Sie, daß ich ihm mein ganzes Herz hingebe, mein ganzes Leben!

Walden. Mathilde, ich versichere Sie, Sie irren sich. Sie haben keine Erfahrung.

Mathilde. Ein siebzehnjähriges Mädchen, das zum ersten Male liebt, hat mehr Erfahrung als ein fünfzigjähriger Mann.

Walden. Ich bin erst achtunddreißig Jahre alt.

Mathilde. Und ich muß es Ihnen erst sagen, daß ich Sie liebe. Haben Sie mein Herz nicht klopfen hören, so oft Sie seit Wochen in die Stube traten? Sahen Sie nicht meine Traurigkeit, so oft Sie gingen? Ahnten Sie nicht die Sehnsucht, die mich zu Ihnen zog, wenn Sie abwesend waren?

Walden. Ich wiederhole Ihnen, liebes Kind —

Mathilde. Ich bin kein Kind.

Walden. Liebe Mathilde, ich wiederhole Ihnen, daß Sie sich irren. Alle Mädchen lieben ihre Lehrer.

Mathilde. Ich hasse alle meine Lehrer, nur Sie liebe ich.

Walden. Sie sind siebzehn Jahre alt; Sie lieben die Liebe, nicht mich.

Mathilde. Ich bin nicht so abstrakt; ich liebe nicht einen Begriff — Sie, Sie liebe ich.

Walden. Sie wissen nicht, was Sie sagen, was Sie thun; Sie spielen mit Worten, Sie —

Mathilde. Ich sage Ihnen, ich weiß ganz wohl, was ich thue. Sie halten mich immer für eine Einfalt, für ein unschul-diges Ding, das nichts von Liebe und Liebesangelegenheiten weiß. Enttäuschen Sie sich, lieber Walden, ich weiß Alles, — ich sage Ihnen, ich weiß Alles. Mein Gott, ist es denn so schwer zu glauben? Ist es etwas so Wunderbares oder Seltenes, daß sich ein Mädchen verliebt? Und ist es so schwer, so einem armen Mädchen zu antworten: Ich liebe dich wieder?

Walden. Sie wissen, wie herzlich —

Mathilde. Nichts da! Ich will von dieser Liebe nichts hören; mit der muß es aus sein, die muß pensionirt werden.

Walden. Ich habe für Sie —

Mathilde. Ich zittre vor Angst, daß Sie mir von Achtung sprechen. Um Gotteswillen, sprechen Sie mir nicht von Achtung. Ich verbitte mir alle Achtung. Verachten Sie mich, aber lieben Sie mich.

Walden. Ich will Ihnen nicht von Achtung sprechen, aber meine —

Mathilde. Freundschaft! Nicht wahr? O, wir kennen das. Ich kann die Freundschaft nicht leiden, ich kann sie nicht ausstehen, die Freundschaft, diesen Eichelkaffee der Liebe. Nichts Abgeschmackteres als Freundschaft zwischen einem Mann und einem jungen Frauenzimmer.

Walden. Ich bin aus den Wolken gefallen — ich weiß nicht, was ich sagen soll.

Mathilde. Ich weiß es, ich — Sagen Sie: „Ich liebe dich, Mathilde, ich liebe dich."

Walden. Nein! Nein!

Mathilde. Es ist also unmöglich, mich zu lieben? Ich bin doch sehr unglücklich! Ich werfe mich einem Manne an den Hals, und er will nichts von mir wissen, er will mich nie, niemals lieben. Bin ich denn so häßlich, so dumm, so abgeschmackt, so langweilig? Sagen Sie es mir aufrichtig, daß ich mich gleich darnach einrichte, eine alte Jungfer zu werden. Sagen Sie mir — es ist Ihre Pflicht, mit mir aufrichtig zu sein — sagen Sie mir, ob ich denn gar nicht dazu gemacht bin, einen Mann zu beglücken, was ich doch so sehr gerne thäte.

Walden. Mein theures Kind, beruhigen Sie sich. Ich kann Ihnen diese Fragen beantworten, ohne Furcht, Sie eitel zu machen. Glücklich der Mann, der Sie einst sein nennt. Er wird einen unerschöpflichen Schatz des Glückes an Ihnen besitzen, eine treue und anmuthige Gefährtin, einen Trost in allen Drangsalen und im Unglück einen Ersatz für alle Verluste. (Er drückt ihren Kopf an seine Brust.) In diesem Herzen sprudelt eine Quelle der Güte und der ewigen Jugend; beglückt, wer diesem Sprudeln bis an sein Lebensende lauschen kann. Ich segne ihn, diesen Unbekannten, denn sein Glück wird das Ihre sein, und ich flehe nur, daß er den ganzen Reichthum zu würdigen verstehe, den ihm die Vorsehung mit Ihrem Besitze gönnt.

Mathilde. Lieber Walden, schweigen Sie — Sie machen mich stolz, und Sie rühren mich. Sehen Sie, nie wird Jemand so gut von mir denken, gewiß nicht. Ich werde also mit Niemand so glücklich sein, als ich es mit Ihnen sein könnte. Warum verschmähen Sie diesen ganzen Reichthum meines Besitzes? Warum wollen Sie ihn diesem Unbekannten, diesem X überlassen? Heirathen Sie mich, ich bitte Sie. Sie werden glücklich mit mir sein, ich verspreche es Ihnen, und Sie wissen, daß ich Wort halte. Ich werde eine so treue, zärtliche, liebende Gattin sein, ich werde nur an Sie denken und wie ich Ihnen Freude mache. Sehen Sie, hier in diesem kleinen Herzen, da ist etwas darin, das ist so groß wie ein Ozean und das ist nichts als Liebe, und Das alles möchte ich gerne Einem, Einem Manne hingeben.

Walden. Ach!

Mathilde. Sie seufzen. Ich bin gerettet.

Walden. Thorheit! Ich seufze über Ihre Verblendung. Sie meinen immer den Unbekannten, nicht mich. Für mich empfinden Sie Dankbarkeit und verwechseln Das mit der Liebe ohne Gegenstand, die Sie — immer für jenen Unbekannten — empfinden.

Mathilde. Dankbarkeit? (Stolz.) Ich möchte wissen, welche Wohlthaten so viel werth sind, daß sie nur mit einem Mädchen, wie ich, bezahlt werden können!

Walden. Sie haben Recht.

Mathilde. Also ist es nicht Dankbarkeit, sondern Liebe.

Walden. Für den Unbekannten.

Mathilde. Der Unbekannte langweilt mich schrecklich. Warum sollten Sie es nicht sein?

Walden. Ich bin zu alt für Sie.

Mathilde (lacht). Zu alt? Wenn ich Sie nun einmal so will? Zu jung sind Sie für mich, das sehe ich wohl ein, zu un= erfahren, zu schüchtern. Sie stehen da vor mir wie eine ver= schämte Jungfrau.

Walden. Stille — ich höre Ihre Mutter. Lassen Sie mich — ich will mit der Mutter sprechen.

Mathilde (froh). Endlich, endlich! Ja, ja, sprechen Sie mit meiner Mutter — ich gehe, ich will Sie nicht stören — sprechen Sie mit meiner Mutter.   (Ab.)

Walden. Es ist die ärgste Versuchung meines Lebens. O Gott, für welches Glück bin ich um zehn Jahre zu früh geboren! Oder nicht? Wäre es das erste Mal, daß der Lehrer seine Schülerin heirathet? Sind acht und dreißig Jahre wirklich ein zu hohes Alter — eigentlich nur sieben und dreißig und sieben Monate. Sie verspricht mir Glück, und sie hält Wort wie ein Ehrenmann, das weiß ich. — Und ihr Glück? — Fort, Versuchung — Schweiget still, ihr verführerischen Stimmen — Sei stark, alter Knabe.

Mathilde (kommt zurück). Dann sprechen Sie mit meinem Vor= mund. Es ist nur der Form wegen; er thut, was die Mutter will. Man muß doch die Formen beobachten, damit Alles ganz ordent= lich und gesetzlich ablaufe und Niemand was dagegen sagen könne.

Walden. Gehen Sie nur, gehen Sie. Ich werde mit der größten Ueberlegung handeln.

Mathilde. Das ist recht. Alles in Ordnung. (Geht und kommt wieder zurück.) Sie wissen doch die Adresse des Vormundes? Stadt, Promenade, Numero Fünfundzwanzig.

Walden. Numero Fünfundzwanzig.

Mathilde. Die große schwarze Thür mit den eisernen Nägeln.

Walden. Ganz wohl.

Mathilde. Ade, Walden, lieber Walden. (In der Thüre.) Promenade Numero Fünfundzwanzig. (Ab.)

Vierte Szene.

Walden. Aus der Seitenthüre links die Gräfin Valeria.

Gräfin (verschlafen). Guten Morgen, lieber Freund. (Setzt sich in den Lehnstuhl und gähnt.) Sie haben mich wecken lassen?

Walden. Ich? Mathilde meinte, Sie hätten mir etwas zu sagen.

Gräfin. Das sagt mir Konstanze auch — ich dachte aber, Das müsse ein Irrthum sein und daß Sie mir etwas sagen wollten, denn ich habe Mathilden keinen Auftrag gegeben.

Walden. Dann hat Mathilde die Gouvernante nur entfernen wollen.

Gräfin (gähnt). Ich bin so schläfrig. Ich habe die ganze Nacht gearbeitet. Die Ausgrabungen von Niniveh lassen mich nicht schlafen. Welch ein Blick in die dunkelsten Zeiten! Ninus und Semiramis werden uns so vertraut werden wie Cyrus und Darius. Welch eine Zukunft, welch eine herrliche Zukunft! Wenn es nur wahr ist, daß man den Schlüssel zur Keilschrift gefunden! Was meinen Sie?

Walden. Wir müssen hoffen.

Gräfin. Ich hoffe es von ganzem Herzen. (Gähnt.) Was sagten Sie vorhin?

Walden. Ich sagte nichts, aber ich habe Ihnen etwas Wichtiges mitzutheilen.

Gräfin (steht rasch auf). Ist ein neues Buch über Niniveh erschienen?

Walden. Etwas, was uns näher liegt.

Gräfin. Was kann uns heutzutage näher liegen als Niniveh?

Walden. Doch wohl.

Gräfin. Etwas über die auf Cypern gefundene Inschrift des Königs Amasis?

Walden. Nein, nein, etwas, was uns noch viel näher liegt.

Gräfin (verächtlich). Was kann es sein? Sie wissen, daß mich nichts interessirt, was nach der Schlacht bei Pharsalus fällt. Mit der Schlacht bei Pharsalus hört für mich die Weltgeschichte und das Interesse auf. Man muß sich Gränzen setzen, man muß sich zu beschränken wissen. Das Feld ist so groß, daß man sich mit der Bearbeitung eines kleinen Winkels begnügen muß.

Walden (ungeduldig). Es handelt sich um Ihre Tochter.

Gräfin. Um Hypsipyle? Was ist's mit ihr? Lernt das Kind nicht? Es schien mir doch erst gestern, da ich eine lange Unter-rebung mit ihr hatte, daß sie in der alten Geschichte und in den alten Sprachen —

Walden. Von allerneuester Geschichte, von einer aller-neuesten Sprache ist die Rede.

Gräfin (verächtlich). Moderne Geschichte, moderne Sprachen! Kann das Kind sich so sehr verirren? Ich, wahrhaftig, ich habe ihr dieses schlechte Beispiel nicht gegeben; ich predigte ihr stets Verachtung alles Dessen, was dießseits der Schlacht bei Pharsalus liegt, ich habe —

Walden. Aber, liebe Gräfin, verstehen Sie mich recht. Mit Unterricht und Wissenschaft scheint es zur Zeit bei Mathilden ein Ende zu nehmen.

Gräfin. Sie erschrecken mich! Sollten Ihre Lehren und treuen Bemühungen so schwache Wurzeln geschlagen haben?

Walden. Es scheint. Man vertreibe die Natur mit Heu-gabeln, sie kommt doch im Galopp zurück.

Gräfin. Tamen usque recurret — ganz richtig.

Walden. Mathilde muß in die Welt, sie muß Menschen, sie muß Männer sehn.

Gräfin. Sie soll dieses stille Tuskulum verlassen? diesen Sitz der Musen, in dem sie so glücklich ist?

Walden. Sie ist es nicht mehr. Sie müssen Ihre ganze Lebensweise ändern, liebe Gräfin. Sie müssen für den Winter in die Stadt ziehen, Soiréen geben, große Gesellschaften einladen, auf Bälle gehn —

Gräfin. Ihr Götter! Ich soll Toilette machen, ich soll tanzen? Schrecklich!

Walden. Nicht eben Sie, aber Mathilde.

Gräfin. Zu welchem Zwecke dieses eben so oberflächliche als unnatürliche Leben?

Walden. Unnatürlich für Mathilde ist das Leben mit den Büchern und in der Einsamkeit. Sie muß Menschen sehen und Männer kennen lernen, damit sie unterscheide, die Auswahl habe und sich nicht dem Ersten, Besten an den Hals werfe.

Gräfin. Wie kommen Sie aber nur auf solche Ideen?

Walden. Mathilde ist verliebt.

Gräfin. Verliebt? Welche Schande! Aber es ist unmöglich — dieses Kind!

Walden. Das ist die große Kunst, die so wenige Eltern verstehen, den Moment zu erkennen, da das Kind aufhört, ein Kind zu sein. Mathilde ist kein Kind mehr. Sie ist siebzehn Jahre alt.

Gräfin. Siebzehn Jahre? Wirklich? Schon siebzehn Jahre! Warten Sie einmal — ich habe mit vier und zwanzig Jahren geheirathet — ich bin jetzt dreiundvierzig — ganz richtig, die Chronologie stimmt. O, wären doch die Chronologieen der neunzehn ägyptischen Dynastieen so leicht festzusetzen! Haben Sie Lepsius gelesen?

Walden. Also Mathilde ist verliebt.

Gräfin. Haben Sie Lepsius gelesen?

Walden. Aber, liebe Gräfin, als man dem Antiochus sagte, daß sein Sohn verliebt sei, sprach er nicht von Lepsius.

Gräfin. Ganz richtig. Er sprach vielleicht von Manetho.

Walden. Nein, er wurde aufmerksam.

Gräfin. Seien Sie nicht böse. Ich bin aufmerksam. Rekapituliren wir: Mathilde ist verliebt — Sie ist siebzehn Jahre alt, wie Sie ganz richtig sagen — Wo steckt da das Unglück? Ich bin keine Pedantin.

Walden. Das Verliebtsein wäre kein Unglück, Das ist wahr. Aber in wen sie verliebt ist — Das ist die Frage.

Gräfin. Richtig, Das ist die Frage. In wen ist sie verliebt?

Walden. Da steckt das Unglück.

Gräfin. O mein Gott, sie wird sich doch nicht in irgend einen Ignoranten verliebt haben! Wen kennt sie denn? — Himmel! Im vorigen Winter habe ich auch auf Ihr Anrathen zwei Soiréen gegeben und all die Junker der Nachbarschaft und die Offiziere der Garnison eingeladen — wenn sie sich in so Einen verliebt hätte! Aber Das wäre Ihre Schuld, lieber Walden, denn Sie wollten es. Ich wäre verzweifelt, einen solchen Schwiegersohn zu bekommen, mit dem ich nicht über Assyrien sprechen könnte — ich würde mich aus Verzweiflung in die Bücher stürzen und mich in der Bibliothek lebendig einmauern lassen.

Walden. Beruhigen Sie sich, so arg ist es nicht.

Gräfin. Wer ist der Geliebte?

Walden. Ich bin es.

Gräfin. Sie? Sie? Walden? — Haben Sie mich aber umsonst erschreckt — Nun, wenn sie Sie liebt, so heirathen Sie sie. Wo steckt da das Unglück?

Walden (froh). Ist Das Ihr Ernst?

Gräfin. Mein vollster Ernst. Kann ich Mathilden einen bessern Mann wünschen? einen, der es besser und aufrichtiger mit ihr meinte als Sie? Nehmen Sie meinen Segen, seien Sie glücklich. Punktum.

Walden (für sich). Sie spricht wirklich im Ernst.

Gräfin. Wie froh bin ich, daß die Sache abgemacht ist. Jetzt zu meinen Studien. (Geht zu ihren Büchern, setzt eine Brille auf und fängt an, in den Büchern zu kramen.)

Walden (vortretend für sich). Es wäre also nicht so absurd,
wenn ich mich noch verheirathete? — wenn ich Mathilden hei=
rathete? Findet es doch selbst die Mutter gut. Meine Bedenklich=
keit wäre nur die Hypochondrie des Junggesellen? O, welch ein
goldenes, reines Herz wäre mein, wie dankbar wäre ich dem
Schicksal, daß es mir bisher meine Freiheit erhalten! Das Glück
lacht mir wie die Frühlingssonne, ich fühle mich verjüngt; in
meinem Herzen kocht und gährt es, als hätte es zwanzig Jahre.
Nie, nie werde ich den Augenblick vergessen, da sie mir sagte: „Sie
werden glücklich mit mir sein, Walden, ich verspreche es Ihnen,
und Sie wissen, ich halte Wort." — Pfui, Egoist! An dein Glück
denkst du und nicht an das ihrige. So schnell hast du alle Vorsätze
vergessen, die du seit Monaten faßtest, die du noch diesen Morgen
so feierlich und prahlerisch verkündetest. Sei stark. Sie rette vor
einer Thorheit, und sollte dir darüber das Herz zerbrechen. (Laut.)
Liebe Gräfin!

Gräfin. Walden!

Walden. Es geht nicht.

Gräfin. Was?

Walden. Ich kann Mathilden nicht heirathen.

Gräfin. Wie Schade! Ich glaubte schon Alles abgemacht.
Und warum geht es nicht?

Walden. Ich bin zu alt für Mathilde.

Gräfin (setzt wieder die Brille auf). Erlauben Sie, daß ich
Sie einmal mit Aufmerksamkeit betrachte. — Zu alt? — Nein,
lieber Walden, Sie sind gar nicht zu alt. Aeltere Frauen würden
Sie noch mit Vergnügen heirathen, um wie viel mehr eine junge.
Ich sage Ihnen Das vom objektivsten Standpunkte aus.

Walden. Sie bedenken nicht die Zukunft. Sie bedenken
nicht das Mißverhältniß, das sich in zehn Jahren —

Gräfin. Allerdings. Aber wenn Sie nun einmal Hyp=
sipyle liebt?

Walden. Sie liebt mich nur darum, weil sie in der Ein=
samkeit lebt, weil sie keinen andern Mann kennt. Miranda

würde Kaliban geliebt haben, wenn sie länger auf der Insel geblieben wäre.

Gräfin. Sie sind kein Kaliban, lieber Walden — so weit mir in diesen Dingen ein Urtheil zukommt, glaube ich Sie versichern zu können, Sie sind kein Kaliban.

Walden. Wie immer, Mathilde muß in die Welt.

Fünfte Szene.

Die Vorigen. Mathilde.

Mathilde (im Hintergrund). Ich halte es nicht länger aus; ich muß wissen, wie Das endet.

Gräfin. O mein Gott, ich muß also Soiréen und Bälle besuchen? Schrecklich, schrecklich, vox faucibus haeret. Lieber Walden, Das wäre so hübsch, wenn Sie sie heiratheten — da könnten wir hier so ruhig wie bisher weiter leben, mit unsern Büchern, alle Drei zusammen, hier in dieser Stube. Denken Sie nur, wie schön — Jedes einen Folianten vor sich, Sie, ich, Hypsipyle: eine kleine Akademie. Bitte, heirathen Sie sie doch.

Walden. Welche Lage! Ich muß mich gegen die Mutter sträuben, die mir das Glück in die Arme werfen will.

Mathilde (vortretend). So thun Sie es doch der Mama zu Gefallen.

Walden. Nun auch sie.

Mathilde. Sie nennen sich ja immer den guten Freund Mama's, opfern Sie sich auch für Mama, heirathen Sie mich.

Gräfin (umarmt sie). Das gute Kind.

Walden (für sich). War je ein Mensch so versucht? Die Früchte des Paradieses drängen sich an mich heran, und ich, ein zweifach gequälter Tantalus, muß sie lechzend von mir abwehren.

Mathilde. Sie sind ein Egoist.

Sechste Szene.

Die Vorigen. Konstanze.

Konstanze. Es ist ein Herr im Parke, ein junger Herr, der nach Herrn v. Walden verlangt.

Mathilde (läuft ans Fenster). Ein junger Herr?

Walden. Es ist George.

Mathilde. Da geht er; er ist hübsch, sehr hübsch.

Walden. Er muß heran. — Fräulein Konstanze, ich bitte Sie, gehen Sie hinunter, laden Sie ihn ein, einzutreten, und bringen Sie ihn hier herein. Verzeihen Sie, daß ich Sie behellige. Ich will ihn hier vorstellen, aber er ist etwas Bär, der nicht ins Haus will. Einer Dame wird er nicht Nein sagen können.

Konstanze. Ich lasse ihn nicht los. (Im Abgehen.) Da bekommt man doch wieder einmal ein neues Männergesicht zu sehen. (Ab.)

Walden. Die weiß, was ihr fehlt — (Zu Gräfin und Mathilde.) Meine Damen, ich werde Ihnen meinen Freund, den Lieutenant George von Seeding, vorstellen.

Gräfin. Einen Lieutenant! Wo denken Sie hin — und ich — ich soll mich so sehen lassen. Stellen Sie ihn Hypsipylen vor und entschuldigen Sie mich. Einen Lieutenant! Wäre es noch ein römischer Centurio. (Sie entflieht in die Seitenthüre links.)

Walden (zu Mathilde). Sie werden einen ausgezeichneten jungen Mann kennen lernen. Er ist brav, gut, tapfer. Er hat sich im letzten Kriege vortrefflich geschlagen und leidet noch an einer Wunde. Dabei ist er gebildet.

Mathilde. Ein Lieutenant und gebildet! Lieber Freund, was Lieutenants betrifft, habe ich längst keine Illusionen mehr.

Walden. Seien Sie gegen diesen nicht ungerecht, seien Sie freundlich, zuvorkommend und lernen Sie in ihm einen jungen Mann kennen, wie er sein soll. Dieser, liebe Mathilde, dieser wäre ein Mann für Sie — er ist vierundzwanzig Jahre alt —

Mathilde (bei Seite). Oh, ich merke, wo Das hinaus soll — er will mich los werden. Das soll ihm nicht gelingen. (Laut.) Fürchten Sie nichts. Ich weiß, was ich Fremden schuldig bin, und ich weiß, Gottlob, wie man mit Lieutenants umgeht. (Bei Seite.) Ein Lieutenant! Ich will euch Beiden beweisen, wie wenig Uniform, frivole Jugend und ein hübsches Gesicht über mein Gemüth vermögen.

Siebente Szene.

Die Vorigen. Konstanze. George.

Konstanze (zu Mathilde). Es hat Mühe gekostet, Den herauf zu bekommen.

Mathilde. Natürlich! Er hat Angst vor gebildeter Gesellschaft.

George (zu Walden). Du hast mich in eine Falle gelockt.

Walden. Es war nicht vorberechnet, aber ich brauche dich jetzt. Wir gehen nicht in die Stadt, du bleibst hier.

George. Hu, Bücherstaub und Moder.

Walden (vorstellend). Meine Damen, mein Freund: Lieutenant George v. Secking.

(Walden nimmt Konstanze am Arm und führt sie in den Hintergrund.)

Mathilde (für sich). Er läßt mich mit dem Lieutenant allein — er meint, ich merke nicht seine Absicht. — Warte, Das soll dein Freund für dich büßen. (Laut.) Herr Lieutenant sind noch nicht lange in unserer Gegend? (Knix.)

George. Noch nicht lange genug, um alle ihre Schönheiten zu kennen.

Mathilde (für sich). Er will liebenswürdig sein. Jetzt grade nicht! (Laut.) Ja, es ist eine schöne Gegend.

George. Reizend.

Mathilde. Magnifik! Nicht? — Haben Herr Lieutenant auch schon die Pferde bemerkt? Herrliche Race! Süperb!

George (für sich). Ist Die dumm oder boshaft? Hübsch ist sie, Das ist gewiß.

Mathilde. Viel getanzt diesen Winter?

George (für sich). Das ist ja ein naseweises Ding. Du Blaustrumpf, willst du dich über mich lustig machen, gebe ich dir's zurück. (Laut.) Getanzt? (Verächtlich.) Welcher ernste Mann tanzt noch? Ich habe meine Muße zu Studien benutzt.

Mathilde. Zu Studien? Was haben Sie studirt, wenn man fragen darf? Alexander Dumas?

George (bei Seite). Was sage ich nur gleich? Etwas recht Altes. Griechisch? — Das ist zu gewöhnlich. Etwas Aelteres. Aber, mein Gott, was ist denn älter? — Richtig — ich hab's — (Laut.) Ich habe Pelasgisch studirt.

Mathilde. Pelasgisch?

George. Pelasgisch! Wundert Sie Das? Ich habe die pelasgische Sprache studirt.

Mathilde. Aber Das ist ja gar nicht möglich.

George. Ja, ich gebe mich nur mit außerordentlichen Studien ab. Griechisch, Lateinisch, Hebräisch — pah, Das treibt heute jeder Backfisch. Ich studire Pelasgisch.

Mathilde. Aus welcher Grammatik haben Sie diese Sprache studirt?

George. Aus — aus der Grammatik von Meyer.

Mathilde. Wie kann dieser Meyer eine Grammatik der pelasgischen Sprache geschrieben haben? Das ist ein Betrüger, dieser Herr Meyer. Wir wissen ja noch gar nicht, wer die Pelasger waren, und von ihrer Sprache haben wir nicht den geringsten Begriff — wie kann es da eine pelasgische Grammatik geben?

George (bei Seite). O weh, ich glaube, ich habe eine Dummheit gesagt. Verdammter kleiner Blaustrumpf, sie treibt mich in die Enge. Ich muß sehen, wie ich mich durchschlage. (Laut.) Ich versichere Sie, mein Fräulein, es gab eine pelasgische Sprache, auf Ehrenwort. Wie hätten sich sonst die Pelasger verständlich machen sollen?

Mathilde. Das versteht sich. Aber die Grammatik, woher sollte die Grammatik kommen?

George. Die ist ausgegraben worden. Andere beschäftigen sich mit bloß todten Sprachen — ich gehe einen Schritt weiter und beschäftige mich nur mit ausgegrabenen.

Mathilde. Und wie kamen Sie zu dieser Grammatik?

George. Durch den merkwürdigsten Zufall von der Welt — ich verdanke Das meinen militärischen Verbindungen — ganz richtig — meinen militärischen Verbindungen.

Mathilde. Ihren militärischen Verbindungen! Ich bin erstaunt.

George (bei Seite). Teufel, wie ziehe ich mich da heraus! — (Laut.) Ja, es ist in der That eigenthümlich. Es hat Alles seinen Nutzen, es wirkt heutzutage Alles mit zur Zivilisation. Die stehenden Heere führen eine sitzende Lebensweise. Wir haben Generäle, die schreiben über die Bienenzucht, über die Liturgie, über den ewigen Frieden. (Bei Seite.) Wenn ich sie nur von der Grammatik abbringen könnte.

Mathilde. Aber wie kamen Sie durch militärische Verbindungen zu einer pelasgischen Grammatik?

George (bei Seite). Sie läßt nicht los. Gibt es was Schauberhafteres als ein junges Mädchen, das sich für pelasgische Grammatiken interessirt! (Laut.) Das kam so — so kam Das. Ich habe einen Freund, einen sehr guten Freund in — in der französischen Armee — richtig, richtig, in der französischen Armee — der kommandirt die Ausgrabungen in Algerien, und dort hat er dreißig Fuß unter der Erde, schon mehr als zu zwei Drittheilen versteinert, die pelasgische Grammatik gefunden.

Mathilde. Das ist höchst merkwürdig. Nach Afrika sind die Pelasger doch niemals gekommen.

George. Nicht?

Mathilde. Niemals.

George (bei Seite). Mir tritt der Angstschweiß auf die Stirne. In welche Unternehmung habe ich mich da eingelassen? (Laut.)

Sehen Sie, mein Fräulein, das verhält sich nach der Annahme
der namhaftesten Gelehrten so — nämlich so: — Ein Afrikaner
hat von dem interessanten Lande der Pelasger gehört und gedachte
wahrscheinlich in den Ferien eine Reise dahin zu machen. Um
nun die Reise mit Nutzen machen zu können, ließ er sich als gewissenhafter Afrikaner aus Pelasgien die Grammatik von Meyer
kommen, wahrscheinlich die beste Grammatik jener Zeit: der pelasgische Meidinger, da man sie aus so weiter Ferne kommen ließ,
Das ist sehr einfach.

    Mathilde. Und der Verfasser heißt Meyer?

    George. Meyer!

    Mathilde (lacht). Ein Pelasger, der Meyer heißt!

    George. Nein, nein! Wo denken Sie hin? Ein pelasgischer
Meyer! Der deutsche Herausgeber heißt Meyer.

    Mathilde. Die Grammatik ist also im Buchhandel erschienen?
Das wird Mama sehr interessiren, Das muß ich ihr gleich sagen.

    George. Um Gottes willen nicht! (Für sich.) Sie hetzt mir
auch noch die Alte auf den Leib.

    Mathilde. Warum nicht?

    George. Es ist ein Geheimniß.

    Mathilde. Wenn Sie es mir sagten —

    George. Zu Ihnen habe ich Vertrauen — Ihre treu-
herzigen Augen, Ihr offenes Entgegenkommen.

    Mathilde (für sich). Ich wollte ihn verspotten, nun hat er
sich über mich lustig gemacht.

    Walden (kommt nach vorn). Man geht zu Tische.

    George. Gottlob!

    Konstanze (zu George). Sie machen uns das Vergnügen —

    Walden. Fräulein Konstanze, ich bitte um Ihren Arm.

               (Walden und Konstanze ab.)

    Mathilde (für sich). O, ich merke Alles. Ich soll mit dem
Lieutenant zu Tische gehen, der sich über mich lustig macht. Es
ist schändlich! Aber euer Plan soll euch nicht gelingen. (Laut.)
Herr Lieutenant, Ihren Arm! (Sie faßt ihn stark am Arme.)

George (zusammenfahrend). Oh!

Mathilde. Was ist? O Gott, ich habe Ihnen weh ge=
than — Ihr Arm, Ihre Wunden — Ich habe vergessen. — Ver=
zeihen Sie, verzeihen Sie.

George. Es ist nichts, mein Fräulein, es ist nichts.

Mathilde. Ja, ja, ich habe Ihnen weh gethan. Einen
Arzt, zwei Aerzte — Hülfe, Hülfe!

George. Armes Kind! — Wie sie erschrocken ist.

Mathilde. Ziehen Sie Ihren Rock ab — ich habe gewiß
einen Verband abgerissen.

George. Ich versichere Sie, es ist gar nichts — die Stelle
ist nur noch etwas empfindlich, darum der leiseste Druck —

Mathilde. Wenn ich Ihre Genesung nur um einen Tag
verzögert habe, ich würde es mir nie vergeben.

George. Es thut manchmal sehr wohl, wenn Einem ein
Mädchen, wie Sie, weh thut.

Mathilde. Sie wollen mich beruhigen — Sie sind gut.

George. Ich weiß nun, wie Sie sich umsonst Mühe geben,
sich böse zu machen, und wie Sie im Grunde Ihres Herzens gut sind.

Mathilde. Aber warum tragen Sie den Arm nicht in
einer Schlinge, daß man doch an die Wunde erinnert werde und
sich in Acht nehme.

George. Ich — ich thue Das nicht gerne — Das sieht so
aus, als ob — als ob man dran erinnern wollte.

Mathilde (bei Seite). Ein sonderbarer Lieutenant.

George. Aber kommen Sie, wir sind allein.

Mathilde. Wenn ich nicht fürchte, mit Ihnen allein zu
sein, Sie haben nichts zu fürchten.

George. Ich bitte um Ihren Arm. (Reicht seinen Arm.)

Mathilde. Nein, nein, nicht diesen — den linken — ich
habe jetzt Angst, Sie zu berühren.

George. Und ich möchte den Schmerz, den Sie mir ge=
macht, um keinen Preis nicht gefühlt haben und möchte ihn gerne
noch einmal empfinden.

Mathilde. { Arm in Arm — } So ein Lieutenant mit einer Wunde hat beinahe etwas Ehrwürdiges.

George. { Beide bei Seite. } So ein Geschöpf mit einem Auge voll Mitleid ist was Reizendes.

Mathilde. } Er ist gar nicht so arg.

George. } Sie ist so gut — und so schön.   (Ab.)

(Der Vorhang fällt.)

Zweiter Akt.

Erste Szene.

Walden mit Konstanze. George mit Mathilde.

Konstanze. Wir werden den Kaffee hier nehmen, meine Herren. Aber ich bitte, etwas leise aufzutreten und zu sprechen. Die Gräfin schläft.

Mathilde. Ja, sprechen wir leise. (Konstanze geht an die Kaffeemaschine, die im Hintergrunde bereit steht.)

George (zu Walden). Sie ist reizend.

Walden. Findest du? Das freut mich. — (Bei Seite.) Ich will hören, was sie sagt. (Laut zu Mathilde.) Ah, da stehn Sie ja schon an meiner Seite? Sie haben mir wohl auch etwas zu sagen? He?

Mathilde. Ich? Ja — ich habe Ihnen gar nichts zu sagen.

Walden. Gar nichts? Und heute Morgen hatten Sie mir so viel zu sagen! Wie finden Sie meinen Freund?

Mathilde. Er ist würdig, Ihr Freund zu sein. Ein netter Mann, ein recht netter Mann.

Walden. Ein recht netter Mann. Gut. Ich hoffe, Sie werden ihn endlich sehr liebenswürdig finden.

Mathilde. Vielleicht.

Walden. Ich bin Dessen gewiß. Sie müssen ihn näher kennen lernen. Ich wiederhole Ihnen, Mathilde, Das ist ein Mann für Sie.

Mathilde. Ich — ich habe gewählt.

Walden. Sie haben schlecht gewählt. Es muß eine Neu=
wahl stattfinden. Der erste Kandidat ist weit über das gesetzliche
Alter hinaus. Halten Sie sich an George.

Mathilde. Wissen Sie, lieber Walden, daß Sie etwas
sehr Sonderbares vorhaben. Sie wollen mich los werden —
Das ist recht, Das begreife ich — daß Sie mir aber da einen
jungen Mann empfehlen — schämen Sie sich.

Walden. Ach, nur noch die Worte sind energisch, die Wei=
gerung nicht mehr. — Sie haben sich bei Tische mit Ihrem
Nachbar sehr angelegentlich beschäftigt, haben ihm Wein ein=
geschenkt, selbst den Braten vorgeschnitten — jetzt kann ich sagen:
Schämen Sie sich! Schickt sich Das?

Mathilde. Alles schickt sich bei einem Verwundeten. Es
war pure Krankenpflege, die ich bei Tische übte, und sie war
doppelte Pflicht, da ich ihm an seinem Arme weh gethan habe.
Das mußte ich wieder gut machen. Sind Sie eifersüchtig? Das
wäre ja herrlich, wenn Jemand eifersüchtig auf mich wäre.

Walden. Jemand!

Konstanze. Meine Herren, der Kaffee ist fertig.

Mathilde. Ich bringe Ihnen den Kaffee — aber zuerst
Herrn v. Seding, der kann ja die Tasse nicht halten und zugleich
Zucker nehmen. Hier, Herr v. Seding. Nehmen Sie die Tasse in
die linke Hand — halt — lassen Sie den rechten Arm nur ruhen —
ich gebe Ihnen den Zucker. Viel Zucker? — So? — Lassen Sie
nur, ich rühre schon um.

George. Sie sind eine wahre barmherzige Schwester.

Mathilde. Ja, ich bin sehr barmherzig.

Walden. Mich vergißt die barmherzige Schwester.

Mathilde. Sie sind Gottlob gesund, doch ich bringe Ihnen
sogleich Kaffee.

Walden (dem Konstanze Kaffee gegeben). Danke schönstens; ich
habe schon.

Mathilde. Nun also. Sind Sie wieder eifersüchtig?

Walden. Sie sind eine wankelmüthige Seele.

Mathilde. Schreien Sie nicht so, die Mutter schläft. — Ich bin nicht im Geringsten wankelmüthig. Sie wissen, was ich Ihnen gesagt habe. Soll ich mich fortwährend wiederholen? Wollen Sie, daß ich meine Würde so sehr vergesse und es Ihnen immer vorsage? Daß ich mich vor Sie hinwerfe und um Gegenliebe bitte?

Walden. Was Sie jetzt sagen würden, hätte vielleicht mehr Gewicht als die Worte von heute Morgen. Wenn Sie es jetzt mit derselben Innigkeit wiederholen, daß Sie mich lieben —

Mathilde. Aber schreien Sie nicht so. Sie vergessen, daß die Mutter schläft. Sehen Sie, wie hübsch still der Lieutenant ist.

Walden. Ja, ich vergesse — (für sich) ich vergesse Vieles, ich vergesse mein Alter, Alles, Alles! Sie hat mich in ein Paradies blicken lassen, von dem ich das Auge nicht mehr abwenden kann, sie hat den Gedanken, die ich in den geheimsten Stunden nicht zu denken wagte, Worte, Körper gegeben, die mich nun unablässig verfolgen. Jetzt, da mir Verlust droht, fühle ich erst, wie groß dieser Verlust wäre. Soll ich sie so ohne allen Kampf aufgeben? Wir wollen wenigstens Zeit gewinnen. Da steht sie wieder bei George, und sie sprechen so vertraut, als ob sie einander seit Jahren kennten. (Seufzt.) Gleich und Gleich gesellt sich gerne. — Mathilde!

Mathilde. Walden!

Walden. Ich hätte ein Wort unter vier Augen mit Ihnen zu sprechen.

George (für sich). Er hat offenbar Geheimnisse mit ihr. Ich will sie allein lassen. (Zu Konstanze.) Mein Fräulein, der Sonnenuntergang muß von jenem künstlichen Hügel sehr schön zu sehen sein. Wollen Sie ihn nicht auch sehen?

Konstanze. Mit Vergnügen. (George, Konstanze ab.)

Zweite Szene.

Mathilde. Walden.

Walden (nach der einen Seite). Was will ich ihr eigentlich sagen? Wozu bin ich entschlossen? Bei jedem Worte, das ich seit heute Morgen an sie richte, stehen die achtunddreißig Jahre drohend, starr, unbeweglich vor mir. Eine Zahl, etwas so Zufälliges, etwas so Unvernünftiges, und doch das Unbesiegbarste auf Erden. Kein Gott kann etwas gegen die gemeinste Arithmetik. Aber soll diese Unvernunft, diese dumme Zufälligkeit mächtiger sein als alles Gefühl, als der beste Wille? Ich weiß nicht, was ich will — ich muß sprechen, — ich will hören, was sie sagt.

Mathilde (nach der andern Seite). Was mag er mir sagen wollen? Ich habe Angst vor ihm — zum ersten Male in meinem Leben. Wenn er mir endlich sagte — o Gott, ja — o Gott, nein! — Ich weiß nicht mehr, was ich wünsche — wäre ich doch lieber mit in den Park gegangen.

Walden. Sie sehen ein, liebe Mathilde, daß nach Dem, was heute vorgefallen — nach dem Blicke in Ihre Seele, den Sie mir erlaubt haben — bei der Freundschaft, der innigen Freundschaft, die ich für Sie — Nun, Sie widersprechen ja nicht?

Mathilde. Warum soll ich widersprechen?

Walden. Heute Morgen sagten Sie, Sie könnten von Freundschaft nichts hören, Sie könnten die Freundschaft nicht ausstehen.

Mathilde. Ja, Das ist wahr. Nun. Faute de mieux muß ich mich wohl zufrieden geben. Freundschaft ist auch eine schöne Sache, ein sehr edles Gefühl. Sie ist so hübsch ruhig und hat dabei doch die größten und schönsten Thaten verrichtet — die Freundschaft. Wenn wir die alte wie die neue Geschichte betrachten —

Walden. Es freut mich, daß Sie ihren hohen Werth anerkennen. Indessen, die Liebe —

Mathilde. Sprechen wir nicht davon, da ich, wie Sie sagen, nichts davon verstehe. Die Liebe macht die Menschen nur unglücklich; sie hat Francesca da Rimini und Julia Capuletti ins Verderben gestürzt, sie hat Ilion zerstört, Priamus auch und das Volk des lanzenkundigen Königs und unzählige Helden hinabgestürzt zum düstern Hades. Der Lieutenant freilich meint, daß die Liebe —

Walden. Sie haben mit George schon von Liebe gesprochen?

Mathilde. Freilich habe ich mit George von Liebe gesprochen. Was sollen zwei so junge Leute sonst sprechen, wenn nicht von Liebe? Aber Sie müssen nicht glauben, daß ich mit ihm über diesen Gegenstand so aufrichtig gesprochen habe, wie mit Ihnen. Gott bewahre! Ich weiß, was sich schickt, wenn man zum ersten Male mit einem Lieutenant spricht. Ich habe nur so Anspielungen gemacht, und manchmal habe ich so gethan, als ob ich ihn gar nicht verstünde, aber ich habe ihn sehr gut verstanden.

Walden. Allein — wo und wann hatten Sie Zeit, von Liebe zu sprechen?

Mathilde. Dazu findet man immer Raum und Zeit: zuerst, als wir zu Tische gingen, auf dem Wege in den Speisesaal, auf der Treppe, dann im Vorsaal, dann bei Tische selbst, vor dem Braten — dann nach Tische auf dem Wege hieher — dann hier, während George Kaffee trank, soeben.

Walden (bei Seite bitter). Mein Freund George scheint sehr bereitwillig auf meine Absichten einzugehen. (Laut.) Und was meinte mein Freund George von der Liebe?

Mathilde. Nun, im Allgemeinen ist mein Freund George gegen die Liebe nicht ungünstig gestimmt und spricht er ganz gut von ihr, wie von einer an sich recht schönen Sache, obwohl ich ihm widersprochen habe.

Walden. Sie haben ihm widersprochen? Warum?

Mathilde. Weil ich noch verstimmt war, weil Sie mich verschmäht, beleidigt haben.

Walden. Verschmäht? Beleidigt? Wie können Sie solche Ausdrücke gebrauchen?

Mathilde. Nennen Sie's, wie Sie wollen. Sie haben mir am Anfang meiner Laufbahn eine tüchtige Lehre gegeben — ich habe eine Erfahrung gemacht, die ich nie vergessen werde. — Ich werde mich einem Manne nicht mehr so an den Hals werfen, und sollte ich ihn noch so sehr lieben.

Walden (für sich). Ich athme wieder auf. (Laut.) Sie haben mich mißverstanden. Wie, wenn ich Ihnen jetzt sagte, daß ich Sie liebe?

Mathilde. Ja, sagen Sie es — es muß so schön sein: Ich liebe Dich! — Sagen Sie es —

Walden. Ich —

Mathilde. Halt, nein, sagen Sie nichts!

Walden. Warum?

Mathilde. Keine Uebereilung! Ueberlegen Sie sich's. Ein so wichtiger Schritt! Sie sind ein besonnener, gesetzter Mann, Ihnen ist nicht erlaubt, was einem jungen, siebzehnjährigen Gänschen erlaubt ist, oder — was so einem Lieutenant von Vierundzwanzig erlaubt wäre. Jedes Alter hat seine Rechte und Pflichten, nur daß man in dem einen Alter mehr Rechte als Pflichten hat, in dem andern mehr Pflichten als Rechte.

Walden. Sie sprechen ja wie ein Buch.

Mathilde. Es gibt Tage, an denen man mehr lernt als sonst in Jahren. Dieser unser Freund George z. B. mit seinem Aussehen, mit seinem Alter, mit seiner schönen Wunde kommt mir vor, wie Einer, der ein Minimum von Pflichten und ein Maximum von Rechten hätte. Wenn Der z. B. die Frechheit gehabt hätte, mir schon auf der Treppe zu sagen: „Mein Fräulein, ich liebe Sie!" — oder z. B. sogar: „Mathilde, ich liebe dich!" ich hätte mir gesagt: Dieser freche, junge Mann ist gewissermaßen in seinem Rechte, und ich weiß nicht, ob ich einen geheuchelten Zorn gezeigt, oder ob ich mit der mir eigenthümlichen Aufrichtigkeit gesprochen hätte: „Stehen Sie nur auf, George! Sie sind in

Ihrem Rechte! Was Sie mir da auf Ihren Knieen sagen, ist in
Natur, Geschichte und persönlichen Verhältnissen begründet, ist
berechtigt, ist legitim. Stehen Sie auf, George, ich habe Ihnen
nichts zu verzeihen."

Walden. Sie sind sehr gütig.

Mathilde. Nein, ich bin nur gerecht.

Walden. Was Sie da sagen, ist purer Sozialismus.

Mathilde. So? Nun, so bin ich eine Sozialistin.

Walden (für sich). Weh mir, ich habe gesiegt. Meine Absichten mit George haben sich rascher erfüllt, als ich jetzt wünsche.
(Laut.) Mit Ihrem guten Herzen würden Sie sich nicht begnügen,
nur gerecht zu sein; welche Gnade würden Sie in solchem Falle
ergehen lassen?

Mathilde. Wie kann ich Das vorhersagen! Das wird
übrigens die Zeit lehren.

Walden. Sie hoffen also?

Mathilde. Was?

Walden. Sie lieben George.

Mathilde. Ja! Nein! Was? Ich? George? Lieben? Was
sagen Sie da? Unmöglich! Erst heute Morgen einen Korb bekommen, und wieder lieben? Nie! nie wieder — oder höchstens
im spätesten Alter.

Dritte Szene.

Die Vorigen. George.

George (im Hintergrunde). Ich weiß nicht, warum ich Angst
habe, sie so lange allein zu lassen. Oder zieht es mich nur zu
Mathilden zurück?

Walden. Da ist George.

Mathilde. Da ist George.

Walden (geht ihm entgegen, faßt ihn an der Hand). O George,
die Weiber! Mit siebzehn Jahren sind sie fix und fertig —

und wie fertig! Geh hin, wirf dich ihr zu Füßen, erobere sie vollends und sei glücklich. Nur für die Jugend ist die Jugend.

(Ab.)

Vierte Szene.

George. Mathilde.

George (bei Seite). Was ist ihm? Er ist so aufgeregt. Das: „Sei glücklich," klang gar nicht so herzlich wie ein Glückwunsch. Und was soll diese Phrase über die Weiber und die Jugend nach einem Gespräche mit Mathilden? Sollte ich doch recht errathen haben? Liebt er sie? Ist er eifersüchtig auf mich? Armer Freund! Du sollst dir nicht selbst einen Nebenbuhler gegeben haben. Ich will das aufkeimende Gefühl ersticken; ich werde dir nicht entreißen, was du Jahre lang mit solcher Liebe gepflegt hast.

Mathilde. Was murmelt er? Er scheint sich zusammenzunehmen — er ist aufgeregt. Will er mir eine Liebeserklärung machen? Soll ich ihn ein wenig zappeln lassen? Ach nein! Ich will gütig sein — ich will meine Grundsätze nicht verleugnen aus niedriger Koketterie.

George. Mein Fräulein, ich komme, um mich Ihnen zu empfehlen.

Mathilde. Sie wollen fort?

George. Es ist spät, und Walden scheint heim zu wollen.

Mathilde. Ich glaube, nach dem Wunsche meiner Mutter zu handeln, wenn ich Sie einlade, bald wieder zu kommen, um ihr vorgestellt zu werden.

George. Entschuldigen Sie mich — ich glaube, nicht wieder kommen zu können — ich reise in den nächsten Tagen ab.

Mathilde. Seit wann haben Sie den Entschluß gefaßt? Vorhin sprachen Sie mit Wohlgefallen von Ihrem hiesigen Aufenthalte und sagten, daß er Ihnen von Stunde zu Stunde lieber werde, daß Sie wenigstens noch mehrere Wochen, wenn nicht Monate hier bleiben. Was hat Sie so plötzlich umgestimmt?

George. So bin ich —: schrecklich wandelbar. Was mich jetzt entzückt, läßt mich nach einer Stunde kalt, und umgekehrt. Ein Lieutenant ist ein leichtes Wesen, das ein leichter Wind herüber und hinüber dreht. Außerdem — selbst wenn ich bliebe — ich passe nicht in dieses gelehrte Haus, in eine solche Gesellschaft. Ich habe gleich bei meinem Eintritte gemerkt, wie Sie von Lieutenants denken.

Mathilde. Sie irren. Wir haben keine Vorurtheile.

George. Da haben Sie Unrecht. Vorurtheile sind wie die Sprichwörter das Ergebniß jahrhundertlanger Erfahrung. Es steckt immer einige Wahrheit dahinter. Das Vorurtheil gegen die Lieutenants ist eines der begründetsten.

Mathilde. Jede Erkenntniß eines Fehlers ist der Anfang seines Endes.

George. Auch darin haben Sie Unrecht. Man kann seine Fehler kennen und sie lieben. Das ist bei mir der Fall; ich bin unverbesserlich und darum für solche Gesellschaft nicht gemacht.

Mathilde. Das will sagen, Sie würden sich hier sehr langweilen.

George. Das darf ich nicht zugeben. Aber die vier Stunden auf dem Exerzierplatze, die Stunde in der Kaserne, die Stunde auf der Parade und die sieben Stunden in Gast- und Kaffeehaus würden mir sehr fehlen.

Mathilde. Mein Gott, wann haben Sie Zeit zu Ihren pelasgischen Studien, von denen Sie mir heute Morgen sprachen?

George. Verzeihen Sie, ich habe geprahlt. Auch Das ist lieutenanthaft. Für dergleichen bessere oder ernsthaftere Beschäftigungen habe ich keinen Sinn. Ich liebe die Uniform, die Jagd, die Pferde, die Cigarren, die Rangliste, Das ist Alles. Gebildete Neigungen, häusliche Tugenden, sanftere Gefühle, kurz Alles, was den Menschen zum Menschen, aber nicht zum Lieutenant macht, ist meinem Herzen fremd.

Mathilde. Das ist sehr traurig. Das ist ja ein Leben in der Wüste.

George. In der Wüste, aber zu Pferde, wie der Araber: Das ist dem Lieutenant wie dem Araber genug.

Mathilde. Auch die sanfteren Gefühle, sagen Sie?

George. Auch die sanfteren, nicht verberen. Das muß so sein. Die Jahrhunderte haben uns so gemacht, und den Rest von Barbarei in unserer Kultur, den Krieg, haben ja wir zu vertreten. Manchmal allerdings erwacht ein menschliches Regen in uns, wie in Napoleon, als er einmal am Rhein die Abendglocke läuten hörte, aber es erliegt der prädominirenden Natur des Lieutenants. Sehen Sie z. B. die Liebe. Es kann sich ihr kein Sterblicher entziehen, aber in dieser Beziehung ist der Lieutenant unsterblich, ja, mehr als unsterblich. Ein Herkules, alle Götter, Halbgötter und Helden haben ihr ihren Tribut bezahlt — der Lieutenant bezahlt nichts. Er ist über diese Schwäche erhaben, er besiegt sie nicht einmal, er tanzt über sie hinweg.

Mathilde. Sonderbar, ich hatte stets eine ganz andere Anschauung von einem Lieutenant. Vorhin sprachen Sie doch anders von der Liebe.

George. Das war ich Ihnen bei erster Bekanntschaft schuldig, um nicht bei Ihnen anzustoßen.

Mathilde. Ich verstehe Sie nicht.

George. Ein siebenzehnjähriges Mädchen und die Liebe sind identisch, sind ein und dieselbe Person.

Mathilde. Das ist hübsch und wahr.

George. Ich mußte Ihnen also gut sprechen von der Liebe. In Wahrheit aber ist mir diese Sprache so fremd, wie die pelasgische.

Mathilde. Ich bedaure Sie herzlich. Es gibt doch sehr unglückliche Menschen. Ich will Ihnen einen guten Rath geben.

George. Ich bitte.

Mathilde. Nehmen Sie Ihren Abschied. Sie sind jung, Sie können noch gerettet werden.

George (nähert sich). Meinen Sie?

Mathilde. Gewiß. Sie können sich noch aus der Wüste herausarbeiten.

George. Allein — ohne Führer.

Mathilde. Es werden sich gute Menschen finden, die sich Ihrer annehmen.

George. Schon sehe ich eine schöne Oase —

Mathilde. Palmen — Quellen —

George. Ein Land des Glückes.

Mathilde. Eine glückselige Insel.

George. Das ist die Liebe.

Mathilde. Sehen Sie — Sie sind noch zu belehren.

George. Wenn mir eine gute Seele die Hand reichte. (Er faßt ihre Hand.)

Mathilde (für sich). Soll ich ihm die Hand geben?

George. Und sich meiner annähme. (Er küßt ihr die Hand.)

Mathilde (für sich). Er hat sie schon.

George (bei Seite). Ich vergesse mich. (Läßt die Hand wieder fahren.)

Mathilde (für sich). Und wieder nicht.

George. Fräulein Mathilde!

Mathilde. Herr von Seeding!

George. Das Leben ist doch schön!

Mathilde. Welches Leben?

George (für sich). Ich lasse mich hinreißen. (Laut.) Das Garnisonleben.

Mathilde. Ich verstehe Sie nicht mehr.

George. Wie sollen Sie einen Menschen verstehen, der Ihnen so ferne steht, wie die Erde dem Himmel.

Mathilde. Seien Sie gerechter.

Fünfte Szene.

Walden stürzt herein. Die Vorigen.

Walden. Es ist Zeit zum Aufbruche.

Mathilde. Ach, Walden! Wie störend.

George (in Gedanken vertieft, rafft sich auf und faßt Waldens Hand). Die Zeit heilt Alles.

Walden. Ich danke für den Trost. Die Zeit heilt nicht, sie gewöhnt.

George. Sie gewöhnt.

Walden. Das Opfer ist also vollbracht.

George. Es ist. Sie wird mich verabscheuen.

Walden. Was?

George. Komm! Mein Fräulein! (Salutirt.)

Mathilde (für sich). Walden entführt mir ihn; ich werde ihm Das nie vergeben.

George (halb für sich). Auf Nimmerwiedersehen! (Er zieht Walden fort.)

Walden. Auf Wiedersehn!   (George, Walden ab.)

Sechste Szene.

Mathilde allein.

Mathilde. Da gehn sie Beide hin, und ich bleibe hier allein, verlassen, verstoßen, verschmäht. Nächtige Einsamkeit breitet ihre schwarzen Flügel über mein jugendliches Haupt und mein noch jugendlicheres Herz. Sie mögen mich Beide nicht; Beide haben mich los sein wollen. Das ist ausgemacht. Von Allem, was mir George sagte, glaube ich jetzt kein Wort. Er merkte, wie sehr er mir gefällt, und hat sich so schwarz gemalt, um mir den Geschmack an sich zu verderben, um mich zu überzeugen, daß wir nicht zu einander passen, um mir keinen Korb geben zu müssen. Um wie viel zarter ist er doch als Walden, der mich geradezu

ein Gänschen nannte und mir rund heraus sagte, daß er mich
nicht mag. Sich selbst in den Augen eines jungen Mädchens anzuschwärzen, welche Selbstverleugnung, welche Seelengröße!
Und Das alles nur, um mir nicht sagen zu müssen: „Mein Fräulein, Sie sind nicht liebenswürdig, ich kann Sie nicht lieben,
lassen Sie mich in Ruh." Er sagt lieber: „Ich bin nicht liebenswürdig, ich verdiene nicht, geliebt zu werden, ich will Sie in Ruhe
lassen." Schon dieses Edelmuthes wegen müßte man ihn lieben.
(Geht in der Stube auf und ab, setzt sich und steht wieder auf.) Zwei
Körbe an Einem Tage! Mathilde! arme Mathilde! Es scheint eine
Unmöglichkeit, dich zu lieben. Aber haben sie nicht Recht? Kann
man eine Person lieben, die an Einem Tage zwei Männer liebt?
Welche Verworfenheit — aber auch welche Strafe? — Die Natur
scheint die Männer solchen verruchten Geschöpfen gegenüber mit
einem Vorgefühl ausgestattet zu haben, mit einer Ahnung, die
unser Eins in Verzweiflung bringen könnte. Die gütige Natur
— eine schöne Güte! So bevölkert sie die Welt mit alten Jungfern. Es hat allen Anschein, daß ich diese Bevölkerung um ein
Individuum vermehren werde. — Sei's aus physischen oder
moralischen Gründen, so viel steht fest, es will mich Keiner!
Keiner. Ich muß mich frühzeitig auf dieses harte Loos vorbereiten. O Gott, o Gott, so jung und schon alte Jungfer! (Sie
wirft sich in einen Lehnstuhl.)

Siebente Szene.

Mathilde. Konstanze.

Konstanze. Fräulein Mathilde, es ist spät. Die Mama
ist erwacht, es ist Zeit, schlafen zu gehen.

Mathilde (deklamirend). Schlafen, vielleicht auch träumen
— und welche Träume in diesem Schlafe kommen mögen, Das
ist die Rücksicht. — Wer trüge sonst der Zeiten Schmach —

Konstanze. Was hamletisiren Sie da?

Mathilde. Es ist etwas faul im Staate meines Herzens. Ich bin so unglücklich, so in zwei Seelen getheilt und habe so viele Fragen an die Philosophie zu stellen, wie der dänische Prinz. Geh in ein Kloster, Ophelia.

Konstanze. Welche Fragen?

Mathilde. Es ist wahr — Sie können mir manche dieser Fragen eben so gut beantworten, wie die Gouvernante der Welt- geschichte, die Philosophie; denn Sie sind die alte Erfahrung.

Konstanze. Die alte?

Mathilde. Erste Frage: Darf man an Einem Tage zwei Männer lieben?

Konstanze. Nein!

Mathilde. Warum nicht?

Konstanze. Das würde im gewöhnlichen Jahre sieben- hundert und dreißig, im Schaltjahre siebenhundert und zwei und dreißig ausmachen.

Mathilde. Zahlen beweisen. Siebenhundert und dreißig! Das wäre allerdings unter allen Umständen zu viel. Andere Frage: Wie richtet man sich ein, um eine alte Jungfer zu werden? Wie wird man dieses Gedankens ohne allzugroßen Kummer Herr und Meister? Welches ist das Gefühl, welches die Lebensweise einer alten Jungfer?

Konstanze. Das weiß ich nicht.

Mathilde. Dazu sind Sie zu jung?

Konstanze. Dazu ist man immer zu jung.

Mathilde. Freilich, freilich — Sie sind erst — ich weiß nicht, wie alt. Aber Sie hatten wenigstens Zeit, über diese Frage nachzudenken?

Konstanze. Nein, ich habe noch keinen Moment gefunden.

Mathilde. Wann hört man denn auf, zu lieben?

Konstanze. Sie müssen eine Aeltere fragen.

Mathilde. Das sagen auch die Siebzigjährigen.

Konstanze. Also, warum fragen Sie mich? Ich weiß nichts von Altjungfernthum.

Mathilde. Es scheint ein Ordensgeheimniß, denn es gibt so viele, und keine will Auskunft geben. — Fräulein Konstanze, wissen Sie nicht, wo man Kanarienvögel, Möpse und sonstiges Zubehör alter Jungfern zu kaufen bekommt?

Konstanze. Sie sind unausstehlich. Kommen Sie. Die Mama wird gleich erscheinen.

Mathilde. Ach, soll ein Mops mein ganzes Dasein aus-füllen! (Beide ab, rechts.)

Achte Szene.

Walden. George. Bald darauf **Mathilde.**

Walden (George hereinziehend). Nein, so war es nicht ge-meint. Glaubst du, ich könnte dich so neben mir einhergehen sehen, mit hängendem Kopf, die Nacht mit Seufzern erschütternd, wie ein Romeo? — Wenn ich von Opfern sprach, so meinte ich mich.

George. Wenn ich von Opfern sprach, so meinte ich mich. Glaubst du, ich könnte dich so neben mir einherschreiten sehen, um deine wunde Brust geschlagen den Mantel der Melancholie?

Walden. Ich habe dich hieher zurückgeschleppt, um der Sache ein Ende zu machen.

George. Ich habe mich hieher zurückschleppen lassen, um deiner Verlobung als Freund beizuwohnen; um ihre Hand in die deine zu legen.

Mathilde (zurückkommend, in der Thüre). Welch ein Lärm! Gottlob, da sind sie wieder. Mir ahnt, daß ich keinen Mops kaufen werde.

Walden. Du wirst mich meinen Grundsätzen nicht treulos machen; ich bin zu alt für sie.

Mathilde. Nichts Schöneres, als ein Mann von Grund-sätzen.

George. Du wirst mich nie dazu bewegen, dir ein Mädchen vor der Nase wegzuschnappen.

Mathilde. Wie kindisch! — Da muß ich dazwischen treten. (Laut.) Um was streiten sich die Herren?

George, Walden. Da ist sie selbst.

Mathilde. Kann ich vielleicht Frieden stiften?

George (faßt ihre Hand). Ja, mein Fräulein, indem Sie mich diese Hand in diese Hand legen lassen (er faßt die Hand Waldens).

Mathilde (zieht ihre Hand zurück, stolz). Mein Herr, wer gab Ihnen das Recht, über meine Hand zu verfügen? Ich bin keine Prinzessin, daß meine Hand bei Friedensschlüssen vergeben werden könnte.

Walden. Siehst du, wie staatsklug sie mit einem Male wird? Wir wollen sehen, wie lange die Staatsklugheit dauert. Mathilde, der Friede zwischen Freunden ist ein Opfer werth.

Mathilde. Sie wissen, daß ich Ihnen von jeher alle väterlichen Rechte einräumte. (Walden faßt ihre Hand, um sie in die Hand Georges zu legen — bleibt nachdenkend stehen.)

Walden. Ich soll sie also selbst vergeben!

Mathilde. Nun? Ich bin begierig, was Sie thun wollen. Geniren Sie sich nicht.

Walden. Ich erwartete nur die Mama. Da kommt sie.

Neunte und letzte Szene.

Die Vorigen. Die Gräfin, mit einem großen Buche in der Hand, zwei weibliche Sekretäre hinter ihr, ebenfalls Bücher tragend.

Gräfin. Ich bin früh aufgestanden. Die Keilschrift läßt mich nicht schlafen. Wäre nur Walden da.

Walden. Hier bin ich.

Gräfin. O rettender Gott! Aber auch der Lieutenant — was will ein Lieutenant da? Es gibt keine Kriegskunst seit der Schlacht bei Pharsalus.

Walden. Das behauptet er auch.

Gräfin. Wirklich! Der ist mein Mann. (Nähert sich George.)

Herr Lieutenant, beantworten Sie mir eine Frage, die mich seit Jahren quält. Die Steigbügelfrage.

George. Frau Gräfin, die Steigbügelfrage?

Gräfin. Ja! diese höchst wichtige Frage. Wie war es mit der Reiterei bei den alten Völkern beschaffen? In keinem alten Schriftsteller lesen wir von Steigbügeln, auch fehlen sie ganz an den alten Pferde= und Reiterstatuen.

George. Es ist wahr. Aber auf ägyptischen Hieroglyphen sehen wir Steigbügel.

Gräfin (froh). Nicht möglich! Wie glücklich bin ich! Aber welches Volk hat die Steigbügel erfunden?

George. Nach den Gesichtszügen der Reiter zu schließen, irgend ein szythisches Volk, oder irgend eines von den Hochebenen Asiens. Doch wissen wir Das nicht genau, aber es liegt auch nichts dran. Der Steigbügel macht nicht den guten Reiter; im Gegentheil. Die Alten ohne Steigbügel mußten um so bessere Reiter gewesen sein.

Gräfin (schüttelt ihm die Hand). Ich bin Ihnen sehr dankbar für diese Auskunft. Sie beruhigt mich außerordentlich über die alten Parther. (Zu Walden.) Ein herrlicher junger Mann! Er könnte mich in meinen Studien über die Kriegswissenschaft bei Persern und Parthern sehr unterstützen.

Walden. Gewiß. Er ist ganz der Mann darnach. Aber jetzt wollte ich Ihnen über etwas Wichtigeres sprechen.

Gräfin. Ueber die Keilschrift? Ich bin ganz Ohr.

Walden. Nein, über Mathilde.

Gräfin. Ueber Hypsipyle? Sie wissen, über Modernes spreche ich nur in den Morgenstunden.

Walden. Machen Sie heute eine Ausnahme. Ich halte um Mathilden an.

Gräfin. So? — Ach, ich dachte, Das wäre schon abge= macht. Nun, Sie wissen ja, Sie haben meine Einwilligung, und hier haben Sie meinen Segen. (Ergreift seine und Mathildens Hand.) Seid glücklich!

Walden (für sich). Ich Unglücklicher, muß ich sie noch einmal ausschlagen! (Laut.) Nicht für mich, für diesen Lieutenant halte ich an.

George. Edler Mensch!

Mathilde. Guter Walden, ich werde es Ihnen nie vergessen.

Walden (für sich). Wie grausam sind die Glücklichen.

Gräfin. So? Sie wollen sie nicht? — Nun, ich bin dem Lieutenant so viel Dank schuldig. Herr Lieutenant, seien Sie glücklich! — Wie heißen Sie eigentlich?

Mathilde. Lieber Walden, ich bin Ihnen ewig dankbar für die Weigerung, mich zu heirathen. Ich ernenne Sie dafür zu meinem Vater.

Walden. Ich bin gerührt.

Mathilde. Und zum Großvater meiner Kinder.

Walden. Lassen Sie ab! Sie erdrücken mich mit Dankbarkeit.

George. Walden, was kann dich entschädigen?

Walden (ironisch). Was den Edlen immer entschädigt: das Bewußtsein und ein ruhiges Alter.

Gräfin. Jetzt zur Keilschrift.

(Der Vorhang fällt.)

Alphabetisches Register

des

Inhalts sämmtlicher zehn Bände.

Abdallah (Erzählung) V, 440.

Adam und Eva, eine Idylle II, 249.

Alte Jungfer, die (Novelle) V, 170.

Alte Richter, der (Erzählung) VII, 464.

Andenken, das, der Mutter (Roman) IX, 1.

An der Spielbank (Novelle) VI, 216.

Animo (baskische Sage) V, 300.

Ausgestoßenen, die (Novelle) VII, 3.

Bankozettel, die schwarzen X, 391.

Barye, Bildhauer (Biographie) X, 243.

Battyanyi (poetische Erzählung) II, 141.

Bei Kunstreitern (Novelle) VI, 115.

Beranger (Biographie) X, 215.

Bilder aus Dänemark (Reisebilder) III, 485.

Biographische Bilder und Skizzen X, 165.

Böhmische Elegien I, 56.

Brendel, Maler X, 339.

Briefe aus Dublin III, 1.

Blinde Wilhelm, der (Erzählung) IV, 362.

Brief, ein, aus Italien, X, 117.

Bruchstücke revolutionärer Erinnerungen X, 1.

Brüder Matthieu, die (Novelle) VII, 401.

Bürgschaft, die (orientalisches Märchen) V, 268.

Camao, der (poetische Erzählung) I, 303.

Deutsch, Französisch und Englisch (Novelle) VII, 257.

Diarium eines Mönchs (Gedicht) I, 140.

Doktor Schwan (Novelle) VI, 167.

Dur und Moll (Erzählung) IV, 493.

Entführung, eine, in Böhmen (Novelle) VII, 374.

Erinnerungen an Rossini X, 283.

Erinnerungen, revolutionäre X, L.

Erlebnisse während des Staatsstreichs X, 95.

Erscheinung, die, der Aebte V, 376.

Erste Himmelfahrt, die (italienische Legende) V, 376.

Erzählungen eines Unstäten IV, 177.

Erzählungen meiner Freunde V, L.

Feigheit (Novelle) VI, 364.

Fleury, Maler X, 260.

Flüchtling, der (Novelle) VII, 153.

Frankfurter Septembertage X, 28.

Frau Konsulin, die (Novelle) V, 393.

Fritz! Fritz! (Erzählung) V, 31.

Frommer Betrug, eine (Erzählung) IV, 452.

Gaben der Korigans (bretonisches Märchen) V, 285.

Gedichte aus dem Nachlaß II, 423.

Gedichte, neuere I, 119.

Gefangene, der, von Chillon (historische Novelle) VIII, 1.

Geschichte, die, des Elfenkönigs O'Donoghue (irisches Märchen) III, 49.

Geschichte, die, des Königs Lavra (irisches Märchen) III, 44.

Gesicht, das, der Prinzessin Marie von Orleans (Erzählung) V, 347.

Gipsfigur, die (Novelle) VII, 94.

Gleich und Gleich (dramatisches Sprichwort) X, 427.

Glocke, die (Novelle) V, 125.

Gloria und eine Sage von Johannes Parricida (Erzählung) IV, 325.

Goldene Haar, das, und die Geschichte zweier Küsse (Erzählung) IV, 233.

Goldene Schlüssel, der (Novelle) VII, 309.

Gräfin Sassari (Novelle) VI, 61.

Hamon, Maler X, 309.

Hebert, Maler X, 325.

Heilbuth, Maler X, 335.

Heilige, der (orientalisches Märchen) V, 262.

Heimkehr und Flucht (Gedicht=Cyklus) I, 322.

Heller, Stephen, Komponist X, 254.

Henneberg, Maler X, 342.

Herbabilla (Legende aus dem Boccage) V, 336.

Hetman, der (Novelle) VI, 415.

Imer, Maler X, 340.

Indogermanische Geschichte, eine (Erzählung) IV, 298.

Intermezzo (Gedicht) I, 197.

Italienischer Priester, ein (Novelle) VI, 159.

Jerome, Maler X, 300.

Johannisberg (Novelle) IX, 341.

Kalotas, (poetische Erzählung) II, 215.

Kelch und Schwert (Gedichte) I, L.

Knaus, Maler X, 347.

Kontraste (Erzählung) IV, 474.

Krieg, der, um den Wald (Erzählung) IV, 1.

Kuchen, der (catalanisches Kindermärchen) V, 385.

Künstler und Prätendent X, 182.

La mie prigioni (Vorrede) IV, 179.

Letzten Montanini, die (Novelle) VII, 281.

Letzten Tage, die, eines Königs (historische Novelle) VIII, 163.

Luise von Eisenach (poetische Erzählung) II, 226.

Märchen, das, vom Blanskywald IV, 98.

Märchen und Geschichten aus Osten und Westen V, 257.

Mazzini X, 167.

Miß Ellen (Erzählung) IV, 257.

Modenesische Geschichte, eine (Novelle) VII, 127.

Nachlaß, Gedichte II, 423.

Nein (Novelle) VII, 233.

Nessuskleid, das (Erzählung) IV, 412.

Ofen, der, Barbarossa's (deutsches Märchen) V, 367.

Pantoffel, der (Erzählung) V, 427.

Prager März - und Apriltage X, 5.

Prim X, 177.

Provenzalen (Volkslieder und Balladen) III, 295.

Reimchronik des Pfaffen Mauritius II, 1.

Rheingränze, die (Erzählung) IX, 289.

Ricard, Gustav, Maler X, 312.

Rostet nicht (Novelle) VII, 61.

Roswitha, Oper II, 361.

Rothbärte, die (orientalisches Märchen) V, 271.

Rude, François (Biographie) X, 190.

Sadville (poetische Erzählung) II, 159.

Salvador, (baskische Sage) V, 312.

Samariterin, die, und die Patrioten (Erzählung) IV, 210.

Satiren, neue II, 317.

Schatten (poetische Erzählungen) II, 157.

Scheffer, Ary X, 306.

Schloß im Gebirge, das (Novelle) VII, 348.

Schuster, der (persisches Märchen) V, 372.

Selvaggia (Novelle) VI, 132.

Stunde, eine, im Leuchtthurm (Novelle) VII, 214.

Symphonien I, 260.

Tagebuch aus Languedoc und Provence III, 57.

Tage, die letzten, des deutschen Parlaments X, 73.

Tage, die letzten, eines Königs (historische Novelle) VIII, 163.

Tante Helene (Novelle) VI, 460.

Tanzmeister, der (Erzählung) V, 3.

Verbannte, der (Erzählung) IV, 399.

Verbannten, die, von Locarno (poetische Erzählung) II, 209.

Vermuthung, eine X, 415.

Verrechnet, (Novelle) VI, 309.

Volkslieder, bretonische I, 369.

Volkslieder, bulgarische I, 354.

Volkslieder, provenzalische III, 295.

Von Frühling zu Frühling (Roman) VIII, 333.

Wanderungen durch celtisches Land III, 405.

Wanderungen durch Pariser Ateliers X, 257.

Warten (Erzählung) V, 110.

Westöstliche Geschichten aus der neuesten Zeit V, 391.

Wiener Oktobertage X, 39.

Wilde Jäger, der, in Frankreich V, 340.

Wilhelm Tell (Erzählung) IX, 241.

Wirkung in die Ferne (Erzählung) V, 85.

Wolfstödter, der (Erzählung) IX, 84.

Wort, das, einer Frau (Erzählung) IV, 445.

Wunder, die, des Magnetismus X, 353.

Zeitlosen, Gedichte I, 223.

Zwanzig Millionen (Novelle) VI, 233.

Zweck, der, heiligt die Mittel (Novelle) VI, 3.

Zwei Eimer, die (russisches Volksmärchen) V, 359.

Zwei schlaflose Nächte (Erzählung) V, 64.

Zuckererbse (russisches Volksmärchen) V, 355.